다미주 이론의 임상적 적용

Clinical Applications of The Polyvagal Theory

Stephen W. Porges · Deb Dana 공저
신성만 · 옥제남 · 김이삭 · 정예훈 · 김예인 공역

박영story

편집자 소개

노턴 대인신경생물학 시리즈
루이스 코졸리노 박사, 시리즈 편집장
앨런 N. 쇼어 박사, 시리즈 편집장(2007~2014)
다니엘 J. 시겔 의사, 창립 편집장

정신건강 분야는 지금 그 어느 때보다도 비약적인 성장과 개념적 재편의 시기를 맞이하고 있습니다. 다양한 과학 분야에서 독립적으로 축적된 연구 결과들이 학제 간 관점에서 수렴되며, 마음과 정신적 웰빙에 대한 새로운 통합적 이해가 이루어지고 있습니다. 인간 발달의 대인신경생물학적 접근은, 특히 정서적 관계를 포함한 경험이 마음과 뇌의 구조, 그리고 기능을 어떻게 형성하는지 설명할 수 있게 해줍니다.

노턴 대인신경생물학 시리즈는 인간 마음의 복잡한 신경생물학을 심도 있게 이해할 수 있도록 가장 최신의 다학제적 관점을 제공합니다. 이 시리즈는 신경생물학, 유전학, 기억, 애착, 복잡계 이론, 인류학, 진화심리학 등 전통적으로 서로 독립적인 다양한 연구 분야의 성과를 아우르며, 임상가들이 평소 접하기 어려운 최신 과학적 발견들을 종합적으로 검토하고 통합한 내용을 제공합니다. 이 책들은 다양한 연구 영역에서 도출된 발견들을 공통의 언어와 개념적 틀로 번역함으로써, 지식의 통합이라는 관점에서 인간 경험에 대한 이해를 한층 더 심화시켜줍니다. 본 시리즈는 현대 과학의 정수와 심리치료라는 치유의 예술을 유기적으로 결합하였습니다.

이 책의 각 장을 집필한 열정적인 저자들과

트라우마로 인해 삶이 흔들린 이들을

적극적으로 치유하고 변화시키는

따뜻한 마음을 지닌 치료자 모두에게 이 책을 바칩니다.

목차

저자 소개

스티븐 W. 포지스(Stephen W. Porges)는 인디애나 대학교의 저명한 대학 교수이자 킨제이 연구소(Kinsey Institute)의 트라우마 스트레스 연구 컨소시엄 창립이사이다. 그는 또한 노스캐롤라이나 대학교 정신건강의학과 교수이며, 일리노이 대학교 시카고 캠퍼스의 명예 교수로, 이곳에서 두뇌와 몸 센터(Brain-Body Center)를 설립하고 지휘했다. 그는 메릴랜드 대학교의 명예 교수이기도 하며, 이곳에서 인간발달학과 학과장 및 아동연구소(Institute for Child Study) 소장을 역임했다. 그는 정신생리연구학회(Society for Psychophysiological Research)와 행동심리인지과학협회(Federation of Behavioral, Psychological, and Cognitive Sciences)의 회장을 역임했으며, 미국 국립정신건강연구소(NIMH)로부터 연구 과학자 개발상(Research Scientist Development Award)을 수상한 바 있다. 그는 마취학, 중환자 의학, 인간공학, 운동 생리학, 노인학, 신경학, 산부인과, 소아과, 정신의학, 심리학, 우주의학, 약물중독 등 다양한 분야에서 250편 이상의 동료 심사 논문을 발표하였다. 1994년 그는 다미주 이론(Polyvagal Theory)을 제안하였다. 이 이론은 척추동물 자율신경계의 적응이 사회적 행동의 출현과 어떻게 연결되는지를 설명하며, 다양한 행동적·정신적·신체적 장애에서 나타나는 증상의 기전을 이해하는 데 필수적인 통찰을 제공한다. 이 이론은 자율신경계의 생리적 상태 및 조절이 정신장애의 발현에서 얼마나 중요한지를 강조하는 연구와 치료법의 발전에 큰 영향을 주었으며, 스트레스와 트라우마를 연구하고 치료하는 새로운 이론적 관점을 제시했다. 그는 『다미주 이론: 감정, 애착, 의사소통, 자기조절의 신경생리학적 기초(The Polyvagal Theory: Neurophysiological foundations of Emotions, Attachment, Communication, and Self-regulation)』와 『다미주 이론의 가이드북: 안전감의 변혁적 힘(The Pocket Guide to the Polyvagal Theory: The transformative power of feeling safe)』의 저자이다.

피터 A. 레빈(Peter A. Levine)은 신체 중심 트라우마 치료 접근법의 선구자로, 지난 45년간 자연주의적 외상 치료 접근법인 신체경험치료(Somatic Experiencing®)를 개발해 왔다. 그는 2010년 미국신체정신치료협회(US Association for Body Psychotherapy)로부터 평생 공로상을 받았으며, 유아 및 아동 정신의학에 기여한 공로로 리스-데이비스(Reiss-Davis) 명예상을 수여받았다. 그는 초기 우주왕복선 개발 당시 NASA의 스트레스 컨설턴트로 일했으며, 미국심리학회(APA)의 대규모 재난 및 민족·정치적 전쟁 대응 태스크포스 위원으로도 참여했다. 현재 그는 아리조나주 위켄버그에 위치한 미도스 중독 및 트라우마 치료 센터(The Meadows Addiction and Trauma Treatment Center)에서 선임 연구원이자 컨설턴트로 활동하고 있다. 그는 트라우마에 관한 여러 권의 베스트셀러 저서를 집필했으며, 대표작으로는 『내 안의 트라우마 치유하기(Waking the Tiger: Healing Trauma)』, 『무언의 목소리: 신체 기반 트라우마 치유(Unspoken Voice: How the Body Releases Trauma and Restores Goodness)』, 『트라우마와 기억: 살아있는 과거를 찾아서(Trauma and Memory: Brain and Body in a Search for the Living Past)』 등이 있다.

베셀 반 데어 콜크(Bessel van der Kolk)는 보스턴 대학교 의과대학의 정신건강의학과 교수이며, 국제 외상 후 스트레스 협회(International Society for Traumatic Stress Studies: ISTSS)의 전 회장이다. 주로 임상 전문가로 활동하지만, PTSD 치료를 위한 요가, 보스턴 공립학교에서 폭력 예방을 위한 연극 활용, EMDR의 메커니즘, 감각 통합, PTSD 치료를 위한 뉴로피드백의 사용 등 트라우마와 관련된 다양한 주제에 대해 150편 이상의 동료 심사 논문을 발표하였다. 그는 『몸은 기억한다(The Body Keeps the Score)』의 저자로, 이 책은 뉴욕 타임스 과학 베스트셀러에 올랐으며, 19개 언어로 번역되었다.

팻 오그던(Pat Ogden)은 신체 심리학 분야의 선구자이자, 감각운동심리치료 연구소(Sensorimotor Psychotherapy Institute)의 창립자 및 교육 책임자이다. 이 연구소는 외상 후 스트레스 장애(PTSD)와 애착 장애 치료를 위한 신체-인지적 접근법을 전문으로 하는 국제적으로 인정받는 학교로, 콜로라도 브룸필드에 위치하고 있다. 연구소는 미국, 캐나다, 유럽, 호주 등지에서 정신건강 전문가들을 대상으로 감각운동 심리치료 훈련을 제공하는 19명의 인증된 트레이너들을 보유하고 있으며, 전 세계 수백 명의 심리치료사들이 이를 통해 인증받았다. 그녀는 또한 하코미 연구소(Hakomi Institute)의 공동 창립자이며, 나로파 대학교에서 1985년부터 2005년까지 교수로 재직한 경험이 있다. 그녀는 임상 전문가이자 컨설턴트이며, 국제적으로 초청받는 강연자이다. 그녀는 신체 심리학 분야에서 두 권의 획기적인 저서인 『트라우마와 몸(Trauma and the Body: A Sensorimotor Approach to Psychotherapy)』과 『감각운동 심리치료: 트라우마와 애착을 위한 치료 개입(Sensorimotor Psychotherapy: Interventions for Trauma and Attachment)』

을 집필하였다. 두 책 모두 W. W. Norton의 대인관계 신경생물학 시리즈로 출판되었다. 현재 그녀는 동료들과 함께 세 번째 책 『Sensorimotor Psychotherapy for Children, Adolescents and Families』를 작업 중이다. 그녀의 최근 관심사는 어린이, 청소년 및 가족을 위한 감각운동 심리치료 훈련 프로그램 개발, 관계적 마음챙김, 문화와 다양성, 부부 치료, 도전적인 내담자와의 작업, 수치심의 관계적 성격, 존재, 의식, 그리고 감각운동 심리치료를 이끄는 철학적/영적 원칙이다.

보니 배든노치(Bonnie Badenoch)는 치료사, 멘토, 교사이자 저자이다. 그녀는 지난 14년 동안 관계적 신경과학(relational neuroscience)의 연구결과들을 치료로서의 예술에 통합해 왔다. 2008년, 그녀는 비영리 기관인 Nurturing the Heart with the Brain in Mind를 공동 설립하여 치료사, 의료 제공자, 그리고 치료적 존재가 되기를 원하는 사람들에게 이 작업을 제공했다. 그녀는 25년 동안 트라우마 생존자와 심각한 애착 상처를 가진 이들을 지원하며, 그들이 의미 있고 회복력 있는 삶과 따뜻한 관계를 위한 신경 지도(neural landscape)를 재구성하도록 돕고 있다. 최근에는 치료사 및 다른 이들을 위한 몰입 훈련을 제공하는 일에 관심을 기울이고 있다. 이 작업은 관계적 신경과학의 원칙을 체화하고, 깊은 경청을 통해 존재감을 기를 수 있도록 돕는다. 그녀는 관계적 뇌에 관한 지혜가 모든 연령대의 사람들에게 치유 경험을 지원할 수 있다는 확신을 가지고 있으며, 이는 『Being a Brain-Wise Therapist: A Practical Guide to Interpersonal Neurobiology』(2008)와 『The Brain-Savvy Therapist's Workbook』(2011)을 출판하는 계기가 되었다. 그녀의 최신 저서는 『The Heart of Trauma: Healing the Embodied Brain in the Context of Relationships』이다. 그녀는 이 책들을 통해 명확함, 연민, 그리고 진심으로 과학과 실제 현장 사이를 연결하고자 한다.

조 투치(Joe Tucci)는 사회복지사이자 심리학자이다. 그는 호주아동재단(Australian Childhood Foundation)의 CEO이다. **앤젤라 웰러**(Angela Weller)는 사회복지사이자 호주아동재단의 아동 외상 서비스 관리자이다. **자니스 미첼**(Janise Mitchell)은 사회복지사이자 호주아동재단의 부 CEO이다. 이 재단은 학대와 가정 폭력으로 인한 트라우마를 경험한 아동들에게 치료적 개입을 제공하는 비영리 기관이다.

샤리 M. 겔러(Shari M. Geller)는 저자이자 임상심리학자로, 치료적 리듬과 마음챙김 프로그램(Therapeutic Rhythm and Mindfulness Program, TRM™)의 창시자이다. 20년 이상의 경험을 바탕으로 심리학과 마음챙김을 접목시켜 온 그녀는 『Therapeutic Presence: A Mindful Approach to Effective Therapy』를 공동 저술하였다. 또한, 그녀는 존재감을 키우는 실천법을 담은 CD를 발매했으며, 이 CD는 음악의 치유력과 마음챙김의 건강적 이점을 활용한 연습 가이드를 포함하고 있다. 그녀의 두 번째 책인 『A Practical Guide to Cultivating Therapeutic Presence』는 치료적 존재감을 기르고 강화하는 데 도움이 되는 실용적인 지침을 제공한다. 그녀는 요크 대학교 건강심리학 교수로 재직 중이며, 토론토 대학교 응용 마음챙김 명상 프로그램에서 교수로 활동하고 있다. 또한, 토론토 대학교 음악대학의 겸임 교수로, 음악과 건강 연구 협력체(Music and Health Research Collaboratory)와 협력하고 있다. 그녀는 또한 캐나다 토론토에 위치한 마음-몸건강 센터(Centre for MindBody Health)의 공동 이사로 활동하며, 치료적 존재감을 기르는 예술과 과학에 관한 훈련과 워크숍을 국제적으로 제공하고 있다.

조지 S. 톰슨(George S. Thompson)은 미주리 대학교 캔자스시티 의과대학의 정신건강의학과 부교수이며, 12년 동안 의료커뮤니케이션 과정을 지도하고, 의학 교육 분야에서 연구를 수행하였다. 그는 의료 전문직이 어떻게 모델링되고 학습되는지, 그리고 의과대학에서의 전문직 환경이 전문직 학습을 촉진하거나 방해하는 방식에 대해 연구하였다. 그의 수상 경력에 빛나는 연구는 『Academic Medicine』에 발표되었다. 그는 캔자스주 올라세에 위치한 아동행동건강기관 KidsTLC, Inc의 최고 의료 책임자로 재직 중이며, 특히 어린 시절 트라우마를 겪거나 자폐스펙트럼 장애 진단을 받은 아동을 위한 정신건강 서비스를 제공한다. 그의 최근 임상 관심사는 양자 발달 심리치료(Dyadic Developmental Psychotherapy)를 통해 입양 아동들이 애착을 형성하는 데 도움을 주는 것이다. 또한 그는 미국아동청소년정신과협회(American Academy of Child and Adolescent Psychiatry) 캔자스시티 지부의 전 회장으로, 17년간 해리 팔머(Harry Palmer)가 저술한 Avatar® 과정을 가르치고 실천해 왔다. 이 과정은 사람들의 신념과 도식, 주의력, 의지력 및 타인에게 자비를 베푸는 능력에 대해 내적 통제력을 향상시킨다.

모이라 시드(Moira Theede)는 캐나다 서스캐처원 주에 거주하는 은퇴한 간호사이다. 그녀의 간호 경력에는 외과 병동, 수술실, 의료 영상, 건강 상담, 그리고 학부 간호 학생들을 가르친 경험이 포함된다. 또한 그녀는 뛰어난 사진작가로, 신경지 경험을 시각적으로 표현하는 영상 모음집을 제작한 바 있다. 또한 그녀는 오랜 기간 동안 다미주 이론과 신경가소성에 대한 연구를 통해 『연결성의 과학(The Science of Connectedness)』이라는 강의 시리즈를 개발하였다.

앨런 시드(Alan Theede)는 캐나다 서부에 거주하는 은퇴한 대형 동물 수의사이다. 해부학, 발생학, 포유류 생리학에 대한 교육과 동물과의 실무 경험은 다미주 이론을 이해하고 평가하는 데 강력한 기초를 제공한다. 그는 기초적인 포유류 신경생리학을 소개하는 워크숍에서 강연하는 것을 즐기며, 특히 다미주 이론이 뒷받침하는 인간과 동물 간의 양방향 관계가 건강에 미치는 긍정적인 영향에 깊은 관심을 가지고 있다.

뎁 다나(Deb Dana)는 복잡 외상을 치료하는 임상 전문가이자 컨설턴트이다. 그녀는 킨제이 연구소(Kinsey Institute)에서 외상 스트레스 연구 컨소시엄의 코디네이터를 맡고 있으며, 조절의 리듬(Rhythm of Regulation)이라는 심리치료 트레이닝 시리즈를 개발했다. 그녀는 『The Polyvagal Theory in Therapy: Engaging the Rhythm of Regulation』을 집필하였으며, 트라우마 생존자들과의 치료에서 다미주 이론이 어떻게 활용되는지에 대해 국내외에서 강연을 진행하고 있다.

뎁 그랜트(Deb Grant)는 복합 외상 스트레스를 전문으로 하는 심리치료사이자 신체 운동 교육자이며, 요가 교사이다. 그녀는 Body-Mind Centering® 신체 운동 교육자 자격증을 보유하고 있으며, 두 개의 요가 교사 자격증도 보유하고 있다. 그녀는 무용수와 일반인을 위한 워크숍인 'Dancing in Vagus'를 창안했다.

앰버 그레이(Amber Gray)는 트라우마 생존자, 특히 고문, 전쟁, 인권 침해를 겪은 이들을 위한 무용동작치료, 신체 심리학, 그리고 연속체(Continuum)의 활용에 있어 선구자적인 역할을 해온 전문가이다. 그녀의 전문성은 여러 편의 학술 논문과 저술, 기조 연설, 전문가 협업 및 전 세계 여러 나라에서의 발표 등으로 두각을 나타낸다. 1990년대 후반부터 그녀는 전 세계적으로 난민 정신 건강과 고문 치료를 창의적 예술, 마음챙김, 그리고 신체 및 운동 기반 치료와 통합하는 임상 훈련을 제공해 왔다. 그녀는 문화 간, 자원이 부족한 상황에서 트라우마 생존자들을 위한 신체, 운동 및 예술 기반 치료를 위한 회복력 기반의 프레임워크와 임상 접근법인 회복적 운동 심리치료(Restorative Movement Psychotherapy: RMP)를 창안했으며, 포지스와 함께 다미주 이론에 기반한 무용동작치료를 공동 개발했다.

산드라 린다만(Sandra Lindaman)은 인증된 Theraplay® 치료사이자 감독자, 트레이너이며, 일리노이주 에반스톤에 위치한 Theraplay® 연구소의 선임 교육 고문이다. 그녀는 1990년부터 Theraplay® 연구소에서 근무하고 있으며, 2010년 출간된 『테라플레이 놀이치료: 애착발달에 초점을 둔 놀이를 통한 부모-자녀 관계의 향상(Theraplay: Helping Parents and Children Build Better Relationships Through Attachment-Based Play)』에서 세 개의 장을 공동 저술하였고, 놀이 치료와 심리치료 문헌에서 여러 장을 집필하였다. 그녀는 테라플레이 커리큘럼 개발, 교육 및 전 세계 전문가들의 테라플레이 모델 슈퍼비전에 깊이 관여하고 있다.

유카 메켈라(Jukka Mäkelä)는 소아정신과 의사이자 핀란드 국가보건복지연구소의 선임 전문가이다. 그는 Tavistock tradition에서 정신분석적 아동 심리치료를 수련했으며, 아동-부모 관계의 다양한 기법에 대한 훈련을 받았고, 핀란드 헬싱키에서 트레이너로 활동하고 있다. 그는 테라플레이 치료사로 트레이너 수준의 인증을 받았으며, 테라플레이 훈련을 핀란드 및 북유럽 국가들에 도입했다. 그는 테라플레이와 다미주 이론에 관한 논문 외에도, 긍정적인 부모 역할, 아동 정신 건강 증진 및 아동 학대 예방 방법에 대해 핀란드어로 폭넓게 저술했다. 현재 그는 아동 및 가족 서비스 개혁을 위한 정부의 전략적 프로그램 자문 역할을 맡고 있다.

스튜어트 다니엘(Stuart Daniel)은 영국 데번에서 활동하는 놀이 치료사이자 연구자이다. 그는 초기 의사소통, 심각한 학습 장애 및 의학적 트라우마에 깊은 관심을 가지고 있으며, 이 분야에서 여러 과학적 논문과 치료 기사들을 저술했다. 또한, 『Rhythms of Relating in Children's Therapies: Connecting Creatively With Vulnerable Children』의 공동 편집자로도 활동했다. **키어런 도노반**(Kieran Donovan)은 14장에 제시된 임상 사례의 주인공인 학생이며, 현재 대학에서 생물의학을 전공하고자 희망하고 있다. **앤지 마스터스**(Angie Masters)는 키어란의 어머니이자 작가이다.

로버트 슈워츠(Robert Schwarz)는 30년 이상 트라우마 치료를 전문으로 한 심리학자이다. 그는 『Tools for Transforming Trauma』의 저자이며, 트라우마 치료, 단기 치료, 에너지 심리학을 주제로 20개 이상의 국제회의를 조직했다. 지난 9년 동안 그는 범에너지 심리학 협회(Association for Comprehensive Energy Psychology)의 전무 이사를 맡고 있다(www.energypsych.org).

랄프 보그트(Ralf Vogt)는 독일 라이프치히에서 복합 트라우마 치료를 전문으로 하는 개인 클리닉을 운영하는 정신분석가이다. 2000년부터 그는 아내 이리나(Irina)와 함께 해리성 장애 치료를 위한 SPIM 30 프로그램 개발에 힘써왔다. 2002년, 그들은 트라우마 연구 및 훈련을 위한 센터인 트라우마 연구소 라이프치히(Trauma Institute Leipzig)를 공동 설립했다. 그는 국제 트라우마와 해리 연구협회(International Society for the Study of Trauma and Dissociation: ISSTD) 국제 이사회에서 이사를 역임한 바 있으며, 2011년에는 해리성 장애 치료 분야에서의 탁월한 기여로 ISSTD의 펠로우로 선정되기도 했다. 2017년에는 해리성 장애 치료 분야에서의 탁월한 임상 기여로 ISSTD의 코르넬리아 B. 윌버 상(Cornelia B. Wilbur Award)을 수상했다. 그는 이 분야에 관한 다수의 저서를 출판하였다.

톰 번(Tom Bunn)은 비행 공포 극복 프로그램을 제공하는 SOAR Inc의 창립자이자 회장이다. 그의 대학원 과정에는 롱아일랜드 게슈탈트 센터(Gestalt Center of Long Island), 뉴욕 신경언어학적 프로그래밍 훈련소(New York Training Institute for Neurolinguistic Programming), 그리고 마스터슨 정신분석 치료 연구소(Masterson Institute for Psychoanalytic Psychotherapy)에서의 경력들이 포함된다. 그는 미국 공군 조종사로 복무했으며, 이후 팬암에서 국제선 조종사로 근무했다. 그는 트루먼 커밍스 대령이 시작한 첫 번째 비행 공포 프로그램에 자원봉사자로 참여했으며, 1982년 SOAR를 창립하여 비행 공포증 치료를 위한 고급 방법을 개발했다. 그는 『SOAR: The Breakthrough Treatment for Fear of Flying』의 저자이다.

캔디스 오세포트-러셀(Candyce Ossefort-Russell)은 텍사스 주 오스틴에서 개인 클리닉을 운영하는 심리치료사이자, 애도 옹호자, 작가, 강사 및 트레이너이다. 그녀는 25년 이상 고통과 변화를 위한 심리적, 영적, 과학적 관점을 공부하고 훈련해 왔다. 그녀는 애착 기반 관점에서 트라우마, 애도, 인생의 전환, 우울증, 양육 분야에서 개인 및 집단과 함께 작업하고, 글을 쓰며, 가르친 경험이 풍부하다. 그녀는 성장과 학습을 위한 안전하고 연결된 분위기를 만들어 주는 따뜻하고 감정적으로 참여적인 접근 방식을 적용하는 것으로 잘 알려져 있다.

게리 화이티드(Gary Whited)는 심리치료사이자 철학자, 시인이다. 그는 매사추세츠주 보스턴에서 개인 심리치료를 제공하며, 개인, 부부, 집단을 대상으로 함께 작업한다. 그는 미국, 유럽, 러시아에서 트라우마, 애도 및 수치심 상처 치유를 위한 깊은 경청 실천을 주제로 워크숍을 진행한다. 그의 워크숍과 내담자와의 작업에는 시가 포함된다. 그의 시집 『Having Listened』는 2013년 홈바운(Homeboun) 출판사 시인 대회에서 우승작으로 선정되었다.

마릴린 샌더스(Marilyn Sanders)는 지난 30년간 중환자 및 취약한 신생아, 유아 및 어린이를 돌보아 왔다. 그녀는 소아과 및 주산기/신생아 의학에서 전문 의사 자격을 보유하고 있으며, 코네티컷 어린이 병원에서 신생아학자로 근무하며 중환자 치료, 전환기 치료 및 신경학적 발달 추적 관찰 서비스를 제공한다. 그녀는 종종 트라우마 이해 기반 케어, 윤리적 의사 결정 및 유아 및 어린이의 사회적·정서적 발달에 관한 학회에서 초청 연사로 활동하고 있다.

리자 모턴(Liza Morton)은 스코틀랜드 스털링에서 활동하는 심리상담사이다. 그녀는 또한 스트래스클라이드 대학교의 임상 건강 심리학 석사 과정에서 전문 실습 모듈을 이끌고 있으며, 서퍽 대학교의 선천성 심장 연구 센터에서 명예 선임 연구원으로 활동하고 있다. 그녀는 선천적인 심장 질환을 가진 사람들이 치료의 질뿐만 아니라 그 질병을 안고 살아가는 경험을 향상시키기 위해 심리학적 지식을 활용하는 데 열정을 가지고 있다. 이 분야에서의 그녀의 경험은 학문, 개인적인 경험, 주요 이해관계자 및 정책 입안자들과의 협력을 아우른다. 그녀는 또한 선천적인 심장 질환을 가진 성인의 치료 개선을 위한 Somerville Foundation 스코틀랜드 캠페인의 관리자 직을 맡고 있다. 그녀 역시 선천성 심장차단과 심방 중격 결손을 가지고 있으며, 1970년대 후반(그녀가 11살 당시) 최초로 심장 이식 장치를 이식받은 사람으로, 태어날 때부터 자신의 질병에 대해 선도적인 의학적 치료를 받아왔다.

역자 서문

1994년, 신경과학자 스티븐 포지스는 인간의 생리적 반응과 사회적 행동을 연결하는 혁신적인 이론을 제안했다. 이 이론은 단순한 심리적 현상을 넘어, 신체의 생리적 메커니즘이 어떻게 우리의 감정, 관계, 생존 전략을 형성하는지를 설명해 준다. 기존의 자율신경계 모델은 투쟁-도피로 반응하는 교감신경계와 휴식-소화로 반응하는 부교감신경계의 이분법적 모델에 머물렀으나, 포지스는 부교감신경계의 핵심인 미주신경(vagus nerve)이 독립적인 배측미주신경과 복측미주신경으로 구성되어 있으며, 각각이 발달상의 단계에 따라 다른 생존 전략을 담당한다는 것을 발견했다. 복측미주신경, 교감신경, 그리고 배측미주신경으로 이어지는 이러한 계층적 구조는 인간이 위협에 반응할 때 사회적 참여, 투쟁/도피, 셧다운의 순서로 전략을 전환한다는 것을 보여주었다.

위계적 적응 전략과 더불어 다미주 이론의 핵심 개념 중 하나는 의식적 사고 없이도 신체가 환경의 안전 여부를 감지한다는 것이다. 신경지(neuroception) 메커니즘은 우리가 위협을 인지하기 전부터 심장 박동, 호흡, 표정을 통해 반응을 조절한다. 친숙한 목소리나 부드러운 눈맞춤을 통한 복측미주신경의 활성화는 신체를 안정시키는 반면, 갑작스러운 소음이나 적대적 상황은 교감신경계 및 배측미주신경을 각성시킨다.

이 이론은 기존에 증상을 관리하는 접근을 넘어, 안전감을 회복하는 것을 치료의 출발점으로 삼아 트라우마 치료 분야에 혁신을 일으켰다. 트라우마 생존자가 과각성 상태에 머물 때, 언어적 개입보다는 호흡 조절이나 안정적인 관계 형성을 우선시하는 치료 기법이 개발되었으며, 베셀 반 데어 콜크(Bessel van der Kolk), 피터 레빈(Peter A. Levine) 등 저명한 트라우마 전문가들에게 받아들여져, 신체 경험 치료(somatic experiencing)의 근간이 되기도 하였다. 이러한 다미주 이론의 통찰은 오늘날 현대 사회에서 더욱 중요해지고 있다. 최근 들어 디지털 기술과 인공지능의 발전, 그리고 사회적 관계의 변화는 인간이 느끼는 안전감과 사회적 연결에 새로운 도전을 던지고 있다.

최근 발표된 보고서에 따르면, 전 세계적으로 ChatGPT가 가장 활발히 활용되고 있는 분야는 심리치료 및 상담 영역인 것으로 나타났다. 이를 두고 일부에서는 인공지능이 심리상담을 대체할 수 있다는 성급한 전망을 내놓고 있으나, 이는 오히려 현대 사회 구성원들이 심리적 지원과 정서적 연결을 절실히 필요로 하고 있음을 반증한다고 볼 수 있다. 실제로 일상적 인간관계는 물론 전문 상담 장면에서도, 개인의 심리적·관계적 요구에 즉각적이고 일관되게 반응해 주는 대상을 만나기란 쉽지 않다. 그 결과 현실 관계에 대한 만족은 낮아지고, 가상적 관계에 대한 의존은 점차 증가하고 있다.

다미주 이론에 따르면, 이러한 관계적 단절과 정서적 불만족은 고도의 스트레스 환경 속에서 점차 부동화 반응이나 파충류 반응으로 이어질 수 있다. 이러한 생리적 반응은 복측미주신경의 기능을 약화시켜, 개인이 안전감을 충분히 경험하지 못한 채 만성적인 불안과 긴장 상태에 머물도록 만든다. 이는 마치 갈증을 해소하기 위해 바닷물을 마셨다가 오히려 갈증이 심화되는 상황과 유사하다.

이와 같은 악순환의 구조를 다미주 이론의 관점에서 이해하고 이를 임상 장면에 적용함으로써, 현대인이 왜 불안과 우울, 트라우마에 취약한지를 보다 체계적으로 설명할 수 있다. 그 근저에는 '안전감에 대한 갈망'과 '진정한 사회적 연결을 통한 사회 참여 체계의 회복'이라는 핵심 과제가 자리하고 있다. 이 책은 이러한 통찰을 통하여 상담자가 내담자와 어떤 방식으로 관계를 형성하고, 어떤 단계와 전략을 통해 개입을 진행해야 하는지를 깊이 있게 고찰하도록 이끌어 줄 것이다.

좋은 책이 출간되도록 큰 도움을 주신 박영스토리 노현 대표님과 편집부에게도 감사의 말씀을 전한다.

2025년 늦은 봄
포항 연구실에서
역자 대표 신성만

서문

다미주 이론은 왜 치료사들에게 환영받는가

Stephen W. Porges

1994년 10월 8일, 다미주 이론(Polyvagal Theory)이 과학계에 공개되었다. 나는 이날 애틀랜타에서 열린 정신생리학 연구 협회(Society for Psychophysiological Research)의 회장단 연설에서 다미주 모델과 그 이론적 함의를 소개했다. 몇 달 후에 이 이론은 학회의 정신생리학 학술지에 게재되었다(Porges, 1994). 논문의 제목은 "방어적인 세상 속에서 방향 잡기: 진화의 유산이 남긴 포유류의 변화, 다미주 이론(Orienting in a Defensive World: Mammalian Modifications of Our Evolutionary Heritage)"이었다. 이 제목은 이론의 여러 특징을 표현하기 위해 의도적으로 모호하게 표현하려 했으며, 포유류가 적대적인 환경에서 생존하기 위해서는 방어적인 상태를, 안전하고 신뢰할 수 있는 협력적인 행동을 보이는 상태로 조절할 수 있어야 했다는 점을 강조하고자 했다.

처음에 이 이론은 정신건강과 정신장애에서 적용될 것을 염두에 두고 제안되지는 않았다. 다미주 이론은 자율신경계가 정신적, 행동적, 생리적 과정에 영향을 미치는 과정에 대한 우리의 이해를 확장할 수 있도록, 검증 가능한 가설을 가정하고 연구를 촉진하기 위해 제안되었다. 이 이론은 뇌와 몸 사이의 쌍방향 의사소통을 강조하는 확장된 뇌-신체 모델로서 만들어졌다. 강력한 발달적 관점을 가진 이 이론은 관찰 가능한 행동, 심리적인 과정, 그리고 자율신경계 상태 사이의 연결고리를 탐구하기 위한 틀로서 제안되었다.

이 이론을 처음 발표했을 때, 나는 임상가들이 이를 받아들일 것이라고 생각하지 못했다. 왜냐하면 이 이론을 원래는 연구 커뮤니티 내에서 검증 가능한 가설을 만들 수 있는 구조나 틀로 개념화한 것이었기 때문이었다. 내가 초기에 기대했던 대로 이 이론은 과학 분야에 영향을 미쳤고, 신생아학(neonatology), 산과학(obstetrics), 마취학(anesthesiology), 의생물공학(biomedical engineering), 내과학(internal medicine), 심리학(psychology), 정신의학(psychiatry), 치과학(dentistry), 인간공학(human factors), 사회학(sociology), 철학(philosophy) 등 다양한 분야의 동료심사 출판물에서 수없이 많이 인용되었다. 나는 이 이론이 외상을 경험한 개인들이 묘사한 경험의 기저에 있는 타당한 신경생리학적 설명을 제공해 주는 데 사용될 것이라고는 예상하지 못했다. 다미주 이론은 트라우마를 경험한 사람들이 생명의 위협을 느낀 후, 그들의 신경 반응이 방어적으로 편향되고 안전 상태로 돌아갈 수 있는 회복력을 잃어버리는 과정에 대한 이해를 도왔다.

다미주 이론을 처음 소개한 이후, 이 이론을 임상 장면에 적용하고자 하는 관심이 매우 커졌다. 이러한 관심은 2011년 『다미주 이론: 감정, 애착, 소통 그리고 자기조절의 신경생리학적 기원(The Polyvagal Theory: Neurophysiological Foundations of Emotions, Attachment, Communication, and Self-Regulation)』이 출판되어 더욱 확장되었다. 이 책이 출간됨으로 인해 임상가들은 그동안 학술 저널이나 전자 도서관에서만 접근할 수 있었던 다미주 이론에 대한 정보를 얻을 수 있게 되었다.

내 회장단 연설문을 기점으로 20년이 넘는 기간 동안, 수천 명의 과학자들이 다미주 이론을 연구에 인용해왔다. 그러나 더 놀라운 것은 비학술적 임상 분야에서의 반응이었다. 다미주 이론에 대해 다루는 웹사이트는 수만 건 이상 검색되며, 유튜브에 있는 나의 강연 영상은 수십만 회의 누적 조회수를 기록했다. 또 나는 Dr. Drew, Bulletproof Radio, Darma Café, Shrink Rap Radio와 같은 여러 팟캐스트에서 인터뷰를 하기도 했다.

다미주 이론의 학술적 연구에서 임상적 적용으로의 전환점은 베셀 반 데어 콜크(Bessel van der Kolk)가 보스턴 트라우마 컨퍼런스에서 나에게 연설을 부탁했던 1999년 5월 21일이었다. 베셀은 어떻게 신경과학이 트라우마에 대한 연구에 영향을 주었는지에 중점을 두고 이 모임을 만들었다. 나는 트라우마와 그 생존자들의 임상 병력에 대해 무지하였으므로, 다미주 이론이 트라우마에 대한 반응을 이해하는 데 통찰을 주고 치료에 도움이 될 수 있을 것이라는 사실을 알지 못했다.

다미주 이론의 핵심 요소는 척추동물의 생존적 적응 과정에서 발생한 것으로 보이는 심장의 신경 조절 변화인데, 이는 현재 멸종한 원시 파충류에게는 없지만 최초의 포유류에게는 있는 것이다. 척추동물의 자유신경계의 신경조절은 세 개의 전반적인 단계를 거치며 발전한 것으로 보이는데, 그중 세 번째 단계는 오직 포유류에게만 나타났다. 포유류에게는 다음 세 가지 단계가 모두 존재했다고 본다. 1) 다른 이들에게 안정감을 제공하고 진정시킬 수 있는 포유류 특유의 회로; 2) 투쟁-도피 체계를 포함해 동화 행동을 지원하는 회로; 3) 거의 모든 척추동물에서 나타나는, 생리적 시스템을 신속하게 중단시켜 대사 자원을 절약하는 원시적인 부동화 회로. 포유류의 진정시키는 회로는 미주신경의 경로뿐만 아니라 얼굴과 머리의 가로무늬근을 조절하는 신경 경로를 포함한다. 동화 시스템은 교감신경계와 부신을 포함하며, 원시적인 셧다운(shutdown) 회로는 신체를 진정시키는 동화 시스템의 미주신경 경로와 상이한 뇌간 영역에서 뻗어 나온 미주신경 경로를 포함한다.

다미주 이론은 포유류가 공격적인 투쟁-도피 상태에서 친밀감을 촉진하고 건강, 성장, 그리고 회복에 최적화된 차분한 상태로 전환하는 방법에 대해 이해를 제공했다. 또한, 이 이론은 투쟁-도피 체계와는 다른, 보다 원시적인 방어 체계에 대해서 밝혀냈다. 이 방어 체계는 진정하거나 방어 반응을 조절하는 미주신경 경로와는 다른 뇌간의 영역에서 유래한 미주신경 경로에 의해 매개되었다. 따라서 다미주 이론의 기원은 생존적 적응을 통해 발생한 것으로 보이는 척추 동물의 심장 조절에 대한 신경해부학적 및 신경생리학적 변화에 뿌리를 두고 있다. 이러한 계통학적(phylogenetic) 전환으로 인해 포유류는 두 가지 미주신경 경로를 가지게 되었다. 하나는 사회적 의사소통과 관련이 있는 진정된 상태이며, 다른 하나는 방어적인 부동화 반응과 관련된 상태이다.

다미주 이론에서는 보다 최근의 포유류적인 미주신경 회로를 사회 참여 체계(social engagement system)로 명명했다(Porges, 2001). 이 회로는 신뢰할 수 있고 안전한 상태에서 가장 쉽게 활성화된다. 이 시스템이 비활성화되면 투쟁-도피 시스템이 효율적으로 수면 위로 드러날 수 있고, 반대로 투쟁-도피 시스템이 비활성화되면 진화론적 관점에서 원시적인 셧다운 시스템이 발현된다. 이 셧다운 시스템이 포유류에게서 활성화되면 기절, 배변, 그리고 (내가 추후 알게 된) 해리 현상을 초래한다. 이 부동화 반응은 포식자가 나타났을 때 활동을 멈추고 죽은 척을 하고자 하는 신체의 시도이다. 투쟁-도피 체계와 연관된 신경 메커니즘(예: 교감신경계)과 셧다운 시스템과 연관된 신경 메커니즘은 안전하고 진정된 상태에서도 효율적으로 동원되어 항상성(homeostasis)을 유지하려 하고 놀이와 친밀감을 가능하게 한다. 그러나 안전한 상태가 아닐 때, 자율신경계는 투쟁-도피와 셧다운이라는 방어적 전략이 효율적으로 일어날 수 있도록 돕는다.

척추동물이 가진 자율신경계의 신경조절에 대한 계통학적 변화를 이해함으로써, 다미주 이론은 발달의 과정에 역순으로 진행되는, 도전적인 상황에 대한 반응의 위계적 구조를 제안했다. 이 전략은 존 휴링스 잭슨(John Hughlings Jackson, 1884)이 제안한 해체(dissolution)의 개념과 일치하며, '새로운' 뇌 구조가 손상되었을 때 '오래된' 뇌 구조에서 일어나는 탈억제(disinhibition)를 설명한다. 주변의 환경 단서가 무의식적으로 자율신경계의 상태에 대규모의 적응적인 변화를 유발하는 메커니즘은 후에 신경지(neuroception)라는 개념으로서 이론에 추가되었다(Porges, 2003, 2004).

베셀의 보스턴 트라우마 모임에서 다미주 이론에 대한 발표를 마친 후, 나는 이 이론이 트라우마 이후의 경험을 설명하는 데 필요한 요소를 제공한다는 이야기를 듣게 되었다. 내 발표 이전에 트라우마의 영향에 대한 과학적인 설명은 주로 트라우마 반응이 교감신경계 및 시상하부-뇌하수체-부신(Hypothalamic-Pituitary-Adrenal: HPA) 축의 영향에 의한 투쟁-도피 반응이라는 가정에 초점을 맞추고 있었다. 일반적으로 이러한 반응은 스트레스라는 용어로 묶여 설명되어 왔다. 이와 같은 보편적인 스트레스 모델에 따라, 트라우마 생존자들은 외상 후 스트레스 장애(Post-Traumatic Stress Disorder: PTSD)라는 이름으로 분류되고 진단되어 왔다.

진단 라벨(diagnostic label)로서 스트레스라는 용어는 외상과 관련된 문제로 인한 항상성 기능의 이상이 교감신경계와 HPA 축 기능의 변화로 인한 것이라는 가정과 잘 맞아떨어졌다. 그러나 생리학적 데이터와 개인적인 경험들은 이러한 주장을 뒷받침하지 않았다. 트라우마 생존자들의 경험을 서술하는 다른 서사들이 나타나기 시작했고, 이는 교감신경계와 HPA 축의 하향 조절(down regulation)과 셧다운, 부동화, 그리고 해리에 대한 나의 개인적인 경험과도 일치했다. 이처럼 다미주 이론은 수많은 트라우마 생존자들의 경험과 일치하는 신경생리학적 모델을 제공했다.

다음 대화는 다미주 이론이 학대와 트라우마의 생존자들이 그들의 신체적 반응을 더욱 잘 이해하도록 도왔음을 잘 보여주고 있다.

> 저는 몸이 투쟁-도피 반응을 하지 않고 부동화 반응을 하는 것에 대해 읽게 되었습니다. 저는 이제 69세이고, 18세 때 거의 목이 졸린 상태에서 성폭행을 당했어요. 몇 년이 지난 후에 저는 이 일에 대해 제 딸과 이야기하고 있었는데, 제 딸은 제가 그 당시 그렇게 얼어붙고 경직되었었다는 것을 믿지 못하더군요. 저는 정말 수치스러웠고 평가받고 있다는 느낌을 받았

습니다. 당신의 이론을 읽고 나서는 제가 얼마나 가슴이 뛰었고, 또 얼마나 내 반응이 정당하다고 인정받은 느낌이었는지 말로 표현할 수가 없습니다. 지금 저는 울고 있을 뿐입니다. (사적 대화, 2013)

트라우마를 다루고 연구하는 대다수의 동료들과는 달리, 트라우마는 내게 연구의 대상이나 이론적 의제의 중심이 아니었다. 만약 트라우마 전문가들이 다미주 이론에 관심을 가지지 않았다면, 이 이론이 트라우마의 이해와 치료에 기여할 기회도 없었을 것이다. 이러한 기회가 생긴 것은 외상학 연구의 선구자 세 명, 피터 레빈(Peter Levine), 베셀 반 데어 콜크, 그리고 팻 오그던(Pat Ogden) 덕분이다. 그들은 각각 트라우마의 파괴적인 영향을 이해하고 재활을 돕기 위한 여정에 나를 기꺼이 초대하고 환영해주었다. 내담자를 돕고자 하는 열정, 배우고자 하는 의지, 그리고 트라우마를 경험하고 회복하는 과정을 이해하고자 하는 호기심 덕분에 그들은 다미주 이론에서 얻은 통찰을 자신들의 치료 모델에 적용할 수 있었다.

나와 피터는 1970년대 후반에 연락을 주고받기 시작했다. 피터의 호기심이 그로 하여금 내게 연락하게 했고, 우리는 항상성 기능을 설명하는 모델들에 대해 논의하게 되었다. 그 당시 나는 심박수 변동성을 이용한 심장 미주신경조절의 양적 설명을 위한 시계열 통계 모델(time series statistical models)을 개발하고 있었다. 피터와 나는 좋은 친구가 되었고 70년대 후반과 80년대 초반에 이르러서는 감정조절의 신경생물학에 관한 싱크탱크 워크숍에 함께 참여하기도 했다. 세월이 흐르면서 피터의 통찰이 구체화되었고, 추후 신체경험치료(somatic experiencing)라는 강력한 치료 모델로 자리잡는 기초가 되었다. 피터를 통해 나는 소매틱 치료 공동체로 들어가게 되었다(역자주: 신체경험치료는 국내에서 소매틱 치료로 불리기도 함).

그렇게 나는 더욱 더 다학제적이고 다방면으로 소매틱 분야와 심리치료 분야에서의 강연에 초내되기 시작했고, 1990년대에는 팻과 베셀과 함께 여러 프로그램에 참여하게 되었다. 팻은 소매틱 치료와 심리치료 사이의 가교 역할을 하는 감각운동 심리치료(sensorimotor psychotherapy)를 개발하고 있었다. 그녀는 피터와 마찬가지로 암묵적 기억(implicit memory)에 적절하게 접근하고 그것을 관리하는 것의 강력한 잠재력을 강조했다. 나는 소매틱 치료사들의 세계에서 베셀을 만나게 되었는데, 그 역시 자신의 내담자를 돕기 위한 열정적인 여정 가운데 있었다. 팻을 통해 나는 메리온 솔로몬(Marion Solomon)과 생애연구

제단(Lifespan Learning Institute)이 주최한 UCLA의 애착 및 트라우마 연례 회의에서 자주 연설하게 되었다. 이 회의는 이제 대인관계 신경생물학(interpersonal neurobiology: IPNB)에 관심이 있는 임상가들의 중심이 되었다. 베셀이 주최한 보스턴 트라우마 회의와 메리온 솔로몬이 주최한 UCLA 회의에서 나는 댄 시겔(Dan Siegel), 노먼 도이지(Norman Doidge), 앨런 쇼어(Allan Schore), 다이애나 포셔(Diana Fosha), 그리고 루이스 코졸리노(Louis Cozolino)와 좋은 친구가 되었고, 동료들의 네트워크가 확장됨에 따라 트라우마에 대한 우리의 이해는 더욱 풍부해졌다. 종종 우리 몇몇은 같은 프로그램에 참여하고 공동 워크숍을 진행할 기회도 얻을 수 있었다.

이러한 상호작용을 통해 나는 트라우마가 전체 인구의 상당 부분에 미치는 심각한 파괴적인 영향에 대해 알게 되었다. 나는 트라우마 생존자들이 종종 그들의 신체 반응을 이해하거나, 생리적, 행동적 상태를 조절하고 타인과 상호조절(co-regulation)하는 능력을 회복할 기회도 없이 삶을 살아간다는 것을 깨달았다. 이 중 많은 사람들은 자신의 경험을 이야기하면서 또 다시 피해를 받고, 싸우거나 도망치지 않은 것에 대해 질책을 받는 경우도 종종 있었다. 어떤 사람들은 보기에는 명백한 신체적 손상이 없었기 때문에 심리적으로 회복하지 못하고 있는 것에 대해 꾸지람을 받기도 했다.

다미주 이론은 임상적 적용에 있어서도 관심을 불러일으켰다. 이로 인해 나는 임상 중심의 모임에서 연설하기도 했고, 임상가들을 위한 다미주 이론 워크샵을 진행해달라는 초대를 받기도 했다. 지난 몇 년 동안 이루어진 『다미주 이론』(Porges, 2011)의 출판과 강연들을 통해, 여러 임상 분야에서 다미주 이론에 대한 인식이 확장되고 있다. 그러나 임상 커뮤니티가 나를 반겨줄수록, 내가 가진 지식의 한계가 분명하게 드러났다. 나는 임상가들과 이야기하고, 그들의 임상 사례 발표를 이론에서 설명된 개념으로 설명해낼 수 있었지만, 나는 임상가가 아니었고, 이론을 임상 진단이나 치료 및 결과와 연결하는 데 한계가 있었다. 이러한 한계를 보여주듯, 나는 발표에서 더 많은 임상 사례들을 제공해달라는 요청을 지속적으로 받았다. 이러한 경험들은 임상가들이 자신의 작업에서 다미주 이론을 어떻게 적용했는지를 설명하는 책을 집필하도록 만든 동기가 되었다.

이 책은 다미주 이론의 다양한 측면을 자신들의 사례에 통합하고자 하는 임상가들의 열정과 창의성을 접하며 발전했다. 많은 임상가들과 임상적 적용에 대한 논의를 거치며 책의 구성에 대한 생각들을 정리할 수 있었다. 이 책의 목표는 저자들이 단순히 다미주 이론을 반복해서 설명하는 것이 아니라, 이 이론이 각각의 임상 사례에서 어떻게 적용되어 그들의 작업을 확장했는지를 설명하는 것이다. 각 장의 저자들은 다미주 이론이 그들의 임상 장면에서 어떤 통찰을 제공했는지, 이 이론이 내담자의 임상적 상태를 어떻게 더 잘 이해하도록 도왔으며, 내담자와의 소통을 향상시킬 수 있는 잘 정리된 원칙들을 제공해주었는지 설명하는 데 초점을 맞추도록 요청받았다.

내 공동 편집자인 뎁 다나(Deb Dana)는 나의 여정에서 만난 훌륭한 치료사 중 한 명이다. 뎁은 다미주 이론에 대한 직관적인 이해를 가지고 있었고, 이 이론의 다양한 측면을 창의적으로 확장하여 워크샵에서 가르치는 훈련 모델로서 적용했다. 다미주 이론을 활동(exercise)과 주관적 경험으로 능숙하게 해석함으로써, 그녀는 임상가와 그들의 내담자들이 이 이론의 임상적 특징과 치료 결과의 관계에 대해 폭 넓게 이해할 수 있는 배경을 제공했다. 뎁은 이 책의 구성을 조율하는 과정에서 중요한 역할을 했고, 저자들에게 편집적 지침과 지원을 제공했다. 그녀는 이 책의 공동 편집자로서, 다미주 이론에 기반한 치료 모델과 전략을 개발하는 통찰력 있고 연민 어린 임상가들로 이루어진 인적 네트워크를 만들었다.

이 서론 이후에는 피터 레빈, 베셀 반 데어 콜크, 팻 오그던이 쓴 간결한 챕터들이 이어질 것이다. 이들은 다미주 이론이 트라우마 치료의 세계에 들어올 수 있도록 환영해 주었다. 그들의 관심과 선견지명이 없었다면 다미주 이론은 내 연구실에만 갇혀 빛을 잃고 트라우마 분야로는 확장되지 못했을 것이다. 그들이 내담자들의 삶의 질을 높이기 위해 보여준 열정과 더불어, 다미주 이론을 그들의 치료 모델에 적용하는데 보여준 헌신에 나는 진심으로 감사를 표한다.

모든 저자들에게 다미주 이론에 대한 내용을 다시 풀어 쓰지 말아 달라고 요청했으므로, 내가 이론에 대한 개요 장을 쓰게 되었다. 개요 이후에는 통찰력 있는 임상가들이 이 이론의 여러 측면을 다양한 임상 환경에 통합하고 적용한 사례들을 보여주고 기술한 챕터들이 이어진다. 각 챕터는 저자들이 인간의 경험을 이해하고 최적화하려고 할 때, 그들의 열망을 보여줄 수 있는 신체의 언어를 다미주 이론이 어떻게 제공했는지 명확하게 보여준다. 이 책이 임상적 상태에 대해 이해하고 치료를 개선할 수 있도록 하는 다미주 이론이 적용된 임상 사례의 필요를 충분히 충족시키기를 소망한다.

1부

트라우마 치료 분야에 다미주 이론의 도입

다미주 이론의 임상적 적용

1장

다미주 이론과 트라우마

Peter A. Levine

개요

이 장에서는 오랜 친구이자 동료였던 두 사람이 함께해 온 삶의 여정에 대한 개인적인 이야기를 다룬다. 복잡한 체계의 창발적 특성에 대한 이해, 상향식 처리과정, 자기조절(self-regulation) 및 트라우마 경험의 극복 등 다미주 이론의 적용점들을 설명한다. 더불어, 다미주 이론의 적용이 내과 분야와 트라우마에서의 만성적 통증을 이해하는 데 미치는 영향에 대해서도 논의한다.

지도는 실제 땅은 아니지만, 길을 찾는 데에는 확실히 도움이 된다.

\- Peter A. Levine

다미주 이론이 트라우마 기반 치료에 미치는 중요한 역할을 논함에 있어, 필자는 다소 개인적이고 역사적인 관점을 취하고자 한다. 이를 위해 이 책의 대표 에디터인 스티븐 포지스(Stephen Porges)와 40년에 걸친 인연을 회고하며 이야기를 시작하려 한다. 포지스와 나는 상향식 처리과정(bottom-up processes), 창발성(emergent properties), 자기조절(self-regulation), 그리고 유쾌한 웃음에 대한 관심과 열정을 공유하며 우정을 쌓아 갔다. 1978년에 서로를 처음 만난 이후, 우리는 마음이 통하는 동지이자 학문적 공동 탐구자로서의 길을 함께 걸어왔다. 그는 다미주 이론을 통해 신경지라는 핵심적이고 총체적인 개념을 발전시켰다. 신경지는 생명체가 외부 및 내부 신호를 기반으로 안전, 위험, 그리고 생명의 위협을 감지하는 유기체적 지각(organismic perception)으로, 자율신경계, 내장 및 신체 상태의 세 가지로 명확히 구별되는 신경 상태에서 비롯되는 창발적 특성을 띤다. 포지스가 그의 선구적인 이론을 발전시키던 수십 년 동안, 나는 내 평생의 작업인 '신체경험치료(somatic experiencing)'를 발전시키고 있었다.

지난 수 세기 동안, 20세기 초반의 윌리엄 제임스(William James)와 칼 랑게(Carl Lange)를 제외하면 자율신경계와 내장 기관은 의식 밖의 영역에 위치한 것으로 여겨졌다. 하지만 나에게는 이러한 내적 지각에 대한 이해가 근본적으로 틀리지 않았더라도 한계점이 존재한다는 것이 점점 명확해졌다. 나는 사람들이 자신의 내장 상태를 인식할 수 있을 뿐만 아니라, 이러한 인식을 기르는 것이 두려움, 분노, 슬픔, 수치심 등 다양한 트라우마나 힘든 감각과 감정을 다스리는 데 필수적이라는 것을 알게 되었다. 실제로 문제를 야기하는 이런 감정들은 습관적인 근육과 내장 상태에서 파생된다는 사실이 점점 더 분명해졌다. 우리의 감정 상태를 변화시키기 위해서는 먼저 근본적인 자율신경계, 내장, 운동 감각을 변화시키는 것이 필요하다. 이러한 변화를 위해서는 신뢰할 수 있는 내수용 인식(interoceptive awareness)을 개발하는 것이 필수적이다. 내수용감각(interoception)은 일반적으로 신체 내부에서 자극을 받는 모든 감각을 말한다. 이는 근육과 내장 기관에 있는 수많은 감각 수용체를 포함하며, 이러한 수용체는 복잡한 피드백 시스템의 일부로 뇌간의 핵(nuclei)과 신경학적으로 연결되어 있다. 내수용감각은 외상 후 스트레스 장애와 같은 임상적인 조건에서 비정상적인 상태에 있는 것으로 여겨진다. 따라서 나의 연구는 임상적인 신체 인식 접근이었지만, 포지스의 다미주 이론을 분명하게 반영하고 있으며, 이 짧은 장에서 그 내용을 밝히고자 한다.

이 이야기는 1969년에 있었던 예상치 못한 중대한 사건으로 거슬러 올라간다. 당시 나는 몸-마음(body-mind) 스트레스 치료 방식을 개발하고 있었다. UC 버클리 의학 및 생물물리학과 박사 과정에 재학 중이었던 나는, 이러한 다학제 프로그램에서 임상 실습과 함께 신경생리학, 스트레스 연구, 동물학, 물리학, 수학 등 내가 원하는 분야를 자유롭게 공부할 수 있었다. 어느 날, 스트레스와 몸-마음 치유에 대한 나의 깊은 관심을 알고 있던 정신과 의사 친구 에드 잭슨(Ed Jackson)이 그의 환자인 낸시(Nancy, 가명)를 봐줄 것을 요청했다. 당시 나는 만성 교감신경 각성의 징후인 고혈압을 보이는 15명의 사람들을 대상으로 일련의 신체 인식 운동을 실험하고 있었다. 그들에게 목, 턱, 어깨의 특정 근육을 이완시키는 방법을 가르치면 빠르게는 20분 만에 고혈압이 정상수준(120/70)으로 돌아오는 경우가 종종 있음을 발견했다. 이는 자율신경계의 교감신경과 부교감신경 사이의 동적 균형이 회복되었음을 의미했다.

낸시는 섬유근육통, 만성피로, 과민성 대장 증후군, 편두통, 심한 월경 전 증후군, 비뇨기 질환으로 고통받고 있었다. 또한 남편의 동행 없이는 집 밖으로 나가지 못할 정도의 공황 발작과 광장 공포증에 시달렸다. 심지어 남편의 도움에도 불구하고 그녀에게 있어서 집을 나서는 일은 무섭고 진이 빠지는 일이었다. 그녀의 삶은 생지옥이 되어버렸다. 내 정신과 의사 친구는 나의 이완 운동이 그녀의 극심한 불안증을 조금이라도 완화하는 데 도움이 될 수 있을 것이라고 생각했다.

나는 최선을 다해 낸시를 돕고자 하였고, 그녀와 이완 세션을 시작했다. 그녀가 도착했을 때 그녀의 경동맥 맥박을 관찰한 결과 심박수는 분당 약 120회였으며, 이는 교감신경계의 각성을 의미하는 것이었다. 그녀는 고개를 숙이고 결코 나와 눈을 마주치지 않으려고 했다. 나는 조심스레 그녀에게 목과 턱의 특정 근육을 이완하는 방법을 알려주었고, 다행스럽게도 그녀의 심박수는 점차 정상에 가까운 분당 75회로 떨어져 교감신경계와 부교감신경계 사이의 상호 관계가 균형을 회복한 듯 했다. 나는 내 기법의 효과에 만족했을 뿐만 아니라 나아진 그녀의 모습에도 감사했다. 그러나 그녀가 안정을 되찾은 듯했을 때 그녀의 심박수는 갑자기 분당 160회로 급증했다(이는 교감신경계의 과잉활성화를 의미한다). 이후 다시 심박수가 서서히 감소하는 것을 보고 안도했지만, 이제는 반대로 심박수가 분당 50회로 급락하기 시작했다(이는 예상치 못한 강력한 부교감신경계의 우세를 나타내는 듯했다). 이때 그녀의 얼굴은 창백해졌고 손은 얼음장처럼 차가워졌다. 그녀의 눈은 절박하게 나를 바라보며

'저 죽어가고 있어요. 죽게 내버려두지 말아주세요. 도와주세요. 제발 죽게 내버려두지 마세요'라고 외치고 있었다. 그녀의 맥박이 가장 느린 속도에 도달한 가장 위험한 순간에서, 나는 그녀에게 효과적인 '탈출 동작(action of escape)'을 상상하도록 유도할 수 있었는데, 나에게 갑자기 먹이를 향해 뛰어오르는 호랑이의 이미지가 떠올랐기 때문이다. 나는 직감을 믿고 호랑이 이미지의 의미를 완전히 이해하지 못한 채로 그녀에게 "낸시, 호랑이가 쫓아와요! 빨리 뛰어서 저 바위 위로 도망가요!"라고 명령하여 그녀가 적응적인 방어 반응을 할 수 있도록 했다. 나중에 낸시는 처음에는 다리가 움직일 수 없었고 "납덩이처럼 느껴졌다"고 말했다. 하지만 곧바로 그녀는 자신의 몸이 "에너지로 가득 차고 있다"는 것을 느꼈다. 그녀는 나의 격려로 이러한 감각에 머무를 수 있었고, 움직이기 시작하고는 곧이어 전력으로 달리고, 마침내 탈출에 성공했다고 말했다. 낸시는 '바위' 위로 도망간 후에 고개를 돌려 아래를 내려다보았을 때, 그곳에는 호랑이가 아니라 편도선 절제술을 받기 위해 여러 의사와 간호사들에게 억눌린 채 에테르 마스크를 강제로 쓰고 있는 4살 때의 자신을 보았다고 말했다. 당시의 그녀는 완전히 공포에 질려 압도당한 상태였다. 그녀의 몸은 20년 동안 적극적으로 이 경험으로부터 탈출을 원하고 있었고, 절체절명의 순간에 호랑이의 이미지에 반응하는 것을 통해 탈출에 성공한 것이었다. 그녀의 성공적인 탈출은 이제 무력감과 패배감 대신, 힘과 주체성을 나타내는 새로운 절차적 기억의 흔적으로 몸에 새겨졌다(Levine, 2015).

세션을 진행하는 동안, 낸시는 몸의 떨림, 심박수 변화, 체온의 변화—차가움에서 따뜻함으로 그리고 마침내 안정적이고 따뜻한 피부 톤으로의 변화—를 경험했다. 이 변화의 주기들은 깊고 자연스러운 호흡으로 이어졌다. 세션이 끝날 무렵, 그녀는 눈을 뜨고 나를 바라보았는데, 이번에는 두려움이나 집착이 아니라 상호 간 연결에 대한 기쁨의 눈으로 나를 바라보고 있었다. 이 부드러운 시선을 공유하며, 그녀는 자신의 몸에서 "간질간질한 온기의 파도 속에 안겨 있는 듯한 느낌"을 받았다고 말했다.

우리는 몇 번의 세션을 더 진행했다. 그 후, 그녀의 많은 신체적 증상이 해결되거나 크게 개선되었고, 그녀는 박사과정(아이러니하게도 생리학 박사과정)을 재개할 수 있었다. 2년 후 추적 관찰 결과, 그녀는 더 이상 공황 발작을 경험하지 않았고 UC 버클리가 제공하는 다양하고 흥미로운 것들을 탐험하며 즐기고 있었다. 말할 필요도 없이, 나는 그녀의 극적인 생리학적 변화와 세션이 끝날 무렵 나타난 유익한 효과를 이해하려고 노력하기 시작했다.

세션에서 일어난 일과 그녀의 장기적인 호전을 이해하기 위해 나는 여러 방향에서 접근해야 했다.

먼저, 나는 자연 환경에서 야생 동물을 연구하는 동물행동학(ethology) 분야와, 자율신경계에 대한 이해를 통해 그 실마리를 찾고자 했다. 1969년, 낸시와 만나기 몇 달 전에, 나는 동물학과에서 주최한 동물 행동에 관한 세미나에 참석하고 있었다. 교수진 중 한 명인 동물행동학 박사 피터 말러(Peter Marler)는 잘 알려지지 않은 생물학적 현상에 대해 언급했다. 그는 야생동물이 저항 없이 신체적으로 억제될 때, 극단적으로 부동화된 상태인 긴장성 부동화(tonic immobility) 상태(일반적으로 '죽은 척하기'라고 알려진)에 들어간다고 설명했다. 긴장성 부동화 상태에서는 동물의 호흡이 매우 희미해져 살아있음을 알아채기가 어렵다. 육안으로 보면 죽은 것처럼 보이지만 이는 단순히 죽은 척을 하는 것이 아니라 죽음과 유사한 타나토시스(thanatosis)라고 불리는 심오한 생리적 상태에 들어간 것이다. 이 상태에서는 일반적으로 부교감신경이 지배적이기 때문에 동물의 심박수는 극도로 낮아진다. 동물들은 몇 초에서 몇 분 안에(보통 포식자가 떠난 후) 이 마비 상태에서 자연스럽게 회복된다. 그러나 동물이 이 상태에서, 또는 이 상태로 전환된 직후에 공포가 유발되면 이 죽음과도 같은 상태에 더 오래 갇혀 있게 된다. 나는 이것이 낸시가 부동화되어 신체적으로 굳어 버리고 공포에 질렸을 때 일어난 일이라고 추론했다.

부동화의 신경학적 기질을 연구하는 몇 안 되는 그룹 중 하나인 브라질 연방 의과대학의 생리학 실험실을 방문했을 때, 나는 깜짝 놀라 신체가 억제당한 기니피그를 관찰할 수 있는 드문 기회를 가질 수 있었다. 겁에 질린 동물들이 탈출을 위해 몸부림치자 처음에는 낸시와 같이 심박수가 매우 높아졌다. 이는 동물이 투쟁-도피 반응(즉, 교감신경의 우세)을 활성화할 때 예상되는 반응이었다. 그러나 기니피그가 계속해서 필사적으로 몸부림을 치자 심박수와 호흡은 갑자기 매우 낮은 수준(즉, 부교감신경의 우세)으로 급격히 떨어졌다. 일반적으로 부교감신경계 활동과 연관된 이완과는 달리, 이들의 반응(낸시의 반응과 같은)은 이완된 반응이라고 보기에는 힘들었다. 기니피그들은 겁에 질려 있거나, 얼어붙거나, 기절한 것처럼 보였다. 나는 긴장성 부동화 상태에서 벗어나려고 할 때마다 반복적으로 겁을 먹은 기니피그들이 훨씬 더 오랜 시간 동안 부동화 상태에 머물렀다는 추가적인 관찰 결과에 흥미를 가졌다. 어떤 경우에는, 동물행동학 세미나에서 배웠던 몇 초에서 몇 분간의 긴장성 부동화 상태가 아니라 24시간 이상 지속되는 장기적 긴장성 부동화 상태가 관찰되기도 했다. 이러한 장기적인 긴장성 부동화는 공포-강화 부동(fear-potentiated immobility)으로 알려져 있는데, 이는 1977년 갈럽(Gallup)과 메이서(Maser)가 그들의 책에서 처음으로 설명한 개념이다(Maser & Seligman, 1977). 내가 정신과 학회에서 강연을 마치고 나갈 때 한 낯선 사람을 만났는데, 그 남자는 자신을 잭 메이서라고 밝히며 장난꾸러기 같은 미소를 지었다. 그는 내가 방금 연설과 비디오 시연에서 인용한 인물이었다! 그는 수십 년 전 자신의 학술 연구가 인간의 트라우마 치유를 위한 임상적인 적용에 도움이 되었다는 사실에 진심으로 기쁨을 표현했다. 이런 류의 우연은 나를 항상 기쁘게 하는 것 같다.

메이서의 연구와 내가 브라질에서 관찰한 기니피그 실험을 통해, 낸시와 같은 환자의 치유 과정, 그들의 몸을 얼어붙게 하는 요인, 그리고 어떻게 그들이 결국에 트라우마를 해결했는지 등을 더 명확하게 이해할 수 있었다. 부동화 상태의 포유류와 트라우마를 입은 사람 사이에는 어떤 유사점이 있을까? 특히, 무엇이 인간을 이렇게 한없이 얼어붙거나 기절된 상태를 유지하도록 만드는 것일까? 나는 내 내담자들이 겁에 질린 기니피그처럼 반복적으로 겁을 먹고 있다는 사실을 통해 깨달음을 얻을 수 있었다. 기니피그와의 차이점은 트라우마에 시달리는 사람들은 부동화 상태가 자연적으로 풀리기 시작하면서 나타나는 신체적 감각에도 겁을 먹고 있다는 것이었다. 몸이 풀리기 시작하면서 처음 마주하는 감각은 부동화가 시작되기 전에 존재했던 높은 교감신경계의 상태였다. 부동화 상태에서 풀려나 교감신경계가 높은 수준으로 활성화되며 생겨나는 신체내부의 감각에 대한 이들의 두려움은, 마치 공포에 갇힌 기니피그와 같이 반복적으로 그들을 다시 부동화 상태로 만들고 하염없이 공포 속에 갇혀 있게 만들었다. 이것이 바로 반복적으로 겁에 질리면서도 위협이 지나가면 빠르게 항상성을 찾는 부동화 상태의 야생동물과, 반복적으로 스스로를 놀라게 하여 평생 트라우마에 갇혀 살 수 있는 인간의 차이점이었다. 1960년대 밴드인 댄 힉스 앤 히스 핫 릭스는 이와 같이 노래하기도 했다. "내가 두려워하는 것은 나 자신일 뿐, 나는 스스로를 놀라게 하지 않을 거야."

내면화된 두려움이 부동화 상태를 거의 영원히 유지하는 방법에 대해 알게 된 후, 내 연구는 내담자가 부동화 상태의 감각에 진입하고, 또 이로부터 나올 수 있도록 돕는 효과적이고 부드러우며 정교한 방법을 끊임없이 추구하는 방향으로 재조정되었다. 이를 통해 내담자는 이러한 회복적인 감각에 익숙해져 점차적으로 셧다운 상태에서 벗어나 투쟁-도피와 같은 과각성(hyperarousal) 상태로 전환된 후에, 안내를 받으며 항상성 평형과 내적 균형을 회복할 수 있었다(그림 1.1 참조). 이 과정을 정교화하고자 하는 나의 열정은 나의 진로를 학자에서 임상의와 독립 과학자(gentleman scientist)의 길로 바꾸었다. 이 지점에서 스티븐과 나의 역할이 서로 달랐지만, 그럼에도 불구하고 우리의 관심사는 여전히 하나로 수렴했다.

〈그림 1.1a〉 이 차트는 시간 경과에 따른 자율신경계 각성을 나타낸다. 각성은 세 가지 상태로 구분된다. 투쟁 또는 도피(과각성), 셧다운(저각성), 그리고 (그 가운데의) 건강하고 적응적인 자기조절이다.

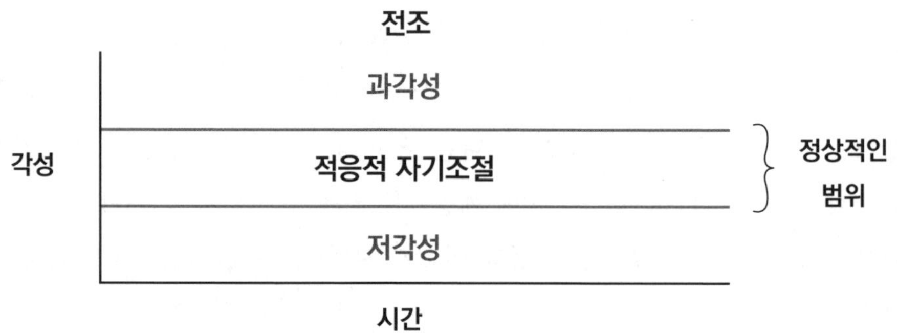

〈그림 1.1b〉 트라우마에 시달리는 사람은 자율신경계 각성을 조절하지 못해 극도의 과각성과 저각성 사이를 급격하게 오간다.

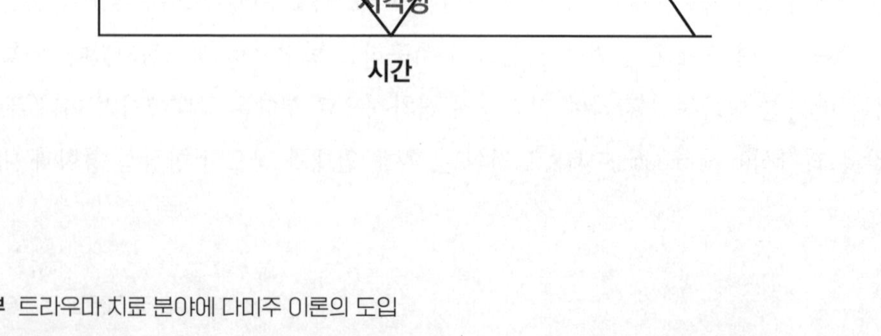

우연히 얻게 된 낸시와의 시간과 그 후의 동물관찰을 통해 나는 몇 가지 교훈을 얻을 수 있었다. 나를 당황하게 만든 자각 중 하나는 내 개입이 충분히 낸시에게 트라우마를 재경험하게 할 수 있었다는 사실이다. 트라우마 경험의 가장 두려운 부분에 낸시를 노출시킴으로써 나는 본의 아니게 낸시를 이전의 압도되고 붕괴된 부동화 상태(기니피그가 반복적으로 겁을 먹은 것과 유사하게)로 되돌릴 위험을 감수한 셈이었다. 나는 그녀를 더 깊은 무력감과 절망에 빠뜨릴 수도 있었다.

그 당시 내 인생에 영향을 미친 또 하나는 베트남 전쟁에서 돌아온 참전 용사들이 겪은 비참한 피해였다. 나는 치료사이자 임상의로서, 이 전쟁이 가져온 보이지 않는 상처와 트라우마에 시달리는 참전용사들을 대상으로 노출 요법이라 알려진 외상 "치료법"의 후유증을 다루고 있었다. 이 과격한(sledgehammer) 치료법에서 참전용사들은 트라우마의 "늪"이 어느 정도 해소될 때까지 자신의 트라우마에서 가장 끔찍하고 무서운 부분을 반복해서 재현하도록 지시받았다. 하지만 이들이 경험하는 계속되는 쉘 쇼크(shell shock)에 대한 관찰을 바탕으로 나는 이런 종류의 홍수법은 불필요하게 트라우마가 재발할 수 있는 위험을 수반한다고 느꼈다. (외상 후 스트레스 장애라는 진단이 나오기 약 십 년 전이었고, 쉘 쇼크와 같은 전쟁 신경증은 제1차 세계대전의 비참한 영향이 남긴 진실하고 생생한 표현이었다) 따라서 나는 신체화 체험을 계속 개발하면서 적정화(titration)라는 기본 원칙을 도입했다. 동적 처리 속도를 의도적으로 늦추는 작업은 내가 낸시로부터 관찰했던 생리적, 정서적 반응을 다루는 작업을 포함한다. 그러나 적정화를 적용하면 이러한 생리적, 정서적 반응이 훨씬 더 온화하고 부드러운 형태로 이루어진다. 환자는 점진적으로 방향 설정(orienting) 단계와 안정(settling) 단계 사이의 완충을 기반으로 트라우마 기억의 작은 부분만 경험할 수 있도록 유도된다. 이때 유발되는 미묘한 내수용감각의 인식을 통해 환자는 위험할 정도로 생생한 홍수법의 위험을 최소화할 수 있으며, 이러한 트라우마의 조각들을 한 번에 하나씩 성공적으로 소화하고 통합(즉, 재조정; renegotiate)할 수 있는 기회를 얻게 된다(Levine, 2010).

〈그림 1.1c〉 우리는 그들의 경험을 늦추고 강도를 억제함으로써 이러한 불규칙한 변동을 억제하도록 돕는다. 자신의 각성 정도를 통제할 수 있게 되면, 트라우마와의 관계를 재조정할 수 있게 된다.

2단계: 재조정

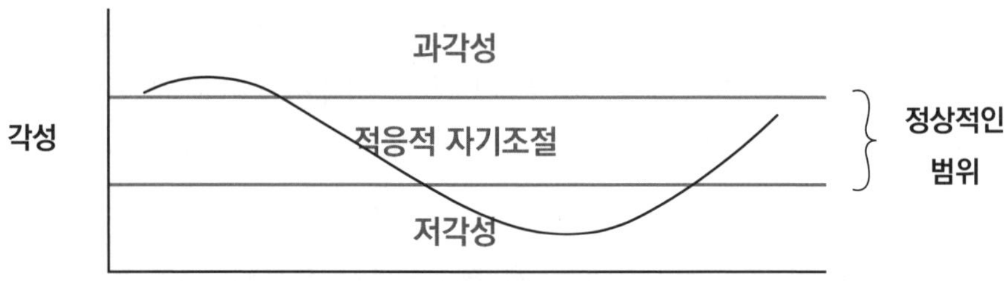

〈그림 1.1d〉 각성을 더 잘 조절할 수 있게 되면 일상적인 상황에서의 스트레스에 더 유연하게 적응하고 적응적인 자기조절을 다시 할 수 있게 된다.

3단계: 자기조절

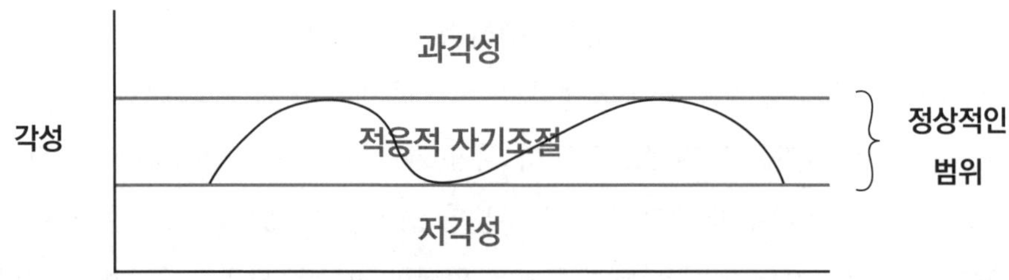

낸시와의 세션에서 가장 큰 미스터리 중 하나는 그녀의 갑작스러운 심박수 변화(및 방향)에 관한 것이었다. 이는 자율신경계 활동의 불연속적인(그리고 역설적인) 변화를 반영하는 것이었다. 나를 당황하게 했던 점은 낸시의 심박수가 과도한 활성화 수준(도피를 위한 교감신경계의 준비 상태)에서 죽음을 예고하는 훨씬 낮은 수준으로 떨어졌다는 점이었다. 당시에는 교감신경계와 부교감신경계 사이에 상호적인(선형적이며 반비례적인) 관계가 있다는 것이 일반적인 이해였다. 스트레스나 위협에 직면하면 교감신경계가 활성화되고, 이후 교감신경계는 비활성화되고 부교감신경계의 반동과 깊은 이완이 뒤따랐다(그림 1.2 참조). 이와 같은 유연한 상호보완성을 이해하기 위해 다음과 같은 비유를 사용해 보자. 잘 정비된 자동차의 가속페달을 밟고 서서히 가속하다가 가속페달에서 발을 옮겨 브레이크에 가볍게 발을 옮기면서 차가 부드럽게 정지할 때까지 꾸준히 브레이크 페달에 압력을 높인다고 상상하는 것이다.

그러나 낸시의 경우에는 매우 다른 일련의 사건으로 인해 매우 높은 교감신경 상태와 그보다 더 높은 부교감신경 상태 사이에서 심박수가 격렬하게 변동했다. 부교감신경계가 지배적인 상태가 강한 교감신경 활성화를 압도하여 그녀의 심박수를 죽음과 같은 상태로 급격히 떨어뜨린 것처럼 보였는데, 부교감신경계가 제대로 작동했다면 느꼈어야 할 편안함 대신, 그녀는 몸이 완전히 마비되는 공포에 빠졌다. 이건 말이 되지 않는 일이었다. 분명히 그녀의 신경계는 균형 잡힌 방식으로 작동하고 있지 않았다. 그 이유는 무엇일까?

낸시의 교감신경계가 완전히 활성화된 상태에서도 부교감신경계가 교감신경계의 효과를 압도한 것이 분명했다. 이는 마치 자동차의 비유에서 (교감신경계의) 가속페달과 (미주신경의) 브레이크를 동시에 강하게 밟은 것과 같았다. 자동차는 브레이크를 풀 때까지 움직이지 않았고, 브레이크가 풀리는 순간 자동차는 갑자기 앞으로 튀어나간 것이다. 마찬가지로, 낸시의 반응은 교감신경계와 부교감신경계의 반응이 동시에 나타나는 것처럼 보였는데, (배측)미주신경 브레이크가 그녀를 움직이지 못하게 했지만, 그 기저에는 높은 교감신경계의 활성화가 있었다(즉, 그녀는 공포에 몸이 굳은 것이다. 그림 1.3 참조). 호랑이를 상상한 것은 교감신경계가 부동화 상태를 극복하고 그 에너지를 일관되고 적극적인 반응으로 조직화하여 탈출이라는 의미 있는 행동 과정을 완료하는 데 도움이 된 것으로 보인다. 이를 통해 그녀는 균형 잡힌 교감신경계 및 부교감신경계(복측미주신경)의 상호보완적인 범위로 돌아와 깊은 이완을 경험할 수 있었던 것이다.

〈그림 1.2〉 상호적 자율신경계 역학

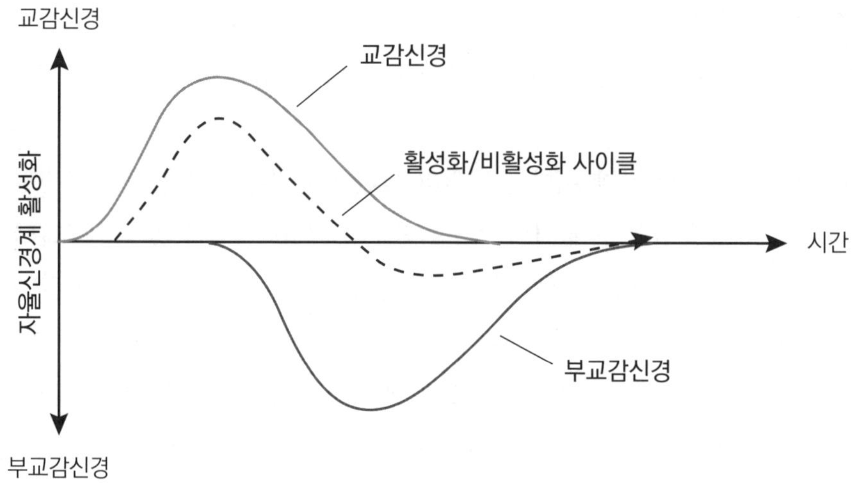

호랑이의 이미지가 낸시(그리고 나를) 트라우마가 재발할 가능성으로부터 구해주었지만, 이는 내가 동물학 및 생리학 연구에서 부분적으로 얻은 직관적 아이디어를 적용하는 수준에 불과했다. 이 수수께끼 같은 사건은 계속해서 나를 괴롭혔다. 어떤 종류의 개입이 언제, 어디서, 그리고 어떤 방법으로 제공되는 것이 적절한지 정확히 알기 위해서는 내담자의 내부 자율신경 상태에 대한 명확한 지도가 필요했다. 1972년에 나는 소수의 버클리 대학교 학생들에게 아직 확립되지 않은 나의 치료법을 가르치기 시작했기에 이러한 이해는 나에게 특히 중요했다.

1995년 나는 마침내 실마리를 잡았다. 포지스는 중뇌간 배측 운동핵의 10번째 뇌신경에 의해 제어되는 제2부교감신경계의 존재를 가정한 획기적인 연구를 발표하면서 이 자율신경계의 역설을 다루었다. 이 원시적이고 수초화되지 않은 미주 시스템은 교감신경계와 병렬적으로 그리고 어느 정도 독립적으로 작동할 수 있는 것으로 보였다(Levine, 1977). 이전의 당혹스러운 수수께끼의 조각들이 드디어 맞춰지기 시작한 것이었다. 하지만 내가 박사과정 연구 중 수수께끼에 직면했던 1970년대로 잠시 다시 돌아가보자.

1970년대 중반에 나는 호흡과 심박수 변동 사이의 흥미로운 관계를 발견했다. 건강한 사람의 경우 숨을 들이마시면 심박수가 증가하고, 숨을 내쉴 때는 심박수가 감소하는 완만한 관계가 있었다. 이는 교감신경계와 부교감신경계의 상호 균형과 관련이 있는 것으로 보였다. 개인의 스트레스와 불안 수준이 증가함에 따라 들숨과 날숨에 따른 심박수의 변화는 거의 또는 전혀 없었다. 그런데 내 연구와 치료의 대상이었던 만성 스트레스와 트라우마를 가진 사람들에게는 종종 역설적이고 정반대의 반응이 나타나기도 했다. 숨을 들이마실 때 심박수가 감소하고 내쉴 때 심박수가 증가한 것이다. 나는 이러한 역전 현상이 교감신경계와 부교감신경계가 동시에 활성화된 사람들과 관련이 있다고 생각했다(그림 1.3 "범람"을 참조). 호흡과 심박수 사이의 이러한 관계를 호흡성 동성 부정맥(respiratory sinus arrhythmia)이라고 하는데, 이는 심장에 대한 부교감신경(미주신경) 긴장도를 나타내는 강력한 지표이다. 가장 흥미로웠던 점은 내담자가 트라우마를 해결하고 내부 자율신경계의 균형이 회복되면서 호흡성 동성 부정맥도 이에 상응하는 긍정적인 변화를 보였다는 점이다. 하지만 아무리 노력해도 호흡성 동성 부정맥을 정량화하여 기능 장애에서 건강한 자율신경 균형 회복으로의 변화를 나타내는 임상적 개선의 정도를 추적할만한 정확한 방법은 찾을 수가 없었다. 그 당시 나는 ADHD에 관하여 포지스가 작성한, 잘 알려지지 않은 논문 한 편을 알게 되었다(Porges, Walter, Korb, & Sprague, 1975). 이 논문에서 포지스는 미주신경 긴장도(vagal tone)라는 수학적 측정법에 대해 설명했다. 이 측정법은 호흡성 동성 부정맥의 진폭과 "가중 일관성(weighted coherence)"을 반영했는데, 이는 호흡과 심박수에서 나타난 즉각적인 전환에서의 "단계 고정(phase locking)"을 나타내는 것이었다. 이 일관성 지표는 내가 찾고 있던 바로 그 유형의 측정법이었다.

〈그림 1.3〉 범람

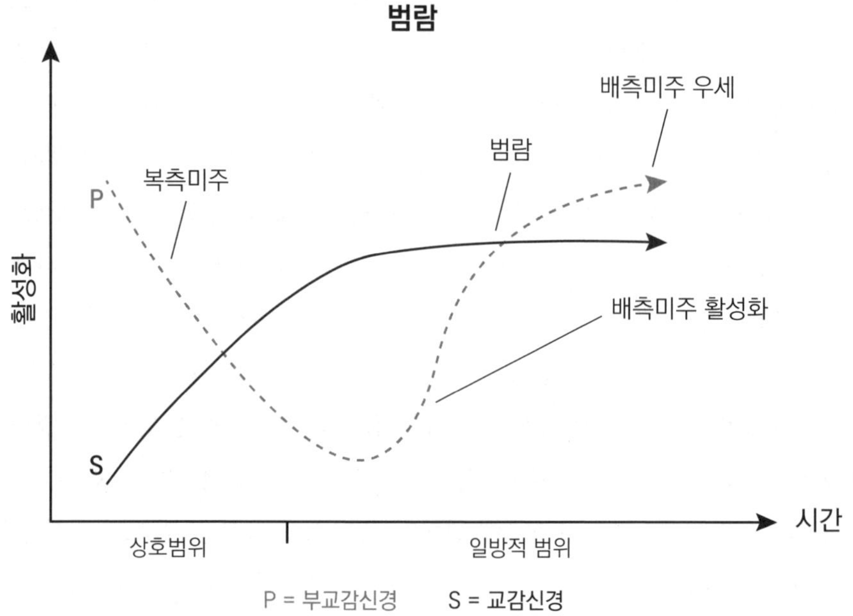

나는 즉시 (그 당시에 젊었던) 포지스 박사를 찾아 나섰다. 그때 (역시 젊었던) 나는 임상 관찰 결과의 일부를 그에게 서둘러 설명하며 누적된 스트레스에 관한 나의 박사 학위 논문을 보냈다. 일주일 후, 몇 차례의 장거리 전화 통화 끝에 스티븐과 나는 그가 안식년을 시작한 UCLA에서 만날 수 있었다. 우리는 곧바로 친해졌고 그 후 수십 년 동안 서로 협력하는 동료 사이로 지내왔다. 스티븐의 기억을 빌려 이 동화 같은 만남과 인연에 대한 몇 가지 재미있는 이야기를 소개하고자 한다.

그가 로스앤젤레스 공항에서 나를 데리러 오겠다고 했을 때, 나는 흰색 스포츠 재킷의 옷깃에 빨간 카네이션을 눈에 잘 띄게 달아 나를 쉽게 알아볼 수 있도록 하겠다고 말했다. 그런데 이 괴짜 히피(나)에게 어떤 젊은 아가씨가 하레 크리슈나 버전의 바가바드 기타(역자주: 전통적인 힌두교 경전 바가바드 기타를 크리슈나 운동의 관점에서 해석한 것)를 나눠주며 "신은 당신을 사랑하고 저 또한 당신을 사랑합니다!"라고 큰 소리로 외치는 것을 보고 그는 깜짝 놀랐다. 왜냐하면 그녀의 열정적인 선언에 내가 그녀를 끌어안고 볼에 진심 어린 입맞춤을 하며 "저도 당신을 사랑합니다!"라고 화답했기 때문이다. 그러자 그녀는 당황하며 방향을 바꾸어 도망쳤고, 스티븐은 이 이상한 광경을 멀리서 지켜보다가 조심스럽게 내게 다가왔다. 약간의 불확실함과 호기심을 서로에게 가진 채 우리는 서로를 소개한 후 UCLA 캠퍼스로 향했고, 그렇게 우리의 40년 간의 형제 같은 협력관계가 시작되었다.

우리의 첫 만남은 거의 경조증에 가까운 흥분의 연속이었다. 나는 스티븐에게 이러한 이상한 자율신경계의 효과, 특히 높은 수준으로 각성한 교감신경과 그보다 더 높은 수준의 부교감신경이 동시에 활성화되는 부교감신경 범람(parasympathetic spillover) 효과에 관한 임상 및 이론적 데이터를 보여주었다. 그는 내가 이전에 그랬던 것처럼 그럴 리가 없다고, 말이 되지 않는다고 말했다. 하지만 그것은 내가 분명히 관찰한 것이었다. 아마도 그때 우리 가운데 다미주 이론의 씨앗이 심어졌는지도 모르겠다. 어쨌든 스티븐 포지스는 약 20년 후에 다미주 이론을 처음 발표했다(Porges, 1995). 이 통합 이론은 트라우마 분야의 임상 및 이론적 작업의 모습을 영원히 바꾸어 놓을 것이었다(Levine, 2010; van der Kolk, 2014). 또한 여러 의료, 사회, 교육 분야에도 기여하게 될 것이었다. 나에게는 특히 수수께끼 해결의 마지막 실마리가 되어주었다. 이 책을 통해 그의 엄청나고 독특한 공헌에 대한 나의 관점을 밝힐 수 있게 되어 영광이다.

다미주 이론은 특정한 지각, 구체적으로 안전, 기회, 위험, 생명의 위협에 관한 지각을 주도하는 기본적인 생리적 상태에 대한 명확한 지도를 제공한다. 이 이론은 신경지가 특정한 핵심(자율신경) 신경생물학적 시스템의 창발적 특성임을 보여준다. 도시의 특정 지역을 찾는 데 지도가 유용한 것처럼, 인간 유기체의 지도는 트라우마를 탐색하고 치유할 방향을 찾는 데 중요하다. 따라서 포지스의 획기적인 연구결과는 트라우마 상태를 암묵적으로 지배하는 정신생리학적 시스템에 대한 우아하고, 설득력 있고, 합리적이며, 폭넓은 지지를 받는 명확한 보물 지도와 같다. 이 시스템은 또한 안전함, 선함(goodness), 소속감이라는 핵심 감정도 중재한다. 이런 관점에서, 다미주 이론은 통합, 회복, 변화의 경로를 밝혀준다(Porges, 2001). 또한 그의 모델은 트라우마 치료에 대한 특정 접근 방식이 자주 실패하는 이유를 명확히 설명한다.

포지스의 이론을 요약하자면, 세 가지 기본 신경 에너지의 하위 시스템이 자율신경계의 전반적인 상태와 그에 따른 행동, 감정, 지각의 기저에 위치한다(그림 1.4 참조). 이 세 가지 시스템 중 가장 원시적인 배측미주신경계(dorsal-vagal system)는 약 6억 년 전의 것으로 추정되어, 상어와 가오리와 같은 연골 어류를 포함한 초기 (척추/분절) 어종에서 그 기원을 찾을 수 있다고 본다. 이 원시 시스템의 기능은 부동화, 신진대사의 보존 및 전반적인 기능의 차단이다. 이 시스템의 기능은 내장을 그 대상으로 한다. 적응적 발달의 다음 단계는 교감신경계이다. 교감신경계는 약 4억 년 전 파충류 시기에서 기원했다고 여겨지는 전반적인 각성 시스템이다. 교감신경계의 기능은 투쟁이나 도피와 같은 향상된 행동을 시작시키며, 신체에서 교감신경계의 대상은 팔과 다리이다. 마지막으로 세 번째이자 계통학적으로 가장 최근의 시스템(약 2억 년 전부터 기원했을 것으로 추정)은 포유류, 특히 후기 사회적 포유류에만 존재한다(약 1억 년 전; 그림 1.4 참조). 이 신경 하위 시스템은 영장류에서 가장 정교하게 발달했으며, 복잡한 사회적 행동과 애착행동을 중재한다. 이 시스템은 포유류 미주신경(mammalian vagus nerve) 또는 똑똑한 미주 신경(smart vagus nerve)이라고 불리는 부교감신경계의 복측 가지(ventral branch)를 이용한다. 이 신경 섬유는 더 높은 속도와 정밀함을 위해 수초화되어 있다. 이 복측 시스템은 청각 조율, 발성 및 얼굴의 표정을 중재하는 뇌신경과 신경해부학적으로 연결되어 있다. 포지스는 이 통합된 기능을 '사회 참여 체계(social engagement system)'라고 적절하게 표현했다. 이 포유류적 시스템은 낸시의 세션 끝부분에서 서로 부드러운 눈맞춤을 할 때도 활성화되었다.

〈그림 1.4〉

상담실에서

1980년에 낸시를 만난 후 10년이 지나고 외상 후 스트레스 장애의 정의는 정신 질환 진단 매뉴얼인 DSM에 정신장애 중 하나로 등록되었다. 여기에 나열된 증상은 주로 자율신경계 교감신경 영역의 과잉 활성화에 대한 것이었다. 여기에는 과각성, 과경계, 과장된 놀람 반응, 플래시백, 수면 장애, 침습적 사고 등이 포함되었다. 그러나 1970년대와 1980

년대에 이루어진 나의 임상적 관찰은 많은 내담자들이 수초화되지 않은 배측-미주 부교감신경계(unmyelinated dorsal-vagal parasympathetic system)와 관련된 셧다운 증상을 겪고 있다는 사실을 분명히 보여주었다. 이들은 도리어 우울하고, 무기력하고, 해리를 경험하였고, 활력이 부족한 상태에 있었다. 또한 이들은 이유를 알 수 없는 만성 통증, 위장 장애, 심장 부정맥, 다양한 요로 증상 등 낸시와 유사한 다양한 신체적(기능적) 불편을 겪었다.

이 무렵, 몇몇의 버클리 의대생들이 그들의 외상 환자 치료 과정을 관찰해 줄 것을 요청했다. 내 눈에 띄었던 한 가지는 그들은 모두 환자를 직접 마주보고, 연민 어린 따뜻한 시선으로 환자를 바라보고 있었다는 점이었다. 그러나 이러한 공감은 아무 소용이 없었는데, 내담자들은 마치 치료사에게서 부끄러움을 당할 것을 두려워하는 사람과 같이 어떤 종류의 눈맞춤도 의도적으로 피하는 것처럼 시선을 돌리고 아래를 내려다보고 있었기 때문이다.

지금껏 트라우마는 신뢰의 배신, 관계적 맥락에서의 파열, 그리고 내담자를 돌보고 보호했어야 하는 사람에 의해 발생한다고 믿어져 왔다. 그런 이유에서 공감과 치료사와의 돌봄 관계를 구축하는 것이 트라우마의 치료에 있어 필요하고 또 충분하다고 가정했다. 이러한 돌봄과 정서적 보살핌은 치료사의 눈맞춤, 환자를 안심시키는 목소리, 자비로운 표정을 통해 시도되었다. 그러나 학생들과 내담자 사이의 비언어적 불협화음을 관찰한 결과, 이러한 방식은 도움이 되지 않는 것이 분명했다. 오히려 내담자들은 그러한 눈맞춤과 친절을 받을 때 더욱 위축되고 굳어 버리는 것처럼 보였다.

트라우마를 연구하는 가장 독창적인 신경과학자 중 한 명인 루스 라니우스(Ruth Lanius)는 동료들과 함께 다음과 같은 간단한 실험 연구를 진행했다(Steuwe et al., 2014). 먼저 고성능 뇌 스캐너를 통해 트라우마를 입지 않은 대조군 피험자에게 친절하고 친근한 얼굴 사진을 보여주었다. 당연하게도 이들의 전두엽 피질의 활동은 증가했고 편도체 활동은 감소했다. 이는 연민 어린 얼굴 표정이 사람을 진정시키는 효과가 있다는 예측 가능한 결과에 대한 실세적인 예시였다. 그러나 라니우스가 만성적 트라우마(관계적 파열)를 가진 사람들에게 같은 사진을 보여줬을 때, 이들의 전두엽 피질의 활동은 감소했고, 뇌간의 한 영역인 주위수도관회백질(periaqueductal gray)의 활동은 크게 증가한 것으로 밝혀지는 대조적인 결과가 나왔다. 이 영역은 부동화, 셧다운, 공포를 담당하는 뇌의 영역이다. 친절하고 공감하는 얼굴로 눈을 마주치는 것은 트라우마에 시달리는 피험자들의 기분을 오히려 더 나쁘게, 아마도 훨씬 더 나쁘게 만드는 것 같았다. 더 나아가 나의 임상 경험에 따르면, 우호적인 얼굴은 이들의 급성 혈관 확장(acute vasodilation), 근긴장도 저하, 활력 저하, 시선 회피 등 수치심에 대한 태도와 심리생리적 상태를 활성화하는 것으로 나타났다. 이러한 상태는 심리생리학적 및 수치심 관련 태도에 대한 점진적인 해결과 함께 자부심과 존엄성에 대한 태도를 재구성하는 작업을 통해 다루어져야 한다.

이 실험은 수십 년이 지난 후 수행된 것이었으나, 내가 이전에 많은 내담자를 관찰하고 학생들에게 가르쳤던 내용을 명확하게 설명해 주었다. 이 실험은 왜 내담자들이 나와의 시선을 피하고 아래를 쳐다보거나, 쳐다보더라도 마치 나를 관통하여, 내 뒤에 있는 무언가를 보는 것 같았는지 설명해주었다. 이러한 상호작용의 문제를 해결하기 위해 나는 내 의자를 환자와 90도 각도로 배치하는 방법을 터득했다. 이렇게 하면 내담자가 쉽게 시선을 돌릴 수 있고, 자신의 내면을 들여다보거나, 원할 경우 눈맞춤을 시작할 선택권을 갖게 된다는 것을 학생들에게 보여주었다.

나의 직관은 다미주 이론과 라니우스의 연구에 의해 확인되었다. 나는 사람들이 시선을 피하는 이유는 미주신경이 셧다운(저각성) 상태일 때, 외부 환경의 거의 모든 것을 생명의 위협으로 인식하고, 그들의 내부 상태가 변화할 때까지 이 압도적인 위협을 계속해서 인식하기 때문일 것이라 추론했다. 위협적인 포식자를 마주했을 때 피식자가 눈을 마주치지 않으려는 것은 동물 생태계 전반에 걸쳐 확인할 수 있다. 먹잇감이 직접 눈을 마주치는 것은 포식자의 치명적인 공격을 유발할 가능성이 높기 때문이다. 실제로 나를 포함한 콜로라도 등산객들은 지역의 수렵 감시관으로부터 곰을 마주치면 고개를 돌리고, 아래를 내려다본 다음, 천천히 뒤로 물러나라는 교육을 받는다.

또한, 미주신경 셧다운(저각성) 상태에 있는 많은 사람들은 만연한 수치심을 경험한다. 사람을 갉아먹고 무력하게 하는 이 감정은 셧다운 상태의 자율신경계 및 무너진 특정 신체 자세로 인해 일어나기도 한다. 실제로 이러한 패턴이 변화(해체되고 재조정)되지 않는 한, 이러한 수치심 상태에서 벗어나는 것은 거의 불가능하다. 따라서 치료사는 먼저 눈을 마주치려고 하거나, 지나치게 자주 공감적이고, 친밀한, 반영적 진술을 하려고 하지 말아야 한다. 그러나 환자의 상태가 저각성 및 셧다운 상태에서 과각성(hyperarousal) 및 과잉각성(hypervigilance) 상태로 전환된 다음에는 어느 정도 수준의 눈맞춤과 억양을 통해 접촉하는 것이 가능해진다. 이는 내담자로 하여금 에너지가 넘치는 상태의 어려운 감각들을 극복하도록 안내하고, 교감신경계의 과각성에서 이완과 회복된 균형의 방향으로 안정될 수 있도록 돕는 데 유용할 수 있다. 이러한 활성화와 비활성화의 주기가 끝나면 내담자는 종종 자발적으로 부드럽게 눈맞춤을 시작하고 이를 지속하려고 하거나 마치 처음 본 듯이 방 주위를 둘러볼 것이다.

내 학생들에게 내담자의 내적 상태를 탐색하는 방법을 설명하기 위해, 다미주 이론의 틀을 사용하여 내담자의 자율신경계에 대한 명확한 지도를 제공하여 내담자가 현재 어느 방식에 위치하고 있는지 알려주었다. 이를 통해 치료사는 적절한 시기와 개입법을 식별하고 내담자를 효과적으로 안내할 수 있었다. 예를 들어, 과각성 상태는 심박수 증가, 때로는 과호흡에 가까운 빠르고 높은 복식 호흡, 눈치를 보는듯한 시선, 안절부절 못함, 동공 확장, 크게 뜬 눈, "피부를 뚫고 나오는 것 같다"고 묘사되는 예민함과 같이 활성화된 자율신경계의 지표와 여타 강렬한 신체 감각을 통해 나타난다. 반면 저각성 상태(배측미주신경)의 기본 징후는 멍함, 해리상태, 활력 부족, 무표정하거나 얼어붙은 얼굴, 창백한 얼굴, 빠르고 느린 심박(빈맥과 서맥) 사이를 급격히 전환할 수 있으나 일반적으로는 느린 심박수 등이다. 또한 내담자의 만성적인 신체화 증상은 종종 배측미주신경 셧다운을 의미한다. 여기에는 만성 피로, 위장 및 비뇨기 문제, 심장 부정맥, 어지럼증, 일부 유형의 천식, 특정 자가면역 질환 등이 포함된다.

신체 경험 트라우마 치료에서는 내담자가 과각성 상태에 있을 때, 치료사가 진자 운동(pendulation)기법을 사용하여 이 교감신경계의 각성을 하향 조절하도록 도울 수 있다(Levine, 2010). 진자 운동은 수축과 확장이라는 반대된 힘 사이의 자연스러운 진동을 의미한다. 우리에게 내재되어 있는 이 리듬은 내담자로 하여금 트라우마의 불변성을 반박하는 흐름의 감각을 경험하도록 돕는다. 이 역동적인 원리는 "올라간 것은 내려오기 마련이다"라는 익숙하지만 무시되기 쉬운 격언을 체득하게 한다. 그러나 과각성 상태의 내담자들은 보통 증가한 각성과 관련된 수축에 저항하는데, 이는 과각성을 줄일 수 있는 확장이 일어나는 것을 방해한다. 이러한 진자 운동을 촉진하기 위한 또 다른 전략은 내담자의 주의를 손이나 발과 같은 사지의 끝으로 향하게 하는 것이다. 이러한 인식은 종종 억제감과 내면의 안전감을 제공하는데, 다미주 이론에 따르면 이는 교감신경계의 과도한 활성화를 줄이는 복측미주신경의 활동을 향상시킨다. 치료사의 억양, 약간의 눈맞춤, 그리고 부드러운 조언(안심)을 통해 내담자는 이러한 강렬한 과각성에 마음을 열고 치료사는 진자 운동을 통해 내담자가 안정될 수 있도록 도울 수 있다. 이와 같은 안심(일종의 정서적 동조)이 일관되고 진정성 있게 이루어지기 위해서는 치료사 또한 자신의 감각을 느끼고 자신의 감각과 감정을 조절하는 것이 필수적이다. 이 신체적인 공명은 신체 심리치료의 기본 원리이며 진자 운동의 이점을 촉진한다. 다미주 이론의 관점에서 치료사는 자신의 차분하고 중심이 잡힌 사회적 참여 능력을 사용하여 내담자를 고각성(교감신경) 상태에서 내부 조절과 안전의 신경지로 안내할 수 있다.

요약하자면, 진자 운동은 모든 수축(두려운 감각) 후에 확장(쾌감과 해방감)이 따를 것임을 의미한다. 그러나 이러한 사실 역시 또 다른 방식으로 두렵거나 불안하게 느껴질 수 있는데, 이러한 해방감을 처음 접하는 환자에게 이 감각은 매우 낯설기 때문이다. 복측미주신경-부교감신경 이완 반응의 회복은 자율신경계의 균형을 다시 가능하게 한다. 이 안정화 단계에서 치료사(그리고 내담자)는 더 쉬운 자발적 호흡, 얼굴과 손의 고른 색조, 약간의 변동성을 보이는 분당 74회의 안정적인 심박수를 확인할 수 있다. 또한, 치료사는 내담자가 부드러운 눈맞춤을 원한다는 것을 인식하고 그 필요에 적절히 대응할 것이다. 복측미주신경 회복의 또 다른 명확한 지표는 내담자가 주위를 둘러보고 '이제서야 안전한' 환경을 인식하기 시작하는 것이다. 이러한 지표와 행동을 통해 내담자의 사회 참여 체계가 활성화되었음을 확신할 수 있다.

과각성 상태를 다루기 위한 몇 가지 기본 지침들을 알게 되었으니, 이제 누군가가 셧다운 상태에 있을 때 사용할 수 있는 몇 가지의 전략들에 대해 살펴보고자 한다. 셧다운 상태의 내담자들이 자신의 내부 감각을 인식하는 능력은 심각하게 제한되어 있다. 내부 감각을 통해 저각성 상태인 내담자를 안정시키려는 시도는 보통 역효과를 일으키며 셧다운 상태를 악화시킬 수도 있다. 대신, 치료사는 우선 내담자를 셧다운 상태에서 벗어나, 조금이지만 관리가 가능한 과각성 상태로 안내해야 한다. 앞선 자동차 비유로 말하자면 브레이크에서 발을 살짝 떼고 부드럽게 앞으로 나아가게 하는 것으로, 이를 몇 번 반복해서 안정적인 상태를 유지하는 것과 같다. 나는 이를 안전한 교감신경계의 각성을 개발하는 것이라고 부른다. 이 때 목표는 작지만 자발적으로 생성된 각성과 힘의 감각을 만들어내고, 그 신체 감각에 대한 인식을 높이는 것이다. 셧다운 상태를 다룰 때, 나는 이와 같은 안전한 각성을 만들기 위해 기공(qigong; 역자주: 정해진 규정대로 호흡을 조절하고 정신을 안정하고 집중시킴으로 몸을 튼튼히 하는 방법)과 다른 운동 및 무술에서 응용한 움직임을 포함한 다양한 특별 기법과 도구를 사용한다. (배측)미주신경 셧다운 상태에서 벗어나는 데 있어 내가 가장 좋아하는 간단한 도구 중 하나는 '부우우우' 소리/호흡이며, 이는 심리치료에서 보편적인 좌식 자세에서도 사용할 수 있다.

다른 많은 사람들과 같이, 나 역시 치유를 촉진하고 인식의 문을 열어주는 다양한 찬팅(chanting; 역자주: 염불처럼 단순하고 반복적인 곡조의 성가)과 고대의 소리 기법을 경험했다. 노래와 찬팅은 모든 문화의 종교적 및 영적 의식에서 현실에 존재하는 것의 짐을 덜어주기 위해 사용된다. 깊게 공명하는 아랫배의 톤으로 찬팅하거나 노래하면, 뱀처럼 꼬여 있는 장, 심장, 폐, 가슴, 입, 목을 포함한 수많은 미주신경의 가지들을 편안하게 자극할 수 있다.

포지스는 그의 연구에서 미주신경의 80% 이상이 다양한 기관에서 뇌로 감각 정보를 전달하는 구심성(afferent) 경로라는 초기 신경해부학적 발견을 확증했다. 이러한 구심성 피드백 회로를 사용해 극심한 고통의 셧다운 신호를 멈추고, 내담자가 자기 강화적인 부동화 상태에서 벗어날 수 있도록 돕는 것은 필수적이다. 어떤 티벳 찬트는 수천 년 동안 성공적으로 사용되어 오기도 했다. 나는 임상에서 이러한 찬트 중 일부와 유사한 소리를 사용하는데, 어떤 소리는 내장과 횡격막을 열고 확장하며 진동시키는 데 도움이 되어 셧다운 상태에 있거나 과하게 각성된 신경계에 새로운 감각 신호를 제공하기도 한다. 이 작업은 매우 간단하다. 편안하게 깊은 숨을 들이마시고, 숨을 내쉬면서 "부우우우"('you'의 'ou'처럼 부드러운 'o') 소리를 길게 내고, 숨을 완전히 내쉴 때 배에서 느껴지는 진동에 집중하면 된다.

내담자에게 "부우우우" 소리를 소개할 때, 나는 안개 낀 만에서 무중 호각(forhorn; 역자주: 안개가 꼈을 때 경고차 울리는 뱃고동 소리)이 울려 배의 선장들에게 육지에 가까워지고 있음을 경고하고, 그들을 안전하게 집으로 안내하는 이미지를 상상해보라고 추가적으로 요청하기도 한다. 이 이미지는 여러 수준에서 작용한다. 먼저, 안개의 이미지는 무감각, 해리, 셧다운을 나타낸다. 무중 호각은 길을 잃은 배나 영혼을 안전한 항구, 즉 호흡과 복부로 되돌리는 등대의 역할을 한다. 또한, 이 이미지는 내담자가 선원과 승객을 임박한 위험으로부터 보호하는 영웅적인 역할을 맡도록 격려하기도 하며 생각을 내려놓고 놀이에 빠질 수 있는 기회를 제공하기도 한다. 가장 중요한 것은 이 이미지의 생리학적 효과이다. "부우" 소리의 진동은 내장과 횡격막(그리고 목)에서 감각을 활성화하며, 숨을 완전히 편안하게 내쉴 때 산소와 이산화탄소의 최적화된 균형을 만들어낸다(R. Whitehouse, 개인 소통, 2008년 10월 5일).

간단히 부우 연습을 하는 방법을 안내하도록 하겠다.

> 먼저, 앉을 수 있는 편안한 장소를 찾으라. 그런 다음 천천히 숨을 들이마시고 숨을 다 들이마신 후에 잠시 멈춘 다음 내쉬는 호흡동안 부드럽게 "부우…" 소리를 유지한다. 이 소리가 복부에서 나오는 것처럼 진동하게 하라. 숨이 끝날 때 잠시 멈추고 다음 호흡이 배와 가슴을 천천히 채울 수 있도록 한다. 숨을 다 들이마신 것 같다면, 잠시 멈추고 다시 숨이 완전히 내쉬어질 때까지 '부우' 소리를 낸다. 중요한 점은, 소리와 호흡을 끝까지 내뱉고 잠시 멈춘 뒤, 다음 호흡이 준비되었을 때 저절로 들이마셔지도록 기다리는 것이다. 이 방법을 먼저 한 번 반복하여 감각과 느낌이 안정되도록 한 다음, 원한다면 휴식을 취하기 전까지 몇 번 더 반복하라. 그런 다음 몸의 끝부분과 복부를 중심으로 주의를 집중하라.

기다림과 용납에 초점을 둔 이 소리내기는 여러 가지 기능을 가지고 있다. 우선, 소리를 복부로 향하게 하는 것은 특정한 종류의 감각을 불러일으키며 관찰하는 자아를 유지시킨다. 사람들은 종종 다양한 진동과 간질거림, 그리고 일반적으로 차가운(또는 뜨거운) 상태에서 시원하고 따뜻한 상태로의 온도 변화를 경험했다고 보고한다. 이러한 감각은 일반적으로 좋은 기분이지만, 처음에는 약간 불쾌하게(낯설게) 느껴질 수 있다. (예를 들면, 가벼운 메스꺼움과 따끔거림이 흔하게 발생한다) 중요한 것은 이러한 새로운 감각이 두려움에 의해 촉발된 부동화 상태와 관련된, 뒤틀리고 고통스럽고 심하게 메스꺼운, 마비되는 듯한 감각에 반대되는 경험을 제공한다는 점이다. 종종 이 작업 후에 꼬르륵 소리와 트림 소리가 나기도 한다. 나는 이러한 자연스러운(무례하게 보일 수도 있는) 반응을 인정하고 지지하는데, 이는 내담자의 소화와 동화 리듬이 다시 활성화되고 있음을 나타내기 때문이다. 이것은 또한 다양한 즐거운 감각과 본능(직관적 감각)에 접근할 수 있게 한다. 내담자의 신체는 이제 성공적으로 낮은 스트레스 상태로 돌아왔으며, 자율신경계의 교감신경과 부교감신경 가지 사이의 균형이 더 잘 맞춰진 상태에 있다.

미주신경이 주로 구심성이라는 점에서 이 거대한 신경의 주 역할은 내장에서 뇌로 정보를 전달하는 것이다. 내장에서 뇌로 전달되는 감각 신호가 (상행) 미주신경을 따라 변화하게 되면, 뇌에서 다시 장기로 보내지는 신호에도 강력한 영향을 미칠 가능성이 높을 것으로 보인다. 내장이 내수용감각을 통해 감지한 안전과 기쁨이라는 메시지를 보내면, 뇌는 정상적인 조절, 소화, 감각, 사회적 기능을 시작하라는 명령을 보내고, 항상성의 균형이 회복된다. 포지스(Porges, 2009) 역시 다음과 같이 이 주요 조절 시스템에 동의했다. "내장으로부터의 구심성 피드백은 사회 참여 행동과 관련된 친사회적 회로의 접근성을 중재하는 주요 기능을 제공한다."

정신신체의학 너머: 다미주 이론은 내과에 어떤 정보들을 제공하는가

앞서 언급했듯, 장기간의 스트레스와 외상으로 인해 나와 만났던 많은 환자들은 만성통증, 만성피로, 소화장애, 기타 다양한 호흡기 및 심순환계 질환의 증상을 보였다. 이러한 환자들은 기질적인 원인이 명확하게 밝혀지지 않아 의료 시스템에서 외면당하는 경우가 많았다. 끝없이 이어지는 예측 불가능하고, 불안정하고, 변화하는 이들의 증상은 의사들을 혼란스럽게 하거나 짜증나게 만들었으며, 종종 이들을 심인성, 혹은 관심 받고 싶어하는 꾀병이라 낙인 찍게 하였다. 바로 이 부분이 심신 이원론이 실제로 고통받는 이들을 완전히 버린 지점이다.

이러한 유형의 신체적, 행동적, 정서적 증상을 이해하고 치료하는 데 있어 만성적인 스트레스와 외상의 역할이 밝혀지고 있다. 이와 같은 징후와 증상은 투쟁-도피 및 긴장성 부동화와 관련된 생존 기반의 행동 및 생리적(체성 및 자율신경) 반응에서 찾을 수 있다. 이와 관련하여, 이런 반응들의 적응적 가치를 간략히 언급할 필요가 있다. 첫째, 긴장성 부동화는 움직이지 않음으로 포식자가 피식자를 알아차리지 못할 가능성을 높인다. 또한, 대다수의 포식자는 저항하지 않거나 죽은 것처럼 보이는 먹잇감은 공격하지 않는다. 이는 포식자가 죽은 동물이나 병든 동물을 먹으면 다양한 병원균에 노출될 수 있기 때문으로, 포식자의 자기 보호적인 반응일 가능성이 높다. 더 나아가, 피식자의 배측미주신경에서 비롯된 격렬한 배설물 배출(설사)과 구토가 일어나게 되면 이제 이 먹잇감은 바람직한 식사와는 거리가 멀어진다. 그러나 피식자가 움직일 수 있게 되면 교감신경 활동이 격렬히 급증하게 되는데, 이는 피식자로 하여금 "방향 없는 도주(undirected flight)" 또는 "분노의 반격(rage counterattack)"을 준비하게 한다. 한번 속은 전략에 포식자가 또 다시 속을 가능성은 낮다는 점에서 이는 의미가 있다. 나는 고양이가 잡은 쥐가 곧바로 움직임을 멈추는 것을 여러 번 목격한 적이 있다. 그러나 고양이는 놀이를 계속하기 바라는 듯이 앞발로 쥐를 부드럽게 툭툭 쳐서 움직이게 하려고 했다. 그러자 그 쥐는 고양이의 앞발로 밀쳐진 방향으로 미친듯이 격렬하게(매우 높은 교감신경 반응) 도망쳤다. 몇 번은 부동화에서 풀려난 쥐가 고양이와 정면으로 마주했을 때, 고양이의 코에 바로 달려들어 고양이를 놀라게 하고 필사적으로 도망쳐 살아남는 경우도 있었다.

포지스와 다미주 이론의 공헌 덕분에 우리는 이제 자율신경계, 신체 및 정서적 요소를 포함하는 변동하는 증상들에 대해 더 나은 평가와 진단, 그리고 치료 시스템을 제공할 수 있는 명확한 모델을 갖추게 되었다. 가능한 기질적 원인을 조사하는 것도 중요하지만, 이러한 당혹스러운 증상(의학적으로 설명할 수 없는)이 스트레스 관련 조절 장애로서 공통된 뿌리를 가질 수 있다는 점, 즉 제대로 식별되면 효과적으로 치료할 수 있는 하나의 기저 증후군을 구성할 수 있다는 점을 인식하는 것도 마찬가지로 중요하다.

나는 이 혼란스러운 증상의 집합을 자율신경 조절장애 증후군(autonomic dysregulation syndrome)이라 부를 것을 제안했다. 이 장애의 중요한 식별요인인 조절 장애는 교감신경계와 부교감신경계 사이의 상호 균형을 통한 유기적인 자기조절을 재확립하는 중재법에 치료의 열쇠가 있음을 시사한다. 이 장애에서 일차적으로는 여러 장기 시스템에 영향을 미치는 자율신경계의 역할이 중요하지만, HPA 축 조절 장애 및 근육의 불균형한(과도하게 높거나 낮은) 긴장도에 주목하는 것 역시 중요하다.

자율신경 조절장애 증후군은 빈번하게 오진되는 자율신경 장애의 증상으로, 다미주 이론의 관점에서 쉽게 이해할 수 있다. 의학적 관점에서 흥미로운 점은 이러한 전반적인 반응이 다양한 방식으로 활성화된다는 것이다. 이는 피할 수 없는 외부 위협과의 만남, 지속적인 스트레스, 또는 심각한 질병이나 부상과 같은 내부의 위협에서 비롯될 수 있다(Levine, 2010; Scaer, 2014).

교감신경 각성이 증가하면 근육은 긴장되고 심박수, 혈압, 호흡이 증가한다. 배측미주신경 상태의 특징은 두드러지는 에너지 보존과 질병이나 부상과 관련된 근육 긴장도 부족(셧다운)을 포함한다. 이와 같은 특징들은 당시 젊은 의대생이었던 선구적인 스트레스 연구자 한스 셀리에(Hans Selye)에 의해 주목을 받게 되었다. 셀리에는 교수들이 환자들의 다양한 상태의 여러가지 증상에 대해 이야기를 늘어놓는 동안 한 가지 눈에 띄는 공통점을 발견했는데, 그것은 바로 모든 환자들이 단순히 아파 보인다는 것이었다(Selye, 1955, 1956). 이러한 비특이적 셧다운의 지표에는 무표정, 창백한 얼굴, 쓰러진 것처럼 보이는 몸, 힘없고 활력이 없는 움직임이 포함된다.

요약하자면, 생존에 기반한 본능적 반응(동화 또는 부동화)은 일시적으로 나타나고, 위협이 사라지거나 질병이나 부상이 해결된 후에는 중단(재설정)되도록 설계되어 있다. 그러나 핵심적인 자율신경의 항상성을 적시에 회복하지 못해 이러한 반응이 해결되지 못하면 개인의 자율신경계에는 지속적으로 스트레스가 쌓이게 된다(Levine, 1997, 1986). 이러한 알로스타틱 부하(allostatic load)는 자율신경 조절장애 증후군의 다양한 징후와 증상을 유발하며 질병, 트라우마 또는 장기적인 스트레스와 같이, 겉보기에는 다양한 유발 요인의 후유증으로 만성 피로 증후군과 섬유근육통이 종종 왜 발생하게 되는지에 대한 미스터리를 설명하는데 도움이 될 수 있다(Levine, 1977; McEwen, 2002).

교감신경 과각성의 증상에는 긴장, 통증(Levine & Phillips, 2012), 섬유근육통, 혈관 수축(vasoconstriction; 역자주: 수족냉증 혹은 레이노 증후군), 과도한 발한, 과도한 심박(빈맥) 등이 있는 반면, 미주신경 저각성의 증상으로는 셧다운, 무감각, 만성 피로, 과민성 대장 증후군, 위식도 역류, 낮은 심박수 또는 혈압, 실신(기립성 빈맥 증후군), 약간의 어지러움, 편두통, 특정 심장 부정맥 등이 있다(Scaer, 2014; Chang et al., 2009).

일부 증후군은 교감신경과 부교감신경(미주신경 활성화로 인한) 증상 간의 순차적 또는 동시적 상호 작용의 발현으로 보인다. 예를 들어 편두통은 혈관 수축(교감신경 긴장도 증가)과 갑작스러운 혈관 확장(교감신경 긴장도 감소) 단계가 순차적으로 나타나는 것으로 보인다. 일부 심장 부정맥은 빈맥과 서맥을 모두 동반하기도 한다. 이와 유사하게 과민성 대장 증후군은 내부 항문 괄약근의 교감신경적 수축과 함께, (종방향) 장 평활근(intestinal smooth muscle)의 비정상적으로 높은 수준의 (미주신경 활성화로 인한) 연동 운동을 수반할 수 있다. 이러한 자율신경 조절장애 증후군의 발현은 종종 극심하고 쇠약해지게 하는 수준의 고통을 초래한다(Razran, 1961; Scaer, 2014; Porges et al., 1975).

모든 초기 내원의 70~90%는 소위 심리적 요인에 의한 것으로 나타났다(Bruns, 1998). 변덕스러운 증상의 발현은 임상의에게 혼란을 줄 수 있지만, 다양한 증상은 심각한 문제를 야기하고 막대한 비용을 초래하며 환자를 크게 낙담하게 하는 경우가 많았다. 환자가 여러 개의 변덕스러운 증상을 보이는 경우, 종종 여러 전문가에게 연계되어 넓은 범위의 값비싸고 침습적인 진단 검사를 받는 경우가 많다. 또는, 임상의가 환자의 상태가 심리적 또는 심신성 원인에 기인한다고 단언할 수도 있다. 이러한 상태에 정서적, 발달적 요소가 있는 것은 사실이지만, 안타깝게도 이러한 진단은 환자의 고통을 무시하는 것처럼 보여

환자의 방어적이고 저항적인 태도를 초래할 수 있다. 이러한 적대적인 태도는 이미 실망한 환자와 의사 관계에 긴장을 더할 것이다. 그러나 다미주 이론을 통해 근본적인 신경행동 스트레스 반응 증후군을 정확하게 식별하고 적절히 치료하여 이 역동적인 항상성 기능 재설정이 가능해진다면, 훨씬 더 효과적인 결과를 얻을 수 있을 것이다.

에필로그

학계 과학자와 트라우마 치료사 간의 대화는 여기서 일단락된다. 이 협업은 유쾌한 긴장 속에서도 결실을 맺어 왔으며, 우리 중 한 명 혹은 둘 다 더 이상 힘을 다할 수 없을 때까지 계속될 것이라고 믿는다. 1970년대, 버클리의 자유로운 영혼과 학계의 유망주 사이에서 유쾌하게 시작된 만남은 지금 중년이 되어 책을 통해 다시 한번 이루어졌다. 변화의 바람과 함께, 스티븐은 이제 전 세계적으로 수많은 혁신적인 치료법과 대체 치유 접근법에 깊이 기여했으며(이 책과 수백 개의 다른 출판물에서 인정받았듯이), 아이러니하게도 나의 창의적인 노력은 학술 저널에 글을 기고하는 일까지 확장되었다. 삶의 끊임없는 나선의 한 바퀴를 더 따라가다 보면 우리의 우정과 협력의 고리는 지금처럼 더 완성되어질 것이다.

결론적으로, 각자의 탐구와 발견에서 서로에게 영감을 주었기를 바라며, 이러한 여정이 도움이 필요한 사람들의 고통 경감에 어떤 방식으로든 기여했기를 바란다. 그러나 의심의 여지없이, 다미주 이론과 외상에 대한 임상 심리 치료 접근법, 그리고 내과 간의 대화는 과학과 임상의 세계를 연결하는 드문 기회를 제공한다. 가장 중요하게는 이 협력이 더 정확하고 일관된 임상 작업으로 이어질 것이라는 점이다. 이 교환은 학문적 영역과 치유적 임상 영역 모두에서 연구를 진전시킬 잠재력을 보여주고 있다. 이 장이 그 대화와 통합에 기여한다면, 내 마음은 한결 가벼워질 것이고 내 목표는 이루어진 것이다.

2장

발달성 외상의 이해와 치료: 다미주 이론이 제시하는 안전과 호혜성

Bessel van der Kolk

개요

다미주 이론은 발달성 외상을 이해하고 치료하기 위한 관점을 제공한다. 이 이론은 통합적인 생물행동적 사회 참여 체계를 정의함으로써, 발달성 외상을 겪은 개인에게 나타나는 기능 장애의 특징을 강조하고, 안전신호와 사회적 호혜성을 통해 이러한 기능 장애의 특징을 정상화할 수 있는 통찰력을 제공한다.

2000년, 미국 의회는 발달 과정에서 트라우마가 미치는 영향에 대한 경각심을 일깨우고, 트라우마를 경험한 아동과 청소년을 위한 효과적인 치료 방법의 개발을 촉진하기 위해 국립 아동 외상 스트레스 네트워크(National Child Traumatic Stress Network: NCTSN)의 설립을 의무화했다. 이 새로운 네트워크 덕에 나와 동료들은 오랫동안 우려해왔던 부분을 공식적으로 살펴볼 수 있게 되었다. 우리가 관심을 기울이고 있었던 것은, 미국에서 보호자에게 학대당하거나, 방임되거나, 혹은 기타 외상을 경험한 수십만 명의 아동들이 상당히 일관된 심리적 및 행동적 장애를 발전시킨다는 것이었다.

NCTSN은 현재 거의 모든 주에 위치하는 150개 이상의 임상 및 연구 기관으로 구성되어 있으며, 지금까지 20만명 이상의 아동과 청소년을 치료하고 연구해왔다. 우리는 이러한 네트워크를 통해 아이들을 면밀히 살펴보기 시작했는데, 이들이 기존에 존재하는 모든 분류 체계를 훨씬 뛰어넘는 다양한 심리적 및 행동적 문제를 겪고 있다는 것이 명백해졌다. 실제로, 평균적으로 아이들은 정신질환의 진단 및 통계 편람(DSM)의 진단들 중 세 가지에서 일곱 가지의 서로 다른 공존(co-occurring) 진단을 갖고 있었다. 그러나 발달 정신병리학의 관점에서 보면, 거의 모든 문제들은 그들의 양육 체계로 인한 발달적 손상으로 설명할 수 있었다.

NCTSN 내의 다양한 위치에서 약 20,000명의 아이들에 대한 데이터를 수집한 후, 우리는 DSM-5에 포함될 새로운 진단인 발달성 외상 장애(Developmental Trauma Disorder: DTD)를 제안했다. 이 장애는 다음과 같은 광범위한 문제들로 구성된다. (1) 정서 조절 문제. 예를 들면, 분노 발작이나 부동화와 같은 극단적인 정서 상태를 견디거나, 관리하거나, 회복하는 능력의 부족, 수면과 식욕과 같은 신체 기능을 적절히 조절하는 능력의 부족; (2) 주의력 및 집중력 문제. 예를 들면, 위협에 대한 집착, 위험 평가와 주의 집중의 어려움, 몸 흔들기, 고의적인 자해, 강박적인 자위와 같은 병리적인 자기 진정 시도; (3) 자신과 주변 사람들과의 조화로운 관계를 위한 협상에 심각한 어려움. 예를 들면 자기혐오, 충동적인 공격성, 타인의 요구에 과도하게 순응하는 것, 그리고 놀이와 새로운 가능성을 상상하는 데 어려움을 겪는 것(van der Kolk, 2005; Cloitre et al., 2010; D'Andrea, Ford, Stolbach, Spinazzola, & van der Kolk, 2012; Ford et al., 2013).

내가 지난 수십 년간 활발히 활동했던 미국 정신의학회(American Psychiatric Association)의 DSM 위원회에 제출했던 제안서에는 학대를 당하거나 방임된 아동에 대한 25년간의 전향적 연구 결과 네 편과 네트워크 내에서 치료받은 20,000명의 아동에 대한 직접적인 인터뷰 데이터가 포함되어 있었다. 몇 달 후, DSM-5 위원회는 "초기 아동기의 역경(adverse) 경험이 발달상의 심각한 장애를 초래한다는 개념은 임상적인 직관에 더 가까우며, 연구 기반의 사실이라고 보기는 어렵다. 이 주장은 빈번하게 제기되지만 전향적 연구로 뒷받침되지는 않는다"는 성명과 함께 우리가 제안한 발달성 외상 장애 진단을 받아들이는 것을 거부했다.

진단 매뉴얼에 발달성 외상 장애 진단을 포함시키기를 거부한 결과, 임상가들은 학대, 방임, 유기와 같은 초기 아동기 기억을 가진 성인뿐만 아니라, 지금 치료받고 있는 트라우마가 있는 아동을 지나치게 다양한 장애로 진단하는 것이 가능해진 이상한 상황에 처하게 되었다. 외상 후 스트레스 장애(Post-Traumatic Stress Disorder: PTSD), 파괴적 기분조절부전장애(Disruptive Mood Dysregulation Disorder: DMDD), 반응성 애착장애(Reactive Attachment Disorder: RAD), ADHD, 해리성 정체성 장애(Dissociative Identity Disorder: DID), 비자살적 자해(nonsuicidal self-injury), 간헐적 폭발 장애(Intermittent Explosive Disorder: IED), 탈억제성 사회적 유대감 장애(Disinhibited Social Engagement Disorder: DSED), 적대적 반항장애(Oppositional Defiant Disorder: ODD), 품행장애(conduct disorder), 혹은 경계선 성격장애(Borderline Personality Disorder: BPD) 등은 각각 독립적으로 발생하지 않는 것으로 보이며, 이들 중 어느 것도 엄격한 과학적 기준을 충족해 올바르고 유효한 진단으로 간주된 것이 없다. 이 모든 진단명들은 발달성 외상의 일부 측면을 포착하고 있지만 그중 어느 것도 실제로 무엇이 잘못되었는지에 대한 단서를 제공하지 않으며, 이 진단명이 내려진 환자들을 돕기 위해 무엇을 할 수 있는지에 대한 제안도 제공하지 않는다.

어째서 정신의학은 지금껏 자라나는 인간 정신에 있어서 유기, 방임, 그리고 학대의 영향을 간과해왔을까? 한 가지 가능한 대답은 발달 정신병리학, 애착 연구, 그리고 발달 신경과학의 놀라운 진보를 따라잡는 것 대신에, 용인할 수 없는 행동을 변화시키기 위한 '마법의 약'을 찾는 데 과도하게(그리고 잠재적인 경제적 이익을 고려해서) 집중했기 때문일 것이다. '마법의 약'을 찾기 위한 지금까지의 노력은 대부분 헛된 시도였지만, 발달하는 마음, 뇌, 그리고 애착 시스템에 대해 우리가 배운 것을 실제로 통합하는 진단 시스템을 만들고자 하는 노력은 계속되고 있다.

내가 대학에서 가장 좋아했던 심리학 강의는 해리 할로우(Harry Harlow)와 원숭이들에 관한 내용이었다. 나는 특히 할로우가 새끼 원숭이로부터 어머니를 박탈하는 것이 자기 조절, 또래 관계, 그리고 놀이 능력에 미치는 파괴적인 영향력을 보여준 것에 깊은 인상을 받았다. 이는 50년 후 NCTSN에서 진행한 학대 및 방임된 아동들의 연구에서 재현된 행동 문제들이기도 하다. 아마도 학부 시절 이후로 스티븐 포지스와 내가 해리 할로우의 제자이자 국립보건원의 비교 동물행동 연구소(Laboratory of Comparative Ethology at the National Institutes of Health) 소장인 스티븐 수오미(Stephen Suomi)와 애착 연구자들인 에드 트로닉(Ed Tronick), 베아트리스 비비(Beatrice Beebe), 칼렌 라이언스 루스(Karlen Lyons Ruth), 그리고 콜윈 트레바센(Colwyn Trevarthen)의 후속 연구를 면밀하게 추적해 왔던 것은 우연이 아닐 것이다. 왜 그 연구는 그토록 매력적이었을까? 이 연구자들이 사회 참여 체계의 중요성과 리듬감 있고 동기화된 얼굴 대 얼굴, 또 목소리 대 목소리의 상호작용이 마음, 뇌, 그리고 자아의 발달에 미치는 중요성을 밝히고 있었기 때문일 것이다. 이 과정에서 스티븐 포지스의 평생 연구인 다미주 이론이 중요한 역할을 한다.

다미주 이론(Porges, 2011)은 우리가 NCTSN에서 만나는 학대를 당한 아이들이 보여주었던 다양한 장애, 정서 상태, 그리고 행동을 이해할 수 있는 일관된 틀을 제공했다. 거의 모든 아이들이 끔찍한 트라우마를 겪었지만, 그중 일부만이 명확한 외상 후 스트레스 장애를 가지고 있었다. 대부분의 아이들을 특징짓는 것은 그들의 트라우마 경험이 거의 대부분 가족 내에서(혹은 다른 양육 시스템 안에서) 발생했다는 점이다. 이 아이들은 부모 사이에서 끔찍한 폭력을 목격하기도 했으며, 양육을 제공하기에는 너무 술이나 약물에 취해 있거나, 우울에 빠져 있거나, 오히려 그들을 보살펴줄 수 없는 상태의 보호자를 반대로 보살펴야만 하기도 했다. 많은 아이들이 그들의 안전을 보장해 주어야 했던 바로 그 사람들에 의해 폭력과 성추행을 당했다. 애착을 연구하는 우리 동료들, 그리고 영장류학자들의 연구들은 우리가 치료하고자 하는 문제와 행동이 공포스러운 양육 시스템 내에서 누적된 안전 결핍의 결과로 보인다는 것을 분명히 했다.

우리는 점차 아이들이 일관되고 예측 가능한 보살핌에 얼마나 의존할 수밖에 없는지 배우게 되었다(2,300,000명의 미국 아이들의 부모가 수감된 상태라는 사실을 생각해보라). 안전하고 예측 가능한 환경에서 사는 것은 정상적인 정신 및 생리적 발달에 필수적이며, 포지스가 덧붙인 것처럼 방어 체계를 잠시 비활성화할 수 있게 만들어 친밀감을 느끼고, 놀이를 즐기고, 타인과 협력하고, 자녀를 사랑으로 양육할 수 있게 한다. 성인이 되어서도 우리는 여전히 서로에게 안전과 안전의 보장, 예측 가능성, 그리고 의미를 위해 서로 의지하고 또 의존하고 있다. 우리는 철저하게 사회적인 존재인 것이다. 위협을 받고 위험에 처했을 때, 우리는 자동적으로 타인에게 도움과 위로를 구한다. 연구들이 계속해서 보여주는 것처럼, 개인의 사회 참여 체계가 온전하기만 하다면, 외상으로 발전할 수 있는 경험이라도 지속적으로 부정적인 반응을 보이게 되는 경우는 매우 드물다.

그러나 포지스가 수없이 지적하듯이, 사회 참여는 사회적 지지(social support)와 동일한 것이 아니다. 우리는 사람들에게 굉장히 친절할 수 있지만, 만약 상대방의 친절함을 수용하는 기관이 고장난 상태라면 그들이 우리의 친절함을 받아들이고 다시 보답할 수 없을 것이다. 적절히 기능하는 사회 참여 체계의 특징은 상호성(mutuality)과 호혜성(reciprocity)이다. 따라서 치료와 회복의 중심은 사람들이 상호작용하고, 호혜적으로 보답할 수 있도록 돕는 것이어야 한다. 이것은 매우 고된 과제가 될 수 있다. 지난 몇 년 동안, 우리는 삶의 초기 양육 관계에서 심각한 손상을 입은 사람들이 말, 개, 심지어는 돌고래와 같은 포유류에게 공명과 동조를 배우는 과정을 통해 도움을 받을 수 있다는 것을 알게 되었다. 우리는 무리 없이 이러한 포유류가 인간보다 훨씬 덜 위협적이고 가식적이지 않게 경험될 수 있음을 이해할 수 있다.

인간이라는 존재는 결코 혼자서는 살 수 없다. 사회적 고립은 그 자체가 외상적이며, 사람들의 건강과 웰빙을 심각하게 손상시킬 수 있다는 것이 입증되었다. 우리의 즐거움과 의미의 근원은 거의 완전히 우리의 사회적 상호작용에 의존한다. 사실은 이것이야 말로 우리가 뇌를 가지고 있는 이유이다. 우리가 겪은 가장 고통스러운 상처는 바로 우리가 가장 사랑하고 의지하는 사람들에 의해 입혀진 것이다. 이것이 바로 가장 깊은 인간 슬픔의 원천이며, 대부분의 정신적 장애의 원인이다. 우리가 NCTSN 내에서 연구하는 아동들이 경험했던 것과 같이 안정의 원천이 동시에 위험의 근원이 되는 경우, 이는 매우 복잡한 장애를 초래할 수 있다. 다미주 이론은 얼굴 표현과 내장 상태의 조절에서 나타나는, 자발적인 사회적 행농에서의 어려움과 호혜적 행동을 연결하는 명확한 신경생물학적 모델을 제공한다.

다미주 이론(Porges, 2015)은 성인과 아동이 사회 참여 체계를 활성화함을 통해 안전함을 느끼고, 생리적으로 평온하며, 정신적으로 명료하고, 사회적으로 교류할 수 있다고 주장한다. 이 시스템은 상호성을 가지고 다가오는 목소리와 얼굴에 의해 활성화된다. 사회 참여 체계가 실패할 때, 예를 들어 우리의 울부짖음이 무시당하고 우리의 애원에도 학대가 멈추지 않는 상황은 자동적으로 교감신경계 기반의 투쟁-도피(fight-flight) 시스템 혹은 부교감신경계의 수초화되지 않은 경로의 부동화 반응을 유발한다. 따라서 트라우마 경험이 있는 아이들이 외현화 및 내현화 행동 모두를 겪는 것을 이해할 수 있게 된다. 그들은 관리할 수 없는 다양한 정도의 행동(이러한 사회적 삐걱거림이 가장 많은 관심과 노력을 받게 되고, ADHD나 ODD로 진단받기도 한다)과 자기 고립을 보인다. 이러한 두 가지 적응 양상 모두 놀이, 우정 형성, 사회적 인식, 감정적 반응성 및 언어 발달을 방해한다.

사람들은 두려움을 느낄 때, 자동적으로 투쟁-도피 반응을 활성화한다. 즉, 움직이거나, 도망치거나, 싸워야 할 필요를 느끼는 것이다. 우리가 만나고 치료하는 많은 아이들은 투쟁-도피 행동에 갇혀 있는 것처럼 보이며, 이로 인해 이들은 흔히 약물이나 구속을 통한 치료를 받게 된다. 그러나 고립되거나 구속된 상황에서, 우리의 원시적 부교감신경계는 오히려 셧다운 반응을 일으킨다. 의료 절차와 정신과 시설에서 사용되는 강제적인 신체 구속은 우리가 스스로를 조절하여 안전하다고 느끼기 위해 신경계가 일반적으로 참고하는 친근한 얼굴 표정이나 목소리를 통한 진정 효과를 더 이상 받아들이지 못하도록 방해한다(Osterman, Hopper, Heran, Keane, & van der Kolk, 2001).

적절한 양육의 결핍은, 종종 다세대에 걸쳐 내려온 트라우마의 결과이다. 찰스 다윈이 1872년에 그의 권위 있는 저서 『인간과 동물의 감정 표현(The Expression of the Emotions in Man and Animals)』에서 지적한 바와 같이, 도피와 회피는 동물의 왕국 전반에 걸쳐 생존에 도움이 되지만, 도피와 회피 행동에 갇혀 있는 것, 즉 트라우마를 겪는 것은 먹이 섭취, 짝짓기, 그리고 양육 등 가장 기본적인 생명 과정에 방해가 된다. 이러한 사실을 감안했을 때, 존 핵맨(John Hackman)이 2000년 노벨 경제학상을 수상한 것은 그다지 놀라운 일이 아니다. 그는 어머니가 아이를 양육하기 위해 사용한 1달러마다 사회는 장기적 관점에서 의료, 법률 및 교도소 비용, 그리고 생산적인 시민의 노동에서 발생하는 세수 증가로 7달러를 추가로 얻게 된다는 사실을 보여주었다. 현재 상황에서는, 지금까지 알려진 정신건강 개입 중에서 어머니와 아이에 대한 개입 치료가 가장 효과적인 것으로 나타났다. 사회 참여 체계의 신경 조절을 개선할 수 있는 모든 개입은 이론적으로 자발적인 사회적 행동을 증진시키고, 정서 및 전반적 상태의 조절력을 높이며, 고정관념에 의한 행동을 감소시키고, 음성 소통 능력을 향상시킨다.

대부분의 임상가들은 환자들의 얼굴과 그들 목소리의 좋고 나쁜 상태(정확히는 얼굴과 머리의 근육에 의해 제어되는 운율)가 그들의 생리적 상태를 정확하게 전달한다는 사실을 알고 있으며, 이 정보를 사용하여 개입 방법을 선택한다. 우리는 또한 점차적으로 우리의 얼굴 표정, 목소리 톤, 그리고 몸의 움직임이 우리가 치료하는 사람들의 정신 상태에 깊은 영향을 미칠 수 있다는 것을 인식하게 되었다. 트라우마를 경험한 아이들이나 성인들과 작업할 때, 우리는 그들의 삶의 이야기가 목소리 톤, 얼굴 표정, 그리고 몸의 움직임에 어떻게 영향을 미치는지에 대해 조심스럽게 관찰하며 우리 자신에 대해서도 동일하게 관찰한다. 이러한 것들이 바로 우리 중 대부분이 주목하고 작업하는 주요 소통 방식이다.

다미주 이론에서 제시한 안전감, 호혜성, 그리고 동조성(synchronicity)과 관련된 기본적인 사안을 고려하면 사회복지사, 심리학자, 그리고 정신과 의사들이 현재 전문 교육에서 배우는 다양한 치료법들은 잠재적으로 효과적인 자기조절 및 상호조절 방법인 것이 분명해 보인다. 우리 연구실은 현재 치료에 사용되고 있는 그 어떤 약물보다도 요가가 PTSD 치료에 더 효과적인 경향이 있다는 사실을 보여주었다. 그렇다면 탱고 댄스는 어떨가? 무술이나 드럼 연주는? 한 연구는 합창이 우울증 환자의 뇌 활성화에 미치는 극적인 영향을 보여주었다(Petchkovsky, Robertson-Gillam, Kropotov, & Petchkovsky, 2013). 임상가와 연구자 모두에게 주어진 과제는 발달성 외상으로 고통받는 사람들이 자기조절, 호혜성 및 상호성 능력을 활성화할 수 있도록 돕는 최적의 방법을 발견하는 것이다. 다미주 이론에서 얻은 통찰들을 임상적 치료에 적용하는 것은 이 여정에서 매우 중요한 지침을 제공하고 있다.

3장

다미주 이론과 감각운동 심리치료

Pat Ogden

개요

이 장에서는 두 동료이자 친구가 인간의 신체가 지닌 지혜를 이해하고 이를 통해 사람들을 돕고자 하는 탐구의 과정에서 각자 걸어온, 서로 다르지만 어느 정도 평행한 방법에 대해 설명한다. 다미주 이론은 감각운동 심리치료를 개념화하고 교육하는 데 필수적인 이론이 되었다. 이 이론은 감각운동 심리치료에서 가르치고 실천하는 상향식(bottom-up) 신체적 개입이 내담자가 트라우마와 애착의 상처를 치유하고 세상과 타인과 다시 소통하도록 돕는 데 중요한 이유에 대해 설명해 준다. 이 장에서는 환자와의 상향식 개입에 관한 저자의 초기 발견을 보여주고, 이를 다미주 이론의 관점에서 설명하며, 신경지라는 용어의 변혁적 힘을 설명한다. 이 장은 다미주 이론과 감각운동 심리치료에 적용되는 사랑의 본질을 탐구하는 것으로 마무리한다.

당신의 가장 심오한 철학보다 당신의 몸에 더 많은 지혜가 있다.

\- Nietzsche

내가 스티브 포지스(Steve Porges; 역자주: Stephen은 줄여서 Steve로 칭할 수 있다)와 그의 연구를 처음 만난 것은 다미주 이론이 등장하기 이전이었다. 1988년, 스티브는 롤핑(역자주: 섬세한 접촉으로 근막을 이완시켜 비틀린 근육을 제자리로 돌리는 비수술 치료요법) 요법사들이 골반 기울기(pelvic tilt)라고 부르는 골반 및 천골 부위(sacral area)의 연조직을 자극하는 것이 자율신경계, 특히 교감신경계를 진정시키는 효과를 보여주는 두 편의 논문을 공동 저술했다. 나 역시 롤핑 요법의 자격증을 취득했는데, 이는 신체가 자연스러운 정렬과 운동 범위를 달성할 수 있도록 근막 층을 이완시키는 형태의 수기요법이다. 수년 동안, 나는 내가 진행한 신체 작업 실습에서 골반 기울기의 진정 효과를 목격해왔다. 스티브의 논문은 그 이유를 설명하는 최초의 과학적 연구였으며 이는 바디워커(bodyworker)인 나에게는 매우 흥미롭고 가치있는 것이었다.

나는 대체 의학계에서 전문가로서의 생활을 시작해 다양한 형태의 신체 작업(롤핑, 라이히안, 스웨디시, 로미, 시아추 마사지, 자세 통합), 운동 접근법(로프 운동, 컨티뉴엄 운동, 춤) 및 요가(주로 하타, 비크람, 최근에는 음 요가 및 회복 요가)를 공부하고 실천했다. 이러한 학문들은 내가 신체 심리치료사로서 서 있을 수 있게 하는 견고한 토대이다. 내 작업물은 과학이나 심리학 이론이 아닌, 대체 의학 체험 훈련과 내담자로부터 배운 것들에서 비롯되었다. 1990년대 나는 운 좋게도 베셀 반 데어 콜크(Bessel van der Kolk)를 만날 수 있었고, 그는 나를 트라우마, 애착, 신경과학, 해리와 같은 전통적인 심리치료의 세계로 안내했다. 그는 심리치료사는 아니었지만, 이 두 세계를 넘나들며 연결하는 그의 능력은 흥미로웠고 개인적으로 가치 있어 보였다.

1990년대 중반, 나는 미국 신체심리치료 협회(United States Body Association of Psycho-therapy)의 창립 회의에서 스티브가 직접 연설하는 것을 잠깐 들은 적이 있다. 나는 그가 의자에 앉아 몸을 앞으로 기울이고, 그 주변에 모인 매료된 청중에게 이야기하던 모습을 생생하게 기억한다. 방은 가득 차 자리가 더 없어서 몇 마디밖에 듣지 못했지만, 그의 목소리 톤, 부드럽고 진지하게 비과학자 그룹과 소통하는 모습, 그리고 청중들의 열정과 인정의 탄성들로 가득했던 모습을 기억한다. 그 당시, 신체가 어떻게 작동하는지 과학적으로 설명하면서도 비과학자들에게 흥미롭고 접근 가능하게 전달할 수 있는 사람은 흔치 않았다. 나는 스티브가 누구인지 알고 싶었고, 또 그로부터 배우고 싶다고 생각했다.

우리가 그다음으로 만난 것은 1990년대 후반 보스턴에서 열린 베셀의 트라우마 학회에서였다. 우리는 둘다 기조 연설자로 초청받아 기립 박수를 받았다. 스티브는 다미주 이론의 뉘앙스를 친근하고 매력적인 목소리로 생생하게 전달하여 나를 포함하여 청중에 있던 임상의들의 마음을 바로 사로잡았다. 스티브가 이야기를 이어갈수록 나는 더 몰입하게 되었다. 그의 인상적인 기조 연설에서 내게 가장 감동을 줬던 부분은 자폐증을 가진 아이가 비눗방울을 불어보게 하려는 치료사와 상호작용하는 영상이었다. 첫 번째 장면에서 이 아이는 분명히 자신의 세계에 갇혀 있었고, 치료사의 최선을 다한 노력에도 불구하고 반응하지 않았다. 다음 장면에서 아이는 헤드폰을 착용하고 있었다. 스티브는 음악이 중이 근육의 신경 조절을 유도하면서 아이가 진정하게 될 것이라고 설명했다. 다미주 이론에 더 익숙해지면서, 나는 이 효과가 복측미주신경 복합체(ventral vagal complex)라고 알려진 뇌간의 영역이 수초화된 미주신경 경로를 통해 중이근의 신경조절과 심장 조절을 통합하면서 발생한다는 것을 알게 되었다. 또한, 이 시스템이 얼굴 표정과 목소리 억양을 포함한 다른 기능들을 조절해 통합된 사회 참여 체계를 형성한다는 사실도 알게 되었다.

음악을 통한 이 개입의 이론적 배경은 중이의 미세한 근육을 자극해 복측미주신경 복합체를 활성화하고 사회적 참여를 촉진하는 데 중점을 둔다. 실제로 영상의 세 번째 장면에서는 아이가 치료사와 함께 비눗방울을 불며 웃고 있었다. 1960년대 후반과 1970년대 초반에 특수 교육이 필요한 아이들에 대한 치료 경험이 있는 나로서는 이러한 극적인 결과를 보면서 눈물이 날 정도였다. 이것이 얼마나 기적과 같은 성과인지를 직접 겪어 알고 있었기 때문에 나는 이에 완전히 매료되고 말았다. 나중에 나는 스티브가 그의 실험실에서 개발한 경청 프로젝트 프로토콜(Listening Project Protocol: LLP)에 대해 더 많이 알게 되었는데 그는 중이근을 자극하는 특정한 개입이 자발적인 사회적 행동을 개선할 수 있다는 자신의 가설을 검증하고자 했다.

내가 개발한 감각운동 심리치료(sensorymotor psychotherapy)는 전통적인 심리치료에 대한 이해에 기반을 두고 있지만, 치료의 중심적인 영역에 신체를 포함하여 일반적인 대화치료에서는 사용되지 않는 신체 관찰 기술과 개입을 사용한다(Ogden, 1997, 1998; Ogden & Minton, 2000; Ogden, Minton, & Pain, 2006; Ogden & Fisher, 2015). 스티브의 다미주 이론에서 제시하는 아이디어는 우리가 감각운동 심리치료에서 가르치고 실천하는 상향식, 신체적 개입이 내담자의 트라우마를 치유하고 세상과 다시 연결하도록 돕는 데 왜 중요한지 설명해준다. 다미주 이론은 치료사이자 트레이너로서 나의 작업의 많은 부분을 과학적 용어로 설명해준다.

이 장에서 나는 신체의 지혜를 이해하고 다른 사람들을 돕기 위한 공동의 목표에 다다르기 위해 우리가 지나온, 매우 다르지만 또 어느 정도는 평행한 과정에 대해 쓰고자 한다. 그리고 오래 전 스티브의 연설을 들었을 때 왜 치료적 아이디어와 신경과학이 만나고, 가교가 놓이고, 연결되는 느낌을 받았는지 설명하고자 한다. 이로 인해 다미주 이론은 감각운동 심리치료의 중재와 접근 방식을 개념화하고 가르치는데 중요한 역할을 하게 되었다.

두려움 없이 일어나는 동화와 부동화

1974년, 나는 테네시주 내슈빌에 있는 밴더빌트(Vanderbilt) 대학교 의료 센터의 정신과 병동에서 근무했다. 당시 병원의 접근 방식은 주로 약물 치료와 대화 치료를 통한 문제 해결로 구성되었는데, 많은 환자들이 합리적인 대화가 어려운 상태에 있었던 만큼 나는 이러한 접근 방식을 택하는 것이 이상하다고 생각했다. 당시 PTSD의 진단은 아직 미국 정신의학 협회의 정신 질환의 진단 및 통계 매뉴얼(Diagnostic and Statistical Manual of Mental Disorders: DSM)에 포함되지 않았지만, 이제 우리는 많은 정신과 환자들이 트라우마를 겪었다는 것을 알고 있다. 트라우마 관련 장애는 오랫동안 과거 트라우마의 침습적인 재경험과 트라우마를 상기시키는 것에 대한 무감각한 회피 사이의 변동과 이에 따른 과각성 및 저각성으로 특징지어졌다. 돌아보면, 입원 환자들의 상당수가 공포, 분노, 절망, 자살 충동을 동반한 심각한 조절곤란을 경험했다는 것이 명백했다. 그러나 1970년대 초에 이런 단기 입원 정신 병원에서 신경계나 조절 곤란, 또는 트라우마에 대해 이야기하는 사람은 없었다.

이렇게 조절되지 않고 때로는 폭력적이며 소란을 일으키는 행동은 환자를 통제할 방법을 찾기 위해 필사적이었던 직원들을 두렵게 만들었다. 의사들은 우리에게 그들의 부적절한 행동을 지적하고, 적절한 행동만을 요구하며, 환자가 자신의 각성을 조절할 수 없어 이에 순응할 수 없는 경우 방문객을 받거나 외출하는 등의 특권을 박탈하도록 지시했다. 규정을 준수하지 않으면 환자를 패딩 처리가 된 격리실에 가두고 심각한 부작용이 있는 강력한 진정제와 항정신병 약물을 투여했는데, 이는 종종 강제로 이루어졌다. 때로는 그 자체로 외상이 될 것 같아 보이는 행동을 요구하기도 했는데, 한동안 움직이지 못해 말을 하지 못하는 한 환자가 다시 말을 하도록 하기 위해 칫솔로 바닥을 닦도록 시키는 경우도 있었다. 의사와 간호사들은 그들의 개입이 효과적이지 않다는 것에 당황하고 좌절했으며, 환자들이 왜 호전되거나 악화되는지 아무도 이해하지 못하는 것처럼 보였다.

병동의 책임자가 내가 해보고 싶은 것을 할 수 있도록 허락해 주었기 때문에, 나는 (도서관에서 접했던 저널에서 배운) 미술 치료와 집단 치료를 포함한 다양한 최신 집단 활동, 집단 치료, 요가와 댄스 수업을 시도해보았다. 참석은 자발적이었고, 이 수업에 참석한 환자들에게는 어떠한 요구도 하지 않았다. 나는 미술 치료가 앉아서 대화하는 집단 치료보다 더 인기가 있다는 것을 알게 되었는데, 이는 아마도 점토, 물감, 그리고 콜라주가 환자들이 언어로는 표현할 수 없는 함축적인 내적 현상을 표현할 수단을 제공했기 때문일 것이다. 반면, 대화 치료 세션은 오래가지 못했다. 내가 대화 치료에서 기억하는 것은 길고 어색한 침묵 뿐이었다.

가장 성공적이고 흥미로웠던 것은 몸을 직접적으로 활용한 집단 치료였다. 나는 7살 때부터 춤을 배워왔기 때문에 춤에 대해 큰 애정을 가지고 있었고, 1970년대 나이트클럽에서 인기가 많았던 간단하지만 활기찬 라인 댄스 루틴을 가르치는 것이 매우 신났다. 또 나는 스와미 사치다난다(Swami Satchidananda)의 '통합적 요가 하타'(Integral Yoga Hatha; Satchidananda, 1970)에서 배운 이완 요가 수업도 가르쳤다. 당시에는 아무도 요가에 대해 들어본 적이 없었기 때문에, 나는 요가 수업을 "스트레칭과 이완" 집단이라고 불렀다. 이 두 수업은 환자들 사이에서 가장 인기가 많았고, 이 활동들은 그들의 웰빙에 도움이 되는 것으로 보였다. 병원 직원들은 요가와 댄스 수업에 규칙적으로 참여한 환자들이 가장 크게 호전되고 있다는 것에 주목했다. 그들은 더 활기차고, 차분하며, 통합된 모습을 보였다. 물론 수업에 참여한 환자들이 애초에 상태가 나아질 환자들이었을 수도 있다.

1970년대에 나는 신경계에 대해 많이 알지 못했고, 다미주 이론에 내재된 자율신경계의 세밀한 뉘앙스에 대해서는 더더욱 몰랐다. 하지만 되돌아보면 다미주 이론이 요가와 댄스 수업의 긍정적인 효과를 설명할 수 있을지도 모른다. 이러한 활동 동안 환자들은 자신에게 맞는 것을 하도록 권장되었다. 반드시 수업에 머물러야 한다거나(실제로 일부 사람들은 자유롭게 수업을 오갔다) 하고 싶지 않은 것들을 해야만 한다는 조건은 없었다. 춤이나 요가 스트레칭에는 옳고 그름이 없었기 때문에 비판도 존재할 수 없었다. 안전한 분위기 속에서 환자들은 상대적으로 조절되어 스스로를 대하거나 나를 대할 수 있었고 각자의 능력에 따라 자신의 신체와 조율을 시작했다. 특히 댄스 수업에서는 환자들의 사회 참여 체계는 적어도 하루의 대부분의 시간에서보다 더 활성화되었다.

요가를 통해 그들은 병동의 혼란에서 벗어나 조용하고 평화로운 공간에서 긴장을 풀 수 있도록 하는 간단하고 쉬운 스트레칭을 배웠다. 요가 세션은 청각 및 시각적 자극을 줄이기 위해서 종종 눈을 감고 침묵 속에서 진행되었다. 또한, 모든 사람은 호흡이나 움직임을 제한하지 않는 헐렁하고 편안한 옷을 입은 상태로, 내 느린 지시에 따라 각자가 할 수 있는 만큼 깊게 호흡하고, 부드럽게 움직이며, 자신의 속도에 맞추어, 몸을 강제로 움직이지 않고, 자세 안에 머무를 것을 안내받았다.

반면에, 댄스 수업은 활기차고 리드미컬하게 진행되었고, 흥겨운 댄스 클럽 음악에 맞춰 빠른 속도로 진행되었다. 수업은 동료애와 즐거움의 분위기로 가득했다. 환자들은 더 말이 많아지고 상호작용이 활발해졌다. 모든 사람이 스텝과 턴을 따라가려 애쓰면서 종종 자발적이고 비적대적이며 친근한 발성으로 대화를 나누었다. 때때로 사람들이 잘못된 동작을 할 때 서로 부딪히기도 했고, 그때마다 웃음이 터지기도 했다(이 소리에 놀라서 방을 뛰쳐나갔다가 진정되면 다시 돌아오는 사람들도 있었다). 우리는 음악의 속도에 맞춰 리듬감 있게 함께 움직였는데, 팔과 다리는 더욱 자유롭게 움직였고, 심박수는 증가했으며, 때때로 눈맞춤을 하기도 했으며, 얼굴의 표정도 풍부해졌다. 방에서 지켜보던 사람들도 종종 발을 구르며 흥겨운 분위기에 동참했다.

나는 다미주 이론이 왜 이러한 수업들을 통해 환자들에게 도움을 주는지 그 이유를 설명해준다고 생각한다. 우리가 잘 알다시피, 트라우마의 생존자들은 종종 심각한 자율신경계의 불균형, 즉 과각성과 저각성 모두를 겪는다. 다미주 이론은 트라우마 생존자들의 이러한 극단적인 각성이 두려움과 결합된 동화, 부동화와 어떻게 관련이 있는지를 설명한다. 두려움 없는 동화는 위협을 받을 때 교감신경계의 긴장도가 상승하는 것을 의미하며, 이는 투쟁과 도피라는 적극적인 방어(그리고 "도움을 요청하는" 방어도 포함하는데, 이는 우리를 보호할 더 강한 존재를 불러오는 시도이다)를 지원한다. 방어에 필요한 격렬한 활동을 촉발하는 분노, 공포, 공황 등의 "격렬한 감정들"(vehement emotions; Janet, 1925)은 이 환자들에게 흔히 볼 수 있는 감정이었다. 과각성과 이러한 강렬한 감정들은 우리가 보호를 위한 공격적인 행동을 수행할 수 있게 함으로써 우리의 생존 가능성을 극대화한다. 달리기나 싸우기와 같은 격렬한 신체 반응이 성공하면, 위협 수준이 감소할 뿐만 아니라 이러한 에너지 소모 활동을 통해 위험과 관련된 다량의 신경화학 물질이 에너지 소모 활동을 통해 대사된다.

다미주 이론의 위대한 선물 중 하나는 미주신경의 가지가 두 개 있다는 것을 가르쳐준 것이다(이제까지는 하나의 가지만 있다고 여겨졌기 때문이다). 하나는 심장을 조절하고 안면 근육, 중이근, 후두, 인두의 조절에 통합되어 있는 수초화된 복측미주신경 가지이고, 또 다른 하나는 모든 것을 느리게 만드는 원시적이고 비수초화된 배측미주신경 가지이다. 배측미주신경 가지는 교감신경계가 중재하는 능동적인 방어 전략과는 대조적으로 부동화와 에너지 보존을 활성화한다. 배측미주신경계가 활성화되면 신체의 많은 기능이 느려지기 시작한다. 심박수가 감소하고 호흡이 느려지며, 트라우마 상황에서는 종종 공포와 무감각, 그리고 셧다운(shutdown)의 느낌이 동반된다. 이 부동화성 저각성은 야생에서 생존을 보장해주는데, 통증을 중재하는 엔도르핀의 분비를 자극할 뿐 아니라, 대부분의 포식자들이 이미 죽은 것처럼 보이는, 움직이지 않는 동물은 먹지 않기 때문이다.

두려움 없이 교감신경계의 긴장도가 증가하면 스포츠, 춤, 활기찬 토론, 공연과 같은 매우 자극적인 활동에 참여할 수 있고, 기쁨, 환희, 흥분과 같은 고각성 감정을 느낄 수도 있다. 반대로, 두려움 없이 배측미주신경의 긴장도가 증가하면 이완, 꿈꾸는 상태, 명상, 요가와 같은 저각성 활동과 평화로움, 차분함, 고요함, 성찰과 같은 저각성 감정을 즐길 수 있다. 그러나 트라우마를 겪은 사람들은 양 극단의 각성이 두려움과 결합되어 있기 때문에 종종 어느 쪽의 각성 상태도 즐길 수 없다.

요가와 댄스 수업에서도 자율신경계의 교감신경 및 배측미주신경 가지가 활성화되었는데, 이는 두려움이 없는 상태에서 이루어진 것이다. 두려움이나 불안감을 느낀 몇몇 환자들은 단순히 자리를 떠났다가, 몇 분 후에 신경계가 진정되면 다시 돌아오곤 했다. 두려움이 없이 이러한 극단의 각성을 자극하는 것이 본질적으로 치유적일 수 있다. 특히 대부분의 정신과 환자들이 트라우마를 경험했고, 그로 인해 각성이 조절되지 않는다는 증거가 많기 때문이다. 아마도 요가 수업은 환자들이 안전한 환경에서 배측미주신경 상태에 접근하여 두려움이 없는 상태에서 부동화를 경험할 수 있게 했을 것이다. 동화를 유도하는 춤의 리드미컬한 활동과 그에 따른 고각성은 안전한 환경에서 환자들의 신경계가 두려움 없이 고각성을 견딜 수 있도록 도왔을 것이다.

트라우마 상황에서는 적응적인 동화와 부동화 방어 전략에 연료를 공급하기 위해 고각성과 저각성을 활용해야 한다. 그러나 이러한 환자들은 일상적으로 경험하는 촉발 요인에 대한 습관적인 자율신경 반응이 발달하여 장기간 지속되는 조절곤란 상태에 머물게 되었다. 이들은 일상생활을 헤쳐 나가기 위해 이러한 방어기제에 의존하게 되었고, 이는 그들의 복측미주신경 복합체, 즉 사회 참여 체계를 손상시켜 접근성을 크게 낮추는 결과를 가져왔다.

사회적 참여는 이 두 수업 모두에서 분명하게 나타났다. 안전과 선택이 최우선일 때, 심장을 조절하고 내장을 진정시키며 얼굴 근육을 관장하는 적응적인 관점에서 가장 최신의 부교감신경계 복측미주신경 가지가 활성화되어 긍정적인 사회적 행동을 가능하게 한다. 이 개방적인 시스템은 다른 사람들과의 상호작용에 영향을 받는다. 나는 이러한 수업이 환자들로 하여금 높은 수준의 각성과 낮은 수준의 각성을 위협적이지 않은 분위기에서 경험하며 안전하다고 느끼게 했을 것이라 생각한다. 그들의 사회 참여 체계는 자극 받고, 그들의 신경계는 극도의 각성을 견디는 법을 배우면서 재조정되었을 것이다. 많은 직원들이 이들의 사회적인 행동의 개선을 눈치챌 수 있을 정도로 말이다.

체성 자원/신경훈련

1970년대에 밴더빌트에서 근무할 때, 나는 신체 심리치료사인 론 커츠(Ron Kurtz)를 만났다. 그의 접근 방식은 신체의 자세, 제스처, 표현, 움직임이 심리치료에서 탐구할 가치가 있다는 나의 직관을 확인시켜주었다. 론은 내가 만난 첫번째 신체 심리치료사였으며, 그와의 만남은 내 전문적 진로의 궤적뿐만 아니라 개인적인 삶에도 변화를 가져왔다. 그의 제자가 되기 위해 그를 만난 그 해에 나는 콜로라도주의 볼더로 이사했으며, 그의 첫 조수가 되었고, 나중에는 하코미 연구소(Hakomi Institute)의 공동 트레이너이자 공동 창립자가 되었다. 볼더로 이사한 지 몇 년 후, 나는 성적 무반응으로 고통받는 여성 대학생들을 위한 콜로라도 대학교 워든버그 클리닉의 위탁 신체 치료사가 되었다. 1970년대에는 성적 쾌락이나 오르가즘을 경험하지 못한 여성들을 "전-오르가즘 상태(pre-orgasmic)"로 분류했다. 나중에 알게 된 사실이지만, 실제로 그들 대부분은 성적 학대를 당한 경험이 있었다. 하지만 PTSD가 DSM에 추가된 것은 1980년이었기 때문에, 당시에 나와 동료들은 이에 대해 알지 못했다. 따라서 우리의 실습은 전혀 트라우마에 대한 이해를 바탕으로 하지 않았다. 우리는 무의식을 의식화하는 것, 퇴행 상태, 어린 시절에 학습된 부정적인 신념 체계 그리고 이러한 제한된 신념과 애착 실패와 관련된 강한 정서를 다루는 것에 집중했다(애착이라는 용어도 사실 우리에게는 익숙하지 않았다). 조율되고 공감적인 치료적 관계에 중점을 두고, 나는 내담자가 초기 기억을 재경험하고 고통스러운 감정을 표현할 수 있도록 돕는 개입법을 사용했다. 나는 내가 배운 접근 방식을 충실히 사용했고, 이를 통해 내담자들은 강력하고 표현적이며 카타르시스를 경험할 수 있는 세션을 가졌다. 그러나 실망스럽게도, 그들은 종종 나와 작업을 시작했을 때보다 더 분열되고 조절되지 않은 상태가 되기도 했다. 일부는 공황이나 악몽 증상이 늘어났고, 다른 일부는 절망감과 멍함이 증가했다. 나는 심리치료사로서의 내 역량을 의심하기 시작했고, 임상 실습에 대한 내 접근 방식을 불신하기 시작했다.

나는 직관에 따라 이렇게 생각했다. '아마도 그들이 자신의 몸과 연결된 상태를 유지하도록 돕고, 몸이 이끄는 대로 따르고, 고통스러운 어린 시절의 기억을 재경험하려고 하지 않는다면, 그들의 증상이 개선될 수도 있겠다'. 과거의 감정 작업만 하는 것 대신, 나는 신체 작업과 움직임 훈련에서 배운 간단한 신체 운동을 어린 시절의 기억에 접근하는 것과 동시에 진행하기 시작했다. 그라운딩(grounding), 센터링(centering), 호흡, 접촉(자기 자신의 접촉과 나의 접촉), 척추를 곧게 뻗기, 눈맞춤 운동, 그리고 그들의 몸이 원하는 움직임(베개 밀기, 걸어 다니기, 차기 등)을 따르는 것은 스티브가 "신경훈련(neural exercise)"이라고 부르는 것의 나만의 버전이었다. 이는 내담자들이 자신의 생리적 상태를 조절하는데 도움을 주기 위해 고안된 것이다. 이러한 훈련은 항상 신체적으로 무엇이 변하는지 알아보기 위한 작은 실험으로써 수행되었고, 그 목적은 방어적인 반응을 진정시키고, 각성을 "수용의 창(window of tolerance; 1999년 댄 시겔이 '발달하는 마음'에서 처음 사용한 용어)"으로 끌어들이며, 나와의 교류를 증가시키는 것이었다. 세션은 훨씬 더 천천히 진행되었다. 우리의 주된 초점이 오래된 기억을 다루면서도 현실에 기반을 두고, 중심을 잡고, 지금 여기에 머무르는 것이었던 만큼 내담자들은 덜 극적이고, 더 체화되고, 덜 감정적이게 변했다. 증상이 줄어들고, 압도적인 정서와 마비 상태가 감소하고, 사회적 교류와 일상 생활 기능이 향상되었다.

트라우마 이론이나 신경과학이 아니라 바로 이 내담자들이 나에게 PTSD와 조절곤란에 대한 상향식 개입법의 효능에 대해 가르쳐주었다. 과거의 일을 다루는 작업보다 지금 우리가 안정화(stabilization)라고 부르는 것에 초점을 맞추는 것은 내 접근 방식에 있어 큰 변화였다. 그들이 겪은 학대와 관련된 공포와 분노를 표현하기보다는, 우리는 함께 신경훈련을 진행했다. 나중에 나는 이것을 "체성 자원(somatic resources)"이라고 불렀고, 이는 내담자가 극단적인 감정과 불규칙한 각성을 조절하는 데 도움을 줄 수 있는 것들을 발견하기 위한 것이었다. 자넷은 방어 전략을 활성화시키는 분노와 공포를 설명하고자 "격렬한 감정"이라는 용어를 만들었다. 그는 격렬한 감정을 직접 다루거나 표현하려고 하는 것이 효과적이지 않을 뿐만 아니라 환자를 이 감정의 굴레에 빠뜨린다고 주장했다. 그러나 나는 내담자들이 이러한 감정을 경험하기 시작할 때 종종 팔을 휘두르거나 다리를 움직이고 싶은 충동을 느낀다는 것을 알게 되었다. 우리가 이를 행동으로 옮기도록 도왔을 때, 이들의 조절되지 않았던 감정들이 사라지는 것처럼 보였다.

하지만 이 시기는 동시에 개인적으로 어려운 시기이기도 했는데, 나와 내 동료들 중 누구도 외상을 이해하지 못했기 때문이다. 당시 내 관점에서는 감정적 카타르시스가 중요한 것이었고, 일부 동료와 멘토들은 내가 내담자의 강한 감정을 회피하고 있다고 생각했다. 1970년대에는 방어 체계를 진정시키고 사람들이 안전하다고 느끼게 해주는 환경의 특징을 인지하도록 돕는 신경훈련의 중요성에 대한 인식이 없었다.

조절 모델과 신경지

다미주 이론은 미주 신경에 두 개의 가지가 있으며, 발달적 관점에서 가장 최근에 발달한 가지(복측미주신경 복합체; Ventral Vagal Complex: VVC)가 비교적 오래된 가지(배측미주신경 복합체; Dorsal Vagal Complex: DVC)와 교감신경계(Sympathetic Nervous System: SNS)를 모두 억제할 수 있음을 밝혀냈다. 나는 이러한 세 가지 각성 상태를 나타내는 그래프(그림 3.1)를 생각해냈다. 이 그래프는 변형되어 널리 사용되고 있으며, 과각성(SNS), 저각성(DVC), 최적 각성(VVC)을 나타낸다.

이 그래프는 내 음악과 관련된 배경지식에서 비롯되었다. 아마추어 피아니스트였던 어머니는 내가 글을 배우기 전부터 악보 읽는 법을 가르쳐 주셨다. 실제로, 학교에서 글자 읽는 법을 배우던 기억은 있지만, 악보 읽는 법을 배운 기억은 없다. 비록 나는 뛰어난 음악가가 되지는 못했지만, 종종 음악 용어로 생각하는 습관을 가지게 되었다. 1980년대 후반이나 1990년대 초반에 내담자들이 각성을 조절하지 못하는 것에 대해 고찰하던 중, 우리의 상태를 변화시키는 음악의 힘을 떠올리게 되었다. 음악에서 조바꿈은 곡의 분위기에 영향을 미치며, 이는 연주자와 청취자의 기분에도 영향을 준다. 더 높은 키나 낮은 키로 이동하고, 장조에서 단조로 바뀌고, 속도를 빠르게 하거나 느리게 하는 것 모두가 우리의 상태에 영향을 미칠 수 있다. 템포(라르고와 알레그로), 세기(피아니시모와 포르테), 변화의 방향(디크레센도와 크레센도)과 같은 변화는 각성과 감정을 하향 조절하거나 상향 조절할 수 있다. 나는 내담자들이 만성적으로 조절되지 않는 각성으로 고통받고, 필요에 따라 상향 조절이나 하향 조절을 하거나 각성 상태 간의 부드러운 전환을 하지 못한다는 점을 떠올렸다. 그들의 각성 상태는 매우 높거나 매우 낮은 수준으로 급격하게 변화하고, 그들의 각성과 기분이 일상 생활 기능에 최적화된 경우는 드물었다. 이러한 고찰에서 "조절 모델(modulation model)"이라는 그래프가 탄생했고, 1990년대 이후 감각운동 심리치료 교육에서 이 모델의 변형들이 사용되었다.

이 모델은 교감신경계의 과각성, 배측미주신경의 저각성, 그리고 복측미주신경의 수용의 창이라는 세 영역에서 자율신경 각성의 지표를 묘사한다. 결국 이 모델은 신경지라는 다미주 이론의 개념을 설명하는 것으로 발전했다. 이는 신경계가 지닌 안전, 위험, 생명의 위협의 신호를 보내는 환경의 특징을 감지하는 선천적인 능력을 의미한다(Porges, 2004; 그림 3.2).

〈그림 3.1〉 조절 모델: 최적 각성 영역(Ogden & Minton, 2000)

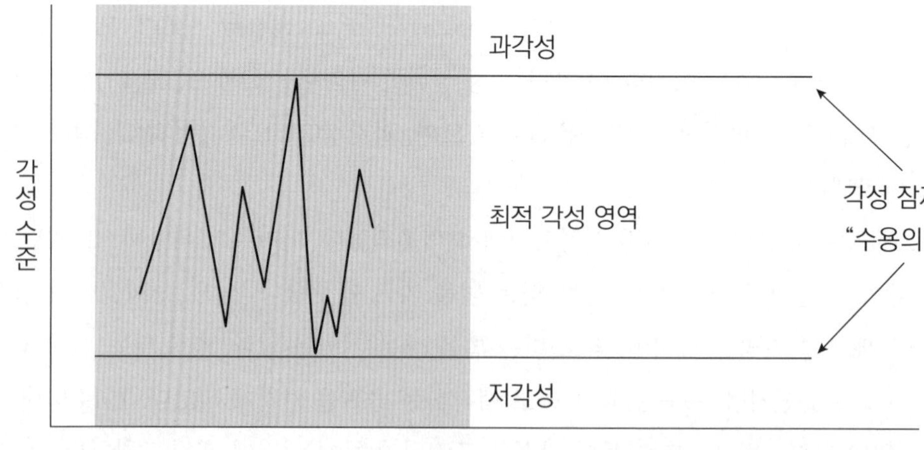

신경지는 내담자와 작업하고 감각운동 심리치료를 교육하는 데 있어 매우 중요한 개념이다. 이는 신체의 선천적인 지혜를 설명하고 혼란스럽고 조절되지 않는 행동을 이해하게 해준다. 신경지를 이해하면 내담자의 조절되지 않은 반응에 대한 자기 비판과 수치심이 줄어든다. 종종 트라우마를 겪은 내담자들은 "갑자기 안전하지 않게 느껴진다", "죽은 것 같다", "너무 압도된다"고 보고한다. 또는 자신이 이해하지 못하는 증상과 충동적인 행동을 보고하기도 한다. 예를 들면, "공황 발작이 일어난다", "누군가 나를 건드리면 생각하기도 전에 때린다", "이 여자가 나를 안았을 때 기절했다" 등이 있다. 이러한 증상은 보통 안전보다는 위험과 위협의 신경지 신호에 편향된 신경계를 반영하며, 이는 위험한 과거를 상기하기 때문에 발생하는 것이다. 내담자들은 증상과 행동이 개인적인 결함이나 부족함으로 인한 것이 아니라, 신경지의 결과, 즉 과거의 기억을 현재의 위협으로 평가하도록 조정하는 생존 기제라는 것을 이해할 때 안도감을 느낀다. 내담자가 자신의 신경지가 자동적이고 무의식적이며 인지로는 바꿀 수 없다는 것을 이해할 때, 그들의 당혹감과 자기비하는 즉시 줄어든다.

〈그림 3.2〉 조절 모델©과 포지스의 신경지(Ogden 1992; Ogden&Minton, 2000; Ogden et al 2006; Ogden 2009/2011)

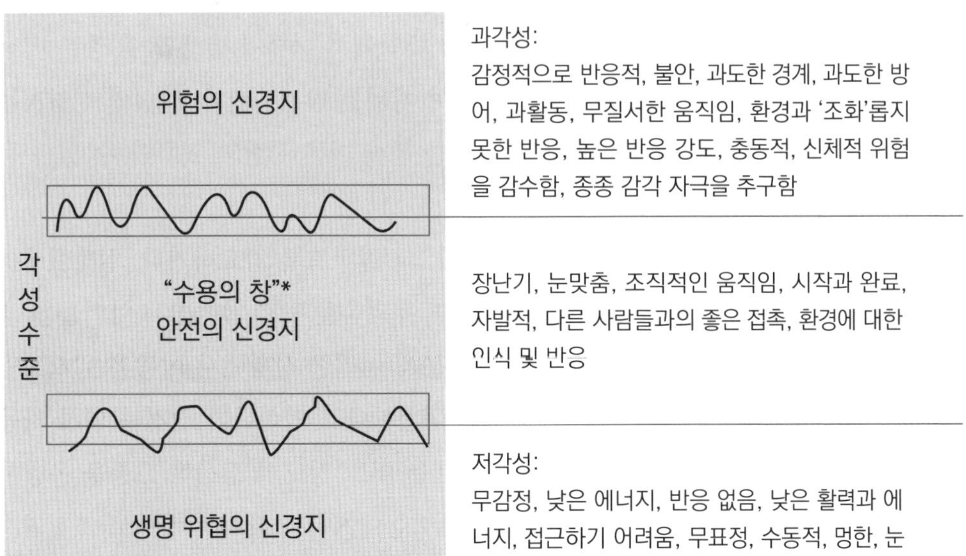

*용어는 D. 시겔에 의해 1999년에 고안됨

〈그림 3.2〉는 내담자에게 신경지의 타고난 지혜를 가르치고, 잘못된 신경지의 트리거와 증상을 식별하는데 유용한 심리교육 도구이다. 내면이 텅 빈 것 같거나 죽은 것 같은 느낌을 받는 사람들은 이러한 상태가 그래프의 저각성 영역에 속한다는 것을 배우고, 종종 위협으로 인식되는 환경 신호를 식별할 수 있다. 두려움에 마비된 사람들은 그들의 움직이지 못하는 상태가 숨기, 죽은 척 전략, 또는 사라지기와 같은 본능적인 배측미주신경 반응을 유발하는 잘못된 신경지로 인한 것임을 알게 되면서 안도감을 느낀다.

반대로, 과각성으로 인해 충동적이거나, 자기 파괴적이거나, 분노하는 내담자는 이러한 반응이 과거의 위험을 상기시키는 현재의 트리거로 인해 잘못된 신경지와 관련이 있다는 것을 이해하게 되어 안도감을 느낀다. 그들이 자신의 충동성을 부끄러워할 때, 과각성이 고민없이 즉시 방어 행동을 신속하게 활성화하도록 설계된 것임을 이해하면 그들의 충동적 행동의 적응적인 근본 원인에 대한 올바른 인식을 높일 수 있다.

다미주 이론과 신경지는 트라우마를 이해하고 PTSD를 치료하는 데 특히 중요하다고 여겨진다. 그러나 다미주 이론은 이를 애착에도 비슷하게 적용할 수 있음을 이해하게 했다. 사회 참여 체계는 애착 유대가 형성되기 전인 신생아 역시 사용할 수 있으며, 단어로 소통하기 훨씬 전부터 영아의 신호에 운동 및 감각 접촉으로 반응해주는 애착 인물과의 상호작용을 통해 더욱 발달한다. 따라서 애착과 사회적 교류는 서로를 기반으로 형성된다. 사회적 교류의 조율과 상호적인 즐거움은 애착 유대와 미래에 갖게 될 유대감 형성 능력을 강화하며(Porges, 2004, 2005, 2009, 2011), 안정 애착에서 오류가 발생할 때 충분한 상호작용을 통해 이를 고치는 것은 건강한 사회 참여 체계를 발전시킨다. 안전의 신경지는 방어 시스템의 억제나 눈맞춤, 얼굴 표정, 목소리를 통해 다른 사람과 교류할 수 있는 능력 모두에 반영된다.

아동은 애착 인물이 자신의 실수를 비판하거나, 더 잘하도록 강요하거나, 실망했다는 표시를 하거나, 게으르거나 실패했을 때 벌을 주면 두려움을 느낄 수 있다. 아이들은 생존, 안전, 소속감을 위해 보호자에게 의존하기 때문에 이러한 상황에서 아동은 원시적인 수준에서 부모의 못마땅함이 암묵적으로 자신을 위협한다고 인식하며 신경지 역시 자동적으로 이를 위험으로 감지한다. 이러한 역학 관계는 어느 정도의 정서적 고통을 유발하지만, 언제나 불안정한 애착이나 트라우마를 겪는 아동에게서 나타나는 강하고 조절되지 않는 각성 상태로 이어지지는 않는다.

모든 아동은 일찍부터 그들의 애착 대상과의 관계에서 어떤 것이 기대되는지 배우며, 부모의 요구와 선호에 맞추어 본능적으로 자신의 내적인 요구와 행동 및 신체적 반응을 조정한다. 2013년에 이와 관련된 대화에서 스티브 포지스는 부모의 기대가 어린아이에게 두 가지 (비의식적인) 선택지를 남긴다고 지적했다. 첫째는 기대를 충족시켜 안전을 유지하고 애착 인물의 승인을 받는 것이고, 둘째는 기대를 충족시키지 못해 거절, 비판, 실망 혹은 그보다 더 나쁜 형태의 위험을 감수하는 것이다. 가능하다면 기대에 부응하는 것이 최선의 선택이다. 왜냐하면 그렇게 함으로써 아동의 신경지가 본능적으로 위험을 인지하게 만드는 애착 대상의 특징적인 행동의 존재와 빈도를 줄일 수 있기 때문이다. 부모의 기대를 충족시켜 생존, 안전, 사회적 참여가 유지되면 아동의 신경지는 안전을 감지할 수 있게 된다.

안정 애착을 가진 내담자들조차도 부모가 너무 바빠 충분한 관심을 받지 못했거나, 어느 정도 가혹했거나, 비판적이었거나, 일관적이지 않았거나, 민감하게 반응해주지 않았거나, 결점을 찾았던 (불안정 애착과 비교하자면 경미한 수준의 불만족스러운) 관계적 경험에서 문제의 뿌리가 드러난다.

다음은 조절 모델과 신경지를 통합한 치료 모델이 임상 세션에서 어떻게 유용하게 사용될 수 있는지를 보여주는 예시이다.

> 대럴(Darrell)은 대학원 수업 중 하나에서 자신이 왜 그렇게 격하게 반응하게 되는지 이해하지 못했다. 그는 교수와 좋은 관계를 맺고 있었고, 반에서 성적도 최상위권이었다. 그러나 교수가 큰 목소리로 말할 때 대럴의 신경지는 위험을 인지했다. 그는 비판받을 것을 떠올렸고, 수업에서 잘하지 못할 것이라는 약간의 신호에도 과도하게 반응했다. 대럴은 행복하게 결혼했고, 주의 깊고 잘 돌봐주는 부모 밑에서 자랐으며, 성인이 된 이후에도 부모와 가까운 관계를 유지하고 있었다. 그와 그의 치료사가 현재의 반응 양상을 이해하려고 노력하는 동안, 대럴은 부모가 때때로 열띤 토론 중에 목소리를 높였고, 이것이 어린 시절의 자신을 두렵게 만들었다는 것을 기억했다. 그는 현재 자신이 위험을 감지하게 된 단서를 교수의 큰 목소리로 확인했다. 그는 교수가 목소리를 높일 때 발생하는 잘못된 신경지의 신체적 징후를 인식하게 되었다. 어깨의 긴장, 숨 가쁨, 심박수의 증가와 같은 이러한 징후를 인식하게 되면, 대럴은 깊고 규칙적인 호흡을 하고, 의자에 기대어 어깨를 이완시키는 방법을 배워 자신을 진정시키고 각성 상태를 수용할 수 있는 범위로 되돌릴 수 있었다. 이러한 신경지는

그의 생리적 상태를 진정시켰고, 그의 신경지는 다시 안전을 감지할 수 있게 되면서 그의 사회 참여 체계가 활성화되었다.

내담자들은 현재 삶에서 자신의 신경지가 위협을 감지하게 만드는 특징들을 인식하는 법을 배운다. 이러한 특징들은 대개 애착 인물의 무관심, 못마땅함, 비판, 실망 등을 떠올리게 하는 단서들이다. 그들은 각성 상태가 수용의 창 가장자리(수용할 수 있는 범위의 경계)에 다다르거나 그 범위를 벗어나고 있음을 나타내는 자신의 신체적 신호를 구분하는 법을 배운다. 이러한 유발 요인과 심지어 약간의 조절곤란의 징후가 확인되면, 내담자들은 각성 수준을 수용의 창 범위 안으로 되돌리고 친사회적인 행동을 가능하게 하는 신경훈련을 통해 혜택을 받을 수 있다. 유발 요인이 트라우마나 애착과 관련된 것이든, 아니면 둘 다이든, 잘못된 신경지의 자동적인 작동을 이해하는 것은 자신의 결함, 불충분함, 무가치함에 대한 인지적 도식에 도전할 수 있도록 돕는다.

왜 나는 너를 사랑하는가

이제 개인적으로 가장 의미있는 부분, 즉 사랑의 주제와 기술을 넘어 감각운동 심리치료의 실천의 기반이 되는 기본 원칙들에 대해 이야기할 차례이다. 이 원칙들은 관계 맺는 방식, 특히 내담자와의 관계에서 우리가 어떻게 존재해야 하는지를 안내한다. 과거 이야기를 조금 소개하자면, 몇 년 전 콜로라도 주 볼더에서 나는 스티브 포지스를 내 가장 친한 친구이자 멘토인 론 커츠에게 소개했다. 그들은 곧바로 친밀해졌고 이는 나에게 큰 기쁨이었다. 내 생각에 그들의 작업(그리고 내 작업)의 근본적인 뿌리는 동일하다. 둘 다 주로 연결과 사랑을 체득한 상태에 관심이 있었다. 과학과 심리치료는 그 근본적인 관심에서 비롯된다.

내 커리어 초기, 1970년대에 론을 만난 것은 내게 큰 행운이었다. 당시 나는 밴더빌트 정신병원에서 일하고 있었다. 론에게서 나는 치료가 치료사의 존재감에서 시작된다는 것을 배웠다. 이는 내담자의 신경지가 종종 두려운 자기 발견의 여정을 시작할 수 있을 만큼 충분한 안전감을 느끼게 한다. 물론 그 당시에는 '신경지'라는 용어가 아직 발명되지 않았다. 론은 나에게 내담자와의 관계에서 나에게 기쁨을 주고, 어떤 방식으로든 나에게 영감을 주며, 사랑할 수 있는 상태를 불러일으키는 무언가를 찾으라고 가르쳤다. 그는 이렇게 썼다. "나의 가장 첫 번째 마음가짐은 [내담자에게서] 사랑할 무언가를 찾는 것이며, 영감을 주는 무언가, 영웅적인 무언가, 인간 조건의 선물과 부담으로 인식될 수 있는 무언가, 그리고 만나는 모든 사람에게서 발견할 수 있는 고통과 은혜를 찾는 것이다"(Kurtz, 2010). 다른 사람에게 수용과 안전을 암묵적으로 전달할 수 있는, 이보다 더 좋은 태도가 있을까? 치료사가 이를 염두에 둔다면 부드러운 얼굴 표정, 연민이 담긴 사랑이 가득한 눈빛과 그에 어울리는 억양, 열린 몸짓, 이완된 근육과 같은 특정한 비언어적 단서들이 내담자의 신경지에 인지된다. 사랑이 가득한 이러한 분위기는 치유에 도움이 된다.

나는 스티브가 신경이 주고받는 사랑의 언어에 대해 이야기하는 것을 여러 번 들었었다. 그는 이를 애착, 유대감 또는 사랑에 빠질 때 우리 모두가 느끼는 감정을 이해하기 위한 은유로 사용한다. 우리의 몸은 안전한 얼굴 대 얼굴의 상호작용과, 두려움 없는 부동화를 추구하며, 이는 친밀함을 촉진한다. 이 친밀함은 우리의 신경지가 안전을 인지할 때에만 발생할 수 있다. 친구, 연인, 혹은 내담자와의 안전감은 언어적 신호의 소통이 아니라 비언어적 신호의 소통을 통해 만들어진다. 우리의 신경지는 신체 신호를 무의식적으로 인지한다. 울림이 있는 음조, 얼굴 대 얼굴의 표정, 신체 대 신체의 정서적인 신호들을 인지하는 것이다. 스티브의 말을 빌리자면, 우리가 다른 사람의 얼굴을 보고 그들의 목소리를 들을 때, 우리는 그들이 우리를 이해하는지, 그리고 우리가 안전한지 알게 된다. 비언어적 표현과 청각적인 신호는 의식적인 사고 없이 신경지에 의해 자동으로 인지된다. 스티브의 말을 또 빌려보자면, 우리의 신경지가 안전을 인지해서 생성된 신체적인 느낌은 방어기제와 비판적 사고를 멈추고 연결과 연민의 감정을 촉진한다.

마찬가지로, 론은 "사랑이 깃든 존재감(loving presence)"이라고 부르는 비언어적 신호들로 만들어지는 안전을 강조했다. 론은 이와 같이 서술했다. "사랑의 존재감은 하나의 존재 상태이다. 이는 기분이 좋고 건강에도 좋으며 그 자체로 보람차다. 이는 마음이 열려있고 선의로 가득 찬 상태이다. 가장 순수한 형태일 때에 이는 영적으로도 풍요롭고 미묘한 부분마저도 민감하게 알아챈다"(Kurtz, 2009, p. 1). 사랑이 깃든 존재감은 인간 정신의 존엄성을 암묵적으로 인정하며, 내담자가 안전하다고 느낄 수 있도록 연민으로 공간을 마련한다. 이는 스티브가 그의 작업과 인간성에서 보이는 방식과 매우 유사하다.

치료사가 이러한 존재감을 체득하여 체현하면, 내담자는 부드러운 표정이나 온화한 억양과 같은 신호를 감지하고 자신이 이해받고 있으며 안전하다고 느끼게 된다. 이때 치유는 이미 시작된 것과 다름없다. 다미주 이론에 따르면, 내담자는 사회 참여 체계가 활성화되면서 무의식적으로, 그리고 본능적으로 안전함을 느낀다. 나는 체현된 사랑의 존재감이 하나의 존재 방식을 만들어내고, 무엇을 '함'이 아닌 존재라는 그 '상태' 자체가 치유의 본질이라고 느낀다. 이는 내담자가 고통스러운 과거를 재구성해 보도록 하는 용기를 준다. 이것이 전제되었을 때 비로소 치료사는 내담자가 자신의 고통스러운 과거의 경험을 현재 시점에서 재경험하는 작업에 동행할 수 있게 되는데, 이러한 과정을 통해 교감신경계와 배측미주신경 반응을 유발하는 특정 상태에 국한된 기억들에 대해 알 수 있게 된다. 동시에 치료사는 내담자의 신경지가 지금-여기(here-and-now)의 관계에서 안전 신호를 인지하도록 보장하고, 안전이 위협받을 때 그 신호를 추적하고 회복시키며, 이러한 일이 일어날 때 호혜적으로 회복하며 사회 참여 체계를 다시 재정립하도록 도와야 한다. 이러한 트라우마 관련 조절곤란, 관계적 실망, 과거의 실패에도 불구하고 나타나는 (호혜적인) 사회적 참여에서는 대화만으로는 얻을 수 없는 깊은 친밀감을 불러올 수 있다. 치료적인 만남은 종종 감정적으로 더 깊은 울림이 있고, 사람과 사람 사이의 연결이 더욱 뚜렷하게 느껴진다.

다미주 이론은 감각운동 심리치료의 학생들과 내담자가 쉽게 접근할 수 있는 관계와 치유의 과정에 대한 탁월하고 진심 어린 도식과 설명을 제공한다. 다미주 이론의 전문 지식은 우리가 필요로 하는 지혜가 우리의 몸과 신경계에 내재되어 있으며, 이는 우리의 인지적인 설명이나 위험과 안전에 대한 정신적인 평가보다도 더욱 깊은 수준이라는 것을 가르쳐준다. 다미주 이론은 연결과 친밀함에 대한 욕구를 무의식적인 생물학적 필수 조건으로 설명하며, 치료적 관계를 포함한 모든 관계를 새로운 관점에서 바라보게 한다. 안전한 연결을 통해 감각운동 심리치료의 주요 개념인 '유기체 됨에 대한 신뢰(faith in organicity)'가 명백해진다. 이 원칙은 각 사람이 자신만의 길을 선택할 자유가 있고, 그들이 찾고 있는 답을 제공할 신체적 지능을 포함한 지능을 자신 안에 이미 가지고 있다고 전제한다. 다미주 이론은 우리가 감각운동 심리치료에서 무엇을 하는지뿐만 아니라 왜 연결이 치유의 본질인지를 설명하는 표현들과 전문지식을 제공했다. 본질적으로 치유적인 관계의 상태는 사람의 모든 측면을 포함하는 사랑의 존재감에 의해 자라난다. 이것이 바로 론의 작업과 감각운동 심리치료의 기초인 것이다. 다미주 이론의 핵심은 사랑에 관한 것이며, 그 너머에 있는 생리학을 보여준다. 이는 니체의 다음과 같은 주장에 힘을 실어준다. "모든 덕목은 생리적 조건이다. 우리의 가장 신성한 확신은 우리 근육이 내리는 판단이다."

4장

다미주 이론 입문

Stephen W. Porges

개요

이 장에서는 다미주 이론을 개괄적으로 살펴본다. 이 장은 다미주 이론의 임상적 적용에 활용되는 개념들의 이해를 돕기 위하여 구성되었으며, 이후 장에서 저자들이 사용한 다미주 이론의 중요한 개념들을 살펴볼 것이다.

개요

이 책은 다미주 이론을 중심으로 구성되었지만, 저자들은 각 장에서 이론의 세부적인 설명을 반복하지 않을 것을 요청받았다. 대신, 이 장에서 다미주 이론의 개괄적인 내용을 제공할 것이며, 이후 장들은 저자들의 개인적인 경험을 통해 다미주 이론이 그들의 임상적 작업에 어떤 영향을 미쳤는지를 생생하게 전달하는 데 초점을 맞추었다. 이를 통해 독자들은 이론적 내용뿐만 아니라 다미주 이론이 실제 임상 현장에서 어떻게 적용되는지를 보다 직관적으로 이해할 수 있을 것이다.

다미주 이론은 중추신경계의 영향을 받으며 환경과 신체 기관의 신호에 반응하는 자율신경계(autonomic nervous system)의 작용을 설명한다. 다미주 이론의 핵심은 인간의 자율신경계가 적응 과정에서 신경해부학적 및 신경생리학적 변화를 거치며 예측 가능한 반응 패턴을 형성했다는 점이다. 구체적으로, 다미주 이론은 고대에 멸종한 파충류와 초기 포유류가 적응하는 과정에서 발생했을 수 있는 신체 기관 내 신경조절(neural regulation)의 계통학적(phylogenetic) 변화에 초점을 두고 있다.

척추동물 자율신경계의 적응

포유류는 적응 과정에서 그들의 조상인 원시 파충류와 다른 행동 양식을 갖게 되었다. 초기 척추동물은 독립적인 행동 양식을 가졌으며 새끼를 양육하는 행동은 없었을 것으로 보이지만, 포유류는 새끼를 돌보고 협력을 하는 등의 사회적 행동을 보인다. 이러한 행동은 포유류의 생존 확률을 높이는 데 기여했으며, 이를 가능하게 하기 위해서는 신경계에서 방어적 반응을 선택적으로 억제할 필요가 있었다. 이러한 신경계의 변화는 자율신경계의 신경조절과 포유류의 사회적 행동이 함께 발전해온 결과라고 볼 수 있다.

다미주 이론을 이해하기 위해서는 다음 세 가지 핵심 개념을 알아야 한다. 첫째, 자율신경 상태와 방어적 행동 간의 관계. 둘째, 척추동물의 적응 과정 속에서 자율신경계의 신경조절에 일어난 변화. 셋째, 신체 반응과 감정을 안정적으로 조절하여 사회 행동을 촉진하고 건강, 성장과 회복 또한 최적화하는 생리학적 상태.

대부분의 척추동물은 투쟁-도피(fight-or-flight)와 부동화(immobilization)라는 두 가지 주요 방어 체계를 갖고 있다. 투쟁-도피 행동은 유기체가 위협을 감지했을 때 도망치거나 방어할 수 있도록 하는 반응이다. 이러한 반응은 대사적으로 많은 에너지를 요구하며, 교감신경계의 활성화를 위한 자원을 빠르게 활용할 수 있어야 한다. 반면, 부동화는 조금 더 오래된 방어 체계로, 대부분의 척추동물이 공유하는 반응이다. 이는 대사 요구량(예: 음식과 산소)을 줄이고, 신체를 무생물과 같은 상태로 보이게 만들어(예: 죽은 척하기) 생존 가능성을 높이는 적응적인 전략이다. 투쟁-도피 반응은 교감신경계의 급속한 활성화를 필요로 하는 반면, 부동화 반응은 부교감신경계(parasympathetic nervous system) 내의 미주신경 경로(vagal pathway)를 통한 광범위한 자율신경 기능의 셧다운(shutdown)을 요구한다.

시간이 흐르면서 두 가지 방어 반응을 모두 조절할 수 있는 새로운 형태의 미주신경 경로가 발달했다. 이 두 번째 미주신경 경로는 파충류에는 존재하지 않으며, 포유류에서만 발견된다. 더 나아가, 미주신경을 조절하는 해부학적 구조는 뇌간과 얼굴 및 머리의 가로무늬근(striated muscles)을 조절하는 구조와 상호작용하며, 이를 통해 포유류의 사회 참여 체계(social engagement system)가 발달할 수 있도록 했다. 이 새로운 사회 참여 체계는 음성, 머리의 움직임, 표정을 통해 같은 종의 개체들에게 안전과 위험에 대한 신호를 전달하고, 이를 통해 상호적으로 생리적 상태를 조절하는 기제를 제공했다. 사회 참여 체계의 발달로 인해 포유류는 방어 체계의 요소의 일부를 활용하여 놀이와 친밀감과 같은 사회적 상호작용을 가능하게 했다. 이러한 자율신경계의 변화는 포유류가 새끼를 돌보고, 번식하며, 협력하는 행동을 촉진하는 생물행동적(biobehavioral) 신경 기제를 제공했다. 반면, 트라우마로 인해 부적응적인 행동과 심리적 어려움이 나타나는 경우도 있는데, 이는 사회 참여 체계의 기능이 저하되었거나 방어 반응을 적절히 조절하지 못한 결과일 수 있으며, 친밀감과 놀이와 같은 상호조절(co-regulation)과 협력 행동이 얼마나 원활하게 이루어졌는가에 따라서도 영향을 받을 수 있다.

다미주 이론의 기원: 미주신경의 역설

다미주 이론은 인간의 태아와 신생아의 심장 박동 패턴을 분석하는 연구에서 비롯되었다. 산부인과 및 신생아학에서는 심박수가 비정상적으로 느려지는 서맥(bradycardia) 현상을 임상적으로 위험한 신호로 간주하며, 미주신경에 의해 조절된다고 가정한다. 서맥이 발생하면, 심박수가 너무 느려서 뇌로 가는 산소 공급이 부족해질 수 있으며, 이런 미주신경의 영향은 태아와 신생아에게 치명적일 수 있다. 한편, 동일한 임상 집단에서 미주신경 기능은 회복력을 측정하는 지표가 될 수 있을 것으로 가정된다. 이를 평가하는 대표적인 방법이 심박동 간 심박수 변이도(Heart Rate Variability: HRV)이며, 이는 수십 년간 내 연구의 핵심 주제였다. 동물 실험에서는 심장으로 가는 미주신경 경로를 절단하거나, 약물적 차단(예: 아트로핀; atropine)을 통해 심장박동의 억제 작용을 방해하면 두 종류의 신호가 모두 방해받을 가능성이 있다는 것을 확인할 수 있었다(Porges, 1995). 이러한 관측 결과들은 일반적으로 심장의 미주신경 긴장도(cardiac vagal tone)가 심박수 변이와 함께 관측되면 건강에 좋은 지표로 나타나지만, 서맥과 함께 관측되었을 때에는 건강의 부정적 지표가 될 수 있다는 역설을 제기한다.

이 역설은 멸종된 원시 파충류에서 포유류로의 변화 과정 속에서 자율신경계의 신경조절이 어떻게 변화하였는지 이해할 때 비로소 설명된다. 이 과정에서 포유류에게 두 번째 미주신경 운동 경로가 발달했을 것이다. 포유류만이 가지는 이 특별한 신경 경로는 수초화(myelination) 과정을 거쳐, 심장 박동을 조절하는 기관으로 호흡 리듬을 전달한다. 이로 인해 자연스러운 호흡 과정에서의 심박수가 주기적으로 변화할 수 있으며, 이를 호흡성 동성 부정맥(Respiratory Sinus Arrhythmia: RSA)이라고 한다. 수초(myelin)는 신경섬유를 둘러싼 지방층으로, 신경 신호가 더 빠르고 정확하게 전달될 수 있도록 절연 역할을 한다. 수초화된 미주신경 경로는 의문핵(nucleus ambiguus)이라는 뇌간의 특정 영역에서 시작되며, 주로 횡격막 위쪽에 위치한 기관들로 향하고, 얼굴과 머리의 가로무늬근을 조절하는 뇌간의 구조와도 상호작용한다. 반면, 또 다른 미주신경 경로는 수초화되지 않은 상태로 뇌간의 미주신경 배측핵(dorsal nucleus)에서 시작되어 주로 횡격막 아래의 기관을 조절한다. 이 미주신경 경로는 호흡 리듬과 직접적인 관련이 없으며, 포유류뿐만 아니라 거의 모든 척추동물에서 발견된다.

척추동물의 자율신경계에 일어난 계통학적 변화

나는 척추동물의 자율신경계통에 일어난 변화를 추적하던 중에, 세 가지 주요 단계로 구성된 계통학적 패턴을 발견했다. 초기 단계에서 척추동물은 지금의 배측미주신경 복합체(dorsal vagal complex)와 유사한, 뇌간 영역에서 시작하는 수초화되지 않은 미주신경과 운동신경 경로에 의존했을 것이다. 이후 척추동물의 흥분성 척수 교감신경계가 발달하면서, 기존의 미주신경 경로를 보완하며 하향 조절 기능을 담당하게 되었다. 마지막으로 포유류가 등장하면서 미주신경 경로의 추가적인 발달이 이루어졌고, 이 과정에서 미주신경의 일부 세포가 미주신경 배측핵에서 의문핵으로 이동했다. 의문핵에서 시작되는 미주신경 운동 섬유(vagus motor fibers)는 얼굴과 머리의 가로무늬근을 조절하는 내장 원심성 경로(visceral efferent pathways)를 포함한 뇌간 조절 시스템과 통합되었을 것이다(그림 4.1 참조).

포유류의 경우, 미주신경 배측핵에서 시작하는 수초화되지 않은 미주신경 경로는 횡격막 아래에 위치한 기관을 조절하며, 일부는 심장 박동을 조율하는 굴심방결절(sinoatrial node)까지 이어진다. 다미주 이론은 이 미주신경 섬유들이 생명에 위협이 되지 않는 선에서 일반적으로 휴면 상태를 유지하며, 저산소증(hypoxia)과 같은 상황이나 심장으로 향하는 수초화된 미주신경 신호가 저하될 때 활성화된다는 가설을 제시한다. 이러한 과정은 태아의 심장 박동에서도 관찰되는데 예를 들어, 호흡성 동성 부정맥과 관련된 수초화된 미주신경 경로의 긴장도가 낮을 때, 서맥이 더 빈번하게 발생하는 경향을 보였다(Reed, Ohel, David, & Porges, 1999). 이는 트라우마로 유발되는 해리(dissociation), 배변(defecation), 실신(syncope)의 메커니즘과도 연결될 수 있다.

오래 전 척추동물에게는 뇌간에서 시작되는 수초화되지 않은 미주신경 경로가 내장기관 신경조절의 핵심 요소였을 것이다. 이러한 양방향 시스템은 산소 공급이 부족한 환경에서 신진대사를 줄이는 역할을 하며 생존을 돕는다. 원시 척추동물의 신경계는 생존을 위해 필요한 산소가 매우 적었고, 산소 농도가 더 떨어지면 심장 박동과 대사적 필요를 더욱 낮출 수도 있었다. 따라서, 이 미주신경 경로는 보조적인 체계로 역할했고, 이후 적응적 과정을 거쳐 포유류의 원시적인 방어 시스템으로서 채택되어 죽은 척하기 그리고 트라우마에 의한 실신 및 해리 반응으로 나타났다. 이러한 방어 체계는 산소 소비량이 높은 포유류에게는 치명적일 수 있지만, 이는 다행히도 생존을 위한 최후의 수단으로만 작동한다. 계통학적으로 오래된, 수초화되지 않은 미주신경 경로는 대부분의 척추동물이 공유하고 있는 것으로 보이며, 포유류에게 이 경로는 방어 체계로 사용되지 않을 때는 횡격막 아래 기관의 신경을 조절하면서 건강, 성장 그리고 회복을 돕는 기능을 한다.

새롭게 발달된 수초화된 복측미주신경운동 경로는 횡격막 위의 기관(예: 심장, 폐)을 조절하며, 특수한 내장 원심성 경로를 통해 얼굴과 머리의 가로무늬근을 조절하는 뇌간의 구조와 통합되어 기능적인 사회 참여 체계를 형성하였다. 이 새로운 미주신경 경로는 심박수를 낮추고, 사회적 관계에서 침착함을 유지하도록 돕는다. 또한 복측미주신경 경로는 다른 자율신경계 경로와 함께 사회적 놀이(즉, 복측미주신경과 교감신경 활성화)와 안전한 친밀감(즉, 복측미주신경과 배측미주신경 활성화)을 가능하게 한다. 정리하자면, 포유류의 미주신경은 자율신경계의 모든 구성 요소가 균형을 유지할 수 있도록 조절하며, 신체 시스템이 방어 상태로 쉽게 전환되지 않도록 제한하는 기능을 한다.

사회 참여 체계의 등장

심장의 미주신경 경로가 얼굴과 머리의 신경조절 기능과 통합되면서, 사회 참여 체계의 활성화가 가능해졌다. 〈그림 4.1〉에서 볼 수 있듯이, 사회 참여 체계와 관련된 행동은 얼굴과 머리의 가로무늬근을 조절하는 운동 경로(신체 운동; somatomotor), 그리고 심장 및 기관지의 민무늬근(smooth muscle)과 심장 근육을 조절하는 운동 경로(내장 운동; visceromotor)로 구성된다. 신체 운동 요소는 얼굴과 머리의 가로무늬근을 조절하는 특수한 내장 원심성 경로와 관련이 있으며, 내장 운동 요소는 심장과 기관지를 조절하는 횡격막 상단의 수초화된 미주신경 경로와 관련된다. 기능적으로, 사회 참여 체계는 얼굴-심장 연결에서 비롯되며, 이는 심장과 얼굴 및 머리의 근육을 조화롭게 조절하는 역할을 한다. 이 시스템의 초기 기능은 빨기, 삼키기, 호흡, 발성을 조정하는 것이다. 생애 초기에 이 시스템의 조절이 원활하지 않은 것은 이후 사회적 행동과 감정 조절에 어려움을 겪을 가능성이 높다는 것을 암시하는 지표가 될 수 있다.

이 시스템이 완전히 발달하면 두 가지 중요한 생물행동적 특징이 나타난다. 먼저, 신체 상태가 효율적인 방식으로 조절되어 성장과 회복이 촉진된다(예: 내장 항상성; visceral homeostasis). 기능적으로 이는 수초화된 미주신경 운동 경로가 심박수를 조절하는 기관에 미치는 영향이 증가하면서, 심박수를 낮추고, 교감신경계의 투쟁-도피 반응을 억제하며, 시상하부-뇌하수체-부신(Hypothalamic-Pituitary-Adrenal: HPA) 축의 스트레스 반응 체계를 조절하여 코르티솔 분비를 억제하고, 사이토카인(cytokines)을 통해 면역 반응을 조절하여 염증을 감소시키는 방식으로 이루어진다(Porges, 2007 참조). 두 번째로, 포유류 특유의 얼굴-심장 연결은 얼굴 표정과 목소리의 억양(운율)을 통해 생리학적 정보를 전달하며, 중이

(middle-ear) 근육을 조절해 사회적 의사소통을 위한 종 특유의 주파수 대역을 최적의 상태로 수신하는 기능을 한다(Kolacz, Lewis, & Porges, in press; Porges, 2007, 2009, 2011; Porges & Lewis, 2010).

〈그림 4.1〉 사회 참여 체계는 신체 운동 요인(옅은 회색 박스)과 내장 운동 요인(진한 회색 박스)으로 이루어져 있다. 신체 운동 요인은 얼굴과 머리의 가로무늬근을 조절하는 특수 내장 원심성 경로 등으로 이루어지며, 내장 운동 요인은 심장과 기관지를 조절하는 수초화된 미주신경 등으로 구성된다.

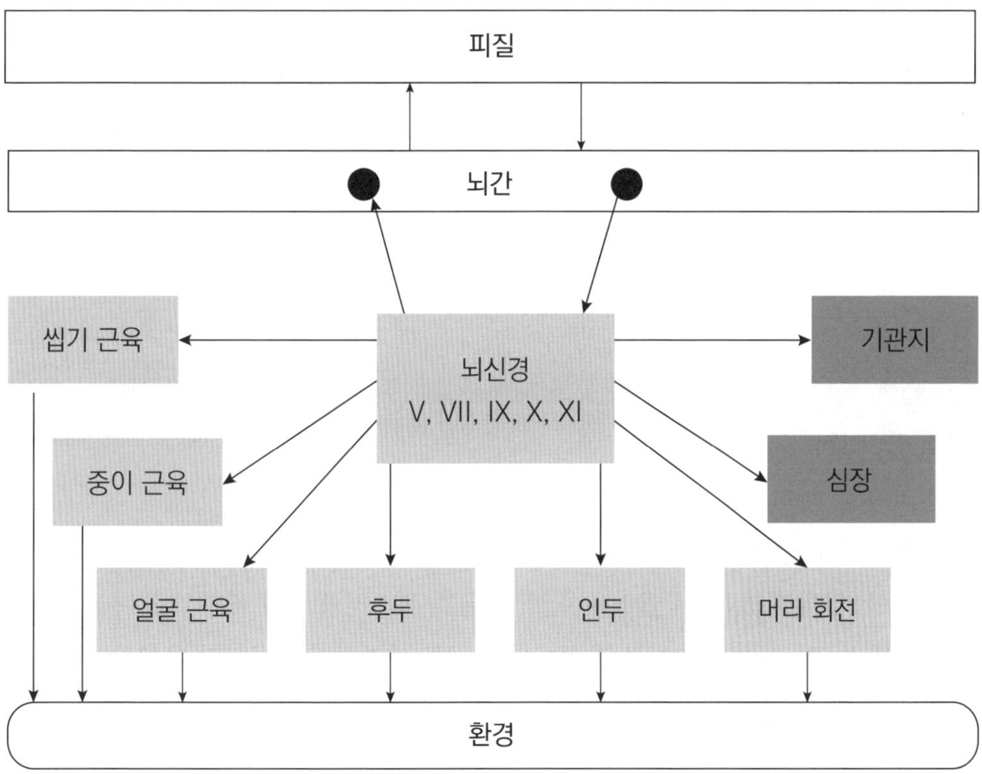

사회 참여 체계에 중요한 뇌간의 핵들은 하향식(top-down) 및 상향식(bottom-up) 영향을 모두 받는다. 하향식 조절은 피질에서 뇌간으로 직접 이어지는 겉질뇌줄기(corticobulbar tract)를 통해 이루어지며, 연수핵(medullary nucleus)에 위치한 상위 운동 뉴런(upper motor neurons)의 영향을 받는다. 상향식 조절에서는 미주신경의 감각 경로(예: 고립로, tractus solitarius)를 통해 내장의 신호가 연수 부위(예: 고립로핵; nucleus of the solitary tract)로 전달되며, 우울 및 불안과 같은 정신장애에 영향을 미칠 것으로 여겨지는 전뇌(forebrain) 영역과 상향식 조절 체계의 기원핵(source nuclei)에 영향을 미친다(Craig, 2005; Thayer & Lane, 2007, 2009). 또한, 사회 참여 체계와 관련된 해부학적 구조들은 HPA 축, 사회적 신경펩타이드(예: 옥시토신, 바소프레신) 및 면역 체계와도 신경생리학적으로 상호작용한다(Carter, 1998; Porges, 2001).

사회 참여 체계의 표적 기관(예: 얼굴과 머리의 근육)에서 발생하는 신경감각 경로는 사회 참여 체계의 내장 요인과 신체운동 요인을 조절하는 기원핵에 강력한 신호를 보낸다. 얼굴 신경의 기원핵은 의문핵의 경계를 형성하며, 얼굴 신경과 삼차신경(trigeminal nerve)에서 비롯된 감각 경로는 의문핵에 주요 감각 입력을 전달한다(Porges, 1995, 2007 참조). 따라서 의문핵, 삼차 신경과 얼굴 신경의 핵으로 구성된 복측미주신경 복합체는 정서 상태 및 감정의 표현과 경험을 조절하는 기능을 한다. 신체운동 요소(예: 듣기, 섭취, 발성, 얼굴 표정)의 활성화는 내장 상태 변화를 유발하여 사회 참여 체계의 활성화에 영향을 미칠 수 있다. 반면, 내장 상태의 제어는 수초화된 미주신경 운동 섬유가 굴심방결절에 미치는 영향, 즉 미주신경 브레이크(vagal brake)의 조절 방식에 따라 사회 참여 행동을 촉진하거나 저해할 수 있다(Porges, 1995, 2007). 예를 들어, 동화(예: 투쟁-도피 반응)를 촉진하는 내장 상태의 활성화는 사회 참여 행동을 억제한다.

얼굴과 심장 사이의 신경 연결을 통해 포유류는 같은 종의 개체가 안정된 생리적 상태에 있어 접근해도 안전한지, 혹은 높은 각성과 반응성을 보이는, 즉 교류가 위험한 상태인지 감지할 수 있게 되었다. 이 연결은 또한, 얼굴과 목소리의 억양 패턴을 통해 '안전함'의 신호를 보낼 수 있도록 하여, 흥분된 상태의 개체를 진정시키고 사회적 관계를 형성할 수 있는 상태로 돌려놓을 가능성을 제공한다. 가장 발달한 현재 포유류의 미주신경이 최적으로 기능할 경우, 정서는 안정적으로 조절되며, 언어의 운율은 풍부해지고, 자율신경 상태는 차분하고 자연스러운 사회 참여 행동이 나타나도록 돕는 방향으로 작용한다. 이 얼굴-심장 시스템은 양방향으로 작용하는 체계로, 수초화된 새로운 미주신경 회로는 사회적 상호작용에 영향을 미치고, 긍정적인 사회적 상호작용은 다시 미주신경의 기능을 조절하여 건강을 최적화하고, 스트레스와 관련된 생리적 상태를 완화하며 성장과 회복을 촉진한다. 호혜적인 사회 참여 체계를 통해 이루어지는 사회적 의사소통과 타인과의 상호작용에서 상호조절할 수 있는 능력은 인간이 관계 속에서 유대감을 형성하도록 한다. 이는 인간 경험의 핵심적인 특징을 정의하는 중요한 요소이다.

미주신경 브레이크

미주신경 브레이크는 수초화된 미주신경 경로가 심장에 미치는 강장 억제 작용(tonic inhibitory influence)을 반영하는데, 이는 심장 박동을 조율하는 기관의 고유한 속도를 늦추는 것을 의미한다. 건강하고 젊은 일반적인 성인의 경우 심장 고유 심박수는 분당 90회 정도이지만, 미주신경 브레이크의 영향을 받으면 심박수는 낮아진다. 심장박동에 대한 미주신경의 영향력이 줄어들면, 다시 말해 미주신경 브레이크가 풀리면 심박수는 자연스럽게 증가하는데, 이는 교감신경계의 각성으로 인한 변화가 아니라, 미주신경 브레이크가 해제되면서 심장의 자연적인 박동 리듬이 회복되는 것이다. 즉, 미주신경 브레이크는 심장 박동을 조율해주는 기관에 미주신경이 얼마나 영향을 가하는지를 나타내는 것이다. 미주신경 브레이크가 해제되면 강장 기저 교감신경 흥분이 자율신경계에 더 큰 영향을 미칠 수 있게 된다. 다미주 이론에서는 구체적으로 미주신경 브레이크는 수초화된 복측미주신경에 의해서만 조절되며, 호흡성 동성 부정맥의 진폭을 통해 측정될 수 있다고 본다. 또한, 다미주 이론은 미주신경 브레이크의 구조에 포함되지는 않지만 심박수를 늦출 수 있는 다른 신경 경로(예: 배측미주신경 경로) 및 신경화학적 영향(예: 임상적 수준의 서맥)이 존재함을 인정한다.

해체

인간의 신경계는 다른 포유류와 마찬가지로 안전한 환경에서만 생존하는 것이 아니라, 생명이 위협받는 위험한 환경 속에서도 생존할 수 있도록 적응했을 것이다. 이러한 유연한 적응을 위해, 포유류의 자율신경계는 사회 참여 체계로 통합된 수초화된 미주신경 경로 외에도 방어 전략(투쟁-도피 및 죽은 척하기)을 조절하기 위한 두 가지의 추가적인 원시적 신경 회로를 유지했다. 사회적 행동과 사회적 소통, 그리고 내장 항상성(visceral homeostasis)이 방어 행동에 기반이 되는 신경생리학적 상태와 양립할 수 없다는 점을 이해하는 것은 중요하다. 위협적인 상황이 닥쳤을 때, 다미주 신경의 반응 전략은 계통학적으로 정리된 위계에 따라 작동하는 것으로 보이며, 가장 최근에 발달한 자율신경계의 구성요소가 우선적으로 반응한다. 이러한 자율신경의 반응 모델은 존 휴링스 잭슨(John Hughlings Jackson)의 해체 이론과 일치하는데, 그는 "상위 신경 체계가 하위 신경 체계를 억제하거나 통제하며, 상위 신경 체계가 갑자기 기능을 상실하면 하위 신경 체계가 활성화된다"(1882, p. 412)고 제안했다. 즉, 적응적 반응의 위계에서 가장 최근에 발달한 사회 참여 회로가 먼저 사용되고, 그 회로가 안전을 확보하는 데 실패하면 보다 원시적인 방어 회로들이 순차적으로 사용되는 것이다.

신경지

다미주 이론은 신경이 위험을 평가하는 과정에서 의식적인 자각이 필요하지 않으며, 인간의 계통학적 조상인 초기 척추동물과 공유하는 신경 회로를 통해 위험에 대한 평가가 자동적으로 작동한다고 제안한다. 이를 강조하기 위해 신경지(neuroception)라는 용어가 도입되었다. 이는 지각(perception)과 구별되는 신경 과정으로, 환경과 신체 내부의 상태를 평가하여 안전, 위험, 생명 위협을 구별하는 기능을 한다(Porges, 2003, 2004). 안전한 환경에서는 자율신경계가 적응적으로 조절되어 교감신경계의 활성화를 억제하고, 배측미주신경 복합체와 관련된 신진대사 억제 반응(예: 실신)으로부터 산소 소비량이 높은 중추신경계(특히 대뇌 피질)를 보호하는 역할을 한다.

신경지 개념은 생리학적 상태를 즉각적으로 변화시킬 수 있는 메커니즘으로서 제안되었다. 측두엽 부근에 위치한 특징 감지 기관은 목소리, 표정, 제스처, 손의 움직임 등 의도적인 생물학적 움직임에 민감하게 반응하는데, 이는 신경지의 작동 방식에 포함될 수 있다. 신경지 개념에는 이러한 움직임의 "의도"를 감지하고 해석할 수 있는 신경계의 능력이 내재되어 있다. 신경지는 기능적으로 무생물과 생물의 움직임, 그리고 소리를 구별하고 해석하는 역할을 한다. 따라서, 친밀한 사람들이나 적절한 운율과 따뜻한 목소리, 표현력이 풍부한 표정을 보이는 사람들에 대한 신경지는 긍정적인 사회적 상호작용으로 해석되어 안전감을 형성하는 데 기여한다. 일반적으로 우리는 신경지 반응을 유발하는 자극을 의식하지 못하지만, 그로 인해 나타나는 신체적 반응은 인식할 수 있다.

매개 변수로서의 자율신경 상태

다미주 이론은 생리학적 상태가 감정이나 기분과 단순히 연관된 요소가 아니라, 감정과 기분의 본질적인 일부라고 제안한다. 즉, 신경계의 자율신경 상태는 환경적 신호를 감지하고 평가하는 방식에 영향을 미치는 중개 변수로 작용한다. 신경계의 상태에 따라 동일한 환경적 신호라도 중립적으로, 긍정적으로, 혹은 위협적으로 평가될 수 있다. 기능적으로, 자율신경 상태의 변화는 뇌의 특정 구조에 대한 접근성을 변화시키며, 그 결과 사회적 의사소통이나 방어적 행동(투쟁-도피 행동 혹은 셧다운)을 촉진한다. 미주신경 자극이 인지 기능과 정서 조절에 미치는 영향을 다룬 최근의 연구(Groves & Brown, 2005)는 다미주 이론을 뒷받침한다. 다미주 이론은 뇌와 내장 사이의 양방향 연결을 강조하며, 이를 통해 사고가 생리학적 상태를 변화시키고, 반대로 생리학적 상태가 사고에 영향을 미치는 방식을 설명한다. 얼굴 표정을 바꾸는 것, 목소리의 억양을 조정하는 것, 호흡 패턴을 바꾸는 것, 그리고 자세를 바꾸는 것은 또한 심장과 연결된 수초화된 미주신경 경로와 같은 회로를 통해 생리학적 상태를 변화시키는 것이기도 하다.

자율신경 상태 조절에서 신체 기관 감각의 역할

지금까지 심장의 신경조절에 관한 연구는 주로 뇌간 핵에서 시작되는 운동신경 경로(미주신경 경로)와 교감신경계에 초점을 맞춰왔다. 반면, 신체 기관에서 발생하는 감각 피드백이 자율신경계의 신경조절에 미치는 영향과 이러한 피드백이 심장 및 기타 내장 기관에서 어떻게 나타나는지에 대한 연구는 상대적으로 제한적이었다. 이는 의학 교육에서 일어난 하향식 모델에 대한 편향 때문으로, 신경조절을 설명하는 데 있어 운동신경 섬유의 역할은 강조된 반면, 감각신경 섬유의 역할은 상대적으로 경시되어 왔다. 그러나 최근 미주신경 자극 연구 및 감각신경의 역할을 중시하는 상향식 모델이 등장하면서 이러한 편향은 빠르게 변화하고 있다. 미주신경은 전체 섬유의 약 80%가 감각 섬유로 구성되어 있으며, 흥미롭게도 미주신경 자극의 부작용은 주로 운동신경 경로에 미치는 영향에서 비롯된다. 대표적으로 목소리 변화, 삼키기 어려움 등의 사회 참여 체계 기능 저하가 보고되었으며(Ben-Menachem, 2001), 일부 사례에서는 횡격막 아래에 위치한 장기(예: 소화기관)에 영향을 미쳐 설사를 유발하기도 했다(Sanossian & Haut, 2002). 최근에는 미주신경 자극이 의학적 치료에 더 널리 적용됨에 따라, 미주신경의 감각 경로가 신경생리학적 기능(예: 간질), 정서 상태(예: 우울증), 그리고 인지 기능(예: 학습 및 주의력)에 미치는 영향에 대한 인식도 점점 증가하고 있다(Howland, 2014).

다미주 이론에 따르면, 사회 참여 체계는 내장 기관으로부터 시작하는 상향식 감각 경로와 뇌의 상위 구조로부터 시작하는 하향식 감각 경로 등 복잡한 신경 회로에 의해 조절된다. 이러한 신경 경로는 수초화된 미주신경과 얼굴 및 머리의 가로무늬근을 조절하는 뇌간의 기원핵에 영향을 미친다. 신체 기관에서 뇌간으로 전달되는 감각 피드백이 자율신경계를 조절하는 중요한 요소로 포함되면서, 임상의와 연구자들은 다양한 말초 장기 질환을 가진 환자들에서 심장의 미주신경 조절과 관련된 현상들을 점점 더 인식하기 시작하였다. 이러한 관점을 바탕으로, 심장의 비정상적인 신경조절을 단순한 심혈관 질환으로 해석하기보다는, 월터 헤스(Walter Hess, 1949/2014)의 견해처럼 '체계(system)' 기능 장애의 현상으로 해석하는 관점이 제시될 수 있다.

횡격막 아래에 위치한 특정 장기(예: 신장, 췌장, 간, 소화관, 생식기 등)에서 발생하는 만성적 질환(disease)은 비교적 뚜렷한 특징을 보이며, 이를 치료하기 위해 해당 장기를 표적으로 하는 치료법(예: 약물 치료, 수술)이 개발되었다. 반면, 과민성 대장 증후군이나 섬유근육통과 같이 삶의 질에 영향을 미치는 다른 장애(disorder)들은 비특이적인 증상들로 정의된다. 선행 연구들은 이러한 비특이적 만성 장애가 심장의 비정상적인 미주신경 조절과 관련이 있으며, 이는 심박수 변이도 감소로 나타난다고 보고한다(Mazurak, Seredyuk, Sauer, Teufel, & Enck, 2012; Staud, 2008). 이러한 정보들을 토대로, 심박수 변이도는 이와 같은 장애들의 바이오마커(biomarker)로서 제안되었다.

다미주 이론은 이에 대한 대안적인 해석을 제안한다. 다미주 이론에서 설명하는 자율신경계 통합 모델에서는 심박수 변이도의 감소를 특정한 질병의 바이오마커로 해석하지 않는다. 대신, 심박수 변이도 감소는 자율신경계의 광범위한 재조정(diffuse retuning)의 신경생리학적 지표로 간주되며, 이는 위협에 대한 적응적 자율신경 반응 이후 복측미주신경 회로의 기능이 약화되었음을 의미한다. 이러한 해석과 일관되게, 학대 경험, 그중에서도 특히 여성의 성적 학대 유병률과 과민성 대장 증후군 및 섬유근육통과 같은 비특이적 임상 질환 사이에는 강한 연관성이 관찰된다. 또한, 정서적인 스트레스는 증상을 악화시키고 치료 효과를 저하시킬 수 있으며, 심리적 트라우마는 해당 증상의 발현 또는 악화를 유발할 수도 있다(Clauw, 2014; Whitehead et al., 2007). 위협이 감지될 때, 신경계의 초기 적응 반응은 내장에서 뇌간으로 전달되는 감각 피드백을 통해 이루어지며, 이는 심장의 미주신경 조절과 관련된 심박수 변이도의 감소, 횡격막 아래 장기 기능의 변화, 통증 신호활성화 등의 만성적인 자율신경계 조절 패턴으로 이어질 수 있다.

자율신경계에 대한 새로운 관점

다미주 이론은 자율신경계를 보다 폭넓게 정의하며, 자율신경의 감각 경로를 고려하고, 뇌간의 조절 영역을 강조한다. 이 이론은 뇌간의 복측미주신경 조절과 얼굴 및 머리의 가로무늬근을 조절하는 기능이 연결되어 통합적인 사회 참여 체계가 형성된다고 본다(그림 4.1 참조).

전통적인 모델에서는 내장 기관에 대한 강장성 자율신경 영향에 초점을 맞추고 있는 반면, 다미주 이론은 전통적인 모델에서 자율신경계의 영향을 미주신경 경로와 교감신경 경로 사이의 쌍방적 경쟁의 결과로 해석하는 이해를 받아들인다. 그러나 다미주 이론은 자율신경의 하위 체계가 적응의 역순으로 주변 환경의 어려움에 반응하는 계통학적 위계 질서가 있다고 제안하는데, 이는 앞서 언급한 해체의 원리와 일치한다.

다미주 이론에 따르면, 복측미주신경과 사회 참여 체계가 최적의 상태로 기능할 때 자율신경계는 건강, 성장과 회복을 촉진하는 방향으로 작동한다. 복측미주신경 상태에서 자율신경계는 교감신경계와 배측미주신경 경로 간의 최적의 균형을 이루어, 횡격막 아래 장기에 대한 신경조절을 담당한다. 하지만 복측미주신경의 기능이 억제되거나 정지되면, 자율신경계는 건강한 반응 대신 생존을 위한 방어적 상태로 최적화된다. 이러한 방어 반응은 투쟁-도피 또는 셧다운 상태로 나타날 수 있다. 투쟁-도피 반응에서는 배측미주신경 기능이 억제되고 교감신경 활동이 증가하여 동화 전략을 촉진하고 소화 기능을 억제한다. 반대로 셧다운 상태에서는 교감신경 반응이 억제되고, 배측미주신경의 영향이 증가하여 기절, 배변, 그리고 포유류에서 나타나는 죽은 척하기와 같이 운동 행동을 억제하는 것이 촉진된다.

안전의 신호가 곧 치료이다

다미주 이론은 안전의 신호(cues of safety)가 트라우마에 대한 효과적이고 근본적인 해독제 역할을 한다고 제안한다. 이 이론은 단순히 위협을 제거하는 것이 아니라, 안전하다고 느끼는 것에 있음을 강조한다. 안전하다고 느끼는 것은 세 가지 중요한 조건에 달려 있다. 첫째, 자율신경계가 방어 상태를 유지하지 않아야 한다. 둘째, 사회 참여 체계가 활성화되어 교감신경계의 활동을 하향 조절하고, 배측미주신경 경로와 교감신경계를 최적의 범위(항상성; homeostasis) 내에서 기능적으로 조절하여 건강, 성장, 회복을 지원해야 한다. 셋째, 안전 신호(예: 리듬감 있는 말소리, 긍정적인 표정과 제스처)가 제공되어 신경지를 통해 감지되어야 한다. 일상적인 상황에서 안전 신호는 신경지의 과정을 통해 사회 참여 체계를 활성화시키며, 이 체계는 자율신경계를 항상성 범위 내에 유지하고 방어 반응을 억제하는 역할을 한다. 이러한 자율신경계의 제한된 범위는 수용의 창(window of tolerance)이라고 불리며, 심리치료 내의 신경훈련(neural exercise)을 통해 확장될 수 있다(Ogden, Minton, & Pain, 2006; Siegel, 1999 참조).

개입으로서의 신경훈련

다미주 이론은 생리학적 상태의 조절을 최적화하는 기회를 제공하는 특정 신경훈련에 중점을 둔다. 이 이론에 따르면, 신경훈련은 안전의 신호가 포함된 사회적 상호작용을 통해 생리학적 상태를 일시적으로 교란하고 그 후 회복시키는 과정으로 구성되며, 이는 회복탄력성(resilience)을 촉진할 것으로 기대된다. 까꿍 놀이와 같은 놀이는 부모가 자녀와 흔히 활용하는 신경훈련의 좋은 예시이다. 놀이(play)는 자율신경 상태가 방해받고 이후 사회 참여 체계를 활용하여 다시 안정시키는 치료 모델을 제공한다. 이 모델은 임상 환경에서도 적용할 수 있으며, 내담자는 치료사의 도움을 받아 자율신경 상태의 교란과 안정을 경험한다. 기능적으로 치료는 자율신경계가 방어 상태에 오래 머물지 않도록, 사회 참여 체계의 특징들을 활용하여 자율신경 상태 변화를 훈련하는 플랫폼이 된다. 이 과정은 내담자와 치료사 간의 상호조절을 통해 실행된다. 이후, 내담자가 신뢰할 수 있는 상호조절을 경험하면, 일시적인 상태 변화가 방어를 촉발하는 요인으로 작용하는 힘이 줄어들고, 자연스럽게 자기조절(self-regulation)이 나타나게 된다.

놀이의 비유를 통해 보면, 사회 참여 체계는 교감신경계와 결합되어 있다. 이 결합은 몸의 운동 신호가 사회적 상황에서 허용되는 수준으로 적절히 유지되고 공격적으로 발현되지 않도록 한다. 사회적 상황에서 허용되지 않는 공격성의 폭발이나 성냄(tantrum)은 아이들이나 행동 문제 또는 정신 장애가 있는 어른들에게서 자주 나타난다. 연구에 따르면, 상태 조절 장애를 가진 사람들은 목소리 운율의 부재, 둔한 얼굴 표정, 청각 과민, 눈 맞춤 부족 등으로 사회 참여 체계의 조절 기능이 약화된 일관적인 특징을 보인다(Porges, 2011 참조). 다미주 이론은 이러한 신경 교란에 대한 취약성은 사회 참여 체계를 통해 효율적으로 스스로를 진정시키는 자원이 부족한 상태에서 교감신경계가 활성화되어 발생하는 생리학적 상태 변화에서 기인한다는 점을 강조한다.

놀이의 비유는 친밀감(intimacy)을 이해하는 데에도 유용하다. 친밀감은 상태에 따라 달라지는 행동이다. 친밀감은 사회 참여 체계와 배측미주신경 회로를 결합하여 셧다운 없이 부동화를 가능하게 한다. 친밀감을 가능하게 하기 위해서는 타인의 근접성(proximity)과 접촉으로 방어 행동이 촉발되지 않는 상태가 전제되어야 한다. 포유류에게 부동화는 취약한 상태로, 친밀감을 느끼기 위해서는 신경지가 근접한 상황과 접촉을 안전하다고 해석하여 신체를 상대를 환영하는 상태로 전환해야 한다. 두 신체 간의 연결은 운율감 있는 말소리와 상냥한 신체 접촉과 같은 안전의 신호를 통해 이루어진다. 친밀감은 전희(foreplay)와 같은 연인 사이에서 나타나는 일종의 놀이에도 자주 관여한다. 그러나 놀이와 전희에는 작은 차이가 있다. 놀이는 사회 참여 체계의 역량을 최적화하여 교감신경계를 조절하는 신경훈련을 유도하는 긍정적인 특성을 제공하지만, 전희와 안전한 친밀감의 경험은 사회 참여 체계의 역량을 최적화하여 배측미주신경 경로를 조절하는 신경훈련을 일으킨다. 이러한 형태의 신경훈련은 항상성을 유지하는 신체 기관들을 조절하는 데 장기적으로 유익한 영향을 미칠 수 있다. 또한, 안전한 전희와 친밀감은 여성이 두려움 없이 부동화 할 수 있도록 하여 출산과 같은 생산적 행동과 과정을 최적화하는 신경훈련을 준비하는 작업이 될 수 있다.

신경훈련으로서의 경청

다미주 이론은 경청이 사회 참여 체계로 연결된 관문임을 강조한다. 다미주 이론에 기반한 경청 프로젝트 프로토콜(Listening Project Protocol: LPP)은 청각적 과민증을 완화하고, 청각 처리 과정을 개선하며, 생리적 상태를 진정시키고 자발적인 사회 참여를 돕기 위해 고안된 개입 방법이다. 이 프로토콜은 현재 세이프 앤 사운드 프로토콜(Safe and Sound Protocol: SPP)로 알려져 있으며, 통합적 경청 시스템(Integrated Listening Systems: ILS)을 통해 전문가들이 사용할 수 있게 되어있다.

SPP는 훈련 모델에 기반한 치료법으로, 컴퓨터로 변조한 음향 자극을 이용해 참여자에게 전달되는 소리의 주파수 대역을 조절한다. 이 치료법은 사람의 말소리 처리 기능을 최적화하기 위해 중이 근육의 소리 가림 방지(antimasking; 역자주: 중이 근육이 수행하는 자연적 '노이즈 캔슬링' 기능을 의미함) 기능을 활용하여 청각의 과민성을 줄일 수 있도록 이론을 기반으로 고안되었다. 예를 들어, 소리 에너지를 조절하여 사람의 목소리의 주파수 범위 내에서 과장된 운율의 목소리와 유사한 소리를 만들어 이 소리가 내담자에게 안전의 신호를 제공한다고 가정하는 것이다. 이러한 신호는 신경지를 통해 전달되어 반사적으로 중이 근육의 신경조절에 영향을 줄 것으로 예상할 수 있다. 다미주 이론에 따르면, 이 과정은 청각의 과민성을 줄일 수 있고, 자연스러운 사회적 참여를 활성화하며, 심장과 연결된 복측미주신경 경로의 영향력을 증가시켜 생리적 상태를 진정시킨다. 이 치료에 활용되는 소리는 헤드폰을 통해 제공되며, 치료는 내담자가 평온한 상태를 유지할 수 있도록 임상의, 부모 혹은 연구자가 사회적 지지를 제공하는 가운데, 방해받지 않을 수 있는 조용한 방에서 5일 연속으로 6시간 동안 소리를 듣는 방식으로 이루어진다. 이 치료의 신경생리학적인 근거는 다른 출판물에 보다 자세히 서술되어 있다(Porges, 2011; Porges & Lewis, 2010 참조).

나의 연구팀은 1990년대 후반부터 이 치료법을 평가하고 개선해왔다. 우리는 이 치료법을 자폐 스펙트럼 장애, 언어 지연, 청각 과민증, 행동 조절 장애를 가진 수백 명의 아동들을 대상으로 시험했고 그 결과는 긍정적이었다. 자발적인 사회 참여 행동의 증가, 소리에 대한 과민성 감소, 사회적 행동과 정서 상태의 개선, 표현력 있는 목소리로 자발적인 의사소통의 향상 및 빈도 증가 등이 나타났다. 우리는 또한 이 연구 결과를 서술하는 두 개의 연구를 진행하여 동료 심사를 거친 논문으로 게재하였다(Porges et al., 2013; Porges et al., 2014 참조). 지난 몇 년 동안, 우리는 ClinicalTrials.gov에 등록된 여러 임상 실험을 진행했으며, 이 새로운 기법들이 학대 경험이 있는 아동, 주의력과 집중력 부족을 겪는 사람, 프라더-윌리 증후군(Prader Willi Syndrome)을 가진 아동 등 다양한 인구에게 보이는 치료 효과를 평가하고 있다.

SSP가 발표된 이후 우리는 치료사들로부터 연구 결과와 일치하는 아동들의 긍정적인 행동 변화에 대한 피드백을 받아왔다. 지난 20년간 아동들을 대상으로 SSP를 시험한 결과, 눈에 띄게 큰 역효과나 부작용은 발견되지 않았다. 가끔 헤드폰을 착용하는 초기에 촉각이 민감한 사람들이 불편함을 보였지만, 이는 금세 해소되었으며, 소리와 헤드폰과 연관된 불쾌한 경험이나 소리와 분위기의 조합으로 인해 일부 아동들에게 경미한 수준의 불안이 나타나기도 했지만, 이 역시 빠르게 해결되었다. 이러한 성공적인 결과는 치료가 제공되는 '안전한' 분위기 덕분이었다. 치료사는 아동들에게 자신이 따뜻하게 환영받고 있다는 신호를 보내어 '안전한' 임상 환경을 효율적으로 구성하며 아동들이 안전함을 느낄 수 있도록 도와준다. 또한 아동이 SSP를 경험하는 동안 안전하게 자신을 보호해주는 부모나 보호자의 동행을 보장하여 '안전한 공간(safe container)'을 아동에게 제공할 수 있게 된다.

SSP는 두 가지 요소로 나눌 수 있다. 첫째는 치료가 제공되는 안전한 분위기를 형성하는 안전함 요소이고, 둘째는 신경훈련으로 작용하는 소리의 특징을 전달하는 음향 요소이다. 안전함 요소는 치료를 제공하는 치료사나 연구자가 관리하며, 음향 요인은 소리 자극에 내재되어 있다. 성공적인 치료를 위해서는 두 가지 요소가 모두 필요하다. SSP가 효과적이기 위해서는 내담자의 신경계를 안전한 상태로 유지하는 것이 필수적이다.

SSP가 성인에게도 효과적이기 위해서는 아동과 마찬가지로 내담자의 신경계를 안전한 상태로 유지하는 것이 필요하다. 하지만 성인의 경우 신경계를 안전하게 유지하는 것이 어려울 수 있으며, 특히 트라우마 경험이 있는 성인의 경우 이것이 더 어려울 수 있다. 아동들은 보살펴주고 지지를 제공해주는 어른들로부터 '안전한 공간'의 존재를 느낄 수 있지만, 성인들은 대부분 혼자 치료를 받으러 오게 된다. 따라서 신뢰할 수 있는 친구가 치료를 받으러 올 때 동행하는 것은, 성인 내담자의 신경계를 안전한 상태로 유지하는 데 도움이 된다. 혼자서 치료에 참여하기 위해 오는 경우에는, 상태 변화에 대한 취약성이 증가할 수 있다.

치료에 대한 감정적 반응과 생리적인 반응은 소리 자극이 신경 회로를 효과적으로 활성화한다는 강력한 신호로 볼 수 있다. 그러나 이러한 자극이 자발적인 사회적 소통을 촉진하고, 상태 조절을 향상시키며, 청각 과민성을 줄이기 위해서는 신경계가 안전한 상태에 있어야만 한다. 보다 정확히 말하자면, 신경계가 자기보호, 과잉 각성, 방어 상태로 전환되지 않을 만큼 충분히 보호받고 있다고 느껴야 하며, 이에 대해 충분한 신뢰를 가져야만 한다. 이를 위해서는 내담자가 소리에 의해 강한 감정적 자극이나 본능적인 반응을 일으킬 때 치료를 일시적으로 중단하고 신경 자극을 조절할 수 있는 적정한 음향 자극을 제공해야 한다. 내담자가 불편함을 느낀다면, 내담자가 자신의 신경계가 안정될 때까지 치료를 일시적으로 중단할 수 있는 조치가 마련되어야 한다. 이 고정적인 프로토콜은 아동들에게 매우 효과적이지만, 성인들은 보다 복잡한 경험을 가지고 있을 수 있어 안전함을 느끼는 것이 어려울 수 있다. 우리는 성인을 위한 치료법에 집중하면서, 치료사들의 자세한 의견을 통해 다양한 반응들에 대해 계속 배워가고 있다. 이 귀중한 피드백은 내담자들의 치료 결과를 최적화하는 데 큰 도움을 줄 것이다.

수동적 경로와 능동적 경로

인간의 신경계는 방어 반응을 하향 조정하고, 건강과 자연스러운 사회적 행동, 연대감의 평온한 상태를 유지하는 신경 메커니즘을 활성화하는 두 가지 경로를 가지고 있다. 하나는 수동적 경로(passive pathway)로, 의식적인 자각을 필요로 하지 않는다(신경지 개념 참조). 다른 하나는 능동적 경로(active pathway)로, 생리학적 상태를 변화시키기 위한 신경 메커니즘을 활성화하려면 의식적이고 자발적인 행동이 필요하다(신경훈련 개념 참조).

수동적 경로와 능동적 경로는 모두 사회 참여 체계를 조절한다. 수동적 경로는 조용한 환경, 긍정적이고 온정적인 치료사-내담자 상호작용, 치료사의 음성 톤(예: 풍부한 억양), 그리고 어머니가 영아를 진정시키기 위해 사용하는 안전 신호의 소리와 비슷한 주파수 대역으로 변조된 음악과 같은 안전 신호를 통해 사회 참여 체계를 활성화한다. 성공적인 치료사들은 자신의 치료 방식에 관계없이 직관적으로 수동적 경로를 치료에 자주 활용하는 모습을 보인다. 반대로, 능동적 경로는 호혜적인 대화나 발성, 호흡 조절, 움직임 및 자세와 같은 실질적인 연습을 통해 사회 참여 체계를 활성화한다. 내담자가 능동적 경로를 활용할 수 있는지의 여부는 수동적 경로가 내담자에게 안전한 상태를 효과적으로 유발하는지에 달려 있다.

수동적 경로는 내담자의 사회 참여 체계를 활성화해서 자발적으로 복측미주신경 상태로 전환하게 하는 효율적이고 효과적인 방법이다. 수동적 경로는 내담자에게 안전함을 느끼게 한다. 반면, 능동적 경로는 내담자가 복측미주신경 상태에 효율적으로 들어갔다가 다시 나갈 수 있도록 하는 신경훈련을 제공한다. 효과적인 개입을 통해 내담자는 교감신경계와 배측미주신경에 의해 주도되는 방어 상태를 일시적으로 경험할 수 있다. 훈련을 통해 내담자는 사회 참여 체계와 복측미주신경에 접근해 이전에는 방해가 되었던 자율신경 상태를 기능적으로 억제하는 방법을 배운다. 수동적 경로는 내담자가 안전함을 느끼도록 도와주고, 능동적 경로는 이러한 안전한 느낌에 도전하는 '훈련'을 통해 사회 참여 체계의 신경 자원을 확보한다. 이 순차적인 과정은 회복 탄력성을 증가시키고, 어려움이 닥쳤을 때 침착함을 유지하며, 상호조절 및 자기조절에 필요한 자원을 제공한다.

다미주 이론: 트라우마의 진화적 관점

포유류를 정의하는 진화적 특징 중 핵심적인 요소는 사회적 상호작용이 생존에 미치는 역할이다. 기능적으로, 사회적 상호작용 속에서 안전감을 느끼는 능력은 생존의 기초가 되는데, 이는 생물학적으로 중요한 대전제이다. 이러한 중요한 특성과 '적자생존(survival of the fittest)'에 대한 의미는 진화론적 생물학자 도브잔스키(Dobzhansky, 1962)에 의해 재정의되었다. 그는 "적자생존으로 살아남은 개체는 가장 상냥한 개체일 수 있다. 왜냐하면 생존은 종종 상호적 도움과 협력을 필요로 하기 때문이다"라고 말했다. 트라우마를 경험한 생존자들의 삶은 이러한 포유류적 특성이 결여된 삶의 모습을 보여준다.

다미주 이론은 트라우마가 신경계를 재조정하는 여러 메커니즘을 해체하고 살펴볼 수 있는 기회를 제공한다. 이와 더불어, 진화와 해체에 대한 깊이 있는 이해는 생리적, 심리적 경험에 대한 통찰을 제공하며, 내담자가 자신의 경험을 설명할 수 있는 개인적인 서사를 형성하는 데 도움을 준다. 트라우마 반응을 이해함에 있어 진화를 강조하는 점은 도브잔스키의 유명한 인용문을 떠올리게 한다. "진화론의 관점이 아니면 생물학의 어떤 것도 설명할 수 없다"(1973, p. 125). 도브잔스키의 말과 일관되게, 다미주 이론은 트라우마 반응이 진화적 관점에서 볼 때 타당하다고 가정한다.

정리

다미주 이론은 인간이 다른 포유류와 유사하게 동적이고, 적응적이며, 상호적이고, 상호 의존적인 생리학적 체계의 집합으로 구성되어 있다는 점을 강조한다. 이 관점에서 자율신경계는 중추신경계와 기능적으로 따로 구별할 수 없다는 사실이 명확히 드러난다. 다미주 이론에 따르면, 심장과 다른 기관들은 “내장의 바다에 떠다니는 것”이 아니라, 운동신경 경로를 통해 중추 구조에 닻을 내리고, 풍부한 감각신경 경로를 통해 지속적으로 중추의 조절 구조체에 신호를 보낸다. 뇌 구조와 신체 기관 사이의 동적이고 양방향적인 소통은 심리 상태에 영향을 미치고, 환경을 인식하는 방식에 편향을 일으키며, 다른 개체에 대해 환영하거나 방어적으로 대응하도록 준비시킨다. 동시에, 이 과정은 건강, 성장, 회복을 촉진하거나 방해할 수 있다.

다미주 이론은 생명의 위협에 대한 반응이 자율신경계를 어떻게 조절하는지, 그리고 그로 인해 회복 탄력성이 떨어지고 방어적인 상태에 머물게 되는 기제에 대한 타당한 설명을 제공한다. 이러한 조절은 항상성 기능 장애로 이어져 내장 기관(예: 심장병, 과민성 대장 증후군)이나 조절장애의 여러 증상(예: 섬유근육통, 자율신경 장애)으로 나타난다. 이는 동시에 사회적 상호작용을 통한 상호조절이 가능하게 하는 사회 참여 체계에 접근하는 것을 제한한다. 트라우마의 일반적인 결과는 타인과 연결되었다고 느끼거나, 타인을 안전하게 느끼는 것이 어렵게 된다는 점이다. 다미주 이론은 이러한 두 가지 측면(즉, 타인과의 안전감 부재와 신체 기관의 장애)이 트라우마로 재조정된 자율신경계에서 어떻게 나타나는지 설명하며, 이를 바탕으로 재활에 대한 통찰을 제공한다. 결론적으로, 다미주 이론은 사회 참여 체계의 관문을 통해 자율신경계를 재조정하는 희망적인 치료 전략을 제시한다.

2부

치료의 핵심으로서의 안전

다미주 이론의 임상적 적용

5장

안전이 곧 치료다

Bonnie Badenoch

개요

이 장에서는 다미주 이론을 대인관계 신경생물학(interpersonal neurobiology), 이안 맥길크리스트(Iain McGilchrist)의 분할 뇌 연구, 사회적 기준선 이론(social baseline theory), 정서신경과학(affective neuroscience), 그리고 일관성 심리학(coherence psychology)과 통합하여 발전시켜 온 수년간의 발달적 경험을 다룬다. 이러한 이론들을 오랜 시간에 걸쳐 상호 연결시키며 체화한 결과로, 우리는 '특정한 비판단적 존재감'이라는 개념을 제시할 수 있는 역량을 충분히 확보할 수 있게 되었다. 이러한 존재감은 감정적 안전감을 조성하고, 치료적 관계와 일상 생활 모두에서 치유의 기초가 되는 것이다.

우리가 배우는 가장 유용한 새로운 지식은 우리가 이미 알고 있는 것들을 통합하는 과정에서 나오며, 이 과정에는 충분한 시간과 주의력이 필요하다. 내가 처음으로 다미주 이론에 대해 알게 된 것은 2004년이었다. 그 무렵, 나는 약 1년 동안 댄 시겔(Dan Siegel)과 함께 대인관계 신경생물학을 연구하는 그룹에서 활동했다. 그 과정을 통해 우리가 어떻게 끊임없이 서로의 뇌를 형성하는 데 관여하며, 우리의 시스템이 삶의 모든 단계에서 지속적으로 상호적 연결을 유지하는 데 얼마나 헌신적인지에 대해 더 깊이 이해하게 되었다. 나는 이 두 가지 이론, 다미주 이론과 대인관계 신경생물학이 중요한 공통점을 공유하고 있다는 느낌을 받았지만, 처음에는 그 구체적인 연관성이 무엇인지는 정확히 알지 못했다. 시겔(1999/2015)과 포지스(2004)의 이론이 교차하는 지점은 이안 맥길크리스트(2009)가 뇌의 두 반구에 대해 독창적이고 설득력 있게 설명한 연구로 보완되었다. 그는 우리의 우뇌 중심의 관계적 경험과 좌뇌 중심의 안정적이나, 제한적인 지식 간의 관계를 설명했다. 나는 점차 자율신경계의 상태가 두 반구 간의 특정한 형태의 통합과 연관되어 있음을 인식하게 되었다. 시겔, 포지스, 그리고 맥길크리스트의 세 가지 이론이 서서히 내 정신과 마음, 몸에 대한 인식을 변화시켰고, 이는 다시 내게 도움을 요청하는 용기 있는 사람들과의 관계, 그리고 내 삶 속에서 만나는 모든 사람들과의 관계의 질에 깊은 영향을 미쳤다.

내가 여기서 나누고자 하는 것은 일련의 발달적인 이야기이다. 처음에는 자율신경계에 대한 새로운 관점에 매료된 감각에서 시작하여, 다미주 이론에 대한 기초적인 개념을 이해하고, 자율신경계의 세 가지들(branches)이 어떻게 작동하는지에 대해 점차적으로 느낄 수 있게 되었다. 이 과정은 내가 환자들과의 상호작용에서 일어나는 일을 더 잘 느끼고 이해하는 데 도움을 주었다. 또한, 환자와의 관계에서 형성되는 관계 패턴이 변화를 경험하게 되었다. 이 과정은 선형적인 발전이 아니라 서로 맞물린 원들의 연속체와 같았다. 이론의 적용은 다시 연구로 이어지고, 원칙을 체화하는 과정은 다시 환자들과의 경험을 명확하게 해주었다. 중요한 점은, 나는 이러한 놀라운 발견들이 나에게 영향을 미칠 시간을 충분히 허용하는 법을 배웠다는 것이다. 마치 심어진 씨앗이 시간이 지나며 예상치 못한 방식으로 자라나게 되는 것처럼 말이다.

다미주 이론(Porges, 2004)을 처음 접했을 때, 나는 교감신경과 부교감신경이라는 두 개의 상호보완적인 회로가 균형을 추구한다는 기존의 관점보다, 다미주 이론이 제시하는 세 가지 계층적 경로들의 관점이 훨씬 더 자연스럽게 받아들여졌다. 이는 마치 내 몸이 자율신경계를 바라보는 이 새로운 방식에 대해 "그래, 바로 그거야!"라고 말하는 것 같았다. 다음으로 내게 강한 인상을 준 것은 포지스가 제시한 다미주신경 경로에 대한 관점이 우리의 시스템이 어떻게든 서로 연결될 수 있는 가능성을 지속적으로 뒷받침하며, 신경 발화가 통합의 방향으로 형성되도록 하는 또 다른 방식을 설명하고 있다는 점이었다. 이는 대인관계 신경생물학(interpersonal neurobiology: IPNB)의 핵심적인 원칙과도 일치했다(Siegel, 1999; 2015). 나는 우리 시스템이 다른 사람과 함께하기 위해 필수적인 회로인 복측미주 부교감신경, 즉 사회 참여 체계를 선호한다는 것을 깨달았다. 이 경로들은 내부적 또는 외부적 위험을 감지하지 않는 한 계속 활성 상태를 유지한다. 그러나 위험이 감지되면, 신경계는 상황에 적응하기 위해 교감신경 활성 상태로 전환하거나, 심각한 경우 배측미주신경이 관여하는 부교감신경 붕괴(parasympathetic collapse) 상태로 이동할 수 있다.

또한, 우리가 복측미주신경 경로를 통한 안정된 생리적 상태에서 벗어나더라도, 복측미주신경[1] 상태에 있는 다른 사람과 함께 한다면 우리는 다시 연결의 가능성이 존재하는 상태로 돌아갈 수 있다. 사회적 참여를 선호하는 경향 때문에 우리는 언제나 서로에게 다가가려 하며, 이전의 경험이나 현재의 어려움에서 비롯된 장애물이 있더라도 따뜻한 관계를 추구하려 한다. 이 시스템이 안전한 상황에서 자동적으로 애착과 지속적인 연결을 촉진한다는 사실은 치료사인 나에게 깊은 안도감을 주었다. 이는 마치 한 방 안에 우리의 복측미주신경들이 조용하고 보이지 않지만 서로를 찾고 동료로 여기는 것과 같았다. 복측미주신경 상태 자체가 치유를 도울 수 있다는 생각은 나에게 큰 위로가 되었다. 다미주 신경체계에 대한 기본적인 개념의 이해만으로도, 이 시스템이 제공하는 지지감이 내가 더 자주 사회적 참여 상태를 유지하려 하는 데 도움을 주고 있다고 믿는다. 이는 내가 환자들에게 더 안정적으로 안전을 제공할 수 있다는 뜻이기도 하다.

나는 이 방대한 개념을 바탕으로 더 많은 세부 사항을 받아들이고 싶다는 생각이 들었다. 특히, 우리가 서로에게 안전과 위험, 그리고 신경지(neuroception)라는 체화된 지혜를 전달하는 방식은 나의 관심을 끌었다. 나는 우리가 다른 사람들에게 다양한 수단들을 통

---

1 이 장에서는 "복측(ventral)" 또는 "복측 신경 상태", 그리고 "배측(dorsal) 상태" 또는 "배측 신경 상태"라는 용어를 교감신경계가 방어 반응으로 활성화되지 않을 때 발생하는 미주신경 과정의 전체 설명을 대신하여 사용하였다. 구체적으로, 복측 상태에 있다는 것은 복측미주신경 경로가 활성화된 상태를 의미하며, 이는 안전하다는 느낌을 지지하는 생리적 상태를 촉진하고 안전하다는 느낌에 대한 신경지의 반응으로 사회적으로 타인과의 상호작용에 참여하도록 한다. 반면, 배측 상태에 있다는 것은 배측미주신경 경로가 활성화된 상태를 의미하며, 이는 생명에 위협이 존재한다는 느낌에 대한 신경지의 반응으로 비활성화, 붕괴, 그리고 해리와 같은 생리적 상태를 촉진한다.

해 스스로의 자율신경계 상태를 어떻게 지속적으로 반영하고 있는지에 대해 점차 더 인식하게 되었다. 목소리의 억양, 몸짓의 표현 방식, 눈 주위의 긴장이나 이완, 그리고 우리가 어떻게 경청하는지 등이 그 예이다. 이러한 신호들은 함께 있는 사람들에게 동시에 전달되어 그들의 내부적 상태에 따른 해석을 거친 후, 그들이 느끼는 안전감이나 위험에 영향을 미치게 된다. 또한, 이 신호들이 자율신경계의 활성화에 의해 자동으로 나타난다는 사실 역시 분명해졌다. 복측미주신경 상태는 의지로 만들어낼 수 있는 것이 아니다. 오히려 그런 상태를 억지로 만들려고 할 때는 교감신경의 활성화를 수반할 가능성이 높다. 대신, 우리의 감정적, 관계적 안전감이 이러한 신호를 통해 자연스럽게 드러나는 것이다. 자신과 상대방이 깊고 복잡하게 얽혀있음을 이해하면서, 나는 우리의 정신건강을 돌보는 것이 얼마나 중요한지 확실히 깨닫게 되었다. 이를 통해 복측미주신경 활성화가 우리의 기준선이 된다면 상담실뿐 아니라 가정에서나 일상에서 길을 걸어갈 때조차도 주변 사람들에게 일관된 안전감을 제공할 수 있을 것이다.

신경지에 대한 이해가 깊어질수록 의식적으로 인식하지 못하는 영역에서 우리 몸에 내재된 지혜에 대한 경외는 깊어졌다. 포지스(2003)는 우리에게 강력하게 체화된 안전과 위협을 평가하는 시스템의 과정을 설명하기 위해 '신경지'라는 용어를 만들었다. 이는 의식적 경험을 통해 작업 기억으로 들어오는 지각과는 구별되는 것이다. 마치 우리 안에 존재하는 내면의 수호자가 암묵적 기억 시스템에서 떠오르는 것들과 우리의 감각을 통해 외부에서 들어오는 것들을 끊임없이 접촉하며 조화시키는 것과 같다. 그런 후, 이 시스템은 우리의 생물학적 환경을 조정하여 가장 적응적인 방식으로 대응할 수 있도록 준비시킨다. 이 모든 과정은 훨씬 느린 의식적 처리로는 감당할 수 없을 정도로 빠르고 지속적으로 일어난다.

내 몸의 미묘한 변화에 더 관심을 가지며 신경지를 경험하는 동안, 이 적응 과정의 중요성이 더욱 실감나게 다가왔다. 환자들의 변화에 대한 민감성이 깊어지는 것과 더불어, 이들이 연결 능력을 잃거나 되찾는 경험이 그들의 선택에 의한 것이 아니며, 그 사람의 도덕적 성격을 반영하지 않는다는 점을 알게 되면서 내 연민도 확장되었다. 이는 순간마다 나타나는 내적 상태와 안전 및 위험이라는 외부의 상태에 자동적으로 적응하는 과정을 반영한 것이었다.

나는 한 부부와 이 과정에 대해 이야기했던 기억이 난다. 그들은 오랜 갈등을 겪고 있었고, 이로 인해 서로 멀어지며 많은 분노가 쌓이고 있었다. 남편은 거의 매일 아내보다 먼저 집에 도착했다. 그들은 대화를 시작하기 전에 서로 따뜻하게 인사하기로 약속했고, 그 부분은 잘 지켜지고 있었다. 그러나 남편이 하루 동안 있었던 일, 특히 스트레스를 많이 받았던 일들에 대해 이야기하기 시작하면, 아내는 종종 우편물을 확인하거나 저녁 준비를 하느라 그의 이야기에 집중하지 못했다. 그녀가 눈을 마주치지 않고 등을 돌리면서도 자신은 여전히 듣고 있다고 말할 때, 그는 배와 가슴이 조여오는 듯한 불편감을 느끼며 속으로 '정말 너무하네!'라고 생각했다. 그는 화가 나서 등을 돌렸고, 아내는 그가 대화를 일방적으로 끊어버린 것에 당황하고 상처를 받았다. 아내 또한 속으로 '정말 애처럼 구네. 내가 피곤하지만 그래도 듣기 위해 노력하고 있다는 걸 모르는 거야?'라고 생각했다.

이러한 고통스러운 판단은 서로가 의도적으로 연결을 끊으려 한다는 일방적인 가정에서 비롯되었다. 즉, 연결을 끊는 선택을 단순히 나쁜 행동으로 간주했던 것이다. 우리는 자율신경계가 안전과 위험을 얼마나 민감하게 감지하는지, 그리고 위협이 감지되면 자동으로 일어나는 변화에 대해 이야기를 나누었다. 그들이 보였던 행동이 사실은 의도된 것이 아니라는 이해가 생기면서 서로에 대한 태도가 부드러워지기 시작했다. 그들은 서로 연결을 끊었을 때 느꼈던 고통이 사실 서로가 가까이 있고자 하는 깊은 바람의 반영이었다는 것을 깨닫게 되었다.

우리는 부부에게 "저녁에 서로 다시 만나기 전, 언제부터 불안감을 느끼기 시작하나요?"라는 질문을 던졌다. 이 질문을 통해 그들이 다시 만나는 순간에 느끼는 신체 감각에 대해 탐구할 수 있었다. 남편은 아내가 집에 돌아오고 있다는 것을 알게 될 때, 그녀가 자신을 받아줄 수 없을 것을 걱정하며 배가 조여오는 느낌을 받았다. 반면, 아내는 남편을 처음 봤을 때 따뜻함과 기대감을 느꼈다. 이러한 감정에 따른 그녀의 복측미주신경 상태가 남편의 상태를 활성화시켜 그들의 첫 인사를 가능하게 한 것으로 보였다. 그러나 아내는 남편이 일에 대해 이야기하기 시작할 때, 이미 하루의 긴 긴장감으로 과부하가 걸려 더 이상 새로운 정보를 받아들을 여유가 없었다. 이로 인해 두 사람 모두 교감신경계가 각성되어, 서로에 대한 사회적 참여가 방해받는 익숙한 상황으로 이어졌다. 이러한 상호작용의 패턴이 그들의 사랑이나 가까워지고 싶은 마음과는 전혀 관계가 없다는 것을 알게 되었을 때 그들은 큰 안도감을 느꼈다. 이해와 공감을 바탕으로 서로의 안전감을 위한 깊은 배려가 생기면서, 그들은 갈등이 생길 때 더 자주 서로에게 다가갈 수 있게 되었다. 도덕적 판단의 부담이 사라지자, 힘든 순간에도 파트너와 함께하는 것이 자연스럽게 느껴졌다. 또한, 그들은 자녀들의 분노에 대한 자신들의 반응이 달라졌음을 깨달았다. 자녀들의 행동을 바로잡기보다는, 갈등의 원인에 대해 따뜻한 호기심을 가지고 접근하며, 다시 서로가 연결될 때까지 열린 마음으로 경청했다. 그렇게, 문제 행동도 자연스럽게 해결되는 것처럼 보였다.

이 부부처럼, 나 역시 우리에게 체화되어 있는 이 시스템의 적응적 특성에 대한 신뢰가 점점 커지는 것을 경험하고 있었고, 이는 점점 더 내 상담실에서 환자들과의 만남에 반영되고 있었다. 내 상담실을 찾아오는 거의 모든 환자들은 심각한 상처의 생존자였으며, 그들은 감정과 반응을 통제하지 못하는 자신에 대한 깊은 수치심으로 가득 찬 상태로 나에게 찾아오곤 했다. 내가 자율신경계의 보호적이고 적응적인 특성에 대해 배운 내용들을 조금씩 공유했을 때, 그들은 자신의 모습이 상처를 받았던 당시뿐만 아니라 치유되지 않은 상처를 계속해서 보호하려는 시스템의 작용으로 인한 것을 이해하게 되었고, 자율신경계의 불편한 측면까지도 연민과 감사로 대할 수 있게 되었다. 일례로, 친구들에게 종종 분노를 표출하며 스스로에게 깊은 상처와 수치심을 느끼던 한 남성은, 자신의 분노가 폭력적인 아버지 앞에서 느꼈던 치유되지 않은 공포로부터 스스로를 보호하기 위한 것이었음을 깨닫고 이해하기 시작했다. 내적 또는 외적 상황이 이러한 감정을 자극할 위협을 느낄 때, 그의 교감신경계는 그가 어릴 적 겪었던 극심한 무력감과 배측미주신경의 붕괴로 빠지지 않도록 싸울 힘을 제공하여 그를 지켜주었던 것이다. 그의 분노가 적응적인 특성을 가진다는 이해를 바탕으로, 우리는 그의 수치심을 상당히 줄이고 깊이 뿌리박힌 과거의 트라우마들을 치유해 나갈 수 있었다. 보호할 공포가 줄어들수록 분노 반응도 점차 사라졌다. 그의 전반적인 시스템이 더 안전하다고 느낄수록, 대인 관계의 어려움 속에서도 더 많은 복측미주신경 반응이 가능해졌다.

수치심을 해소하려는 모든 노력과 시도들은 사회적 연결과 치유로 향하는 문을 여는 잠재력을 가지고 있다. 아마 우리 모두 몸으로 느낄 수 있듯이, 수치심은 배측미주신경의 경계에 자리 잡고 있으며, 이는 신체적 제약과 붕괴되는 듯한 느낌의 생리적 상태로서 깊은 단절감을 불러오는 상태이다. 수치심이 해소될 때 나타나는 생리적 변화들(역자주: 눈맞춤이 회복되고, 어깨와 가슴이 열리고, 더 깊은 호흡을 내쉬는 등의 변화)은 복측미주신경 경로의 활성화로 상호조절이 가능해짐을 보여주는 신호들이다. 이러한 변화만으로도 트라우마 치유의 기회가 생기기도 한다. 일부 사람들은 트라우마의 본질은 사건 자체보다는 고통과 두려움의 순간에 느끼는 고립감과 더 관련이 있다고 말한다(Badenoch, 2017; Kohrt et al., 2010). 자율신경계의 관점에서, 위협을 느끼는 상황에서 복측미주신경 상태를 박탈당하는 것은 단절과 고립감을 느끼게 될 것임을 의미한다. 자신에 대한 조절력의 상실과 수치심 속에서 판단이 아닌 이해받고 있다는 것을 경험하고 우리에게 내재되어 있는 시스템의 지혜에 대한 새로운 관점을 받아들일 때, 높아진 안전감, 수용감, 그리고 동반감이 우리의 사회 참여 체계를 활성화시키고 깊이 내재되어 있는 고립감의 경험을 완화하기 시작한다. 포지스의 "안전이 곧 치료다"라는 말은 바로 이 지점에서 의미를 갖게 된다. 나는 이러한 자율신경계의 변화가 대뇌피질 하부와 신체 회로에 고립된 트라우마 경험을 통합하기 위한 필수 조건이라는 것을 점점 깨닫고 있었다. 이에 따라, 나는 안전한 공간을 제공할 수 있는 능력을 최우선으로 삼아야 한다고 생각하게 되었다.

내가 진행하는 치료가 거의 전적으로 트라우마를 겪은 사람들과의 작업에 집중되어 있었기 때문에, 나는 자율신경계, 안와전두피질(orbitofrontal cortex), 그리고 편도체 사이의 조절 경로 간의 연결에 대해 더 깊이 이해하게 되었다. 다시 말해, 이러한 경험을 통해 다미주 이론과 대인관계 신경생물학은 더 철저하고 복합적인 통합을 이루어 가고 있었다. 나는 조절 회로가 강화될수록 자율신경계가 더 안정될 것이라고 생각했는데(실제로 이는 사실이었다), 이에 더해 나는 강력한 사회 참여 체계, 즉 자율신경계의 복측미주신경 부교감신경 가지가 안전한 대인 관계 속에서 이러한 조절 회로를 구축하는 주요한 역할을 한다는 것을 깨닫게 되었다. 서로를 향한 민감성 덕분에, 치료나 우정과 같은 두 사람의 관계는 각자의 신경계가 신경 통합의 방향으로 서로의 관계를 형성할 수 있는 기회를 제공한다. 나 역시 불안할 때 친구가 판단 없이 나를 받아들이고, 사랑과 주의를 기울이며 내가 안정될 때까지 충분히 공감을 제공해주는 공간을 마련해 주었을 때 이러한 경험을 할 수 있었다. 나는 이러한 신체적 이완과 개방의 감각은 잠재적 트라우마가 변연계나 신체 내부에 고립되는 것이 아닌, 치유의 또 다른 기회가 올 때까지 신체적, 감정적, 그리고 인지적으로 통합되고 있음을 의미한다는 것을 깨달았다. 이러한 상호조절의 경험을 거듭할 때마다 전두엽과 변연계 사이의 신경 경로가 지속적으로 강화되었다.

내가 연구하고 있는 것들과 개인적으로 경험한 것들이 서로 연결되면서, 이러한 회로들의 상호작용에 대한 이해와 감각은 점점 더 구체화되었고, 이제는 이러한 이해가 상담실까지 나를 따라오게 되었다. 이 과정에서 나는 환자들이 치유를 위해 가장 필요로 하는 것이 무엇인지에 대해 점차 더 민감하게 반응하게 되었다고 생각한다. 그것은 바로 비판 없이 수용적이고 반영적인 파트너로서, 그들의 지혜로운 체계가 복잡하고 상호 조직화된 뇌의 경로 속에 내재된 건강을 찾아갈 수 있도록 지원해주는 것이다. 그러나 여기서 잠시 숨을 고르는 것이 좋을 것 같다. 이러한 개념과 경험들에 대해 오래 고민하면서, 내가 타인과 함께하는 방식에서 전반적인 태도의 변화를 체화하기까지는 많은 시간이 걸렸기 때문이다. 요즘 나는 환자들의 교감신경이 과도하게 활성화되거나 배측미주신경 붕괴 상태에 있을 때, 무엇인가를 변화시키려는 내 충동에 반응하기보다는 그들의 경험을 조용히 수용하는 것이 되려 자연스러운 반응이 되었음을 발견하곤 한다. 이를 이해하는 것과 실제로 실행하는 것은 전혀 다른 차원의 문제임을 나는 점점 더 깊이 깨닫고 있다. 우리의 문화나 교육에서는 아무런 목적 없이 단순히 존재하는 능력을 기르도록 돕는 부분이 거의 존재하지 않는다. 바로 이 지점에서 이안 맥길크리스트(2009)의 연구가 중요한 의미를 가진다.

그는 뇌의 두 반구가 각각 무엇을 하는지에 대해 이야기하는 것이 아니라(역자주: 두 반구 모두 모든 활동에 관여하기 때문이다), 각 반구가 세상을 경험하고 그 경험을 바탕으로 세상을 창조해 가는 방식에 대해서 이야기한다. 우뇌와 좌뇌는 실제로 중요한 것에 대해 서로 다른 관점을 제공하며, 그 결과는 우리는 서로 상호작용하는 방식과, 우리가 만들어 내는 관습, 그리고 우리가 소중히 여기는 가치에 영향을 미친다.

맥길크리스트(2009)의 연구를 간단히 요약하자면, 우리의 우뇌는 순간순간 펼쳐지는 관계적 공간, 즉 '순간 사이의 공간'으로 우리를 인도한다. 이와 같이, 우뇌는 모든 것을 맥락 속에서 바라보며, 그 안에서 의미를 찾는다. 새로운 경험의 흐름은 끊임없이 변화하는 신체적 감각의 강물과 같다. 이 관점은 다음 순간, 그리고 또 그다음 순간의 불확실성을 반영하고 있으며, 삶의 고통과 그 속에 숨어 있는 잠재적인 삶의 의미에 민감하게 반응한다. 우뇌는 역설을 널리 수용하고, 일어나는 모든 것을 '양자택일'이 아닌 '둘 다'의 방식으로 받아들이며, 내적 경험에 대해 깊은 존중을 보인다. 여기서 우리는 생생한 연결을 맺고 유지하는 것, 인간적인 사회와 같은 지향점이 생겨나게 된다. 개별성, 독특함, 일회성, 대체 불가능성, 예측 불가능성, 그리고 대인관계에서의 특징과 같은 모든 것들이 전부 이 관점에 있다. 나는 이러한 관점이 복측미주신경 상태에서의 경험을 설명하는 것이 아닐지 생각하게 되었고, 실제로 포지스는 1994년의 발표한 그의 논문에서 복측미주신경 부교감 상태에서 우뇌의 편재화에 대한 연구 결과를 강조하기도 했다(Porges, Doussard-Roosevelt, & Maili, 1994).

이 두 관점의 조화는 환자들, 나아가 모든 사람들에게 있어서 우뇌 중심의 복측미주신경 상태를 구축하는 것의 가치를 강력히 뒷받침해 주었다. 판단이나 의도 파악이 아닌 깊이와 존중이 있는 만남의 순간에, 다른 사람들의 신경 시스템은 내면의 세계와 더 깊이 연결되기 위해 필요한 안전함, 공감, 반영을 얻을 수 있을 것이다. 이렇게 관계하는 방식에 잠시 동안 머물러 보는 것이 중요할지도 모른다. 우리가 사람들과 함께할 때, 더 적은 판단을 하고, 가능한 만큼 우리의 의도를 내려놓는다면 어떨까? 이는 환자들에게 내재된 치유 능력이 자연스럽게 발현될 수 있도록, 관계의 힘을 깊이 신뢰하는 태도를 필요로 할 것이다. 그리고 이는 우리 스스로가 경험한 치유 과정, 즉 판단이나 의도 없이 온전히 받아들여졌던 경험에 바탕을 두게 될 것이다. 우리에게 익숙한 경청의 공간에서, 우리는 함께 치유로 나아가기 위한 최선의 지원이 무엇인지 자연스럽게 느낄 수 있을 것이다. 안구운동 민감소실 및 재처리 기법(eye movement desensitization and reprocessing: EMDR)은 이 새로운 필요를 충족시킬 수 있을까? 모래 놀이 치료가 그 역할을 할까? 아니면 그저 일어나는 것들에 주의를 기울이는 것이 좋을까? 이런 모든 가능성들은 잠정적으로 고려되고 적용될 수 있는데, 가장 중요한 것은 환자 내면의 반응을 경청하고, 그것을 다음 단계로 나아가는 지침으로 삼는 것이다. 우리의 치료는 미리 정해진 치료 계획을 따르기 보다는, 필요한 순간에 자연스럽고 유연하게 드러날 수 있다. 그 가능성을 위해서는 환자와 나, 두 사람 사이의 안전한 공간이 반드시 필요하다.

우리가 우뇌 중심의 유동적인 연결 상태에 있을 때, 우리는 미지의 영역에 발을 들이게 된다. 이때 우리는 다음에 무엇이 일어날지 모른다는 불안감으로 인해 교감신경의 활성화를 경험할 수 있다. 이 순간에 우리의 좌뇌는 중요한 역할을 하는 "사절단"으로서 (맥길크리스트의 표현을 따르자면) 우뇌가 중심이 되는 복측미주신경 방식의 관계가 형성되는 것을 도울 수 있다. 그렇다면 좌뇌는 어떤 특성을 가지고 있을까? 좌뇌는 불변성과 더 관련이 있는 영역으로, 우뇌가 계획하는 바를 실현할 수 있는 시스템을 만드는 역할을 한다. 우리가 트라우마 기억에 접근하는 단계적 과정을 배우거나, 우리의 시스템이 어떻게 작용하는지에 대한 더 명확한 시각을 제공하는 신경과학적 지식을 습득할 때, 우리는 좌뇌에 지식을 공급함으로써 환자를 돕는 방법에 대한 불안감을 줄이고, 복측미주신경 상태를 더 자주 유지할 수 있게 된다. 나는 내가 속한 캘리포니아의 한 기관에서 일하는 인턴과 경험 많은 치료사 모두에게서 이 과정을 분명히 확인할 수 있었다. 관계적 신경과학(relational neuroscience)에 대한 우리의 이해가 깊어질수록, 불확실성 속에서도 차분하게 머무를 수 있는 능력이 확장되었다. 마치 우리가 인식하지 못하는 사이에 발 밑에 단단한 주춧돌이 조용히 생겨나 견고한 이해를 제공하는 것 같았다.

현재 우리의 문화적 맥락에서 이와 같은 두 반구 간의 관계에 대한 지지는 충분하지 않다(McGilchrist, 2009). 오히려, 연구들은 우리 중 약 75%가 우뇌 중심의 관계적 관점보다는 좌뇌 중심의 반구간 분리를 경험하고 있다고 제시한다(Fredrickson et al., 2013). 이러한 경우, 좌뇌가 가진 관점의 다른 특성들이 주도권을 잡게 된다. 우리의 관계적 회로는 우뇌 중심이기 때문에, 좌뇌의 주도 아래 단독으로 놓이게 되면 “우리”라는 감각이 사라진다. 이로 인해 복측미주신경을 통한 상호조절 상태에서 교감신경 활성화로 이동하면서 생물학적 반응들이 연쇄적으로 일어나게 된다. 구체적인 예로, 내담자를 만날 때 내가 생각하는 가장 효과적인 방법을 이미 결정한 상태에서 내담자를 맞이한다면, 내 복측미주신경 부교감신경 시스템은 비활성화될 것이며, 이는 내담자에게 안전하지 않다는 신호를 보낼 것이다. 이러한 과정은 무의식적으로 진행되어 환자에게 연결이 되지 않는 느낌과 위험에 대한 신경지를 유발하고 우리 사이에 일어날 일들에 영향을 미칠 수 있다. 이 모든 일은 내가 환자를 위해 많은 관심을 가지고 고통을 덜어주고자 하는 강한 열망이 있음에도 불구하고 충분히 일어날 수 있다.

나는 현재 우리가 다양한 개입, 프로토콜, 치료 계획 및 예상되는 결과에 의해 실행되는 근거중심실천을 강조하고 있는 것이 우리 문화의 좌뇌 중심적 편향의 산물일 뿐만 아니라, 우리가 그 관점에 갇혀 환자들의 살아있는 경험으로부터 분리되는 원인이라는 것을 이해하기 시작했다. 좌뇌와 우뇌의 연결이 끊어지면, 우리는 환자의 개성이나 새롭게 형성되는 경험에는 신경을 덜 쓰게 되고, 대신 과업과 행동, 자율성과 자기 의존, 특정 기술을 통해 구체적인 결과를 얻는 것에 집중하게 된다. 또한, 좌뇌는 판단을 내리는 일에 익숙한데, 이러한 판단은 비록 말로 표현되지 않더라도 상대방에게 거의 필연적으로 수치심을 유발한다. 나는 동료들이 어떤 환자가 특정 프로토콜을 실행하거나 반응하지 못하는 것에 대해 종종 한탄하는 것을 듣곤 하는데, 이때 좌뇌 중심의 기대와 함께 비판적인 분위기가 형성되기도 한다. 이런 순간, 우리는 진심으로 돕고자 하는 사람들과의 진정한 연결을 놓치게 된다.

적어도 부분적으로, 좌뇌가 우세하게 작용하는 상태로 전환되는 원인 중 하나는 두려움에 있다. 어린 시절 및 문화 전반에서 정서적이고 관계적인 안전이 충분히 확보되지 않았을 때, 위험에 대한 신경지가 유발되며 이를 통제하려는 욕구가 생긴다. 이 통제 욕구는 좌뇌 중심의 주의가 특화된 영역 중 하나이다. 이는 우리의 마음 상태와 자율신경계 반응에 영향을 미쳐, 인간의 시스템이 본래 치유 능력을 가지고 있으며 필요한 지원이 도착하기만을 기다리고 있다는 사실을 신뢰하지 못하게 만든다.

건강을 향한 본능적 움직임은 복측미주신경 상태를 선호하는 것, 따뜻한 관계를 유지하려는 지속적인 개방성, 상호조절에 대한 뇌의 반응 능력, 그리고 여러 신경 경로를 통해 이루어진다(Badenoch, 2017). 그러나 통제하려는 욕구를 촉발하는 개인적, 문화적 두려움은 이미 전문적 훈련 과정의 전제에 깊이 스며들어 있어, 우리의 복측미주신경 상태와 환자들과의 진정한 연결을 미묘하게 단절시키게 된다. 그 결과, 치료를 주도하고 특정 결과를 추구하는 방식이 제도화된 규범으로 자리잡게 되며, 이는 종종 현재 순간에 자연스럽게 반응하고 관계를 맺으려는 본래의 경향과 충돌하여, 내부적으로 고통스럽고 소모적인 갈등을 일으킨다.

점차적으로 다미주 이론은 우리가 행동과 감정을 조절하는 능력을 회복하고, 복측미주신경 경로를 통해 연결감을 증진할 수 있다는 사실을 명확히 보여주었다. 이 복측미주신경의 능력을 강화하기 위해서는 혼자서 안전감을 만들어내기보다는, 아무런 의도나 판단 없이 이야기를 깊이 들어줄 수 있는 사람들의 도움이 필요하다. 사람들이 이런 방식으로 함께할 수 있을 때, 포지스가 "수동적 경로"라고 부른 복측미주신경 상태로 들어가는 경로가 강하게 활성화될 가능성이 높아진다(Porges, Badenoch, & Phillips, 2016). 인간은 본래 상호조절을 위해 설계된 존재이며, 한 사람의 복측미주신경 상태가 제공하는 깊은 안전감은 우리 안에 있는 연결의 욕구를 일깨울 수 있고, 이는 치유를 촉진하는 내적 탐색의 문을 열어준다. 그렇게 되면 우리가 환자들에게 제공하고자 하는 치유를 직접 경험하고 체화하기 시작할 수 있다. 이미 우리 안에 존재하는 것을 다양한 수준에서 공유하는 것이, (우뇌와 좌뇌의) 단절된 치유 개념을 전달하는 것보다 훨씬 더 쉽고 자연스럽다. 우리가 안전 속에 보호받는 경험을 하면, 우뇌와 좌뇌가 다시 연결될 가능성이 생기며 우뇌 중심의 복측미주신경 경험이 주도하고(맥길크리스트의 표현을 빌리자면 "주인이 되고"), 좌뇌 중심의 지혜가 그 과정을 안정시키는 사절단 역할을 할 수 있게 된다. 우리가 배운 모든 프로토콜과 개입은 이제 환자들의 필요에 따라 활용할 수 있는 풍부한 자원이 될 수 있다. 그렇게 되면 우리의 작업을 단순히 특정 증상을 해결하는 지침이 아니라, 환자와의 소통과 응답의 독특한 '춤'으로 경험할 수 있을 것이다

다미주 이론을 처음 접한 이후, 내가 상담실에서 존재하는 내 방식에 상당한 변화가 일어났음을 경험했다. 그와 동시에 인간이란 무엇인지, 어떻게 상처받고 치유되는지에 대한 이해를 돕는 여러 연구들을 알게 되었다. 브루스 에커(Bruce Ecker)와 그의 동료들은 암묵적 기억의 감각적 특성과 행동 패턴이 어떻게 변할 수 있는지에 대한 통찰을 제공했다(Ecker et al., 2012). 이 치유 과정은 우리가 상처를 보호하는 의미 있는 방어 기제로서 증상을 인식하고, 환자들과 함께 온전히 존재함으로써 그들의 숨겨진 내면이 드러나도록 돕는데 기초를 둔다. 다시 말해, 치유는 암묵적 기억이 어떻게 변화하는지에 대한 좌뇌 중심의 "사절단"적 지식에서 신뢰를 쌓고, 환자들이 안전하게 자신을 드러낼 수 있도록 정서적이고 관계적인 안전한 공간을 제공하는 방식으로 촉진된다.

이러한 공간을 지속적으로 유지하는 것은 때때로 부담이 될 수 있으며, 그 자체로 교감신경을 활성화시킬 수 있다. 이때 에드 트로닉(Ed Tronick)의 '파열과 회복'에 관한 연구(2003)는 우리가 복측미주신경 상태로 다시 돌아갈 수 있도록 돕는 데 유용한 지식을 제공한다. 트로닉은 공감과 반응을 요구하는 아이의 최초의 시도에서 약 33% 정도만 제대로 반응할 수 있어도 안정적 애착이 형성될 수 있으며, 그 외의 것들은 단절된 연결을 인식하고 이를 회복하려는 과정의 문제라고 말했다. 이 패턴이 이상적인 이유는 연결이 끊어졌을 때 누군가가 그 유대를 다시 이어줄 것이라는 기대를 형성하기 때문이다. 이 과정은 가족 관계와 치료적 관계에도 동일하게 적용할 수 있다. 완벽하지 않아도 된다는 것을 받아들일 때, 깊고 편안한 안도의 한숨을 내쉬는 자신을 발견할 수 있을 것이다.

레인 베케스(Lane Beckes)와 제임스 코안(James Coan, 2011)은 신뢰할 수 있는 사람이 곁에 있을 때 우리의 편도체가 스트레스와 위험의 상황에서 우리가 따뜻한 관계의 둥지 안으로 다시 들어갈 수 있을 것이라는 생리적 기대를 바탕으로 스스로 진정한다는 연구인 사회적 기준선 이론(social baseline theory)을 세웠다. 타인과의 연결에서 벗어나는 것은 우리 생물학의 핵심 전제에 대한 위반이다. 이러한 발견은 포지스의 주장(Porges & Phillips,

2016)을 더욱 뒷받침한다. 즉, 연결성은 우리가 가진 포유류적 자율신경계의 선물이며, 생물학적 필수 요소라는 것이다. 이러한 연구 결과들을 통해, 우리는 교감신경이나 배측미주신경의 활성화 상태로 적응적으로 이동한 후, 복측미주신경의 기준선 상태로 돌아가는 능력을 끝없이 키워가는 것이 중요하다는 사실을 재확인했다고 볼 수 있을 것이다. 또한, 혼자보다는 다른 사람들과 함께 이 능력을 키워갈 것이 권장된다.

다미주 이론의 여정을 시작할 때, 나는 이 이론이 나를 어디로 이끌지 전혀 예상하지 못했다. 처음에는 포지스가 말하는 내용에 내 몸이 생리적으로 반응하는 것을 보고 흥미를 느꼈던 것 같다. 그 후, 다미주 신경 체계의 기본 개념을 배우기 위한 여정을 시작했고, 이를 통해 내 좌뇌가 이 체계의 작동 방식을 배워갔다. 그 결과, 당시 내 환자들과 학생들에게 유용할 것으로 기대되는 도식 하나를 만들게 되었다. 그 도식은 다음과 같다.

〈그림 5.1〉

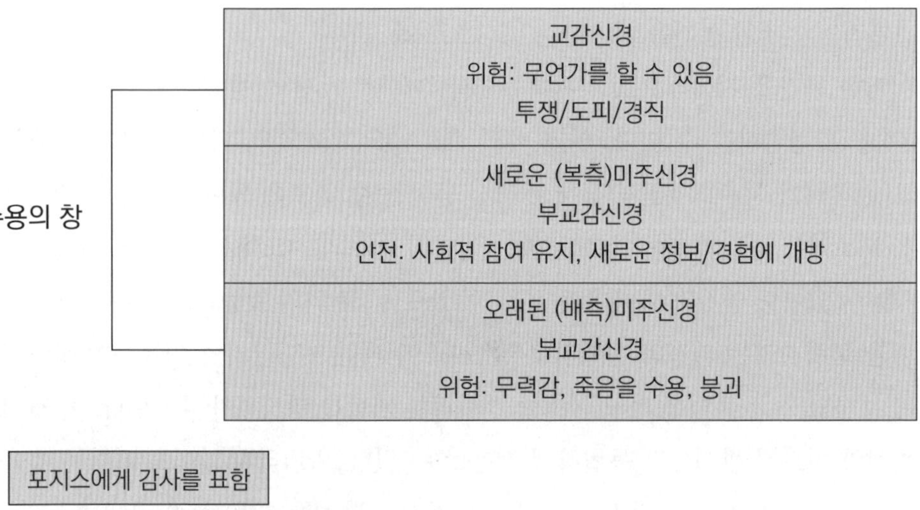

〈그림 5.2〉는 환자와 치료사의 자율신경 상태와 잠재적인 상호조절의 경험을 담고 있다. 이 그림은 치료사가 자신의 복측미주신경 상태로 환자의 불안정을 받아들이면서도 동시에 그들의 각성 상태에 참여함으로써, 우리가 환자에게 제공하는 공간을 시각적으로 나타내고자 했다. 이 과정에서 우리의 뇌는 하나의 치유 시스템으로 결합된다(Hasson, Ghazanfar, Galantucci, Garrod, & Keysers, 2012)(그림 5.2 참조).

〈그림 5.2〉

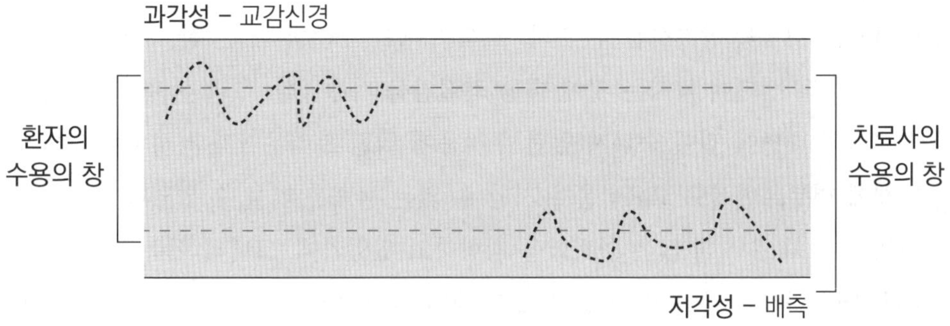

다미주 이론이 제시하는 흐름과 복잡성을 경험한지 여러 해가 지난 지금, 새로운 도식이 떠올랐다(그림 5.3 참조).

시간이 지나면서, 스스로의 자율신경계의 경험에 집중하는 동시에, 환자들의 자율신경계를 탐구하며 배우는 과정에서, 자율신경계가 끊임없이 변화하는 과정을 좀 더 유연하고 덜 고정된 이미지로 표현할 필요가 있다고 느끼게 되었다. 〈그림 5.3〉에서는 넓은 수용의 창(window of tolerance)에서 좁은 수용의 창으로의 이동(위에서 아래로)과 더불어, 복측미주신경이 조절하는 배측 경로 및 교감신경 경로 사이에서 순간순간 일어나는 흐름의 변화(오른쪽에서 왼쪽으로, 그리고 다시 돌아오는)를 담고자 했다. 우리의 자율신경계는 결코 고정된 상태에 머물지 않으며, 내부와 외부의 사건에 끊임없이 반응하고 지속적으로 변화한다. 우리가 조용히 자율신경계의 움직임에 주의를 기울이며, 가만히 이를 주목할 때, 자율신경계는 이러한 관심에 반응하여 복측미주신경 쪽으로 이동한다.

시간이 흐르면서 자율신경계의 미세한 변화들이 더욱 명확하게 그려지기 시작했다. 〈그림 5.3〉의 대각선에 있는 단어들은 두려움이 찾아오면서 복측미주신경의 안전 상태에서 교감신경의 각성 상태나 배측미주신경의 비활성화 상태로 넘어가는 순간의 경험을 설명한다. 아이들(또는 실험쥐)이 놀이를 하는 모습을 지켜보면, 격렬한 놀이 중간에 어느 한쪽이 우세해지는 순간을 감지할 수 있다. 사회적 참여 자원이 사라지면 놀이는 끝나게 된다(Panksepp & Biven, 2012). 이는 매우 미세한 경계 위에서 이루어지며, 아이들이 자유롭게 놀이를 할 때 이 경계를 반복적으로 탐색하고, 자율신경계의 신호를 읽어가며, 놀이 속에서 다시 안전한 연결 상태로 돌아가는 방법을 배우게 된다. 이러한 학습은 아이들이 얼굴 표정을 읽고, 상황을 차분히 다루는 능력을 길러 괴롭힘을 줄이는 데 도움이 될 수 있다.

배측 경로에서는 깊은 휴식이 해리로 빠질 수 있는 경계가 있다. 우리가 무력한 상황에서 자신을 보호하기 위해 적응적으로 배측 붕괴 상태로 들어간 경험이 있다면, 휴식의 고요함이 과거의 위험을 상기시킬 수 있다. 영적 수행을 꾸준히 해 온 한 내담자는 명상 중 반복적으로 해리 상태에 빠지는 것에 대한 좌절감을 나누었다. 우리 관계의 안전한 공간 속에서 그녀의 내면에 깊이 숨겨져 있던 두려움에 얽힌 트라우마가 서서히 드러나자, 그녀는 현재에 머무르면서도 고요함을 유지할 수 있는 능력을 키울 수 있었다. 이렇게 그녀가 자신의 체계 내에서 더 많은 안전함을 경험하고 있었기에, 그녀의 배측 경험이 복측미주신경의 관리 하에 머무를 수 있었다. 그녀에게 있어, 이 경험은 우리 사이에서 펼쳐진 치유 과정에서 가장 중요한 선물이었다.

〈그림 5.3〉

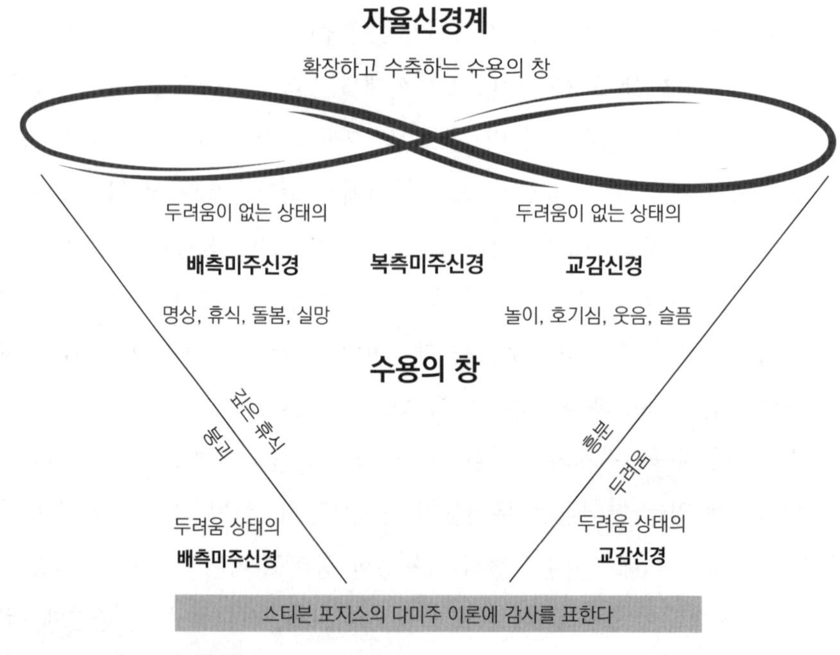

환자와 치료사 두 사람의 관계를 반영한 도식도 떠올랐다(그림 5.4).

두 번째 대각선 쌍은 한 사람의 자율신경계가 다른 사람의 더 넓은 복측미주신경 상태에 의해 포용되는 모습을 나타낸다. 이들은 서로 공명하는 순간에도 복측미주신경 상태를 유지한다. 치료나 우정에서 이러한 순간이 일어날 때, 치유가 일어날 수 있는 공간이 확장되며, 그 안에서는 부정적인 경험이 자연스럽게 일어날 수 있게 된다. 혼자라면 불안정해질 수 있는 기억들이 복측미주신경이 제공하는 안전한 환경 속에서 서로 나누어지고 보호받을 수 있게 된다. 이 과정에서 내재된 트라우마가 통합되며, 감각적 경험과 내재된 기억의 행동 패턴을 변화시킬 수 있는 기회가 생긴다.

다미주 이론이 내 마음과 몸에 점점 더 깊이 자리 잡게 되면서 지금은 상상할 수 없는 새로운 이미지들이 나중에 다시 떠오를지도 모른다. 시간이 지나면서, 내면의 신뢰와 고요함의 더욱 깊어짐에 따라 내 판단은 줄어들고, 목표나 계획에 얽매이지 않게 될 것이라고 생각한다. 경험과 지식이 점점 더 잘 어우러지면서 자율신경계의 지혜를 환자들과 나눌 수 있는 새로운 방법들도 자연스럽게 떠오를 것이라 믿는다. 무엇보다, 우리 각자가 자신의 상처를 치유하기 위해 비판단적이고 안전한 지지적 환경을 찾게 된다면, 안전이 곧 치료라는 것을 더욱 깊이 깨닫게 될 것이라고 확신한다.

〈그림 5.4〉

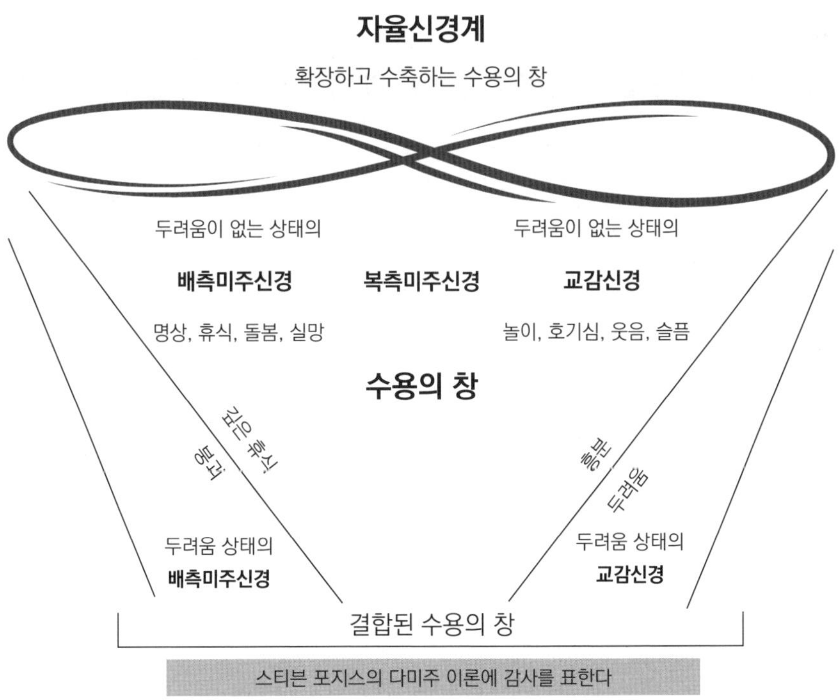

© Bonnie Badenoch and Coease Scott, 2015

6장

학대를 경험한 아동에게 "깊은" 안전 제공하기: 트라우마를 겪은 아동 및 청소년 대상 치료에서 다미주 이론의 적용

Joe Tucci, Angela Weller, and Janise Mitchell

개요

안전은 학대와 가정 폭력으로 인해 트라우마를 겪은 아이들의 회복 과정을 지탱하는 중요한 기반이다. 다미주 이론은 타인과의 관계 속에서 안전이 어떻게 신체적으로 경험되는지에 대한 중요한 통찰을 제공한다. 이 장에서는 '깊은 안전(deep safety)'의 개념이 연결감(connectedness)을 형성하는 치료 과정에 어떻게 접목되는지를 살펴본다. 또한, 다미주 이론의 통찰과 우리의 임상 경험을 통합한 여러 실천 원칙을 기반으로 새롭게 부상하는 개입의 프레임워크를 제시한다. 우리는 관계 중심적 안전이 신체 생리적 반응과 은유적 표현을 연결하는 반영적 실천의 형태로 연결하는 순차적 치료 과정을 통해 어떻게 조성되고 촉진되는지를 설명한다. 나아가, 실제 치료의 각 단계에 적용할 수 있는 구체적인 질문과 활동들을 예시로 제공한다.

당신의 목소리는 내가 피신하고 싶은 곳이자, 나를 안전하고 부드럽게 만들어주는 곳이다.

- Zaeema J. Hussain, The Sky Is Purple(2014)

도입

안전은 인간이 마땅히 누려야 할 기본적인 권리이다. 안전은 인간의 경험이 충분히 발휘되고 성장할 수 있도록 시간과 힘을 부여하는 환경을 제공한다. 안전은 예측 가능성, 안정성, 보안과 같은 중요한 요소들이 담긴 의미 있는 이야기 속에 녹아 있다. 또한, 집, 소중한 사람들, 따뜻함과 사랑, 그리고 양육이 가득했던 경험처럼 강렬한 기억과도 깊이 연관되어 있다. 안전은 우리를 서로 연결해준다. 반대로 안전이 부족하면 위험이 도사린다. 위협이 감지되고, 두려움이 감각을 압도하여 스스로를 보호할 능력을 잃게 만든다. 이는 고통과 트라우마, 그리고 상실을 초래한다. 이러한 혼란이 일어난 후에, 우리는 본능적으로 잃어버린 안전을 되찾으려 한다. 관계적 경험은 만연해가는 취약함을 진정시키고 완화한다. 안전은 친숙함을 찾고, 상호 의존의 힘을 활용하고, 돌봄과 공감이 일상 속에 자리 잡도록 한다.

안전은 생명을 회복시킨다

지난 20년 동안, 우리는 안전의 본질적인 의미를 더욱 깊이 이해하게 되었다. 특히, 학대와 가정 폭력으로 인해 안전이 심각하게 침해된 아이들이나 청소년들을 돕는 과정에서 스티븐 포지스의 연구가 제공하는 통찰로부터 많은 도움을 받았다. 그의 연구는 결국 다미주 이론으로 결실을 맺었다(Porges, 1995, 1998, 2001, 2003, 2009, 2011; Porges & Carter, 2016).

이 이론을 통해 우리는 이제 안전한 상태와 위협받는 상태가 어떻게 형성되는지, 그리고 인간이 이 두 상태를 어떻게 전환하는지를 더욱 정밀하게 이해할 수 있게 되었다. 포지스에 따르면, 안전(safety)은 깊이 내재된 본능적 경험이다. 안전은 심장이 뛸 때나 폐로 숨을 쉬는 순간에도 신체 전반에 걸쳐 감각적으로 인식된다. 안전은 또한 연결의 경험이다. 사랑하는 이들의 익숙한 목소리에서, 그들의 시선에서, 그리고 손짓에서 발견된다. 안전은 자율신경계의 항상성과 관련된 역동적인 긴장 속에 내재되어 있으며, 우리의 뇌와 몸이 끊임없이 관계를 맺고 연결을 유지하고자 하는 본능적인 노력 속에 존재한다.

이 장에서는 '깊은 안전'이라는 개념이, 학대와 폭력으로 인해 발달성 외상을 겪은 아동과 청소년을 위한 치료적 작업에서 핵심적인 토대가 된다는 사실에 대해 탐구한다. 우리는 다미주 이론에서 얻은 통찰과 우리의 임상 경험을 통합하여, 개입을 위한 새로운 틀을 제시하고자 한다. 이 접근법의 목표는 안전한 경험이 트라우마를 경험한 아동 및 청소년, 그리고 그들을 돌보고, 교육하고, 관계를 맺는 중요한 어른들 간의 일상적인 상호작용 속에 자연스럽게 자리 잡도록 하는 것이다. 우리는 관계 중심의 안전감이 치료 과정 속에서 어떻게 형성되고 강화되는지를 단계적으로 설명하며, 생리적 요소와 은유적 접근을 결합한 반영적 활용법(reflective praxis)의 형태로 구체적인 예를 보여준다. 각 단계에서는 이 접근법을 실제 상황에서 어떻게 적용할 수 있는지 구체적인 질문과 활동 예시를 제시한다.

안전을 중심으로 한 치료적 틀을 뒷받침하는 기본 원칙은 무엇인가?

안전은 관계적 경험이다

안전은 개인 내에서, 그리고 사람들 사이에서 경험된다. 포지스(2011)는 파충류에서 포유류로 진화하는 과정에서 종 내 협력적 성향이 발달하게 되었고, 이것은 생존에 필수적인 사회적 및 집단적 이익을 얻을 수 있게 했다고 보았다.

포유류는 생존하고 적응하면서 생존에 필요한 여러 가지를 갖추어야 했다. 그중 하나는 상호작용에 대한 개방성을 나타내는 능력이었다. 이 능력은 번식이나 돌봄과 같이 생존에 중요한 역할을 했다. 이에 따라, 포유류는 사회적 의사소통과 제스처를 담당하는 근육을 정교하게 조절하는 신경 체계가 발달하게 되었다. 포지스는 이러한 신경 조절 덕분에 인간이 '눈을 맞추고, 매력적인 억양과 리듬으로 말하며, 상황에 맞는 표정을 짓고, 중이 근육을 조절해 배경 소음 속에서도 사람의 목소리를 더 잘 구분할 수 있게 되었다'고 설명했다(2011, p. 15).

이러한 상호 의존적인 기능들은 포유류끼리 서로 물리적으로 가깝게 지내게 만들어, 본래 위험에 대응하도록 설계된, 보다 원시적인 생리적 시스템이 활성화될 수 있는 상황을 야기했다. 이처럼 취약성을 극복하기 위해 포유류는 원초적인 위협반응을 억제할 수 있는 능력을 발전시켰고, 그 결과 수초화된 복측미주신경 경로가 발달했다. 이 경로는 인간의 사회적, 정서적, 그리고 의사소통적 행동을 가능하게 하는 중요한 연결고리가 되었다.

인간을 서로 연결시키는 이 사회 참여 체계는 교감신경계의 활성화를 조절할 수 있는 능력과 통합되어 필요시 투쟁-도피 반응을 가능하게 한다. 수초화된 미주신경은 얼굴과 머리의 근육을 조절하여 감정 표현, 눈맞춤, 듣기, 그리고 억양 같은 사회적 교류의 중요한 요소들을 담당한다. 이러한 요소들은 대인 간 의사소통을 통해 우리의 생리적 상태를 형성하고 조절하는 데 영향을 미친다.

우리가 외부의 위협이나 내부적인 불안에 직면했을 때, 다른 사람들은 생리적으로 안정된 상태에 기반하여 우리에게 안전 신호를 전달함으로써 진정시킬 수 있다. 부드러운 목소리, 우리를 향한 신체 자세, 그리고 안심시키는 눈빛 모두 우리의 위협 반응을 줄이고, 안전감을 느끼게 하는 데 중요한 역할을 한다.

우리는 다른 사람들과의 관계 속에서 우리를 달래고 안심시키는 다양한 형태의 포용을 발견하게 된다. 심장 박동, 호흡의 깊이, 시선의 안정감, 목소리의 따뜻함과 같은 타인의 신체적 경험에서 우리는 안전함을 느낄 수 있으며, 힘과 사랑, 돌봄을 함께 했던 기억 속에서 우리는 안전을 찾으며, 억압과 저항, 투쟁과 화해, 고통과 해방 같은 공동체적 서사를 통해 안전함을 확인한다. 우리는 우리의 신체 반응으로부터 온 신호를 통해 안전함을 감지하고, 신뢰할 수 있는 사람, 예측 가능하고 일관된 행동을 보이는 사람과 함께 있을 때 안전함을 느낀다. 우리의 두려움이 타인에 의해 이해되고 공감받을 때, 그들의 인내와 배려, 공감적인 태도 속에서 우리는 진정한 안전을 경험할 수 있다.

우리는 안전함을 느낄 수 있는 동시에 안전에 대해 이야기하는 관계 속에서 비로소 안전한 것이다.

안전은 우리의 생리적 시스템에 내재되어 있다

다미주 이론(Porges, 2011)에 따르면,

> "어떤 사람을 안전하거나 위험하다고 인식하는 순간, 우리 몸은 신경생리학적으로 친사회적 행동을 하거나 방어적인 태세를 취하게 된다. 우리가 의식적으로 위험을 느끼지 못하더라도, 몸은 이미 신경생리학적 차원에서의 투쟁, 도피, 또는 경직과 같은 방어 행동을 준비하는 신경 과정을 시작한다." (p. 11)

안전에 대한 경험은 우리가 관계 맺는 사람들의 생리적 상태와 밀접하게 연결되어 있기 때문에, 우리에게 안전한 사람과 위협이 되는 사람을 구별할 수 있는 능력은 생존에 필수적인 요소이다. 포지스의 신경지(neuroception) 개념은 안전이 우리의 생리 속에 얼마나 깊이 내재되어 있는지를 잘 보여준다.

신경지는 "신경 회로가 상황이나 사람들이 얼마나 안전한지, 위험한지, 또는 생명을 위협하는지를 판단하는 방식"을 설명하는 개념이다(Porges, 2011, p. 11). 포지스는 심층적인 생리적 수준에서 미주신경계가 우리의 장기를 감시하는 핵심 역할을 한다고 주장했다(Porges & Carter, 2016). 미주신경계는 우리의 주요 장기 상태를 실시간으로 모니터링하며, 우리가 경계를 유지하거나 즉각적으로 행동하여 자신을 보호해야 할 때, 필요에 따라 신진 대사 반응을 조절한다. 때론 압도적인 위험에 직면해 아무런 방어도 소용없을 때에는 완전히 무너져 내리거나, 궁극적으로는 소진된 신체 자원을 회복하고 휴식을 취하기 위해 대사 반응을 늦추기도 한다.

우리의 생리적 시스템은 주변 사람들과 환경으로부터 발생하는 위험을 본능적으로 감지하며, 신경지는 우리의 몸이 생존에 최적화된 상태에 있도록 돕는다. 이 과정은 우리가 미처 의식적으로 인식하지 못한 위협에도 적응할 수 있게 한다.

이와 같은 신체 기반의 내재적 감각은 우리가 인간으로서 경험하는 심리적 상태의 기초가 된다. 이 감각은 우리의 언어 속에 스며들어 우리가 스스로를 어떻게 바라보고, 세상 그리고 타인과 어떻게 관계를 맺는지에 영향을 미친다. 또한, 우리가 지금의 정체성에 이르기까지 왜 그리고 어떻게 성장하게 되었는지를 성찰하는 데도 중요한 역할을 하며, 우리가 세상을 인식하고 해석하는 방식, 그리고 그로부터 기대를 형성하고 표현하는 방식에도 반영된다. 우리는 이를 통해 과거를 판단하고, 미래를 향해 나아갈 방향을 결정한다. 뿐만 아니라, 신경지는 관계가 어떻게 작동하는지, 관계에서 무엇을 얻을 수 있는지, 우리가 그 안에서 어떤 감정을 느껴야 하는지에 대한 우리의 믿음을 형성한다. 이 믿음은 결국, 관계가 우리에게 생존에 필요한 자원과, 위협에 적응하며 형성된 생리적 패턴을 변화시킬 용기를 제공할 수 있는지에 대한 판단에도 영향을 미친다.

안전은 단순히 위험이 없는 상태를 의미하지 않는다. 진정한 안전은 생리적 회복과 성장을 돕는 신경 회로가 활성화되는 관계 속에서 이루어진다. 우리는 타인과의 친밀한 관계에서 자연스럽게 서로에게 다가가며, 장난기와 호기심을 통해 친밀감을 키우고, 타인의 안락함에 공감할 때 안전을 느낀다. 또한, 우리의 몸이 평온하게 잠들고, 휴식을 취하며, 따뜻한 돌봄을 받을 때 안전은 자연스럽게 드러난다.

우리는 사랑하는 사람의 마음속에서 우리의 연약함을 드러낼 수 있을 때 진정한 안전을 느낀다.

아동 학대는 아동의 안전감을 심각하게 훼손하는 행위이다

학대는 아동에게 갑작스럽고 강압적으로 안전을 빼앗는 것이다. 아동은 자신을 보호하고 돌봐야 할 사람들로부터 되려 상처를 받는 경우가 많다. 부모나 친척, 교사, 코치, 또는 양육자 등이 이에 해당된다. 이들은 한때 학대를 경험한 아동들에게 어려운 상황 속에서 의지할 수 있었던 피난처였을 수 있다. 하지만 어떤 아동에게는 이러한 관계가 결코 안전한 피난처가 아니었고, 오히려 끊임없는 불안의 원인이 되기도 했다. 아동은 스스로를 달래고 위로하기 위해 이런 관계에서 상호조절을 기대하지만, 어른이 학대의 가해자일 때, 아동은 고통과 공포에 노출될 뿐만 아니라, 다시 생리적, 심리적 안전을 확보하기 위한 자원도 박탈당하게 되는 것이다. 어른들은 변덕스러운 행동과 말을 보였으며, 아동은 이러한 어른들의 기준에 맞추어 살아가며 그들의 의도와 목적에 좌우되는 처지에 놓여 있었다.

학대가 폭력과 강압을 동반할 때, 아동은 항상 동화 상태에 놓이게 된다. 공포가 그들의 마음을 지배하고, 다음에 언제 아버지가 술에 취해 돌아와 자신이나 어머니를 공격할지, 저녁을 다 먹지 않았다는 이유로 또 언제 파이프나 호스로 맞을지, 언제 침대에 밀쳐져 성폭행을 당할지 알 수 없다. 그들의 집, 방, 주방은 압도적인 공포를 불러일으키는 감각 요소들로 가득 차 있고, 학대 가해자와의 모든 접촉은 두려움을 유발한다. 아이들은 언제든지 자신을 방어할 준비를 해야 하며, 그들의 몸은 끊임없이 싸우거나 도망칠 준비를 하고 있다. 이러한 동화 상태는 아이들의 일상이 되지만, 위협이 너무 크고 벗어날 수 없는 상황에 처하면 아이들은 결국 무너지고 만다. 그들은 생존하기 위해 부동화 상태가 되며 고립을 택한다. 그러고는 남아 있는 힘을 보존하기 위해 생리적 상태를 조정한다. 학대를 경험한 아동은 점차 의기소침해지고, 목소리를 잃으며, 끝내 자신의 안전을 포기하게 된다.

이런 상태에 빠진 아동은 안전과 위로를 제공할 수 있는 사회 참여 체계가 너무 멀게 느껴져 거의 없는 것처럼 여긴다. 차분한 목소리로 건네는 위로의 말, 부드러운 손길, 따뜻한 시선 같은 상호조절의 시도들이 그들에게는 거의 닿지 않는다. 다미주 이론은 이런 상황을 적응적 위험 반응의 관점에서 생생하게 설명한다. "포유류는 사회적 참여와 투쟁-도피 반응 사이를 효율적으로 오갈 수 있도록 적응했지만, 셧다운/죽은 척하기 상태에서 벗어나는 것에 있어서는 그렇게 효율적이지 않다"(Porges, 2016).

더 심각한 문제는, 심리적 조작을 통해 학대를 당한 아동은 바로 그 사회 참여 체계에 의해 더 큰 상처를 받는다는 점이다. 성적 학대의 가해자들은 아이들이 기대하는 친절함과 부드러움을 왜곡하여 아이들의 안전감을 해친다. 이들은 아동의 생리적, 심리적 안전감을 무너뜨리기 위해 사회 참여 체계의 힘을 악용한다. 위험한 상황이 오히려 안전한 것처럼 느껴지게 만들고, 아이들의 신경 반응을 왜곡시킨다. 이제 아동은 안전한 상황에서도 불안감을 느끼고, 그들의 몸은 스스로를 속이게 된다. 결국, 아동은 진정한 위험을 정확히 인식하고 이에 대비하는 능력을 잃게 되는 것이다. 어떤 아동은 친밀한 관계 속에서의 작은 위협에도 과민하게 반응하고, 다른 아동은 오랜 시간 폭력과 통제를 행사한 사람의 명백한 위험 신호를 제대로 인식하지 못한다. 결국, 이런 아동은 성장해 어른이 되더라도, 극도의 불안감 속에서 살아가게 된다.

모든 학대 피해 아동의 사례에서, 그들의 본능적 경험은 위협과 이에 대한 생리적 반응으로 과도하게 치우쳐 있다. 위협은 근육의 긴장, 심장 박동, 호흡, 소화와 같은 모든 신체 감각에 스며든다. 이들은 위협에 대한 두 가지 오래된 계통적 반응, 즉 두려움에 의한 동화와 부동화의 상태 속에 갇혀 있다(Porges, 2011). 그들의 몸은 회복할 기회를 거의 얻지 못해 쉴 수 없는 상태에 있다. 그렇기에 신체는 늘 지쳐 있고, 새로운 환경이나 정보에 적응할 에너지가 부족하다. 학습에도 어려움을 겪으며, 변화에 저항하게 된다. 생존을 위해 늘 해오던 방식에만 의존하며, 세상과 특히 위협이 될 수 있는 사람들과의 접촉 자체를 차단한다. 포지스가 지적했듯, 이들이 내장 기관을 보호하는 미주신경의 기능을 잃게 되는 것도 놀라운 일이 아니다(Porges & Carter, 2016). 트라우마는 신체 내부 기관의 항상성을 조절하고 유지하는 복측미주신경의 기능을 약화시킨다. 아동은 위협적인 소리에 더욱 민감해지고, 사람의 목소리에서 편안함을 느끼는 능력은 떨어진다. 몸짓은 더 불안정해지고, 복통을 호소하며, 수면에 어려움을 겪는다. 눈맞춤을 피하고, 목소리 톤도 주변 사람들과 조화를 이루지 못한다. 이들이 외부 세계에서 느끼는 불안감은 그들의 신체 내부 반응에도 그대로 반영된다.

이러한 신체 경험과 타인과의 상호작용은 두려움, 거부, 고립, 수치심, 그리고 굴욕감으로 가득 찬 이야기로 바뀐다. 사람들이 이 아동에 대해 나누는 이야기에는 이들의 자율신경계가 어떻게 적응적 생존 반응을 활성화하는지에 대한 이해가 결여되어 있으며, 아동의 트라우마가 미치는 파괴적인 영향에 공감하지 못한다. 그저, "그들은 감사할 줄 모른다. 우리를 밀어낸다. 반항적이다. 말을 듣지 않는다. 주변 사람들을 조종하려 한다. 교활하다. 절대 변하지 않을 거다. 사랑받을 자격이 없다."와 같은 부정적인 시선이 아동에게 돌아갈 뿐이다.

결국, 아이들은 이 부정적인 이야기를 자신에 대한 믿음으로 받아들인다. "나는 멍청해. 나는 믿을 수 없는 사람이야. 나는 나쁜 사람이야. 나는 나 자신이 싫어. 도망쳐야 해. 나는 안전하지 않아."와 같은 생각들은 아동이 인간관계를 해석하는 방식에도 영향을 미친다. "사람들은 믿을 수 없어. 관계는 신뢰할 수 없어. 관계는 상처만 줄 뿐이야. 예측할 수 없어. 위험해. 나를 지켜줄 사람은 아무도 없어. 내가 의지할 사람은 나뿐이야. 관계는 안전하지 않아."

학대를 겪은 아동은 이러한 감정을 행동으로 드러낸다. 그들은 분노, 화, 좌절감, 짜증으로 자신을 표현하며, 슬픔과 사회적 고립으로 자신의 고통을 나타낸다. 또한 자신의 고통을 내면화하여, 그들을 돕고자 하는 사람들을 자극해 위협을 느끼게 만들기도 한다. 그들의 행동은 종종 도전적이고 두려움을 준다. 트라우마를 겪은 아이들을 돌보고 도움을 주는 사람들은 종종 혼란을 겪고, 압도되며, 안전하지 않다고 느낀다. 우리 역시, 이 아동을 위험한 존재로 여기고, 그에 따라 방어적이고 자기 보호적인 방식으로 반응하게 되며 이로 인해 아동이 변화하지 않는 것에 대해 서로를 탓하기도 한다. 학대를 경험한 아동을 돌보는 공식적, 비공식적 지원 체계는 종종 협력이나 공감, 돌봄보다는 단절과 방어, 통제를 중심으로 조직되기 쉽다.

이러한 배경 속에서 아이들의 안전은 사라져 버렸다. 학대를 경험한 많은 아이들은 그들의 몸과 관계, 그리고 미래에 대한 희망 속에서 안전함을 잃어버렸다. 그리고 이들을 둘러싼 돌봄과 지원 체계에서도 안전은 자주 결여되어 있다.

트라우마 치유의 핵심은 안전이다

안전이란 깊고 안정된 생리적, 관계적 조화를 경험하는 것을 의미한다. 이는 자율신경계의 부교감신경 가지를 활성화시키는, 안정적이고 지속적인 복측미주신경 활동을 통해 이루어진다. 안전은 상호 의존적이고 조절적인 관계에서 경험되며, 이는 서로의 사회 참여 체계가 호혜적으로 활성화되는 과정에서 나타난다. 이 과정은 심리적으로 인식되고, 생리적으로 체험된다.

트라우마를 겪은 아동은 이런 안전을 온전히 느끼지 못하는 경우가 많다. 관계적 안전은 치료의 목표이자 치유 과정에서 중요한 자원이다. 치유적인 관계는 신뢰할 수 있고 지속적이며, 예측 가능성과 안정감을 제공하고, 정체성을 이해하고 재구성할 수 있게 도와준다. 이런 관계는 아동이 새로운 의미를 발견하고, 본능적으로 안정된 상태에 기반해 안락함을 경험할 수 있게 해준다. 이 과정에서 우리의 적응적 시스템이 작동하여, 연결감을 유지하고, 돌봄과 신뢰의 새로운 기억을 형성하며, 세상이 덜 위협적으로 느껴지고 아동이 더 자신감을 가질 수 있도록 도와주는 이야기를 만들어낸다.

안전은 아동의 트라우마를 치유하는 데 있어 생물학적으로 중요한 경로이다.

트라우마를 겪은 아동을 위한 '안전 중심' 치료적 개입이란?

호주 아동 재단(Australian Childhood Foundation)에서는 신체적 학대, 성적 학대, 가정 폭력으로 인해 트라우마를 겪은 아동과 청소년들에게 치료적 개입을 제공하고 있다. 이들 중 많은 아동이 초기의 방임과 정서적 학대를 경험했다. 우리는 이러한 아동을 돌보고, 교육하며, 지원하는 관계를 통해 협력하고 있다.

우리의 치료 접근법은 쇼어, 시겔, 반 데어 콜크, 트로닉, 오그던, 휴즈(Schore, Siegel, van der Kolk, Tronick, Ogden, Hughes) 등 트라우마와 애착 이론의 선구자들로부터 많은 영향을 받았다. 최근에는 포지스의 다미주 이론을 바탕으로 한 개입 방식을 점점 더 적용하고 있다. 안전은 이제 우리 치료의 핵심 개념이 되었다.

이 섹션에서는 아동과 청소년들이 학대와 폭력으로 인해 겪는 생리적, 심리적 상처를 치유하기 위해 안전을 중심으로 하는 우리의 치료적 접근 방식을 설명한다. 이 접근법은 관계 속에서 조절적 경험을 통해 안전을 자리 잡게 하고, 어른과 아동이 함께 경험하는 '깊은 안전'이라는 이야기를 만들어가는 단계적 과정이다. 이 접근법의 목표는 아동과 그들을 돌보는 어른들 간의 관계 체계를 통합해, 그들의 상호작용 속에서 안전을 체화된 자원으로 발전시키고, 이를 통해 아동이 안전함을 느끼고 자라날 수 있도록 돕는 것이다.

안전한 경험을 회복하기 위한 성인의 역할

트라우마를 겪은 아동의 주위에는 부모, 조부모, 삼촌, 이모, 위탁 보호자, 생활지도사, 교사, 코치, 멘토, 아동 보호 종사자 같은 성인들이 있다. 이들 중 일부는 아동이 겪은 것과 같은 폭력을 경험했을 수도 있다. 이들 모두는 위험에 직면했을 때 자율신경계의 교감신경이 활성화되면서 신체의 동화 경험을 해봤을 것이다. 어떤 사람들은 압도적인 위협 앞에서 두려움에 얼어붙어 신체가 마비되는 경험을 했을지도 모른다. 반면, 어린 시절과 성인이 된 이후에 안전을 찾고 안전을 느낄 수 있게 도와준 관계를 경험한 사람들도 있을 것이다. 많은 이들에게 안전은 의식적으로 느껴지는 한 부분일 수 있지만, 일부는 의식적이든 무의식적이든 안전을 경험하지 못했을 수도 있다. 그들에게는 위험이 주요한 경험이었고, 주변의 친절하고 위로가 되는 사람의 여부에 따라 그들의 생리적 반응이 형성되었을 것이다.

아동에게 효과적으로 안전감을 제공하려면, 어른들이 먼저 안전이 어떻게 느껴지는지, 그 다양한 측면과 그 영향에 대해 인식할 필요가 있다. 자신의 경험에 대해 마음을 열지 않으면, 아동의 경험에 진정으로 공감할 수 없다. 어른들은 자신의 삶 속에서 위안을 얻고, 안정을 찾으며, 회복을 경험했던 순간들을 되돌아보고 성찰할 필요가 있다. 어른들에게 이러한 과정은 직접적으로 또는 간접적으로 탐구될 수 있으며, 이를 통해 신체적 반응, 생각, 그리고 안전에 대한 내면의 인식을 명확히 할 수 있다. 이러한 요소들을 이해하고 통합하는 것은 어른들이 아동과의 상호작용에서 안전감을 효과적으로 전달하기 위해 매우 중요하다.

우리는 아동과 관련된 어른들과 '안전'이라는 주제를 함께 탐구할 수 있는 질문과 실천 방법을 마련했다. 이 질문과 방법들은 부모와 보호자와 함께 작업할 때 사용할 수 있으며, 다른 어른들에게도 상황에 맞게 조정하여 적용할 수 있다.

- 누군가가 당신의 마음에 들어오게 하는 방법은 무엇인가? 당신이 누군가와 함께 있을 때 '이 사람과 있으면 안전하다'라고 느끼는 순간은 언제인가? 그 안전함을 몸으로 어떻게 느끼는가?
- 당신은 어떻게 아이의 마음에 다가가는가? 아이가 당신에 대해 알고 있는 것 중에서, 아이에게 안전감을 준 것은 무엇인가?
- 어렸을 때, 당신을 보호해준 사람은 누구인가? 그들이 당신이 안전하다고 느끼게 하기 위해 했던 행동 중 기억에 남는 것은 무엇인가? 언제나 당신에게 안전함을 느끼게 해주었던 사람은 누구인가? 그 사람이 당신에게 그런 확신을 주게 한 이유는 무엇이었는가?
- 삶에서 불안할 때마다 당신이 의지했던 사람은 누구인가? 그 사람과의 관계에서 무

엇이 당신에게 그들을 신뢰할 수 있다는 느낌을 주었는가?

- 당신이 안전하고 평온하며 보호받고 싶을 때, 떠오르는 목소리는 누구의 것인가?
- 당신의 아이를 생각할 때, 무엇이 당신이 그 아이를 보호하고 싶다는 마음을 들게 하는가?
- 당신에게 '위로받는 것'은 어떤 느낌인가? 두려움을 느꼈을 때 누군가가 당신을 위로해주었던 기억이 있는가? 그들은 어떻게 당신을 안심시켰는가? 그들이 했던 말 중에서 중요한 것은 무엇이었는가? 그들이 당신과의 상호작용에서 무엇이 중요했기에, 당신이 특별하다고 이야기하고 당신의 기분이 나아지도록 열심히 도와주려고 노력했는가?
- 상담 세션에 아이의 안전에 중요한 의미를 가진 물건을 가져오거나 그것을 떠올려보라. 예를 들어, 장난감, 사진, 책 등이 이러한 물건이 될 수 있다. 그 물건을 손에 들고, 아이가 그것을 가지고 놀거나 위로받고 있는 모습을 상상해보라. 그 순간, 아이는 어떤 감정을 느끼고 있는가? 그 물건을 가지고 있을 때 아이의 숨결은 어떠한가? 아이의 눈빛은 무엇을 말해주고 있는가? 아이는 그것에 대해 당신에게 어떤 말을 하는가? 그때 아이의 목소리는 어떤 톤인가?
- 깊은 안전감이 당신에게 어떤 기억을 떠올리게 하는가? 당신은 이 같은 깊은 안전감을 어떻게 알게 되었는가? 어렸을 때, 누가 당신에게 이런 안전감을 느끼게 해주었는가? 지금은 누가 당신에게 안전감을 주고 있는가? 지금의 당신에게 안전감이란 어떤 느낌인가?
- 당신이 지금 느끼는 안전감과 아이가 이 물건을 품에 안았을 때 느끼는 안전감 사이에는 어떤 공통점이 있는가? 지금 당신의 목소리 톤은 어떠한가? 다른 사람이 지금의 당신을 바라본다면, 당신의 눈빛을 어떻게 묘사할 것인가?
- 손을 가슴에 얹었을 때, 아이와의 친밀감에 대해 어떤 감정이 느껴지는가? 만약 당신과 아이가 부드럽게 서로를 안고 있다면, 당신의 마음 속에서는 어떤 감정이 일어나는가? 아이에게 그가 안전하다는 것을 알려주기 위해 어떤 말을 건네고 싶은가?
- 두려움 속에서 안전함을 느꼈던 경험을 떠올려보라. 그 경험은 어떻게 시작되었는가? 당신에게 어떤 의미가 있었는가? 그 경험에서 지금도 당신에게 남아 있는 것은 무엇인가?

- 아이와 함께 깊은 안전감을 느꼈던 순간을 떠올려보라. 그 순간 아이도 당신과 그 감정을 공유했다고 느꼈던 이유는 무엇인가? 그 순간 아이와 함께 그 안전감을 나눈 경험은 당신에게 어떤 의미로 다가왔는가?
- 아이가 불안할 때 내는 목소리에서는 어떤 소리가 들리는가? 아이가 당신과, 그리고 당신이 아이와 연결되어 있다고 느낄 때 어떤 소리가 들리는가? 아이가 당신에게서 안전감을 느낄 때 어떤 소리가 들리는가? 아이가 두려워하거나 걱정할 때에는 어떤 소리가 들리는가?
- 아이와 특별히 가까움을 느끼는 순간이 있는가? 그 순간에 안전감은 어떤 역할을 하는가? 아이의 표정을 보고 아이가 안전하다고 느낀다는 것을 어떻게 알 수 있는가? 아이가 자연스럽게 보여주는 행동이나 표정에서 현재 당신과 가까워지고 있으며, 안전함을 느끼고 있다는 것을 어떻게 알 수 있는가?
- 만약 누군가 안전감을 느끼기 힘들어한다면, 당신은 그를 어떻게 도와주고 싶은가? 그에게 어떤 말을 해주고 싶은가? 어떤 방식으로 그에게 다가가고 싶은가? 그와의 상호작용에서 무엇을 보여줄 건인가?
- 만약 아이가 안전함을 느끼는 데 어려움을 겪고 있다면, 당신은 아이를 돕기 위해 무엇을 할 것인가? 아이와의 관계에서 어떤 변화를 시도하고 싶은가? 어떤 점을 더 노력해보고 싶은가? 당신과 아이가 함께 안전감을 공유하는 것이 얼마나 중요하다고 생각하는가?

이 질문들과 그에 이어지는 대화들은 사람들이 안전을 경험한 실제 순간들을 면밀히 성찰하게 돕는다. 이는 단순한 심리 교육이 아니라, 어른들이 자신의 안전 경험을 신체적, 은유적, 관계적 자원으로 활용하여, 안전이 크게 침해된 아동을 돕도록 힘을 실어주는 과정이다. 이 접근법은 치료적 실천의 일환으로, 치료사와 부모 또는 보호자 사이의 조절적인 유사성과 보호자와 아동과의 관계적 경험에 내재된 유사성의 힘을 활용하는 한 형태이다. 어른들은 자신의 신경지가 강화되면 내면으로부터 안전감을 느끼고 자신의 생리적 반응을 더 신뢰하게 된다. 이렇게 해서 안전이 더 가깝게 느껴지며 안전이 주는 이점들을 이해하게 된다. 그 결과, 의식의 저변에 있던 안전의 개념을 어른이 인식하게 되면, 트라우마를 겪은 아동과의 상호작용에서 이를 더 의도적으로 활용될 수 있게 된다.

트라우마를 겪은 아동의 안전감 되찾기

학대를 경험한 아동에게 관계적 안전을 제공하는 것은 매우 섬세한 초대와 같다. 이 과정은 어른이 아동이 몸으로 느끼는 감각과 감정을 어떻게 인식하는지 세심하게 살펴보는 것에서 시작된다. 치료사와 아동 주변의 어른들은, 아동이 환경이나 관계에서의 변화로 인해 불안하거나, 혼란스러워하거나, 괴로움을 느낄 때 어떻게 반응하는지 주의 깊게 관찰한다. 이 단계의 목표는 어른들이 자신의 신경지 활동을 외부의 위험과 자신의 내면에 있는 안전과 위험의 본능적 상태를 무의식적으로 평가하는 아동의 신경지 활동에 맞추어 조율할 수 있도록 돕는 것이다. 이 과정에서 중요한 질문들은 다음과 같다.

- 아이가 일상, 환경, 또는 관계의 변화에 어떻게 반응하는가?
- 아이가 불안해하거나 화를 내거나 괴로워할 때, 어떤 행동을 보이는가? 이러한 행동에 일정한 패턴이 있는가? 아이가 괴로움이나 분노를 느낀 후, 진정하는 데 얼마나 시간이 걸리는가?
- 아이가 화가 났을 때 주로 어떤 행동을 하는가? 이 행동에는 일정한 패턴이 있는가?
- 아이가 불안해하거나 화가 났을 때, 진정하거나 기분을 바꾸기 위해 어떤 방법을 사용하는가? 다른 사람에게 어떻게 위로를 구하는가? 이런 상황에서 아이가 진정하고 안정을 되찾기 위해 당신에게 해줄 수 있는 것은 무엇인가?
- 아이가 화가 나거나 괴로워할 때, 주변 사람들의 지시나 말을 얼마나 잘 듣는가?
- 변화나 유발 요인에 대한 아이의 반응이 시간이 지나면서 어떻게 달라졌는가? 더 강해졌는가, 약해졌는가, 아니면 그대로인가?
- 아이가 자발적으로 다른 사람과 놀이를 함께하려는 상황은 언제인가? 아이가 다른 사람과 가까워지려 할 때 가장 두드러지는 행동은 무엇인가? 아이가 특정 상황에서 눈맞춤을 보이는 경우는 언제인가?
- 아이가 어떤 상황에서 사회적 연결을 피하려 하는가? 이러한 거리감을 어떻게 표현하는가? 공유되고 있는 경험에서 자신을 분리하는 느낌을 어떻게 행동으로 나타내는가?
- 아이가 위험을 인식했을 때, 그 내면의 상태를 어떻게 표현하는가? 눈빛, 호흡, 목소리 톤, 고개 돌리기 등에서 어떤 변화를 보이는가? 아이가 위험을 느끼고 있다는

것을 어떻게 알 수 있는가?

- 아이가 안전을 느낄 때, 그 내면의 상태를 어떻게 표현하는가? 눈빛, 호흡, 목소리 톤, 고개 돌리기 등에서 어떤 변화를 보이는가? 아이가 안전을 느끼고 있다는 것을 어떻게 알 수 있는가?

어른이 아동의 내적 상태와 조화를 이루며 관계를 형성하는 과정은 매우 중요한 과정이다. 트라우마를 겪은 아동은 더 이상 자신의 몸을 신뢰하지 못하며, 자신의 몸을 위험이 발생하는 곳으로 느끼게 된다. 그 결과, 몸에서 느끼는 두려움과 외부에서 실제로 발생하는 위험을 구분하기 어렵게 되며, 이 둘을 같은 것으로 받아들인다. 이는 아동의 내부 신호와 주변 환경에서 경험하는 위험 또는 안전 경험 사이에 신경지의 불일치가 생기기 때문이다. 이때 어른의 역할은 아동에게 명확한 내적 안전감을 심어주고, 이를 두려움과 구분할 수 있도록 돕는 것이다.

주위의 어른들이 자신의 사회 참여 체계를 통해 아동의 내적 상태를 부드럽게 확인해 주면서, 아동의 경험은 점차 상호조절의 경험으로 이어지게 된다. 어른들은 차분한 목소리, 부드러운 시선, 그리고 규칙적이고 느린 호흡을 통해 아동의 생리적 상태를 불안정한 상태에서 안전한 상태로 이끌어준다.

이 과정이 진행되면 트라우마를 겪은 아동은 이러한 어른을 자신과 동일한 의도와 자발성을 공유하는 존재로서 경험하게 된다. 어른과 아동 사이에 형성된 관계는 함께 웃고 기뻐할 수 있는 순간을 기대하게 만든다. 예를 들어, 어른이 아동이 좋아하는 노래를 함께 부를 때, 아동이 보호자의 가슴에 편안히 머리를 기댈 때, 손을 잡고 팔을 같이 흔들 때, 또는 함께 농구를 하며 심장이 뛰는 것을 느낄 때, 이러한 조화로운 순간들에 어른과 아이는 함께 기쁨을 느낀다. 비로소 깊은 연결이 형성되는 것이다.

아동의 투쟁-도피/무기력 반응(두려움으로 인한 동화와 부동화)이 일어날 수 있는 순간에 형성되는 관계적 경험은, 위험한 상황을 안전하게 받아들이는 중요한 전환점이 된다. 어른과 아동이 조율되고 안정된 상태로 전환되는 과정은 깊은 안전감이라는 미묘한 경험을 찾아내고 이를 연습할 수 있는 기회를 제공한다.

이 과정은 변화가 일어나고 실현되는 생리적 경계를 넘어서는 중요한 단계이다. 이러한 변화는 언어와 표현을 통해 더 구체적이고 현실감 있게 전달된다. 어른과 아동 모두에게, 신경생리적 활성화의 반복적인 과정은 예측 가능성과 안정감을 동반한 깊은 안전감을 다시금 경험할 수 있는 기초가 된다. 아동은 이러한 경험을 통해 활성화의 경계를 견디는 법을 배우며, 자신의 생리적 상태가 안전한 거리와 관계적 연결의 안전지대로 다시 돌아오도록 하는 방법을 배우게 된다.

결국, 아동은 자신을 돌보고 보호해주는 어른과의 관계 속에서 자신이 안전하다고 느끼게 된다. 그들은 점차 마음을 열고, 유연해지며, 어른과의 관계에서 더 만족스러운 상호작용을 추구하게 된다. 놀이를 통해 호기심을 발휘하고, 제공된 안전감을 시험해 보며, 이를 통해 얻는 안정감을 유지하고자 한다. 그렇게 그들은 변화하며, 트라우마에 의해 형성된 외부 세상에 대한 반응 패턴을 서서히 벗어던지고, 어른의 애정을 받아들이게 된다.

성인과 아동의 관계 속에서 안전감 깊이 융합하기

마지막 단계에서는 아동이 느끼는 안전감을 형성하는 생리적 회로가 점진적으로 조율되면서, 성인과 아동이 함께하는 관계적 경험 속에서 안전감을 명확하게 탐구하는 단계로 발전한다. 이 과정의 핵심은, 보호자가 아동과의 상호작용을 통해 형성된, 공유된 내재적 경험으로부터 안전감이 나타나고 이어서 호혜적인 행동이 이루어진다는 것에 있다.

치료사로서 우리는 놀이를 통해 아동과 중요한 성인 사이에서 자연스럽고 일치된 행동 패턴을 유도하는 기회를 적극적으로 제공한다. 또한, 서로 차례를 주고받으며 반응을 인식하는 상호작용을 돕는 활동을 이어간다. 각 개입의 마지막 단계에서는 성인과 아동이 어떻게 몸과 마음으로 안전감을 느꼈는지를 함께 되돌아보고 의미를 부여하는 인지적 성찰 활동을 가진다. 이러한 서사는 관계가 불안정해지거나 갈등이 생길 때 상기할 수 있도록 기록된다. 경험이 쌓일수록 성인과 아동 사이에서 관계적 안전감은 더 예측 가능해진다.

다음 다섯 가지 활동은 감각적, 서사적, 은유적인 요소를 결합한 놀이가 성인과 아동 간의 관계적 안전감을 강화하는 방법을 보여준다.

▸ 너와 나의 보물찾기

치료사는 방 안에 숨겨진 보물을 찾기 위해 탐험해야 하는 상상의 랜드마크들을 설정한다. 각 랜드마크는 그 지점의 특징을 나타내는 감각적 물체로 표현된다. 예를 들어, 정글의 덩굴은 부드러운 밧줄로, 진흙길은 젖은 모래로, 바람이 부는 평원은 방 한 구석에서 불어오는 선풍기로, 거품의 나라는 풍선으로 표현된다. 아동과 성인은 이러한 랜드마크들을 함께 탐험하며, 자신이 어떻게 안전을 유지하고 있는지에 주목한다. 또한 서로를 도와 침착하게 목표를 향해 나아가고 있는 방법에 대해 이야기한다. 새로운 도전에 직면할 때 몸이 어떻게 반응하는지, 그리고 안전감이 어떻게 한 걸음씩 나아가 보물을 찾는 데 도움을 주는지에 대해 대화를 나누도록 안내받는다.

▸ 하늘의 별 이어 그리기

어두운 방에서, 아동과 성인은 각각 손전등을 하나씩 받는다. 아이는 손전등을 켜고 끄면서 천장에 별을 만들고, 성인은 아이가 만든 별의 반짝임에 따라 별을 이어 별자리를 그린다. 아이와 성인은 번갈아 가며 서로 다른 별빛 리듬(느리게, 혹은 빠르게, 춤추듯, 깡충깡충하듯)을 만들고, 서로의 리듬을 따라해본다. 아동과 성인이 서로의 경험을 공유하는 동안, 치료사는 그들의 리듬이 어떻게 다른지, 그리고 어떤 감정이 그 리듬을 잘 표현할 수 있을지 질문한다. 이를 통해 아이와 성인은 현실에서도 즐거움과 안전, 평온함을 함께 느끼고 동기화할 수 있는 방법을 탐구한다. 이 활동은 두 사람에게 협력적인 사회 참여 체계의 체화된 경험을 제공한다.

▸ 모래로 함께하기

아이와 어른은 각각 모래가 담긴 통과 작은 양동이를 받는다. 그들은 서로의 손 위에 모래를 부어주고, 손가락으로 모래 위에 함께 그림을 그리며, 안전함을 상징하는 기호를 만들어본다. 이 과정에서 그들은 지금 이 순간 함께하는 즐거움에 대해 생각해본다. 그리고 그들은 서로에게 들려줄 수 있는 이야기 속에서 어떻게 즐거움과 안전함이 연결되는지 찾아본다.

▸ 음악 감상하기

아이와 성인은 다양한 클래식 음악을 함께 듣는다. 이 활동에서 선정된 음악은 다양한 음색, 리듬, 스타일을 포함한다. 아이와 성인은 번갈아 가며 행복, 슬픔, 흥분, 두려움, 외로움, 자랑스러움, 좌절, 놀람, 안전함 등의 감정을 표현하는 곡을 선택한다. 그런 다음, 음악의 어떤 부분이 그들이 느낀 감정을 잘 표현하고 있는지 설명해

본다. 예를 들어, 두려움은 깊은 울림의 낮고 큰 음으로, 안전함은 다른 악기와 조화를 이루며 부드럽게 연주되는 바이올린 소리로 표현될 수 있다. 음악이 불러일으키는 감정을 아이와 어른의 신체를 통해 추적하며 그것이 어디에서 어떻게 느껴지는지를 묻는 질문을 통해 탐구하게 된다. 음악을 충분히 들으며, 많은 곡들 속에서 안전함을 발견할 수 있다는 것을 알아간다.

▸ 휘갈겨쓰기, 그리고 깔깔 웃기

아동과 성인은 색색의 면도크림이 담긴 쟁반을 받는다. 둘은 번갈아 가며 서로 다른 모양을 만들어보고, 상대방이 그 모양을 따라해보는 활동을 한다. 이들은 자신들이 만든 모양을 비교하면서 어떻게 하면 가장 잘 협력하여 면도크림으로 더 최대한 동일한 모양으로 만들 수 있을지 고민한다. 마지막으로, 두 사람이 함께 공유할 수 있는 기억이나 안전함을 상징하는 모양을 선택한 후, 안전함을 느끼는 모습을 표현한 그림을 함께 완성하며 활동을 마무리한다.

위의 모든 예시에서, 아동과 성인은 활발한 사회 참여 체계를 반영하는 내적 상태를 공유할 기회를 얻는다. 이 과정은 즐거움이 가득한 상호작용으로 표현된다. 포지스가 강조한 바와 같이, 아동은 이러한 놀이 속에서 신경훈련(neural exercise)을 경험하게 된다(Porges & Carter, 2016). 어른들은 관계적 안전의 경계에서 아동이 동화된 상태를 활성화하도록 돕는다. 부드러운 목소리, 함께하는 움직임, 그리고 상호 간의 시선 교환은 아이의 생리적 상태를 안정과 상호 의존 상태로 이끌어 준다. 이러한 상호작용은 아이들이 투쟁-도피 반응을 보일 때, 보호자가 제공하는 사회 참여 체계의 영향을 받도록 도와준다. 반복된 경험을 통해, 아이들의 생리적 상태는 복측미주신경의 방향으로 기울어지며, 연결의 힘을 경험하게 된다.

안전은 서로의 생리적 반응과 인지를 연결하는 중요한 주제로, 상호적인 관계 속에서 자연스럽게 느껴지고 이해되는 안전감을 만들어낸다. 이 안전감은 실제 위협이나 인식된 위협이 다시 나타날 때 우리가 의지할 수 있는 자원이 된다.

관계적 안전은 반복적인 경험을 통해 구축된다. 아이들은 신뢰할 수 있고 그들의 감정을 잘 이해해주는 성인이 자신의 불안과 두려움을 안정시켜 줄 것이라는 "신경적 기대감"(Porges & Carter, 2016)을 갖게 된다. 아이들이 혼자서 고통을 달래야 할 때와 달리, 안전한 성인의 존재가 확인되면, 그로 인한 생리적 위험이 크게 줄어든다. 성인이 일관되게 아이의 생리적, 심리적 필요에 반응하면, 아이는 성인이 자신을 보호하려는 의도가 있음을 분명히 인식하게 된다. 그런 면에서 놀이와 활동은 아이와 성인 모두에게 미래의 관계를 더욱 긍정적으로 변화시키는 중요한 역할을 한다.

안전은 생물학적으로 필수적인 요소이다

포지스는 연구를 통해 연결이 생물학적으로 필수적이라는 점을 자주 강조해왔다(Porges & Carter, 2016). 연결은 생존에 중요한 생존 기능을 담당하며, 이러한 상호 의존성이 가능하도록 하기 위해 포유류의 신경생리학이 발전해왔다.

더 나아가, 인간 간의 생리적 상호작용에서 형성되는 안전감이 성장과 회복을 조절하고 촉진하는 데 필수적이라는 점도 분명하다. 깊은 관계적 안전은 학대와 폭력을 겪은 아이들이 트라우마의 영향에서 치유되고, 그 과정에서 필요한 위로와 사랑을 찾는 핵심적인 수단이다.

이러한 깊은 안전을 구축하는 것은, 트라우마를 겪은 취약한 아이들과 그들을 돌보고, 교육하며, 지원하는 성인들에게 치료의 목표이자 최종적인 목표가 된다.

7장

치료적 존재감과 다미주 이론: 효과적인 치료적 관계를 위한 원칙과 실천

Shari M. Geller

개요

치료적 존재감이란 내담자와 여러 수준에서 깊이 연결되고, 그들의 상태에 수용적이며, 그들과 조율된 상태로 함께하는 것을 의미한다. 연구에 따르면, 치료적 존재감은 긍정적인 치료 관계를 형성하고 효과적인 치료 결과를 이끌어내는 데 필수적이다. 이 장에서는 다미주 이론의 관점에서 치료적 존재감이 왜 중요한지를 설명한다. 다미주 이론에 따르면, 인간 관계에서의 안전감은 부교감신경계의 복측미주신경 경로를 통해 신경생리학적으로 활성화되며, 이는 내담자가 안전함을 느끼도록 돕는다. 이러한 복측미주신경의 활성화는 건강과 최적의 성장을 촉진한다. 이 장에서는 마음챙김, 조율, 그리고 치료적 리듬과 마음챙김 프로그램에 기반한 드러밍(drumming) 연습을 포함하여, 관계적 존재감을 강화하는 실천 방법들을 제시한다.

"사람들은 당신이 한 말을 잊을 수도 있고, 당신이 한 행동을 잊을 수도 있다.
하지만 당신이 그들에게 어떤 감정을 느끼게 했는지는 절대 잊지 않을 것이다."
- Maya Angelou(Booth & Hachiya, 2004, p. 14)

심리치료에서 진정으로 효과를 보기 위해서는 내담자가 치료사와의 관계에서 안전감과 안정감을 느끼는 것이 무엇보다 중요하다. 이러한 안전감을 조성하고 최상의 치료를 제공하기 위해, 치료사는 세션에서 무엇을 하는지보다 내담자와 어떻게 함께 할지에 대해 우선적으로 고려해야 한다. 수십 년간의 심리치료 연구는 치료 관계가 변화의 가장 일관된 예측 요소임을 확인시켜 주었다(Norcross, 2011). 그러나 긍정적인 치료 관계를 형성하는 데 기여하는 요인들은 최근에 이르러서야 명확해지기 시작했다.

최근 연구에 따르면, 치료적 존재감이 긍정적인 치료 관계와 효과적인 치료를 촉진하는 데 있어 필수적이고 중요한 첫 단계라는 사실이 밝혀졌다(Geller, 2017; Geller & Greenberg, 2002, 2012; Geller, Greenberg, & Watson, 2010). 다미주 이론(Porges, 2011)은 치료사의 존재감이 내담자의 안전감을 제공함으로써 치료 관계를 강화하는 방식을 설명해준다.

치료사가 온전히 현재에 집중하고 내담자와 조화를 이루며 존재할 때, 그들의 수용적이고 안전한 태도는 내담자에게 그들이 진심으로 이해와 공감을 받고 있다는 신경생리학적 신호를 전달하고 이는 내담자에게 안전감을 느끼게 한다(Geller & Porges, 2014). 다미주 이론에 따르면, 내담자가 타인에게 공감 받고 수용되었다고 느낄 때, 내담자의 뇌는 자연스럽게 안전하다는 신경지를 형성하게 된다(Porges, 1998, 2011). 과거에 감정적 불화나 트라우마를 경험한 내담자는, 현재 상황이 안전하더라도 불안감을 느끼도록 기제화 되어 있을 수 있다(Geller & Porges, 2014). 이들은 교감신경계가 과도하게 활성화된 상태로 세상을 두렵고 방어적인 태도로 바라볼 수 있으며, 그로 인해 부교감신경계의 배측미주신경 경로가 활성화되어 무기력하거나 감정적으로 경직된 상태에 빠질 수 있다. 치료사가 내담자에게 진정으로 편안한 존재감을 드러내는 것은 내담자의 사회 참여 체계를 활성화하여 부교감신경계의 복측미주신경 경로에서 이완과 연결을 촉진하는데, 시간이 지나면서 내담자는 이 관계 속에서 더 큰 안정감을 느끼게 된다. 치료적 존재감은 치료사와 내담자 사이에 호혜적인 안전감을 조성하여, 내담자가 마음을 열고 필요한 치료 과정에 더 적극적으로 참여할 수 있도록 돕는다.

이 장에서는 다음과 같은 주제들에 초점을 맞출 것이다. (a) 내담자에게 안전감을 제공하고 더 깊은 치료 관계를 촉진하는 데 있어 치료사의 존재감이 가지는 중요성, (b) 다미주 이론의 관점에서 치료적 존재감이 치유의 기초가 되는 신경학적 및 생리학적 안전감을 어떻게 유발하는지, (c) 마음챙김과 리듬 기반의 접근법과 같은 관계적 방식을 통해 치료적 존재감을 기르는 데 도움이 되는 실천 방법들. 결론적으로, 이 장은 치료적 존재감을 기반으로 한 복측미주신경 중심의 치료 접근 방식을 강화하고, 이를 효과적으로 활용하기 위한 함양과 훈련의 필요성을 강조할 것이다.

치료적 존재감이란 무엇인가?

치료적 존재감(therapeutic presence)은 내담자와의 만남에서 치료 효과를 극대화하는 치료사의 태도를 의미한다(Geller, 2017; Geller & Greenberg, 2012). 이는 치료사가 자신의 모든 면을 다각적으로 활용해 신체적, 정서적, 인지적, 관계적, 영적 수준에서 내담자와 함께하는 것을 말한다(Geller & Greenberg, 2012). 치료적 존재감은 깊이 연결된 상태에서, 내담자의 순간적 경험을 언어적, 비언어적으로 수용하는 능력을 포함한다.

치료적 존재감은 치료를 준비하는 과정에서도 중요한 역할을 한다(Geller, 2017). 치료사가 일상 생활에서 그리고 세션 전에 자신의 존재감을 인식하고 준비할수록, 세션 중에도 더 자연스럽게 존재감을 유지할 수 있다. 자기 돌봄과 관계에 주의를 기울이면서 자신의 신경계를 섬세하게 조율함으로써, 치료사는 복측미주신경을 활성화시켜 내담자와의 관계에서 더 치료적이고 조화롭게 상호작용할 수 있다. 치료사가 세션 전에 몇 분간 자신을 중심에 두고, 마음을 가다듬으며 복측미주신경을 활성화하면, 내담자의 치유를 도울 수 있는 최적의 상태에 도달하는 데 큰 도움이 될 수 있다. 연구에 따르면, 세션 전에 단 5분간 마음을 가다듬는 것만으로도 치료 결과가 개선되고 내담자의 심리적 고통이 줄어든다(Dunn, Callahan, Swift, & Ivanovic, 2013).

치료적 존재감은 내적인 경험이기도 하다. 치료사는 (a) 자신과 연결되어 중심을 잡으며, 동시에 (b) 내담자의 고통과 어려움에 깊이 공감하는 상태에 있게 된다. 또한 (c) 더 넓은 관점을 통한 여유로움을 누리며, (d) 내담자의 치유 과정을 돕기 위해 그들과 함께하는 마음을 가진다. 이러한 치료적 존재감은 치료사의 복측미주신경계가 이상적으로 조율되어 내담자에게 안전한 존재감을 제공할 수 있음을 의미한다.

치료적 존재감은 치료의 한 방식이기도 하다(Geller, 2017). 이 과정은 (1) 내담자의 경험에 대해 개방적이고 수용적인 태도로 임하며, 그들의 언어적, 비언어적 표현에 주의 깊게 반응하는 것, (2) 내담자의 순간적 경험에 대해 치료사가 공감하고 느끼는 것, (3) 이를 바탕으로 언어적, 비언어적 표현을 통해 내담자와의 연결을 강화하고 심화하는 것을 포함한다. 치료사는 자신의 내적인 감각을 통해 내담자가 자신의 반응과 개입을 어떻게 받아들이고 있는지, 그리고 관계에서 매순간 어떤 일이 일어나고 있는지를 파악할 수 있다(Geller, 2017). 이를 통해 치료사는 가장 적절한 순간에, 내담자에게 가장 필요한 반응이나 개입을 제공할 수 있으며, 순간의 흐름에 맞추어 이를 조화롭게 제시할 수 있다. 순간마다 치료적 존재감이 가져오는 적절한 조율은 두 가지 중요한 역할을 한다. 첫째, 내담자가 치료사의 진정한 존재감을 통해 자신이 이해와 공감을 받고, 진정된다고 느낄 수 있게 한다. 치료사와 내담자의 신경계가 서로 상호작용하면서 성장과 치유가 이루어진다. 둘째, 치료사가 내담자의 경험을 깊이 느끼고 이해함으로써, 그 순간에 내담자에게 가장 필요한 지원을 제공할 수 있게 된다.

또한, 치료적 존재감은 매우 관계적이다. 내담자가 치료사가 자신과 진정으로 함께하고 있다고 느낄 때, 내담자는 자신의 연결이 더 깊어지고, 관계 속에서 더 안전하다는 것을 느끼게 된다. 다미주 이론에서 설명하는 신경계 간의 양방향 소통은 사람들의 신경계가 서로에게 영향을 미치는 이 과정을 잘 반영하고 있다. 치료사의 존재감이 내담자의 존재감을 자극하고, 반대로 내담자의 존재감이 치료사의 존재감을 강화하면서, 더 큰 존재감이 형성되기 시작하고, 두 사람의 몸과 마음은 서로 조화를 이루게 된다. 이는 같은 정서적 환경을 공유하는 상호주관적 의식을 촉진하며(Stern, 2004), 안전감을 강화하고 치료적 변화를 이끌어낸다.

결국, 치료적 존재감은 치료사와 내담자, 그리고 그들의 관계 모두에 성장의 기회를 제공한다. 치료사가 자신을 돌보며 균형을 유지하는 것이 중요한데, 그러면 내담자는 자신이 이해 받고, 공감 받고, 안전하다고 느끼게 된다. 이러한 경험은 신경생리학적 수준에서 깊이 자리잡으며, 때로는 무의식적으로 일어나기도 한다 (Geller & Porges, 2014; Porges & Carter, 2014). 결과적으로 내담자의 방어가 풀리고, 자연스러운 성장과 치유가 이루어진다.

치료적 존재감에 대한 배경 연구

갤러와 그린버그(Geller & Greenberg, 2000)는 치료적 존재감의 준비, 과정, 경험이라는 세 가지 요소로 구성된 경험적으로 검증된 모델을 개발했다. 이 모델을 바탕으로 치료적 존재감을 측정하는 척도(Geller et al., 2010)가 만들어졌고, 이를 통해 치료적 존재감이 치료적 동맹을 긍정적으로 예측하는 중요한 요인임이 밝혀졌다(Geller et al., 2010; Pos, Geller, & Oghene, 2011). 특히, 내담자가 치료사의 존재감을 얼마나 강하게 느끼는지가 치료 성공에 매우 중요한데, 치료사의 존재감을 강하게 느낀 내담자들은 긍정적인 동맹을 형성했고, 인지행동치료, 정서중심치료, 인간중심치료 등 다양한 치료 방식에서 모두 좋은 결과를 얻었다(Geller et al., 2010). 따라서 치료사가 비언어적인 방식으로 자신의 존재감을 효과적으로 전달하는 능력을 갖추는 것이 매우 중요하다. 다미주 이론은 목소리의 톤, 열린 자세, 그리고 얼굴과 심장의 연결이 안전감을 주는 방식을 통해 이러한 존재감을 어떻게 전달할 수 있는지 설명해준다.

연구에 따르면, 치료적 존재감은 공감과 밀접하게 관련이 있지만, 그와는 다른 독립적인 개념이며(Pos et al., 2010; Geller et al., 2010), 존재감이 공감에 앞선다는 점도 밝혀졌다(Hayes & Vinca, 2011). 치료사의 존재감은 복측미주신경을 활성화시켜, 공감과 긍정적인 치료 관계를 형성하는 데 중요한 역할을 한다.

치료적 존재감이 어떻게 효과적인 치료를 촉진하는가?

이 질문에 답하기 위해서는 다미주 이론의 관점과 치료적 존재감 연구를 참고하는 것이 유익할 것이다. 자기 자신과 내담자에 대한 존재감과 조율은 안전감을 불러일으키며, 이는 치료적 관계와 전반적인 치료 성과를 향상시킨다. 또한, 현재에 집중하고 안정된 상태에 있는 치료사는 내담자의 감정을 조절하는 역할을 하게 되는데, 이는 치료사와 내담자의 신경계와 몸이 상호작용하며 소통하는 과정이 관계적 환경에 의해 영향을 받기 때문이다(Geller & Porges, 2014; Porges, 2011). 다음은 이러한 과정이 심리치료에서 어떻게 나타나는지 간략하게 설명한 것이다(그림 7.1 참조).

첫째, 치료사는 세션에 들어가기 전에 자신의 중심을 잡고, 호흡을 조절하며, 현재 순간에 자신의 내적 상태에 집중한다. 이러한 준비 과정을 통해 치료사는 내담자와 더욱 열린 마음으로 연결되고 소통하며 조율할 수 있게 된다. 그 결과, 내담자는 신경학적, 생리적, 정서적 측면에서 안전하다고 느끼기 시작한다(Allison & Rossouw, 2013; Cozolino, 2006; Geller & Porges, 2014; Porges, 2011; Schore, 2012). 이 과정은 다음과 같은 세 가지 중요한 효과를 가져온다(Geller & Porges, 2014).

1. 내담자의 방어가 낮아지고, 치료에 적극적으로 참여할 수 있는 최적의 상태가 된다.
2. 내담자의 신경계는 치료사의 평온하고 안정된 존재감에 공명하여 진정되고, 내담자는 자기 자신의 내면에 더 집중하며 수용적인 상태가 되며, 치료사와의 연결이 더 깊어진다.
3. 치료사의 반응과 개입은 내담자가 현재 순간에서 가장 중요하게 느끼는 것과 조화를 이루며, 내담자가 이를 받아들일 준비가 되었을 때 효과적으로 이루어진다.

이 안전한 경험이 반복될수록, 내담자는 다른 관계에서도 더 큰 안전감을 느낄 수 있으며, 이는 웰빙, 성장, 건강에 중요한 역할을 한다(Geller & Porges, 2014).

상호조절: 관계 속에서 존재감을 통해 안전감을 형성하기

감정과 생리적 상태를 조절하는 핵심 요소는 관계 속에 깊이 자리 잡고 있다(Cozolino, 2006; Geller & Porges, 2014; Porges, 2011; Schore, 2012). 다른 사람의 조율된 존재감을 경험하면, 그 사람(즉, 내담자)의 뇌와 그와 관계를 맺고 있는 사람(즉, 치료사) 모두에게 변화를 일으킬 수 있다. 이러한 변화는 상호조절을 통해 일어나는데, 상호조절은 서로 다른 사람들의 감정이 상호작용하여 양측의 감정적 안정성을 높이는 과정을 말한다(Butlar & Randall, 2013). 예를 들어, 치료사가 평온한 상태에 있을 때 내담자도 그들의 안정된 존재감에 공명하여 평온해진다. 이는 감정, 신체, 그리고 뇌가 서로 연결되어 있기 때문이다(Geller, 2017; Geller & Porges, 2014). 반면에, 치료사가 안정되지 않으면 내담자가 감정에 압도될 때 치료사도 영향을 받아 불안정해질 수 있다. 다미주 이론은 이러한 현상을 이해하는 데 도움을 주며, 이 통찰은 실제 치료 현장에서 바로 적용될 수 있다.

〈그림 7.1〉 치료적 존재감이 안전감과 치료 효과를 촉진하는 방법

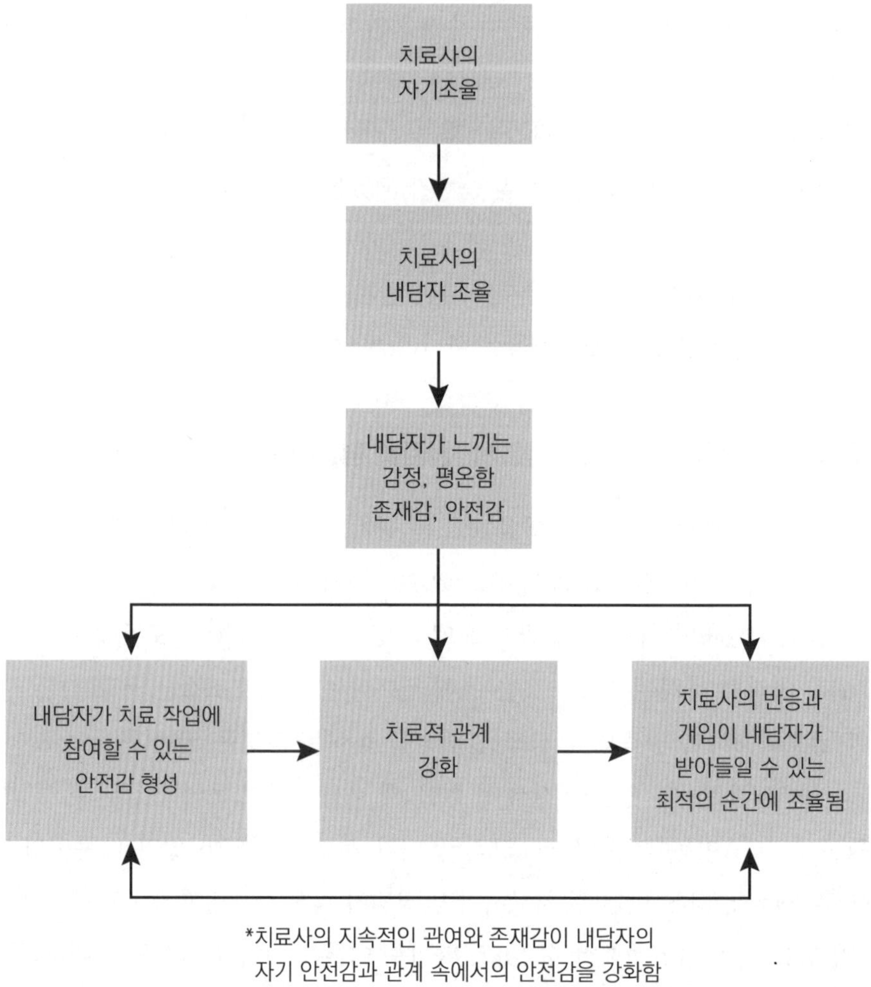

안전의 신호: 사람 사이와 각 사람 안에서 이루어지는 양방향 소통

다미주 이론은 포유류의 신경계가 단순히 투쟁-도피(fight-or-flight) 반응과 부동화(im-mobilization) 반응을 넘어, 사회 참여 체계(social engagement system)라는 세 번째 메커니즘을 포함하도록 발전했다고 설명한다(Porges, 1995, 1998, 2003, 2011). 자율신경계의 투쟁-도피 반응은 교감신경의 활성화에 의존하며, 부동화와 사회적 참여는 부교감신경의 반응이지만, 이들의 상반된 결과는 주로 미주신경의 어느 부분이 활성화되느냐에 따라 달라진다

(Porges, 2011). 복측미주신경(또는 "스마트 미주신경")은 얼굴을 마주 보고 소통하는 데 도움을 주고, 교감신경의 흥분(즉, 투쟁-도피 반응)을 억제하여 감정을 잘 조절할 수 있게 돕는다. 복측미주신경이 활성화되면 긍정적인 사회적 상호작용이 촉진된다.

다미주 이론은 또한 우리가 의식하지 못하는 상태에서도 강력한 안전 신호나 위험 신호가 뇌의 피질 영역에 의해 감지되고, 이로 인해 생리적 상태가 변화할 수 있다고 설명한다(Geller & Porges, 2014; Porges, 2011). 이러한 생리적 변화는 내장 기관에서 뇌로 미주신경을 통해 전달된다. 또한, 미주신경이 연결된 얼굴과 머리의 근육 등에서도 이러한 신호가 전달된다(Porges, 2011). 이러한 신경 연결 덕분에, 사람들이 자신의 얼굴, 목소리, 호흡, 몸을 사용하는 방식이 특정 순간에 그들이 얼마나 평온하거나 긴장한 상태인지를 반영할 수 있다. 목소리의 억양(음조, 리듬, 음색)이 풍부하고, 신체 자세가 개방되어 있으며, 얼굴이 편안할 때, 이는 일반적인 평온 상태를 나타내며, 이는 자연스럽고 자발적인 사회적 참여 행동을 돕는다(Geller & Porges, 2014).

뇌(즉, 중추신경계)와 신체 간의 양방향 소통뿐만 아니라, 관계를 맺고 있는 사람들 간의 신경계 간에도 양방향 소통이 이루어진다(Cozolino, 2006; Porges, 2011; Schore, 2012; Siegel, 2010). 이 소통은 의식적으로 인식되지 않을 수도 있으며, "직감(본능)"으로 알 수 있는 내장 감각을 통해 상호작용에서 우리가 어떻게 느끼는지를 알려준다. 이렇게 해서 우리는 관계에서의 안전함과 불안감을 생리적 상태로 경험하게 된다(예를 들어, 안전하지 않을 때 신체적 초조함을 느끼고, 안전하다고 느낄 때 내적 평온함을 경험함). 관계에서 안전 또는 위험을 자동으로 평가하는 이 과정을 다미주 이론에서는 "신경지(neuroception)"라고 부른다(Porges, 2003).

정서적 불안정성과 타인에 대한 생리적 반응성은 트라우마나 조율되지 않은 관계에서 비롯될 수 있다. 그러나 현재의 안전한 관계는, 예를 들어 관심을 가지고 조화를 이루는 사람과 함께 있을 때, 이러한 신경의 안전감을 회복시키고 강화할 수 있다. 사회 참여 체계의 양방향적 특성 덕분에, 치료사와 내담자 간의 긍정적인 상호작용은 그들의 미주신경 기능을 향상시켜 스트레스와 관련된 생리적 상태를 완화하고, 성장과 회복을 촉진할 수 있다(Geller & Porges, 2014).

치료적 관계에서 자기조절과 성장 촉진하기

관계에서 자기조절을 촉진하는 효과적인 방법 중 하나는 감정적으로 조율된 우뇌와 또 다른 우뇌 사이의 소통을 활용하는 것이다(Schore, 2009, 2012; Quillman, 2012). 대화 중에는 주로 좌뇌가 담당하는 언어적 소통이 이뤄지지만, 동시에 비언어적인 방식으로도 감정과 경험이 표현된다. 우뇌-우뇌 간의 소통은 다미주 이론에서 강조된 바와 같이, 신체 자세, 목소리의 톤, 얼굴 표정, 몸짓 등 비언어적인 요소를 통해 이루어지는 소통을 의미하며, 이는 관계에서 조절을 돕는 중요한 역할을 가지고 있다.

치료 과정에서 치료사는 자신의 몸과 감각(우뇌)을 통해 내담자가 표현하는 비언어적 신호를 이해하려고 노력한다. 다미주 이론에 따르면, 치료사는 내담자와 연결을 강화하고, 그들을 이해하며, 그들에게 안전감을 제공하기 위해 이러한 비언어적 소통을 적극적으로 활용해야 한다.

다미주 이론은 얼굴의 윗부분, 눈맞춤, 목소리의 억양, 신체 자세가 안전 또는 위험의 신호를 전달하는 중요한 요소라고 설명한다. 치료적 만남에서 우리도 인식하지 못하는 비언어적 메시지가 많지만, 내담자들은 치료사의 메시지를 생리적 반응이나 직감으로 해석한다. 이때 내담자들은 안전 신호를 신경지라는 생리적 지표를 통해 감지한다.

치료사가 따뜻한 목소리 톤, 부드러운 눈맞춤, 열린 자세, 수용적이고 따뜻한 태도를 보이면, 내담자들은 그들의 치료사를 신뢰하고 더 쉽게 마음을 열 수 있다. 이렇게 되면 치료 과정이 더욱 효과적으로 진행된다. 치료사는 내담자가 개방적이고 치료에 협력할 준비가 되었는지, 아니면 안전하지 않다고 느껴 치료과정을 멈추고 관계에서 안전감을 더 강화해야 할지를 판단할 수 있다. 또한 치료적 존재감은 치료사가 자신의 감정적 반응을 잘 조절하고, 내담자와 진정한 연결을 유지하는 데 도움을 준다.

연구에 따르면, 안전한 치료 환경은 내담자가 새로운 신경 경로를 형성하는 데 도움을 주며, 이는 애착 손상을 치유하고 내담자의 건강과 성장에 필수적인 긍정적인 사회적 상호작용을 촉진한다(Allison & Rossouw, 2013). 내담자가 치료사의 따뜻하고 수용적인 태도를 느끼면, 트라우마 반응이 줄어들고 시간이 지남에 따라 안전하다는 경험이 뇌에 각인되어 이 안전감이 다른 관계로도 확장될 수 있다. 이는 내담자의 복측미주신경계를 강화하고, 신경계가 유연하게 작동하도록 도와준다(Porges et al., 1996). 치료사의 존재는 내담자의 고통을 줄이고, 안전감을 제공하여 두뇌가 안전하다고 느끼고 성장하며, 건강한 기능을 회복할 수 있게 돕는다. 그렇다면, 치료사들이 세션에서 존재감을 발휘하고, 내담자들과의 만남에서 최대한의 안전과 치유를 촉진할 수 있는 방법은 무엇일까?

세션에서 존재감을 형성하는 과정

세션에서 존재감을 형성하는 과정은 치료사가 내담자와 함께 있을 때 안전과 연결의 상태를 활성화하고, 치료적 성장을 촉진하는 방식을 의미한다. 이는 특정 기술에 관한 것이 아니라, 치료사가 내담자와 어떻게 관계를 맺는가에 대한 것이다. 치료적 관계에서의 존재감을 기르기 위해서는, 치료사가 먼저 자신을 안정되고, 개방적이며, 수용적인 상태로 준비하는 것이 중요하다.

치료사의 존재감을 기르기 위한 시작

일상 속에서 치료사의 존재감을 기르기 위한 다양한 방법은 『치료적 존재감을 기르는 실용 가이드(A Practical Guide to Cultivating Therapeutic Presence)』 및 아래에 제안된 방법들에서 찾아볼 수 있다. 긴 숨을 내쉬는 복식 호흡, 이완 연습, 요가, 찬트, 음악, 마음챙김, 그라운딩 또는 센터링, 경청 등은 모두 존재감을 활성화하는 데 도움이 된다. 다미주 이론은 이러한 고대의 실천법들이 교감신경의 과도한 활성화를 완화하고, 놀이, 긍정적인 활동, 목소리 자극을 통해 새로운 미주신경 회로를 강화할 수 있다고 설명한다. 치료사가 존재감을 기르는 것은 내담자의 고통이나 개인적인 어려움과 같은 힘든 상황에서도 반응을 조절할 수 있고, 차분히 응할 수 있게 도와주며, 내담자와 함께 존재할 수 있는 자율신경계 및 신경 구조를 구축하는 데 도움을 준다.

세션 전 준비 과정

세션 전에 치료사는 내담자를 안전하게 맞이할 수 있도록 스스로를 준비시켜야 한다. 이는 내담자를 판단하지 않고 온전히 받아들일 수 있는 안전한 타인으로서 준비되는 것을 의미한다. 이러한 준비는 치료사가 상담실에 도착하기 전부터 시작된다. 메시지, 문자, 이메일을 확인하기보다는 우선 공간을 정돈하고, 생각을 정리하며, 내면의 중심을 잡는 시간을 가지는 것이 필요하다.

하루나 세션의 시작에서 의도적인 존재감을 확립하는 것은 간단하지만 강력한 효과를 준다. 가만히 서서 발바닥이 바닥에 닿는 느낌을 느끼고, "스트레스를 내려놓는다"고 말하며 몇 번 깊은 숨을 천천히 내쉬고, "지금 이 순간에 집중한다"고 말하며 숨을 들이쉬는 것도 의도적인 존재감을 표현하는 데 좋다. 나무와 같은 자세를 취하거나 센터링 연습을 통해 신체에서 존재감을 느낄 수도 있다. 또한 내담자와의 만남 사이에 잠시 시간을 가지고 세 번의 깊은 호흡으로 이전의 만남을 내려놓고, 새로운 순간으로 다가오는 다음 만남에 마음을 여는 것도 도움이 된다.

세션 내에서 존재감을 형성하는 과정

세션 전체를 통해, 치료사들은 내담자와의 관계에서 그들의 존재감을 최적화하기 위해 상호 작용하는 과정을 거친다. 이 과정은 (1) 내담자를 수용하고, (2) 수용한 것들을 내면에서 조율하며, (3) 경험을 받아들인 것을 바탕으로 이해와 반응을 형성하는 과정을 포함한다. 이는 내담자의 감정과 관계를 매순간 살피고, 그들이 안전함을 느끼는지를 파악하여 필요한 접촉과 안전을 촉진하도록 조율하는 것을 의미한다.

▸ 내담자 수용하고, 읽어내고, 조율하기

세션이 시작되면, 존재감을 전달하는 치료사는 자신의 내담자를 수용하고, 내담자의 모든 표현 방식을 적극적으로 경청하며, 내담자가 자신의 존재가 타인에게 들리고, 느껴지며, 보인다는 경험을 확보할 수 있도록 그들과 조율한다. 이 과정에서 치료사는 언어적 표현뿐만 아니라, 몸짓이나 얼굴 표정 같은 비언어적인 신호들에도 주의를 기울여야 하는데, 이를 통해 내담자는 자신의 경험을 더 깊이 이해할 수 있다.

다미주 이론의 관점에서 얼굴 표정과 눈빛을 읽고 조율하는 것은 상대방의 상태를 파악하는 데 매우 유용하다. 눈이 크게 떠져 있으면 두려움과 불안감을 나타낼 수 있고, 부드러운 눈빛은 내담자가 안전하고 편안함을 느끼고 있음을 의미한다. 다미주 이론의 원칙을 활용하면 따뜻한 존재감을 전달하는 치료사와 내담자 사이의 눈맞춤을 통해 안전감과 조율감을 환기할 수 있다.

다미주 이론은 왜 우리의 목소리의 억양, 몸의 자세, 그리고 얼굴 표정과 같은 비언어적 의사소통이 개인의 생리적 및 심리적 상태를 일관되고 강력하게 전달하는지를 설명해 준다. 우리 모두는 다미주 이론이 설명하는 통합된 시스템을 갖추고 있으며, 이 시스템은 우리 주변 환경의 단서에 따라 내적 안전감이나 불안감과 연결된다. 이러한 신호는 곧 우리의 얼굴 표정이나, 목소리, 호흡, 몸을 사용하는 방식으로 나타난다. 그러나 내적 안전감이나 불안감을 유발하는 생리적 변화는 일반적으로 우리가 의식하지 못하는 사회적 상호작용의 특징에 의해 발생한다. 내담자나 치료사와의 상호작용은 관찰 가능한 다양한 신체 변화를 촉발할 수 있고, 비록 우리가 자신에게 나타나는 변화를 자각하지 못하더라도 우리는 실제로 서로의 변화를 감지하고 해석할 수 있다.

그렇다면, 이것이 치료적 존재감에 중요한 이유는 무엇일까? 치료사가 내담자의 이야기를 듣는 도중 잠시 집중력이 흐트러진 상황을 생각해보자. 내담자의 눈가에 긴장이 생기거나 시선이 멀어지는 것은 내담자가 치료사의 흐트러진 집중력을 감지하고 반응하고 있음을 나타내며, 이때 내담자는 불안감이나 단절감을 느낄 수 있다. 이 순간적인 집중력의 저하는 내담자에게 치료사가 거부하는 느낌으로 경험될 수 있고, 이는 불안감의 생리적 변화를 유발하며 이러한 변화는 내담자의 얼굴 표정을 통해 짐작해 볼 수 있다.

안전하지 않다는 것에 대한 신경지는 치료적 관계에서 다른 방식으로도 표현될 수 있다. 예를 들어, 치료사가 생각에 잠겨 아래를 바라보면 내담자는 자신의 이야기가 거부당했다고 느낄 수 있으며, 치료사가 물을 마시기 위해 팔을 드는 동작은 내담자에게는 위협적으로 보일 수 있다. 치료사는 이러한 신호를 읽고 내담자의 반응을 이끌어낼 수 있도록 내담자와 조율하는 능력을 개방하는 것이 중요하다.

▸ 내담자와 조율하기 위한 연습: 행동 반영하기

다른 사람들과의 조율 능력은 연습을 통해 개발할 수 있다. 이러한 연습의 예로, 두 사람 훈련(Geller, 2017)을 들 수 있다. 두 사람 중 A는 특정한 감정에 연결되도록 요청받는다. 그런 다음 A는 그 감정을 반영하는 다양한 동작, 얼굴 표정, 제스처를 만들어 본다. B는 A의 이러한 행동, 말투 또는 동작을 모방하거나 반영하도록 안내받는다. B는 A의 행동을 반영하면서 자신이 느끼는 감정을 표현하여 그것이 비슷한지 확인할 수 있다. 그런 다음 역할을 바꿔 같은 과정을 반복한다. 이러한 활동에 뒤따르는 논의를 통해 두 사람은 상대방의 감정을 모방하면서 느낀 경험을 서로 공유하게 되고, 그 경험이 얼마나 정확한지를 돌아보는 데 도움을 받게 된다.

내면 조율하기

치료사는 내담자의 순간순간의 경험을 수용하면서 동시에 자신이 받아들인 정보를 이해하기 위해 내면적으로 조율을 진행한다. 수용과 인식을 통해 내면적 조율을 이루면서, 치료사는 복측미주신경을 활성화하여 내담자를 위한 안정적인 존재감을 유지할 수 있게 된다. 반응보다 감지가 앞서는 이 상태에서 치료사의 몸은 마치 안테나나 조율기처럼 작동한다. 치료사는 자신의 몸을 사용하여 내담자와의 자율신경 공명 상태를 감지하고, 내담자의 경험을 듣고, 그다음 내면적으로 어떻게 반응할지 결정한다. 치료사는 또한 자신이 현재에 집중하지 못하고 있음을 인식하고, 주의를 다시 현재로 돌리는 것도 가능하다. 자신의 내면적 경험을 살펴보는 능력이 연습을 통해 강화된다면 이 과정은 매우 빠르게 이루어질 수 있게 된다.

치료사가 내담자와 공감하고 공명하면서 내면적으로 주의를 기울여야 하는 것들이 있다. 감정과 신체 감각, 호흡 패턴, 이미지, 통찰 등이 모두 치료사가 자신 내면에서 주의를 기울여야 할 요소들이다. 예를 들어, 치료사의 가슴에 느껴지는 떨림이나 눈물이 고이는 느낌은 내담자가 슬픔을 느끼고 있음을 나타낼 수 있다. 가슴이 두근거리거나 불안감을 느끼는 것은 내담자의 불안에 대한 자율신경계와 공명하고 있을 가능성을 시사한다. 호흡 패턴에 주의를 기울이는 것도 세션에서 일어나고 있는 상황에 대한 단서를 제공한다. 치료사의 호흡이 제한되는 느낌이 있다면, 이는 치료사 자신이 현재의 순간에서 벗어나 있음을 의미하거나 혹은, 내담자가 불안해하거나 감정적으로 연결이 끊어졌음을 나타내는 내담자와의 공명일 수 있다. 치료사가 현재의 순간에 충실할 때, 그의 몸은 내담자의 경험의 공감적으로 반영하는 지표로 활용될 수 있으며, 이는 다미주 이론의 내재된 양방향적 의사소통 기능의 일부일 수 있다.

치료적 존재감은 치료사가 신체적으로 자신을 자각하고, 내면을 감지하는 내적 감각 인식 능력을 갖출 것을 요구한다. 신체적 자각은 현재 순간에 우리의 경험, 신체 감각, 움직임, 내적 감각 세계에 주의를 기울이는 능력이다(Fogel, 2009). 이 능력은 치료사가 내담자와 양방향적 조율을 할 때 중요한 정보를 얻을 수 있는 원천이 된다.

▸ **자신의 리듬에 맞추는 연습: 마음챙김 드러밍**

마음챙김 드러밍(drumming) 연습은 우리 몸의 내적 감각을 향상시켜, 자신의 신체 리듬을 인식하고, 그 리듬을 움직임과 소리로 표현하는 데 도움을 줄 수 있다(Geller, 2017). 드럼 연주는 미주신경을 활성화하여 스트레스와 긴장을 풀어주고, 복측미주신경이 최적화되면서 마음을 안정시키며, 뇌와 몸 사이의 리듬을 조화롭게 만들어준다.

천천히 외부의 리듬을 연주하면, 우리 몸의 리듬도 그에 맞춰 느려지며, 내적으로 더 차분하고 안정된 느낌을 만들어낼 수 있다. 마음챙김 드러밍 연습은 좌뇌와 우뇌를 통합하여 균형과 명확한 사고를 유지하고, 집중력과 주의력을 향상시키는 훌륭한 방법이기도 하다. 이 연습은 핸드 드럼(예: 젬베나 아시코), 책상, 무릎 위에서도 할 수 있으며, 비어 있는 큰 물병을 거꾸로 세워 리듬 도구로 사용할 수도 있다.

1. 주로 사용하는 손의 반대 손을 심장, 목, 또는 손목에 대고 심장 박동이나 맥박을 느껴본다. 지금 이 순간 자신의 심장 박동이나 맥박 리듬이 어떻게 느껴지는지 집중해본다. 빠른지, 느린지, 깊은지, 얕은지를 주의 깊게 관찰한다.
2. 주로 사용하는 손으로, 도구 위에서 심장이나 맥박의 리듬을 부드럽게 두드려 표현해본다.
3. 이 동작이 편안하고 자연스럽게 느껴지면, 이번에는 호흡의 리듬에 집중해본다.
4. 반대쪽 손으로, 호흡의 리듬을 따라 들숨과 날숨의 시작 부분을 두드려 표현해본다. 호흡 리듬과 심장 박동이나 맥박 리듬이 어떻게 다른지, 이 리듬들이 서로 어떻게 연결되어 있는지 살펴본다.
5. 10~15분 동안 심장과 호흡의 리듬을 연주하면서, 때때로 속도를 늦추어 리듬을 천천히 이어가본다. 외부 리듬이 느려지면서 내적 경험이 어떻게 변화하는지 살펴본다.
6. 연습을 마칠 때는 손을 도구 위에 두고, 침묵 속에서 자신의 신체 리듬과 경험을 충분히 느껴본다.

접촉 반응 및 촉진하기

지금까지 우리는 치료적 존재감의 첫 번째와 두 번째 단계를 살펴보았다. 세 번째 단계는 공감적 이해나 무언의 제스처를 통해 내담자와의 연결을 확장하고 유지하는 것이다. 치료사가 내담자의 비언어적 신호에 맞춰 조율할 때, 내담자의 자율신경계에 공명하여 필요한 순간에 안전감을 제공할 수 있으며, 내담자와의 연결을 강화하고 치료 과정을 원활하게 만든다. 예를 들어, 치료사가 내담자와의 신경계적 공명을 통해 긴장을 느낀다면, 그 느낌을 솔직하게 반영하고 내담자에게 어떤 감정이 일어나고 있는지 물어볼 수 있다. 이때 치료사는 부드러운 목소리 톤과 편안한 표정을 통해 복측미주신경의 연결을 표현하는 방식으로 질문을 던져야 한다.

치료적 존재감을 형성하는 과정에서 치료사는 내담자와 자신의 감각을 바탕으로 반응을 조율해야 한다. 이러한 신호들은 치료사가 속도를 늦추고 안전과 연결을 다시 확립해야 하는지, 아니면 개입을 진행해도 되는지를 알려준다. 다미주 이론의 통찰력은 치료사가 비언어적 소통을 통해 내담자의 안전감을 평가하는 데 도움을 준다. 내담자의 눈이 내려가 있는지, 얼굴이 이완되어 있는지 등의 생리적 신호를 살펴보면 내담자의 상태를 파악할 수 있다. 그런 다음, 치료사는 이러한 신체적 신호를 통해 내담자에게 안전감과 평온함을 전달할 수 있다.

그렇다면, 치료사는 정확히 어떻게 이 정보를 치료적 존재감의 반응과 소통의 근거로 사용할 수 있을까? 내담자가 안전하다고 느끼는 때는, 치료사가 개입을 통해 치료 과정을 진행할 수 있는 최적의 시기이다. 반면, 내담자가 불안하거나 안전하지 않다고 느낀다면, 치료사는 개입을 잠시 멈추고 그 원인이 무엇인지 물어볼 필요가 있다. 내담자는 두려움을 느끼거나 저항감을 갖고 있거나, 혹은 단절감을 느끼고 있을 수 있으며, 어쩌면 치료사가 그 자리에 충분히 존재하지 않았다고 느끼고 있을 수도 있다. 치료사는 호흡을 내담자와 맞추거나, 길고 깊은 숨을 유도하거나, 친절하고 배려 깊은 표정을 짓거나, 몸을 앞으로 기울이는 등 다미주 이론에 기반한 방법으로 내담자에게 안전감을 제공할 수 있다(Geller, 2017). 내담자들은 치료 세션뿐만 아니라 일상에서도 깊은 호흡이나 신체 이완 연습(예: 기공이나 요가)을 통해 내적 안전감을 경험할 수 있다.

▸ 신체, 뇌, 그리고 관계에서의 동기화

동조화(entrainment)는 공명 현상에 기반한 물리적 현상이다. 이는 다른 속도로 움직이던 독립적인 리듬(또는 진동체)이 마침내 속도를 맞추며 비슷해져 가는 것을 의미한다. 예를 들어, 나란히 놓인 시계의 초침이 아무런 외부 개입 없이도 동일한 속도로 움직이게 되는 것처럼 말이다. 동기화는 치료적 존재감에서 심리적, 생리적, 신경적 조화를 이루어내어 치료 관계에서 조절과 성장을 촉진하는 역할을 한다.

의도적으로 자신의 신체 움직임을 다른 사람의 움직임에 맞추면 유대감이 강화될 수 있다(Geller, 2017). 시계의 초침이 자연스럽게 맞춰지는 것처럼, 관계에서도 이러한 리듬이 자연스럽게 맞춰진다(Marsh, Richardson, & Schmidt, 2009). 치료 상황에서 의도적으로 존재감을 유지하면, 뇌와 몸의 리듬이 동기화되면서 긍정적인 대인 관계 연결이 이루어진다(Geller, 2017).

치료사가 자신의 존재감을 통해 내담자의 생리적 상태와 경험에 조율할 때, 두 사람의 몸이 리듬에 맞춰지면서 동기화가 이루어진다. 머리의 움직임이 시간적으로 조율되고, 목소리의 리듬이 서로를 반영하게 된다(Ramseyer & Tschacher, 2014; Imel et al., 2014). 이러한 생리적 조화는 신뢰와 안전감을 형성한다. 심리치료 초기의 동조율은 세션 말미에 내담자가 느끼는 치료적 유대감과 증상 개선을 예측하는 중요한 요소로 나타나기도 했다(Ramseyer & Tschacher, 2011).

치료사와 내담자 사이의 신체적 동기화는 치료적 존재감과 깊이 있는 상호작용의 순간에 자연스럽게 발생할 수 있다. 연구에 따르면 대화 중 연결감을 느끼는 사람들은 호흡을 동기화하게 되고, 상호 신뢰가 필요한 공동 작업에 참여한 사람들은 심박수까지도 동기화된다(Warner, 1996; McFarland, 2001; Mitkidis, McGraw, Roepstorff, & Wallot, 2015; Koole & Tschacher, 2016). 이는 상호 신뢰가 커질수록 심박수 리듬이 더 동기화되는 경향이 있다는 의미이다. 즉, 연구는 신뢰가 동기화를 형성하고 동기화가 다시 신뢰를 형성한다는 점을 시사한다. 생리적 리듬의 동기화는 "신뢰 형성 과정의 지표"로 볼 수 있으며(Mitkidis et al., 2015, p. 105), 이는 치료 동맹의 핵심 과정이다. 치료사는 자신의 복측미주신경 상태를 기반으로 한 조율된 존재감을 통해 내담자에게 안전감을 명확하게 전달할 수 있다.

접촉을 촉진하는 활동과 도구

다음은 치료사가 비언어적으로 접촉을 촉진하고 존재감을 표현하는 방법을 세련되게 다듬는 데 도움이 되는 제안들이다.

▸ 비언어적 신호를 통해 내담자와의 접촉과 안전감을 촉진하기

치료사는 비언어적 표현을 통해 내담자와의 접촉을 촉진하고, 내담자가 신경생리학적으로 안전하다고 느끼도록 도울 수 있다(Geller, 2017). 이러한 표현에는 다음과 같은 요소들이 포함된다.

- 목소리의 운율
- 부드러운 얼굴 표정
- 부드럽고 직접적인 눈맞춤
- 열린 자세와 몸을 약간 앞으로 기울이는 자세
- 내담자에게 맞춰 집중된 시선과 주의

임상 환경에서 이러한 비언어적 요소들이 안전감을 제공한다는 연구 결과가 있다. 직접적이고 주의 깊은 눈맞춤은 내담자가 치료사와 깊이 연결되어 있고 공감적으로 이해받고 있다는 느낌을 주며(Marci & Orr, 2006; Marci, Ham, Moran, & Orr, 2007), 두 사람의 생리적 반응이 동기화된다는 것도 확인되었다(Marci et al., 2007). 반대로, 치료사가 시선을 돌리거나 내담자에게서 주의를 거두면, 내담자는 거리감을 느끼고 공감적으로 이해받지 못한다고 느낄 수 있다. 내담자는 치료사가 자신에게 집중하고 있는지, 혹은 그렇지 않은지를 민감하게 감지할 수 있다.

치료사가 이러한 요소들에 주의를 기울이며 내담자와의 상호작용에서 긴장이 느껴진다면, 더욱 현재 중심의 초점으로 조정하고 부드럽게 임하여, 내담자가 안전함을 느낄 수 있도록 비언어적으로도 도울 수 있다.

▸ 호흡 동조화

치료사는 내담자의 호흡 리듬에 의도적으로 맞추어 호흡함으로써 그들의 경험을 이해하고, 연결과 접촉을 촉진할 수 있다. 호흡 동기화는 내담자가 혼자가 아니라는 느낌을 주어, 안전감을 느끼게 하고 사회 참여 체계를 활성화시킨다(Geller & Porges, 2014).

호흡 동조화는 치료사가 내담자의 호흡 리듬에 맞춰 호흡하는 것을 의미한다. 이는 사람들 간의 뇌와 몸의 리듬을 신경생리학적으로 동기화시켜(Cozolino, 2006; Siegel, 2010; Porges, 2011, 2014), 공감적 조율을 돕고, 치료사의 차분하고 안정된 존재감과 리듬에 맞추어 내담자가 안전함을 느끼도록 한다.

▸ 안전한 존재감을 활성화하기 위한 길고 깊은 날숨 내쉬기

긴 숨 내쉬기는 치료사와 내담자의 교감신경계를 진정시키고, 방어적인 반응을 억제하여 차분함과 개방성, 신뢰감을 높이는 데 효과적이다(Geller & Porges, 2014; Porges, 2011). 반면, 긴 숨 들이마시기와 짧은 내쉬기는 긴장을 증가시키지만, 각성이 필요한 경우에는 신체의 에너지를 높일 수 있다. 긴 숨 내쉬기를 통해 치료사는 자신의 몸을 차분하게 만들고, 내담자도 치료사의 차분한 상태에 맞추도록 도울 수 있다. 이는 내담자가 직접 실천할 수 있는 유용한 방법이기도 하며 이를 통해 내담자는 더 큰 차분함과 안전감을 느낄 수 있다.

치료적 관계적 존재감

이 장에서는 치료사가 내담자와 함께 있을 때 그들에게 존재감을 느끼게 하고 안전감을 제공하여, 치료적 관계를 강화하는 과정을 설명한다. 이 과정은 "치료적 관계적 존재감(therapeutic relational presence)" 또는 "관계적 존재감"으로 불리는 깊이 있는 순간들로 이어질 수 있다(Geller, 2017; Geller & Greenberg, 2012). 두 사람이 서로에게 진정으로 존재할 때, 개인을 넘어서는 "나-너(I-Thou)"의 만남이 이루어진다(Buber, 1958).

이 변혁적인 상태는 치료사와 내담자, 그리고 더 큰 영적 의미 사이의 깊은 연결을 활성화한다. 치료사는 내담자의 내면 세계에 더욱 민감하게 다가가며, 마치 같은 공간을 공유하는 것처럼 느낄 수 있게 된다. 이러한 순간들은 서로의 의식이 겹치고 부분적으로 공유되는 상호주관적 의식(Stern, 2004)으로 이어진다. 한 사람이 경험한 것이 다른 사람에게도 거의 동일하게 전달되는 것이다(Geller, 2017).

관계적 존재감이 어떻게 변화를 일으키는가?

거울 뉴런과 같은 신경과학의 연구는 관계적 존재감이 작용하는 방식을 설명하는 데 도움이 될 수 있다(Ferrari & Rizzolatti, 2014; Gazzola, Aziz-Zadeh, & Keysers, 2006; Glenberg, 2010; Siegel, 2010). 존재감을 공유하는 순간, 치료사의 거울 뉴런과 조율에 관련된 기관들은 내담자가 표현하는 경험에 반응하여 활성화되며, 직접적인 상호작용을 통해 서로를 깊이 이해하는 경험이 이루어진다. 마치 두 사람이 함께 춤을 추듯, 서로의 경험을 읽고 공유하는 것이다. 이 공유된 신경 경험은 "두뇌 동기화"(Behrends, Müller, & Dziobek, 2012; Llobera et al., 2016)의 일종으로, 이를 통해 관계적 존재감이 더욱 깊어질 수 있다.

치료사와 깊이 연결된 느낌은 내담자의 사회 참여 체계(복측미주신경 활성화)를 활성화하여 방어를 줄이고, 안전감을 불러일으킬 수 있다. 또한 옥시토신이 방출되어(Carter, 2014;

Porges, 1998), 치유적이고 신뢰감 있는 치료 관계를 형성하는 데 기여할 수 있다.

관계적 존재감 함양하기: 치료적 리듬과 마음챙김

치료적 리듬과 마음챙김(Therapeutic Rhythm and Mindfulness: TRM™)[2]은 집단 드럼 연주, 마음챙김, 시각화, 감정 중심의 인식을 통합한 근거중심실천으로(Geller, 2009, 2010, 2017), 다양한 이점을 가지고 있다. 이 프로그램은 기쁨, 활력, 사회적 연결성 같은 긍정적인 감정들이 나타나게 하고 스트레스, 긴장, 불안, 우울을 줄여준다. 또한, 프로그램 참여자 간 연결을 촉진하고 공동체 내에서 소속감을 느낄 수 있는 기회도 제공한다.

TRM에서 제공하는 드럼 연주의 유쾌함, 리듬적인 움직임, 호흡의 인식, 집단 동조화는 참여자의 사회 참여 체계를 활성화하는 데 도움이 된다. 이 과정에서 사회적 연결과 성장, 치유를 지원하는 신경 경로가 강화될 수 있다(Porges, 2014). TRM은 참여자 간 연결을 강화하고 더 큰 의미의 연결감을 형성하는 데 도움을 주며, 관계적 존재감을 함양하기 위한 효율적이고 긍정적인 실천이다. 집단 드럼 연주는 참여자들이 자신의 리듬뿐만 아니라 다른 사람들의 리듬에도 더 잘 동기화되도록 돕는다. 이는 즉흥적인 방식으로 리듬을 통해 소통하는 과정에서 자연스럽게 이루어진다. 연구에 따르면, 관계 속에서 연주되는 즉흥적인 음악은 사람들의 뇌 활동이 서로 맞물리게 하여 각자의 뇌 기능이 더 일관성 있게 작동하도록 돕고, 관계 속에서도 뇌의 활동이 조화를 이루며 동기화되도록 한다(Lindenberger, Li, Gruber, & Müller, 2009; Sänger, Müller, & Lindenberger, 2012). 쉽게 말해, 집단 드럼 연주는 좌뇌와 우뇌가 더 잘 협력하도록 도움을 주는데 이로 인해 사람들 간 연결감이 더욱 강화된다. 이는 단순히 음악을 연주하는 것 이상으로, 사람들 간의 깊은 소통과 유대감을 형성하고 연결을 촉진하는 데 중요한 역할을 한다(Winkelman, 2003).

실습: 리듬을 통한 관계적 마음챙김

드럼 연주는 2인이나 집단에서 특히 강력한 효과를 발휘하며, 동조화가 빠르게 이루어진다. 동조화는 서로의 리듬에 맞추어 공감적으로 연결될 수 있도록 돕는다. 또한 드럼 연

---

2 http://rhythmandmindfulness.com/

주는 좌뇌와 우뇌가 더 명확한 집중력을 발휘하고 내적으로 조화를 이루도록 만든다(Winkelman, 2003).

이 실습(Geller, 2017)은 다른 사람과 함께, 또는 더 큰 집단에서 수행할 수 있으며, 작은 타악기(손 드럼, 텅드럼, 쉐이커 등)를 사용하면 좋다.

1. 파트너와 마주 앉는다.
2. 각자 눈을 감고 자신의 호흡에 집중한다.
3. 눈을 뜨고 자신의 호흡 리듬에 연결된 상태를 유지한다.
4. 파트너의 호흡 리듬에도 주의를 기울이며, 파트너의 복부나 가슴이 오르내리는 것을 관찰한다.
5. 몇 분 동안 호흡을 동조화한 후, 악기를 집어 든다.
6. 부드러운 리듬을 연주하며, 두 사람 사이에 리듬의 대화가 자연스럽게 이루어지도록 한다. 경청하고 표현(연주)하는 시간을 가진다.
7. 자신의 내부에서 느껴지는 감정에 주목하고, 파트너와의 관계 속에서 현재의 경험을 리듬으로 표현한다.
8. 5~10분 동안 연주한 후, 리듬을 점점 더 부드럽게 줄이며, 다시 호흡에 맞춘다. 리듬이 거의 들리지 않을 때까지 줄인다.
9. 다시 호흡에 집중한다.
10. 실습이 끝나면, 파트너에게 감사의 마음을 전한다.

마무리: 지금 이 순간이라는 비옥한 토양

우리는 대화뿐만 아니라 신체, 감정, 뇌의 수준에서도 매 순간 서로 공명하는 연결된 존재들이다. 이러한 연결감은 다미주 이론이 설명하는 사회 참여 체계를 활성화하여 관계의 장벽을 허물고, 안전감을 느끼게 하며 성장을 촉진한다. 심리치료에서 치료사가 현재의 순간에 집중하고, 내담자의 경험 속에서 드러나는 표현과 드러나지 않는 표현들 모두에 조율하게 되면, 내담자는 깊이 이해 받고 안전하다고 느끼게 된다.

다미주 이론은 존재감이 어떻게 안전과 성장을 촉진하는지를 설명하는 데 도움을 준다. 뇌와 신체 간의 양방향 소통은 치료사가 내담자와의 관계에서 조율자 역할을 할 수 있게 한다. 치료사가 내담자에게 신경생리학적으로 어떻게 영향을 미치는지를 이해한다면, 비언어적 수단을 의도적으로 사용함으로써, 내담자와의 긍정적이고 효과적인 치료적 관계를 구축할 수 있다.

나는 최적의 치료 효과를 위해, 다미주 이론의 원칙에 기반한 치료적 존재감을 심리치료 교육의 필수 요소로 포함시킬 것을 제안한다. 포유류 신경계의 구성 요소와 기능을 이해하는 것은 치료사에게 내담자와의 관계에서 존재감을 확립하고 소통하는 데 유용하게 사용할 수 있는 새로운 도구를 제공한다. 이러한 기초적 상태에서 비롯된 상호 연결감은 치료사와 내담자 모두에게 건강한 상태를 가져다 줄 것이다.

8장

다미주 이론의 관점에서 협력하기: 의사-환자 관계

George Thompson

개요

뇌 연구 분야의 권위자들이 의사-환자 관계를 이해하는 데 도움이 되는 다미주 이론의 적용에 대해 설명한다. 질병과 의학적 처치에 대한 반응의 기저에 있는 신경생리학을 인식함으로 의사는 언제 신뢰를 쌓아야 하고, 언제 의학적 정보를 수집해야 하는지 알 수 있다. 의사는 자신의 다미주 상태를 조율하여 언어적, 비언어적 안전 신호를 보냄으로 환자의 사회 참여 체계를 활성화할 수 있는데, 이는 편안한 상태가 되어 타인과 협력할 수 있는 최적의 신경생리학적 상태이다. 다미주 이론을 기반으로 삼는 것은 환자와 의사의 관계를 풍요롭게 하며, 의사에게 웰빙에 대한 통찰을 제공하고, 궁극적으로 전 세계가 평화로울 수 있는 방법을 제안한다. 관계가 곧 약이 되는 것이다.

소아암 전문의인 마크 로버츠(Mark Roberts)는 한 소년이 오늘을 넘기지 못할 수 있다는 것을 알게 되었다. 14세의 테너(Tannor)는 1년 전에 백혈병 진단을 받았다. 지금 이 소년은 고열과 복부의 압통으로 인해 병원의 침대에 누워있고, 그의 어머니는 걱정하며 그의 곁에서 자리를 지키고 있다. 두 명의 의사들은 퇴근하며 로버츠 박사에게 맹장염에 대한 우려를 표했는데, 맹장염은 백혈병과 화학요법이 면역 체계를 파괴한다면 치명적일 수 있기 때문이었다. 이 의사들이 테너를 진찰하려고 했지만 이 아이는 의사들을 병실에서 내쫓았다.

이제는 로버츠 박사의 차례가 되었다. 테너의 어머니는 테너의 머리 오른쪽에 있는 의자에 앉아있었고, 이 자리에서 그녀는 로버츠가 도착하기 한참 전부터 창문을 통해 그를 볼 수 있었다. 테너는 미동도 없이 침대 시트를 어깨까지 당기고 다리는 침대 아래로 뻗은 채였다. 로버츠 박사는 나중에 나에게 이렇게 말해주었다. "제가 들어갔을 때, 테너의 어머니는 저를 쳐다보았지만 테너는 저의 존재를 인지하지 못한 채로 계속 정면을 응시했습니다. 그가 조금이라도 움직였다면 어머니는 제게 '이제 그만 나가주세요'라고 말했을 것입니다."

테너의 뇌는 중대하고 치명적일 수도 있는 실수를 저질렀다. 의사를 위험한 존재로 판단했고 잠재적인 위험으로부터 테너를 지키기 위해 방어 체계를 활성화했다. 이 방어 체계는 그의 목숨을 살릴 수도 있는 진단과 치료를 받지 못하게 하고 있었다. 그는 의학적으로 위급한 상황 속에서 동시에 신경생리학적 위기에도 처해 있었다. 테너가 생존하기 위해서 그의 뇌는 무엇이 안전하고 무엇이 위험한지 즉시 재평가해야 했다. 그러나 피질 아래에서부터 일어나는 이 신경생리학적 반응은 생각하기와 말하기를 담당하는 뇌의 바깥 영역에서 일어난다. 요컨대, 테너는 그의 반응을 통제할 수 없었고 이런 일이 일어나고 있다는 것을 깨닫지도 못했다.

스티븐 포지스(Stephen Porges)에 의해 개발되고 40년 넘게 발전되어 온 다미주 이론은 테너가 겪고 있는 교착 상태를 이해하고 해결하는 데 핵심적인 뇌 과정을 설명한다. 다른 장에서도 살펴보았듯, 포지스 박사는 즉각적이고, 자동적이며, 무의식적인 신경학적 평가가 주어진 상황이 안전한지 혹은 위험한지 판단한다고 제안했다. 포지스 박사가 신경지(neuroception)라고 부른 이 과정은 즉각적으로 자율신경계를 그 순간의 필요에 부합하게 변화시킨다. 신경지가 안전함을 감지하면 복측미주신경의 사회 참여 체계가 활성화되어 이완되고, 진정하며, 다른 사람들과 상호작용할 준비가 된다. 반대로 위협을 감지하면 교감신경계의 투쟁-도피 반응을 활성화하며 신체가 도망치거나 공격할 수 있게 준비한다.

포지스(2011)는 피할 수 없는 생명의 위협은 배측미주신경의 붕괴, 즉 기절이나 "죽은 척"과 같은 생존 메커니즘을 촉발한다고 제안했다. 이는 초기 척추동물의 적응(예: 물고기, 양서류, 파충류)에서 나타났던 것으로 보이며 포식자에게 덜 매력적인 사냥 목표로 보이게 했을 것이다. 부분적인 배측미주신경의 셧다운(shutdown) 반응은 테너의 사례에서 볼 수 있듯 움직임이 없고, 감정적으로 무감각하며, 생각하는 것이 어렵고, 생각을 말로 표현하는 것이 불가능하고, 주변과의 접촉이 안되는 것(다시 말해, 해리; McKinnon et al., 2016)으로 나타날 수 있다. 이 세 가지 시스템은 자율신경계로 알려져 있다.

로버츠 박사는 소년에게 "친구의 뇌가 오해하고 있는 것 같아요. 저 사람들은 친구를 해치려는 것이 아니에요. 친구가 살아남으려면 그들이 꼭 필요해요"라고 말할 수도 있었다. 하지만 테너는 로버츠 박사를 위협으로 여기고 있었다. 만약 로버츠 박사가 그와 이성적으로 대화를 하려고 한다면 테너는 로버츠 박사도 마찬가지로 방에서 내쫓았을 것이다. 테너의 생명을 구하기 위해서 로버츠 박사는 테너의 복측미주신경 시스템을 다시 활성화할 필요가 있었다. 이것은 차분하고, 연대감을 느끼며, 열린 마음으로 보다 깊은 생각을 할 수 있는 상태이다. 이는 단순히 안전하다고 말해준다고 해서 해결될 문제가 아니었다. 로버츠 박사는 소년의 자율신경계에 충분한 수준의 안전 신호를 보내서 그의 뇌가 지금 정말로 안전하다고 결론을 내릴 수 있도록 할 필요가 있었다. 그렇게 해야만 테너가 의사들이 자신을 진찰하는 것을 허락할지 말지 합리적으로 고려해볼 수 있게 된다.

의사-환자 관계의 생리학

이제껏 의사-환자 관계의 확실한 장점들과 그것을 강화할 수 있는 방식에 대한 연구가 많이 진행되어 왔다(Fortin, Dwamena, Frankel, & Smith, 2012). 하지만 우리가 의사-환자 관계를 다미주 이론의 관점으로 보기 시작한 것은 최근의 일이므로, 테너가 내쫓은 의사들과 로버츠는 테너가 도움을 거부한 의사결정의 기저에 있는 신경생리학을 고려할 준비가 되어있지 않았다. 그들은 환자의 신경지가 자동적으로 안전과 위험의 신호를 감지한다는 점이나 복측미주신경의 사회 참여 상태, 교감신경계의 투쟁-도피 상태, 배측미주신경의 부동화 상태 중 어떤 상태인지에 따라 환자의 능력이 극단적으로 달라지는 것을 고려하는 훈련을 받지 않았다. 마지막으로, 의사들은 환자의 섯다운 상태를 의식, 연결성, 그리고 주도성의 상태로 회복시키기 위한 신경생물학적 근거를 고려하도록 훈련받지 않았다.

간단히 말하면 이 의사들은 다미주 이론의 관점에서 볼 때, 시각장애인과 다름이 없었다.

나는 이 장을 쓰기 시작할 무렵 로버츠 박사를 만났다. 소아암 아동 환자들을 돌본 그의 경험과 관련된 대화를 통해, 그가 환자들의 안전감을 다루고, 그들을 복측미주신경 상태로 이끌 수 있는 타고난 능력을 갖췄다는 것을 알 수 있었다. 하지만 그는 다미주 이론에 대해서, 그리고 이 이론을 환자와 그들의 가족과의 대인관계 작업에 적용하는 것에 대해서는 거의 몰랐다. 잠시 그와 걷는 동안, 그는 내 인터뷰에 응할 뿐 아니라 내가 다미주 이론에 대해 설명하는 것을 허락해 주었다.

로버츠가 테너를 만났을 때 그는 아직 다미주 이론을 이해, 예측, 문제 해결의 도구로 사용할 수는 없었지만 그는 자신의 일을 효과적으로 진행하는 방법은 알고 있었다. 그는 소아암 분야에서 수년간 진료를 하면서 수천 명의 아동과 그 부모들을 만났다. 그들은 모두 암 진단에 충격을 받았고, 악성 종양이 아이를 죽일 것을 두려워했다. 로버츠 박사는 이 가족들의 경험을 이해하고 진정으로 도움이 되고자 그들의 이야기를 들어주었다. 시간이 지나며 그는 자신과 환자들이 모두 가치 있다고 여기는 자신의 철학과 접근 방식을 발달시켰다. 그는 나에게 이렇게 설명했다.

> 환자들을 존중, 존엄성, 정직함으로 대하라. 그들에게 사실을 전달하라. 그래서 그들에게 무슨 일이 일어나고 있는지 알 수 있게 하라. 그들이 암과 죽음에 대해서 이야기할 수 있는 개방적인 관계를 만들어라. 현실주의와 낙관주의 사이에서 균형을 잡아라. 그들이 치유 받고 행복한 삶을 가질 기회를 줘라. 깊이 있는 인간적인 협력 관계를 구축하여 이 아이가 죽을 수도 있다는 진실에 대한 부담을 덜어주어라. (사적 대화, 2015)

자각하지 못하고 있었지만, 로버츠는 지금 차분하고 활성화된 복측미주신경 상태에 대해 설명하고 있었다. 복측미주신경 상태는 활기찬 인간관계에 있어 필수적인 신경생리학적 기반을 마련한다. 이것은 질병, 상처와 죽음의 험난한 물결을 항해하며 환자와 의사들 사이에 형성되는 다정하고 영웅적인 협력 관계이다. 인생의 폭풍우가 위협으로 해석되면 교감신경계의 투쟁-도피 반응, 심지어 배측미주신경의 부동화가 유발된다. 로버츠가 테너를 만났을 때 그는 부동화 상태에 있었다.

몇 년 전, 나는 환자의 관점에서 다미주 이론이 어떻게 실현되는지를 실제적으로 경험했다. 나는 목숨을 즉시 앗아갈 수 있는 심각한 공격형 림프종을 진단받았다. 때때로 내 신경계는 갑자기 고조되면서 혼란스러운 "감정적 납치(emotional hijacking)"(Goleman, 2005)를 당하기도 했다. 검사 결과는 나에게 있어 잠재적인 사형 선고였다. 나는 아내 앤마리(Ann Marie)와 아이들과 함께 상상했던 인생을 즐기지 못할까 봐 두려웠다. 가끔은 걱정이 나를 압도하고 신체적으로 공포가 찾아오기도 했다. 가슴이 조이고, 심장이 쿵쾅거리고 땀이 났다. 다미주 이론에 대해 이제 막 공부하기 시작한 시점이었기 때문에, 마음 한 켠은 생존에 몰두 되어있는 반면, 다른 한 켠에서는 나의 뇌에 무슨 일이 일어나고 있는지에 계속 관심을 가졌다.

환자와 의사: 두려움의 이중주

환자들은 의료 서비스를 받으러 가면서 여러 위협들을 경험한다. 콜린 스위니(Colleen Sweeney)는 환자들의 두려움에 대해 광범위하게 조사해왔고, 환자들은 자신의 상태의 심각성, 의료 서비스 과정에서 발생할 수 있는 고통, 의료비 지불 능력의 부족, 치료 계획을 따라가지 못하는 굴욕을 느낄까 봐 걱정한다고 보고했다(Sweeney, 출판 예정). 그들은 자기가 필요한 것을 적절하게 이야기하지 못하는 것, 절차상에 혼동이 있는 것, 그리고 자신을 돌보는 사람들이 실제로는 유능하지 않은 상황 등을 걱정한다. 그래서 환자들은 병원이나 응급실에 도착하면 취약한 상태인 경우가 많고(Elmqvist, Fridlund, & Ekebergh, 2012), 그들의 신경계는 두려움을 느끼는 위협에 맞서 스스로를 방어하기 위해 활성화 되어있다.

결국 사람은 개방적이거나 방어적이다(Baylin & Hughes, 2016). 복측미주신경이 활성화되어 있으면 사람들은 서로에게 개방적이다. 교감신경계가 각성 상태일 때와 배측미주신경이 몸의 기능을 차단한 상태(셧다운)에서 사람들은 방어적이다. 방어적인 사람들은 다른 사람들을 불편하게 만든다.

개방적이기 위해 노력하는 의사들은 자기 자신의 내적 위험 신호를 인식하고 이와 타협해야 한다. 이 장의 집필을 준비하면서 나는 환자들을 대하는 업무에서 경험하게 되는 위협에 대해 의사들에게 물었다. 지금부터 'M 박사'라고 부를 어떤 의사는 확실히 진단을 내리지 못하거나 환자의 질문에 대답하지 못하는 것은 도움 없이 어려운 기관 삽입을 시도하는 것만큼이나 위협이 된다고 말했다. 이런 상황에서 그녀는 거슬리고, 짜증나고, 조금 화가 난다고 말했다. 그녀는 자신의 심장과 손에서 이러한 감정을 느낄 수 있었다. 그녀의 사고 체계는 원하는 대로 흘러가지 않고, 머리는 굳은 것처럼 느껴졌다. 하지만 무엇을 해야 하는지 모르거나, 어떻게 해야 하는지 모르더라도 그녀는 예비 계획들을 갖고 있었다.

'C 박사'라고 부를 다른 의사 또한 진단을 내리기 어려울 만큼 빠르게 변하고 혼란스러운 임상 장면에서 위협을 느낀다고 말했다. 또한, 그는 자신의 직관에 따라 환자와 협력관계를 맺지 못할 때 취약함을 느낀다고 말했다. 그는 이런 상황을 "진흙을 통과해서 걷는 것 같습니다. 그 병실로 들어가고 싶지 않습니다. 이 진흙탕 같은 상황을 다루는 건 두 배 정도 힘든 것 같습니다."라고 비유하여 말했다.

여러 의사들은 간호사들의 신경생리학이 의료팀에 영향을 미치는 것에 대해 말했다. C 박사는 "한번은 밤에 상태가 급격히 악화되는 환자가 있었습니다. 우리는 삽관을 진행하고, 승압제(pressor)를 사용하고, 배운 모든 것을 시도해야 했습니다. 이럴 때 만약 침착하게 이 문제를 다룰 줄 아는 간호사가 있으면 상황이 달라집니다. 반면 불안해하는 간호사는 우리가 환자가 아닌 그 간호사에게 주의를 기울이게 만듭니다."라고 말했다. 이 책의 20장을 저술한 신생아학자 마릴린 샌더스(Marilyn Sanders)는 "제가 최악의 날이라고 부르는 날, 아기는 죽어가고 있고 병실은 혼란스러운 날에, 한 선임 간호사가 제 눈을 똑바로 바라보며 흔들림 없이 '제가 뭘 하면 될까요?'라고 물었습니다. 그녀는 저에게 자신의 강인한 결심을 눈빛으로 전해주었습니다."라고 물었습니다. 샌더스 박사의 남편 피터(Peter)는 "그때가 바로 제 아내가 자신 역시 이러한 상황에서도 자신감을 가질 수 있음을 확신하게 된 순간이었어요."라고 덧붙였다.

내가 로버츠 박사에게 테너의 상황에서 어떻게 반응했는지 물었을 때 그는 자신이 보인 조금 다른 반응에 대해 말해 주었다. "평온이 찾아올 때가 있습니다. 이렇게 생각했죠. —'나중에 허둥지둥해도 늦지 않아. 지금은 들어가서 효과적인 조치를 취해야 해. 실패는 아이의 죽음으로 이어질 수도 있어.'" 다미주 이론을 이해한 샌더스 박사는 "제가 위기를 다룰 에너지를 얻기 위해서는 미주신경의 브레이크를 풀어주어야 합니다."라고 말했다. 그녀는 마주한 어려움에 대처하기 위해 필요한 교감신경계의 활동을 위해 복측미주신경을 약간 느슨하게 해야 한다고 말했다.

의사들은 의사-환자 관계의 바깥에서도 위협이 발생한다고 말했다. 보험사는 필요한 의료 서비스에 대한 지불을 거부한다. 정부측 조사관은 부담스러운 규정을 강제한다. 관리부의 작은 문제들은 긍정적인 조치를 지연시킨다. 그리고 의료 과실, HIPAA(역자주: 윤리의무준수지침) 위반 등과 같은 법적인 위험도 항상 도사리고 있다. 한 의사는 이렇게 말했다.

> 소송은 저를 그다지 괴롭히지 않습니다. 하지만 제 임상적 의무와 거의 관련이 없는 일들, 예를 들면 병원 고위 관리자가 1-2주 정도 더 시간이 필요한 환자를 48시간 내에 병원에서 퇴원시키라고 말할 때와 같은 것들이 제 교감신경계를 각성시킵니다. 조절된 상태를 유지하기 위해서 저는 열심히 노력해야만 하고, 간호사들도 어느정도 저를 보호해줍니다. 하지만 그러한 보호에서 벗어나 사랑하는 사람들이 죽어가고 있는 가족들과 이야기를 하고 곧바로 응급 상황에 대응해야 할 수도 있습니다. 어쩔 때는 몇 분 정도 상실을 애도할 시간을 가질 수도 있지만 그렇지 못할 때도 많습니다. 일들이 한꺼번에 몰려오고 호출벨은 폭발할 것처럼 울립니다. (사적 대화, 2015)

의사와 환자 모두에게 다가오는 여러 위협들과, 위험을 감지할 때 보호 반응을 일으키려는 신경지의 내재된 경향성을 고려할 때, 환자가 병원에 도움을 요청하기 위해 찾아오는 것과 의사가 도움을 제공할 준비가 되어있는 것 자체가 작은 기적이라고 할 수 있다.

딜레마와 마주하기

로버츠 박사를 인터뷰할 때, 이미 나는 20년 넘게 의대생들 및 정신과 레지던트들에게 의사-환자 간의 의사소통을 가르쳐왔다. 내 목표는 내 학생들이 환자들과 완전히 함께 머무를 수 있도록 하여 사람들이 환자들의 필요에 주의를 기울일 수 있도록 하는 것이었다. 대부분의 학생들을 처음 의료계에 종사하도록 하는 것은 타인에 대한 연민인데, 나는 의학 교육과 실습에 의해 무뎌지고 약해질 수 있는 이 연민을 표현할 수 있도록 힘을 실어주고 싶었다(Dyrbye & Shanafelt, 2016). 또 나는 학생들에게 의사와 환자가 발전시킬 수 있는 강력한 협력 관계와, 심지어 질병의 아픔을 마주하고 있을 때도 이 협력 관계가 가져올 수 있는 기쁨을 알려주고 싶었다.

나의 학생 중 몇몇은 이 배움에 푹 빠졌다. 그들은 환자들에게 연민 어린 치료를 제공하겠다는 마음으로 의학 분야에 들어왔다. 많은 학생들은 알츠하이머를 앓고 계신 할머니, 심장 질환이 있는 형제, 돌아가신 부모님 등 그들이 사랑하던 사람들과 함께 병원에 방문한 경험이 있었다. 이 학생들의 가족들이 만난 의사들은 인간적이고, 배려 깊었고, 세심할 뿐만 아니라 진단과 의학적 개입에서도 잘 숙련되어 있었다. 학생들은 세심하지 않은 의사들이 자기 가족의 상황에서 인간적인 측면을 무시했을 때 무슨 일이 일어났는지도 보았다. 학생들은 이러한 무지와 무시가 사랑하는 가족들의 정신을 꺾어버리는 것을 보며 당혹감을 경험했다. 내 생각에 이 학생들은 휴머니스트들이었던 것 같다.

다른 학생의 무리는 (마찬가지로 가치 있지만) 완전히 다른 관심사와 열망을 가지고 의학 분야에 들어섰다. 그들은 말하자면 과학자들이었다. 그들은 수년 전의 실험실과 병원에서 발견한 것들에 대해 읽는 것을 좋아했다. 그들은 위대한 지식의 신비와 알 수 없는 깊이에서 의학적 통찰을 유도하는 멋진 방식을 즐겼다. 하지만 그들은 신체와 생물학의 물리적인 세계에 초점을 두고 있었기 때문에 이 강의는 종종 그들에게 큰 의미가 없었다. 그들은 "대화에 관한 수업은 왜 필요한 것인가요? 저는 두 살 때부터 말할 수 있었어요!"라고 말했다. 그들은 아직 희망, 두려움, 믿음, 느낌, 서사, 신념이라는 내적이고 경험적인 세계를 발견하지 못했다. 나는 어떻게 이들에게 인간이 지닌 이 놀라운 신비를 일깨워줄 수 있을까?

신뢰할 수 있는 애착 형성하기

이 질문에 대한 답은 내가 전혀 예상하지 못했던 곳에서 찾아왔다. 몇 년 전 나는 아동정신과 의사로서 캔자스시티 지역의 행동 건강 기관인 KidsTLC에서 동료들과 함께 돌보고 있었던 많은 아이들이 생애 초기 학대 경험, 트라우마, 방임, 유기와 같은 역경 경험이 있고, 이러한 경험이 베셀 반 데어 콜크(Bessel van der Kolk) 박사와 그의 동료들이 이름 붙인 발달성 외상 장애(developmental trauma disorder; 2005)를 유발한다는 것을 알아챘다. 반 데어 콜크 박사는 심리적으로 해로운 경험이 아동이 기본적인 능력을 습득하는 정상적인 과정을 방해한다고 말했다. 아동이 필수적으로 갖춰야 하는 능력의 몇 가지 예를 들면, 안정적이고 신뢰할 수 있는 관계를 형성하는 능력, 자신의 강렬한 감정 상태를 보호자가 조절하도록 돕는 것을 용납하는 능력, 경험을 일관되고 이해할 수 있게 통합하는 능력이 있다. 우리는 이런 아이들 여럿을 성공적으로 도와줬지만, 어떻게 도와야 할지 도저히 알 수 없는 아이들도 있었다.

우리는 심리학자 댄 휴즈(Dan Hughes)가 이러한 아이들의 기저에 있는 문제들을 효과적으로 다루는 양자 발달 심리치료(Dyadic Development Psychotherapy: DDP, 2006)라는 접근법을 만들었다는 것을 알게 되었다. 학대를 당한 아이들은 당연하게도 어른들을 신뢰할 수 없다고 결론짓기 때문에, DDP의 목표는 지금 그들을 양육하고 있는 좋은 양부모를 신뢰하도록 이 아이들을 돕는 것이다. KidsTLC는 이 접근법으로 우리를 훈련시키기 위해 휴즈 박사를 초청했다.

휴즈 박사는 우리에게 다미주 이론을 소개해주었다. 우리는 투쟁-도피와 부동화에 대해서는 알고 있었지만, 복측미주신경 반응과 이를 이끌어내는 안전 신호에 대해서는 배운 적이 없었다. 테너의 의사들처럼 우리는 환자들이 치유되는 데 중요한 다미주 관점을 놓치고 있었다. 우리도 다미주 이론에 대해서는 백지 상태였다.

휴즈 박사는 우리에게 줄여서 PACE(역자주: 유쾌함(Playful), 수용(Accepting), 호기심(Curious), 공감(Empathic)의 약자)의 태도(2006)를 가르쳤다. PACE의 태도는 어른이 안전하다는 신호를 아이의 신경계로 보내서 아이의 복측미주신경을 활성화하고 적극적인 사회관계에 참여하게 한다. 어른과 아이가 모두 복측미주신경의 사회적 참여 상태에 있을 때 비로소 우리 임상의들은 아이가 신뢰할 수 있는 관계를 구축하고, 새로운 사회적 기술을 배우고, 외상을 처리할 수 있도록 도울 수 있다. 또 우리는 주변에서 돌봄을 제공하는 인력들이나 부모를 교육해 KidsTLC에서 유능한 동반자(competent companion)라고 부르는 사람, 곧 누군가가 삶의 시련과 고난의 시간을 보낼 때 연민과 전문성으로 무장한 채 곁에서 복측미주신경 상태를 유지할 수 있는 사람이 되도록 할 수 있다(Thompson & Mock, 2016).

의사-환자 관계 속 대인관계의 신경생물학 교육하기

나는 오랜 기간 KidsTLC에서 시작해서 미주리-캔자스시티 대학교(University of Missouri-Kansas City: UMCK) 의과대학의 의학생들에게 의료 소통(medical communications) 수업을 통해 CUES(역자주: 소통(Communication), 이해(Understanding), 교육(Education), 자기-측정(Self-assessment))를 가르쳐왔다. 이 여정에서도 내 배움은 확장되었다. 나는 다미주 이론이 부모-자녀 관계뿐 아니라 의사-환자 관계에도 적용될 수 있다는 것을 보았다. 실제로 사회적 일부일처제에 대한 생리적 메커니즘을 처음으로 확인한 행동신경생물학자 수 카터(Sue Carter) 박사는 어머니-자녀 상호작용이 모든 양육 관계의 원형이라고 말했다(2014).

나는 다미주 이론 기반의 신경생리학을 의료 소통 기술을 탐구할 때 납득할 수 있는 근거로 제시하는 것이 이 '과학자' 학생들을 설득하는데 도움이 될 수 있을 것이라고 생각했다. 내 경험으로 미루어 보았을 때, 학생들이 병원에서 환자들과 이러한 소통 전략을 시도해 볼 것을 권유하여 환자들에게 긍정적인 피드백을 받게 하면 이것이 결국 이 기술을 계속 발달시킬 이유가 될 것임을 알았다. 학생들 스스로가 만들어낸 긍정적인 결과는 그 자체로 보상이 되는 순환고리를 만들어낼 것이다. 환자들을 성공적으로 대하게 되는 것은 소통 기술을 더 연습하도록 동기를 부여할 것이고, 이것은 다시 환자들을 성공적으로 대하는 것으로 이어질 것이다.

나는 이 일이 나의 삶의 목적의 일부임을 점점 더 인식하며 마음을 굳혔다. 이 목적은 전심으로 우리의 인간성을 받아들일 때 생겨나는 힘, 감사, 그리고 상호연결성을 일깨워주는 것이다.

나는 '과학자' 학생들이 환자와 그 가족들의 생물학적 측면을 이해하면서도, 연민을 갖고 성실하게 이들을 만날 수 있는 유능한 동반자로서 훈련되는 모습을 마음 속에 그렸다. 이들의 환자들은 의학적으로나, 감정적으로 잘 보살핌을 받고 있다고 느끼게 될 것이다. 그리고 학생들은 전인적 인간으로서, 또 다른 전인적 인간을 돌보는 데에서 오는 만족감과 그로 인해 느껴지는 고양감을 깨닫게 될 것이다.

테너의 뇌 진정시키기

로버츠 박사는 테너와 무슨 일이 있었는지 계속 말해주었다.

> 저는 테너의 침대 발치에 놓인 의자에 앉아 누군가 말을 꺼내기 전까지 15분 동안 앉아만 있었습니다. 저는 더욱 주의를 기울여 지금 어떤 일이 일어나고 있는지 알려주는 신호들을 주의 깊게 관찰했습니다. 그 아이는 아파하고 있었고, 고통 중에 있었습니다. 저는 제가 먼저 말을 꺼내지 않기로 결정했고, 결국 테너가 먼저 저에게 따지듯 물었습니다. "여기 왜 오셨어요?" 저는 "제가 당직 의사에요."라고 간단히 대답하고 이어 우호적이고 차분한 침묵을 유지했습니다. 또 다시 15분이 지나고 테너가 이전보다 조금 더 조용히 물어보았습니다.

> "그러면 이제부터 뭘 하실 거예요?" 저는 "친구의 허락 없이는 아무 것도 하지 않을 거예요." 라고 말했습니다. (사적 대화, 2015)

로버츠는 또 몇 분이 더 흘렀지만, 이전보다는 짧은 시간이 지난 이후에 다시 대화가 시작되었다고 설명했다.

> 테너는 조금 궁금해하는 투로 물었습니다. "그러면, 뭘 하고 싶으신 건데요?" 저는 계속 의자에 앉은 상태로 "저는 친구가 아픈 것이 맹장에 감염이 있어서 그런 것은 아닐까 걱정이 돼요. 정확히 무슨 일이 일어나고 있는지 알아보고 싶어요."라고 말했습니다. 테너가 저에게 물었습니다. "그러면 뭐가 필요한데요?" 저는 청진기로 그의 배의 소리를 들어봐야 한다고 말했습니다. 또 배를 눌러도 보아야 한다고 했는데, 아프면 멈추라고 할 수 있다고 이야기 했습니다. 저는 검사를 진행하는 동안 제가 알게 된 모든 것을 그에게도 알려줄 것을 약속했습니다. 그는 제가 자신을 검사하는 것에 동의했습니다. 그러자 그의 어머니도 경계를 풀었습니다. (사적 대화, 2015)

로버츠 박사가 이야기를 마쳤을 때 나는 그에게 다미주 이론에 대해 설명했다. 다미주 이론을 통해 바라보았을 때, 테너의 부동화는 배측미주신경 반응이었고 그의 어머니는 자신의 아들을 지키기 위해서 교감신경계가 활성화 되어있던 상태라고 명확히 밝혀주었다. 로버츠 박사의 행동은 테너의 뇌에 안전 신호를 보냈다. 위험이 사라지고 환경이 안전해졌다고 인식하여 신경지가 이 신호들을 천천히 수용하면서 소년은 이 안전한 환경에 적합한 새로운 반응을 할 수 있게 된 것이다. 이 환경에서 그의 뇌는 다른 기관들에게 이렇게 말할 수 있었다. '진정해. 위험하다는 신호 보낼 필요도 없어. 위험은 지나갔어. 로버츠 박사가 접근하도록 해. 그는 위협이 아니야. 그가 하는 말을 들어봐.'

우리는 테너의 어머니에 대해서도 이야기를 나누었다. 그녀는 테너의 얼어붙은 모습에 매우 민감하게 반응하고 있었다. 그녀의 다미주 신경지는 테너가 위험으로부터 스스로를 방어하고 있지 않다고 판단했을 때만 상황이 안전해지고 있다고 결론을 내렸고 그제서야 그녀도 긴장을 풀고 있었다.

테너와 어머니의 신경계가 교감신경의 투쟁-도피 반응에서 복측미주신경으로 전환했을 때, 심장 박동 수와 혈압, 호흡의 정상화와 같이 포지스(Porges, 2011)가 묘사한 몇 가지의 생리학적 반응이 활성화되었다. 동공은 수축되어 많은 빛을 필요로 하지 않았다. 고막은 포식자와 위험에 관련된 낮은 음조의 주파수의 소리(으르렁거리는 소리나, 산사태나 지진과 같은 소리를 생각해보자)를 듣기보다 사람의 목소리를 듣기 위해 조정되었다. 얼굴 근육은 더 이완되고 생동감이 생겼다. 말투에도 음조가 돌아왔다. 테너와 어머니의 신경생리학 상태는 이제 로버츠 박사와 생산적이고 신뢰하는 파트너로서 함께할 준비를 하고 있었다.

다미주 이론의 관점에서 생각하기

나는 2002년부터 의료 소통 강의에서 CUES를 가르쳐왔다. 나는 항상 비언어적인 소통 기술을 가르치며 수업을 시작하는데, 이것은 바로 로버츠 박사가 테너와 상호작용할 때 본능적으로 사용한 기술들이다. 이런 기술들은 환자를 편안하게 만들기 위해 위협이 되지 않는 자세와 태도를 취하고 안전 신호를 전해주는 목소리의 톤과 표정을 사용하는 방법 등을 포함한다.

학생들에게 다미주 이론을 가르칠 때 그들은 스스로의 안정을 주는 비언어적 소통이 환자에게 신경생물학적으로 효과적인 안전감과 연대감을 전달한다는 것을 깨닫는다. 우리는 학생들이 자신들의 개입이 예상했던 대로 환자들로 하여금 자신을 수용하고 마음을 열어주는지 관찰함을 통해 "이론의 관점으로 생각"(Schon, 1983)해 보도록 가르친다. 다미주 이론을 통한 인식을 통해, 학생들은 다양한 환자의 행동들을 "번역"하는 방법을 더 잘 이해하기 시작한다. "투쟁" 반응은 종종 화가 나거나 저항하는 환자로 보인다. "도피" 반응은 겉으로 보이기에는 순순히 따르는 것 같지만, 실제로는 그냥 그러는 척일 뿐이다.

뇌의 기능을 이해하는 것은 인간 경험에 대해 더 깊이 있게 이해하는 데 도움이 된다. 한 학생은 비언어적으로 두려움의 신호를 알아챘고 그의 여성 환자가 아파트 단지에서 밤낮으로 총 소리를 들었다는 것을 알아냈다. 그녀는 생명을 위협하는 상황과 그로 인한 생리학적 공황 반응을 견디고 있었던 것이다. 다미주 이론과 두려움에 대해 배운 것을 바탕으로 이 학생은 환자의 생리적이고 감정적인 상태를 환자의 입장에서 정확히 생각해볼 수 있었다.

반대로, 인간 경험이 밝혀지면서 우리의 뇌 기능에 대한 이해도 깊어진다(Hughes, 2012). 예를 들면, 그 학생은 자신의 환자가 만성적인 스트레스를 겪는 경험에 공감하게 되면서 위험한 상황에 끊임없이 갇혀 있는 사람의 뇌에서 무슨 일이 일어나는지 생생하게 이해했다.

환자들은 생명을 위협하지 않는 상황에서도 경보가 울리는 상태를 경험한다. 나 역시, 화학요법을 받는 동안 견뎌왔던 바늘에 대한 두려움을 인식했다. 내 혈액이 채취될 때마다, 바늘이 나를 다치게 하거나 많이 아프게 하지 않을 거라고 되뇌었음에도 불구하고 불안해지고 가슴이 답답해졌다. 한 연구에서는 환자의 22%가 바늘에 대한 두려움을 가지고 있고, 그중 절반 이상이 입 마름, 땀, 숨 가쁨과 같은 교감신경 증상이나 메스꺼움, 기절, 어지러움과 같은 배측미주신경 증상을 경험했다고 보고했다(Wright, Yelland, Heathcote, Ng, & Wright, 2009). 이 연구의 저자들은 매년 전 세계적으로 사람들이 약 120억 회의 주사를 맞고 있는 점을 감안했을 때, 이러한 두려움의 누적된 영향력은 엄청날 것이라는 점을 지적했다.

환자가 이끌어가게 하기

위의 사례에서 나타나듯이 의료 소통 강의에서 CUES를 설명하기 위해 선택했던 교재는 그 당시 우리가 다미주 이론에 대해 들어본 적이 없음에도 불구하고 암묵적으로는 다미주적 고려 사항에 대한 의사-환자 관계에서의 접근 방식을 다루었다. 환자 중심 인터뷰(patient-centered interviewing)라고 불리는 이 접근 방식과 교재는 환자가 병원에 온 이유가 무엇인지, 의학적 증상과 그 증상이 삶에 어떠한 영향을 끼쳤는지 묻는 것으로 시작한다(Fortin et al., 2012). 이는 의사로 하여 상황이 만들어낸 복잡한 감정을 찾아내고, 이러한 감정을 관리하는데 도움이 되는 공감 기술을 사용하도록 권장한다. 비록 이 교재는 환자의 다미주 상태를 다루는 측면에서 공감 기술을 명시적으로 개념화하지 않았지만, 나의 경험에 따르면 이러한 접근 방식을 사용하는 것은 환자가 진정할 수 있도록 하는 안전 신호를 보내는 효과가 있다. 이렇게 하면 의사와 환자가 함께 건강에 위협이 되는 부분을 명확히 하고, 의학적 및 심리사회적 문제를 진단하고, 상황을 해결하기 위해 계획을 세울 준비가 된다.

이 인터뷰의 환자 중심적인 부분은, 의사가 환자의 증상을 넘어 그 증상이 개인적이고 감정적으로 미친 영향에 대해서도 전인적 인간으로서 관심을 가지고 있음을 환자에게 보여준다는 점이다. 의사가 환자가 이끄는 대로 따라간다는 점에서 이 접근은 환자 중심적인 것이다. 로버츠는 테너가 주도권을 가지게 하였기 때문에 그의 접근 역시 환자 중심적이었다. 의사 중심 인터뷰에서는 주도권을 가진 의사를 환자가 따르게 되고, 과거 의료 기록, 가족의 의료 기록, 사회적 요인과 증상에 대한 일반적인 검토를 위한 질문이 이어진다.

환자 중심 인터뷰가 끝나면 환자는 의사에게 자신을 맡길 준비가 되는데, 이는 의사가 환자의 필요와 경험을 우선시하고 있다는 것을 보여주었고 이를 통해 환자는 의사를 믿을 만한 사람으로 생각하기 때문이다. 실제로 상호작용의 통제권은 환자와 의사 사이에서 여러 번 오갈 수 있는데, 휴즈 박사는 이 과정을 "뒤따르기-이끌기-뒤따르기(follow-lead-follow)" 과정이라고 부른다(Baylin & Hughes, 2016, p. 168).

인터뷰 이후에는 신체 검사가 이루어진다. 협력적인 의사-환자 관계의 유명한 지지자인 에이브러햄 버기즈(Abraham Verghese)는 신체 검사에서는 옷을 벗거나 신체 접촉 등의 과정이 포함될 수 있기 때문에 위험한 것으로 경험될 수 있다고 지적했다(Verghese, Brady, Costanzo Kapur, & Horwitz, 2011). 그러나 그는 신체 검사는 잠재적인 위협인 동시에 안전성을 증가시킬 수 있는 기회이기도 한다는 것을 제시했다. 또한 버기즈 박사는, '단순히 기술만으로 아픈 환자를 검진하면 신뢰와 권위를 얻기까지 오랜 시간이 걸린다'고 말했다. 기술 이상의 비언어적 노력은 의사와 환자 사이의 사적인 헌신을 더 깊은 수준에서 확인할 수 있도록 돕고, 말하지 않아도 '저는 항상 당신과 함께 있을 것입니다. 당신이 고통받는 것을 허락하지 않을 것입니다'라는 메시지를 전달한다"(p. 552). 이와 같은 수준의 헌신은 의사가 환자의 웰빙을 위해 전념하고 있다는 강력한 신호를 보낸다.

환자 중심 인터뷰가 환자로 하여금 의사와의 안정적인 연대감을 느끼게 한다고 한들, 위험하다는 느낌은 다시 나타날 수 있다. 예를 들면, 의사가 아픈 신체 부위를 만지거나 민감한 주제를 실수로 건드리는 질문을 하는 경우이다. 따라서 우리는 학생들에게 환자의 얼굴 표정과 목소리 톤을 관찰해서 불쾌함의 비언어적 신호를 찾도록 가르친다. 왜냐하면 이러한 신호들이 바로 한 사람의 자율신경 상태를 보여주는 관찰 가능하고, 신뢰할 수 있는 지표이기 때문이다(Porges, 2015a). 환자가 특정한 순간에 어떻게 느끼고 있는지를 다루고 안전 신호를 보내는 것은 환자가 임상적인 질문으로 다시 돌아갈 수 있도록 준비하게 한다. 다시 말하면, 이것이 휴즈 박사가 권장한 "뒤따르기-이끌기-뒤따르기" 전략이다.

나와 CUES 강의를 함께한 캐롤린 도슨(Caroline Dawson)은 학생들에게 "그런 일이 어쩌다 일어나게 된 것인가요?"와 같은 질문처럼, 환자의 경험적인 현실에서 발생한 변화에 대해 공감적으로 묻는 인간적인 방법을 가르친다. 예를 들어, "가족 내의 심장 질환 병력에 대해 물어보았을 때, 당신의 얼굴 표정이 바뀌었고 바닥을 보기 시작했어요. 그 질문을 했을 때 당신에게 어떤 일이 일어났나요?"라고 물어볼 수 있다. 환자 경험에 다시 초점을 맞추는 이러한 접근 방식은 특히 의사가 침착한 얼굴 표정과 목소리 톤을 함께 사용할 때 더욱 효과적으로 환자의 자율신경계에 안전 신호를 보낸다.

내가 로버츠 박사에게 테너와 있었던 일에 대해서 조금 더 기억을 떠올려 줄 것을 요청했을 때, 그는 이렇게 말했다. "저는 이미 두 명의 의사가 방에서 쫓겨난 것을 알고 있었습니다. 그래서 당연하게도 저의 첫 번째 목표는 '쫓겨나지 않기'였습니다. 저는 마음속으로 테너와 그의 어머니가 제1차 세계대전의 참호 속에 있다고 상상해 볼 수 있었습니다. 그들은 긴장한 자세를 하고 있었습니다." 이것은 로버츠 박사로 하여금 '내가 너무 과감하게 행동하면 나는 총을 맞을 것'이라고 생각하게 했다. 그는 계속해서 말했다. "저는 빠르게 판단을 내려 환자의 신체보다 낮은 곳에 앉았습니다." 그리고 로버츠 박사는 핵심적인 요소를 깨달았다. '앉아 있는 것이 관계의 역동을 변화시켰구나. 테너는 다른 의사들이 자신을 통제하려고 한다고 느꼈어. 그보다 낮은 곳에 앉아있음으로 나는 그에게 내가 그를 지배하지 않을 것이라는 것을 보여준 것이구나. 그래서 나와 함께 있을 때, 테너는 상황에 대한 통제권을 가지게 되는 거야.'

관계가 곧 약이다

로버츠 박사의 복측미주신경 사회 참여 체계가 테너의 생명을 구했다. 이 극적인 진술은 두 가지 이유에서 사실이다. 첫째로, 로버츠 박사의 복측미주신경 상태가 테너를 진정시키고 생각해보도록 도왔다. 마치 오래된 전쟁 영화의 한 장면이 연출되듯, 테너의 신경지는 감시병과 같이 "누구냐! 아군이냐 적군이냐?"를 물었고 접근하는 병사 역할의 로버츠 박사는 지정된 비언어적 암호를 사용하여 그가 아군임을 증명해야 했다. 테너의 신경지가 이러한 비언어적 신호를 받게 되면서, 소년의 자율신경계는 위험 한 가운데에서도 안전함이 있음을 인식했다. 이 과정이 그의 방어를 낮추고 그가 협력할 준비가 되도록 했다.

둘째로, 로버츠가 개방적이고 여유 있는 마음을 가지고 있었기 때문에 그는 테너가 그의 생명을 간신히 붙들고 있는 절박한 소년이라는 것을 볼 수 있었다. 그는 자유롭게 생각해볼 수 있었고, 이를 통해 해결책을 찾을 수 있었다. 포지스 박사는 "안전한 상태는 최적의 사회적 행동을 위해 필요할 뿐만 아니라 인간이 창의적이고 생산적이게 하는 고차원의 뇌 구조에 접근하는데 필수적인 전제 조건이다"라고 말했다(Porges, 2015a, p. 115). 로버츠 박사의 자율신경계가 안전한 상태에 있었기에 그는 테너를 도울 수 있는 접근 방법을 찾기 위한 내부적인 자유를 누릴 수 있었다.

외과의인 글렌 탈보이(Glenn Talboy)는 CUES 수업의 학생들에게 응급 상황에서 특히 고급 수준의 의사소통 기술이 필요하다고 말했다. 외과수술의 응급 상황에서 그는 환자와 그 가족과 빠르게 소통하고, 가능한 그들을 진정시키고, 필요한 정보를 명확하고 간결하게, 또 연민을 갖고 제공해야 한다. 상황을 복잡하게 만들수록 의료 상황은 더 위협적으로 다가오며, 환자는 일반적으로 더 두려워하고 더 폐쇄적이게 된다.

응급 상황에서는 탈보이 박사나 로버츠 박사도 만성 질환을 치료하는 주치의처럼 환자와의 신뢰를 쌓기 위해 몇 달이라는 시간을 가질 수 있는 여유가 없다. 그럼에도 불구하고 테너의 응급 상황에서 로버츠 박사는 소년이 복측미주신경 상태로 전환하도록 돕는 데 시간을 할애했다. 이는 수술 전에 마취를 유도하는 것만큼이나 중요한 단계였다. 로버츠 박사가 촉진한 양호한 인지 기능은 생명이 위험에 처했을 때 매우 중요하다.

의사들은 로버츠 박사가 테너와 연결하는 데 사용했던 그 짧은 시간조차 항상 보장받는 것이 아니다. 의식이 없는 환자가 생명을 위협하는 출혈을 겪고 있는 것과 같이, 상황이 즉각적인 의료적 조치를 요구할 때 윤리, 규정, 법률은 환자의 동의 없이 개입을 허용한다. 이러한 환자의 결정권 침해는 어쩔 수 없이 필요한 부분이지만 환자의 안전감과 신뢰에 균열을 일으킬 수 있다. 그러나 위급 상황이 지나가고 나면 의사는 환자에게 누군가 자신을 대신해서 결정을 내린 경험에 대해서 물어보고, 연민을 갖고 경청하고, 적절한 때 사과하면서 관계의 균열을 복구하고자 시도할 수 있다.

오늘날 우리는 의학생들에게 환자의 비언어적 신호뿐 아니라 스스로의 자율신경 상태를 인식하도록 가르친다. 휴즈 박사는 두 사람이 서로 다른 다미주 상태에서 관계를 맺을 때 누구든지 자신의 상태에 더 오래 머무르는 사람이 다른 사람을 그 상태로 끌어들일 것이라고 말했다(Hughes, 2012). 의사가 충분히 오랫동안 침착하고 환자에게 주의를 기울이는 상태를 유지하면, 일반적으로 환자 역시 투쟁-도피(혹은 셧다운) 상태에서 사회 참여 체계로 이동하게 된다. 이것이 신경생리학적 리더십이며, 관계를 약으로 사용하는 것이다. 『애착-중심 치료의 신경생물학(The Neurobiology of Attachment-Focused Therapy, 2016)』의 공동 저자인 존 베일린(Jon Baylin) 박사와 휴즈 박사는 더 적응적인 상태로 전환이 가능한 것의 중요성을 강조하며 "모든 것은 상태의 전환에 달려 있다!"고 언급했다(사적 대화, 2016년 11월 2일).

환자를 복측미주신경 상태로 전환시키는 것에는 또 다른 이점이 있다. 포지스가 말했듯이, 방어적이지 않은 복측미주신경 상태는 "우리에게 배울 수 있고, 강한 사회적 유대를 형성할 수 있는 신경적인 기회를 제공하고 동시에 건강, 성장, 회복을 돕는다"(2015a, p. 115). 복측미주신경 상태는 사고를 돕고 타인과 협력하도록 할 뿐만 아니라 신체의 생리학적 수준에도 이점을 제공한다.

Aequanimitas는 '평정심'을 의미한다

투쟁-도피 상태가 활성화된 의사는 그 스스로의 생존과 보호에 촉각이 곤두서 있다. 이런 상태에서는 배려가 부족하고, 태도가 거칠고, 극단적이거나 무모할 수도 있다. 자신의 자율신경계를 조절하는 것은 불가능하고, 감정도 제대로 조절되지 않는다. 결국 환자에게 소리를 지를 수도 있고, 간호사에게 문진표를 던지거나, 화를 내면서 방을 나가버릴 수도 있다.

UMKC에서 나의 멘토였던 루이스 아놀드(Louis Arnold) 박사는 오랜 시간 의료 전문성의 본질과 이를 발전시키는 방법에 대해 연구해왔다. 뉴욕 대학교의 내과 교수인 데이비드 스턴(David Stern)과 함께, 그녀는 의료 전문성을 탁월함(excellence), 인류애(humanism), 책임감(accountability), 이타주의(altruism)라는 네 가지의 필수적인 이상적 원칙을 포함하는 개념으로 설명했다. 아놀드 박사와 스턴 박사는 또, 전문성의 세 가지 기초 요소들인 임상적 역량(clinical competence), 윤리적 이해(ethical understanding), 소통(communication)을 설명했다. 이 기초 요소들은 이상적 원칙을 실천하기 위해 필요한 태도, 지식, 그리고 기술을 구성한다. 아놀드 박사와 스턴 박사는 이 의료 전문성의 정의들을 그리스 신전의 계단과 기둥에 빗대어 설명했다. 세 가지 기초 요소는 신전의 계단이고, 네 가지 이상적 원칙은 계단에서 솟아오르는 기둥들인 것이다(2006).

다미주 이론의 관점에서 의료 전문성은 상황이 얼마나 위협적인가와 상관없이 복측미주신경 상태를 유지하고 되찾아올 수 있는 능력을 요구한다. 아놀드 박사와 나는 이에 대해 언급한 적이 있다(Arnold & Thompson, 2010).

> 전문성의 가치는 위험성이 높고, 정보가 완전하지 않고, 현재 상황에 예측 가능한 해결 방법이 없을 때 가장 잘 나타난다. … (Patterson, Grenny, McMillan, Switzler, & Covey, 2002). 이 상황들은 해로운 반응과 감정, 그리고 도움이 되지 않는 사고방식과 연관되어 있고 한 사람이 전문적으로 행동할 수 있는 능력을 감소시킨다.

복측미주신경의 사회 참여 상태는 의사의 중요한 인지 능력(탁월성)을 유지하고, 환자의 감정적이고 신경학적인 안녕을 촉진하고(인류애), 본능이 투쟁이나 도피나 부동화 반응을 유지할 때도 열린 마음으로 관계하는 것을 유지하도록 돕는다(이타주의). 적응적인 관점에서 더 원시적인 반사작용을 억제하고 열린 태도로 관계하는 능력은 자기 주도성과 자기 발전을 필요로 한다(책임감).

사회 참여 상태에서 나타나는 자율신경과 감정 조절이 이러한 이상적 덕목을 전개하는 데 필수적인 것으로 나타났기 때문에, 우리는 복측미주신경을 유지하고 회복하는 능력을 추가적인 기초 요소로 제안하고, 이를 아놀드 박사와 스턴 박사의 전문성에 관한 그리스 신전 모델의 네 번째 계단으로 추가하고자 한다.

1889년 5월 펜실베이니아 대학교 의과대학 졸업생들에게 고별사를 전한 윌리엄 오슬러(William Osler)는 신입 의사들에게 따뜻하고 진정성 있는, 자율신경계가 조절된 평정심을 기를 것을 권했다(n.d.).

> 그러므로 여러분, 실전의 위급함에서 단호하고 용기 있게 대처할 수 있으면서도 동시에 "우리를 살아가게 하는 인간의 마음"을 굳어지지 않게 해주는 적당한 정도의 둔감함을 기르세요[워즈워스, 1807 참조; 원문에는 없음]. … 이것이 바로 무한한 인내와 이 세상의 인간에 대한 영원하고 다정한 자비가 필요한 이유입니다.

1889년 오슬러 박사는 복측미주신경이라는 용어를 잘 알 수 없었음에도 그는 분명히 그것을 묘사하고 있었다. 숙달된 사회 참여 체계의 예민하지 않고, 솔직하고, 타인을 돌보고 배려하는 심신의 상태를 설명한 것이다.

의사여, 그대 자신을 치유하라

우리 의사들은 어떻게 이러한 평정심을 스스로 기를 수 있을까? 나와 아놀드 박사는 학생들이 전문적 덕목을 기르는 방법에 대해 오랜 시간 함께 대화를 나누었다. 농담을 조금 섞어 우리는 정신적 기민함과 신체의 민첩함뿐만 아니라 인격을 함께 기를 수 있는 실험실, 병원, 수도원에서의 의학 교육이라는 원대한 꿈에 대해 상상해보았다.

포지스 박사는 명상과 종교 활동을 통해 복측미주신경에 접근할 수 있다고 주장한다(Porges, 2014). 예를 들어, 임상의, 환자, 그리고 환자의 가족 사이의 의사소통을 개선하는 방법에 대해 연구하는 로널드 앱스타인(Ronald Epstein) 박사는 마음챙김(mindfulness)을 연습하면 의사가 감정적으로 스트레스를 많이 받는 상황에서도 성찰적인 태도를 유지하는 능력을 증가시킨다고 제안했다(1999). 그는 의사들을 위한 마음챙김 연습의 목표를 "전문적인 행동 안에 연민을 첨가하고, 다양한 데이터 집합을 사용하고, 올바른 결정을 내리고, 환자를 이해하고, 고통을 완화하기 위한 것"이라고 했다(1999, p. 838).

15년이 넘는 지난 시간동안 자기개발을 위한 나의 노력의 시작은 해리 팔머(Harry Palmer)의 아바타® 코스(Avatar® Course. Palmer, 2011; Palmer, 2012)에서 소개된 훈련으로 하루를 시작하는 것이었다. 아바타는 사람들에게 목적의식을 가지고 행동하고, 숙련된 방식으로 주의력을 조절하고, 자기 비하적인 신념을 자기 강화적인 관점으로 대신하고, 연민, 관용, 이해를 갖고 다른 사람들과 관계하도록 가르친다. 훈련을 실천하는 데 있어 나의 개인적인 목표는 스스로의 평온함, 연대감, 자기 효능감을 증가시키는 것이었다. 이러한 작업은 내 복측미주신경 상태를 유지하는 능력을 증가시키는 신경생리학적 효과를 미쳤을 가능성이 크다.

아바타 훈련 실습의 또 다른 결과는 팔머가 목격자의 관점(witness viewpoint)이라 부르는 것의 발달이다. 이것은 "의식을 관찰할 수 있는 고요한 관점"(Palmer, 2007)이다. 환자와 의사 모두에게 마음챙김 명상을 가르친 존 카밧 진(Jon Kabat-Zinn)은 "중립적인 목격자의 태도를 취하는 것"(2009, pp. 33-34)이 우리로 하여금 판단과 두려워하는 반응에서 한 발짝 물러나게 하여 스트레스 속에서도 안도감을 제공한다고 가르쳤다.

나는 목격자의 관점은 사회 참여 체계의 중심에 확실히 자리잡고 있고, 생물학적으로 일어난 일을 경험할 수 있는 인식의 공간을 제공한다고 믿는다. 이를 통해 아드레날린이 솟구치고, 심장이 질주하고, 근육이 떨리는 것을 용인하면서도 자신의 상태를 안전하게 관찰할 수 있게 된다. 예를 들어, 화학요법으로 인해 나의 머리카락이 뭉텅이로 빠지는 순간에, 나는 아내의 지지와 함께 아바타 훈련을 통해 내부의 감정의 파도가 나를 통해 흐르고 방출되게 했다. 팔머 씨가 말했듯, 목격자의 관점은 "자신의 의식 속에서 충분히 분리되어 있어 심지어 감정을 들여다보더라도 동요하지 않을 수 있는 것"(2007)이다.

30분 정도 지난 후, 나는 다운타운 이발소에 방문하여 한 번도 본 적 없는 남자에게 남아있는 나의 머리카락을 잘라달라고 부탁했다. 내 상황을 들은 이발사 제이는 돈을 지불하지 않아도 된다고 말했다. 그는 "머리카락이 다시 자라면 그때 돈을 내러 다시 오세요!"라고 말했다. 그 말에서 나는 너무나도 사랑이 가득한 우정을 느꼈다. 제이는 내 마음을 감동시키고 눈물을 흘리게 했다. 나는 고양감을 경험하고 있었다. 이 감정은 가슴이 따뜻하고 열린 느낌으로 사람들과 함께 하고 더 나은 사람이 되고 싶게 만드는 감정이었다(Haidt, 2003). 고양 이론(elevation theory)은 이러한 감정에 미주신경 경로가 관여한다고 가정한다. 그리고 제이가 나의 고통에 대한 반응으로 경험했을 연민도 미주신경과 나름의 연관성을 가질 수도 있다(Stellar, Cohen, Oveis, & Keltner, 2015). 그날 나는 복측미주신경 상태가 우리가 묘사할 수 있는 것을 초월한 수준의 다정함과 축복으로 가득 찰 수 있다는 것을 가슴에 사무치게 깨달았다(사적 대화, 2016년 8월 21일).

나는 나의 자기개발 연습과 내가 경험한 은혜로운 상태에 대해서 전문적으로는 많이 이야기하지 않았다. 나는 지금 이것에 대해 쓰면서도 창피함에 얼굴이 붉어진 것을 느끼는데, 동료들 앞에서 사적인 경험을 이야기하는 것은 금기와 같이 꺼려지는 것이기 때문이다. 그러나 우리 의사들이 이에 대해 서로 이야기하지 않는다면 어떻게 자기개발의 이점을 알아낼 수 있을까? 평온한 복측미주신경의 연대감이 의사-환자 관계에 미치는 긍정적인 영향에 대해 우리가 알고 있으므로, 우리 자신의 경험에 대해서 침묵하는 것은 사치일 것이다.

이러한 이유로 나는 의학생들에게 아바타 연민 훈련(Avatar compassion exercise)을 가르친다(Palmer, 2008; www.theavatarcourse.com/compassion 또한 참고). 이 훈련은 다른 개인에게 자신의 주의를 집중시킨 후 "나처럼 이 사람도 자신의 삶에 어떠한 행복을 추구하고 있다"와 같은 다섯 가지의 문장을 생각해내는 것을 포함한다. "나와 마찬가지로"라는 서술은 이 연습에서 가장 중요한 부분인데, 이것이 자신과 다른 사람 모두가 이 목표들을 추구한다는 것을 인정하게 하고, 다른 사람과 진정으로 연결되었다고 느끼도록 돕기 때문이다. 이 훈련을 하는 학생들은 더 평온하고, 더욱 현재에 머무르고 있으며, 관계하고 있는 사람에 대해 더 공감적일 수 있다고 말한다. 몇몇은 이 훈련이 내 수업에서 가장 좋아하는 부분이라고 말하기도 한다. 그들은 자신의 의사 가운 주머니에 연민 지침이 적힌 작은 카드를 가지고 다니고, 더 평온하고 넓은 시각이 필요할 때마다 꺼내어 본다.

환자로서의 의사

질병에 대한 개인적인 경험은 의사의 관점을 넓혀줄 수 있다. 나의 첫 림프종 증상은 2012년 12월에 나타났다. 내 배는 부풀어 올랐고, 나는 밤낮으로 땀을 흘렸다. 내 주치의였던 로리 코르도바(Loree Cordova)는 점심시간에 시간을 내어 나를 보러 왔다. 그녀는 나를 철저하게 검사했고 CT 스캔을 받아볼 것을 권장했다. 배측미주신경의 셧다운 상태에서 나는 이를 거부했다. 그녀의 도움은 위협으로 느껴졌고, 나는 그녀가 진단을 위해 기울인 노력을 진단 결과 자체가 나타내는 위험과 혼동했다. 그녀는 추가적인 정보를 얻고 나를 치료에 참여시키기 위해 혈액 검사를 진행했다. 그날 늦게 그녀는 진단 결과를 알려주기 위해 나를 불렀는데, 비록 진단의 결과는 아직 결론이 나지 않았지만 그녀는 나와 계속해서 대화를 이어갔다. 그녀는 내 배가 부풀어 올랐는데 그 원인도 모른 채로 어떻게 주말에 내가 가족 여행을 갈 수 있을 것인지 물어보았다. 나를 도와주고자 하는 그녀의 침착하지만 집요한 노력, 나와 연결된 상태를 유지하는 것, 그리고 CT 스캔을 받아볼 것을 권장하는 것들은 그녀를 거부하려는 나의 마음을 누그러뜨리고 내가 필요한 행동을 취할 수 있도록 격려했다.

세 시간 후 나는 내가 가끔 정신과 상담을 하는 지역 병원의 방사선 과의 침대에 누워있었고, 내 아내 앤마리가 내 옆에 있었다. 코르도바 박사가 들어와 나와 아내에게 검사 결과를 전했다. 스캔 결과, 내 복부 전체에 20개가 넘는 종양이 있었고, 그중 소장과 결장이 만나는 위치에 2 × 4인치(inch) 크기의 종양이 있었다.

코르도바 박사는 이 종양들이 무엇인지 몰랐지만, 30분 정도 시간을 들여 다음 날 아침 가장 큰 종양을 검사하기 위한 대장내시경을 준비했다. 대장내시경 검사를 예약하는 것은 그녀에게 있어 환자에게 그들의 증상이나 질병을 평가하거나 치료하는 "다음 단계"를 제공하는 그녀의 철학의 일부였다. 대장내시경 검사 후의 다음 단계는 종양 전문의와의 약속이었다. 그다음 단계들은 계속 진행되어 화학요법과 회복으로 이어졌다. 코르도바 박사의 일관적인 관심, 사려 깊은 태도, 그리고 신중한 행동 계획은 버기즈 박사가 숙련된 신체 검사란 무엇인지에 대해 말한 것과 같은 메시지를 전달했다. '저는 항상 당신과 함께 있을 것입니다. 당신이 고통받는 것을 그대로 두지 않을 것입니다.' 함께한다는 그녀의 약속은 강력하고 유력한 안전함의 표지였고 나를 배측미주신경 상태에서 벗어나 행동할 수 있도록 이끌었다.

네 번의 화학요법을 마친 후, 나는 한밤중에 메스꺼움, 구토, 그리고 39.4도의 고열로 인해 깨어났다. 나의 종양 전문의는 열이 나면 지역 의사들에게 감염 여부를 확인하고 즉시 항생제 치료를 시작하라는 지시가 담긴 진단서를 주었다. 테너의 경우처럼, 그 상황에서 감염은 나에게 치명적일 수 있었다. 그래서 나는 아내를 깨웠고, 진단서를 찾으려 했지만 찾지 못하면서 공황 상태에 빠지게 되었다. 내 아내는 "병원에 가야 해요"라고 재촉했다. 그녀가 계속 "어서 가요!"라고 말했지만 나는 화가 나서 차에 타기를 거부했다. 그녀는 계속해서 병원에 지금 바로 가야 한다고 강조했지만 나는 또 다시 거부했다. 나는 종양 전문의가 그녀에게 사전에 말한 것을 수행하기 위해 이웃에게 부탁하는 내용을 들을 수 있었다. "수단과 방법을 가리지 말고 그를 차에 태워주세요. 그를 들어서 옮겨주세요. 필요하면 구급차도 불러야 합니다." 영원과 같은 순간이 지나고, 나는 드디어 카드를 찾아 차에 탔다. 아내는 2분 만에 병원까지 운전했다.

몇 주 후, 나와 아내는 내가 죽을 뻔한 일에 대해서 서로를 탓하고 있었다. 우리는 잠시 조용하게 몇 분 정도를 보내며 각자의 관점에서 무슨 일이 일어났는지에 대해 이야기하고 소통하는 시간을 가졌다. 서로의 이야기를 세심하게 들어주면서 나와 내 아내는 다시 연민과 동지애의 복측미주신경 상태로 돌아왔다. 우리는 둘 다 나를 살리려는 각자의 노력을 했지만, 우리들의 뇌가 멈춰버렸었다는 것을 깨달았다. 이 상황은 의사이자 의학 교육자인 내가 환자들에게 더 많이 공감할 수 있도록 해 주었다. 의사에게 가는 과정에서 사람들이 어떤 위급한 상태와 공황 상태를 겪었는지 도대체 누가 알겠는가!

복측미주신경 상태에서 협력 신뢰하기

테너, 앤 마리와 나는 모두 방어를 우선시하고 소통을 차단시키는 경계 상태를 경험했다. 포지스 박사는 우리의 경계 상태를 진정시키고 협력과 관계 참여를 준비시키는 핵심 요소는 복측미주신경 상태라고 제안했다(Porges, 2015a). 평온함은 우리가 평화롭게 서로에게 다가갈 수 있도록 해준다. 이것이 안전한 작업 관계의 신경생물학이다.

안전한 협력 관계는 함께 작업하여 얻을 수 있는 결과 이상의 이점을 가진다. 인지 및 정서 신경과학자인 레인 베케스 박사와 제임스 코안 박사는 서로 협력할 때 인간의 뇌가 더 효율적이고 효과적으로 작동한다고 주장한다(2011). 인간의 뇌는 혼자 일할 때보다 협력할 때 더 적은 에너지를 사용한다. 다미주 이론과 일관되게, 베케스 박사와 코안 박사는 안전 신호가 이러한 협력 모드로의 전환을 가능하게 한다고 말한다. 또한, 그들은 친구와 나란히 서 있을 때의 언덕이 혼자서 볼 때보다 덜 가파르게 보인다는 한 놀라운 실험(Schnall, Harber, Stefanucci, & Proffitt, 2008)을 인용하기도 하였다. 친구 관계가 오래되었을수록 언덕이 덜 가파르게 보인다. 이는 동반자 관계가 우리의 삶의 도전에 대한 관점에 어떻게 영향을 미치는지 보여주는 놀라운 예시이다.

피터 포나기(Peter Fonagy) 박사는 안전하고 신뢰할 수 있는 관계를 형성하는 것에 대한 우리의 이해를 발전시키고 있는 정신분석학자이다. 그는 펠로우 정신분석학자인 리즈 앨리슨(Liz Allison) 박사와 함께, 인간이 신뢰할 수 있는 관계를 형성하는 능력은 그 사람의 아동기에 부모가 반복적으로 자녀가 자신만의 경험과 의도를 가지고 있음을 인식하고 이해할 때 발달하게 된다고 말했다. 포나기 박사와 앨리슨 박사는 성인이 어린 시절에 양육자로부터 이러한 이해를 경험하지 못했다고 하더라도 여전히 나중에 신뢰를 배울 수 있다고 제안했다. 예를 들면, 공감을 잘 하는 치료사가 주관적인 경험을 반복적으로 이해해 준다고 느낄 때가 그렇다. 포나기 박사와 앨리슨 박사는 이러한 현상을 설명하며 "개인이 다른 사람으로부터 새로운 지식을 신뢰하고자 하고, 일반화하고자 하고, 자기와 관련이 있다고 고려하고자 하는 의지"(2014, p. 373)로서 인식론적 신뢰(epistemic trust)의 성격과 특성을 강조했다.

우리는 여기서 환자의 관점과 경험을 이해하는 것이 인식론적 신뢰를 촉진하며, 안전한 상호작용에 대한 느낌과 협력 관계에서 뇌의 효율성을 가져다준다는 환자 중심 인터뷰의 이점을 재확인할 수 있다.

평화의 신경생물학

다미주 이론이 이 장에서 우리에게 가르쳐준 것에서 한 발자국 물러나 보면, 우리는 세상과 우리의 위치에 대한 더 큰 교훈을 얻을 수 있다. 몇 년 전, 나는 가족에게 학대를 받고 여러 가정을 옮겨 다닌 10살 소년을 만났다. 지금 생각해보면 그가 내 병원에 어떻게 왔는지는 기억이 확실치 않지만, 한가지는 확실히 기억이 난다. 잠시 이야기를 나눈 뒤, 그는 심호흡을 한 번 하고 진심으로 자신이 왜 그렇게 나쁜 대우를 받아왔는지, 왜 어떤 가족도 그를 받아들이지 않았는지, 왜 그렇게 고통받아야만 했는지 물었다. 나는 마음 속에 있는 무언가를 느끼며 대답하기 전까지 신중하게 고민했는데, 그 순간의 중요성을 내가 인식하고 있었기 때문이다. 영원과도 같은 순간이 지나고 나는 심호흡을 한 이후, 진심을 다해 아직 어린 소년일 뿐인데 그가 왜 그렇게 많은 것을 견뎌야만 했는지 나 역시 모르겠다고 말했다. 나는 정말로 그 답을 알지 못했다.

그는 나의 눈을 조금 더 깊이 들여다보았다. 나는 아직도 그 모습이 기억이 난다. 그리고 그는 잠시 나와 눈을 마주하고 있다가 눈을 떼곤 긴장을 풀었다. 왜 그랬을까? 아마도 나는 그의 시험을 통과했을 것이다. 아니면 그의 상황을 설명해 줄 수 없었던 나의 부족함이 그로 하여금, 댄 시겔(Dan Siegel) 박사의 말을 빌려서 표현해보자면 "이해받았다(feel felt)"고 느끼게 했을 수도 있다(2010). 또는, 어쩌면 그는 불편함 없이 평정심을 가지고 그 인생의 비극에 대한 이유들이 미스터리인 상태로 남아있게 할 수 있는 공정한 목격자의 의식으로 전환했을 수도 있다.

무슨 일이 일어났든지, 나는 묘사할 수 있는 것 이상의 뚜렷한 연대감을 경험했다. 생명력 넘치고, 강력하고, 활기를 되찾게 하고, 살아있음을 긍정하는 것 같은 무엇인가가 환자와 의사 안에서 깨어났다. 그것은 지극히 숭고한 것이었다.

포지스 박사에 따르면 영적인 훈련은 "복측미주신경으로 향하는 출입문"(2014)이다. 아마도 복측미주신경은 우리가 신의 성품을 경험하는 출입문일지도 모른다. 『의심 많은 자의 신을 향한 안내서(The Doubter's Guide to God)』에서 내 친구 로저 마틴(Roger Martin)은 그의 영적 여정에서 경험했던 영혼의 결합과 복측미주신경에서 찾을 수 있는 안식의 울림을 아름답게 묘사했다. 그는 이렇게 말했다.

> 영혼은 몸이라는 집 안에서의 삶이 덜 소란스러울 수 있다는 것을 안다. 영혼은 우리가 안락함을 찾기를 간절히 바란다. 영혼은 우리로 하여금 최선을 다하고, 겸손과 온유함, 솔직함과 진실함, 평온함과 인내함을 드러내게 하고자 한다. 영혼은 사랑이 변형되고 우리 본래의 상냥함과 연약함을 배신하는 잔혹한 말과 행동으로 비틀릴 때 슬피 운다. 영혼은 우리 안에서 다른 이 안에 있는 천사를 만나기를 기다리는 천사와 같으며, 이 만남을 통해 천사들은 마치 수은 방울이 합쳐지는 것 같이 서로 하나가 된다.

우리는 소란스럽고 잔인할 수도 있는 세상에서 살고 있다. 포지스는 일상 생활을 지배하는 끊임없는 위험 신호들이 우리에게 실제로 위협이 항상 존재한다는 것을 알린다고 경고한다(2015a). 그는 사회 기관들이 우리의 "안전에 대한 생물행동적인 필요"를 이해하지 못해 일상이 되어버린 위험의 신경지를 완화시킬 수 있도록 따뜻한 면대면 연결을 촉진하는 데에는 별로 기여하지 않는다고 말한다. 이 단절의 위협 앞에서 인류 전체는 서로를 이해하는 인식론적 신뢰 안에서 협력하기보다 싸우거나 도망쳐야 한다는 압박을 받는다.

오늘날의 많은 사람들은 우리를 두려움과 단절의 길로 재촉하는 이 위험의 문화적 흐름에 저항하며 더 조화롭게 연결된 세상을 구상하고 참여하기 위한 활동을 만들어 내고 있다. 이 장에서 본 바와 같이, 이런 노력에는 안전하고 협력적이며 살아있음을 긍정하는 관계를 만드는 방법에 대한 연구, 교육, 그리고 훈련 등이 있다.

아놀드 박사와 내가 의학 전문성에 관한 장을 준비할 때, 우리는 의사-환자 관계가 '편협함, 잔혹함, 폭력을 줄이고 인류애를 표현하며 우리 모두를 포괄하는, 세계적으로 통용되는 모델을 제공한다'는 것을 깨달았다(Arnold & Thompson, 2010, p. 18). 이제 우리는 의료 전문성을 실천하는 의사들이 복측미주신경 상태에서 환자들을 돕고, 환자들이 열린 마음으로 관계할 수 있도록 하는 모습을 목격하고 있다. 매일 전 세계에서 수백만 건에 이를 것으로 추정되는 면대면 의사-환자의 만남은 계속 확장되는 복측미주신경의 안전 신호가 될 잠재력이 있다. 충분히 많은 사람들이 오랜 시간 동안 사회 참여 체계에 머무르면, 이 모임은 더 큰 모임으로 확산될 가능성이 높다.

다미주 이론의 관점으로 보았을 때, 의사는 우리가 희망하는, 지구상에 평화를 가져올 수 있는 신경학적 변화를 만드는데 있어 중요한 역할을 수행할 수 있다.

9장

간호의 중요성을 강조하는 다미주 이론

Moira Theede

개요

다미주 이론은 환자들의 신경지(neuroception)가 위험이나 생명의 위협을 감지할 때 나타나는 다양한 행동 반응을 이해하는 데 중요한 틀을 제공한다. 다미주 이론은 스트레스, 질병, 트라우마 동안 신경생리학적으로 어떤 일이 일어나는지를 이해하는 데 필요한 새로운 과학적 기반을 간호사들에게 제공하며, 간호사들이 자신과 타인의 자율신경계 변화를 인식하는 능력을 향상시켜 준다. 다미주 이론과 사회 참여 체계는 환자의 회복에 중요한 사람 간의 관계 기술, 안전 신호, 그리고 돌봄을 새로운 관점에서 이해할 수 있는 방법을 제시한다.

간호는 그 구성 요소들의 합보다 더 큰 의미를 가진다. 어떤 건강 관리 시스템이든 지적으로 능력 있고 감정적으로 민감한 간호사를 필요로 하며, 이 간호사들은 기술적 능력과 더불어 한 인간으로서 깊은 이해와 다른 사람을 진심으로 돌보는 능력을 겸비해야 한다. 이것이 간호의 본질이며, 공공의 신뢰와 이 직업이 기초하고 있는 가치이다.

- Christine Beasley(2006, p. 4)

나는 2007년에 자기조절치료(self-regulation therapy)를 공부하기 시작하면서 처음으로 다미주 이론을 접하게 되었다. 이후, 피터 레빈(Peter Levine)의 신체경험치료(somatic experiencing)를 공부하면서 이 이론에 대해 더 깊이 이해하게 되었다. 나의 경력은 정형외과, 일반 외과, 수술실, 그리고 의료 영상 부서에서의 간호를 포함하며, 뉴질랜드와 현재 거주 중인 캐나다에서 간호 교육자로 일해 왔다. 생물-심리-사회적 및 영적 접근은 나의 건강 증진학 석사 과정의 기초가 되었다. 지금은 할머니가 된 내가 다미주 이론의 관점에서 자기 성찰을 통해, 나의 근본적이며 개인적인 간호 철학을 되돌아보며 옛 것과 새로운 것의 가치를 모두 재확인하게 되었다.

다미주 이론은 간호 이론과 모든 수준의 간호 전문성의 핵심이다. "돌봄을 제공하는 사람과 돌봄을 받는 사람 사이의 대인관계에서 상호작용의 질은 생존에 중요한 요소이다. 이는 종종 적절한 제스처, 얼굴 표정, 목소리 톤, 거리감, 그리고 접촉을 포함한다"(Porges, 2011, p. 295). 다미주 이론은 스트레스 상태, 질병, 그리고 트라우마 상황에서 신경생리학적으로 어떤 변화가 일어나는지를 이해할 수 있는 기초를 간호사들에게 제공한다. "포유류 생존에서 가장 중요한 핵심은 안전을 느끼는 능력과 환경이 안전한지, 다른 사람들이 친구인지 적인지 구별할 수 있는 능력에 있다"(Carter, Harris, & Porges, 2009, p. 173). 나는 다미주 이론이 간호사에게 자신의 존재를 이해하고 환자들에게 돌봄을 제공할 때 서로가 어떻게 반응하는지를 파악하는 데 유용한 틀을 제공한다고 믿는다. 다미주 이론의 개념은 환자가 느끼는 안전이 자율신경계에 어떻게 영향을 미치는지 설명해준다.

내가 수강한 정신과 간호 수업과 의사소통 이론은 칼 로저스(Carl Rogers)의 인간 중심 접근법에 기반을 두고 있었다. 인본주의 심리학자인 시드니 M. 주아드(Sidney M. Jourard)는 자신의 저서 『The Transparent Self』에서 간호사와 환자 간의 관계에서 진정성과 공감의 중요성을 강조하며, 간호사가 단순히 전문적인 가면을 쓰기보다는 진실된 대화를 나눌 것을 강조했다. 주아드는 "공감이란 환자가 특정 상황에서 겪고 있는 것을 추측할 수 있는 능력으로, 이는 통찰력과 자기 인식에서 비롯된다"고 썼다(1971, p. 186). 다미주 이론은 자율신경계 관점에서 안전을 이해함으로써 우리가 환자의 행동 반응을 더 깊이 이해하고 해석할 수 있도록 도와준다. 주아드가 제안한 것처럼 사회 참여 체계의 신경생물학적 기초를 통해 "환자의 행동, 내적 경험, 그리고 신체 상태"가 간호사와 환자 간의 관계에 의해 영향을 받을 수 있다는 신경생물학적 근거를 제시해주는 것이다.

플로렌스 나이팅게일(Florence Nightingale)은 간호 직업의 창시자로 여겨지며(1860), 힐데가드 펩라우(Hildegard Peplau)는 1952년에 『Interpersonal Relations in Nursing』을 출판한 최초의 간호 이론가로 잘 알려져 있다. 펩라우가 간호를 대인관계적 과정으로 연구한 이후, 간호 이론은 60년 이상 진화하고 발전해 왔으며, 다미주 이론은 간호사와 환자 간의 관계가 회복을 위한 중요한 치료적 요소라는 펩라우의 견해를 더욱 뒷받침해준다. 펩라우의 이론은 "환자에게 무언가를 '해주는 것'이 아니라, 간호사와 환자가 협력하여 돌봄을 제공해야 한다"는 점을 처음으로 제안했다는 점에서 매우 중요하다(Sitzman & Eichelberger, 2017, p. 140). 다미주 이론은 돌봄 제공자와 돌봄을 받는 사람 간의 "상호작용의 질"을 평가하는 데 유용한 관점을 제공한다. 간호사가 보내는 안전 신호(특히 간호사의 얼굴의 윗부분에서 나타나는 신호)는 환자가 "방어적인 상태"에 있지 않도록 하고, 대신 차분하고 연결된 상태를 느끼게 한다(Porges, 2011).

다미주 이론은 간호사에게 환자의 자율신경계가 안전, 위험, 또는 생명의 위협에 대해 어떻게 반응하는지를 설명해 준다. 안전을 느끼는 것은 강력한 사회적 관계를 형성하는 데 필수적이며, 이는 사회적 지원의 기초가 된다. 위험이나 생명의 위협을 감지하는 신경지는 외부 환경(예: 위험한 사람이나 상황)이나 내부 환경(예: 열, 통증, 또는 신체적 질병)과 관련될 수 있음을 기억하는 것이 중요하다(Porges, 2011, p. 15). 환자의 위험이나 생명의 위협에 대한 신경지는 감염, 수술, 약물 부작용, 진단 절차, 화학 요법과 같은 의학적 문제들을 경험할 때 환자의 내적 경험과 관련이 있다. 환자의 내부 환경을 방해하고 치유 능력을 저해할 수 있는 외부 환경적 요인으로는 HVAC(난방, 환기, 공기 조화) 소음, 방문객의 잦은 출입, 의료 기기의 소음(삐 소리와 경보음), 바쁜 의료진, 지속적으로 변화하는 병동 인력의 얼굴, 의료진의 불친절한 말투 등이 있다.

나는 "오늘날의 건강 관리 시스템에서 돌봄 철학과 경제적 현실의 공존을 촉진하는" 도전과 긴장을 충분히 인식하고 있으며, 이는 2011년 간호 행정 저널에서 카라(Cara), 니베르그(Nyberg), 브루소(Brousseau) 에 의해 논의된 바 있다. 다미주 이론에 대한 다학제적, 그리고 학제 간 이해는 간호 전문 분야와 다양한 교육 수준을 연결하고, 공통된 다미주 언어를 사용한 논의의 장을 제공하여 보건의료 전반에 걸쳐 우리의 태도를 변화시킬 수 있는 잠재력을 가지고 있다.

안전은 인간의 경험을 최적화한다

다미주 이론은 포유류의 자율신경계가 무의식적인 뇌간 수준에서 내부와 외부 환경을 모니터링하는 방법을 설명하여, 안전에 대한 우리의 이해와 인식에 깊이를 더해준다. 안전은 인간의 경험을 최적화한다(Porges, 2013).

내 어머니는 40개의 병상 규모인 농촌 병원에서 간호사로 일하셨다. 이 병원은 응급실, 산부인과, 소아과, 내과, 외과, 심장 및 완화의료까지 모든 진료를 담당하며 2천여 명의 지역사회와 그 주변 지역을 책임지고 있었다. 어머니는 주로 야간 근무를 하셨고, 오랜 세월 동안 일하면서도 비밀을 철저히 지키셨지만, 아기가 태어난 날이면 아침에 집에 돌아오실 때 기쁨에 가득 찬 얼굴로 돌아와 이를 쉽게 알 수 있었다. 새로운 생명의 탄생은 지역사회의 상실의 슬픔을 어느 정도 상쇄하는 것처럼 보였다. 어머니가 돌아가신 후, 사람들과의 대화나 우리가 받은 편지와 카드에서 공통적으로 느낄 수 있었던 것은 '안전'이라는 주제였다. 사람들은 병원에 있는 동안 내 어머니가 근무 중이라는 사실이 얼마나 중요했는지, 큰 위안이 되었는지를 기억하며 이야기해 주었다. 많은 여성들은 출산 때 어머니가 함께해 준 것에 대해 감사하며, 그녀의 존재가 얼마나 큰 안전감을 주었는지를 표현했다. 어머니는 돌봄과 연민, 그리고 위로의 손길을 소중히 여겼지만, 필요할 때는 친절하면서도 단호하게 행동할 줄 아셨다. 내가 11살이었을 때, 88세의 증조할머니는 뇌졸중으로 편마비(hemiplegic)와 언어 상실을 겪으셨고, 우리는 1년 동안 집에서 그분을 돌보았다. 그때 나는 어머니가 증조할머니를 애정 어린 마음으로 돌보는 모습을 지켜보며, 자연스럽게 연민과 인간적인 연결, 그리고 마사지와 같은 터치를 통해 신체적 편안함을 제공하는 방법을 배웠다.

다미주 이론의 관점에서 보면, 어머니는 얼굴과 심장을 강력하게 연결하는 미소로 사람들과 교류하셨다. 항상 환자들에게 안심을 주는 태도를 보여주셨고, 환자가 최우선이었다. 아기의 출생에 함께하는 것은 어머니에게 신성한 순간이었으며, 특히 손자들이 태어났을 때, 그들과 눈을 맞추며 깊은 연결을 이루는 모습을 자주 보았다. 어머니는 항상 편안하고 조용한 클리닉 브랜드 신발을 신으셨고, 작은 손전등을 들고 조용히 환자의 방으로 들어가셨다. 환자의 호출에 응답할 때 그녀의 부드러운 눈빛과 목소리는 환자들에게 그들의 요구가 중요하다는 메시지를 전달했을 것이다. 어머니가 만든 이 연결들은 환자들에게 안전감을 주어 편안히 쉴 수 있도록, 잠을 잘 수 있도록 도왔을 것이다.

버지니아 헨더슨(Virginia Henderson)이 정의한 간호의 정의는 1970년대에 내가 배운 간호의 주된 기초였다. 핸더슨은 기술이나 의학에 의존하지 않는 기본 간호 원칙을 정의해 달라는 국제간호협회의 요청에 따라, 1960년에 『간호의 기본 원리(Basic Principles of Nursing)』를 출판했으며, 이는 20개 이상의 언어로 번역되었다. 그녀는 사람은 신체적, 정신적, 정서적, 영적 필요를 가지고 있으며, 그 필요를 충족하기 위해 타인과의 관계가 필요하다고 명시했다. 핸더슨은 간호를 정의하며 "간호사의 지식과 관심이 결합된 공감은 치유의 과정을 촉진할 것"이라고 말했다(Sitzman & Eichelberger, 2017, p. 38). 신경생리학과 자율신경계에 대한 이해가 깊어지면서(다미주 이론) 간호사와 환자 간의 사회적 상호작용이 회복에 미치는 영향이 더 분명해졌다. 다미주 이론의 관점에서 보면, 간호사와 환자 간의 상호조절이 곧 안전을 의미한다.

환자 및 가족과의 관계 형성에서 중요한 요소는 "개인들이 상호 신뢰, 친밀감, 이해 및 연결감을 공유할 때"(Gregory, Raymond-Seniuk, Patrick, & Stephen, 2015, p. 600) 발생하며, 이는 복측미주신경을 통한 사회적 참여를 의미한다. 환자가 간호사의 성실성과 신뢰성에 대해 믿음을 가질 수 있도록 하는 것이 바로 이 수용과 안전감이다.

나는 예전 교수님과의 우연한 만남을 아직도 기억한다. 그 교수님은 나에게 "수술실에서 시간을 낭비하고 있다"라고 말씀하셨지만, 나는 망설임 없이 "그렇지 않습니다. 수술 전에 환자들과 유대감을 형성하는 방법을 알고 있으며, 그것이 큰 차이를 만듭니다"라고 답했다. 나는 수술 전에 환자들의 정신적, 정서적 필요를 충족시키기 위해 짧은 순간의 연결을 최대한 활용하는 것을 목표로 삼았다. 수술실 순환 간호사로서 내가 맡은 중요한 역할 중 하나는 다음 환자를 맞이하고, 내 소개를 하고, 신원을 확인하며, 차트를 점검하는 것이었다. 보통 몇 분의 짧은 대화를 나누고 환자와 수술실로 동행했다. 나는 환자와 함께 수술실로 들어가면서 환자 옆에 서서 부드러운 눈빛으로 눈을 맞추고, 환자의 팔을 만지며, 말을 걸면서 동시에 마취를 돕곤 했다. 돌아보면, 그 순간들은 다미주 이론에서 말하는 것처럼 환자들에게 안전감을 제공하고 조절하는 존재감을 제공했던 시간이었다.

관계가 생리적 상태와 치유에 미치는 영향

1979년 진 왓슨(Jean Watson)의 인간 돌봄이론(역자주: theory of human caring; 1979년 왓슨의 저서인 『Nursing: The Philosophy and Science of Caring』에서 처음 제시되었음)은 이미 인간 사이의 상호작용이 사람의 상태에 미치는 영향을 중요하게 다루고 있었다. 하지만, 다미주 이론이 연결성과 사회 참여 체계의 신경생리학을 설명해 주기까지는 15년이 더 걸렸다. 왓슨 박사는 "간호사와 환자가 함께 있을 때, 그들은 돌봄의 순간을 경험한다. 이 돌봄의 순간을 통해 변화와 치유가 일어날 수 있다. 이러한 순간들은 간호사의 태도와 역량에 의해 형성된다"(Gregory et al., 2015, p. 199)고 설명했다. 지트스만과 아이헬버거(Sitzman & Eichelberger, 2011)는 왓슨의 이론을 주의 깊고, 현재에 충실하며, 상호적이고 헌신적인 돌봄으로 설명했다. 관계는 생리학에 영향을 미친다. 다미주 이론을 통해 우리는 간호가 오래전부터 중요하게 여겨온 돌봄의 본질을 신경생리학적 이해와 함께 과학적으로 설명할 수 있게 되었다.

사람이 안전하다고 느낄 때, 신체는 성장, 회복, 건강을 촉진하기 위해 효율적으로 조절된다. 5, 7, 9, 10, 11(V, VII, IX, X, XI)번 뇌신경으로 구성된 사회 참여 체계는 뇌간에서 연결되어 있으며, 얼굴 표정, 인간 음성의 주파수를 인식하는 능력, 말의 억양과 음조, 그리고 얼굴을 마주 보고 시선을 맞추는 동작을 조절한다. 이 신경 회로는 심박수, 호흡, 내장 기능에도 동시에 영향을 미친다. 얼굴과 심장의 연결은 우리에게 자신과 타인의 생리적 상태를 진정시키는 능력을 제공한다(Porges, 2011). 간호사는 이 사회 참여 체계를 활용하여 환자와 얼굴을 맞대고 눈을 맞추며, 생동감 있는 표정과 공감 어린 경청, 진정시키는 목소리와 제스처, 적절한 거리와 터치를 통해 환자의 자율신경계에 안전감을 전달할 수 있으며 이로써 회복을 돕는다.

병원에서 환자가 느끼는 안전감은 다미주 이론의 관점에서 더욱 중요해진다. 점점 더 많은 기계들이 주목받으면서 대면 대화가 줄어들고 있지는 않은가? 혹은 기술이 빠르게 발전하는 이 시대에 대면 연결과 대화를 줄이면서 우리의 신경계에 미치는 영향을 충분히 인식하지 못하고 있는 것은 아닌가? 기술은 어떻게 우리의 주의를 분산시키는가?

아래의 시는 환자가 병원 입원으로 인한 삶의 변화에 직면하면서 느끼는 두려움과 불안, 그리고 자신의 존재를 확인받고자 하는 다양한 욕구를 표현하며, 사회 참여 체계를 이해하는 것의 중요성을 잘 보여준다(Barss, 1999, p. 15).

나와 함께

능숙하고 숙련되며 학식 있는 분,
제가 의지해야 하는 분이시여,
여기 앉아 있는 '나'를 봐주세요,
단순히 고쳐야 할 상처로 보지 말아주세요.

검사와 작업에만 집중하지 말고
제가 느끼는 감정에 더 신경 써 주세요.
당신의 진심 어린 관심을 느낄 수 있을 때
저는 큰 위로를 받습니다.

물론 당신의 관심이 진심일 수 있지만,
때로는 궁금해집니다.
당신이 와서 일을 하고 가지만,
따뜻함과 배려는 느껴지지 않을 때 말입니다.

그리고 당신이 충고하면서 내려다보듯 행동하고
제 공간을 존중하지 않으면
저는 깊은 상처를 받고
자존감이 무너집니다.

저는 당신의 진정한 모습,
진정한 당신을 잠깐이라도 보고 싶습니다.
고통을 이해하고
조언을 나눌 수 있는 그런 당신 말입니다.

말하지 않은 것들을
당신이 알아채 주었으면 합니다.
안전하게 이끌어 주신다면
그것들에 대해 이야기하고 싶습니다.

저를 돕기 위해서는
단순한 기술 이상의 것이 필요합니다.

제 의지에 귀 기울이는
능력을 보여주셔야 합니다.

왜냐하면 위험을 감수하며
살아가고 있는 사람은 저이니까요.
저는 단순한 개입이 아니라
이해가 필요합니다.

저는 매우 취약한 상태에 있습니다.
제 길을 찾아야만 합니다.
당신이 나와 함께 걸어준다면,
우리는 함께 자랑스럽게 걸을 수 있을 것입니다!
(허가를 받아 사용함, Karen Scott Barss, RPN BHSc MA.)

비언어적 의사소통으로서의 신체접촉

지난 35년 동안 마이애미의 터치 연구소(Touch Research Institute)에서 티파니 필드(Tiffany Field)가 진행한 연구는 터치(접촉)의 중요성을 체계적으로 보여주고 있다. 그녀의 연구 중 하나는 중압 마사지를 받은 미숙아의 체중 증가와 심장 미주신경 긴장도 증가 사이의 상관관계를 밝히고 있다(Field, 2006, p. 48). 강아지가 다 큰 개가 되었다고 해서 더 이상 만지지 않겠다고 생각하는 사람은 없을 것이다. 영유아, 어린이, 성인 모두에게 건강한 유대감과 애착 형성은 터치를 포함하며, 이는 사회적 유대를 형성하는 데 필수적이다. "우리는 흔히 스트레스를 생명체에 가해지는 불쾌한 것으로 생각하지만, 때로는 생명체에게 제공해야 할 무언가가 제공되지 않는 것이 스트레스가 될 수 있으며, 터치의 부재는 우리가 겪을 수 있는 가장 심각한 발달적 스트레스 요인 중 하나로 보인다"(Sapolsky, 2004, p. 8). 촉각은 자궁 내에서 가장 먼저 발달하며, 시각과 청각이 점차 약해지기 시작한 후에도 여전히 기능한다(Field, 2003, p. 8). 피부와 신경계(뇌 포함)가 동일한 배아 조직인 외배엽에서 발달한다는 사실을 기억한다면, 터치의 중요성에 대한 인식이 어떻게 달라질까? "우리 몸에는 약 1.67m^2의 피부가 있으며, 피부는 우리의 가장 큰 감각 기관이다. 피부는 항상 외부로부터 신호를 받을 준비가 되어 있으며, 유아기부터 노년기까지 터치는 세상을 경험하는 주요 수단으로 남아 있다"(Field, 2003, p. 10). 다미주 이론의 관점에서 보면, 피부는 항상 연결될 준비가 되어 있다.

터치는 환자를 진정시키고 안정감을 줄 수 있다. 터치는 복측미주신경을 통해 심장과 폐의 기능을 조절하는 데 영향을 미친다. 적절하고 존중을 담은 따뜻한 터치는 아무 말 없이도 영유아, 아동, 환자, 부상자, 슬픔에 잠긴 사람, 혹은 임종을 맞이하는 이들에게 그들이 혼자가 아니며 누군가가 그들을 돌보고 있다는 메시지를 전달한다. "우는 아기나 겁먹은 아이를 달래는 부드러운 터치는 고통을 완화하는 강력한 힘을 가지고 있다. 그런데 왜 우리는 이 터치의 유용성을 성인들에 대해서는 간과하는 것일까? 왜 스트레스를 받는 아이는 '위로'가 필요하고, 스트레스를 받는 성인에게는 '약물 치료'가 필요하다고 생각하는 것일까?"(Juhan, 1998, p. 56).

필드는 미숙아에 대한 터치 연구로 잘 알려져 있지만, 다양한 연령대와 여러 상황에서 마사지의 가치를 연구한 폭넓은 연구들 역시 수행해왔다(Field, 2006). 그녀의 연구 결과를 전 연령대의 간호 실무에 어떻게 적용할 수 있을까? 기술이 발전하면서 우리는 점점 더 "터치리스(touchless)"의 사회로 나아가고 있으며, 점차 "덜 만지게(touch less)" 되며, 자신과의 연결이 약해지는 경향이 있다. 이제 "터치"는 인간보다는 터치스크린과 같은 기기와 더 많이 연관되게 되었다. 우리는 심박수 변동성 기술을 통해 연민이 담긴 터치가 환자의 복측미주신경의 긴장도를 증가시키고(역자주: 즉, 복측미주신경을 활성화함을 의미함), 편안함을 제공한다는 증거를 통해 터치의 중요성을 재발견해야 할지도 모른다.

사회적 참여

최근에 한 번의 악수가 얼굴을 마주한 3시간과 동등한 가치를 지니며 라포(rapport)를 형성한다는 것을 알게 되었을 때(Heller, 2016), 나는 그동안의 생각에 더욱 확신을 가질 수 있었다. 나는 악수를 중시하는 가정에서 자랐다. 나의 할아버지는 나의 롤모델 중 한 분이셨고, 다른 사람들과의 악수를 통해 관계를 맺는 것을 즐기셨다. 그분에게 악수는 "환영합니다, 들어오세요"라는 의미였다. 아버지는 나를 사랑하셨지만, 나에게 발음하기 어려운 이름을 지어주셨고, 나도 이것을 항상 알고 있었다. '모위-라 — 모이라'는 게일어를 모르면 발음하기 어려운 이름이었다. 그래서 나는 늘 악수와 함께 자기소개를 하며 사회 참여 체계를 활성화했다. "좋은 아침입니다. 제 이름은 모이라입니다. 오늘은 제가 돌봐드리겠습니다." 매번 근무를 시작할 때, 나는 환자들의 이름과 얼굴을 머릿속에서 연결하고, 이전 교대 때 돌봤던 환자들과 다시 연결하기 위해 빠르게 회진을 돌았다.

악수와 의도적인 대면 소개는 상안면 근육, 특히 눈 주위 근육을 사용해 환자와의 연결을 만들어내고, 환자의 자율신경계를 안정시키는 역할을 한다. 이는 복측미주신경을 활성화시키고, 사회 참여 체계를 활성화하며, 근무 시작 시 간호사의 존재감을 확립하는 데 기여한다. 이러한 대면 연결은 환자가 안전하다고 느낄 수 있도록 돕고, 포지스(2015)가 말했듯이 "따뜻하게 조절된 목소리와 같은 신호를 포함한 대면 상호작용이 없으면, 환자나 학생은 방어적 상태로 빠르게 전환되어 정보 전달과 이해 능력이 제한된다."

입원 환자에게 지속적인 간호를 제공하는 간호사는 다양한 측면에서 취약한 환자들을 돌본다. 하지만 우리는 환자가 병원 환경에 적응하기를 기대한다. 병원 가운, 손목밴드, 방 번호, 침대 번호, 사이드 레일로 인해 환자의 정체성이 변하고, 독립성을 상실하며, 제한된 느낌을 받게 된다. 손목밴드를 스캔하는 최신 기술은 간호사가 사회적 참여와 안전 신호를 제공하지 않는 경우, 환자에게 마치 물건으로 취급받아 바코드를 찍히는 것처럼 느껴질 수 있다. 반면에 간호사가 방에 들어가면서 환자의 얼굴을 보고 미소를 지으며 부드럽게 "안녕하세요, 선생님. 제가 약을 가져왔습니다. 병원 규정에 따라 다시 한번 이름과 생년월일을 확인해야 합니다."라고 말하며 환자의 손목을 잡는다면, 환자의 경험이 어떻게 달라질지 상상해 보라. 이 간단한 소통 방식이 환자의 사회적 참여를 촉진하고, 효과적인 대인 소통의 기초를 마련할 수 있다.

병원 환경은 기계 소음과 같은 저주파 소리와, 고주파 알람과 경고음이 교감신경계를 자극하는 소리로 가득하다. 환자가 위험이나 생명의 위협을 느끼면, 눈이 위로 말려 올라가고 흐릿한 표정이나 단절된 모습을 보일 수 있으며, 눈꺼풀이 처지고, 목소리에 억양이 사라지며, 긍정적인 표정이 줄어들고, 사람의 목소리를 분별하는 능력이 떨어질 수 있다(Porges, 2011). 새로운 얼굴, 조명, 소음에 지속적으로 적응해야 하는 것은 환자의 자율신경계에 지속적인 스트레스를 준다. 다미주 이론에 정통한 돌봄 제공자가 얼굴의 신경 조절이 심장과 소통을 조절하고, 환자의 자율신경계를 진정시킨다는 사실을 인식하면 어떤 변화가 일어날까?(Porges, 2014) 하루 종일 친숙한 간호사의 얼굴을 보는 것이 환자에게 간호사를 적이 아닌 친구로 인식하게 되는 데 어떤 도움을 줄까? 한 번의 악수가 환자와 대면하는 3시간의 사회적 참여와 동등한 효과를 가지고 있다면, 한 손으로 환자의 손이나 손목을 지지하고, 반대 손으로 환자의 요골 맥박을 측정하는 것은 얼마나 중요한 의미를 가질까? 15~30초 또는 심지어 1분 동안 맥박의 속도, 강도, 리듬을 평가하는 것은 어떤 의미가 있을까? 화면을 통해서는 얻을 수 없는 미묘한 경험들이 이러한 맥박 측정에서 나올 수 있다. 그렇다면, 어떤 종류의 조율, 공명, 에너지 교환이 일어날 수 있을까? 과거에 일상적인 간호 평가로 여겨졌던 맥박 측정을 통해 간호사와 환자 간에 중요한 에너지 연결이 이루어지고, 신뢰와 안전감을 위한 자율신경계의 기초가 형성될 가능성도 있지 않을까?

신경지: 따뜻한 간호의 핵심 개념

포지스(2013)는 "환자와 깊은 관계를 형성하고, 둘러싼 사회적 지원이 신체적 및 정신적 질병을 치유하는 데 효과적이기 위해서는 먼저 안전함을 느끼는 것이 필수적이다"라고 말한 바 있다. 안전과 위험, 혹은 생명 위협에 대한 신경지는 환자, 의료 전문가, 기술, 진단 장비, 병원 환경 사이에서 발생하며 환자가 경험을 따뜻한 돌봄으로 느낄지, 아니면 트라우마로 느낄지를 결정한다. 신경지를 이해하면 환자의 상태나 행동을 추측하거나 부정적으로 판단하는 것을 예방할 수 있다. 다미주 이론은 트라우마의 경험이 단순한 인지적 상태가 아니며, 사고나 부상에만 국한되지 않는다는 점을 이해하는 데 도움을 준다. 트라우마는 신체가 무의식적으로 경험하는 생리적 상태이다. 피터 레빈(2013)은 "트라우마는 신경계에 저장된다."고 하였다. 우리가 스트레스에 시달리며 신경지가 위험을 감지하면 교감신경계가 활성화되어 반응성이 증가한다. 병원에서는 싸움이나 도피 반응이 일반적으로 불가능하지만, 공황 상태에 있는 사람들은 안전감을 되찾기 위해 공격적이거나 방어적인 태도를 취할 수 있다. 만약 환자의 자율신경계에서 무력감과 압도감이 감지되면, 이는 배측미주신경이 우세한 상태로 전환될 가능성이 크다. 다미주 이론에 따르면, 배측미주신경이 야기하는 셧다운 상태는 생명 위협을 감지한 결과로 나타나며, 심박수 저하와 호흡 기능 약화, 횡격막 아래의 내장 기능 저하 등을 초래하게 되며, 심각할 경우에는 생명을 위협할 수도 있다. 간호사가 환자의 배측미주신경의 셧다운 가능성을 이해하고, 차분하고 따뜻한 목소리 톤으로 안전 신호를 전달하는 방법을 알고 있다면 이러한 반응을 긍정적으로 완화할 수 있다. 누구도 다른 사람의 삶에 해가 되는 존재로 여겨지기를 원하지 않는다. 사람들에게는 서로 연결되고자 하는 본능이 있으며 모든 연령에서, 특히 건강상의 어려움을 겪고 있을 때 연결은 더욱 중요하다. 따뜻한 관계 속에서의 연결은 간호사와 환자의 자율신경계 모두에 상호적 영향을 미친다. 간호 연구자 시그리뒤르 할도르스도티르(Sigridur Halldorsdottir)는 환자가 돌봄을 받는다고 느끼는지의 여부가 생명을 지지하는 것과 파괴하는 것 사이의 스펙트럼처럼 놓여있다고 말한다. “의존적인 상황에서 돌봄을 받지 못하는 것은 무력감, 상실감, 그리고 돌봄을 기대했던 사람들에게 배신당한 느낌을 초래한다”(Smith, Turkel, & Wolf, 2013, p. 203). 다미주 이론의 맥락에서도, 돌봄을 받지 못하는 경험은 환자의 자율신경계에 부정적인 영향을 미친다. 맥도날드와 리어리(MacDonald & Leary, 2005)는 대부분의 사람들은 사회적으로 유발된 고통이 너무 커서 단순히 고통을 느끼는 것뿐만 아니라 압도되거나 무력해지는 경험을 한다고 설명한다. 이 압도된 느낌은 병원이라는 장소에서, 환자가 기대하는 환대가 제공되지 않을 때 더욱 증폭된다.

복측미주신경이 우세한 상태에서 우리는 적응적 유산을 활용해 안정된 상태에서 서로 얼굴을 마주하고 긍정적인 사회적 교류를 할 수 있다. 이때 우리의 신경지 경험은 내적, 외적 환경에서 안전함을 느끼는 것이다. 우리는 함께 시간을 보내고, 돌보고, 나누며, 눈맞춤, 얼굴 표정, 억양, 경청, 근접성, 부드러운 터치, 모방, 그리고 함께 있는 느낌을 통해 우리의 사회 참여 체계를 강화한다(Porges, 2011). 이때 따뜻한 돌봄 시스템은 위협 시스템에 다음과 같은 신호를 보낸다. “여기는 안전하다. 우리는 돌봄을 받고 있다”(Gilbert, 2009, p. 173).

최적의 컨디션을 유지하고 있는 복측미주신경 상태에서 우리는 안정감을 유지하며 목소리 톤과 얼굴 표정, 상호작용에서 전달되는 분위기와 감정을 통해 상대방에게 안전하다는 신호를 전달할 수 있다. 복측미주신경 상태에서 유지되는 사회적 기술은 감정을 인식하고 상호 존중을 실천하며, 타인을 격려하고, 필요할 때 사과하며, 호기심을 바탕으로 성장하는 태도를 장려하고, 경청하고, 희망을 전달하는 데 도움이 된다. 또한, 공감과 연민은 신체적 편안함과 정서적 연결을 증진시킨다.

『리스크 판단력(The hour between dog and wolf)』의 저자인 존 코츠(John Coates, 2012)는 그의 책에서 다미주 이론에 기반해 다음과 같이 썼다.

> 차분하고 안심시키는 목소리로 이야기하고, 눈맞춤을 하고, 협력적인 표정을 지어 대립을 피하는 것은 대사적으로 부담이 크고 잠재적으로 해로운 싸움을 피하는 데 도움이 된다. 이는 우리의 내장 반응을 진정시킨다. 미주신경은, 말하자면 신체의 외교적 중심 역할을 하는 것

이다(p. 231).

미주신경은 인지보다 먼저 반응하며, 이는 신경지가 인지에 앞선다는 것을 의미한다.

현장에 있는 간호사들은 "간호사의 돌봄 윤리와 의료 산업의 경쟁, 이익, 생산성에 대한 초점 사이의 불일치"를 자주 경험한다(Cara et al., 2011). 최근 나는 공감을 미국의 의료 위기를 해결하고 조직이 경쟁 우위를 가지도록 하는 최신 마케팅 도구로 활용하자는 제안을 읽고 깊은 슬픔을 느꼈다. 공감과 경쟁은 동기부여 스펙트럼의 양 끝에 있으며, 미주신경은 이를 알아차릴 것이다. 진정으로 환자에게 다가가며, 환자의 자율신경계를 안정시키면서 경청하는 간호사들은 그 가치를 인정받아야 한다. 많은 간호사들이 간호의 예술로 여기는 공감, 돌봄, 연민을 담은 대화는 시간이 필요하며, 효율성이나 체계화된 돌봄을 중시하는 시스템과는 충돌할 수 있다. 기술적 능력과 사회적 참여 능력에 동등한 가치를 부여할 때 신뢰와 안정감이 형성되며, 이는 환자의 회복에 기여한다.

수술 후 환자를 돌보는 간호사로서, 나에게 있어 특히 복부 절개를 받은 환자들에게 규칙적인 심호흡 운동을 하도록 하는 것은 매우 중요했다. 나는 환자의 방에 들어가 차분한 미소를 지으며, "어떻게 지내세요?"라고 물으며 반응을 기다렸다. 환자의 얼굴 표정, 턱의 긴장, 목소리 톤, 자세, 통증이나 불편함을 나타내는 신호들을 살피고, 맥을 잡으며 차분한 목소리로 "드레싱을 좀 볼까요? 잘 되어 가네요. 여기 있는 동안 심호흡 운동을 함께 해볼까요?"라고 제안했다. 환자들은 통증을 느끼거나 통증을 두려워하여 숨을 들이마실 때 횡격막을 긴장시키는 경향이 있었다. 나는 반대로 접근하여 환자에게 먼저 숨을 내쉬도록 유도했다. "조금 다르게 해볼까요? 숨을 내쉬면서 이렇게 신음해 보세요". 나는 시범을 보이며 설명했다. "함께 해봅시다." 나는 환자에게 일부러 소리를 내며 숨을 내쉬도록 지도했고, 환자의 흉곽이나 복부 측면을 받쳐주면서 함께 소리를 내었고 환자는 자연스럽게 숨을 들이마실 수 있었다. 숨을 내쉬게 되면, 그에 상응하는 만큼 숨을 들이마시게 되었고 점차 호흡량이 확장되는 것을 관찰할 수 있었다. 몇 번의 호흡 후, 환자들은 보통 숨을 끝까지 내뱉으며 한결 편안해졌음을 나타내곤 했다. 긴 숨을 내쉬는 것은 복측미주신경의 조절을 향상시킨다(Porges, 2014). 내가 환자와 접촉하며 안심시키는 대화를 나누고, 호출벨이 쉽게 닿을 수 있는 위치에 있는 것을 확인시켜주어 내가 곁에 있다는 것을 넌지시 전하는 것은, 환자에게 안전감을 제공함으로써 복측미주신경의 활성에 긍정적인 영향을 미쳤다.

환자의 이동성은 간호의 기본 원칙 중 하나이다. 다미주 이론의 관점에서, 마취와 수술 후 조기에 이동할 수 있게 되는 것은 심부정맥 혈전증이나 마비성 장폐색증을 예방하는 것 외에도 환자에게 더 많은 도움을 줄 수 있다. 환자가 처음에는 간호사의 도움을 받지만 점차 혼자서도 이동할 수 있게 되면서, 독립성을 회복할 뿐만 아니라 미주신경의 복측미주신경 가지에도 긍정적인 영향을 미친다. 내 친구 중 한 명은 고관절 대체 수술 후 회복의 이유를 "시간이 될 때마다 나를 데리고 산책을 나가준" 실습 간호사에게 돌렸다. 이 실습 간호사의 따뜻한 교류가 그녀의 회복에 중요한 역할을 했기 때문이다. 내 친구는 자신의 다리가 강하고 충분히 힘이 있다는 자신감을 회복했고 "두려움 없이 움직일 수 있게" 되었다(복측미주신경의 활성도는 증가했다). 이 실습 간호사는 내 친구에게 안전 신호를 주었고 "복도 산책"을 통해 지속적인 도움을 제공했다. 내 친구는 자신이 안전한 손길로 돌봄을 받고 있다는 느낌을 받았고 이 실습 간호사가 자주 산책을 해주는 게 그녀의 회복을 더 빠르게 할 것이라는 것을 알았다. 독립적인 이동성은 포유류의 자율신경계 조절에 있어 매우 중요한 요소이다.

두려움이 있는 부동화 VS 두려움이 없는 부동화

"두려움이 있는 부동화"와 "두려움이 없는 부동화"(Porges, 2014)라는 표현은 매우 강렬하다. 입원은 여러 면에서 환자의 자유를 제한한다. 그렇다면 의료 개입과 간호를 어떻게 바꿔야 환자의 자율신경계가 위험이나 생명의 위협에 대한 신경지를 덜 느끼도록 할 수 있을까? 소음 문제가 그 한 가지 예다. 병원은 점점 더 시끄러워지고 있다. 노먼 도이즈(Norman Doidge)는 "청각 피질과 뇌의 위협 시스템 사이에는 직접적인 연결이 있어서, 예상치 못한 소음이 즉각적이고 심각한 불안감을 유발할 수 있다"(2015, p. 327)고 설명했다. 자가 조절 통증치료법(Patient-Controlled Analgesia: PCA)에서 사용되는 정맥내 주입주사 펌프의 알람이 자주 방치되곤 하는데, 이 소음은 환자의 신경계에서 교감신경계의 투쟁 또는 도피 반응을 유발할 수 있다. 병원 직원들은 알람 소리에 익숙해져서 무감각해진 탓에, 이로 인해 환자와 가족의 불안이 커질 수 있다는 사실을 인지하지 못할 수도 있다. 옥스퍼드 대학교의 연구(Darbyshire & Young, 2013)에 따르면, 다섯 개의 중환자실에서 밤 시간 동안 데시벨 수준이 시간당 16회 이상 85데시벨을 초과했으며, 낮 동안에는 그 빈도가 더 높았다. 이는 환자의 수면의 질과 인지 기능에 부정적인 영향을 미쳤다. 존스 홉킨스 대학교의 연구(Kamdar et al., 2013)에서는 소음과 조명을 줄이는 간단한 조치만으로도 중환자실에서 환자들의 섬망이 줄어들었다는 것을 발견했다. 아리아나 허핑턴(Arianna Huffington)은 자신의 책 『수면 혁명(The Sleep Revolution)』에서 "병원에 오신 것을 환영합니다. 여기는 공사 현장과 공포 영화의 세트장을 합쳐놓은 듯한 치유의 공간입니다"(2016, p. 253)라고 비꼬았다. 이 표현은 과장된 것일 수도, 또는 현실을 직시한 것일 수도 있다. 다미주 이론을 이해하는 것은 중환자실 증후군에 대해 중요한 통찰을 제공한다.

병원의 높은 소음 수준이 간호사, 의사, 그리고 다른 직원들의 자율신경계에 어떤 영향을 미칠까? 다미주 이론을 바탕으로 신경계를 이해하는 것이 알람과 경고 피로를 설명하는 데 통찰을 제공할 수 있을까? 건축가, 엔지니어, 병원 관리자 모두가 다미주 이론을 이해하고 이를 반영한다면, 환자와 의료진의 건강을 증진하기 위해 어떤 변화가 가능할까?

다미주 이론의 관점에서 보면, 트라우마는 인지적인 문제가 아니다. 트라우마는 무의식적인 수준에서 발생한다. 의료 영상 촬영 중에서는 기계가 천장에서 환자에게 다가오거나, 환자가 좁은 공간으로 들어가거나, 내시경이 사용될 수 있다. "트라우마는 상황 자체의 강도가 아니라, 개인의 신경계에 미치는 영향에 따라 정의된다"(Levine & Kline, 2007, p. 37). 다미주 이론은 간호사들이 위험이나 생명의 위협을 감지하는 환자들의 다양한 행동을 이해할 수 있는 유용한 틀을 제공한다. 또한, 이 이론은 건강 전문가들이 자신의 자율신경계와 다른 사람들의 신경계 변화를 인식할 수 있는 능력을 키워준다(Dana, 2016).

인간 공학(예: 공학, 인체공학, 심리학)은 다미주 이론을 고려한 새로운 디자인에 도움이 될 수 있다. MRI 기계가 그 좋은 예이다. 좁은 공간에 들어가 누운 상태에서 천천히 MRI 기계 안으로 이동하게 되면, 이는 매우 취약한 자세이기 때문에 신경계를 자극할 수 있다. 기술자와 환자 간의 소통은 스피커 시스템을 통해 이루어지며, 음악을 들을 수 있는 헤드폰이 제공되기도 하지만, 소음을 완전히 차단하지는 못한다. MRI는 매우 시끄러운 기계다. 환자가 MRI에 들어가기 전에 미리 정보를 제공하여 신경계를 안정시킨다면, 불필요한 놀람이나 두려움 반응, 공황을 예방할 수 있다. 우리는 새로운 환경을 과거의 경험을 바탕으로 해석하며, 신경 반응은 개인마다 다르게 나타난다. 예를 들어, 곡물을 재배하는 농촌의 농부는 MRI에서 나는 소음을 타작 기계에서 나는 소음과 연관지어 MRI가 고장났다고 생각할 수도 있다. 환자는 스캔 중에 숨을 참으라는 요청을 받을 수도 있다. 다미주 이론을 이해하고, 스캔 사이사이에 환자가 안정적으로 숨을 쉴 수 있도록 도와주고, 터치로 안심시키며, 부드러운 목소리로 대화하는 방법을 아는 사람이 있다면, 환자의 신경계 상태를 더 안정적으로 유지할 수 있다.

얼굴과 심장의 연결 VS 생물학적 무례함

"우리는 얼굴로 마음을 드러낸다"(Porges, 2013). 당신이 배려와 연민을 표현할 때, 자신의 얼굴이 어떻게 보이는지, 그리고 어떤 느낌으로 받아들여지는지 알고 있는가? 환자들은 간호사가 자신에게 안전한 피난처이자 옹호자가 되어주길 기대한다. 많은 간호사들은 환자들이 그들의 따뜻하고 친절한 눈빛을 기억한다고 말한다. 부드럽고 따뜻한 눈빛은 간호사와 환자 관계에서 배려와 도움의 의도를 전달하며, 관심과 위로, 안전, 희망을 제공한다. 이는 얼굴과 심장이 연결된 예이다.

병원에는 간호사와 다른 직원들이 주의를 기울여야 하는 기술 장비가 점점 더 많이 도입되고 있다. 영국 서포크 칼리지(Suffolk College)의 연구자들인 포스터(Foster)와 호킨스(Hawkins)는 2005년 영국간호학술지(British Journal of Nursing)에 "치료적 관계: 사라졌는가, 아니면 기술에 의해 방해받고 있는가?"라는 제목의 논문을 게재했다. 그중 한 저자는 정형외과 수술 후 경험을 공유하며, "하루 종일 여러 간호사가 병실에 들어왔지만, 환자를 인식하거나 교감하지 않고, 오직 정맥 주입기만을 살폈다"고 말했다. 환자가 간호사에게 인식되지 못할 때, 환자의 신경계는 어떻게 반응할까? 이 상황에서 환자는 어떤 생각을 할까? 사회적 참여와 호혜성이 없다면, 환자는 '기계가 나보다 더 중요한가?'라고 생각할 수도 있고, '이 사람들은 누구인가?'라는 의문을 가질 수도 있다.

"생물학적 무례함(biological rudeness)"은 사회적 단절을 설명하기 위해 스티븐 박사가 만든 개념이다. 우리가 다른 사람과 대화 중일 때 상대방이 아무 말 없이 갑자기 떠나버리면, 우리는 그 상황을 몸으로 느끼게 된다. 이는 사회적 상호작용에 대한 기대를 어긋나게 하는 상황이며, 우리는 이를 잘 견디지 못한다. 다음과 같은 경험을 해본 적이 있는가? 친구가 대화 중에 전화가 왔을 때 당신과 대화 중에 있었음에도 전화를 받고 통화를 하거나, 핸드폰으로 이메일이나 문자를 확인하며 표정 없이 멍해져, 마치 친구가 다른 곳에 가 있는 것처럼 느껴지는 상황 말이다. 이러한 순간들은 생물학적 무례함의 사례이며, 이는 신경적 기대를 위반하여 방어적인 행동을 촉발할 수 있다(Porges, 2014).

MIT의 셰리 터클(Sherry Turkle)의 연구(2015)에 따르면, 개인 기기가 꺼져 있어도 그 존재만으로도 주의가 분산될 수 있다. 우리는 휴대전화, 문자 메시지, 소셜 미디어, 이메일에 항상 반응하는 습관을 가지고 있으며, 대화 중 잠깐의 정적만으로도 울리지 않은 휴대전화를 확인하게 된다. 공감은 얼굴을 마주 보고 대화하는 과정에서 발달한다. 간호사가 환자의 방에 들어갔을 때, 기술 장비가 있는 경우 무엇에 먼저 주의를 기울일까? 환자의 얼굴인가, 아니면 기계인가? 앞서 언급한 포스터와 호킨스의 사례를 생물학적 무례함의 예로 볼 수 있을까? 생물학적 무례함과 분산된 주의가 결합했을 때, 환자는 자신이 안전하지 않다고 느끼고 신체적으로도 불안감을 느낄 수 있다.

조절의 영향력 제공하기

유아들은 말을 배우기 전, 눈맞춤과 얼굴 표정을 통해 부모와 교감하며 연결을 형성하며 우리는 이를 조율(attunement)이라고 한다. 눈맞춤은 포유류의 사회 참여 체계의 일부이다. 다미주 이론에 따르면, 얼굴과 목소리는 상대방에게 안전함을 전달하는 중요한 수단이다(Geller & Porges, 2014). “상대방의 얼굴을 바라보고 목소리를 듣는 것은 인간 관계, 대화, 그리고 존재의 핵심이다”(Geller & Greenberg, 2012). 환자의 얼굴을 마주하고 눈을 맞추지 않는 것은 환자에게 스트레스로 작용할 수 있다. 그러나 간호사가 환자를 바라보며 사회적 참여를 시작한다면 환자는 그가 자신을 잘 돌보고 있다는 것을 알 수 있다. 우리는 모두 신경지를 통해 주변 환경에서 안전을 찾는다. 폴 에크만(Paul Ekman)은 “우리가 두려워하지 않는 것에 대해 누군가가 두려워할 때, 그들을 존중하고 공감하며 인내심을 가지고 그들을 안심시킬 수 있으려면 높은 수준의 연민이 필요하다. 좋은 간호사는 환자의 두려움을 이해하고 그들의 입장에서 상황을 보고 안심시킬 수 있다”고 말했다(2003, p. 153). 피터 레빈은 “인간의 신경계는 다른 사람에게 조절적 영향을 주거나 받도록 설계되고 조율되어 있다”고 덧붙였다(2010, p. 75). 이 말들은 간호사들이 알고 있듯이, 그들의 침착함과 안정감, 그리고 공감이 환자에게 신뢰할 수 있는 기반이자 위협이 되지 않도록 조절하는 자원이 된다는 것을 확인시켜준다. 이를 위해 간호사들은 자신의 신경계를 이해하고, 자율신경계의 상태 변화를 인식하는 능력을 길러야 한다. 이는 우리가 서로에게 어떤 영향을 미치는지에 대한 통찰을 제공한다. 다미주 이론의 용어로 설명하자면, 환자들과 상호작용할 때 눈맞춤, 따뜻한 말투, 얼굴 표정, 상호 교감, 제스처, 터치를 통해 안전 신호를 전달함으로써 간호사는 환자와 자신 모두의 복측미주신경에서의 안정을 이루게 된다. 사람들과 함께하며 그들의 곁을 지켜주는 방법을 본능적으로 아는 간호사들은 얼굴과 심장이 연결된 상태에서 전해지는 에너지적 존재감을 이해할 것이다.

다미주 이론은 간호의 핵심인 돌봄, 공감, 그리고 조율의 중요성을 신경생리학적으로 뒷받침하는 증거를 제공한다. 환자를 주의 깊게 대하는 것은 환자에게 존재감과 안전감을 심어준다. "일어나지 않은 상호작용은 환자에게 '돌봄이 없는 상호작용'으로 인식된다"(Reiman in Smith et al., 2013, p. 296). 다미주 이론은 우리의 사회 참여 체계의 활성화, 혹은 그 결여가 어떻게 환자의 치료 결과에 영향을 미치는지를 깊이 이해하는 데 중요한 역할을 한다. 간호사들은 병원에서 환자들과 사회적 참여를 나누고, 따뜻한 말투로 대화하며, 신체 접촉을 통해 환자의 심장, 폐, 내장 기능을 조절하는 데 긍정적인 영향을 미칠 수 있다. 피터 레빈의 말을 빌리자면, 간호사들이 다미주 이론을 이해하면 "조절의 영향력을 제공할 수 있다."

자율신경계에 대한 기존의 이해가 변화하면서 간호사들에게는 어떤 변화가 있을까? 또 간호 평가에 사용되는 방법에는 어떤 영향을 미칠까? 간호사들은 새로운 관점에서 신경계를 이해할 수 있게 되었고, 자율신경계의 부교감신경망이 간호 이론과 실습에 미치는 영향을 새롭게 이해함으로써 간호사들은 자신들의 돌봄 패러다임에 대해 더욱 큰 자신감을 가질 수 있게 되었다. 다미주 이론은 심리학자, 치료사, 트라우마 전문가, 놀이 치료사, 자기조절 치료 및 신체경험치료 실무자들에게 널리 받아들여지고 있다. 안전 신호를 전달하는 언어적 및 비언어적 의사소통 기술과 사회적 참여 능력은 간호의 핵심이다. 간호사들은 치료적 대인 관계를 강화하고, 용기 있는 간호사의 존재 가치를 확립하는 과학적 근거를 이해할 필요가 있다.

진정한 발견의 여정은 새로운 땅을 찾는 것이 아니라,
새로운 시각으로 세상을 바라보는 데 있다.

– Marcel Proust

지금은 다양한 학문에서 비롯된 지식이 더 나은 미래를 위한 비전을 확장하는 매우 흥미로운 시기이다. 오래된 지혜인가? 새로운 인식인가? 새로운 가능성? 신경과학? 신경가소성? 개정된 해부학 및 생리학? 변화하는 사고방식? 희망을 품는 적극적인 태도?

우리 각자는 삶에서 겪는 다양한 사건과 경험으로 인해 세상을 보는 방식과 안전을 찾고 유지하려는 방법이 다르다. 나에게 다미주 이론은 내면의 지혜를 이해하고, 연결, 사랑, 연민, 그리고 협력에 대한 우리의 상호 의존적 필요를 이해하는 열쇠를 제공한다.

매일의 일상의 흐름을 즐기며,
경계를 넘나들며,
친사회적 참여를 추구하고,
"성장, 회복, 그리고 건강"을 증진시키며,
자신과 만나는 사람들에게
다미주 친화적인 세상을 만들어가기를.

– Moria

10장

포유류 자율신경계에 관여하기: 머무름, 운율, 접촉

Alan Theede

개요

수의사들은 자신들이 검사하고 치료하는 동물들의 자율신경계 상태에 주의 깊게 집중한다. 세심하게 행동 패턴을 관찰하는 것과 신체 징후를 검사하는 것은 진단을 내리고 개별화된 치료를 진행하는 데 필수적이다. 저자는 동물에 대한 윤리적인 치료를 제공하고, 위험의 신경지를 최소화하며, 포유류의 사회 참여 체계를 이해하기 위한 틀로 다미주 이론을 사용한다.

다미주 이론은 적응적으로 발달한 포유류의 자율신경계에 대해 설명한다. 인간은 포유류이며, 인간의 자율신경계는 다른 모든 포유류와 유사한 구조를 공유하고 있다. 우리는 동반자인 반려동물, 인류에게 음식과 옷을 제공하는 생물들, 교통수단과 오락거리를 제공하는 생물들, 또 우리 환경 속의 "야생" 동물들과 공존한다. 인간과 동물 사이의 상호작용 종류와 관계의 깊이는 다양하다. 동물과 인간 모두 안전에 대한 신경지가 관계 형성과 신경계의 상호조절을 가능하게 한다. 가축화된 동물(반려동물)은 인간과의 밀접한 접촉 속에서 살아가고 돌봄을 받는 고유한 후생유전(epigenetic inheritance)과 경험이 있지만, 이 동물들은 "순간을 살고(지금 이 순간)" 있기 때문에, 그들의 자율신경계는 매 순간마다 주인의 신경계에 반응한다. 강력하고 건강한 관계 속에서 반려동물은 접촉과 교류(예: 핥기, 발길질, 꼬리 흔들기)를 시작하거나 주인과의 놀이를 시작한다. 긴 하루를 마쳤을 때, 주인을 보면서 기뻐하고 신나하는 반려동물의 모습은 복측미주신경의 활성화를 촉진한다. 반려동물과 주인의 포유류적 자율신경계 사이에는 사회적 참여와 관련된 연결이 존재한다. 반려동물은 인간의 건강에 긍정적인 영향을 미친다(Serpell, 1991). 한 쪽의 생리적 상태가 다른 쪽의 생리적 상태에 영향을 미친다. 다미주 이론은 사회 참여 체계와 안전에 대한 신경지를 상호조절의 원리를 사용하여 강조한다.

수의학의 목적은 인간을 제외한 동물의 건강, 안녕, 복지를 보장하는 것이다. 수의사가 치료하는 동물의 대다수(95% 이상)는 포유류이다. 새, 파충류, 어류도 가끔 수의사에 의해 검사되고 치료를 받지만 이는 일반적으로 소수의 사례에 해당한다. 다미주 이론은 포유류 자율신경계의 계통학적 발달에 대해 이야기한다. 그러므로 이 장에서 제시된 논의와 예시는 포유류에 관한 것이다. 포유류는 척추동물이며, 신피질(neocortex), 털, 분리된 중이의 뼈, 그리고 젖샘(mammary glands)을 갖고 있다. 이 장 전반에 걸쳐 포유류와 동물이라는 용어는 서로 같은 의미를 갖는다. 이 장에서 예로 든 동물들은 개, 고양이, 말, 소 등의 포유류로 다미주 이론에서 묘사된 대로 부교감신경계의 다미주적 특성(수초화된 복측미주신경 가지와 원시적 배측미주신경 가지)을 공유한다.

나는 평생 수의사의 길을 걸어왔다. 다미주 이론을 공부한 후에, 나는 수의사가 하는 많은 일들이 자기가 치료하는 동물들에게 안전 신호를 보내는 일이라는 것을 깨달았다. 안전 신호는 수의사, 주인, 그리고 양육자가 동물과 안전하고 연민 어린 상호작용을 하게 하고, 건강과 안녕을 유지하기 위해 필요한 돌봄, 식사, 검진, 수술과 치료를 수행할 수 있도록 한다. 동물의 자율신경계를 이해하고 조절하는 것에 주의를 기울이면, 동물들은 더 건강하게, 빠르게, 완전하게 회복한다. 이러한 측면에서, 동물의 교감신경계 활성화와 대사적으로 많은 비용이 소모되는 투쟁-도피 상태를 최소화하는 것은 특히 중요하다. 우리가 반려동물, 가축, 동물원의 동물과 실험용 동물을 기르고, 돌보며, 관리하는 책임을 질 때 우리는 이러한 동물들에게 편안하고, 차분하며, 자연스러우면서도 안전한 존재를 제공해야 할 윤리적 의무도 함께 지게 된다.

인간은 다른 포유류와 비슷한 생리학, 신경계 구조, 내장 기관, 신진대사, 그리고 신체 체계를 공유한다. 따라서 포유류 진료, 특히 신경계에 관한 관리는 수의학과 인간 의학 사이에 놀라울 정도로 분명한 유사점을 가진다. 2012년에 출간된 책 『의사와 수의사가 만나다(Zoobiquity: What Animals Can Teach Us About Being Human)』(Natterson-Horowitz & Bowers, 2012)는 모든 종에 걸친 건강 관리 전문직에서 경험, 연구, 그리고 기술을 공유하는 것의 중요성을 설명한다. 각 장에서는 다양한 질병과 건강 상태에 대한 동물 연구와 경험이 인간의 치유와 웰빙 유지에 제공할 수 있는 통찰에 대해 설명해 준다. 이 책은 의사나 수의사와 같은 건강 관리 전문가들에게 자신의 경험과 전문 지식을 넘어서서 모든 동물들에게 공통적으로 나타날 수 있는 건강 상황을 고려할 것을 제안한다. 다미주 이론과 적응적 관점에서 우리가 포유류 신경계를 다른 동물들과 공유한다는 사실은, 여러 종 사이의 지식을 공유하는 것의 가치를 보여주는 예시이다.

동물들은 우리에게 자신의 생각이나 감정을 말하거나 어디가 아픈지 말할 수 없다. 동물들은 스스로의 건강 상태에 대해 설명할 수 없다. 수의사들은 전적으로 비언어적인 세계(말이 없는 세계)에서 일하는 것이다. 수의사들은 현재 주어진 시간의 틀 안에서 동물이 보이는 증상과 신경계 상태에 순간순간 반응한다. 동물과의 관계는 지금 이 순간에 일어나기 때문에, 결정된 것이나 가정할 수 있는 것은 아무것도 없다. 동물의 부상, 질병, 건강 상태에 대한 답과 통찰을 얻기 위해서는 주의 깊은 관찰과 검사가 필요하다. 수의사들은 동물의 상태를 알려주는 단서가 될만한 생리와 행동의 미묘한 변화를 관찰하는 훈련을 받는다. 그들은 매일 자신의 동물 환자들에게서 이러한 미묘한 변화를 관찰한다. 말을 주고받을 수 없을 때, 동물의 신경지에 대한 이해는 필수적이게 된다. 다미주 이론은 동물의 신경계 조절을 이해하고 관찰하는 것이 동물의 신진대사 및 행동 상태에 대한 중요한 통찰을 준다고 설명한다. 경험을 통해서 수의사들은 동물의 눈, 입, 그리고 팔이나 다리 주변 근육의 미묘한 긴장을 관찰하고, 털이 곤두서는 것을 보고, 울음소리를 들을 수 있는데, 이 모든 것들이 동물의 자율신경계 상태에 대한 판단을 내리는 데 도움을 준다. 동물이 안정되고, 이완되고, 조용해진다는 것은 수의사와 주변 환경으로부터 안전 신호를 받아들이고 있다는 의미이며, 이는 동물이 복측미주신경의 영향을 받고 있다는 것이다. 다미주 관점을 통해 우리는 안전을 제공하는 것이 얼마나 중요한지 이해하게 된다.

나는 수의사로서 우리에게 음식을 제공하는 동물의 건강과 안녕의 향상을 위해 일해왔다. 나의 경험은 주로 협동 진료(group medicine), 지역 진료(community medicine), 집단 진료(herd medicine)에 있다. 나는 내가 돌보는 동물들의 질병 예방, 질병 치료, 최적의 영양, 사육 시설, 그리고 복지에 중점을 두고 있기에, 이 장을 작성하기 위해서 나는 반려동물, 말(equine), 동물행동 전문가인 동료들에게 자문을 구했음을 알린다.

동물에게 다가가고 관계 맺기

수의사들은 해를 끼치지 않으려는 의도를 가지고 동물이 안전하게 느낄 수 있고 도망치고자 하는 생존 본능을 유발하지 않게 천천히, 그리고 차분하게 동물에게 접근해야 한다는 것을 배운다. 다미주 이론은 포유류가 겁먹었을 때 "적응적인 방어 행동을 유발하도록 점차 발달한 신경 회로에 의존하게 된다. 반면에 환경이 안전하다는 신경지가 있으면 … 방어 메커니즘이 비활성화된다"고 설명한다(Porges, 2011, p. 19). 신경지가 안전을 감지하면, 동물은 다른 개체의 접근을 허용하는 평온한 상태를 유지한다. 다미주 관점에서 느린 움직임과 제스처, 운율이 있는 목소리와 부드러운 눈빛을 보이는 것은 동물의 사회 참여 체계를 활성화하고 그 신경계를 조절하는데 도움을 주어 동물이 인간이라는 존재에 적응하고 진정할 수 있게 한다. 무리를 이루거나 반려동물에 포함되는 포유류의 청각 범위는 대체로 인간의 청각 범위와 크게 겹친다(높은 주파수를 들을 수 있는 설치류 제외). 이와 같은 포유류는 인간의 목소리의 억양이나 운율에 민감하고, 사람들이 그들에게 말할 때 전해지는 의도와 감정을 듣고 해독할 수 있다. 동물들은 어떻게 느끼고 어디가 아픈지 언어로 표현할 수 없기 때문에, 신체적, 행동적 상태를 평가하기 위해서는 주의 깊은 관찰이 필요하다. 교감신경계 활성화는 비교적 쉽게 알아차릴 수 있는데, 이를 통해 동물이 수의사를 포함한 주변 환경에 적응하고, 각성을 가라앉히고 방어적인 행동을 줄이기 위해 더 많은 시간이 필요한지 아닌지 판단할 수 있다. 소, 양을 키우는 우리 안에 들어가거나 한 마리의 말, 개, 고양이에게 접근할 때, 수의사들은 천천히, 그리고 배려심 있게 존재감을 구축해야 한다는 것을 배운다. 부드럽게 말하고, 차분한 목소리 톤을 유지하고, 눈맞춤을 유지한 채 동물에게 천천히 다가가는 것은 동물의 사회 참여 체계를 활성화하고 안전감을 주는 데 도움이 된다.

방목 가축들은 머리 양쪽에 눈이 위치해 있어 넓은 시야각을 가진다. 인간의 시야는 120도 정도 되는 데 비해, 이 가축들의 시야는 300도 이상이다. 탁 트인 들판이나 목초지에서 말이나 소는 멀리서도 사람을 볼 수 있다. 개와 고양이의 눈 위치는 품종에 따라 크게 달라질 수 있지만, 대부분은 시선이 전방을 향한다. 따라서 이들에게 시각이 중요한 감각임을 이해하고, 시야 내에 자신에게 다가오는 사람을 볼 수 있도록 보장해주는 것은 교감신경계의 방어적인 반응을 유발할 수 있는 위험과 놀람의 신호를 만들지 않기 위한 중요한 전략이다.

대형 동물들과 함께해왔던 경험들에 비추어보면, 동물들이 일단 나의 존재를 인식하게 되면 타고난 호기심을 가지고 나에게 다가오곤 했다. 이것은 그들의 활발한 사회 참여 체계를 보여주는 한 예시이다. 그리고 나서 나는 갑작스러운 움직임이나 이들을 놀라게 할만한 제스처를 하지 않도록 주의하며 천천히 다가갔다. 무리 속을 천천히 지나가거나, 한 마리인 경우 그 동물의 주위를 맴돌면서 나는 시각적으로 그 동물을 진찰해볼 수 있었다. 인간에 의한 접촉이나 잡히는 것에 익숙한 말과 같은 동물은 촉진(palpation), 청진기(stethoscope) 사용, 체온 측정과 같이 더 면밀한 검사를 하기 위해 조심스레 움직임을 제한할 수 있다. 이는 대부분 주인이 말의 머리 부근에 있는 고삐를 쥐고 있는 것으로도 충분하다. 말과 가깝게 접촉하고 있는 주인의 존재는 동물이 자신의 자율신경계를 조절하고, 검진을 받는 동안 평온함을 유지하는데 도움이 되는 강력한 안전 신호이다.

동물과 관계를 구축하는데 있어 촉감은 중요한 부분을 차지한다. 부드러운 접촉은 중요한 안전 신호이다. 실전에서 내 접근은 동물과의 첫 만남에서 접촉하고, 목과 머리 등을 쓰다듬는 것이었다. 근접함, 안전한 존재감, 그리고 접촉은 포유류를 복측미주신경이 지배적인 차분한 상태에 있게 하는 것에 유용하다. 나는 주로 동물의 목이나 등을 따라 손을 대고 안정감을 주려고 하는데, 동물에게 손도 대지 않고 진찰하거나 동물과 친해지는 것은 상상할 수도 없다. 반려동물의 주인은 그들의 개나 고양이를 손으로 쓰다듬고, 말과 소는 빗과 솔로 쓰다듬어지는 것을 좋아한다. 4-H 클럽(역자주: 농업구조와 농촌생활 개선을 목적으로 하는 세계적인 청소년 민간단체)과 같은 청소년 단체들은 회원들에게 동물과 관계를 맺고 교류하는 데 있어 접촉이 지니는 본질적인 가치를 가르친다.

시간이 흐르면서 주인과 그들의 동물들은 사회적 유대감을 형성한다. 포지스(2013) 박사는 이를 "신경적 사랑 코드(Neural Love Code)"라고 묘사했다. 근접성, 사회적 참여, 접촉, 놀이, 주인과 반려동물 사이의 사랑 가득한 보살핌은 안전과 연대의 상태를 만들어내고 이는 강력한 사회적 유대감을 형성한다. 주인은 자신의 반려동물이 다치거나 아프면 당연히 걱정하고, 수의학적 치료와 관리를 받기 위해 병원을 찾아온다. 종종 동물과 주인 모두에게서 교감신경계가 활성화되기도 하고, 때로는 배측미주신경이 활성화되기도 한다. 수의사는 반려동물과 주인 모두와 접촉하게 되고, 그렇게 반려동물, 주인, 그리고 수의사 사이의 삼각 관계가 만들어진다. 수의사와 동물 사이의 이중 관계가 우선시되지만, 삼각 관계 안에서 신뢰를 구축하는 것은 매우 중요하다. 나의 친한 친구이자 동료인 한 수의사는 주인의 말을 제3의 귀로 경청하면서, 아프거나 다친 동물과 시선을 교환하고, 운율이 있는 목소리로 소통하고, 부드러운 접촉을 통해 동물들과 기본적인 관계를 구축하는 "만남의 순간들"에 대해 이야기했다. 수의사는 반려동물의 신경계와 행동 상태를 관찰하고, 동물의 자율신경계의 조절을 돕기 위해 필요에 따라 검진의 속도를 조절한다. 주인이 그들의 반려동물이 세심하게 검사를 받고 보살핌을 받고 있다고 경험하고, 반려동물의 자율신경 상태에 긍정적인 변화가 일어나는 것을 볼 때, 수의사와 주인 사이에는 신뢰와 유대감이 형성된다. 주인의 생리학적 상태도 변화하는 것이다. 진단과 예후, 치료 계획을 차분하고 매력적인 방식으로 명확하게 설명하는 것은 신뢰의 기반을 다지고 주인과 수의사 사이의 관계를 강화시킨다. 주인이 차분하고 잘 조절된 복측미주신경 상태에 있다면 반려동물의 생리 상태를 상호조절할 수 있게 되어 회복과 치유를 증진시킬 수 있다. 주인은 집에서 돌봄을 제공하는 주요한 인물이라는 점에서 이는 중요한 요소이다. 주인의 복측미주신경 상태는 중이 뼈 근육의 긴장도를 최적의 상태로 만들어 수의사가 제공하는 지시사항을 더 잘 듣고 이해할 수 있게 한다(Porges, 2011). 비록 수의사의 주된 역할은 반려동물의 질병이나 장애를 진단하고 치료하는 것이지만, 수의사-주인-반려동물의 삼각 관계를 고려하여 주인의 자율신경조절을 돕는 것은 결과적으로 동물의 회복을 돕는 일이 된다.

차분하게, 천천히, 그리고 집중해서(역자주: 다시 말해서 잘 조절된 복측미주신경 방식으로) 동물에게 접근하고 동물을 다루는 것은 수의사와 주인이 안전감을 느끼게 만드는 요인이다. 빠르거나 공격적인 접근은 동물에게 흥분을 일으키거나 각성되도록 하는 반응을 유발할 수 있고, 치료 현장에 있는 사람들에게 위험을 초래할 수도 있다. 동물의 자율신경계는 쉽게 조절에 실패할 수 있고, 이는 투쟁(물기, 긁기, 차기) 혹은 도피(도망가려는 시도)라는 적응적인 생존 반응을 유발할 수 있다. 대형 가축이 교감신경계적 도피 상태에 있는 것은 위험하거나 예측하기 힘들 수 있다. 이는 동물의 건강 뿐만 아니라, 돌보아주는 사람과 수의사의 직업 보건과 안전의 측면에서 위태로움을 초래할 수도 있다. 두려움 반응을 보이는 동물들은 교감신경계의 활성화가 최소화된 차분한 상태의 동물들에 비해 스스로와 자신을 돌보아주는 사람들을 해칠 가능성이 높다. 예를 들어, 1,500파운드(700kg)의 젖소나 2,000파운드(1,000kg) 이상의 대형 말을 다루는 수의사는 이 동물들의 교감신경계 활성화 신호(뒤로 젖혀진 귀, 확장된 콧구멍, 가만히 서 있기를 꺼림)를 인식하고 그에 따라 작업을 조정해야 한다. 말이나 소의 앞다리나 뒷다리를 들어 검진하고 있을 때 수의사에게 찾아올 수 있는 위험을 상상해보라.

반려동물은 주인에게 강한 애착을 가진다. 반려동물과 주인이 함께 있을 때 안전하다는 신경지가 존재한다면, 두 포유류 사이의 자율신경계는 상호조절을 통해 복측미주신경 상태를 공유하게 된다. 반려동물과 주인 모두 이와 같은 즐겁고, 항상성을 유지하고, 회복되는 상태를 추구한다. 사람들과 그들의 반려동물 사이에 만들어진 사랑과 헌신적인 유대의 예시가 되는 이야기는 수 없이 많다. 장거리 여행, 시간의 흐름, 또는 이별의 복잡함이 드러나는 상황 속에서 극단적인 환경에도 불구하고 개가 집으로 돌아와 결국 주인에게 돌아오는 기적과도 같은 이야기들은 널리 알려져 있다.

'스트레스를 걷어차세요!(PAWS YOUR STRESS!)'는 내가 지역 대학 보건 과학 도서관에서 본 포스터에 있는 재밌는 표제이다. 이 대학에서는 기말 시험 기간 동안 학생들에게 "세인트 존 앰뷸런스(St. John Ambulance) 소속의 귀여운 치료견(therapy dog)들과 함께 스트레스 푸는 시간을 가지라"고 권장한다. 치료견은 여러 대학의 도서관에 배치되어 학생들이 학업에서 잠시 벗어나 쓰다듬고, 안고, 껴안는 시간을 가질 수 있다. 이와 같은 상호조절은 인간과 포유류 사이의 상호연결이 다미주 이론에서 설명하는 신경생리학적 원리를 강화한다는 것을 보여주는 한 예시이다.

크레이그 던칸(Craig Duncan) 박사와 미아 콥(Mia Cobb)이 호주에서 제작한 유튜브 비디오(2016)에서 세 명의 반려동물 주인과 반려견 사이에서 일어나는 상호조절과 복측미주신경의 영향을 확인할 수 있다. 개와 주인은 잠시 분리되었다가 다시 만났는데, 이들에게는 심장 박동 수를 측정할 수 있는 감지기가 부착되었다. 개를 손으로 쓰다듬고, 껴안고, 어머니가 아기에게 말하는 것처럼 운율감 있는 언어적 의사소통(역자주: petese; 사람들이 반려동물에게 말할 때 사용하는 일종의 말투)을 할 때, 사람과 개의 심장 박동 수는 빠르게 느려졌으며 심장 박동의 리듬은 놀랍도록 일정했으며 안정적이었다. 분리 후의 재회는 수초화된 복측미주신경을 활성화시켰다. 심장 박동 수가 동기화된 결과는 반려동물과 주인 모두의 사회 참여 체계와 심장에 존재하는 강력하고 빠른 연결을 의미한다. 롤린 맥크래티(Rollin McCraty) 박사는 HeartMath 연구소의 웹사이트에 그의 아들 조쉬(Josh)와 반려견 메이블(Mabel)과의 상호작용을 근거로 비슷한 결과를 보고했다.

개나 말은 치료 도우미 동물(therapy animal)로 빈번히 활용된다. 인간-포유류 상호작용은 반려동물 치료(pet therapy)나 말 매개 치료(equine-assisted therapy)를 받는 사람의 사회적, 감정적, 인지적, 그리고 신체적 기능에 영향을 미친다. 나는 말 매개 치료 세션을 관찰한 적이 있는데, 말은 지속적으로 자신의 자세와 움직임을 조정해서 뇌 손상을 입은 기수의 운동 장애와 불안정한 균형을 보정해 주었다. 기수의 균형에 반응하는 말과 옆에서 동행하는 재활 승마 지도사는 함께 기수의 균형잡기를 조절하고 도왔다. 말의 복측미주신경 상태는 기수를 안심시키고 안정감(안전 신호)을 제공했다. 기수가 말에서 내린 후, 둘 사이의 교류는 말이 다가와 기수의 어깨를 쿡 찔러 쓰다듬어 달라는 신호를 보내는 것을 통해 확인할 수 있었다. 이런 예시들은 인간-포유류 상호작용이 양쪽의 자율신경계를 상호조절하는데 얼마나 효과적인지를 보여준다.

"주에이야(Zooeyia)"라는 용어는 호지슨과 달링(Hodgson & Darling, 2011)이 동물과의 상호작용, 특히 반려동물에 초점을 둔 상호작용을 통해 인간의 건강에 긍정적인 정신적, 신체적, 사회적 이점을 주는 것을 포괄하기 위해 만들어진 개념이다. "주에이야는 반려동물의 주인에게 주어지는 이점을 넘어 사회 공동체 또한 강화한다. 반려동물은 사회적 상호작용을 촉진하고, 안전감을 증진시킨다. 반려동물은 호혜성, 곧 공동체 의식을 구축하는 이웃 간의 호혜성을 증진시킨다"(Hodgson & Darling, 2011, p. 190). 상호조절, 평온함, 신뢰를 확립하기 위해 필요한 조건은 인간과 동물 모두의 안전에 대한 신경지에 기반을 둔다. 따라서 안전, 사회적 소통, 교류, 그리고 상호조절은 동시에 나타난다. 스트레스가 많은 어려운 상황 가운데 있는 인간의 신경계에 포유류의 존재는 상당한 도움이자 자산이 될 수 있다.

음~ 매력적인 배경 음악

느린 템포의 음악과 클래식 음악을 들은 젖소가 더 많은 우유를 생산한다는 사실을 알고 있었는가? 농부들은 수십 년간 젖소 사육장과 착유실에서 음악을 틀어왔다. 영국 레스터 대학교(University of Leicester)의 에이드리언 노스(Adrian North)와 리암 맥킨지(Liam MacKenzie)는 2001년의 연구 논문에서 음악의 장점들을 확인했다. 그들의 연구는 대규모 낙농 목장의 소들을 대상으로 하루에 12시간 동안 분당 120회 이상 비트의 빠른 템포의 음악, 분당 100회 이하 비트의 느린 템포의 음악, 또는 아무 음악도 듣지 않지 않도록 구분했다. 느린 템포의 음악을 들은 동물들은 다른 두 그룹에 비해 우유 생산량이 3% 더 많았다. 이는 하루에 소가 0.73리터의 우유를 추가적으로 생산한 양에 해당한다. 1,000마리의 소로 이루어진 큰 무리의 경우, 하루에 730리터의 우유를 추가적으로 생산한 것이며, 이는 하루에 300에서 400달러 가치의 우유가 추가적으로 생산된다는 것을 의미한다. 이 결과는 통계적으로 유의하여 특정 유형의 음악을 소에게 틀어주면 우유 생산량을 증가시킬 수 있다는 것을 확인시켜준다. 소들은 음악을 듣고 명백하게 긴장을 풀고 진정했으며, 신진대사와 항상성 과정이 향상되어 결과적으로 우유 생산량이 증가했다.

연구자들은 소들이 청각적으로 즐거운 환경에 반응했다는 것을 알아냈다. 믿거나 말거나 이 연구는 사이먼과 가펑클(Simon and Garfunkel)의 "Bridge Over Troubled Water", 헨리 맨시니(Henry Mancini)의 "Moon River", 그리고 베토벤의 "전원 교향곡(Pastoral Symphony)"과 같은 곡들이 포함된 젖소들을 위한 음악 재생목록을 제안할 정도로 진행이 되기도 하였다. 캐나다 브리티시 컬럼비아 지역의 낙농업자들은 2012년에 젖소를 위한 음악을 작곡하는 대회를 주최했다. 소들이 어떤 새로운 음악을 선택했는지는 우유 생산량의 증가치로 측정하였고, 결과는 앞서 언급한 연구에서 언급된 것과 비슷하게 느린 템포를 가진 음악이 선정되었다.

음악의 템포가 제공하는 평온하고 이완된 환경에서 포유류(젖소)는 자율신경계를 조절하고, 복측미주신경의 긴장도를 개선하고, 항상성 신진대사 상태를 수월하게 만들고, 더 많은 우유를 생산한다. 우유 생산량의 증가는 (다미주 이론의 용어로는) 회복과 건강을 의미하며, (수의학 및 동물 과학의 용어로는) 신체 유지와 젖 생산을 위한 신진대사 에너지 사용의 개선을 의미한다.

다미주 기반의 동물병원: 동물 친화적 병원

동물병원에 가는 것은 반려동물에게 많은 스트레스가 된다. 다미주 친화적(역자주: 또는 다미주신경 친화적) 동물병원은 찾아오는 동물의 신경지 시스템이 감지할 수 있는 위험, 위협, 도전의 단서를 제거하거나 완화하는 곳이다. 한 지역동물병원에서 설명하는 자신들의 "고양이 친화적"인 시설을 그 예로 볼 수 있을 것이다. 그들의 라디오 광고에서는 대기실 건너편에 있는 "무섭고 큰 개"에 의해 놀란 고양이의 모습을 제시한다. 고양이는 주인의 품을 벗어나 탈출했고 이 고양이를 잡기는 굉장히 어려울 것이다. 이러한 반응은 동화와 도주 등 상당한 수준의 교감신경 활성화를 수반한 결과이다. 이 동물병원은 고양이와 그 주인을 위한 별도의 입구뿐만 아니라, "고양이 전용" 진료 및 치료 시설에 대해 광고한다. 이는 개와 다른 종의 동물을 위해서도 마찬가지이다. 이와 같은 병원은 위험 신호가 상당히 감소되거나 제거된 다미주 친화적인 시설이다. 다미주 친화적인 시설에는 자율신경조절의 어려움에 대한 인식과, 위험 신호를 줄이면서 안전 신호를 증가하겠다는 공약 등을 가지고 있다. 미국 고양이 임상가 협회(American Association of Feline Practitioners)가 지원하는 프로그램은 고양이 친화적인 동물병원을 위한 교육과 기준을 제공한다. 종종 이런 병원은 고양이 전용이거나, 앞서 설명한 것처럼 개와 다른 동물을 다루는 시설과 완전히 별도의 시설을 갖추고 있다. 미끄럼 방지 검사대, 고양이 캐리어를 고양이가 취약하다고 느낄 수 있는 바닥 대신 탁자 상단 높이에 둘 수 있는 테이블이나 카운터, 부드럽고 편안한 침구가 있는 고양이 친화적인 입원 케이지, 고양이가 자기 공간으로 도망칠 수 있는 크기의 병원 우리, 동물이 앉을 수 있는 높은 선반 등이 이런 동물병원의 특징이다. 과거 동물병원의 진료실에서는 대부분 청소와 소독이 용이한 스테인리스강 탁자를 사용했는데, 이것은 동물에게 있어 굉장히 미끄럽고 혼란스러움과 두려움을 유발하는 것이었다. 이러한 특징들은 동물에게 잠재적으로 압도적인 위험 신호가 될 수 있다. 현재 동물병원들은 미끄럼 방지 탁자, 요가 매트와 같은 동물 친화적인 요소들로 채워져 있다. 이러한 발상과 혁신은 동물과 그 주변 사람들이 편안하고, 안전하고, 위험과 두려움의 요소가 감소될 때 동물과 사람 모두에게 이득이 되는 것을 보여주는 예시들이다. 다미주 친화적 환경을 조성하는 조성하는 이와 같은 진보는 동물 자율신경계 내의 복측미주신경 조절에 도움이 되는 분위기를 조성한다. 주인 역시 동물병원을 방문할 때 자신의 반려동물이 덜 불안하고 덜 각성되어 있다는 것을 알아차리며 더 편안해진다. 이는 동물에게도, 병원을 방문하고 일하는 사람들에게도, 그리고 동물병원 사업에도 더 나은 장소인 것이다.

수의사는 동물이 겪는 심각한 고통과 괴로움을 완화하기 위해 안락사를 수행해야 하는 경우가 종종 있다. 이 일을 수행하는 것은 영적인 경험이고, 나는 대부분의 수의사들이 동물과 보호자를 경건함과 온전한 현존(진심)으로 대할 수 있도록 해주는 복측미주신경 조절 상태에서 그 순간(진료)에 임한다고 믿는다. 혁신적인 동물병원은 이제 반려동물과 가족이 마지막 순간을 함께 보낼 수 있는 편안하고 사적인 "고요한 방(역자주: 격리실)"을 제공한다. 이 방은 스트레스가 많은 이 시기 동안 따로 떨어져 있을 수 있는 별도의 안전한 공간이 된다. 반려동물은 편안한 상태를 유지할 수 있으며, 종종 가족이 집에서 가져온 자신의 담요나 침대에 누워 있기도 한다. 이 환경은 동물과 가족 구성원 모두에게 가능한 많은 안전의 신경지를 조성한다. 약물은 반려동물에게 위험이나 교감신경이 활성화되는 느낌을 주지 않도록 조심스럽고 주의 깊게 투여된다. 주인이나 가족은 원한다면 이 과정에 참여할 수 있으며 가족들이 놀라지 않도록 이 과정은 단계별로 설명된다. 조용하고 편안한 환경, 느긋하고, 부드럽고, 속도를 조절하는 (사려 깊은) 행동, 운율 있는 목소리, 부드러운 접촉, 반려동물에게 가해지는 최소한의 제약은 모두 반려동물과 가족 구성원 사이의 교감을 돕는다. 수의사는 반려동물과 그 가족의 자율신경계에 주의를 기울이는 것을 통해 이들에게 평화롭고 의미 있는 마지막 순간을 선사할 수 있다. 존중을 가지고 생명의 끝을 다루는 방식과, 고통과 괴로움을 완화시키는 것은 반려동물, 주인, 가족, 동물병원 직원 등 이와 관련된 모든 이들에게 중요하다. 다미주 이론에 대한 인식은 이러한 안전하고 지지적인 공간을 조성하는 것의 중요성을 이해하는 데 도움이 된다.

나는 최근 한 라디오 진행자가 12살 된 자신의 반려견이 건강이 나빠지고 암이 악화되어 지난 주말에 안락사를 해야만 했다는 이야기를 들었다. 그는 생방송에서 안락사 서비스를 제공한 수의사에게 감사의 말을 전했는데, 그의 감정이 북받친 듯했다. 자신과 죽은 반려견의 오랜 동반자였던 두 번째 반려견이 근처 바닥에 앉아 있었는데, 그는 자신과 아직 살아있는 반려견 모두 가까운 연대감이 필요하다고 말했다. 그는 그날 반려견을 일터로 데려올 수 있도록 허락한 라디오 방송국의 경영진에게 감사를 표했다. 실제로 그와 그의 반려견은 근접성과 연대감을 통해 서로의 자율신경계를 지지하고 조절하고 있었다. 라디오 진행자는 의심의 여지없이 자기 옆 테이블 아래에서 반려견을 계속 만지고 쓰다듬고 있었을 것이다.

동물의 건강과 인간-동물 상호작용의 관계

수의학과 동물과학 관련 문헌에는 연구자들과 동물행동 전문가들이 동물과 그들의 인간 보호자 사이의 관계에 대한 세부 사항을 조사한 예시들이 많이 있다. 동물이 받고 있는 관리의 수준과 그들의 보호자의 태도 및 행동 사이에는 상관관계가 있다. 사람들은 다치거나 아픈 동물을 식별하여 적절한 수의학적 관심을 제공하고, 규정된 치료를 받는 절차로 이끌어가기 위해 음식, 물, 온도 및 통풍 조절, 안전한 장소 간 이동을 제공한다. 이런 기본적인 서비스를 제공하는 것을 넘어, 동물의 보호자들은 동물을 돌보고 그 주변에서 편안함을 느껴야 한다. 보호자들은 그들의 차분하고 조절된 복측미주신경 상태를 동물과의 상호작용에 적용해야 한다. 보호자들의 차분하고 조절된 신경계는 그들이 돌보는 동물에게 상호조절과 안전 신호를 제공한다. 안전 신호는 대형 동물과 반려동물이 복측미주신경의 영향을 받는 상태를 유지해 항상성이 유지되는 생리 상태를 만드는 데 도움이 된다. 결과적으로 동물, 보호자, 수의사 삼각 관계에 속한 모두에게 더 나은 결과를 가져온다.

호주 멜버른 출신의 폴 햄스워스(Paul Hemsworth)는 수년간 젖소, 돼지, 반려동물과 그들의 보호자나 사육사 간의 상호작용에 대해 연구해왔다. 동물 과학 저널(Journal of Animal Science)에 실린 그의 논문은 다음과 같은 내용이 담겨 있다. "사육사의 태도 및 행동, 소의 행동과 생산성 사이에 유의미한 상관관계는 이러한 인간들의 특성(태도 및 행동)을 개선하여 젖소들이 인간에 대해 느끼는 두려움 반응을 줄이고 결과적으로는 소의 생산성을 향상시킬 가능성을 시사한다"(Hemsworth, Coleman, Barnett, & Borg, 2000, p. 2821). 이 인용구는 인간의 자율신경계와 포유류의 자율신경계 사이의 상호조절의 중요성을 보여준다.

자기가 돌보는 동물들의 두려움을 줄이는 것이 필요하고 중요하다고 인식하는 사람들은 주인이자 보호자로서 훨씬 더 성공적이다. 보호자는 이런 안전한 공간을 만들 수 있는 능력이 있고 그에 대한 책임이 있다. 모든 동물들은 신경지로 위험과 위협을 덜 감지할 때 더 잘 지낸다. 돼지와 소를 대상으로 한 다른 동물 행동 연구에서는 동물들이 관리자 개인과의 "두려움을 유발하는 나쁜 경험"을 기억하고, 이 기억을 바탕으로 행동을 바꿀 수 있음을 보여준다(Hemsworth, Barnett, & Hansen, 1987, p. 245). 이러한 기억을 유지하는 능력은 과거 경험과 현재 환경에 기반해 포유류의 자율신경계가 적응하는 능력을 보여주는 흥미로운 예시이다.

이러한 예시들은 편안하고, 평온하고, 안전한 환경을 제공하는 것이 중요하다는 것을 강조한다. 다미주 이론의 표현으로 말하자면 포유류의 신경지 시스템은 안전한 환경을 감지하고, 이완되고, 차분해지고, 항상성을 유지하는 생리학적 상태를 달성하기 위해 복측미주신경의 활성도를 증가시킨다. 반려동물, 가축, 그리고 우리 자신에 대한 복측미주신경의 긴장도를 개선하고 신경지가 안전함을 감지하도록 하는 것은 모두를 위한 건강, 성장, 그리고 회복을 촉진할 수 있다.

동물 관리와 동물 복지

다섯 가지 자유(Five Freedoms)는 1965년 영국 정부 보고서에서 시작되어 1999년 영국 농장동물복지위원회에 의해 더욱 세분화된 동물 복지의 핵심 개념이다. 이 다섯가지 자유는 지금까지도 농장 동물, 연구 환경에서 사용되는 동물, 동물원과 같이 행동에 제약이 있는 동물들, 그리고 우리가 반려동물로 집에서 기르는 동물들의 관리를 위한 기본 지침과 기준이 되었다. 연구 단체들은 "동물 관리(Animal Care)" 프로토콜을 완료해야 하며 연구 동물의 관리와 복지가 보장되지 않는 한, 기관의 승인과 보조금 지급은 이루어지지 않는다. 이러한 프로토콜과 지침은 다섯 가지 자유 개념에 기반한다.

동물의 기본적인 복지는 다음의 자유를 보호할 때 보장된다.

1. 배고픔과 목마름으로부터의 자유 - 완전한 건강함과 활력을 유지할 수 있는 신선한 물과 식단이 준비되어 있을 것
2. 불편함으로부터의 자유 - 주거지와 편안한 휴식 공간 등의 적절한 환경을 제공할 것
3. 고통, 부상, 질병으로부터의 자유 - 예방 및 또는 신속한 진단과 치료를 제공할 것
4. (대부분의) 정상적인 행동을 표현할 자유 - 충분한 공간, 적절한 시설, 그리고 같은 종

의 동료를 제공할 것

5. 두려움과 스트레스로부터의 자유 - 정신적 괴로움을 방지하는 조건과 치료를 보장할 것(Watson, 2010 참조)

이런 기본적인 개념들은 동물을 적절하게 관리하고 그들의 복지를 정의하기 위해 필요한 것들을 설명하는데, 사실 이는 다미주 이론에 대한 이해 없이 개발되고 공표된 것이다. 다미주 이론과 이를 뒷받침하는 포유류 자율신경계에 관한 과학은 다섯가지 자유를 뒷받침한다. 각 자유는 근본적으로 안전의 신경지에 관한 것이다. 안전, 편안함, 안정감이라는 세 단어는 자율신경계를 조절하고 그 생리 상태와 대사가 항상성을 유지하는 복측미주신경 상태로 이동할 수 있는 동물을 묘사하는 단어들이다. 이것이 바로 내가 생각하는 동물복지가 최대로 이루어진 상태이다.

원 헬스

세계적 개념인 원 헬스(역자주: one health; 사람, 동물, 생태계 사이의 연계를 통하여 모두에게 최적의 건강을 제공하기 위한 다학제적 접근)는 모든 종의 건강을 위한 목표를 포괄하고 있다. 인간의 건강이 동물의 건강, 환경의 건강과 직접적으로 연결되어 있다는 인식이 커지고 있으며, 관련 홈페이지에서는 "원 헬스 개념은 인간, 동물, 환경에 대한 모든 측면의 건강관리에서 학제 간 협력과 소통을 확장하기 위한 전 세계적인 전략이다."라고 소개하고 있다(One Health Initiative, 2006). 원 헬스의 초점은 동물에게 발생하여 사람에게 전파되거나, 그 반대로 전파되는 감영병에 주로 초점을 두고 있지만, 원 헬스 계획의 사명 선언문에는 인간-동물 유대의 중요성을 강조하고 있다.

> 원 헬스는 인간-동물의 유대를 통한 정신건강, 동물의 건강, 그리고 생태계의 건강이 불가분의 관계에 있음을 인식하고, 모든 종의 건강과 안녕을 증진, 개선하고 보호하기 위해 의사, 수의사, 기타 과학적 건강 및 환경 전문가들 간의 협력을 강화하며 이러한 목표를 달성하기 위한 리더십과 운영의 장점들을 촉진하고자 한다(One Health Initiative, 2006).

"반려동물은 네 가지 방식으로 인간의 건강에 유익하다(주에이야). 인간의 사회적 자본을 만들어가면서, 인간이 받은 피해를 줄이면서, 건강한 행동 변화를 동기부여 하면서, 또 치료 계획에 있어 잠재적인 참여자로서 도움을 준다"(Hodgson et al., 2015, p. 526). 치료견은 동물과 사람 사이의 치료적 유대를 구축하기 위해 다양한 환경에서 점점 더 많이 사용되는 추세에 있다. 그 예시로는 교도소 재소자, 메타돈(methadone) 치료 시설, 그리고 군대의 참전용사와 동반하는 등의 역할이 있다(Dell & Chalmers, 2017). 주에이야는 원 헬스의 핵심 구성 요소이다.

나는 이 장에서 설명된 예시들이 인간과 동물(포유류) 사이에서 일어나는 상호조절을 잘 보여줬다고 생각한다. 특히 반려동물은 소유자에게 직접적으로 인간-동물 유대의 경험을 제공한다. 반려동물은 안전한 환경에서 주인과 소통하고 상호조절을 할 때 사회 참여 체계의 비언어적 특징들을 보여준다. 각 반려동물의 행동은 독특하며, 반려동물은 종종 눈맞춤이나 함께 있기, 가까이 붙어있기, 제스처와 접촉(예: 반려동물이 주인에게 다가가 툭 건드리기), 그리고 발성(예: 고양이의 울음소리)을 포함하는 비언어적 교류의 특징을 보인다. 주인이 그들의 개, 고양이, 말 등에게 운율이 있는 목소리 톤으로 응답하거나, 쓰다듬기 위해 손을 뻗거나, 놀이를 위해 신호를 보낼 때(예: 물어와! 놀이) 그들의 호혜성이 명확하게 드러난다. 반려동물과 주인 사이의 호혜적인 역동은 다미주 이론에서 설명된 바와 같이 복측미주신경을 활성화시키고 조절을 통해 주인의 생리 상태와 정신 건강에 영향을 미친다. 원 헬스 개념은 이 행성에 함께하는 인간, 동물, 그리고 생태계의 건강을 연결한다. 우리는 모두 이 행성에 함께 있다. 다미주 이론의 핵심 개념을 우리 일상 생활에 통합하는 것은 개인의 안전을 구축하고, 전 세계 사람들과 동물들의 건강하고, 강력하며, 회복력 있는 신경계를 발달시키는데 도움이 될 것이다.

결론

포유류뿐만 아니라 다른 동물들의 관리, 취급, 의료적 관심, 그리고 치료 역시 광범위하고 다양한 기술들을 필요로 한다. 동물의 건강과 안녕의 유지, 질병과 부상의 진단과 치료를 위한 기술들은 수의학 전문 직업의 핵심이다. 2004년에 캐나다 수의사 협회(Canadian Veterinary Medical Association)가 승인한 수의사 선서는 "나는 동물의 건강과 복지를 증진시키고, 동물의 고통을 완화하며, 공중 보건과 환경을 보호하고, 비교의학 지식을 발전시키기 위해 노력할 것이다."라고 명시하고 있다. 동물을 책임지는 사람들은 동물의 필요를 채워주고 그들을 안전하게 지킨다는 윤리적이고 도덕적인 책임이 있다. 포유류 내 공유된 자율신경계는 사람들과 동물 사이의 유대를 이해할 수 있는 기반이 된다. 다미주 이론과 이 이론에서 새롭게 개념화한 자율신경계는 동물건강, 수의학, 생식, 주거와 주거지, 영양, 취급, 관리, 동물복지, 그리고 웰니스의 넓은 스펙트럼에 걸쳐 적용된다. 나는 다미주 이론이 동물, 인간, 환경 건강, 그리고 원 헬스의 미래에 있어 핵심적인 구성요소이며, 앞으로도 더욱 그럴 것이라고 믿는다.

3부

치료적 접근법과 임상적 적용

다미주 이론의 임상적 적용

11장

다미주 플레이랩: 치료사가 환자에게 다미주 이론에 대해 말할 수 있도록 돕기

Deb Dana and Deb Grant

개요

다미주 플레이랩(Polyvagal PlayLab)은 신경과학, 표현 예술, 신체학을 결합하여 치료사들이 다미주 이론을 임상 현장에 적용할 수 있도록 교육한다. 참여자들이 경험을 통해 자신의 자율신경계를 탐색하며 이론을 습득할 수 있도록 설계되었으며, 치료자들은 자신의 자율신경계 패턴을 '지도화(map)'하고, 안전에 대한 신경지에 조율해가며, 사회적 미주신경(social vagus)의 긴장도를 조절하는 방법들을 실험적으로 익히게 된다. 이 장에서는 다미주 플레이랩의 구성 요소들을 소개하며, 독자들이 이 내용을 직접 체험하여 내담자와의 임상 작업에서 더욱 깊이 있는 다미주 이론 기반의 접근법을 개발하도록 안내한다.

치료사로서 우리는 안전, 위험, 생명의 위협에 대한 무의식적인 경험이 개인의 서사 속에 깊이 스며들어있다는 것을 알고 있다. 다미주 이론은 생리적 상태가 이러한 과정에 어떤 영향을 미치고 지속시켜가는지를 이해하는 데 필수적이다. 그렇다면 심리치료사는 심리적 경험과 생리적 상태를 연결하는 이 새로운 관점을 임상 현장에 어떻게 적용할 수 있을까?

다미주 플레이랩에서는 치료사 집단과 함께 다미주 이론을 가지고 "놀이(play)"를 시도했다. 플레이랩은 신경과학, 표현예술, 신체 기반 접근법을 결합하여 다미주 이론과 이를 임상 현장에 적용하는 방법을 가르친다. 이 장에서는 다미주 플레이랩의 여러 구성 요소를 설명하여 독자들이 직접 이 자료를 실험해보고, 이를 현재의 치료 접근법과 통합하여 내담자와의 임상 작업에서 보다 심층적인 다미주 기반 접근법을 도입할 수 있도록 돕고자 한다.

다미주 이론에 따르면 복측미주신경 상태를 유지하는 것은 성장과 학습을 위한 기본적인 생리적 요건이다(Porges, 2003b). 참여자가 워크숍의 자료를 이해할 수 있는 기초를 마련하기 위해서는 신경지의 수동적 경로가 안전신호를 보내어 사회 참여 체계를 활성화하는 환경을 조성하는 것이 필수적이다. 워크숍의 체험적 특성은 몸에서 느껴지는 경험을 통해 상향식 처리를 촉진한다. 플레이랩의 목표는 신체화된 경험을 다미주 이론에 대한 인지적 이해와 통합하는 것이다.

다미주 이론에 따르면 신경계는 우리의 의식적 인식 아래에서 내부 및 외부 환경의 위험 요소를 탐지한다. 위험을 감지하면 그에 대응하고 안전 또는 방어 상태를 촉진하기 위해 자율신경계가 동원된다. 위험의 인식과 특정 자율신경 반응을 연결하는 이 과정을 신경지라고 한다(Porges, 2003a, 2004). 신경지는 안전, 위험 또는 생명 위협의 신호를 감지한다. 우리는 신경지에 의해 매개되는 거대한 생리적 상태의 변화를 깊이 인식하지만, 그 반응을 촉발한 구체적인 신호에 대해서는 잘 알지 못하는 경우가 많다. 치료사 역시 내담자와 마찬가지로 신경지와 그에 따른 생리적 반응을 잘 알지 못한다.

일반인뿐만 아니라 모든 치료사 집단 내에서도 일정 비율의 플레이랩 참가자는 과거 트라우마를 경험했을 가능성이 있으며, 이는 훈련 환경에서 안전에 대한 신경지에 영향을 미칠 수 있다. 트라우마를 치료하는 치료자들이 대리 외상(vicarious trauma)을 경험하는 것은 예상 가능하고 관리 가능한 일이다(Harrison & Westwood, 2009). 플레이랩은 치료사들이 이러한 일반적인 어려움에 있어서 자율신경계에 대한 인식이 어떻게 보호 요인으로 기능하는지를 통찰할 수 있도록 구조화된 경험을 제공한다.

워크숍 중에 방어 반응(예: 동화 및 부동화)이 촉발될 수 있음을 미리 이해하는 것을 통해, 우리는 참여자들이 복측미주신경 매커니즘을 통해 원활하게 안전 상태로 돌아갈 수 있도록 지원하는 원칙과 활동을 포함시켰다. 투쟁-도피와 부동화 방어 반응은 신경지에 의해 찰나의 순간에 반사적으로 일어난다. 상태 변화는 미묘할 수 있으며, 내담자의 행동 변화를 추적하는 능숙한 숙련된 치료사들조차도 자신의 미세한 상태 변화나 그것이 내담자에게 미치는 영향을 인식하지 못할 수 있다. 플레이랩을 통해 우리는 참가자들이 자신의 자율신경 상태를 주의 깊게 관찰하고 이러한 인식을 추적하는 방법을 배울 수 있도록 지원한다.

다미주 이론은 하향식 과정과 상향식 과정을 모두 포함하는 통합적 이론이다. 심리치료사들이 자신들의 다미주 패턴을 의식적으로 탐색하고, 자율신경계를 지도화하며, 신체기반 개입을 직접 체험하면서 상태 변화를 경험하고 조율할 때, 이 이론의 관련성, 적용가능성 및 효과가 더욱 커진다. 다음의 지침들은 치료사들이 안전한 "실험실" 환경에서 동료 치료자들과 함께 다미주 이론을 배우고 연습하며 놀이할 수 있도록 돕는다.

워크숍 진행자가 학습 환경에서 참가자의 다양한 요구 사항에 맞출 수 있는 구조와 형식을 만들라. 교육 환경은 성인의 과거 학교 및 학습 환경 경험에 따라 안전감 상실에 대한 신경지를 촉발할 수 있다. 아동기와 성인기의 경험은 종종 무능력에 대한 두려움, 새로운 자료를 다루는 것에 대한 어려움, 완벽해야 한다는 강박관념으로 이어진다. 치료사의 자율신경 상태는 단지 낯선 것을 배울 때뿐만 아니라, 무언가를 체험적으로 배워야 할 때 더욱 조절하기 어려울 수 있다. 자율신경 조절 이상의 경험은 흔히 "그저 워크숍일 뿐인데, 이렇게 반응해서는 안 돼." 혹은 "다른 사람들은 모두 잘하는데 나만 못하네."와 같은 익숙한 이야기로 나타난다. 동화와 부동화의 촉발 요인을 적응적인 자율신경계의 반응으로 이해하고, 이것을 보편적인 인간 경험으로 일반화하면, 참가자들은 자신의 상태 변화를 인식하고 이에 연민을 가지고 반응할 수 있게 된다.

안전한 집단과의 연결감, 소속감, 편안함을 느낄 수 있는 기회를 제공하라. 새롭게 형성된 낯선 집단은 소속감, 안전감, 수용감, 자기 가치감에 대한 위험 신호와 도전 과제들을 불러일으킬 수 있다. 개인적인 작업이든 타인과의 작업이든, 인지의 기반이 되는 신경학적 토대는 인지 그 자체만큼 중요하므로 충분한 주의를 기울일 가치가 있다. 워크숍의 모든 순간은 참여자들이 안전과 연결감을 경험할 수 있도록 복측미주신경을 조절하는 기회를 보장해주어야 한다. 이는 워크숍을 구성할 때, 상태 변화를 의도적으로 활성화시켜 학습도구로 활용하는 각 세션을 적절하게 배치하고 흐름을 조절하여, 신경계가 중간중간 충분히 '숨을 고르고', 복측미주신경 상태에서 휴식을 취하며 안전감을 경험할 수 있도록 시간을 마련해야 한다는 의미이다. 또한 신경지의 수동적 경로가 지속적으로 정보를 받아들이고 있음을 인식하며 워크숍 환경에서 신체적 편안함, 안전 또는 위험의 신호에도 주의를 기울여야 하며, 참여자들이 지속적으로 자신의 자율신경 상태를 관찰하고 그 정보를 바탕으로 각자의 편안함을 유지할 수 있도록 지속적으로 권유하는 것이 포함된다.

참가자의 자율신경 반응을 적극적으로 추적하라. 자율신경계는 다른 사람과의 경험을 통해 조정되는 관계적인 시스템이므로, 각 참여자는 각자의 고유한 신경의 지도를 워크숍이라는 학습 환경에 가지고 온다. 어떤 참여자에게는 플레이랩과 체험 콘텐츠가 적절한 수준의 도전감을 주는 신경 운동을 제공하여 편안하게 참여할 수 있는 하루가 될 것이다. 그러나 다른 참가자에게는 체험 요소들이 지나치게 강렬한 신경적 도전을 일으킬 수 있다. 만약 위험 신호가 안전 신호를 압도하게 되면, 참가자는 연결 상태에서 벗어나 보호 상태로 전환하는 예측 가능한 일련의 생리적 상태 변화를 경험한다. 만약 어떤 활동이 참가자를 생존을 위한 적응적 반응으로 이끌게 되는 경우, 사회 참여 체계(social engagement system)의 경로를 활용한 상호조절이 가장 우선적인 대응일 수 있다. 집단 리더로서 우리는 직접 적극적인 참여를 통해 상호조절을 제공하고, 또한 다른 참여자들이 복측미주신경 연결을 서로에게 제공할 수 있도록 지원한다.

집단 과정과 인식의 일환으로 복측미주신경 조절을 우선시하라. 치료자가 워크숍을 진행하거나, 집단을 촉진하거나, 개인 치료에서 내담자와 상호작용을 하기 위해서는 복측미주신경 조절 상태를 유지하는 기술이 필수적이다. 플레이랩은 다미주 이론을 의식적으로 사용하여 신경계의 상태를 조절하고 집단 내에서 이를 시연할 수 있는 환경을 제공한다. 여기에는 활성화된 상태를 발생 즉시 인지하고 표현하기, 자기조절과 상호조절에 참여하기, 그리고 다양한 조절 행동을 시연하기와 같은 기술들이 포함된다.

이 장에서는 플레이랩의 여러 활동 예시를 선별하여 소개한다. 독자들이 이러한 체험적 접근 방식을 통해 다미주 이론을 안에서부터 밖으로 자연스럽게 익힐 수 있도록 안내한다.

다미주 이론 소개하기

다미주 이론은 사람이 삶을 사랑하게 되고, 삶에서 마주하는 여러 위험도 기꺼이 받아들일 수 있을 만큼 충분히 안전하다고 느끼게 되는 경험을 설명해주는 과학으로 이해할 수 있다. "신경 감시(neural surveillance)"라는 개념을 통해 우리는 자율신경계와 이를 조절하고 감시하는 상위 뇌 구조들이 항상 배경에서 작동하며, 지속적으로 신호를 감지하고 우리를 적응적 생존 반응의 연속선상에서 움직이도록 이끌고 있음을 이해할 수 있다. 고대(배측)미주신경의 붕괴에서 교감신경의 동화를 거쳐 사회적(복측) 미주신경 연결로 이어지는 다미주 위계를 따라, 신경계의 구조를 보여주는 해부학적 이미지와 실제 활동을 담은 영상 자료를 추가하면 참여자들이 "과학을 시각적으로" 이해하는 데 도움이 된다.

참여자들이 세 가지의 자율신경 상태를 역할극으로 표현하는 "자율신경 심리극(autonomic psychodrama)"을 통해 삼중 신경계(triune nervous system)를 탐구하면, 심리교육이 더욱 생생해진다. 역할극 참여자들은 행동적 충동을 연기하고 각 상태의 이야기를 묘사한다. 자율신경 위계가 실제로 어떻게 작용하는지 보고, 각 상태의 특징을 확인함으로써 각 상태에서 허용되거나 제한되는 반응에 대한 인식을 높일 수 있다. 배측미주신경의 "최후의 수단", 교감신경의 "활동적인(on the move)" 에너지, 그리고 복측미주신경의 "안전하고 사회적인" 경험은 우리에게 무엇을 가져다주는가?

경험적인 신경생물학적 탐구를 확장하는 것은 뇌간 내의 수초화된 복측미주신경 경로가 다섯 개의 뇌신경에 내장된 특정 경로들(예: 특수 내장성 원심성 신경; special visceral efferent)과 상호 연결되어 있다는 사실로 초점을 이동시킨다. 이 경로들은 "안전 회로(safety circuit)"를 구성하며 사회 참여 체계로 나타난다. 사회 참여 체계는 일상적 경험 속에서 흔히 나타나는 조율(attunement) 및 부조율(misattunement)의 순간들과 연관된다. 이런 흔한 경험의 신경학적 기반을 이해하면 수치심과 비난이 감소하고 연민과 호기심의 가능성이 증가한다.

항상성(homeostasis)과 배측미주신경 및 교감신경계의 비반응적 역할은 복측미주신경계가 조절을 감독할 때에만 가능하다. 정신적, 신체적 건강을 위한 최적의 상태는 교감신경계와 배측미주신경 회로가 방어적 상태로 넘어가는 것을 완충한다. 복측미주신경계는 조절하는 역할을 하며, 배측미주신경이나 교감신경 상태가 제어되지 않으면 연결이 끊어지고 적응적 생존 반응으로 이동한다는 점을 이해하는 것은 다미주 이론을 이해하는 데 중요한 부분이다. 통합된 신경계는 타인에 대한 연민, 우리가 사는 세상에 대한 호기심, 타인과의 안전한 정서적 및 신체적 연결을 지원하는 데 필수적이다.

플레이랩에서는 다미주 이론의 세 가지 기본 요소, 즉 자율신경 위계(hierarchy), 신경지, 호혜성/상호조절을 제시한다. 이러한 요소들은 다음 섹션에 설명된 연습을 통해 탐구된다.

지도화를 통한 자율신경계 인식

우리가 특정 영역을 나타내기 위해 지도를 만들 듯, 다미주 이론을 통해 본 자율신경계의 특정 구역을 도표화하기 위해 지도를 만들 수 있다. 지도는 신경지라는 언어로 표현하기 어려운 경험에 구조를 제공함으로써, 자율신경 상태에 대한 인식으로 들어갈 수 있게 돕는다. 이러한 지도화 경험을 통해 참가자들은 복측미주신경, 교감신경, 배측미주신경의 패턴을 탐색하고, 자신만의 고유한 활성화 및 참여 프로파일을 파악하기 시작한다. 지도는 기억하기 쉬우며, 자율신경계 지도는 우리가 어디에 있는지를 습관적으로 알아차리게 돕는 강력한 도구가 된다. 이 지도는 "나는 지금 지도에서 어디에 있는가?"라는 방향 감각을 위한 질문과 함께 돌아갈 수 있는 하나의 닻과 같은 역할을 한다.

사다리 지도

당신이 이 세상에 태어난 순간부터, 그 너머로 넘어갈 수 있는 사다리가 당신 앞에 놓여 있었다.

- Rumi

지도화 연습은 뎁 다나의 『다미주 이론 초심자 가이드(Beginner's Guide to Polyvagal Theory, 2018)』를 기반으로 한다. "사다리 지도(ladder map)"는 우뇌와 좌뇌의 능력을 결합하는 것으로, 먼저 자율신경 상태를 신체적으로 느끼게 하고(우뇌 편향), 그 후 그 경험에 언어를 덧붙이는(좌뇌 편향) 방식을 사용한다. 사다리를 오르내리는 이미지로 상태 변화를 추적하는 것은 이해하기 쉽고 활용하기에도 좋다는 것이 입증되었다. "나는 지금 사다리의 어느 위치에 있는가?"라는 질문은 답하기 쉽고, 유용한 정보들을 충분히 이끌어낼 수 있다. 이러한 자율신경계 사다리 지도는 타인과 공유하기 쉽고, 자율신경 상태와 상태 변화에 대한 상호 이해를 증진시킨다.

사다리 이미지는 안전한 전환의 감각을 불러온다. 사다리를 오르내리는 것은 큰 간격을 뛰어넘는 것이 아니라, 차근차근 발판을 밟아 올라가거나 내려가는 과정이다. 사다리는 항상 땅과 닿아있으며, 보다 높은 곳에 안전하게 도달할 수 있는 방법을 제공한다. 여기서 "땅"은 배측미주신경의 발달적 뿌리를 의미하며, 위로 올라가는 과정은 교감신경의 에너지를 거쳐 사회적 연결 상태인 복측미주신경의 상태로 나아가게 한다.

지도화 연습은 자율신경계 반응의 계층 구조를 체험적으로 이해할 수 있도록 소멸(dissolution)의 과정을 따른다(Porges, 2011). 지도화 순서의 구조는 참가자들이 복측미주신경의 통제를 충분히 유지하면서 안전하게 교감신경과 배측미주신경 상태를 활성화하고, 각 상태를 경험하되 그 상태에 압도되지 않고 의도적으로 상태 사이를 전환할 수 있도록 설계되었다. 지도화 경험을 안내할 때는 사회 참여 체계에서 주의 깊게 살피는 안전의 신호들, 즉 따뜻한 음성, 눈 맞춤, 연결감을 주는 적절한 거리 유지 등의 신호를 제공하는 것이 중요하다.

지도화 활동은 자율신경계를 활성화하여, 각 상태가 지도에 그려질 때마다 활력을 불러일으킨다. 지도화 연습은 반드시 복측미주신경의 "안전하고 사회적인" 상태로 끝내야 하는데, 이는 연습을 마무리할 때 우리가 적극적으로 접근하고 경험하고자 하는 상태이다.

다음은 지도화 과정에 관련된 지침이다. 지도화 과정을 시작할 때는 먼저 교감신경의 "위험" 상태로 이동한 다음, 자율신경계 계층으로 더 내려가 배측미주신경의 "생명의 위협" 상태로 이동하고, 다시 상위 계층으로 이동하여 복측미주신경의 안전과 연결 상태에서 마무리한다. 교감신경 및 배측미주신경 상태를 생생하게 구현할 때는 이 지도화된 상태에 충분히 접근할 수 있을 만큼 풍부한 기억의 맛과 향을 느낄 수 있도록 경험을 조절해야 한다. 복측미주신경 상태의 경우, 기억을 "몸속 중심부에서부터 피부까지 가득 채우는 느낌"으로 완전히 생생하게 체험하도록 한다.

자율신경 위계를 오르내리는 움직임은 익숙하고 쉽게 유도할 수 있다. 배측미주신경 상태에서 다시 복측미주신경 상태로 전환하려면 교감신경 활성화를 거쳐야 한다. "스트레칭하기, 만지기, 호흡하기, 웃기"라는 간단한 네 단계의 순서가 배측미주신경의 붕괴 상태에서 교감신경계를 거쳐 복측미주신경의 안전 및 연결의 상태로 돌아가는 과정을 유도한다. 팔을 스트레칭하여 신전근(extensor)을 활성화하고, 다른 사람과 손가락 끝을 접촉해 친밀한 접촉을 통한 상호조절을 유지하며, 긴 숨을 내쉬어 복측미주신경 활성도를 높이고, 마지막으로 함께 웃으면서 호흡 조절과 상호조절을 유도한다.

지도화 활동이 끝나면 참가자들은 짝을 이루어 지도를 공유한다. 짝을 이룬 참가자들은 서로의 지도를 탐색하며 자신이 찾아낸 신체, 행동 및 신념의 이정표에 대해 함께 이야기를 나눈다. 이 과정에서 참가자들은 상태 간 전환이 어려운 부분과 유연한 부분에 대해 함께 인식한다. 이 시간은 복측미주신경 연결 상태로, 각 참가자는 호기심과 연민을 가지고 상호조절에 적극적으로 참여한다.

사다리 지도를 완성하는 방법

빈 "사다리 지도"와 색 마커를 준비한다. 색은 우리가 사물을 구별하기 위해 가장 먼저 사용하는 전략 중 하나이며(Church, 2004), 연구에 따르면 색은 생리적 각성과 심리적 효과를 불러일으킨다고 한다(Yoto, Katsuura, Iwanaga, & Shimomura, 2007). 색 마커를 제공하면 사다리 지도 작업이 단순한 하향식 인지 훈련이 아니라, 한 경험을 다른 방식으로 경험할 수 있는 전환점이라는 것을 알도록 도울 수 있다. "교감신경의 위험 상태, 배측미주신경의 생명 위협 상태, 복측미주신경의 안전 상태를 지도에 표현한다고 하면 어떤 색이 끌리나요?" 이 활동은 색에 대한 인지적 이야기를 듣는 것이 아니라 자율신경계가 전달하는 정보에 귀를 기울여 자율신경계의 정보를 바탕으로 선택하는 연습을 할 수 있는 기회가 된다.

각 세션마다 해당 자율신경의 상태를 나타내는 색 마커를 선택한다. 흥미롭게도, 회색이나 검은색은 배측미주신경계, 빨간색은 교감신경계, 파란색은 복측미주신경계를 표현하기 위해 선택되는 경우가 많다. 각 섹션에서 작업하면서 자신의 구체화된 경험(자율신경의 신경지)을 감지한 다음, 그 경험을 인식(피질에서의 지각)할 수 있는 시간을 가지도록 한다.

그다음으로는 그 상태에서 활성화되었다는 것을 알아차린 순간에 대해 기억해 보는 것이다. 교감신경과 배측미주신경의 경우, 그 대략적인 느낌만 느낄 수 있을 정도로만 몸과 마음으로 조금씩 느껴본다. 복측미주신경의 경우, 그 경험의 충만함을 온 몸과 마음으로 느껴본다.

그다음, 각 세션에 대해 어떻게 느꼈는지, 모양은 어땠는지, 소리는 어땠는지에 대해 빈칸을 채운다.

〈그림 11.1〉 이 샘플 지도는 임상의와 내담자의 공통적인 응답을 종합한 것이다.

몸에서는 어떤 일이 일어나는가? 당신은 무엇을 하는가? 무엇이 느껴지는가? 무엇을 생각하고 말하고 있는가? 당신의 수면, 활동, 음식, 약물 사용은 어떤 영향을 받았는가?

각 세션을 마쳤다면 해당 자율신경 상태에서 아래 두 문장을 채워본다. 이를 통해 각 상태에서 작동하는 핵심 신념을 파악할 수 있다.

"나는 …"

"세상은 …"

"예술 지도" 만들기

나는 다른 말로는 표현할 수 없었던,
설명할 방법이 없었던 그 무엇인가를,
색과 형태로 표현할 수 있었음을 깨달았다.

– Georgia O'Keeffe

예술은 언어와 유사하게 생각, 아이디어 및 감정을 전달하는 상징적 의사소통 체계이다(Zaidel, 2014). 예술 활동은 뇌의 기능적 연결성을 증가시키고, 회복탄력성을 높이는 것으로 나타났다(Bolwerk et al., 2014). 자율신경계를 표현하는 예술 지도를 만드는 것은 우뇌, 그리고 이미지에 대한 우뇌의 선호를 모두 활성화시킨다. 또한 우뇌는 예측에 영향을 덜 받기 때문에, 예술 지도에서 나타나는 결과물은 종종 새로운 인식을 가져다준다.

예술 활동은 다양한 자율신경 반응을 불러일으키며, 이러한 공통적인 경험을 인정하는 것은 반응을 정상화하는 데 도움이 된다. 자율신경계 예술 지도를 만들기 위해 예술가일 필요는 없다. 필요한 것은 재료와 실험해보려는 의지뿐이다. 이 연습에서는 종이와 마커, 그리고 복측미주신경의 호기심 상태를 유도할 수 있는 충분한 안전 신호가 있는 환경이 있으면 충분하다. 신문지와 같은 종이는 어린 시절의 암묵적 기억을 자극할 수 있으므로 두껍고 큰 사이즈의 종이를 사용하는 것이 바람직하다. 이는 또한 과정의 가치를 전달하고, 일반적인 8.5 × 11인치 크기의 종이(역자주: 미국에서의 표준적인 종이 크기를 뜻함, 여기서는 일상적 규격(8.5×11인치)에서 벗어나 자유롭고 확장된 창의적 표현을 가능하게 한다는 의미로 사용됨)에 갇힌 느낌에서 벗어나도록 돕는다.

참가자들에게 먼저 마커와 종이를 제공하고 종이를 자율신경계 위계의 세 단계를 나타내도록 삼등분한 후, 15분간 방해받지 않고 자유롭게 예술 지도(art map)를 만들도록 한다. 예술지도를 만드는 유일한 지침은 "당신의 자율신경계가 이끄는 대로 하라"는 것이다. 지도가 완성되면 참가자들은 자신의 예술 지도를 공유하는 것이 복측미주신경 상태를 방해하지는 않는지 확인한다. 만약 공유해도 안전하고 조절된 상태라 느끼면 지도를 앞면이 보이게 두고, 그렇지 않다면 뒷면을 보이도록 둔다. 이 결정은 모든 참가자들이 자신의 자율신경 요구를 듣고 존중할 것을 필요로 한다. 방 안에서 앞면과 뒷면으로 놓인 지도들은 개별적인 자율신경 반응이 공유된 경험 속에서도 존재할 수 있다는 것을 시각적으로 상기시킨다.

체화된 자율감: 다미주 생리학을 몸 속 깊은 곳으로부터 경험하다

세포 지능

성격, 감정, 생리 현상의 기초가 되는 우리의 몸은 약 30조 개의 세포로 구성되어 있다(Eveleth, 2013). 각 세포는 독립적이면서도 상호 의존적이며, 세포막을 통해 들어올 것과 나갈 것을 시시각각 결정하여 대사 과정을 조절한다. 미분화된 세포의 이미지(역자주: 온라인에서 이미지를 검색하면 쉽게 찾을 수 있다)를 보면 우리의 몸이 살아 숨 쉬는 세포의 공동체라는 느낌을 받을 수 있다. 신체 감각을 따라가며 미분화된 세포의 느낌을 상상하면 우리 몸의 세포가 무엇을 해야 할지 이미 알고 있다는 사실에서 오는 평온함과 생동감을 느낄 수 있다. 자연스러운 세포 지능(cellular intelligence)이 "우리의 시스템을 책임지고 있다"는 느낌은 신체가 안전하다고 느끼는 경험이 되어 복측미주신경의 흐름을 증가시킨다.

공동의 호흡

호흡은 복측미주신경의 긴장도를 증가시키는, 즉 활성화시키는 직접적이고 사용하기 쉬운 방법이다. 분당 15회 정도의 일반적인 호흡에서 분당 5~7회 정도의 느린 호흡으로 전환하면 부교감신경계의 활성도가 증가한다(Jerath, Crawford, Barnes, & Harden, 2015). 분당 호흡 횟수가 감소하면 복측미주신경의 긴장도가 증가한다. 호버만 구체(접었다 폈다 할 수 있는 기하학적 장난감)의 리드미컬한 확장 및 축소 동작을 따라하는 것은 인상적인 시각적 경험을 제공하고, 개인이 아닌 집단의 호흡에 집중할 수 있게 한다. 구체가 천천히 열리고 닫힐 때, 참가자들은 자신의 호흡을 구의 "호흡"에 맞춰 구가 확장할 때 숨을 들이마시고 수축할 때 숨을 내쉰다. 이렇게 유도된 여러 번의 호흡 주기를 통해 개별적인 호흡에서 공동의 호흡을 공유하는 경험에 집중하게 된다. 함께 하는 리듬 있는 호흡은 참가자들을 안전한 연결 상태로 이끌며, 이러한 공동의 호흡(shared breath) 연습 후 참가자들은 종종 집단에 대한 소속감을 느낀다고 보고한다.

세포 호흡

신체의 모든 살아있는 세포는 "내부 호흡(internal respiration)"이라고 하는 과정을 통해 산소를 받아들이고 이산화탄소를 배출한다. 바디마인드 센터링(Body-Mind Centering®)의 세포 호흡(cellular breathing) 체화 연습은 세포막에서 일어나는 기체의 교환 과정이 신체의 살아있는 모든 세포에서 일어나고 있음을 시각화하고, 감지하고, 느끼고, 체화하는 활동이다(Brook, 2014; Aposhyan, 2004). 일반적으로 이러한 신진대사 활동은 의식적 자각 없이 일어나지만, 신체 세포의 미묘한 확장과 수축을 "느껴보는" 연습을 통해 세포 자체에 대한 체화된 인식을 경험할 수 있다. 유동적인 환경 속에서 호흡하는 하나의 세포를 시각화하는 것은 우리의 운동감각적 경험을 통해 몸이라는 바다 속에서 느낄 수 있는 전반적인 존재감, 생동감, 활력을 느끼게 한다(Cohen, 2008).

이 과정에서 "미주신경 브레이크(vagal brake)"가 자연스럽게 작동하게 된다. 세포 호흡의 느낌에 접근하려면 차분하고 집중된 주의력과 이 자연스러운 신진대사 조절 과정에 관한 호기심이 필요하다. 이를 통해 몸 전체에 편안함, 균형감, 전반적인 이완감이 증가하게 되며, 교감신경 활동이 감소하고 부교감신경의 긴장도가 증가한다.

미주 신경을 느끼고 따라가기

해부학적 그림을 참고하여 두개골 바닥 귀 부근에서 시작해 손가락을 부드럽게 이동시키며, 목을 따라 내려가 심장 부위까지 천천히 따라가면서 몸 안에서 미주신경의 존재감을 느껴보도록 잠시 멈추어 주의를 기울인다. 그리고 "방황하는 신경(the wandering nerve, 역자주: 미주신경을 문자 그대로 번역한 것)"의 경로를 따라가면서, 미주신경이 가진 기능을 기억하고, 눈의 시선, 빨기, 삼키기, 소리 듣기, 목소리 톤, 호흡 및 심박수에 미치는 영향을 느껴본다. 미주신경을 안쪽에서 바깥쪽으로 느끼면서 탐색하는 것은 신경 자체와 함께 주변 조직의 내부 수용 감각을 증가시킨다. 미주신경의 물리적인 존재에 주의를 기울이면 호기심, 자기인식, 복측미주신경의 긴장도가 증가한다.

미주신경 브레이크 훈련하기

이 활동은 개인적인 조절과 상호조절의 경험을 탐색하기 위해 고안되었다. 이 활동은 집단이 주어진 공간에서 느리게 움직이라는 지시(미주신경 브레이크의 활성화), 빠르게 움직이라는 지시(교감신경의 긴장을 유도), 그리고 다른 사람 및 환경과 독특한 방식으로 교류하면서 자율신경 상태의 변화를 추적하는 것으로 시작된다. 때때로 참여자 간 서로의 눈을 마주치도록 하고, 다른 시점에서는 눈을 마주치지 못하도록 하여 참가자들이 사회적인 교류에서 시선이 신경지에 어떤 영향을 미치는지 경험하도록 돕는다. 각자의 이름을 노래하듯 멜로디와 함께 부르고, 친절한 눈빛과 함께 고개를 부드럽게 기울이는 등 안전 신호가 되는 운율감 있는 발성을 사용하도록 권장하여 복측미주신경의 활성화를 유도한다. 그런 다음 발성을 단조롭게 하고 몸의 자세를 경직시켜 위험이나 생명 위협에 대한 신경지를 유발한다.

이 연습을 통해 참가자들은 미세한 움직임과 내부 경험 및 외부 경험 사이에서의 의도적인 방향 전환이 신경지에 영향을 미치는 방식을 인식하게 된다. 참가자들은 복측미주신경 조절 과정에서 발생하는 미세한 상태 변화를 느끼면서 자율신경 상태가 그들의 안전감과 타인과의 연결 능력에 어떤 영향을 미치는지 배운다. 참가자들은 상호조절과 자기조절의 경험을 주의 깊게 관찰하고 비교하도록 권장된다. 상호조절은 회복탄력성과 자기조절 능력을 키우므로(Porges, 2016), 집단 안전이라는 경험은 개인의 안전감을 높일 수 있는 잠재력을 가지고 있다.

사회 참여 체계의 근육 체득하기

사회 참여 체계의 근육에 주의를 기울여 활성화하면 시스템 자체가 더욱 '온라인 상태'로 전환되어 복측미주신경의 긴장도가 높아진다. 많은 사람이 사회 참여 체계를 구성하는 근육의 감각을 잘 모르기 때문에, 시각적인 해부학적 지도를 사용하는 것이 탐색의 좋은 출발점이 된다. 인터넷상에는 이러한 탐색을 위해 사용할 수 있는 많은 이미지를 쉽게 찾을 수 있다. 먼저 이미지를 보고, 자신의 신체에 해부학적으로 비슷한 곳을 찾고 느껴보자. 해부학 그림에 묘사된 사회 참여 체계의 근육을 보면서 근육의 움직임을 활성화하고 그 움직임을 경험하는 것은 신체를 구성하는 질료를 직접 이해하도록 돕는 강력한 방법이다.

인두와 후두의 근육 탐색하기

인두(pharynx)의 근육부터 시작하여, 입천장올림근(levator veli palatini; CN X, XI)의 근육 작용에 대한 심리신체적 경험을 탐색하며 의식적으로 삼키는 연습을 해보자. 삼키는 동안 느껴지는 운동 감각에 주의를 기울이고, 이 근육 작용이 음식이 비강으로 들어가는 것을 어떻게 막는지 느껴보자. 그런 다음, 삼키기와 호흡 동작을 조절하는 인두의 내부 근육 이미지를 눈으로 보면서, 이러한 근육이 어떻게 호흡할 때 음식이 기도로 들어가는 것을 방지하고, 삼킬 때 음식을 인두 아래로 안전하게 몰아가는 데 어떤 도움을 주는지 느껴보자.

후두(larynx)로 이동하여, 성대를 긴장시키고 사람의 목소리 높낮이를 조절하는 역할을 하는 윤상갑상근(cricothyroid muscle; CN X)을 찾아 부드럽게 만져보자. 흉골(sternum) 바로 위의 기도를 만져보고 윤상연골(cricoid cartilage)에 닿을 때까지 계속 손가락으로 만져보자. 손가락을 통해 부드러운 허밍의 진동을 느낄 수 있을 것이다. 허밍을 할 때 근육을 만지면 미주신경이 긴장하게 된다. 다른 멜로디나 음조로 흥얼거릴 때는 어떤 상태의 변화가 일어나는지 관찰해보자.

연구개 탐색하기

혀를 입천장의 뒤쪽 부드러운 표면에서 아래로 끌어당기며 부드럽게 빠는 동작을 하며 입천장에서 혀를 분리해보자. 이때 자극되는 곳이 연구개 근육(muscles of soft palate; CN V)이다. 혀가 아래로 당겨지면서 부드러운 '똑' 혹은 '딱' 소리가 난다. 연구개의 뒤쪽, 오른쪽과 왼쪽 모서리에 초점을 맞춰 부드럽게 미소를 지으면, 안쪽에서는 느낄 수 있지만 겉으로는 잘 드러나지 않는 부드러운 내면의 미소를 만들 수 있다(Aposhyan, 2004). 이것은 또한 연구개를 긴장시키는 데 도움이 된다. 근육들에 대한 이러한 직접적인 자극은 사회 참여 체계를 활성화시킨다.

머리와 목의 근육 탐색하기

큰 승모근(trapezius; CN XI)은 견갑골(scapula)을 움직이고 회전시키며 안정화한다. 승모근을 이완하는 것은 비언어적인 안전 신호를 제공한다. 의도적으로 승모근을 긴장시켰다가 이완하면 신경지에 미묘한 변화가 일어난다. 승모근이 긴장할 때 견갑골을 올리면 교감신경의 동화와 방어를 준비하는 근육의 활성화에 따라 위험을 지각한다. 반면 이완할 때에는 안전의 신경지가 느껴지며, 개방적으로 연결을 받아들일 준비가 되었음을 느낄 수 있다. 그리고 만약 근육이 지치게 되면 차단의 감각이 느껴진다. 이러한 움직임을 다른 사람에게서 관찰할 때에도 비슷한 신경지의 변화가 느껴진다. 목빗근(sternocleidomastoid; CN XI)은 목에 위치하여 머리의 움직임을 돕고 흉골을 들어올려 호흡을 보조하는 역할을 한다. 목빗근이 몸의 한쪽에서만 긴장하여 부드럽게 머리를 기울이면, 내부에서 느껴지고 또 타인에게 전달되는 자율신경 신호는 호기심, 친절, 진정성 있는 관계의 신호인 반면, 이 근육이 양측 모두 경직되면 위험에 대한 신경지가 발생하여 부동화 반응을 일으킨다.

목 위, 머리의 미세운동

부드럽고 유연한 움직임으로 목 위의 머리의 의도적인 회전과 미세한 움직임을 탐색하면 미주신경의 긴장도를 높일 수 있다(Aposhyan, 2004). 격렬하게 흔들다가 놔둔 보블헤드 장난감(역자주: 머리와 목 사이가 용수철로 연결되어 움직이면 머리만 흔들리는 장난감)이 되었다고 생각해 보자. 이러한 미세한 움직임은 두개골 기저와 척수마디 C1, C2에 붙어 있는 작은 후두하근(suboccipital muscles)을 부드럽게 긴장시키고 이완시킨다. 동작을 더욱 미세하게 만들어 거의 정지 상태에 가까운 부드러운 움직임이 되면 안정되고 평온한 느낌이 들게 된다. 사회적인 미주신경이 교감신경의 각성을 억제하는 느낌을 느껴보자.

신경지

언어로 표현하지 않는 목소리가 있다. 들어보라.

- Rumi

자율신경계는 뇌와의 양방향 통신 경로를 통해 우리의 자서전을 써내려 간다. 우리의 삶의 이야기는 우선 자율신경계가 경험하는 상태로 기록되고, 이후 우리의 일상 생활을 구조화하는 신념으로 변환된다. 마음은 신경계가 알고 있는 것을 이야기로 해석한다. 마음의 이야기는 그런 상태를 반영한다.

신경지는 "인식이 동반되지 않는 위험의 평가(Porges, 2003a; Porges, 2004)"로 정의된다. 이는 피질 경로와 관련된 지각과 자율신경계의 앎의 방식인 신경지의 피질하 과정(subcortical process) 간의 중요한 차이점을 구분한다. 미주신경계에서 자율신경계는 신체 내 내장 기관과 자율신경계 내의 기관을 조절하고 모니터링하는 뇌 영역 간의 양방향 통신을 제공한다. 내장 기관에서 뇌로 전달되는 감각 경로는 우리가 안전함을 느끼거나 위험에 적응적으로 반응할 수 있도록 암묵적인 직감과 심장에 기반하는 감정을 만들어낸다.

많은 플레이랩 참가자들은 트라우마 분야에서 일하는 치료사들이다. 효과적인 작업의 원칙 중 하나는 지각이 현실보다 중요하다는 것이며, 경험한 실제 사실이 아니라 개인적인 지각이 트라우마의 후유증을 만든다는 것이다. 다미주 이론으로 설명하자면, 뇌가 사건을 이해하고 의미를 부여하기 전에, 자율신경계는 신경지 과정을 통해 반응하고 적응적 생존 반응을 시작한다. 다미주 이론은 치료사들이 가진 트라우마에 대한 관습적인 사고방식을 바꾸고, 이론의 핵심 개념인 '신경지가 지각보다 앞선다'는 관점을 시도해 볼 것을 제안한다. 신경지가 지각을 앞서고, 상태가 이야기를 구성하는 것이다.

다음 활동은 신경지의 광범위하고 미세한 경험을 추적하고, 자율신경계가 안전과 생존을 위해 작동하는 구체적인 방식을 파악할 수 있는 기회를 제공한다. 적응적인 생존 반응은 자율신경 상태의 변화에서 시작하여 감정 상태, 신념 및 행동을 정당화하는 개인적인 서사를 구성하게 된다. 자율신경계를 조절하는 뇌의 핵심 구성 요소는 신체와 환경의 경험에 주의를 기울이며, 안전과 위험에 대한 단서들을 탐색한다. 내장(심장, 폐, 장)의 정보, 우리가 있는 장소의 환경 단서, 주변의 사람과 사물은 모두 신경지의 중요한 구성 요소이다.

신경지 반응의 연속선을 따라 움직임을 지도화하는 것은 각 개인의 신경의 특성에 주목하게 하며, 한 사람의 안전 및 위험에 대한 신호가 주변 사람들의 신호와 비슷하거나 매우 다를 수 있음을 인식하게 한다. 우리는 모두 안전에서 위험, 생명의 위협에 이르는 동일한 연속선을 공유하지만, 그 위에서의 움직임은 지극히 개인적인 경험이다. 자율신경계가 경험에 의해 형성되는 관계적 시스템이라는 점을 고려할 때, 각 사람마다 각자의 고유한 반응 패턴이 있다는 것은 당연한 것이다.

안전, 위험, 생명의 위협이라는 세 가지 주요 범주 사이의 상태 변화는 신체 감각의 강렬한 변화를 동반한다. 이야기는 상태에 의해 구성되는 것이므로, 이에 수반되는 서사는 상태 변화의 강도를 반영한다. 이러한 상태 간의 변화를 식별한 후에는 신경지의 미세한 부분에 주목하고 반응의 섬세함에 대한 인식을 기르는 데 초점을 맞춘다.

선글라스 실험

얼굴 표정에서 감정을 해석하는 것은 사회적 상호관계의 일부(Domes, Steiner, Porges, & Heinrichs, 2012)이며, 사람들이 서로의 표정을 볼 때 가장 주의 깊게 바라보는 곳은 눈이다(Sullivan, Ruffman, & Hutton, 2007). 이 활동에서는 선글라스를 사용하여 안전한 연결을 추구하는 과정에서 눈둘레근(orbicularis oculi)이 보내는 신호를 의도적으로 가린다. 이 활동은 눈맞춤을 사회 참여 체계의 다른 요소인 얼굴의 표정, 머리의 회전 및 기울기, 발성과 결합하여 안전과 위험의 신호를 실험하는 데 활용한다.

참가자들은 각자 눈을 가리는 어두운 렌즈가 있는 선글라스를 착용한 후, 방 안을 돌아다니기 시작하며 주기적으로 다른 사람 앞에 멈춰 서서 무표정한 얼굴으로 고개를 고정시킨 채 소리 없이 서로를 바라보기만 한다. 이 과정은 참가자들에게 자율신경 반응을 인지할 것에 대한 안내와 함께 여러 번 반복된다. 그다음, 그룹의 절반은 선글라스를 착용하도록 하고, 세 번째 활동에서는 나머지 절반만 선글라스를 착용하도록 바꾸어 실험을 진행한다. 각 단계마다 처음에는 무표정하게 머리를 고정하고 침묵을 지킬 것을 요구한다. 몇 분 후, 지시를 통해 먼저 표정을 지을 수 있도록 하고, 그다음에는 고개를 돌리거나 기울이면서 표정을 지을 수 있도록 한다. 마지막으로 그룹 전체가 선글라스를 벗고 서로 눈을 마주치고 미소를 지으며 자연스럽게 고개를 기울임을 통해 자신의 취약한 부분을 보이고 다른 사람과 연결되려는 의지를 표현하도록 한다. 마지막으로 추임새, 즉 우리가 서로 소통하는 비언어적 방식의 일부인 '아, 음, 오…' 등의 음성이 추가된다. 이 시점이 되면 방 안에서는 안도감이 느껴지고, 참가자들은 자연스럽게 웃고, 서로에게 더 가까이 다가가고, 친근한 스킨십을 하며 복측미주신경의 안정감을 회복한다.

선글라스 실험은 단순한 활동처럼 보이지만, 강력한 자율신경 반응을 이끌어낸다. 이 활동 후 아래와 같은 참가자들의 공통된 반응은 두려움, 불안, 불신에 대한 이야기를 만들어내는 신경지의 힘을 강조한다. "오늘 이 사람과 함께 짝지어 운동을 했음에도 불구하고, 그들의 눈이 가려졌을 때 두려움을 느꼈다.", "그녀를 잘 아는데도, 그녀의 눈이 보이지 않고 얼굴이 보이지 않을 때는 이 사람과 가까이 있는 것이 어떤 면에서 위험하다고 느꼈다.", "반응을 이끌어 내려고 애쓰는 내 자신을 느낄 수 있었고, 반응이 없을 때는 빨리 자리를 피하고 싶었다.", "관심을 주고받고 연결된 사람들의 집단이 안전하지 않은 낯선 사람들의 집단으로 변한 것만 같았다.", "방 전체의 에너지와 분위기가 바뀌었고, 머리로는 단순한 활동이고 선글라스만 낀 것이라고 생각할 수 있었지만, 내 몸은 여기가 안전한 곳이 아니라고 분명하게 말했다." 다른 응답들 역시 사회 참여 체계가 안전과 연결을 회복하는 힘이라는 사실을 뒷받침한다. "그의 눈을 보자마자 긴장이 풀리는 것을 느꼈다.", "그녀의 목소리를 들었을 때, 비록 아무 의미 없는 소리였지만 내가 안전하다는 것을 알았다.", "그가 고개를 움직이는 것만으로도 그가 나와 함께 있다고 느꼈다.", "마침내 모두가 선글라스를 벗고 미소를 지었을 때, 나는 다시 숨통이 트였다."

숨을 내쉬며 안전 속으로 들어가기

호흡을 다루는 작업은 자율신경 상태의 패턴을 재형성하고 조절하는 데 도움이 될 수 있다(Cohen, 2008). 가슴의 횡격막 구조에 대해 이해하는 것은 호흡을 이해하고 미주신경의 긴장도를 조율하는 데 매우 중요하다. 호흡의 움직임에 주의를 기울이고, 영향을 미치며, 패턴을 재형성하는 데에는 시간과 부드러움, 그리고 꾸준한 주의가 필요하다.

파트너의 횡격막 호흡을 관찰하고 안내하기

"피보호자(호흡에 집중하고, 호흡 패턴의 재형성 과정을 탐색하는 파트너를 지칭함)"는 바닥에 엎드린다. 상완(upper arm)은 머리 위의 바닥을 따라 서로 평행하게 놓고, 팔꿈치를 지면에 대고 팔을 90도로 구부린다. 각 손은 팔꿈치 근처의 반대쪽 팔뚝 위에 올려놓는다. 이 자세는 횡격막 부근에 부드러운 압력을 가하여 복식 호흡을 편안하게 하고 복측미주신경의 긴장도를 높이는 데 도움이 된다. 일반적으로 제한되는 상체 호흡을 하는 사람이나 비교적 교감신경의 각성이 잦은 사람이라도 이 자세를 취하면 호흡이 변화하여 복측미주신경의 긴장도가 높아지는 경우가 많다.

파트너는 피보호자가 운동하는 동안 피보호자의 자율신경이 느끼는 편안함과 안정감에 귀 기울일 수 있도록 돕고, 더 많은 안전감을 위한 여러 조정을 돕는다. 이러한 방식으로 피보호자에게 주의를 기울이면 인지 수준의 메시지뿐만 아니라 그들의 편안함과 안전감이 중요하다는 자율신경의 메시지도 전달할 수 있다.

피보호자는 숨을 들이마실 때마다 바닥과 가장 많이 닿는 앞쪽 신체 부위를 사용하여 숨을 들이마시도록 유도되고, 이 부위가 바닥에 맞닿아 아래쪽으로 눌리는 느낌을 경험한다. 피보호자와 파트너 모두 호흡의 시작과 관련된 횡격막의 움직임에 주목한다. 이때, 횡격막 수준에서의 운동 감각의 변화와 함께 긴장을 습관적으로 유지할 수 있는 복부 및 다른 신체 부위가 부드러워지는 것에 주의를 집중한다. 이러한 동작은 미주신경의 긴장도를 조절하고 교감신경의 에너지 소모를 줄이는 역할을 한다.

피보호자가 엎드린 자세에서 횡격막 호흡을 탐색하고 경험한 후, 피보호자는 점차 서 있는 자세로 바꾸고 다양한 자세(요가 용어로는 아기 자세, 테이블 자세 또는 아래를 향한 개 자세, 서 있는 자세 등)에서 잠시 멈추고, 다시 횡격막에서 호흡이 시작되는 것을 살펴본다. 자세를 천천히 바꾸면 자율신경계가 움직임에 필요한 에너지의 증가에 적응할 시간을 주고, 내면의 감각에서 주변에 대한 감각으로 전환하는 데 도움이 된다.

횡격막 호흡을 통해 복측미주신경의 긴장도를 조율하는 신체적인 경험 외에도, 파트너십 경험은 조율과 상호성을 탐구할 수 있는 기회를 제공한다. 이 운동을 안전하게 돕기 위해 파트너는 자신의 움직임을 신경지의 연속선에서 추적하고 미주신경 브레이크를 활성화하여 지속적인 조절 상태를 보장해야 하는데, 이는 치료사-환자 관계에서 효과적으로 일하는 데 필요한 기술이기도 하다.

호흡 패턴을 바꾸는 데는 시간이 걸린다. 많은 사람들에게 호흡 탐색은 불편한 경험이 될 수 있고, 자세를 조정해주는 지원 없이는 특히 더 어려울 수 있다. 치료사는 호흡 작업의 지지자로서 자신의 한계를 알고 이해하는 것이 중요하다. 치료사가 자신의 호흡에 대해 탐색하고 편안하게 느끼는 것은 필수적이다. 자율신경계의 관점에서 치료사는 자신의 호흡 패턴을 잘 알고 조절할 수 있어야 한다.

모델 살펴보기: 신체 운동과 복측미주신경 복합체

유아에게 일반적인 신체 건강, 안전한 환경, 그리고 "충분히 좋은" 보호자를 만나는 행운이 따르면 건강한 미주신경의 긴장도가 발달하고 내적 및 외적 경험을 조절할 수 있는 능력이 증가한다(Tronick & Reck, 2009). 유아는 내적 환경의 요구가 외부 환경에 의해 충족되며, 안전감과 연결감을 통해 세상을 경험한다. 상호조절은 자기조절로 이어지고, 유아-성인 간의 안전한 환경에서 수천 번의 상호작용을 통해 유아는 미주신경 브레이크를 사용해 교감신경의 긴장도를 줄일 수 있는 생리적 능력을 발달시킨다. 유아-성인 관계에서 안전이 보장되지 않으면, 교감신경과 배측미주신경의 활성화가 조절능력과 상호성을 위협하고 불안정한 애착 패턴으로 이어진다. 사회 참여 체계를 체득할 수 있도록 설계된 신체 기반 운동을 사용하면 초기 유아-성인의 부적응적 패턴에서 생성된 보호 반응을 안전한 환경에서의 적응적인 반응이라는 패턴으로 재형성할 수 있다.

신체적 편안함을 확립하고 조정하기

한 명의 참가자는 "피보호자(receiver)" 역할로 "양육자(caregiver)" 역할을 하는 파트너로부터 부드러운 인사와 마음을 진정시키는 소리를 듣는다. 피보호자는 확실하게 편안할 수 있게 쿠션이나 담요를 사용하여 배를 대고 누워있도록 안내받는다. 피보호자는 엎드린 자세에서 몸의 무게중심을 지면에 맡기고 몸 앞쪽이 이완된 것을 느끼면서 호흡, 소화, 순환에서 발생하는 움직임의 감각과 가만히 엎드려 있을 때 자연스럽게 발생하는 움직임의 감각을 주목하고 따라가도록 지시받는다. 참가자들이 운동을 시작할 때 느끼는 신경지가 안전하다는 전제하에, 이 인식의 탐색은 항상성을 경험하게 해준다. 엎드린 상태에서 이루어지는 이 조용한 활동은 미주신경 브레이크에 관여하여 교감신경 각성을 감소시킨다. 또한, 몸의 앞쪽을 대고 누워 있는 자세는 장기의 감각에 대한 인식을 높이고, 기분 좋은 감각을 추적하고 안정될 수 있는 기회를 준다.

편하고 안정감 있는 자세에서 머리 들기

엎드린 자세에서 피보호자는 흉골을 바닥에 점차적으로 누르며 머리가 들어올려지는 상태의 느낌을 탐색하도록 안내받는다. 목에서만 머리를 들어 올리는 것이 아니라 전신을 사용하여 이 동작을 수행하게 되면, 신전근의 긴장이 몸 전체로 유발된다. 정상적인 유아 발달에 필수적인 생리학적 확장은 등 근육의 긴장도가 증가하여 척추를 통해 완전한 아치형 자세가 형성될 때 나타난다. 유아들은 보호자와의 조율과 상호조절을 통해 건강한 굴곡근(flexor) 및 신전근 긴장도의 표현과 조절능력을 발달시킨다(Brook, 2014). 신전근 긴장도는 유아가 타인 및 환경과의 상호작용을 생리적으로 증가시킬 준비가 되어있음을 나타내는 지표이며 또 이를 지원하는 자원이다. "사회적 미주신경"은 결국 사회 참여 체계가 발달함에 따라 강화된다.

청각 수신 및 응답

활동을 진행하면서, 보호자는 부드럽게 피보호자의 이름을 부르며 피보호자와 상호작용하기 시작한다. 이 탐색 파트는 바디-마인드 센터링®(Body-Mind Centering®) 교사 애니 브룩(Annie Brook)이 그녀의 저서 『출생의 숨겨진 유산, 2권(Birth's Hidden Legacy, Volume 2)』에서 설명한 활동을 참고하였다. 피보호자는 "찾는" 방식으로 귀를 사용하도록 안내받고, 사회 참여 체계와 관련된 중이의 근육을 활성화시킨다. 그런 다음 소리를 추적하도록 안내받는다. 귀가 찾아가는 대로 머리를 돌려 소리를 따라가면, 사회 참여 체계의 두 번째 요소가 활성화된다.

몸을 움츠린 자세에서 머리를 들어 올리면, 머리와 목이 더 쉽게 움직여 상대방이 들은 말에 집중하고 반응하기가 쉬워진다. 피보호자는 소리가 나는 방향으로 고개를 돌려 친절한 눈빛으로 수용적인 미소를 짓는, 잘 준비되어 있는 보호자와 시각적으로 접촉할 수 있다. 목소리를 추적하고, 고개를 돌리며, 눈을 이 활동에 통합하여 참여시키고, 표정을 통해 상호작용하는 것은 모두 복측미주신경 복합체와 관련된 근육을 활성화하고 사회 참여 체계를 조절한다.

"호출 및 응답"의 변화 탐색하기

이 활동은 종종 암묵적 기억을 불러일으킨다. 이러한 활동에 대한 자율신경 반응은 적응적 보호에서 사회적 연결에 이르기까지 다양하다. 참가자는 자신의 이름이 불릴 때 암묵적 기억이 나타나고, 과거 경험에 따라 복측미주신경 흐름, 교감신경 활성화 또는 배측미주신경의 부동화 경험을 하게 된다. 때로는 참가자의 이름이 가족 구성원으로부터 사랑스럽게 불렸을 수 있고, 반대로 비판적이거나 수치심을 주는 방식으로 불렸을 수도 있다. 이렇게 암묵적 기억이 활성화되면 안전, 위험 또는 생명의 위협에 대한 신경지를 유발한다. 암묵적 기억을 안전하게 경험하도록 돕기 위해, 피보호자는 변화하는 신경지의 경험을 자율신경적으로 듣고, 기억의 재자극을 추적하며, 변화하는 내적 상태를 따라가기 위해 필요에 따라 속도를 늦추도록 안내받는다.

불편한 내용을 다루는 것을 돕기 위해, 의도적으로 자세를 바꾸거나 움직임의 순서를 다르게 하거나 파트너에게 행동의 변화를 요청하여 복측미주신경의 긴장도를 높이는 방법을 모색하는 것이 도움이 될 수 있다. 보호자의 도움을 받아 피보호자는 자신의 내적 환경에 맞춰 활동 수준을 조절하여 감각, 인식, 평온함을 증가시키거나(미주신경 브레이크 활성화), 외부 환경에 맞춰 에너지와 외향적인 표현, 탐색, 그리고 놀이 행동이 증가하도록 도울 수 있다. 피보호자는 보호자에게 목소리의 크기 및 상호작용에서 전반적인 에너지 수준(얼굴 표정 포함)을 높이거나 낮춰달라고 요청하거나, 조율과 연결의 감각을 느낄 경우 접촉, 또는 거리를 조절해달라고 요청하는 것이 권장된다. 보호자는 피보호자의 경험이나 필요에 대한 의사소통에 비판 없이 반응하며, 음조, 움직임, 근접함 등을 통해 피보호자와 조율한다. 이들의 목표는 상호성을 의식적으로 활용하여 조율을 증가시키는 것이다.

이 활동에서 피보호자의 움직임과 보호자와의 상호작용은 상당히 간단하다. 하지만 발달 운동을 탐색하면서 복측미주신경 복합체와 사회 참여 체계의 요소를 경험적으로 결합하는 것의 강력함은 정말로 놀라운 것이 될 수 있다. 피보호자에게는 안전하고 연결된 느낌으로 자신의 이름이 불리는 경험이 처음일 수도 있다.

놀면서 마무리하기

놀이는 한 사람이 안전하고 안심하며 기분이 좋을 때만 나타나기 때문에,
놀이는 모든 나쁜 일을 측정하는 굉장히 민감한 척도가 된다.

– Panksepp and Biven(2012, p. 355)

놀이는 복측미주신경 복합체의 사회적 참여와 교감신경계의 동화가 함께 작용할 때 가능하다(Porges, 2009). 비유를 통해 이 두 시스템이 "손을 잡고 있다"고 상상해보자. 만약 그 연결이 끊어지면 놀이의 생동감은 안전하다는 느낌에서 두려움으로 바뀐다. 놀이는 활동과 평온함 사이를 유연하게 전환하는 능력을 강화하는 신경훈련(neural exercise)이라고 할 수 있다(Porges, 2015). 그러나 많은 사람들에게 놀이의 기회는 복측미주신경에 의해 느껴지는 기대감보다는 생존 반응과 연관된 조절되지 않는 에너지를 경험하게 한다. 우리는 놀이에 대한 자율신경 반응이 개인의 서사에 의해 형성된다는 것을 이해함으로써 판단에서 자기 연민으로 나아갈 수 있다. 놀이는 보호에서 연결에 이르는 연속선을 따라 반응을 불러일으키기 때문에, 때로는 사회 참여 체계를 활성화하고 때로는 적응적 생존 반응을 유발한다.

공작 깃털 춤

플레이랩 놀이 경험은 '공작새 깃털 춤'의 형태이다. 이는 국제 트라우마 센터(International Trauma Center)의 대표인 로버트 메이시(Robert Macy)의 작업을 각색한 것인데, 그는 자연재해에서 살아남은 어린이들이 그들의 몸과 세상에서 안정감을 되찾을 수 있도록 공작 깃털을 사용했다. 각 참가자는 손가락 끝에 공작 깃털을 올려놓고 균형을 잡도록 하는데, 이때 움직이는 것이 어떻게 깃털을 떨어지지 않도록 하는지 배운다. 우리는 여기에 음악을 틀고 참가자들이 "춤추는" 깃털을 들고 방 안을 돌아다니며 움직이도록 한다. 참가자들이 새로운 경험에 더 익숙해지면, 개별적이었던 춤이 집단의 안무로 확장되고 자연스럽게 놀이가 나타난다. 그룹과 음악, 그리고 깃털의 균형을 잡는 활동은 더 유동적이고 수월해지는데, 이는 복측미주신경의 긴장도가 증가함에 따른 자연스러운 결과이다.

결론

다미주 플레이랩은 치료사들이 자율신경계를 경험적으로 활용하도록 돕기 위해 설계되었으며, 이는 심리치료가 추구하는 목표행동과 반대적 증상이 포함된 인간 행동의 플랫폼이다. 플레이랩에 제시된 활동들을 통해 치료사는 자신의 자율신경 패턴을 더 잘 파악하고, 안전에 대한 신경지에 적응하며, 사회적 미주신경의 긴장도를 조율하여 내담자와의 세션 중에 어떻게 그들이 더 잘 조절될 수 있는지 학습할 수 있다. 복측미주신경 조절능력이 증가하면 치료사는 내담자의 경험과 더욱 적절히 조율하고, 안전에 대한 신호들을 전달할 수 있어 내담자와의 치료 관계에 대한 연결감과 신뢰감을 높일 수 있다. 이러한 상호조절과 상호작용의 과정을 통해 내담자는 복측미주신경 조절의 미세한 순간을 경험하고, 시간이 지남에 따라 자율신경 지도는 변화하기 시작한다.

치료사가 내담자에게 다미주 이론에 기반한 교육과 조절 도구를 제공할 때, 내담자는 비난이나 수치심을 주지 않고 자신의 행동을 이해하도록 도움을 주는 모델의 혜택을 받으며, 자신의 자율신경 상태를 더 잘 파악하고 자신의 상태에 변화를 줄 수 있다. 다미주 플레이랩은 생리학적 관점에서 치료사의 임상 실습에 정보를 제공하여 더 깊은 안전감, 연결감, 치유를 경험할 기회를 제공하며, 그 결과를 다른 사람과의 작업에 활용할 수 있다.

12장

트라우마 생존자를 위한 다미주 이론 기반 무용동작치료: 근원, 리듬, 호혜성

Amber Gray

개요

다미주 이론을 바탕으로 한 무용동작치료(Dance Movement Therapy: DMT)는 극심한 인권 침해를 겪은 생존자들이 삶의 의미와 소속감을 회복할 수 있도록 돕는다. 이 치료법은 다미주 이론과 무용동작치료를 결합해 움직임과 리듬, 춤을 통해 사람들 간의 연결과 사회적 참여, 호혜성을 촉진한다. 이 장에서 소개하는 사례는 고문을 겪은 생존자 리타의 회복 과정을 다루고 있으며, 리타는 처음 치료를 시작할 당시 극도의 공포와 무기력 상태에 있었다. 리타가 다시 자신의 몸과 연결되는 과정은 다미주 이론 기반의 무용동작치료의 핵심 요소인 상대적 안전감의 회복, 수용, 핵심 리듬의 회복, 참여의 신호, 그리고 보다 유연하게 신경계의 상태를 전환할 수 있는 능력을 통합함으로써 이루어졌다.

서론

차가운 타일 바닥에 공이 튕기는 소리는 처음에는 둔탁하게 들린다.

툭.

툭.

툭.

마치 마지못해 뛰고 있는 심장처럼. 나는 콜럼바인 총격 사건이 발생한 지 며칠 후, 그날의 충격으로 여전히 두려움에 떨고 있는 초등학생들을 돕기 위해 콜로라도 리틀턴에 있는 리우드 초등학교에 초청받았다. 과학 실험실에 들어섰을 때, 교사들이 "특히 트라우마를 겪고 있다"고 말한 세 명의 8살 아이들이 나를 기다리고 있었다. 나는 그들에게 무엇을 하고 싶은지 물었고, 내 앞에 놓인 인형, 공, 스트레칭 밴드, 미술 도구 등을 보더니 아이들은 "저 공들을 튕겨도 되나요?"라고 물었다.

그렇게 우리는 공을 튕기기 시작했다.

처음에는 아이들이 공을 다루는 모습이 제각각이었다. 어떤 아이들은 공을 세게 던지고, 어떤 아이들은 힘없이 바닥에 공을 떨어뜨렸다. 툭. 우리는 공을 튕기면서 대화를 나누기 시작했고, 아이들은 총격 사건에서 희생된 사람들을 천국으로 보내기 위해 공을 튕기고 싶다고 말했다. 말하자면, 우리는 "천국으로 가는 계단"을 만들기 위해 공을 튕기고 있었다. 공이 100번 이상 튕겨졌고, 이제 아이들은 더 조화롭고 일정한 리듬으로 공을 튕기기 시작했다.

공이 튕기는 소리는 처음의 둔탁한 소리에서 가볍고 경쾌한 스타카토로 변해 있었다. 우리가 다 끝났을 때, 잠시 침묵이 흘렀고, 한 아이가 말했다. "이 일을 저지른 아이들을 위해서도 공을 튕겨야 하지 않을까요?"

또 다른 침묵이 이어졌다.

다른 아이가 말했다. "그 아이들은 천국에 갈 수 없을 것 같아요."

우리는 잠시 생각에 잠겼다.

첫 번째 아이가 다시 말했다. "그들을 위해서도 공을 튕기면, 하나님이 그들을 용서하시고, 그들이 천국에 가서 자신들이 해친 사람들을 도울 수 있게 해주실 거야."

우리는 500번 이상 공을 튕겼다.

리듬은 모든 생명의 근본적인 요소이다. 출생과 죽음, 빠름과 느림, 깨어 있음과 잠듦, 들숨과 날숨 같은 반복적인 흐름은 모두 개개인, 가족, 공동체, 종족, 그리고 생명의 거대한 흐름 속에서 아주 작은 실타래로서 우리의 움직임을 정의하는 기본적인 리듬 패턴이자 과정으로 개념화될 수 있다. 수세기 동안, 고대 문화와 원주민들은 리듬을 중요한 연결고리이자, 조직력, 그리고 치유의 원리로 삼아 사회적이고 공동체적인 의식과 성인식을 이어왔다.

다미주 이론은 인간 행동에 영향을 미치는 포유류의 신경계 변화를 설명한다. 이 이론은 사회적 참여를 미주신경의 다양한 가지가 발달하면서 나타나는 적응적 행동으로 본다. 우리 종이 적응하면서 산소 요구량이 증가한 것이 이 변화를 이끌었고(아마 지금도 여전히 그럴 것이다), 이 적응 자체는 환경 및 그 안의 존재들과 리듬을 주고받는 상호적 교류로 볼 수 있다.

이 계층적이고 적응적인 결과에 담긴 지혜를 바탕으로, 신경학적 및 생리학적 생존 회로는 트라우마 생존자를 위한 근거 중심 치료와 치유에 대한 기존의 관점에 창의적인 적응 방안을 제시한다. 다미주 이론을 이해하는 한 가지 방법은 이 이론을 우리의 생물학적 적응에서 형성된 생리적 반응 및 조절 시스템으로 보고, 이를 통해 우리의 행동적 건강 개입을 조정하여 적응이 제공한 창의적인 생존 및 번영 전략을 지원하고 강화하는 것이다.

외상 치료라는 전문 분야는 비교적 최근에 발전한 분야이다. 다미주 이론(2011)과 뇌 및 기억에 대한 연구(Levine, 2015; Herman, 1997; Perry, 2017; Siegel, 1999, 2012; van der Kolk, 2001, 2014) 등은 외상이 인간 경험에 미치는 영향을 깊이 이해하는 데 기여했고, 이로 인해 신체 및 움직임 기반 치료가 회복 과정에서 필수적인 역할을 한다는 인식이 널리 받아들여지고 있다(Johnson, Lahan, & Gray, 2009; Gray, 2015b; Gray 2016). 우리의 신체적 경험과 연결된 상태를 유지하려면 신체의 주요 언어인 움직임을 통해 외상을 극복하는 법을 다시 배워야 한다. 리듬은 움직임의 한 기본 요소로서 모든 생명의 조직 원리이다. 우리는 가장 근본적인 리듬, 즉 호흡으로 시작하고 끝을 맺는다.

뇌가 경험에 반응해 변화하고 성장한다는 사실과, 생명을 위협하는 위험한 상황에서 우리의 반응을 조절하는 신경계의 역할에 대한 이해는 외상의 생존자들과의 작업에서 춤과 움직임 기반 치료가 중요한 역할을 한다는 인식을 확산시켰다. 다미주 이론에 근거한 무용동작치료는 신경계가 사회적으로 안전한 환경, 위험한 환경, 그리고 생명을 위협하는 환경에 반응하는 지혜를 활용하여, “상태 전환”을 통해 사회적 참여를 촉진하는 움직임 치료와 그 과정을 제시하였다.

인간 경험을 기본적인 감각운동적 충동에서 시작해 초월적 관점과 경험으로 이어지는 연속선의 관점으로 본다면, 인간 경험의 가장 기본적인 측면과 더 넓은 정신적, 영적 측면을 연결하는 것은 움직임, 감정, 그리고 인지이다. 페리(2017)에 따르면, 움직임은 뇌의 가소성을 촉진하여 학습 능력, 치유, 그리고 웰빙을 증진하는 가장 직접적인 경로일 수 있다. 움직임을 통해 우리는 모든 인간의 생각, 감정, 행동, 그리고 반응의 신경학적 기초에 접근할 수 있으며, 이를 통해 세상과의 지속적인 상호작용에서 주도적인 역할을 되찾을 수 있다. 트라우마가 해결되지 않은 사람들에게는 스티븐 포지스가 명명한 "신경지", 곧 안전이나 위험, 생명의 위협을 감지하는 피질하부의 과정이 실제로는 안전한 환경을 위험하다고 잘못 인식할 수 있다. 공포나 두려움에 사로잡힌 트라우마 시스템은 실제로는 존재하지 않는 위협에도 불구하고 두려움이라는 신호를 보낸다. 이와 같은 잘못된 신경지는 현재 상황이 아닌 과거의 두려운 경험에 뿌리를 둔 생각과 감정, 행동, 그리고 반응을 초래한다. 움직임은 우리에게 신경계에 직접 접근할 수 있는 방법을 제공하며, 작고 미세한 움직임에서부터 큰 표현적 움직임에 이르기까지 신경계를 통해 생리적 상태의 변화를 일으킬 수 있다. 움직임은 우리가 일상적인 신체의 기능을 회복하고 세상과의 상호작용에 대한 통제력을 되찾는 데 도움을 준다.

무용동작치료

무용동작치료(Dance Movement Therapy: DMT)의 기원은 리듬에서 시작된다. 북미에서 이 분야를 개척한 현대 무용가 메리언 체이스(Marian Chace)는 1942년부터 1966년까지 성 엘리자베스 병원에서 정신과 의사들과 함께 작업했다. 당시 정신병동에 격리된 심각한 정신병 환자들을 치료하기 위해 그녀가 고안한 여러 창의적인 개입 중 하나는 그들의 움직임을 따라 하는 것이었고, 이는 지금 '사회적 참여'라고 부르는 감각을 촉진했다. 그녀는 자신과 환자들 사이에 형성된 연결을 설명하기 위해 '운동감각적 공감'이라는 용어를 만들었으며, 환자들의 움직임이 아무리 단편적이고 낯설더라도 그들의 움직임에 동참함으로써 연결이 생겨난다는 것을 발견했다. 이 연결이 깊어지면서 그녀는 움직임의 속도를 조절하여 점차 더 일관되고 조직된 형태로 발전시켰다. 이러한 리듬, 템포, 속도, 빈도 등의 변화는 환자들의 움직임이 더욱 조직화되고, 나아가 언어적 의사소통이 향상되는 데 기여했다.

이후 체이스는 이 환자들을 집단 무용동작치료에 초대했고, 이 과정에서 '체이시안(Chacian) 집단'이 탄생했다(Levy, 1992). 이 집단에서는 단순한 4/4 박자의 리듬을 사용해 환자들이 함께 박수를 치고, 발을 구르며, 움직이도록 유도했다. 시간이 지나면서 리듬을 통한 활동은 환자들에게 활력을 불어넣고, 결속력을 강화하며, 동기화를 촉진하여 환자들이 서로 관계를 맺고 자신을 표현하도록 장려하였다(Schmais, 1985).

메리언 체이스는 또한 제2차 세계대전에서 돌아온 참전 용사들을 치료하기도 했는데, 이들은 기존 정신과 치료로는 효과를 보지 못한 심리적 손상을 입은 사람들이었다. 참전 용사들과의 작업은 무용동작치료가 치료적 접근법으로 자리잡는 데 중요한 역할을 했다. 초기 트라우마 치료 과정에서 관찰된 환자들의 움직임, 언어, 행동이 점차 일관성을 찾아가는 모습을 통해 나는 다미주 이론에 기반한 무용동작치료의 관점에서 "신체 운율(body prosody)"이라는 개념을 떠올리게 되었다. 신체 운율은 우리의 감정, 정서, 생각을 포함한 내면 세계를 다양한 움직임으로 표현할 수 있는 능력을 의미한다. 움직임, 정서, 인지의 일치성은 안전한 환경에서 웰빙과 사회적 참여를 나타내는 중요한 신호가 된다. 체이스가 무용동작치료를 만들었던 정신 병동에서 일어났던 상호작용은, 포지스 박사가 "참여의 규칙"에서 설명한 것처럼, 정신적 장애가 있을 때 나타나는 비언어적 신호들—얼굴 표정, 음성의 운율, 눈맞춤, 기분과 정서, 상태 조절, 사회적 참여에서의 자세—이 활성화되거나 또는 재활성화된 사례로 볼 수 있다(Porges, 2013).

다미주 이론과 이를 기반으로 한 무용동작치료의 관점에서, 사회적 참여는 이러한 비언어적 신호들을 통해 "읽을" 수 있다. 나는 여기에 움직임 운율(움직임 자체의 유동성과 움직임을 구성하는 여러 차원), 그리고 신체 운율을 포함시키고자 한다. 신체 운율은 신체의 전체적인 표현으로, 여기에는 신체의 자세, 형태, 행동(체화된 행동)과 함께, 움직임과 정서적, 언어적 표현 간의 일치성이 포함된다. 트라우마 생존자들이 겪은 공포는 이러한 신체 운율을 억누를 수 있지만, 무용동작치료의 상호작용을 통해 신체 운율을 회복하는 것은 사회적 참여를 촉진하고, 체화된 존재감(embodied presence) 상태를 유지하는 데 도움을 줄 수 있다. 체화된 존재감 상태는 현재 일어나는 일에 집중하고, 판단과 해석을 유보하며, 단순히 있는 그대로의 상황을 목격하고, 때로는 답이 없는 질문을 던질 용기와 호기심을 가진 상태를 의미한다. 이러한 존재감은 복측미주신경 상태에서 비롯되며, 자신과 환자에게 자비를 베풀고(Geller & Porges, 2011) 안전감을 전달하는 능력을 반영한다. 이 장에서 설명된 인권 침해 생존자들과의 작업에서 이러한 존재감은 우리의 인간성을 보여줌으로써 안전감을 제공하는 역할을 한다.

핵심 리듬

웰빙을 촉진하는 핵심 리듬(core rhythmicity)은 심박수(분당 60~80회), 호흡(분당 12~20회, 안정 시), 그리고 혈관 피드백 루프(15~30초마다 발생)이다. 다양한 음악과 같이 외부의 변화하는 템포로 구성된 리듬의 진동은 인체의 핵심 리듬에도 피드백 루프를 제공할 수 있다. 핵심 리듬은 사회 참여 상태, 동화(빠르고 날카로운 움직임으로 나타날 수 있음), 부동화(느리고 무거운 움직임으로 나타날 수 있음)의 상태에서 변화한다. 움직임은 신체감각으로 느껴지는 경험이자 관찰자가 볼 수 있는 현상으로, 자율신경 상태의 변화를 필요로 하며 심박수, 심박 변동성, 호흡, 그리고 혈관 피드백의 변화로 나타나 리듬의 속도를 통해 유동성을 유지한다.

베롤(Berrol)은 리듬이 생리적 반응에 어떻게 영향을 미치는지에 대한 여러 연구를 요약하여 설명하였다. "음악에 대한 감정적 인식은 맥박수, 피부 전기 반응(galvanic skin response: GSR), 혈압 변화 등에 연관된 자율신경 반응에 큰 영향을 미친다. 신체 리듬과 활동은 외부의 리듬 자극에 맞춰 조절되며, 이는 감정 조절에 도움을 줄 수 있다"(Berrol, 1992, p. 25). 우리의 핵심 리듬에 가장 큰 영향을 미치는 것은 생물학적 요소이지만, 다양한 문화적 경험 역시 심오한 영향을 미친다. 우리가 성장하면서 겪는 문화적 경험은 감정 표현 방식, 공간에서 움직이는 방식, 듣는 음악, 춤, 자세, 시선 및 얼굴 표정의 표현에 영향을 미친다. 사회적 참여의 신호는 우리가 안전을 전달하는 주요 수단이다. 얼굴 표정, 목소리의 운율, 시선은 우리의 심장 상태를 반영하며(Porges, 2017), 안전을 전달하는 것은 언어가 아닌 우리의 생명 활동이다. 두려움은 이와 같은 우리의 핵심 리듬에 대한 긍정적인 생물학적 및 문화적 영향을 방해하는 최종적인 장애물이다.

이어지는 사례는 심각한 트라우마(고문)의 생존자인 한 성인과 진행한 다미주 이론 기반의 무용동작치료에 대해 설명한다. 이 접근법은 극심한 트라우마 생존자들과 작업하기 위해 나만의 방식으로 조정한 무용동작치료의 변형이다. 무용동작치료의 핵심 이론과 원칙을 바탕으로, 내 변형된 접근법은 다미주 이론의 중요한 기초를 포함하도록 조정되고 확장되었다.

1. 신뢰는 의미 있는 인간관계와 호혜성의 기초가 되며, 신뢰를 구축하는 데에는 안전이 중요하다.
2. 다방향적 상태 전환: 생리적 상태 전환이 감정적 및 심리적 상태의 전환을 유도하며, 이는 사회적 참여와, 동화, 부동화의 경로와도 관련이 있다.
3. 외부 리듬(노래, 움직임, 춤, 드럼 연주)의 탐색을 통해 핵심 리듬을 회복하여, 환자가 환경(예: 트라우마 유발 요인)에 대한 반응을 더 잘 통제할 수 있도록 돕는다.
4. 문화적으로 적절한 방식으로 사회적 참여의 신호(얼굴 표정, 시선, 목소리와 움직임의 운율, 자세, 기분, 정서 및 상태 조절)를 회복한다.

자유를 향한 리타의 춤

리타(Rita)는 52세의 동아프리카 출신 여성으로, 포로로 잡혀 고문을 당하기 전에는 지역 사회의 지도자이자 감자를 재배하는 농부였고, 어머니이자 가정주부였으며, 교회에 깊이 헌신하던 사람이었다. 그녀는 아프리카에서의 삶을 "많은 친구들과 가족, 그리고 하나님에 대한 큰 사랑이 있는 삶"이라고 묘사했다. 그녀는 감자를 재배하는 일을 사랑했고, 나아가 많은 사람들에게 직접 식량을 재배하는 방법을 가르치는 것에 자부심을 가지고 있었다.

그러나 그녀가 살고 있는 지역 사회와 국가를 집어삼키고 있는 폭력이 점차 확산되었고, 리타는 정부에 반대하는 음모에 가담했다는 혐의를 받게 되었다. 그녀는 반정부 활동과는 전혀 관련이 없었지만, 그녀가 살고 있던 지역 사회의 많은 사람들도 비슷한 혐의를 받았다. 반군들이 자주 마을에 들러 음식을 훔치거나 요구했지만, 리타는 반군의 요구를 들어주지 않았다. 그럼에도 리타는 체포되어 7년 동안 감옥에 갇혔다. 그동안 그녀는 "10명을 수용할 수 있는 감방에 최대 60명까지 수용하는" 열악한 환경에서 지냈다.

우리 프로그램에서 처음 상담을 받았을 때, 리타는 자신의 과거에 대해 이야기할 수 없었고, 고문 이전의 삶에 대해서는 전혀 언급을 하지 않았다. 이는 고문 생존자들에게서 흔히 나타나는 현상이다. 많은 경우, 과거의 평범했던 삶은 그 이후의 끔찍한 경험에 의해 완전히 덮여 버리기 때문이다. 사람들, 장소, 그리고 긍정적인 기억들이 모두 공포 속에 묻혀 버린다.

리타는 7년 동안 정부에 의해 매일같이 구타, 절개와 상처, 강간, 굶주림, 강제 노동 등 극한의 환경에 시달렸다. 그녀는 이 끔찍한 경험에 대해 자세히 설명하지 않았다. 설명할 필요도 없었다. 그녀의 몸이 그 모든 경험들을 담고 있었기 때문이다.

첫 상담에서 리타는 완전히 위축된 상태였다. 그녀는 공포에 사로잡혀 거의 움직이지 못했다. 감옥에서 풀려난 후, 리타는 사람들과의 교류를 피하기 위해 스스로를 고립시켰다. 고향의 가족들로부터 걸려오는 전화를 받지 않았고, 집 밖으로 나가지 않았으며, 방안에서 며칠씩 혼자 지내곤 했다. 지역 교회에도 나가지 않았다. 그녀는 더 이상 누구도 신뢰할 수 없었으며, “하나님이 어디로 가셨는지 모르겠다”, “이제 나는 혼자다”라는 말로 자신은 신앙을 잃었다고 표현했다. 많은 트라우마 생존자들처럼, 리타는 자율신경계의 한 부분인 배측미주신경의 활성화로 인해 가족과 감정적으로 단절되고, 사회 활동에 대한 관심을 잃었다.

리타의 임상적 증상은 해리, 무표정, 심한 통증과 무감각, 팔과 다리, 엉덩이의 제한된 움직임을 포함하고 있었는데, 이런 상태는 초기 평가를 진행한 치료사에게 상당히 복잡하고 부담스러운 문제로 다가왔다. 치료사는 리타와 함께 작업하는 것이 자신에게 정서적으로 지나치게 부담스러웠기 때문에 그녀와의 치료를 중단하기로 결정했다. 리타의 상태와 같은 극도의 불안정성, 즉 “핵심 리듬의 상실”은 생존자가 스스로 자신을 조절하는 것을 불가능하게 만들어, 치료사들로 하여금 자신이 나서서 상호조절을 해야만 한다는 부담을 더욱 절실히 느끼게 만든다. 가장 주의 깊고 신중한 치료사라도, 내담자가 사회 참여 상태나 안전한 상태(두려움 없는 안정된 상태, 혹은 두려움 없이 활발하게 활동하는 상태)를 유지하거나 도달하지 못할 때 드러나는 깊고 강렬한 두려움과 공포에 압도될 수 있다. 심지어 경험이 많은 베테랑 치료사들이라 하더라도 내담자의 인간적 연결을 나타내는 통상적인 징후들을 전혀 관찰할 수 없으면 압도될 수 있다.

리타의 얼굴은 공포와 충격으로 굳어 있었다. 그녀의 움직임을 지켜보는 것만으로도 고통스러웠으며, 세션 중 그녀는 현재에 머무르려 애쓰는 듯했지만, 긴 침묵이 이어지곤 했다. 두려움 속에 갇힌 삶이 만들어낸 고립감은 주변 사람들의 반응으로 인해 더욱 악화되었다. 사람들은 종종 무표정하고 감정 표현이 없는 얼굴을 가진 사람들, 마치 ‘걸어다니는 시체’처럼 보이는 사람들에게서 멀어지기 마련이다. 리타의 증상은 너무도 극심했다. 그녀는 눈을 마주치지 않았고, 마치 대화 중에 어디론가 사라져버리는 듯했다. 그녀의 오른쪽 어깨뼈, 오른쪽 허벅지 위쪽, 왼쪽 종아리 뒤쪽에는 큰 흉터가 있었으며, 어깨뼈의 흉터에서는 여전히 고름이 흐르고 있었다.

어디서부터 시작해야 할지 몰랐지만, 나는 리타에게 두 가지 움직임 기초 평가를 해볼 것을 권유했다. '운동영역(kinesphere)'(Tortora, 2006)과 발달적 단계에 따른 '밀기와 뻗기(pushing and reaching)'(Bainbridge Cohen, 2012)였다. 운동영역은 트라우마로 인해 균형 감각이 심각하게 손상되었을 때, 한 발 또는 두 발로 서 있을 때 팔다리를 뻗고 확장하며 움직일 수 있는 공간으로 설명할 수 있다. '밀기와 뻗기'는 보니 베인브리지 코헨(Bonnie Bainbridge Cohen, 2012)의 연구를 바탕으로 하여 내 회복 과정의 뼈대가 되는 'Poto Mitan(중심 기둥)'에서 표현된 개념이다(Gray, 2015a,b). '밀기'는 경계가 있는 자아 감각을 확립하는 데 도움을 주는 발달적 행동으로, 놀이적이거나 경쟁적인 동화 상태와 관련이 있다. 반면 '뻗기'는 다른 사람들과 환경과의 안전한 연결을 통해 사회적 참여의 생리적 상태를 촉진하는 행동이다.

그녀와의 치료를 시작할 때, 나는 어디서부터 손을 대야 할지 전혀 감을 잡을 수 없었다. 리타는 얼어붙은 듯했고, 그녀의 눈은 두려움에 사로잡혀 있었다. 그녀는 감정적으로 위축된 상태를 유지한 채 바닥을 향해 중얼거릴 뿐이었다. 그녀의 사회적 능력과 관계적 능력은 산산조각이 나 있었다. 그녀에게는 운동영역이 없었고, 걸을 때조차 눈에 띄게 고통스러워 보였다. 목소리나 움직임에 아무런 운율이 없었고, 감정이 없이 무표정했으며, 우울한 기분, 그리고 왜곡되고 무너진 자세만이 남아 있어 사회적 참여의 지표들은 완전히 사라진 상태였다. 그녀가 생존하는 데 도움이 된 것들을 찾으려는 시도나, 사랑했던 것을 기억하고 말하게 하려는 노력은 모두 헛된 것이었다. 그녀는 그저 "모르겠다"고 대답했고, 그것에 대해 신경 쓰는 것 같지도 않았다.

나는 그녀에게 어디서부터 시작하고 싶은지 물었다. 그녀가 모른다고 했을 때, 나는 무엇이 가장 괴로운지 물었다. 그녀의 대답은 '통증'이었다. 이렇게 강렬한 통증을 다루는 것은 처음부터 쉽지 않은 문제인데, 혹시라도 치료를 받는 과정에서 내담자가 치료를 "다시 통증을 느껴야 하는 곳"으로 여기게 되면 치료를 중단하는 경우도 종종 있기 때문이다.

리타는 내가 선택할 수 있는 다른 선택지를 주지 않았기에, 우리는 그녀의 통증을 탐구하는 것에서 시작했다. 나는 그녀에게 가장 심한 통증은 어디인지 물었고, 그녀는 오른쪽 어깨 뒤라고 답했다. 그녀는 오른쪽 허벅지의 흉터 부위도 아프긴 하지만 비교적 덜하다고 말했다. 나는 덜 아픈 부위부터 시작해보자고 제안했고 아마도 그게 더 견딜 만할 것이라고 조언했다. 그녀는 무기력하고 우울한 상태였고 이것은 그녀의 하체, 즉 횡경막 아래 부위를 통제하는 배측미주신경으로부터 시작되었기 때문에 나는 그녀에게 '휴식과 안정'의 상태를 이끌어내는 능력을 높이는 것부터 시작해야겠다고 생각했다. 이는 고요하고 이완된 부교감신경이 중재하는 상태로, 우리가 내면적으로 안정된 상태를 유지할 수 있게 한다. 그녀의 다리에 조금 더 에너지를 집중시키는 것, 가령 치료용 공을 이용해 약간의 움직임을 유도하는 것이 두려움 없이 동화 상태로의 참여를 유도하고 다시 휴식 상태로 돌아오는 비교적 안전한 방법처럼 보였다. 비교적 안전한 부동화 상태와 동화 상태를 오가는 과정은 초기에는 완전히 무기력하고 단절된 내담자들이 자기조절을 하도록 돕는 데 효과적이다. 부동화라는 것은 움직임이 없다는 것을 의미하므로, 미세한 움직임의 탐색조차도 사회적 참여 상태로의 변화를 시작하게 만들 수 있다. 사람이 생존을 위해 감각과 감정을 차단하거나 억누르는 과정은 단계적으로 이루어지지만, 치유로 가는 길은 직선적인 경우가 거의 없다. 게다가 두려움에 사로잡혀 단절된 내담자를 곧바로 사회적 참여 상태로 전환시키는 것은 보통 불가능할 뿐 아니라 권장되지도 않는다. 논리적으로 생각하면, 움직이지 못하는 부동화 상태(배측미주신경)에서 몸을 움직이는 동화 상태(교감신경)로 바뀌고, 그다음 사람들과 소통하는 사회적 참여 상태(복측미주신경)로 이어지는 것이 맞을지 모르지만, 셧다운이 초래한 두려움의 흔적은 몸과 마음에 지뢰밭처럼 남아 기억의 파편처럼 경험될 수 있다. 이러한 내면의 지뢰밭에서 안정을 찾으려는 시도는 두려움을 유발할 수 있다. 복측미주신경과 배측미주신경은 모두 교감신경을 억제하는 역할을 하지만, 방어 상태의 부동화는 사회적 참여와 신경계 전체의 복측 조절을 즉각적으로 상실하게 하며, 복측미주신경이 차단되는 상태로 이어지게 한다. 이 상태에서는 교감신경이 개입할 기회가 없기 때문에 두려움이 되었든, 즐거움이 되었든, 그 어떤 감정을 받아들이는 것이 어려울 수 있다. 반면, 두려움 없는 동화 상태는 놀이와 같으며, 놀이 상태는 스포츠와 같은 "긴장감 있는" 경쟁적 놀이부터 강아지와 노는 부드러운 놀이, 그리고 친밀한 놀이에 이르기까지 다양한 형태로 존재한다. 따라서, 리타가 안전한 배측미주신경 부동화 상태로 전환하는 것이 그녀가 두려움이 없는 상태를 처음으로 경험할 수 있는 가장 안전한 방법이었다. "휴식과 안정"의 순간을 충분히 경험하면, 리타와 같은 내담자는 자기 안전감을 느낄 수 있게 되고, 이는 관계 속에서 안전을 느끼도록 하는 첫걸음이 된다.

리타는 오랫동안 서 있을 수 없었고, 앉아 있는 것을 선호했다. 하지만 의자의 구조는 복부와 등 근육 사이의 균형을 잡아주는 데 적합하지 않다. 이는 특히 강간 생존자들에게 더욱 그런데, 이들은 허리와 천골(sacrum) 부위에 과긴장이 있고 복부는 저긴장 상태인 경우가 많기 때문이다. 이런 상태는 골반기저근에 압박과 내부 수축을 동시에 유발할 수 있다. 따라서 이들에게 있어 의자에 앉아 있는 것은 불편함을 증가시키고, 사회적 관계를 형성하는 능력도 저하시킬 수 있다. 이들에게 의자는 사회적 참여를 촉진하는 자세를 제공하지 못하기 때문이다. 압박되거나 경직된 천골은 중립적인 상태가 아니므로, 복측미주신경 복합체를 통한 심장 미주신경의 조율과 천골의 자연스럽고 유동적인 움직임을 방해할 수 있다.

1980년대 연구(Cottingham, Porges, & Lyons, 1988)에 따르면, 롤핑 골반 들어올리기 요법(Rolfing pelvic lift)은 심장 미주신경 조율을 회복시키는 데 효과적이었다. 깊은 복부 압력과 천골 신경 뿌리에 대한 촉각적 자극은 "부교감신경의 심혈관 반사(cardiovascular reflexes)와 호흡 패턴의 변화"를 유발한다(p. 355). 즉, 자세, 척추 및 천골의 움직임과 방향은 심장 미주신경 조율에 영향을 미친다. 무용동작치료의 관점에서 천골이 완전한 운동 범위(단순한 굴곡과 신전뿐만 아니라, 회전과 차원적 움직임까지 포함한)를 확보할 수 있다면 미주신경 조율을 회복시키는 데 도움을 주며, 나아가 행복과 같은 사회적 참여와 관련된 감정을 촉진할 수 있다. 이러한 천골의 "움직임을 유도하는 것"은 소속감을 느끼게 해주는 의미 있는 관계를 형성하는 데에도 기여할 수 있다.

나는 노력 없이도 편안하게 이완되고 안정을 찾을 수 있는 상태를 유도하고자, 리타에게 허벅지 통증을 어느 정도 완화시켜주는 그녀만의 자세가 있는지 물었다.

리타는 가끔 침대에 누워, 머리를 침대 머리맡에 기대고 오른쪽 다리를 베개 위에 올려놓으면 통증이 다소 완화된다고 설명했다. 중요한 점은, 그녀가 자신의 다리나 허벅지를 "내 다리" 또는 "내 허벅지"라고 지칭하지 않았다는 점이다. 그녀에게 자신의 다리는 항상 "그 다리"나 "그 허벅지"였다. 그녀는 오른쪽 다리가 자신의 몸과 연결되어 있다고 느끼지 않았다.

나는 그녀에게 큰 치료용 공을 소개했다. 55~75cm 크기의 큰 공은 의자에 앉아 있을 때 발생하는 긴장의 불균형을 완화하고 이완을 촉진하는 데 매우 효과적이다. 여기서 '이완'이라는 용어는 바디-마인드 센터링(Body-Mind Centering: BMC, 2012)에서 나온 것으로,

우리가 중력과 관계를 맺는 생리적 행동을 설명하는데, 중력에 편안하게 몸을 맡기고 필요시 중력의 힘을 이용해 움직일 수 있게 한다. 나는 그녀가 가장 편안하다고 느끼는 의자에 앉아 오른쪽 다리를 공 위에 올려놓고 쉬어볼 것을 제안했다. 그녀는 이 자세가 다리의 통증을 줄여주고 상대적으로 편안하다는 것을 발견했다. 우리는 다음 네 번의 세션 동안 이 편안한 상태를 유지하는 데 집중했고, 2주 후 나는 그녀에게 집에서 연습할 수 있도록 공을 하나 주었다.

나는 처음에는 몇 피트 떨어진 자리에 거리를 두고 앉았지만, 4주 동안 진행된 여덟 번의 세션 동안 나는 천천히 그녀에게 가까이 다가가며, 그녀가 나를 보며 관계를 맺을 수 있도록 조금씩 내 위치를 조정했다. 나는 격려의 미소를 지으며 그녀의 눈을 바라보았지만, 너무 오랫동안 응시하거나 접촉을 유지하지는 않았다. 나는 종종 "연민의 부드러운 시선"이라고 부르는 방법을 사용하였는데, 이는 눈알을 안구 속의 "해먹"에 놓는 것처럼 편안히 두는 느낌으로 시선을 두는 것이다. 이 부드러운 시선은 넓은 시야를 열어주어, 여유 있게 상황을 바라볼 수 있도록 한다. 나는 이 방법이 내담자들이 "올바른 일을 해야 한다"는 압박이나 평가받을 것에 대한 두려움 없이, 더 깊고 입체적인 존재감을 느낄 수 있도록 도울 수 있는 의미 있는 방법이라고 믿는다. 이를 위해 나는 내 얼굴 표정을 의도적으로 따뜻하게 유지하며, 약간의 미소로 연결을 촉진하려 했다. 내 몸의 위치와 간격을 조절하는 것도 비교적 안전한 상호 관계를 재구축하기 위한 비침습적인 방법이었다.

트라우마는 항상 경계를 손상시킨다. 특히 인권 침해와 같은 대인관계 트라우마는 개인의 경계를 심각하게 파괴시켜 세상이 안전하지 않다는 감각을 지속적으로 형성하게 한다. 경계가 지나치게 단단해서 접근하기 어려운 상태이거나 반대로 너무 느슨해서 경계가 지나치게 뒤얽힌 상태는 과거에 경계가 침해되었다는 증거일 수 있다. 건강한 경계를 다시 세우기 전에 이러한 부적응적 패턴이 얼마나 나타나야 하는지 판단하는 것은 사회적 참여를 촉진하는 데 필수적이다. 건강한 경계는 세포의 반투과성 막과 같다. 우리는 무엇이 들어오고 나가는지에 대해 어느 정도 자율성을 가지고 있다. 침해, 박해, 추방, 가해로 인해 이 투과성을 잃게 되면, 우리는 관계 안팎으로 자유롭게 이동할 수 있는 능력을 잃게 된다.

리타의 다리 통증이 줄어들면서, 그녀는 다리와 "다시 친숙해지는" 경험을 하게 되었다고 말했다. 나는 그녀에게 두 다리를 사용해 힘을 내고, 이동하며, 지지를 받았던 이야기를 들려달라고 요청했다. 4주가 지나자 그녀는 마침내 자신의 다리를 "내 다리"라고 표현하기 시작했다. 우리는 다리에 대한 작업을 계속하면서, 그녀의 신체 다른 부위로 작업을 확장하기로 합의했다. 그녀의 치료 목표는 통증을 줄이는 것이었으며, 내 치료 계획은 그녀의 "잃어버린" 신체 부위를 전체 몸과 다시 연결하는 것, 즉 사회적 참여를 위해 신체를 통합하는 것이었다.

다음으로 우리는 그녀의 오른쪽 견갑골의 통증을 다루는 것을 시작하기로 동의했다. 이 통증은 그녀의 오른팔의 운동 범위를 심각하게 제한하고 있었다. 그녀는 이 통증이 약간 줄었지만 여전히 가장 큰 문제라고 느꼈다.

계속해서 공으로 그녀의 오른쪽 다리를 지지하면서, 우리는 오른팔의 통증과 제한된 운동 범위를 다루기 시작했다. 우리는 팔의 통증이 무엇을 의미하는지 함께 탐구했고, 그녀는 이 통증이 나타나는 곳을 "투쟁"이 담긴 곳이라고 묘사하며 그 안에는 여전히 두려움이 남아 있다는 설명도 덧붙였다. 이렇게 두려움을 명확히 인식하는 것은 그녀에게 중요한 과정이었으며, 나중에는 이것이 그녀의 트라우마를 이해하고 치료로 가는 경로가 되었다. 투쟁의 감정을 외부화하기 위해 우리는 문에 스트레칭 밴드를 묶고 다양한 강도의 힘으로 밴드를 당기고 풀도록 했다. 이 과정에 호흡을 통합하여, 밴드를 당길 때는 숨을 들이쉬고, 밴드를 놓을 때는 숨을 내쉬도록 했다. 나중에 그녀는 밴드를 집에 가져갔는데, 8주 후에 그녀는 허벅지와 어깨를 자신의 신체 일부로 자연스럽게 받아들일 수 있게 되었다.

상대적으로 안전하게 부동화와 동화 상태를 오가는 과정은 그녀가 통증 수준과 운동 범위의 변화를 더 자주 이야기할 수 있게 했으며, 이전에 흔히 보였던 해리 상태에서 벗어나는 데 도움을 주었다. 그녀의 자세에도 변화가 생겼다. 그녀는 더 꼿꼿이 앉을 수 있게 되었고, 가끔은 나를 바라보며 몇 초 동안 시선을 유지했다. 팔과 어깨에 초점을 맞추고 있는 동안, 우리는 밴드를 당기고 놓을 때의 느낌에 맞추어 얼굴 표정을 만드는 작업도 함께 진행했다. 초기 8주간의 치료가 끝날 무렵, 이전에는 아무런 표정도 없었던 그녀의 얼굴이 무표정에서 벗어나, 말할 때 조금씩 얼굴 표정에 변화가 생기기 시작했다. 그럼에도 그녀는 아직 자신의 과거나 트라우마에 대해 이야기하지 않았고, 고문에 대한 언급은 여전히 그녀에게 해리 상태와 사회적 참여의 결여를 유발했다. 셧다운/부동화 상태는 그녀가 주로 사용하는 전략이었다.

8주째가 되던 시점에서, 리타는 조금 더 활기찬 걸음으로 세션에 들어와 "내 몸으로 돌아가고 있다"고 말했다. 나는 그것이 무슨 의미인지 물었고, 그녀는 "통증이 줄었고, 팔과 다리를 움직일 수 있게 되었다"고 간단히 대답했다. 나는 그녀의 태도가 변한 것을 느꼈고, 더 적극적으로 참여하는 모습을 보았다. 그녀의 코어 근육은 여전히 경직되어 있었지만, 그녀는 전보다 더 똑바로 서있었고, 걷거나 서있거나 말할 때 온몸을 사용하고 있었다. 그녀의 신체 부위들이 통합되기 시작한 것이다. 대화를 나눌 때 거의 항상 나와 눈을 마주치고 있었고, 그녀의 얼굴에는 더 많은 표정이 생겼다. 그녀는 미소를 지었으며, 눈에는 빛이 돌았으며, 말하거나 웃을 때 이마가 움직였다. 그녀의 목소리에는 약간의 억양이 생기기도 했고, 무엇보다 이제 그녀는 더 "존재감"을 가지고 말하고 있었다. 이제는 그녀의 목소리에서 그녀의 존재를 느낄 수 있었다. 그녀의 호흡은 목소리가 나오는 것을 방해하지 않았고, 그녀의 목소리에는 이전보다 많은 확신과 힘이 담겨 있었다. 그녀의 상태는 더 이상 완전한 무기력함이 아니었다. 그녀의 호흡, 목소리, 그리고 움직임은 조화를 이루며 점차 안전한 사회 참여 상태로 나아가고 있었다. 또, 그녀는 이전보다 나에게 더 가까이 다가왔다.

나는 그녀의 사회적 참여 상태가 회복된 것을 인식하고 나 또한 에너지가 넘치는 것을 느끼며 '이야기 엮기'라고 부르는 과정, 즉 회복 과정에서 의미를 만들어가는 단계를 시작하기로 했다. 이 과정은 그녀의 신체를 과거와 현재에 연결하고, 미래를 준비하는 데 중점을 둔다. 나는 다양한 문화적 배경을 넘나들며 작업하면서, 신체 및 움직임 기반 치료와 이야기 및 스토리텔링 기반 치료 과정을 결합하는 것이 가장 효과적이라는 것을 발견했다.

나는 해결중심치료의 '기적의 질문'에서 영감을 얻어, 그녀에게 물었다. "어떻게 하면 몸으로 완전히 돌아올 수 있을까요?" 그녀의 첫 번째 대답은 자신의 몸에 있는 '추한 흉터'들을 치유하는 것이었다. 나는 그녀가 자신을 추한 존재로 규정하고 있다는 사실을 깨달았다. 그녀는 이 흉터들에 대해 깊은 수치심을 느끼고 있었고, 이것이 그녀가 모든 것을 떠나 혼자 있고 싶어하는 주된 이유였다. 나는 그녀에게 흉터 없는 자신의 모습을 그려달라고 요청했다. 그녀는 매끄러운 커피색 피부를 그렸는데, 그것은 그녀에게 '집'같은 편안한 느낌을 주는 모습이었다. 그런 다음 나는 그녀에게 지금의 자신을 그려달라고 요청했는데, 그녀는 커피색 피부에 검은색과 빨간색 줄무늬와 점들로 '추한 흉터'를 표현했다. 이것이 그녀의 현재(now)였다.

나는 그녀의 현재를 표현한 이 '추한 흉터' 그림을 방 안의 '현재'처럼 느껴지는 곳에 놓도록 요청했고, 그녀는 그렇게 했다. 그런 다음 그녀는 편안한 느낌을 주는 '집' 그림을 방의 다른 쪽 끝에 두었지만, 그렇게 하기 전 '현재' 그림 뒤에 숨기고 그 위에 서서 기억을 떠올리는 듯이 잠시 머물렀다.

나는 그녀에게 집에 돌아가서 할 과제로 '현재'와 '집' 사이의 단계를 정의해 보라고 요청했다. 그녀가 돌아왔을 때, 그녀는 내가 빌려준 종이와 색연필로 그린 그림을 가지고 있었다. 우리는 그것을 네 개의 개별 그림으로 나누었고 그것들은 다음과 같았다.

인내(Patience)
투쟁(Struggle)
시간(Time)
분투(Strive)

그 후 8개월 동안, 우리는 매주 함께 작업하며 그녀의 각 단계와 관련된 감정적 또는 생리적 상태를 리듬적으로 통합하는 과정을 통해 '집으로 가는 길'로 명명한 여정에 대해 탐색했다. 우리는 그녀의 평온한 과거의 이야기를 탐구하며, 현재 그녀를 지탱해주는 자원을 찾아냈다. 우리는 그녀가 첫 번째로 선택한 '인내'를 다루었다. 각 단계는 다음의 과정으로 진행되었다.

1. 기준선: 오늘 기준으로 현재(Now)와 집(Home) 그림을 오늘의 상황에 맞게 배치한다.
2. 기준선: 리타는 자신이 시작할 위치를 선택했다. 먼저 그녀는 집(Home)이나 현재(Now) 중 한 곳에 섰다. 그런 다음, 오늘의 상황에 따라 자신이 있어야 할 위치에 자리를 잡고 그곳에서 작업을 시작했다.
3. 교류: 리타는 집(Home)과 현재(Now)에 서 있는 자신의 경험을 공유했다. 우리는 의도적으로 "공유"라는 단어를 선택했다. 처음에는 "보고"하라고 제안했지만, 그녀는 "공유"라는 표현을 선호했고, 이는 그녀가 사회적 참여를 시작하고 있다는 첫 번째 신호였다.
4. 교류: 그녀는 자신이 느끼는 전반적인 감정 상태, 신체 감각(이를 묘사하는 데 시간이 걸렸다), 떠오르는 생각, 이미지, 기억에 대해 공유했다. 그녀는 시간이 지나면서 내부 감각(신체 인식)을 활용하는 능력이 향상되었고, 이를 통해 내부에 흐르는 과정을 공유하

는 능력이 개선되었다. 이는 자신의 신체에 대한 그녀의 구체화된 인식과 자기 교류가 증가했음을 나타낸다. 그녀의 감정 표현이 점점 더 자유로워지면서, 그녀는 감정에 이름을 붙이기 시작했고, 이 작업은 관련된 뇌 기능의 통합을 촉진했다(Siegel, 2013).

5. 교류: 세션이 시작한 후, 그리고 배치된 집(Home)과 현재(Now)에 서는 마지막 연습의 바로 전에, 우리는 그녀가 집으로 가는 과정의 각 단계를 다루었다. 각 단계에 서 있을 때 우리는 다음을 수행했다.
   - A: 자신의 신체에 "체크인"하며, 안전함을 느끼는지, 떠오르는 감각이나 감정, 이미지, 기억, 생각을 주목했다. 그녀는 이를 말과 리듬, 움직임, 또는 제스처로 표현했다.
   - B: 움직임, 목소리, 신체 대화. 리타가 느낀 것에 따라 우리는 비언어적으로 작업하거나, 그것에 대해 이야기를 한 후. 이것에 알맞은 동작과 리듬, 그리고 노래를 만들었다.

다음은 우리가 인내(Patience)와 투쟁(Struggle) 단계에서 작업했던 예시들이다.

인내

우리는 인내에 대해 많은 시간을 할애하지 않았다. 리타가 이미 이 특성을 깊이 믿고 실천하고 있었기 때문이다. 한 달 동안 4번의 주간 세션에서 우리는 인내를 주제로 작업했으며, 리타는 기독교적 가치로서 인내의 중요성과 감옥에서 생존하기 위해 인내가 얼마나 절실했는지를 이야기했다. 그녀는 인내 덕분에 어둡고 비좁은 감방에서 끝없이 긴 하루를 버틸 수 있었다고 말했다. 감방이 너무 비좁아서 모든 여성들이 한번에 모두 바닥에 앉을 수 없었고, 순서를 정해 바닥에 쪼그려 앉는 것을 서로 돌아가며 해야 했다. 리타는 오랜 시간 동안 쪼그려 앉아 있어야만 했던 그 기억을 떠올리고 싶지 않다고 말했다.

밖으로 나가 일을 해야 할 때 그녀는 오히려 안도감을 느꼈다고 했다. 감옥은 너무 어두워서 밖에 나가지 않으면 유일하게 볼 수 있는 빛은 감옥 벽 틈새로 들어오는 작은 햇살이었다. 그녀는 매일 이 빛을 기다리며 인내심을 키웠고, 이 빛은 그녀에게 밖에 태양이 있다는 것을 상기시켜 주었고 "또 다른 하루가 시작되었다"는 희망을 주었다. 나중에 그녀는 이 작은 빛줄기가 자신의 유일한 희망이었다고 회상했다. 인내를 이야기할 때 그녀는 조용히 앉아 있거나, 몸을 안정시키는 복측미주신경 상태에서 조용히 서 있곤 했다. 때로는 감옥에서의 기억을 떠올리며 슬픔에 잠겨 몸이 눈에 띄게 축 처지기도 했다. 그런 순간, 그녀는 매우 조용해졌고, 잠시 동안 무기력한 상태가 그녀를 지배했다. 종종 그녀는 잠시 긴장한 후 근육이 풀리면서 마치 "사라져 버리는" 것처럼 보였다. 그녀는 틈틈이 스스로 제자리를 찾기도 했고, 내가 그녀에게 발을 느껴보라고 하거나 앉아보라고 하거나 숨을 쉬라고 안내하면 다시 안정을 되찾곤 했다.

투쟁

투쟁의 자세를 취할 때 리타는 자신의 고통을 떠올렸다. 그 고통은 피와 배설물, 죽음의 악취가 가득한 비좁고 더러운 감방에서 시작되었다. 그녀는 바닥에서 최대한 떨어져 있으려고 몸을 긴장시켰고, 그녀와 다른 여성들이 겪었던 끔찍한 경험들은 정신적인 고통을 더욱 깊게 만들었다. 그녀는 지치고 다쳐서 죽어가는 여성들을 많이 목격했으며, 자신도 매일 폭행을 당하면서 신체적, 정신적 고통이 겹겹이 쌓였다. 그녀는 그때의 삶을 더러운 동물처럼 살아가는 투쟁의 연속으로 묘사했다. 리타는 자신이 몸과 마음의 완전한 회복을 위해 투쟁의 과정이 필요할 것임을 알고 있었다.

우리가 투쟁의 단계에서 작업을 시작했을 때, 그녀의 근육은 자주 경직되었고, 그녀는 눈에 띄게 긴장하고 스트레스를 받는 듯 보였다. 그녀는 빠르게 긴장된 상태로 전환되었고, 공포가 몸 전체를 휘감고 있는 것처럼 보였다. 투쟁의 자세를 취하면서 리타는 자신의 고문 경험에 대해 더 많이 이야기하기 시작했다. 나는 그녀가 해리 상태로 빠지지 않도록 이야기를 하면서 동시에 그 경험을 움직임으로 표현해보자고 제안했다. 투쟁의 과정에서 그녀의 움직임은 매우 거칠고 강렬했으며, 불규칙한 움직임으로 내적 감정을 표현했다. 그녀는 팔 근육이 과도하게 수축된 채 주먹을 불끈 쥐고 "이곳에서 벗어나려" 애쓰는 동작을 자주 보였다. 우리는 이 동작을 반복하면서, 내가 그녀의 동작을 그대로 따라 하거나 나의 움직임으로 그녀의 동작에 응답하는 방식으로 번갈아 작업했다. 이는 움직임을 통해 서로의 감정을 조율하고 소통하는 과정으로, 움직임 내러티브를 형성하는 데 도움을 준다. 또한 나는 그녀에게 긴장이나 힘의 밀도(더 부드럽게, 가볍게), 강도(강하게, 약하게), 형태(크게, 작게, 팔만, 손만, 전신)를 조정해보도록 제안했다. 이러한 변형은 라반 움직임 분석(Laban Movement Analysis: LMA)과 관련이 있으며(Tortora, 2006) 생존자가 신체적, 감정적 상태를 변화시키는 데 효과적인 방법이다. 생리적 상태를 변화시키지 않고 감정적 및 심리적 상태를 변화시키는 것은 불가능하다. 움직임, 밀어내기, 발구르기를 통해 자신의 이야기를 표현하는 방식을 변형하는 활동은 그녀가 더 일관된 리듬으로 움직일 수 있도록 도와주었고, 결국 그녀의 움직임 범위를 넓히는 데 기여했다. 이는 그녀의 감정 표현과 자신의 움직임의 내러티브(서사), 그리고 나아가 자신의 신체와 삶의 이야기에 대한 연결을 강화시켰다. 투쟁의 움직임에는 발구르기, 밀어내기, 근육이 과도하게 수축된 상태에서 몸을 들어 올리려 하거나 올라가려는 동작이 시도되었고, 처음에는 부동화 상태에서 갑작스럽게 동화 상태로 전환되었으나, 그녀의 노력과 형태, 속도의 변화를 탐색하는 과정을 통해 그녀의 움직임은 점차 유연해졌다.

우리는 세 달 동안 투쟁 작업을 계속했다. 필요할 때마다 우리는 움직임의 배열과 인내와 관련된 노래로 돌아가곤 했다. 인내는 리타가 자신의 과거와 정치적 고문의 생존자로서 현재의 투쟁에 깊이 몰두할 수 있는 자원이 되었다. 초기 그녀의 인내 동작은 단순히 가만히 서 있거나 앉아 있는 움직임이었지만, 시간이 지나면서 그녀는 긴장하지 않고도 이를 해낼 수 있게 되었으며, 해리 상태에 빠지지 않고도 이를 견딜 수 있었다. 이 고요함은 투쟁의 움직임을 위한 일종의 쉼표 역할을 했다. 세 달 동안 리타는 자신의 트라우마 내러티브를 조금씩 이야기하며, 이를 움직임과 결합하여 과거와 현재, 그리고 '자신의 몸으로 돌아가기'라는 미래의 목표를 통합해 나갔고, 시간에 대해 생각할 준비를 해갔다. 그녀는 시간이 자신의 통제를 벗어난 힘이며, "하나님의 영역"이라고 표현했다. 또한 리타는 평생 동안 완전해지기 위해 나아갈 '노력'의 준비를 하고자 했다. 리타에게 '노력'은 하나님에 대한 지속적인 신앙의 표현이었다. 더 나은 사람이 되기 위해, 좋은 기독교인이 되기 위해, 좋은 가족 구성원과 공동체의 일원이 되기 위해 끊임없이 노력하는 것이다.

우리는 몇 달 동안 이러한 방식으로 작업을 이어갔다. 때로는 진행 중인 단계에서의 작업이 과거의 기억을 자극해, 리타가 다시 해결이 필요하다고 느낀 단계로 되돌아가기도 했다. 각 단계를 진행하면서 리타는 성경 읽기에 더욱 관심을 가지기 시작했다. 그녀는 자신의 움직임을 자신의 이야기와 연결시키고, 그 이야기를 다시 성경 속 이야기와 연결시키기 시작했다. 나는 그녀에게 성경을 세션에 가져와, 세션 사이에 선택한 구절을 함께 읽으며 세션을 시작하자고 제안했다.

이러한 제안은 치료를 삶에 통합하고 의미 있는 행동으로 가져와 내담자의 삶에 통합시키는 단계인 "홈플레이(homeplay)"로 실천되었다. 홈플레이는 사회적 참여와 "생명적 참여"(가족, 지구, 그리고 조상들과의 관계에 참여하는 것)를 광범위한 세계의 맥락에서 회복하는 데 도움을 준다. 리타는 또한 세션에서 배운 동작을 집에서도 꾸준히 연습했다.

우리는 그녀의 삶의 자원과 트라우마 내러티브를 표현하는 신체 내러티브를 만들기 시작했다. 각 단계마다 완전한 내러티브를 구성했으며, 이야기는 그녀의 상태에 따라 정적인 상태에서 활발하고 에너지가 넘치는 리듬으로 다양하게 표현되었다. 때로는 그녀가 가르쳐 준 음악이나 노래가 이러한 리듬을 동반했고, 때로는 짧은 안무로 발전하기도 했다. 우리는 신체 내러티브를 그녀의 삶의 전체 이야기로 엮어 나갔다. 또한, 이 과정을 돕기 위해 "생명의 강"을 만드는 활동을 했다. 색실로 엮인 생명선과 모래 접시로부터 가져온 작은 물체들로 그녀의 삶에서 희망찬 시기와 도전적이거나 고통스러운 시기를 표시했다. 이 내러티브를 이야기로 엮어 나가면서 그녀의 움직임과 내러티브 간의 전환은 더욱 유연해졌다. 신체적 상태의 변화와 이를 동반하는 유연한 움직임의 회복은 다미주 이론을 바탕으로 한 무용동작치료 회복 과정에 필수적이다.

한 작업이 끝날 때마다 우리는 그녀의 몸에 대한 이야기, 즉 과거부터 지금까지의 그녀의 역사와 현재의 삶, 그리고 미래에 대한 꿈에 대해 이야기했다. 리타는 자신의 기억을 뒤지며 이야기를 들려주었고, 곧 교회 공동체에서의 리더십과 그녀의 강한 신앙심과 관련된 주제가 드러났다. 나는 리타에게 분투 작업을 할 때에는 성경의 이야기나 가르침을 자신의 삶과 연결해볼 것을 요청했지만, 그녀는 초기에는 아무것도 생각해내지 못했다. 나는 그녀에게 자신의 상처에 대해, 그리고 그 상처와 관련하여 자신을 어떻게 정의하는지에 대한 몇 가지 질문을 던졌고, 순간 그녀의 얼굴에 깨달음의 번뜩이는 빛이 비쳤다. 그녀는 "욥(Job)의 몸, 나의 이야기는 욥의 몸에 대한 이야기와 똑같아요."라고 말했다(역자주: 욥은 성경에 나온 인물로 여러 고난을 겪었으며 피부병으로 인해 몸에 상처와 딱지가 난 인물임).

이 깨달음의 순간은 치료 작업에 있어 매우 중요한 순간이었다. 이후 네 번의 세션에서 우리는 욥의 몸에 대한 이야기를 읽고, 토론하고, 그 몸을 움직이는 작업을 진행했다. 우리는 그녀가 다시 자신의 몸으로 되돌아가는 여정의 각 단계를 거슬러 올라가면서 각 단계와 관련된 리듬, 동작, 소리, 노래를 엮어 일련의 움직임으로 만들었는데, 이는 그녀의 표현을 빌리자면, "심지어 죽었다고 느꼈을 때조차 내가 어떻게 살아남았는지에 대한 내 몸의 이야기"였다. 그 후, 리타는 치료를 잠시 중단할 것을 요청했다. 그녀는 "지금 내가 누구인지 생각해 볼 시간"을 가지길 원했다. 나는 이러한 그녀의 요청을 받아들였는데, 시기상 그녀가 더 유연하게 움직이고, 내 시선을 더 오래 감내할 수 있었고, 목소리과 움직임의 운율이 향상되고, 자세가 눈에 띄게 더 꼿꼿해지고 힘이 생겼기 때문이었다. 이는 마치 그녀가 자신의 권한을 요구하는 것이 선명히 구체화된 것과 같이 보였다.

리타가 다시 돌아왔을 때 그녀는 완전히 달라진 사람이 되었다. 그녀는 "나는 지금 여기 있어요. 나는 다시 내 몸으로 돌아왔어요."라고 말하며 상담실로 들어왔다. 리타는 8개월 전 평가를 위해 했던 것과 같은 동작을 하는 자신의 모습을 비디오로 찍어달라고 말했고, 이후에는 그녀가 자신의 몸으로 다시 돌아가는 여정에 가장 영감을 준 노래 몇 곡을 함께 불렀다. 그녀는 노래를 주도하였는데, 그녀의 음성 운율이 회복되었기에 그녀의 목소리에는 멜로디가 있었고 매우 선명했다. 그녀는 나를 바라보며 대화에 참여하고자 하는 자세를 유지했고, 한 번은 나를 가리키며 나에게 무엇을 하라는 듯이 말하는 리더십의 제스처를 보이기도 했다. 그런 다음 그녀는 내 손을 꼭 잡아주었다. 그녀가 나와 이런 식으로 접촉한 것은 처음이었다. 그녀는 온전히 자신을 통제하고 있었고, 인간 관계에 참여하고자 했으며, 나와 관계를 맺고 있었다.

그녀는 다음에 다시 찾아와서 내가 춤추는 것을 좋아한다는 것을 알기 때문에 나를 위해 준비한 "자유를 향한 춤"을 봐달라고 부탁했다. 이것은 리타가 나에게 주는 선물이었다. 리타는 감옥에서 오랫동안 견뎌온 자세인 쪼그려 앉기를 했다. 지금까지 생존자가 자신의 과거와 관련된 고통의 자세를 다시 취한 것은 이번이 처음이었다. 그녀는 가쁜 숨을 몰아쉬며 쪼그리고 앉아서 길고, 긴장된, 얽매임과 해방됨 사이를 왔다갔다 하는(Hackney, 2002)(그녀의 설명에 따르면, 팽팽하고 느슨한) 척추 스트레칭을 시작했는데, 투쟁과 분투 작업에서 처음 그녀의 어깨 흉터를 다룰 때 그랬던 것처럼 그녀는 종종 주먹을 꽉 쥐고 팔을 움츠리기도 했다. 도중에 그녀는 잠시 완전히 축 처졌다가 다시 몸을 일으켰는데, 그녀의 움직임의 흐름 또는 '운율'은 긴장되고 딱딱하고 뻣뻣한 것에서부터 완전히 힘을 잃고 생기를 잃은 것 사이에서 유동성을 가지고 변화하는 듯했다. 그녀는 똑바로 서 있을 때 두 팔을 위로 들어 올리고 주먹을 불끈 쥐었는데, 이는 마치 힘, 그리고 신에게 간청하는 자세를 연상케 했다. 우리는 투쟁 과정에서 이 부분을 다루었는데, 이때 그녀는 신에게 "왜요? 왜요? 왜요? 대체 왜?"라고 질문했었다.

이윽고 그녀의 팔이 모습이 변했다. 그녀의 신체는 순식간에 성배가 하늘로 솟아오르는 모양이 되었고, 그녀는 눈가에 눈물을 머금고 천장을 올려다보고 있었다. 그녀는 팔을 들어 올리면서 내가 여태껏 본 것보다 훨씬 더 멀리 팔을 뻗었고, 이윽고 미소를 지으며 눈을 내 쪽으로 돌렸다. 그녀는 내 눈을 똑바로 바라보았다. 그리고 그녀는 이렇게 말했다, "나는 자유에요." 그녀는 완전한 사회적 참여의 자세로 서 있었고, 그녀의 몸의 운율은 나를 위해 노래할 때의 목소리만큼이나 안정적이고 전달력이 있었다.

이윽고 그녀는 "이 춤을 추는 건 이번이 마지막이에요."라고 말했다. 나는 그녀에게 이 춤을 촬영해야 할지 물었고, 그녀는 아니라고 말하며 "이 춤을 추는 건 이번이 정말 마지막이에요."라는 말을 반복했다. 그녀는 내게 자신의 춤을 따라 해달라고 요청했고, 내가 그녀의 춤을 따라 하는 것을 끝내자 그녀는 "이제 정말 다 끝났어요."라고 말했다. 그녀는 내가 가르치는 다른 사람들과 이 춤을 공유하는 것은 허락했지만, 다시는 자신이 이 춤을 추거나 보고 싶지는 않다고 말했다. 그녀는 자신의 심장을 가리키며 "그 춤은 여기 있어요. 나는 이 여정을 절대 잊지 못할 거예요. 욥의 이야기처럼 내 몸속에 살아 있거든요."라고 말했다.

우리는 몇 달을 더 만났고 결국 리타는 치료를 마쳤다. 항상 그렇듯이 내 내담자들은 상태 확인을 위해 다시 오게 되는데, 리타는 몇 번 더 나를 보러 왔다. 마지막으로 그녀를 만났을 때 그녀는 요양원에서 노인들을 돌보며 행복하게 일하고 있었고, 그 일을 좋아했다. 이 일을 통해 그녀는 "가장 필요한 순간에 홀로 남겨진 사람들에게 사랑을 줄 수" 있었다. 그녀는 정기적으로 교회에 출석했고, 종종 자식들을 교회로 데려오기도 했으며, 그들의 삶에도 적극적으로 연결되어 있었다. 그녀는 새롭게 태어난 삶에서 지역의 리더십으로 부상하고 있었다.

요약과 논의

리타의 자유를 향한 춤은 포지스의 '참여의 규칙들'(2013)에 기반한 참여의 표지들, 다시 신체로 돌아오는 체험을 통한 상대적인 안전감의 회복, 그리고 다방향의 상태 전환을 통한 핵심 리듬성의 회복이 어떻게 리타가 세상에서 자신의 자리를 회복하기 시작하도록 도왔는지에 대해 설명해준다. 많은 고문 생존자들과 마찬가지로, 리타 역시 소속감을 잃고 자신의 경험과 삶의 의미에 대해 의문을 품게 되었다. 그녀는 여러 가지 임상적 진단을 받았을 뿐만 아니라, 관계 및 사회적 능력의 단절로 인해 사회적 참여가 단절되는 고통을 겪었다. 리타가 자신의 몸, 그리고 자유를 되찾는 여정은 처음에는 두려움에 사로잡히지 않는 부동화 상태, 즉 내려놓음을 회복하는 데 기반을 두었다. 긴장을 풀고 타인과 연결되는 리타의 능력은 신체의 안전이 극도로 부족하여 약화되어 있었고, 이것은 다시 안정적으로 자신을 유지하거나 타인과 관계를 맺는 데 필요한 신뢰의 약화로 이어졌다. 따라서 초기에는 부동화 영역에서 두려움 없이 치료를 진행하는 것은 불가능했다. 그녀는 완전한 셧다운 상태가 되거나, 지나치게 동요되어 세션을 끝내달라고 요청했을 것이다. 우리는 신뢰를 필요로 하는 깊은 이완 상태가 가져오는 두려움을 피하기 위해, 가벼운 동화 활동과 그 상태로의 전환을 시작했다. 서정적이고 경쾌한 리듬부터 스타카토와 강한 리듬까지, 다양한 리듬을 사용하여 이러한 상태 전환을 촉진했다. 그녀는 의미와 소속감의 원천인 성경 이야기를 말과 움직임으로 공유하면서, 비차원적이고 파편적이며 축소되었던 움직임과 신체 운율을 그녀의 기저에 가까운 그 무언가로(내가 상상할 수 있는 수준의) 바꾸었다. 상처 부위의 통증과 근육 조직의 심각한 손상으로 인해 그녀가 이전의 운동 범위를 완전히 회복할 수는 없을 것이었다. 하지만 리타는 움직임, 이미지, 그리고 단어를 통해 자신의 인생 이야기의 중요한 측면을 설명하기 위해서 스스로를 언어와 신체의 일관된 서사로서 표현할 수 있는 능력을 다시 재정립했다. 그녀는 자신의 삶에 의미를 부여하는 것들과 다시 연결했다. 그녀는 세상에 대한 소속감을 더 누릴 수 있는 곳으로 되돌아가는 길을 찾아내고야 만 것이다.

각 서사에는 언어적 요소와 비언어적 요소가 있다. 다미주 기반의 DMT에서 비언어적 요소는 공포와 불신으로 스스로를 차단하는 신체가 리듬, 춤, 호흡으로 운율적 표현을 할 수 있는 신체로 변화하도록 연결하는 가교 역할을 했다. 그녀의 말을 빌리자면, “자유를 향한 나의 춤은 내 몸, 즉 인간의 몸으로 내가 어떻게 다시 돌아올 수 있는지” 가르쳐 주었다.

13장

다미주 기반 테라플레이 치료법: 사회적 참여, 놀이, 양육을 결합하여 안전, 조절, 회복탄력성 만들어내기

Sandra Lindaman and Jukka Mäkelä

개요

다미주 이론에 의하면 개인은 안전하다고 느낄 때 사회적 참여, 놀이, 애정 표현과 같은 행동을 보인다. 이 이론은 양육 환경에서 안전 신호를 조정하고 아이에게 새로운 신경학적 안전 경험을 제공함으로써 사회적 행동과 애착 문제가 있는 아이들을 도울 수 있다고 제안한다. 이 장에서는 테라플레이(Theraplay®)의 구조화된 부모-자녀 간의 사회적 참여, 놀이, 양육 방식과 다미주 이론의 연관성을 탐구하며, 이 접근법에 내재된 다미주적 과정들을 검토한다. 또한 의학적 트라우마를 경험한 후 선택적 함구증이 나타난 아동을 대상으로 다미주 이론에 기반한 치료 단계와 결정 과정이 예시로 제공된다. 테라플레이 치료로 아동의 상태 조절, 사회적 행동, 의사소통 기술, 삶의 질이 크게 개선되었다.

이 장에서는 독자에게 테라플레이(Theraplay®)를 소개하고 테라플레이 치료에 내재된 다미주 과정에 대해 설명한다. 또한, 심각한 심각한 의학적 트라우마를 경험한 후 선택적 함구증을 보인 아동의 사례를 통해, 다미주 이론을 기반으로 한 치료 단계와 의사 결정 과정을 설명할 것이다. 포지스는 치료 모델에 있어 수동적 단계(passive stage)가 있음을 제안했는데, 이 단계에서 치료사는 자신의 사회 참여 체계를 통해 내담자에게 안전 신호(cues of safety)를 전달한다. 내담자의 신경지가 이를 감지하여 안전감을 경험하면, 치료사는 능동적 단계(active stage)로 전환한다. 능동적 단계에서 치료사는 내담자가 자신의 사회 참여 체계를 더욱 활용할 수 있도록 하는 기회를 제공한다. 이 두 단계가 성공적으로 진행되면, 신체 상태 조절, 사회적 행동, 의사소통 기술 및 삶의 질이 향상되는 결과를 가져온다(Porges, 2016). 이 장에서는 테라플레이에서 사회적 참여, 놀이, 그리고 양육의 구조화된 활용이 다미주 이론과 어떻게 일관성을 가지는지 살펴볼 것이다. 또한 테라플레이에서 적용되는 방법들이 사회 참여 체계를 효과적으로 활성화하는 데 어떻게 기여하는지 구체적으로 설명하고자 한다. 이를 통해, 아이들과 가족들에게 세상이 더 안전하게 느껴지기를, 궁극적으로는 실제적으로 보다 안전한 환경을 제공하는 데 기여하기를 희망한다.

테라플레이는 건강한 부모-자녀 간의 상호작용을 기반으로 한 관계 중심의 개입법으로, 순간순간 민감하게 반응하고 조율하는 상호작용을 통해 건강한 발달을 촉진한다. 심리학자 앤 저른버그(Ann Jernberg)와 필리스 부스(Phyllis Booth)는 1960년대 헤드 스타트(Head Start)라는 프로그램의 아동들을 위해 테라플레이를 개발했다. 저른버그는 "테라플레이의 기본 원리를 이해하는 가장 좋은 방법은 어머니와 유아 간 관계의 기초를 다시 발견하는 것"이라고 설명했다(Jernberg, 1979, p. 4). 같은 시기에 존 볼비(John Bowlby)는 애착 이론을 개발하면서 "안정 애착을 형성한 유아의 어머니가 취하는 상호작용 패턴이 치료적 개입의 모범적인 모델이 될 수 있다"고 제안했다(Bowlby, 1988, p. 126).

테라플레이는 안정된 성인이 공격적이거나 위축된 고위험군 아동들과의 상호작용에 함께 참여하고 애정 어린 방식으로 놀면서 아동의 고통을 덜어주어, 아동으로 하여금 자신과 타인에 대한 긍정적인 경험을 할 수 있도록 돕는 것에서 시작되었다. 이러한 상호작용의 핵심 요소는 '따뜻한 어른의 지도와 조직화'를 의미하는 구조(structure), '눈맞춤, 목소리 표현, 근접성 및 신체적 접촉을 통한 개인적인 연결'을 의미하는 참여(engagement), '음식 먹이기나 상처 돌보기와 같은 진정 효과가 있는 활동'을 의미하는 돌봄(nurture), '아동의 성공 경험에 초점을 맞춘 간단한 협동 게임'을 의미하는 도전(challenge)으로 설명된다. 이러한 상호작용을 통해 많은 어린이들의 상태가 크게 개선되었다. 이러한 초기 성공을 바탕으로 테라플레이는 부모와 자녀가 더 나은 관계를 구축할 수 있도록 돕는 데 초점을 맞췄다(Booth & Jernberg, 2010). 현재 테라플레이는 60개국의 사회 및 정신건강 분야에서 불안정한 애착으로 인해 조절되지 않는 행동을 치료하는 데 활용되고 있다(Weir et al., 2013; Booth, Lindaman & Winstead, 2014; Salo, Lampi, & Lindaman, 2010). 부모-자녀 간 가족 테라플레이 및 집단 테라플레이는 양육자의 반응성을 향상시키고, 정서 조절 문제, 공격적 행동, 사회적 상호작용의 문제를 문제를 감소시키는 데 효과적인 것으로 나타났다(Substance Abuse and Mental Health Service Administration, 2017; California Evidence Base Clearinghouse, 2009; Siu, 2009, 2014; Wettig, Coleman, & Geider, 2011; Cort & Rowley, 2015; Tucker & Schieffer, 2017).

다미주 이론과 테라플레이의 연관성

다미주 이론은 아동의 발달과 애착 형성의 기초가 되는 자율신경 조절 과정을 이해하는 데 중요한 정보를 제공하며 테라플레이의 사회적 참여, 놀이, 양육이 어떻게 치료적 효과를 가지는지를 설명하는 데 도움을 준다. 다미주 이론은 행동과 생리적 환경 적응을 조절하는 세 가지 주요 신경 회로가 발달적 변화를 통해 형성되었음을 설명한다. 이러한 신경 회로들은 신경지, 즉 신경계가 의식적인 인식 없이 위험을 평가하는 능력을 통해 활성화된다. 신경지는 환경을 감지하여 적절한 신경 회로를 작동시키는데, 안전한 환경에서는 복측미주신경 복합체(ventral vagal complex)가 활성화되며, 위험한 환경에서는 교감신경계가, 생명을 위협하는 환경에서는 배측미주신경 복합체(dorsal vagal complex)가 활성화된다. 또한 다미주이론은 통합된 사회 참여 체계의 발달이 안전 상태를 오래 유지하는 것과 어떻게 연관되는지, 나아가 놀이와 친밀감(두려움 없는 안정적인 부동화 상태; Porges, 2011)과 같은 사회적 과정에 어떻게 기여하는지를 설명한다. 인간은 생애 전반에 걸쳐 타인의 얼굴과 목소리에서 안전 신호를 찾아내고, 이러한 신호를 보내는 사람들과 신뢰 관계를 형성함으로써 생리적 방어 체계를 안정시킨다. 유아기부터 시작되는 사회 참여 체계의 기능과 유연성은 반복적인 경험을 통해 강화된다. 신생아는 제한된 행동 양식을 보이지만, 양육자의 반응적인 얼굴 표정, 목소리, 경청, 머리 움직임과 같은 상호작용을 통해 점진적으로 사회 참여 능력을 발달시킨다.

부모의 목소리가 운율적이고 얼굴에 따뜻한 표정이 나타나면, 아이의 사회 참여 체계가 활성화되어 방어적인 신경 상태가 완화되고 안전감을 느끼게 된다. 이는 "어머니로부터 발산되는 사회적 안전 신호가 신경훈련(neural exercise)을 통해 유아의 생리적 상태와 행동 상태를 조절하도록 하는 과정"으로 설명된다. 즉, 유아가 안정감을 찾으면, 유아의 신호는 다시 어머니를 진정시키는 역할을 하며, 이러한 쌍방향적인 상호작용이 어머니와 유아 사이의 사회적 유대를 강화하고 상호조절(co-regulation) 능력을 키우는 데 기여한다(Porges, 2015, p. 116).

놀이

놀이는 단순히 즐거운 활동이 아니다. 다미주 이론에 따르면, 놀이는 "호혜적인 상호 작용과 타인의 행동에 대한 지속적인 인식을 필요로 하는 활동"으로 정의된다(Porges, 2011, p.276). 놀이는 상호적인 움직임, 근접성, 그리고 신체 접촉을 포함하는 활동인데, 이러한 요소들은 교감신경계를 활성화시킬 수 있는 잠재적인 위험 신호가 될 수 있다. 만약 이러한 신호가 조절되지 않으면, 투쟁-도피 반응이 촉발될 수 있다. 또한, 놀이는 동시에 얼굴을 마주보는(face-to-face) 상호작용을 필요로 하며, 참여자들의 사회 참여 체계가 서로의 교감신경계의 활성화 정도를 조절하는 역할을 한다. 따라서, 놀이하는 동안 개인은 위험 신호와 안전 신호를 번갈아 경험하게 된다. 놀이는 사회 참여 체계가 교감신경계의 활성화를 효과적으로 억제할 수 있도록 하는 반복적인 연습 기회를 제공한다. 놀이는 부모와 유아 간 관계에서부터 시작되며, '아기 놀이(baby games)'를 통해 아이를 차분한 참여 상태에서 활성화 상태로, 그리고 다시 차분한 상태로 이동시키는 과정이 포함된다. 예를 들어, "여기 작은 돼지(this little piggy)" 놀이에서 부모는 아이의 발가락을 하나씩 건드리다가 마지막에 배를 간지럽힌다. 이 놀이를 반복할수록, 아이는 마지막 간지럼에 덜 압도되며 더 빠르게 안정된 상태로 돌아오게 된다. 이렇게 타인과 함께 놀이에 참여하는 것은 사회적 신호를 사용하여 자신의 생리적인 상태를 조절하는 연습이 된다. 이를 통해 방어적으로 반응하는 것이 아니라 신뢰할 수 있는 관계를 형성할 수 있게 된다.

두려움 없는 부동화

정상적인 발달 과정에서, 부모와 유아는 종종 몸을 맞대며 신체적으로 가까운 접촉 상태를 유지한다. 아기가 깨어 있는 동안 이루어질 수 있는 가까운 상태에서 할 수 있는 활동으로는 온화하게 마주보는 상호작용, 목소리를 주고받기, 흔들어주기, 노래를 불러주기, 수유하기 등이 있다. 이러한 활동은 옥시토신(oxytocin) 분비 시스템과 복측 및 배측미주신경 복합체를 통해 차분한 상태를 촉진하며, 궁극적으로 두려움 없는 부동화 상태를 유도한다. 다미주 이론은 사회 참여 체계가 신체적 접촉이 두려움 없이 이루어질 수 있도록 하며, 이러한 상태가 "건강, 성장, 회복을 지원하는 생리적 상태를 유지하며, 휴식, 이완, 수면 및 신체적 과정의 수행을 최적화하고, 신뢰, 안전, 그리고 사랑의 감정을 가능하게 한다"고 설명한다(Porges, 2015a, p.2). 이렇게 돌봄을 주고받는 호혜적인 과정에는 보호, 치유, 회복의 힘이 있다(Porges, 2011).

부모-자녀 간 신경훈련이 적절하지 않을 때

인간은 태어날 때부터 사회적 행동을 통해 생리적 상태를 조절하고, 스스로를 진정시키며, 방어적 행동에서 신뢰하는 관계로 전환할 수 있는 능력을 갖추고 있다. 그러나 이러한 경로가 강화되기 위해서는 지속적으로 훈련되어야 한다. 이는 어머니나 양육자가 "유아에게 양질의 상호작용 기회를 안정적으로 제공할 때" 이루어진다(Porges, 2015b, p. 116). 상호조절의 능력은 이러한 신경 회로가 충분히 훈련될 때 최적화되며, 훈련이 부족하거나, 중단되거나, 불안정할 경우 제대로 발달하지 못한다. 심지어 위험 신호가 더 이상 존재하지 않는 경우에도 "사회 참여 체계가 안전 신호로 적절히 자극되지 않으면 계속해서 비활성 상태로 남아있을 수 있다"(Porges, 2015b, p. 120). 트라우마를 겪은 아이들은 신경지가 왜곡될 가능성이 있으며, 그들의 신경계는 안전한 상황을 잘못 평가하여 위험한 상황으로 인식할 수 있다. 이러한 경우, 아이들은 방어적으로 반응하며 사회적으로 교류할 수 없게 된다. 신뢰 관계를 형성하려면, 아이는 적절한 사회적 참여를 통해 안전 신호를 경험해야 하며, 이를 통해 타인과의 근접성과 접촉이 가능하게 된다.

많은 아이들이 생리적 상태 조절의 문제를 보이며 이는 동화된 과각성(mobilized hyper-arousal) 혹은 부동화된 저각성(immobilized hypoarousal)의 형태로 나타난다. 동화된 과각성은 공격성, 짜증, 집중 장애로 나타나며, 부동화된 저각성은 제한된 감정 표현과 정지된 것으로 보이는 위축된 행동으로 나타난다. 이러한 조절 장애를 보이는 많은 아이들은 심리적으로 유해한 환경에서 성장하며, 이들의 보호자 역시 스스로 안정감을 느끼지 못하거나 조절 능력이 부족한 경우가 많다. 부모, 교사, 심지어 치료사들조차 신경계가 안전하다고 느끼기 위해 필요한 환경적 신호에 대해 충분한 정보를 갖고 있지 않은 경우가 흔하다. 이들은 조절 장애로 나타내는 행동들을 생리적 상태의 문제로 보지 않고, 단순히 의도적인 행동으로 해석하는 경향이 있어, 인지적 설명이나 '학습' 중심의 개입을 통해 교정하려고 하는 경우가 많다. 다미주 이론에 대한 깊은 이해는 자율신경계의 가장 기초적인 수준에서 개입할 수 있는 틀을 제공하여, 신경지가 안전하다고 인식하도록 돕는 적절한 개입 전략을 마련하는 데 기여할 수 있다.

테라플레이에서의 다미주 과정

다미주 이론은 치료사들이 새로운 개입 패러다임을 개발할 때, 맥락적 단서를 제공하여 아동의 생리적 상태를 변화시키고 행동을 조절하도록 돕는 것을 핵심으로 삼아야 한다고 설명한다.

> 우리는 양육 환경을 변화시켜 아동에게 더 안전하게 보이고 실제로도 안전한 환경이 되도록 만들 수 있으며, 그 결과 아동이 동화 또는 부동화 반응을 보일 가능성을 줄일 수 있다. 또한, 우리는 아동에게 직접 개입하여 뇌간 구조의 신경 조절을 훈련시키고, 사회 참여 체계의 신경 조절을 자극하며, 긍정적인 사회적 행동을 장려할 수 있다." (Porges, 2011, p. 19)

테라플레이는 보호자와 아이 모두에게 직접 개입한다. 테라플레이는 사회적 행동이 생리적 상태를 조절할 수 있도록 하는 신경 경로를 훈련하는 과정으로, 양질의 호혜적이고 구조화된 사회적 참여, 유쾌한 도전, 돌봄의 연속적인 경험을 제공한다. 치료사의 주요 책임은 아동과 보호자 각각, 그리고 아동과 보호자가 함께하는 과정에서 다른 사람과 관계하는 것이 안전하고 보람찬 경험이 되도록 만드는 것이다. 이를 위해 치료사는 사회적 참여를 핵심 도구로 활용한다. 테라플레이는 치료사-아동, 보호자-아동 간의 '만남의 순간(moment of meeting)'을 창출하여 자율신경계 및 변연계 시스템의 동기화(synchronization)를 강화하도록 설계되었다(Mäkelä & Hart, 2011). 이러한 경험은 아동이 안전하다는 명확한 신호를 감지하도록 해야 하며, 신경지를 통해 기존의 위협적이었던 사회적 경험과는 전혀 다른 방식으로 인식될 수 있어야 한다.

2016년 7월, 일리노이 주 에반스턴에서 열린 제7회 국제 테라플레이 컨퍼런스에서 스티븐 포지스는 테라플레이에서 나타나는 다미주 과정을 도식화하여 설명했다(그림 13.1 참고). 아래에서 테라플레이가 어떻게 신경지 수준에서 안전감을 형성하고, 자율신경계의 유연성과 정서 조절 능력을 향상시키는지에 대해 자세히 살펴볼 것이다.

수동적 경로의 활성화: 평가 과정에서 안전한 신경지 형성하기

치료사는 보호자와의 면담을 통해 아동의 병력과 배경 정보를 수집한 후, 비디오 촬영을 활용하는 마샤크 상호작용 평가법(Marschak Interaction Method: MIM)을 통해 보호자-아동 간 상호작용 평가를 진행한다(Marschak, 1960; Booth, Christensen, & Lindaman, 2011). MIM은 구조, 참여, 양육, 도전의 네 가지 영역에서 보호자-아동 관계의 강점과 어려움을 평가하는 도구로, 비언어적 및 언어적 상호작용을 구조적으로 관찰한다. MIM은 사회 참여 체계를 통한 의사소통의 핵심 요소를 평가하는데, 여기에는 상호작용하는 두 사람의 얼굴 표정, 목소리, 움직임, 근접성, 신체 접촉, 지침, 상호조절, 동기화, 유관 반응성(contingent responsiveness), 조율(attunement)과 비조율(misattunement), 그리고 복구 과정 등이 포함된다. 또한, 평가 대상자가 안정되고 이완된 상태인지, 과각성 상태인지, 혹은 셧다운 상태인지, 그리고 어떤 상호작용이 이러한 상태를 유발하는지를 평가한다. MIM 이후, 치료사는 보호자와 함께 비디오의 일부를 시청하며 평가 과정에서 관찰된 내용을 논의한다. 이 과정에서 보호자의 시각에서 아동의 행동과 경험을 어떻게 인식하는지를 듣고, 이에 대한 보호자의 생각을 나눈다. 또한, 치료사는 보호자에게 테라플레이 과정에 대해 설명한 후, 실제 테라플레이 활동을 함께 연습하며 보호자 스스로 사회적 참여, 놀이, 그리고 돌봄의 본질을 직접 체험할 수 있도록 한다. 이 과정에서 치료사는 보호자의 반응을 평가하며, 보호자는 치료사에게 질문하거나 테라플레이 활동이 자신과 아동에게 어떤 영향을 미칠지에 대한 생각과 감정을 표현할 기회를 갖는다.

〈그림 13.1〉

치료놀이의 다미주 과정	
단계	다미주 과정
1. 수동적 경로 활성화 • 안전한 맥락에서의 치료 제공 • 아동의 초기 생물행동(생리)적 상태를 존중하고 관찰 • 사회적 참여를 활용하여 신경지를 통한 안전한 상태를 유도	• 안전한 신경지 제공 • 포식자의 단서 제거 • 어머니의 애정 어린(운율감 있는) 목소리와 유사한 청각적 신호 제공 • 긍정적인 얼굴 표정과 몸짓
2. 능동적 경로 활성화 • 동기화된 상호작용(예: 놀이)을 통한 신경훈련 • 수용의 창(window of tolerance)을 확장하여 회복탄력성 개발	• '미주신경 브레이크' 훈련으로 자율신경계의 유연성과 감정조절 능력 향상 • 부동화, 동화, 안전 상태 사이의 전이를 통해 회복탄력성 강화

치료에서의 사회적 참여

테라플레이에서는 아동과 부모 모두 안전 상태에 도달하고 그 상태를 유지할 수 있는 새로운 방식을 경험하도록 돕는다. 치료사는 자신의 복측미주신경이 매개하는 운율 있는 목소리와 긍정적인 얼굴 표정 및 제스처를 활용하여 아동과 보호자의 안전함을 감지하도록 유도한다. 치료사는 아이 쪽으로 얼굴을 맞대고, 아동이 치료사의 눈 주변에서 나타나는 차분한 감정 표현을 볼 수 있을 만큼 가까이 다가간다. 또한, 아동과의 상호작용에서 차분하고 운율 있는 목소리(역자주: 일명 부모님 말투, parentese)를 사용하여 현재 상황을 말로 설명하는데, 이는 과거에 경험했을지도 모를 위협적인 목소리, 분노에 찬 얼굴, 감정이 배제된 무표정이 주는 위험 신호를 제거하기 위함이다. 또한, 아동의 사회 참여 체계를 활성화하면서도 생존 상태로 전환되지 않도록 하는 적절한 수준의 신경적 도전(neural challenge)을 찾아내는 것이 중요하다.

다음은 전형적인 테라플레이의 치료 과정을 설명한 것이다.

환영 인사 후, 치료실로 들어가면서 치료사는 놀이 활동을 활용하여 아동과 보호자의 상태를 추가로 평가할 기회를 만든다. 또한, 사회적 참여를 통해 안전한 상태를 유도하기 위해 아동과 보호자를 대상으로 "점검(checkup)"을 진행한다.

아동과 보호자가 바닥에 놓인 쿠션에 나란히 앉으면, 치료사는 그들 맞은편에 자리 잡고 아동이 오늘 가지고 온 멋진 것들을 "점검"하며 말을 건넨다. "정말 잘 왔어!" *(따뜻하고 운율 있는 목소리의 청각적 신호)* "지난번에 봤을 때보다 머리가 짧아진 것 같아, 너랑 엄마 모두 머리를 자른 것 같네?" *(긍정적인 얼굴 표정을 통한 시각적 신호)*

아동이 자신의 머리를 만지며 고개를 끄덕인다.

치료사는 "그래, *(고개를 끄덕이는 제스처 신호)* 아마 조금 다르게 느껴질 것 같은데?" *(아동의 신체 감각을 인정)* "근데, 지난주에 다쳤던 손가락이 어느 쪽이었지?" *(치료사가 아동을 기억하고 있음을 보여줌)* 하고 묻는다.

아이가 미소를 지으면서 손가락을 보여준다. *(사회적 참여를 반영하는 아이의 얼굴 표정 반응)*

"와, 많이 나아졌구나!" *(걱정에서 안도감으로 변하는 얼굴 표정을 보임)* "오늘은 헤어스타일도 다르고, 손가락도 좋아졌네. 어머니, 우리 이제 눈동자 색도 한번 확인해 볼까요? 여전히 짙은 갈색일까? 와! 그대로네요!" *(치료사는 지속적으로 눈맞춤, 긍정적인 표정, 운율 있는 목소리를 사용해 신경지를 통한 안전감을 형성하며, 새로운 변화뿐만 아니라 아동의 변하지 않는 특성도 파악한다)*

치료사는 아동의 얼굴, 목소리, 호흡, 그리고 몸의 자세를 관찰하며 아동의 자율신경 상태와 아동이 이 상호작용을 얼만큼 편안하게 느끼는지 평가한다. 만약 아동이 불편해하거나 반응이 미온적이라면, 치료사는 직접적인 눈맞춤을 줄이면서도 따뜻하고 공감 어린 목소리 단서를 유지한 채 "점검"의 초점을 다른 방식으로 전환하여 방어 반응을 완화한다. 예를 들어, "지금까지 머리, 눈, 손가락은 확인했는데, 발가락은 어때?" *(눈맞춤의 부담을 줄이면서도 긍정적인 청각적 신호를 지속해 사회 참여 체계를 유지)* "신발을 신은 상태에서도 발가락을 움직이는 게 보일까? 와, 움직이네? 정말 튼튼한 발가락이구나?"

부모 역시 치료의 대상이다. 보호자들은 종종 치료사의 사회적 참여 방식을 모방하기 시작한다. 부모는 자녀와 함께 사회 참여 체계를 훈련하기 위한 간단한 루틴과 활동들을 배우며, 이를 통해 자신이 가진 참여라는 도구가 얼마나 강력한지 직접 경험하고 이해하게 된다. 일부 부모들은 자신의 어린 시절에 안전한 상호조절을 경험하지 못했거나, 현재 생활에서도 이러한 긍정적인 사회적 참여 활동을 접할 기회가 부족할 수 있다. 이러한 부모들은 자녀에게 적극적으로 말을 걸거나 눈을 맞추는 데 어려움을 느끼거나 그 중요성을 간과할 수도 있다. 치료사는 이러한 부모들을 위해 추가적인 지원과 논의, 실습 시간을 마련한다.

능동적 경로 활성화하기

놀이: 미주신경 브레이크의 신경훈련을 통해 동기화된 상호작용

놀이는 안전한 상태에 들어가고 그 상태를 유지하는 또 다른 방법이다. 테라플레이 세션에서 놀이는 치료사가 안내하는 상호작용 활동과 함께 사회 참여 체계가 제공하는 안전 신호로 구성된다. 아동의 사회 참여 체계를 활성화함으로써 아동은 신체 활동을 지원하는 교감신경계의 활성화와, 미주신경 브레이크가 사회 참여 체계를 통해 부적절한 동화를 억제하는 것의 영향을 모두 경험하게 된다. 이로 인해 상호작용은 안전하고 즐겁게 느껴지며, 약간의 흥분과 성취감을 동반한다. 테라플레이 세션은 이러한 놀이 순서를 반복하며 미주신경 브레이크를 훈련시켜, 시간이 지남에 따라 자율신경계의 유연성과 감정 조절 능력을 향상시킨다.

다음은 전형적인 놀이 순서에 대한 설명이다. 앞서 설명한 "점검" 활동이 끝난 후, 테라플레이 치료사는 신경훈련의 일환으로 아동과 동기화된 상호 놀이를 진행한다. 치료사는 바닥에 아동과 마주 앉아 미소를 지으며 눈을 크게 뜨고 자신의 머리 위에 부드러운 인형을 올려놓는다(*이 과정에서 치료사는 사회 참여 체계를 활성화하는 긍정적인 얼굴 표정을 유지하며, 활동 자체가 자연스럽게 눈맞춤을 유도한다*). 그런 다음, 치료사는 손바닥을 위로 향하게 하여 아이에게 손을 내밀고 고개를 끄덕이며 따라 하도록 유도한다(*긍정적인 머리 동작을 통한 사회 참여 체계 신호*). 그 후, 아동의 손 아래에 치료사 자신의 손을 위치시킨다(*치료사는 놀이와 관련된 짧은 신체 접촉이 가능할 만큼 아동의 사회 참여 체계가 충분히 활성화되었는지 판단한다*). 치료사는 부드럽고 듣기 좋은 목소리로 "하나, 둘, 셋…" 하고 말한 뒤 머리를 앞으로 기울여 인형이 부드럽게 손바닥에 떨어지게 한다(*아동과의 동기화를 유지하며 호혜적 상호작용을 유도한다*). 치료사는 "와, 잡았네!"라고 외치고, 아동은 웃으며 "내 차례!"라고 반응한다(*아동의 긍정적인 반응은 사회 참여 상태를 유지하고 있음을 나타낸다*). 몇 차례 반복한 후, 치료사는 "이제 어머니 차례예요, 여기 앉으세요."라고 말한다(*부모가 놀이에 참여해 사회 참여 체계를 활용하고, 아동을 안내하며 안전감을 유지하는 기회를 갖는다*).

테라플레이는 사회 참여 체계가 효율적으로 교감신경계 활성화를 하향 조절할 수 있도록 반복적인 훈련 기회를 제공한다. 만약 사회 참여 체계의 강력한 조절 기능이 없다면, 이러한 활동은 투쟁-도피(fight-or-flight) 또는 얼어붙는(freeze) 상태로 끝날 수도 있다. 실제로 많은 내담자가 가족이나 또래와 함께하는 놀이에서 어려움을 겪는다. 어떤 아이들은 강압적이고 통제적인 태도를 보이며, 쉽게 화를 내거나 감정을 주체하지 못하고 공격적인 행동을 보이는데, 이는 교감신경이 활성화되면서 투쟁-도피 반응으로 이동하는 자율신경 변화의 신호일 수 있다. 반면, 어떤 아이들은 점점 움츠러들고, 스스로를 고립시키며 혼자서 노는데, 이는 배측미주신경이 활성화되면서 타인과의 접촉을 유지하는 능력이 차단되는 초기 신호일 수 있다. 이러한 반응의 변화는 아동의 적응적 생존 반응을 반영하며, 아동이 안전감을 느끼고 사회 참여를 유지하는 능력에도 영향을 미친다.

조절 문제를 가진 대다수의 아동에게는 잘 조율된 어른과 실제 놀이를 통한 상호조절의 경험은 매우 새로운 것이다. 테라플레이에서는 언어를 사용하기 이전 단계의 부모-아동 놀이와 같은 특성(얼굴을 마주 보는 것, 서로 주고받는 것, 리듬과 운율을 사용하는 것, 근접성을 바탕으로 부드럽고 유쾌하게 신체를 접촉하는 것을 특징으로 하는 동기화되고 호혜적이며 안전 신호를 포함한 활동)을 가진 활동을 준비한다. 이러한 놀이 활동은 위에서 설명한 “빈백 잡기(catch the bean bag)”와 같이 가벼운 수준의 동화를 유도할 수도 있고, 쿠션에서 뛰어내려 부모의 팔로 들어가는 것처럼 더 활동적일 수도 있다. 치료사는 처음에 아동과의 상호작용을 주도하고, 이후 부모를 공동 참여자로 참여시킨 뒤 결국 부모가 주도권을 넘겨받고 치료사가 보조하도록 만든다.

부모에게 우리가 목표하는 바는 대인 놀이(interpersonal play)가 아이의 사회적 참여 능력을 키우는 데 있어 얼마나 중요한지 이해하도록 돕는 것이며, 이러한 놀이를 활용하여 자녀와의 관계를 강화하고 아이의 상태와 행동을 함께 조절할 수 있도록 하는 것이다. 그러나 이러한 놀이 방식이 부모에게 낯설거나 어려울 때도 있다. 일부 부모는 놀이의 가치를 낮게 평가하거나, 행동 조절에 도움이 되는지 의문을 제기할 수도 있으며, 보다 연령에 맞는 복잡한 게임, 경쟁, 유머, 스포츠맨십, 공정성과 같은 요소에 집중하기도 한다. 이러한 상황에서 치료사는 부모에게 추가적인 논의와 실습을 통해 지원을 제공한다. 이는 부모에게 다미주 이론의 기본 개념을 가르칠 수 있는 기회가 되는데, 이를 통해 부모는 자신의 자율신경 상태 조절과 관련된 문제를 이해하고 받아들일 수 있으며, 이는 다시 아이의 상태를 상호조절할 수 있는 능력에도 영향을 미친다.

사회적 참여는 놀이와 학습, 그리고 사회적으로 상호작용할 수 있는 장을 창출한다. 활성화된 사회 참여 체계는 놀이를 위한 상호조절을 가능하게 한다. 테라플레이 치료를 통해 놀이에 대한 어려움이 종종 극적으로 개선되기도 한다. 부모와 아이 모두 자율신경계의 유연성과 감정 조절 능력이 향상되며, 부모는 자녀를 능동적이고 참여적이며 창의적인 존재로 이해하는 데 필요한 새로운 지식, 기술, 그리고 성찰적 사고 능력을 얻게 된다. 또한, 아이가 또래와 함께 놀 수 있는 능력은 별도로 또래 기술을 연습하기 위해 다른 아이를 치료실에 데려오지 않더라도 자연스럽게 향상되는 경우가 많다.

두려움 없이 부동화 경험하기

돌봄을 주고받는 것은 안전한 상태로 들어가고 그 상태를 유지하는 또 다른 방법이다. 테라플레이는 아동과 부모가 두려움 없는 부동화의 긍정적인 상태를 경험하도록 돕는다. 돌봄의 본질은 목소리와 얼굴을 사회적으로 긍정적인 방식으로 활용하고, 적절한 거리 유지와 부드러운 접촉을 포함하는 것이며, 이는 각성 수준을 강하게 하향 조절하여 "휴식과 소화(rest and digest)" 상태(배측미주신경)로 이동하도록 도우면서, 동시에 연결(복측미주신경)을 유지하게 한다. 신체적 혹은 애착과 관련된 트라우마를 경험한 많은 아동은 두려움 없이 부동화하는 것이 불가능하다. 이들의 과거 경험에는 종종 타인과의 접촉 속에서 발생한 위협이 포함되어 있기 때문에, 근접성이나 신체 접촉이 교감신경계 혹은 배측미주신경을 활성화시키는 경우가 많다. 테라플레이에서는 아동이 안전하다고 느낄 수 있도록 적절한 수준의 근접성과 접촉을 제공하며, 치료사의 사회 참여 체계를 활용해 선한 의도를 전달하는 작업을 지속적으로 수행한다. 이러한 접근 방식은 아동의 신경지를 강화하여 안전감을 높이고, 타인의 근접성 속에서도 편안함을 느낄 수 있도록 돕는다. 또한 테라플레이에서는 놀이를 신경훈련으로 활용하는 것 외에도, 세션마다 두려움 없는 부동화를 경험할 기회를 여러 차례 제공한다. 한 세션 동안 치료사는 아동과 부모가 동화, 두려움 없는 부동화, 그리고 안전 상태 사이를 유연하게 이동하도록 이끈다.

놀이 부분의 예를 계속 이어가보자.

엄마와 아이가 장난감을 서로의 손으로 떨어뜨리는 놀이를 몇 차례 반복한 후, 치료사는 아이의 손을 유심히 바라본다. (*치료사는 동화를 유도하는 놀이에서 두려움 없이 부동화로 자연스럽게 이동하기 위해, 사회 참여 체계를 활성화하는 긍정적인 표정과 음성 신호와 함께 더 가까운 거리에서 개입을 시작한다*) 치료사는 "세상에, 정말 멋진 손이네! 따뜻하구나."라고 말한다. (*아동이 근접성을 수용하는 것을 확인한 후, 아이의 손을 가볍게 만지며 접촉을 시도한다*) 아이가 미소를 지으며 고개를 끄덕인다.

치료사는 "여기 하나, 둘, 셋, 넷, 다섯 개의 손가락이 있네."라고 말한다. *(아이가 차분한 호흡을 유지하고 사회 참여 체계의 긍정적인 신호를 보이는 것을 확인한 치료사는 손가락을 부드럽게 하나씩 터치하며 접촉을 이어간다)* "그리고 여길 봐, *(몸을 앞으로 기울이고 손가락을 가리키며)* 엄지에 특별한 점이 있네!" *(치료사는 아동의 특정한 특징을 찾아 관심을 보이고 보이고 돌봄을 표현한다)* "어머니, 제가 어머니에게 솜뭉치를 드릴게요. 솜뭉치를 가지고 이 점을 부드럽게 만져 주시고, 아이의 손에서 점 두 개를 더 찾아보실 수 있나요?" *(치료사는 아이에게 안전 신호를 제공하며 부드러운 신체 접촉을 시범으로 보여주고, 부모가 이를 따라 하면서 접촉을 확장하도록 유도한다)* 아동과 부모의 회복탄력성은 동화 상태, 두려움 없는 부동화 상태, 그리고 안전 상태 사이를 오고 가는 과정에서 발현된다.

돌봄은 보살핌과 관심을 전달한다. 테라플레이에서 "다치지 않기(no hurts)" 규칙을 강조하는 것도 이러한 의도를 명확히 드러낸다. 치료사는 놀이 활동이 안전하게 진행되도록 책임을 진다. 아이가 준비가 되었을 때 접촉은 중요한 요소가 되며, 따뜻한 접촉은 진정과 공격성을 낮추는 효과를 가진 호르몬인 옥시토신의 분비를 증가시키며, 이는 복측미주신경 복합체를 활성화하는 데 도움을 준다. 접촉과 기분 좋은 자극이 따뜻한 표정과 부드러운 목소리와 함께 조화를 이루면, 아이의 옥시토신 수치가 증가하여 따뜻하고 가벼운 애정 어린 감각을 경험하게 된다. 이는 사회적 상호작용과 애착 형성에 필요한 안정된 상태를 조성하는 데 기여한다(Mäkelä & Hart, 2011). 치료사는 자신의 손을 비벼 따뜻하게 한 후 겨울철 차가워진 아이의 손을 감싸준다. 아이에게 작은 멍이 있으면 솜이나 로션을 사용해 정성스럽게 돌보아준다. 아이의 이름을 넣어 노래를 부르거나 담요를 이용해 그네를 태워 주기도 한다. 흔들어주는 동작은 수초화된 미주신경에 영향을 주어 진정 효과를 촉진한다.

세션이 끝날 무렵 우리는 항상 음료와 간식을 제공하며, 궁극적으로 부모가 아이에게 간식을 먹여주는 것을 목표로 한다. 음식을 먹이는 행위는 저작근(muscles of mastication)을 활성화하며, 이는 삼차신경(trigeminal nerve)을 매개로 하는 복측미주신경 복합체와의 연결을 통해 신성을 촉신한다. 아이가 식섭석인 돌봄을 편하게 받아늘이지 못할 경우, 긍정적인 관심과 배려를 놀이의 방식으로 전달할 수 있다. 예를 들어, 치료사와 아이가 손에 로션을 바르고 미끄러운 손을 맞잡아 보려고 하거나, 간식을 줄 때 놀이나 작은 시합을 진행할 수도 있다. 아이나 부모가 불편함을 느끼는 경우, 음식이나 신체적 접촉을 강요하지 않는다. 이 과정에서 아동의 불편감은 사회 참여 체계에서 교감신경계 또는 배측미주신경 상태로의 상태 전환을 통해 나타나기 때문에, 언어적 신호뿐만 아니라 이러한 미묘한 표현을 이해하는 것이 중요하다. 바로 이러한 부분에서 다미주 이론에 대한 이해가 치료사로 하여금 아이와 부모에게 보다 세심하게 반응할 수 있도록 돕는다. 성공적인 치료의 한 가지 결과는, 아이가 "다른 사람의 품에서 편안하게 안겨 부동화 상태가 될 수 있는 것이며, 더 이상 보이지 않는 곳에서 일어나는 움직임에 과민하게 반응하지 않게 되는 것"이다(Porges, 2016).

한편, 부모가 두려움 없는 부동화 상태를 긍정적으로 경험해 보지 못했을 수 있다. 어떤 부모들은 돌봄을 제공하는 것이 아이를 "응석받이로 만들거나 버릇을 나쁘게 하며, 의존성을 키운다"거나, "중요하지 않으며, 오히려 아이를 강하게 키우는 것에 반한다"고 말하기도 한다. 혹은, 그들 스스로가 돌봄을 주는 것에 대해 불편함을 느낀다고 털어놓을 수도 있다. 이러한 부모의 반응은 치료사가 추가적인 탐색과 지원, 그리고 연습의 필요성을 고려해야 함을 시사한다.

두려움 없는 부동화 상태에서의 전환: 회복탄력성 강화를 위한 동화와 안전

치료놀이 치료사는 사회적 참여, 놀이, 양육적 돌봄을 구조적으로 구성한다. 초기 아동-부모 관계에서는 어른이 더 많은 책임과 능력을 가지며, 어른이 안전, 놀이, 돌봄을 제공하지 않으면 아이는 자기조절을 배울 기회를 놓치게 된다. 테라플레이 치료사는 아이와 사회적 참여(복측미주신경)를 주도적으로 시작하면서, 아동을 높은 수준의 각성 상태(교감신경계)와 낮은 상태의 각성 상태(배측미주신경 및 미주신경 브레이크)로 안내한다. 세션에서 치료사는 한 번에 한 활동에 대해 간략히 설명하면서 아이를 활동으로 참여하도록 만든다. 아이가 상호작용을 꺼릴 경우, 치료사는 부모와 함께 시범을 보인다. 치료사는 부모가 언제 그리고 어느 정도까지 활동을 주도하게 할지 결정하는 역할도 한다. 활동이 익숙해지면 설명이 필요하지 않게 되며, 치료사는 흥미를 유지하기 위해 작은 변화들을 추가한다. 점진적으로 부모가 아이를 안내하고 상호조절하는 역할을 맡으며, 궁극적으로 아이는 자기조절을 배우게 된다. 부모와 아이가 테라플레이를 통해 안전 상태로 들어가고 유지하는 새로운 방식을 경험하면서, 그들의 자율신경계의 유연성과 감정 조절 능력이 향상된다. 다음

한 부모의 사례가 이를 잘 보여준다.

> "여섯 살 된 내 딸아이는 주의력 결핍 장애(Attention Deficit Disorder: ADD)를 겪고 있으며, 언어를 처리하고 사용하는 데 어려움이 있습니다. 아이와 함께 테라플레이를 연습하면서, 이 활동들이 제 자신에게도 영향을 미치고 있다는 것을 깨닫게 되었습니다. 딸과 의미 있는 연결을 이루기 위해 무엇을 해야 하는지에 대한 구체적인 지침을 갖게 된 것이 저에게 큰 만족감을 주었고, 환희에 가까운 기쁨을 주었습니다. 비록 아이의 관심을 끌기 위해 몇 번이고 다시 시도해야 했지만, 아이가 지속적인 상호작용을 이어가기 위한 저의 안내를 비교적 빠르게 받아들였습니다. 이 일은 평소에 저와 아이를 돌보는 다른 사람들에게 일반적으로 매우 어려운 일이었습니다. 테라플레이의 간단한 활동들이 제 아이가 필요로 하는 방식으로 상호작용하는 법을 더 잘 알게 해주었고, 그 과정에서 나에게도 자신감을 불어넣어 줄 수 있다는 것을 알게 되어 기분이 좋았습니다.
> 또한, 이러한 활동을 활용하는 것이 제가 집중력을 유지하고 현재 순간에 머무르는 데 도움이 된다는 것을 알게 되었는데, 이는 저 역시 가지고 있는 주의력 결핍 장애로 인해 유지하기 어려운 부분이었습니다. 꼭 필요했던 놀이적 연결이 어린 시절에 거의 자극이 없었던 제 뇌의 특정 부분을 활성화하며, 저에게도 비슷한, 혹은 같은 영향을 주고 있는 것 같았습니다. 활동을 마친 후, 저는 더 차분해졌고, 딸과의 연결은 깊어졌으며, 아이를 향한 더 깊은 사랑과 이해를 느끼는 진정한 만족감이 저를 가득 채우게 되었습니다." (개인 소통, 2015년 2월)

이어지는 내용에서는 다미주 과정에 근거하여 분석된 테라플레이 사례를 제시한다. 해당 아동의 부모는 본 출판에 동의하고 기여했으며, 아이의 이름은 기밀 유지 차원에서 가명이 사용되었다. 평가 및 치료 세션은 비디오로 녹화되어, 상호작용의 세부 내용을 다미주 개념을 적용하여 분석할 수 있었다. 치료사이자 저자인 산드라 린다만(Sandra Lindaman)은 본문에서 자신을 "나(me)" 또는 "나 자신(I)"으로 지칭한다.

배경 및 평가

다섯 살 노라(Nora)는 학교에서 말을 하지 않았다. 자주 울음을 터뜨렸고, 누군가 말을 걸어도 반응하지 않았으며, 다른 아이들과도 어울리지 않았다. 집에서는 활발하고 말이 많았지만, 집 밖에서는 가족과의 대화도 극도로 줄었다. 노라의 부모는 내게 두 장의 사진을 보여주었다. 집에서 찍은 사진 속 노라는 반짝이는 눈과 활짝 웃는 얼굴을 하고 있었지만, 학교 사진에서는 무표정에 입을 꽉 다문 모습이었다.

노라는 유아기에 심각한 의료적 트라우마를 경험했다. 생후 3주 시기에 여러 합병증으로 인한 응급 대수술을 받았으며, 이후 10개월 동안 병원에 입원해 있었다. 그녀는 두 살까지 인공호흡기와 영양 공급 튜브에 의존해야 했으며, 이로 인해 음식 섭취와 언어 발달이 지연되었다. 부모에 따르면, 노라는 어린 시절 다양한 의료 절차를 겪을 때면 종종 공포에 질린 모습을 보였다고 한다. 또한, 큰 소리, 목소리, 웃음소리에 예민하게 반응하는 경향이 있었다.

마샤크 상호작용 평가법

노라와 부모-자녀 상호작용 평가를 진행할 때, 나는 노라의 집과 최대한 유사한 환경을 조성하려 했다. 이를 통해 노라가 테라플레이 치료실을 부모와 상호작용하기에 충분히 안전한 공간으로 인식하기를 바랐고, 궁극적으로 나와도 소통할 수 있기를 기대했다. 일반적으로 나는 평가 과정을 부모에게 설명하는 과정에서 아이를 더 반갑게 맞이하고 적극적으로 아이를 알아가고자 하지만, 노라의 경우에는 나와의 초기 노출을 최소화하고자 했다. 그녀가 나를 또 다른 위협적인 의료 제공자로 인식할 가능성이 있다고 생각했기 때문이다.

노라는 방에 들어와 경계하는 표정과 굳게 다문 입술로 조심스럽게 주변 물건들을 탐색했다. 처음에는 몸짓과 손짓으로 의사소통을 했으며, 시간이 지나면서 짧은 문장을 말하기도 했지만, 목소리는 가쁜 숨을 내쉬는 듯한 특성이 있었고 몸의 움직임도 경직되어 있었다. 때때로 즉각적으로 반응하지 않았으며, 부모가 같은 말을 반복해야 하는 경우도 있었다. 노라는 평가 초기부터 배측미주신경에 의한 부동화 상태에 있는 듯했으며, 이후 교감신경계 활성화에 따른 과각성과 동화 상태를 오가며 반응했다. 노라는 모든 과제에 참여하고 협조했지만, 전반적으로 편안하거나 이완된 모습을 보이지는 않았다.

간이 테라플레이 체험 세션

가족이 평가를 마친 후, 나는 바닥에서 함께 앉아 몇 가지 놀이 활동을 진행했다. 내 목표는 부모와 함께 있는 안전한 환경 속에서 놀이에 참여하면서, 노라가 나와의 사회적 상호작용을 조금씩 견딜 수 있도록 돕는 것이었다. 나는 차분하면서도 운율이 있는 톤으로 말하고, 따뜻하게 미소 짓고, 노라보다는 부모를 더 자주 바라보는 방식으로 나의 사회 참여 체계를 활용하였다. 내가 비눗방울을 불면 가족은 팀이 되어 그것을 터뜨렸다. 우리 네 사람은 함께 가슴 높이까지 담요를 들어 올리고 그 위에서 공을 굴리는 놀이를 했다. 나는 부모에게 담요를 높이 올린 후 잠깐 서로를 바라본 뒤 다시 내리는 방법을 보여주었다. 노라는 나를 바라보며 살짝 미소를 지으며 조용히 놀이에 협력했으며, 이 과정에서 교감신경계와 사회 참여 체계가 함께 작동하는 모습을 보였다. 그러나 내가 그녀의 부모와 함께 이완적 돌봄 과제를 해볼 것을 제안했을 때, 노라는 이를 거부하며 시선을 아래로 돌렸다. 아이가 다시 부동화 상태로 돌아가고 있다는 것을 감지했기 때문에 나는 가족 활동에서 물러났고, 노라가 보다 편안하게 교감신경계를 활성화하면서도 사회 참여 체계를 유지할 수 있는 활동을 제안했다. 나는 바닥 쿠션을 쌓아 노라가 그 위에서 아빠의 품으로 뛰어내리는 놀이를 추천했고, 노라는 이 활동에 즐겁게 참여했다. 이 긍정적인 경험을 끝으로 그녀는 가족과 함께 집으로 돌아갔다.

노라의 행동을 관찰했을 때 그녀가 자주 얼어붙거나 높은 각성 상태를 경험한다는 것을 알 수 있었다. 이는 아이가 생애 초기부터 많은 위험과 생명의 위협을 감지하며 살아왔고, 그 결과 가정 이외의 환경에서는 사회 참여 체계를 활용할 수 없었다는 것을 고려할 때 충분히 이해할 만한 일이었다. 아이는 사회 참여 체계에서 여러 결핍을 보였는데, 예를 들면 음성의 운율성 결여, 눈맞춤의 어려움, 사회적 의사소통의 어려움, 둔화된 얼굴 표정, 소리에 대한 민감성, 듣기의 어려움, 그리고 구강-운동(oral-motor) 방어 반응 등이 포함된다(Porges, 2016). 내 초기 목표는 그녀가 나와 함께하는 동안 생동감과 즐거움, 그리고 안정감을 느낄 수 있도록 신경지를 통해 안전함을 경험하도록 돕는 것이었다. 나는 노라가 이 신경훈련을 충분히 경험한 후, 다른 사람들과도 더욱 편안하게 상호작용하고, 궁극적으로는 가정 밖에서도 말을 할 수 있기를 기대했다.

평가 과정에서 나는 노라가 부모와 편안하고 즐거운 관계를 맺고 있다는 것을 확인할 수 있었다. 노라의 부모는 애착 이론과 아동 발달에 대해 잘 알고 있었으며, 의료적 문제와 분리 경험으로 인한 어려움에도 불구하고 노라와 안정적인 관계를 형성하기 위해 헌신적으로 노력해왔다. 이러한 좋은 관계는 테라플레이 세션에서 노라를 지지하고, 새로운 환경에서도 사회적 참여를 할 수 있도록 촉진하는 데 중요한 역할을 했으며, 이는 그녀가 보인 비교적 빠른 진전의 이유를 설명해준다. 노라의 사례와 일관되게, 놀이 치료 문헌에서도 선택적 함구증과 부모-자녀 관계 문제를 가진 아동이 다미주 이론과 애착 이론에 기반한 테라플레이 치료 전략을 통해 긍정적인 치료 결과를 보인 사례를 다루고 있다(Glibota, Lindaman, & Coleman, 2018).

첫 회기

치료의 안정감을 높이기 위해, 나는 노라와의 직접적인 관계를 줄이고, 부모와 함께 활동을 시연하는 방식으로 접근하기로 계획했다. 또한, 나는 노라와 직접 짝을 이루는 활동 대신에 부모와 함께하는 놀이를 선택했다. 나는 놀이 도구를 모두 바닥에 배치해 모두가 한눈에 볼 수 있도록 했으며, 이전 평가 단계에서 사용했던 익숙한 물건들과 더불어 새로운 활동을 위한 얇은 스카프와 솜뭉치를 추가했다. 또한, 노라에게 보다 친숙하고, 동화 상태를 유도할 수 있으면서 근접성이 크게 필요하지 않은 놀이를 위해 풍선과 작은 플라스틱 라켓도 준비했다.

노라와 아버지가 첫 테라플레이 세션에 들어왔을 때, 나는 미소와 함께 따뜻한 인사를 건넨 후 옆으로 물러섰다. 노라는 나를 쳐다보지 않았고, 입술을 굳게 다물었으며 몸의 움직임은 뻣뻣했다. 이는 방어적 부동화 상태를 나타내는 신호였다. 나는 치료실 문 앞에 쿠션을 깔아 길을 만들었고, 이를 통해 노라가 배측미주신경 부동화 상태에서 벗어나 교감신경계와 사회 참여 체계가 함께 작용하는 놀이로 자연스럽게 이동하도록 유도했다. 나는 차분하지만 다정한 목소리로 아버지에게 노라의 손을 잡고 쿠션 위를 뛰어 놀이 공간까지 이동하도록 요청했다. 노라는 뛰면서 웃음을 터뜨렸다. 우리가 자리에 앉았을 때, 노라의 얼굴에 호기심이 나타나기 시작했는데, 이는 사회 참여 체계가 활성화되었음을 나타내는 신호였다. 우리는 바닥에 삼각형 모양으로 앉아 함께 놀이를 할 수 있을 만큼 가까운 거리를 유지했다. 나는 복측미주신경 기반의 눈맞춤과 운율 있는 목소리를 사용하여 노라가 신경지 수준에서 안전감을 인식할 수 있도록 했다. 나는 노라와 직접적인 상호작용의 정도를 조절하기 위해 신경적 도전을 완화하고자 주로 아버지에게 말을 걸었다. 또한, 놀이 도구를 가리키며 이름을 말하고, 노라가 무엇을 하고 싶은지 궁금하다는 듯이 말했다. 노라는 아버지의 격려를 받고는 라켓을 가리켰다. 먼저 아버지와 내가 풍선을 몇 차례 주고받은 후, 노라도 적극적으로 풍선을 치기 시작했다. 우리는 몇 분간 풍선을 주고받으며 놀았고, 나는 놀이의 기술이나 속도에 대해 설명할 때 목소리가 너무 크지 않도록 주의했다. 노라의 신경계에 지속적으로 안전 신호를 제공하고 싶었기 때문이다.

다음 활동으로, 아버지는 솜뭉치를 선택했다. 우리는 담요를 펼쳐 잡고 솜뭉치를 튕겨 팝콘처럼 튀어 오르게 했다. 이 활동은 더 높은 근접성과 잦은 눈맞춤을 필요로 했다. 다음으로 나는 비눗방울을 선택했다. 익숙한 놀이인 비눗방울 불기와 터뜨리기를 한 후, 나는 아버지에게 특정 신체 부위를 사용해 비눗방울을 터뜨려보라고 요청했다. 몇 번 반복한 후, 나는 노라에게 아버지가 어떻게 비눗방울을 터뜨리면 좋을지 묻자, 노라는 자신의 뺨을 가리켰다. 나는 비눗방울을 아버지의 얼굴 쪽에 올려놓았다. 이것은 노라가 나에게 처음으로 직접적인 의사소통을 시도한 순간이었다. 이는 그녀가 사회적 참여를 보다 안전하다고 느끼기 시작했음을 나타냈다. 다음으로 노라는 작은 봉제 동물 인형을 선택했고, 우리는 원형으로 앉았다. 얼굴을 맞대고 함께하는 새로운 놀이를 시연하며 새로운 신경적 도전을 제시했다. 우리는 동물 인형을 머리에 올린 후, 셋을 센 다음 동시에 바닥으로 떨어뜨리는 활동을 했다. 이 활동은 동시성(synchrony)이 사회적 참여를 자극하며, 노라가 도전에 대처하는 데 도움을 주었다. 이어 나는 얇은 스카프를 선택했고, 노라를 아버지의 무릎에 앉도록 했다. 나는 스카프를 그들 앞에 들고 마치 보이지 않는 척 했다. 노라는 이에 즐거워 보였고, 나는 부드럽게 스카프를 그들의 머리 위로 덮으며 "어디 갔을까?"라고 궁금해하는 듯한 말을 건넸다. 아버지는 혀를 차며 소리를 냈고, 노라는 손뼉을 쳤다. 노라는 "저도 여기에 있어요"라는 신호를 보낼 방법을 스스로 찾으려는 모습을 보였는데, 이는 그녀의 사회 참여 체계가 활성화되고 있음을 나타내는 또 다른 지표였다. 다음으로, 나는 스카프를 이용한 부드러운 줄다리기 놀이를 제안했다. 그러나 내가 가까이 다가가자, 노라는 순간적으로 뒤로 물러났다. 나는 즉시 물러나 스카프 위에서 공을 굴리면서 공의 움직임에 맞춰 소리를 내는 놀이로 전환했다. 서로 마주 보고 있었다는 점에서 노라의 사회 참여 체계에 도전이 되었지만, 그녀는 내 목소리에 미소로 반응했다. 따라서 가까운 거리를 유지하지 않으면서도 얼굴을 맞대고 있는 이 정도의 신경적 도전이 적절했던 것으로 보였다.

이 활동을 성공적으로 마무리한 후, 나는 노라에게 테라플레이 세션의 전형적인 마무리 방식으로서 간식을 주었다. 예상대로 노라는 간식을 거절했다. 타인과의 근접성이 전제된 상황에서 음식을 섭취하기 위해서는 신경지가 안전감을 강하게 확인할 수 있어야 한다. 나는 이러한 기회를 제공하는 것이 앞으로 노라가 이러한 '휴식과 소화' 상황을 받아들이는 데 도움이 될 것이라고 생각했고, 나아가 학교에서도 가능하기를 바랐다. 나는 노라에게 원하지 않는 일을 억지로 할 필요는 없다고 말해주었고, 간식을 집으로 가져가도록 그녀와 아버지에게 권유했다. 긍정적인 분위기로 마무리하기 위해 아버지에게 그녀의 주머니에 솜뭉치를 더 넣어주도록 하여, 집에 가서 엄마에게 팝콘 게임을 보여줄 수 있도록 했다.

치료 진행 과정

다음 두 세션에서 나는 노라와 얼굴을 맞대는 시간을 늘려, 그녀가 나와 가까운 거리에서도 편안함을 느낄 수 있도록 훈련했다. 세 번째 세션이 끝났을 때, 학교 선생님이 노라에 대하여 이렇게 적어 보냈다. "지난 한 주 동안 … 노라가 친구들에게 얼마나 더 잘 반응하는지 관찰할 수 있었습니다. … 오늘 노라는 세 명의 아이들과 함께 테이블에서 눈사람을 만들고 있었는데, 친구들이 하는 말을 들으며 조용히 웃으며 반응하더군요. 예전보다 상호작용이 훨씬 더 활발해졌습니다." 테라플레이는 놀이의 즐거움과 돌봄의 따뜻함을 활용하여 안전하다고 느끼는 경계를 확장함으로써, 사회 참여 체계 내에서 머물 수 있도록 새로운 경계를 형성하고 미주신경 브레이크를 단련하는 방법이다.

다음 네 세션 동안 노라의 미소와 즐거움을 표현하는 목소리를 더 자주 들을 수 있었다. 나는 예측 가능성을 유지하기 위해 같은 활동을 반복하면서도, 항상 새로운 요소를 하나씩 추가했다. 새로운 게임을 처음 소개했을 때 노라는 상당히 불편해 보였는데, 이는 그녀가 방어적인 배측미주신경의 활성화, 또는 교감신경계 상태에서 복측미주신경 상태로 전환하는 데 어려움을 겪고 있음을 의미했다. 그러나 시간이 지나면서 그녀는 새로운 활동에 점점 더 빠르게 참여했고, 새로운 시도에 대한 두려움도 점차 줄어들었다. 타인과의 근접성에서 긴장을 푸는 것(배측미주신경과 복측미주신경이 모두 필요함)이 그녀의 주요 과제였기에, 나는 진정시키는 돌봄(soothing care)을 제공하기 위해 눈에 보이는 곳에 가루와 로션을 두었는데, 노라에게 이를 사용하도록 강요하지는 않았다. 대신, 노라는 이 재료들을 부모에게 직접 발라주는 활동에 참여했다. 나는 노라의 복측미주신경 기능이 천천히 그러나 확실하게 강화되는 것을 관찰할 수 있었다. 그녀는 점차 내 얼굴을 바라볼 수 있게 되었고, 비언어적 표현에서 시작해 점차 언어적 표현도 가능해졌다. 또한, 놀이 중에 다른 사람들과 가까운 거리를 유지할 수 있게 되었으며, 이후에는 이완된 부동화 상태에서도 이를 지속할 수 있었다. 시간이 지나면서 나는 노라의 부모가 우리와 함께 앉아 지켜보는 가운데, 노라와의 직접적인 사회적 참여를 더욱 강화하는 데 집중했다. 이는 노라가 부모가 없는 상황에서 다른 사람들과 상호작용할 때에도 안전하다고 느끼도록 돕기 위함이었다.

놀이를 통한 미주신경 브레이크의 신경훈련과 자율신경 유연성 및 감정 조절 향상. 노라는 세션에서 신체적으로 매우 활발하게 움직이기 시작했다. 그녀는 주도적으로 구르기, 뒹굴기, 점프와 같이 신체적으로 격렬하고 다양한 놀이를 즐겼다. 이러한 활동들은 명백히 교감신경계의 각성 상태에서 이루어졌다. 그녀가 이런 방식의 놀이를 고집한 것은 (배측미주신경 상태를 유발할 수 있는) 느리고 휴식하는 활동을 피하려는 의도였다. 선택적 함묵증이 있는 아이들은 신체적 활동에서 미주신경 브레이크의 반응성이 둔화되는 경향이 있으며, 이는 "동화가 필요한 상태와 사회적 참여 행동이 요구되는 상태 간의 자율신경계 조절에 있어 전반적으로 어려움을 겪는 것"을 나타낸다(Heilman et al., 2012, p. 248). 나는 노라의 이러한 필요를 고려하여, 교감신경계 활동을 사회 참여 체계의 활성화에 포함시키는 기회로 만들고자 노라가 쿠션 위에서 점프하고, 쿠션 아래를 터널처럼 지나 부모에게 다가가는 활동을 준비했다. 노라가 매트 위에서 구르거나 앞구르기를 하고, 위아래로 뛸 때 나는 그녀의 동작을 따라 했고, 그러자 그녀도 내 동작을 따라 하기 시작했다. 노라는 큰 거울 앞에서 움직이는 자신을 보는 것을 좋아했으며, 나는 그녀와 거울 사이에서 큰 스카프를 들고 있다가 "아브라카다브라!"라고 외치며 스카프를 걷어내 그녀가 마법처럼 나타나게 했다. 노라는 매우 즐거워했다. 여러 회기가 지나면서 노라의 움직임은 더 부드러워지고 조화롭게 변했는데, 이는 높은 각성 상태를 사회 참여 체계를 통한 상호조절로 효과적으로 조정하게 되었음을 나타내는 중요한 지표였다.

회복탄력성 개발: 부동화, 동화, 안전 상태의 전환. 처음에 노라는 내가 있을 때에는 긴장을 이완하는 활동이나 진정 활동을 거부했다. 아마도 이것이 그녀를 원시적인 부동화 상태의 경계로 몰아넣는 듯한 느낌을 주었기 때문일 것이다. 이는 과거에 그녀가 고통스러운 의료 처치와 신체적 구속을 견디기 위해 활성화했던 셧다운 상태를 떠올리게 했을 가능성이 크다. 따라서 나는 두려움 없는 부동화 상태에 머무를 수 있는 노라의 능력을 강화하는 것을 목표로 삼았다. 쿠션 위에서 점프하여 부모의 품으로 뛰어드는 것과 같이 높은 동화를 유발하는 활동이 끝난 후, 나는 부드러운 진정 활동을 시도했다. 예를 들어, 종이 부채로 노라의 "점프하는 발"과 부모의 "받아주는 팔"을 부드럽게 부채질해주었다. 노라

는 점차 셧다운 없이 이러한 활동을 받아들이기 시작했다.

처음 세 번의 세션 동안 간식을 거부했던 노라가 네 번째 세션에서 처음으로 작은 초콜릿칩 쿠키를 스스로 먹었다. 이에 대해 그녀의 어머니는 이를 두고 "장족의 발전이에요"라고 말했다. 노라는 항상 다른 사람들 앞에서 음식을 먹는 것에 대해 극도로 예민했다. 그러나 간식을 함께 나눠먹는 것은 점차 세션의 편안한 일부가 되었고, 어느 날 노라는 세션을 시작하자마자 "우리 간식 언제 먹어요? 배고파요."라고 말하기도 했다.

일곱 번째 세션에서 노라는 대기실에서 어머니와 내 앞에서 말을 걸었다. 아홉 번째 세션에서는 어머니와 내가 풍선을 주고받으며 색깔을 말하자, 노라도 "초록… 빨강… 분홍"이라고 따라 말하기 시작했다. 그때부터 노라는 세션 중에 점점 더 말을 많이 하기 시작했고, 노래를 부르고, 농담을 하며, 다양한 상황을 연기하기도 했다. 그리고 열 한 번째 세션에서는 가족에 대한 재미있는 이야기를 스스로 만들어내기까지 했다. 세션이 끝나고 방을 나서던 노라는 갑자기 멈춰 서서 자신을 가리키며 "나는 말하는 것을 좋아해. 나는 말이 많은 수다쟁이야."라고 말했다. 나는 즉시 "맞아, 넌 정말 수다쟁이야!"라고 응답했다. 언어는 대인관계에서 강한 힘을 가지는데, 노라가 자신을 이렇게 표현한 것은 그녀의 풍부해진 내적 자원과 더불어 회복탄력성의 명확한 증거였으며, 자신의 존재에 대한 자부심을 드러내는 순간이었다. 단 열 한 번의 세션 만에, 노라는 "자신의 생리적 상태를 조절하여 더 높은 수준의 기능에 접근할 수 있는 능력을 갖추게 되었다"(Stephen W. Porges, 개인적 소통, 2015년 2월).

세션 안팎에서 사회적 유연성과 감정 조절 능력 향상. 노라는 점차적으로 상태 조절, 사회적 행동, 의사소통 기술, 삶의 질 전반에서 향상을 보이기 시작했다. 예를 들어, 그녀는 학교에서 더 안정적으로 지낼 수 있게 되었다. 12번째 세션 후, 노라의 선생님은 "오늘 수업 중 활동에서 누가 칠판으로 나와 무지개 색깔을 맞히고 싶은지 물었을 때, 노라가 손을 들고 나와 무지개 색깔을 맞혔습니다. 노라가 이렇게 참여한 건 이번이 처음입니다."라고 말해 주었다. 20번째 세션 후, 노라는 생애 처음으로 친구와 놀기로 약속을 했다. 그녀의 어머니는 "정말 즐거운 시간을 보냈어요. 몇 분 지나지 않아 노라는 자기 친구인 사라와 이야기를 나누기 시작했고, 완전히 본래의 '자신다운' 모습을 보였어요."라고 말했다.

28번의 세션 후, 노라는 자신의 감정을 반추하고 걱정을 나눌 수 있는 모습을 보였다. 풍선 놀이 중에 노라는 "저는 이 놀이가 좋아요. 행복해요."라고 말했고, 잠시 후 "학교는 좋아요. 하지만 첫날엔 무서웠어요"라고 말했다. 노라는 치료실 안팎에서 경험한 자신의 감정을 이야기하기 시작한 것이다.

연말 피크닉에서는 노라가 처음으로 반 친구들과 선생님들 앞에서 아버지에게 말을 걸었다. 여름이 끝날 무렵, 노라의 어머니는 "노라가 사회적 상황에서 더 자신감 있어 보이고, 누가 그녀의 말을 듣고 있든 신경 쓰지 않고 말합니다. 식당에서 자기 음식을 직접 주문하고 싶다고 했어요. 친숙한 아이든 낯선 아이든 상관 없이 더욱 자발적으로 다가가 대화를 나눕니다"라고 전했다.

노라는 공공장소에서 말하는 능력을 계속해서 발전시켰으며, 이후 테라플레이 세션, EMDR 치료, 그리고 약물치료를 지속했고, 이듬해 봄엔 유치원에서도 자유롭게 말하기 시작했다(Lindaman, 2014). 다미주 이론에 따르면 얼굴은 개인의 생리적 상태를 반영한다(Porges, 2016). 1학년 첫날 찍힌 사진에서 노라는 카메라를 똑바로 바라보며 밝게 웃는 눈과 자신감 있는 미소를 보였다.

요약

다미주 이론은 우리가 안전하다고 느낄 때 사회적 참여, 놀이, 그리고 애정 어린 행동을 보인다고 설명한다. 이러한 생리적 상태는 미주신경 경로에 의해 조절되며, 복측미주신경은 교감신경 및 배측미주신경 경로를 조절한다. 심장에서의 미주신경 브레이크가 효율적으로 작동하면, 차분하고 조절된 상태에서 타인과의 관계를 유지할 수 있다. 다미주 이론은 또한 양육 환경에서 안전 신호를 변화시키고 새로운 신경학적 안전 경험을 제공함으로써 사회적 행동 및 사회적 행동 및 애착 문제를 가진 아동을 도울 수 있다고 제안한다.

테라플레이는 사회적 참여에 관여하는 신경 경로를 강화하기 위한 직접적인 신경훈련을 제공한다. 이를 통해 아이들은 사회적 참여, 놀이, 돌봄을 경험하며 생리적 상태를 조절할 수 있다. 이와 같은 테라플레이의 구조화된 세 가지 긍정적 생리 상태의 조합은 안전에 대한 신경 인식을 강화하여, 인간이 최적의 각성 상태를 유지하도록 돕고, 사회적 참여, 유대감 형성, 그리고 상호 조율된 상호작용을 가능하게 한다.

14장

소아 의학적 외상이 아스퍼거 증후군처럼 나타날 때: 다미주 이론적 설명과 치료적 놀이

Stuart Daniel, Angie Masters, and Kieran Donovan

개요

이 글에서는 키어런이라는 아이의 임상 사례를 통해, 뒤늦게 진단된 아스퍼거 증후군에 대한 의문을 제기하고, 유아기에 겪은 의학적 외상이 근본적인 원일일 가능성을 탐색한다. 다미주 이론은 이러한 가능성을 뒷받침하는 신경생리학적 및 발달적 메커니즘을 제시해준다. 저자들은 키어런의 놀이치료 과정에서, 특히 친사회적 행동과 초기 진단 기준의 재해석을 통해서 의학적 외상이 주된 원인이라는 가설을 받아들이게 되었다. 키어런의 사례에 비추어 서로의 긴장을 조절하고 안정감을 주고받는 미주신경 브레이크 연습을 놀이로 보는 다미주 이론의 관점에 대해 논의한다.

"내가 만약 마음대로 무언가를 바꿀 수 있다면 나는 우리가 이 자그마한 아기들에게 하는 일들이 그들의 평생에 걸쳐 영향을 미친다는 것을 의료계가 인정하도록 만들 것이다."

– Angie Masters

도입

나는 장난감으로 가득 찬 방에서 일한다. 이 방에는 아이들이 자유롭게 움직이고, 서로 소통하며, 필요할 때는 무언가를 손으로 칠 수 있는 충분한 공간이 있다. 나는 주로 외상을 겪은 아이들과 함께 일하며, 놀이 치료를 통해 그들이 외상을 치유할 수 있도록 돕는다. 다미주 이론은 트라우마의 본질, 발생 과정, 발달적 의미, 그리고 발달 장애 스펙트럼에서 어떻게 진단될 수 있는지에 대해 중요한 통찰을 제공한다. 이 글에서는 태어날 때부터 상당한 트라우마를 견뎌야 했던 키어런과 그의 어머니 앤지의 이야기를 통해 이러한 측면들을 깊이 있게살펴보고자 한다.

먼저, 다미주 이론이 어떻게 치료적 놀이에 대한 이해를 도울 수 있는지 개괄적으로 설명하고자 한다. 여기서 다룰 개념들은 키어런의 이야기를 이해하는 데 중요한 배경이 될 것이다.

얼굴과 심장의 연결

다미주 이론(Porges, 1995, 2001, 2007, 2009, 2011a, 2018)은 다른 사람들로부터 안전함을 감지해 신경 방어 체계를 진정시키려는 인간의 본능적인 욕구를 강조한다. 이 욕구는 태어날 때부터 존재하며, 아기가 보호자와의 상호작용을 통해 안정감을 찾고 조절되는 과정으로부터 시작된다. 이러한 욕구는 이후 인간의 사회적 행동의 근원이자, 관계 형성의 원동력이 된다.

포지스(2003)는 우리가 환경에서 위험이나 안전의 신호를 자동적이고 지속적으로 감지하는 반사적 과정을 설명하기 위해 '신경지(neuroception)'라는 용어를 만들었다. 인간은 생존을 위해 환경에 적응하는 세 가지 계층적 시스템을 발전시켜 왔으며, 각 시스템은 즉각적인 환경에 대해 유기체 차원에서 조율된 반응으로 볼 수 있다. 그중 두 가지 방어 시스템은 투쟁-도피 반응(동화 시스템)과 죽은 척하는 반응(부동화 시스템)이다. 신경지가 안전하다는 것을 확인하면, 방어 시스템은 진정되고, 사회 참여 체계가 활성화된다(Porges, 2007, 2011a). 이때 두 가지 중요한 변화가 일어난다. 첫 번째로, 신체 상태가 건강과 성장, 회복을 촉진하는 방향으로 효율적으로 조절된다(내장 항상성). 이는 포유류의 수초화된 미주신경 경로가 심박수를 조절하면서 이루어진다. 이 경로의 영향이 커지면 심박수가 느려지고, 교감신경계의 투쟁-도피 반응이 억제되며, 시상하부-뇌하수체-부신(Hypothalamic-Pituitary-Adrenal: HPA) 축의 스트레스 반응 체계가 약화되고, 염증 반응이 줄어든다. 두 번째로, 신체 전반에 걸쳐 친사회적 행동과 상호조절, 그리고 관계 형성이 촉진된다. 이러한 일이 어떻게 가능할까? 점진적인 발달 과정을 통해, 수초화된 미주신경을 조절하는 뇌간의 신경핵은 얼굴과 머리의 가로무늬근(특히 얼굴 표정, 청취, 운율적 발성을 담당하는 근육)을 조절하는 신경핵과 통합되었다. 즉, 발달 과정에서 미주신경의 조절 기능이 얼굴 표정과 목소리의 억양, 그리고 듣기와 같은 사회적 소통 기능을 담당하는 근육들을 제어하는 신경회로와 연결된 것이다. 이 연결 덕분에 자발적인 사회적 참여 행동과 신체 상태가 상호 작용하게 되었다. 간단히 말해, 안전함을 느끼는 사람은 효과적으로 사회적인 존재가 되지만, 위협을 느끼는 사람은 사회적 기능이 크게 저하된다.

치료적 놀이와 다미주 이론

얼굴과 심장의 연결 덕분에 우리는 얼굴 표정과 목소리 억양을 통해 우리의 생리적 상태를 전달할 수 있게 되었다. 이로써 우리는 사회적 상호작용의 핵심을 이루는 얼굴 표정과 억양을 통해 다른 사람의 생리적 상태를 진정시킬 수 있는 잠재력도 갖게 된다. 예를 들어, 어머니의 목소리는 자신의 아기를 진정시키는 힘을 가지고 있다.

> 어머니의 목소리가 주는 안전 신호는 상위 뇌 구조에서 감지된다. 이 신호는 방어 시스템을 억제하고, 복측미주신경의 영향을 통해서 심장 박동을 진정시킨다. 이러한 진정 효과와 동시에 얼굴과 머리의 근육 조절이 향상되어 어머니와 아기 간의 호혜적인 상호작용은 더욱 원활해진다. 이와 같은 상호작용은 그들의 사회 참여 체계 간의 신경훈련(neural exercise)으로 기능한다. 그 결과, 어머니와 아기는 사회적 의사소통을 통해 효과적으로 상호조절을 하게 되며, 양쪽 모두 진정되고 서로에 대한 유대감을 느끼게 된다. 더욱이 이 신경훈련은 아기가 다른 사람과 관계를 맺고, 일생 동안의 다양한 스트레스 상황에서 자신의 상태를 조절할 수 있는 능력을 키우는 데 중요한 밑거름이 된다(Porges & Daniel, 2017, pp. 116-117).

다미주 이론의 관점에서, 이 창의적이고 상호조절적인 신경훈련은 두 명 이상의 인간이 안전과 위험, 그리고 진정의 경계를 탐색하는 과정, 즉 놀이로 정의된다(Porges, 2015;

Porges & Daniel, 2017). 건강한 놀이에서 아이들은 종종 자신의 안전과 편안함의 경계를 탐색한다. 놀이 파트너와 함께, 아이는 불안정한 경계를 경험하고, 불편함을 이겨내면서 스스로를 조절하는 법을 배워 다시 안정된 상태로 돌아온다. 아이는 놀이를 통해 반복적으로 미주신경 브레이크 능력을 연습하며, 이 과정에서 자율신경계는 방어 반응을 줄이고, 사회 참여 체계가 활성화되도록 서서히 조정된다(Porges, Doussard-Roosevelt, Portales, & Greenspan, 1996; Porges, 2015). 건강한 인간 발달에서는 안전에서 위험으로, 그리고 다시 안전으로 돌아오는 과정은 매우 중요한데, 우리의 일상은 필연적으로 어려움을 수반하며, 때로는 관계가 단절되는 순간들이 찾아오기도 하기 때문이다. 이러한 경험들은 불편하고, 혼란스러우며, 심지어 충격적일 수 있다. 아이가 이런 순간들을 반복적인 놀이를 통해 안전하게 넘기는 법을 배우는 것은 신뢰감과 통합된 자기감의 형성에 매우 중요하다(Hughes, 2004; Schore, 1994). "건강한 자기(self)의 핵심은 여러 상태의 전환 속에서도 일관된 자기감을 유지할 수 있도록 정서 조절의 패턴이 통합적으로 작동하는데 있다. 이를 통해 우리는 내적 경험의 연속성을 유지할 수 있게 된다"(Schore, 1994, p. 33). 건강한 놀이에서는 취약한 단절의 순간들이 양쪽 파트너에 의해 자연스럽게 곱씹어지게 된다. 우리는 이러한 경계를 연습할 필요가 있다는 것을 본능적으로 알고 있다. 어머니와 아기는 자연스럽게 이러한 취약성을 다루는 놀이를 시작한다. 예를 들어, 까꿍 놀이와 숨바꼭질에서는 취약한 순간들이 조화롭게 탐색되고, 만들어지며, 확장되고, 극복되며, 회복된다.

놀이 치료에서는 이러한 신경훈련이 의도적으로 이루어진다(Porges & Daniel, 2017; Daniel, 2018). 댄 휴즈(Dan Hughes, 2004)는 모든 치료적 관계에서 자연스럽게 발생하는 방해의 순간들에 대해 이야기한다.

> 애착 기반 치료 모델에서는 부모-자녀 관계에서처럼 조율, 방해, 그리고 회복의 과정이 자주 일어난다. 치료사는 이러한 방해를 피하지 않으며, 오히려 이러한 방해가 발생할 수 있는 안전한 환경을 제공하고, 그런 다음 관계를 회복하고 나서 치료를 진행한다(p. 269).

이 안전한 환경은 일관된 치료 환경, 아이의 소통에 민감하게 반응하는 치료사의 능력(놀이를 통한 신경훈련에 참여하는 것), 그리고 무엇보다도 아이의 지속적인 생물행동적 상태를 기꺼이 이해하고 수용하려는 치료사의 헌신을 통해 제공된다(Hughes, 2000; Landreth, 2012; Porges & Daniel, 2017). 회복 작업은 치료사가 의식적으로 자신의 사회 참여 체계의 힘을 활용하여 아이에게 진정된 상태와 장난스러운 상태를 전달함으로써 이루어진다. 결과적으로, 아이의 방어 시스템이 미주 신경 브레이크에 의해 약화되고, 사회 참여 체계가 활성화되며, 긍정적인 사회적 행동을 통해 관계가 강화된다. 이러한 요소들이 잘 결합되면, 아이에게 "포용적인" 경험으로 축적된다(Winnicott, 1971). 놀이를 통해 미주 신경 제어 능력을 지속적으로 연습함으로써, 아이의 자율신경 상태에서 안정성을 유지할 수 있는 범위인 수용의 창(window of tolerance)이 확장되고, 정서적 및 사회적 유연성이 촉진된다(Porges, 2015, 2018; Porges & Daniel, 2017).

다미주 이론은 건강한 놀이와 치료적 놀이의 본질에 대해 깊은 통찰을 제공한다. 또한 외상의 생물 행동적 및 발달적 근원을 탐구하고, 외상을 경험한 아이가 치료에서 어떤 모습을 보일 수 있는지를 구체적으로 살펴보며, 출생부터 외상을 겪은 아이를 치료할 때 애착-단절-회복(Hughes, 2011)의 치료 과정을 어떻게 조정할 수 있는지에 대해 제안할 수 있다. 이어지는 키어런의 이야기에서 이러한 요소들을 탐구할 것이다.

키어런을 만나다

키어런을 처음 만났을 때 그는 11살이었다. 우리의 첫 만남은 스코틀랜드 에든버러에 있는 왕립 아동병원의 작은 베이지색 진료실에서 이루어졌다. 그 자리에는 키어런과 그의 어머니 앤지, 소아 정신과 의사, 그리고 놀이 치료사인 내가 함께 있었다.

키어런(이 글을 쓸 당시 14세): 우리가 스튜어트를 만나기로 한 이유는 제가 주변에 잘 어울리지 못한다고 느꼈기 때문이에요. 저는 제 자신을 그만 미워하고 싶었고, 더 이상 끌려 다니기 싫었던 과거와 과거를 생각나게 하는 모든 것들에서 자유로워지고 싶었어요.

키어런은 극심한 고통과 분노, 자해, 복잡한 사회적 환경에 대한 두려움, 의료 진료에 대한 심리적 및 신체적 스트레스, 수면 장애, 그리고 호혜적인 사회적 상호작용에서의 심각한 어려움과 같은 문제들로 인해 치료가 필요했다.

앤지: 키어런은 꽤 오랫동안 분노 문제로 어려움을 겪고 있었어요. 특히 시끄럽고 혼란스럽고 예측할 수 없는 상황에서는 쉽게 욕설을 하거나 초조한 모습을 보였죠. 그는 분명히 매

우 힘든 시기를 보내고 있었습니다. 어느 날 친구가 저에게 키어런이 자해를 했고 팔에서 피가 난다고 말했어요. 키어런과 이야기를 나눈 후, 그는 자해가 통해 소음을 차단하는 데 도움이 된다고 털어놓았습니다. 자해를 하면 그 고통이 소음을 차단했다고 했어요.

키어런은 무표정한 얼굴과 어색한 말투, 차례로 대화를 나누는 것, 시선 피하기, 신체적 편안함이나 접촉에 대한 거부감 등 조직화된 친사회적 상호작용에서 어려움을 겪고 있었다.

키어런: 저는 친구가 세 명 정도밖에 없었어요. 대화를 어떻게 시작하고 이어가야 할지, 또 사람들에게 어떻게 다가가야 할지 몰라서 새로운 친구를 사귀는 게 너무 어려웠고요.

앤지: 키어런은 어릴 때부터 친구를 사귀는 데 어려움이 많았어요. 그는 혼자 노는 걸 선호했고, 다른 아이들과 잘 어울리지 않았어요. 시간이 지나고 그의 행동이 알려지면서 다른 아이들도 점점 키어런과의 상호작용을 피하게 되었습니다.

키어런이 9살이 되었을 무렵, 호혜적으로 사회적인 행동을 하지 못하는 문제가 두드러지기 시작했고 이로 인해 특정 장애가 의심되었다. 표준 자폐증 진단 관찰 스케줄(Autism-Diagnostic Observation Schedule: A-DOS; 점수; 8, 중등도)과 사회적 반응성 척도(역자주: 두 척도 모두 DSM-IV-TR 및 ICD-10의 진단 알고리즘을 기반으로 평가)를 거쳐 키어런은 아스퍼거 증후군 진단을 받았다. 여기서 중요한 점은 중증의 A-DOS 점수라도 상태가 상당히 심각함을 의미할 수 있다는 것이다.

처음 만나 키어런의 사례에 대해 간단히 들은 후, 나는 내가 종종 유용하게 사용하는 역할 바꾸기 평가 게임을 시도해 보기로 했다. 나는 키어런에게 물었다.

"네 엄마가 너인 척 행동할 수 있을 것 같아?"

키어런은 작은 미소를 지으며 말했다. "네, 그럴 거예요."

나는 대화 내내 차분하고 부드러운 "이야기꾼의 목소리"로 키어런에게 말을 건넸다. 키어런은 약간 긴장하고 있었고, 나는 그의 트라우마가 해리 상태(배측미주신경) 또는 과민 상태(교감신경 활성화)로 이어질 수 있다는 것을 알고 있었다. 다미주 이론에 따르면, 내 부드러운 목소리가 키어런을 진정시키고 그의 방어 반응을 줄여주어 그의 사회 참여 체계가 활성화되도록 할 것이다(Porges, 2011a, 2015). 참고로, 남성 치료사는 목소리가 너무 낮고 깊어지지 않도록 주의하는 것이 좋은데, 낮고 울리는 목소리가 포식자의 목소리로 인식될 수 있기 때문이다(Porges, 2011b).

나는 계속해서 말했다. “내가 너의 엄마에게 네가 가장 걱정하는 것이 무엇인지 묻는다면, 엄마가 맞힐 수 있을 것 같아?”

“네, 엄마는 맞히실 거예요.” 키어런이 말했다.

“하지만,” 나는 말했다. “내가 너의 엄마가 맞혔는지 어떻게 알 수 있을까? 네가 ‘진짜 키어런’으로서 엄마가 맞혔는지 나에게 알려줄래?”

“네, 좋아요.” 키어런이 대답했다.

나는 그 후 앤지(키어런 역할을 하고 있는)에게 몇 가지 개인적인 질문을 던졌다. ‘진짜 키어런’에게 확인받을 때 나는 최소한의 눈동자 움직임과 얼굴 표정만을 사용했다. 매번 키어런은 주저 없이 대답했다. 이때 키어런은 비언어적 신호를 신속히 이해하고, 복잡한 역할 전환을 유연하게 수행하며 자신과 다른 사람의 감정을 섬세하게 파악하는 모습을 보였다. 이러한 능력은 자폐 스펙트럼 장애나 아스퍼거 증후군 진단과는 반대되는 특징이었다(Baron-Cohen, 1989, 2008; Papagiannopoulou, Chitty, Hermens, Hickie, & Lagopoulos, 2014). 이후 키어런은 자신이 자랑스럽게 생각하는 것을 보여주고 싶다고 했고, 그는 수업 시간에 자기가 쓴 글을 가지고 왔다. 롤러코스터를 타는 경험을 묘사한 멋진 글이었고, 감정적인 형용사를 섬세하게 사용한 것이 인상적이었다. 이는 고기능 자폐증에서도 보기 드문 능력이었다(Brown & Klein, 2011; Baron-Cohen, 2008). 첫 만남부터 나는 키어런의 진단에 대해 의문을 품게 되었다.

키어런은 사회적 상호작용의 수용적인 측면에서는 거의 어려움을 겪지 않는 것처럼 보였다. 그는 다른 사람의 감정을 이해하는 데 있어서 섬세하고 민감했다. 이는 자폐 스펙트럼 장애와는 상반되는 특징이었다. 그러나 그는 아스퍼거 증후군과 유사한 특징, 즉 원활하게 친사회적 행동을 하는 데에는 어려움을 보였다. 그가 편안할 때는 이러한 어려움이 거의 눈에 띄지 않았지만, 스트레스가 많은 사회적 상황에서는 매우 심각하게 드러났다. 키어런의 특별한 성향을 설명할 수 있는 다른 발달 모델이 있을까? 다미주 이론이 이 문제를 해결하는 데 도움이 될 수 있을까? 이 질문에 대한 답을 찾기 위해서는 키어런이 말해준 이야기의 초반으로 돌아가야 한다.

참고로, 앤지가 키어런을 대신해 “가장 걱정되는 것이 무엇인가요?”라는 질문에 대해 대답한 두 가지는 "학교의 혼잡한 계단에서 무서움을 느끼는 것"과 "분노를 통제할 수 없다는 것"이었다. 키어런은 자신의 감정을 통제하고 싶어 했고, 두려움을 없애고 싶어 했으며, 변화를 간절히 원했다.

키어런의 초기 생애와 의인성 외상

앤지는 어렸을 때 눈에서 발생하는 암의 종류인 망막모세포종(retinoblastoma)이라는 병을 앓았다. 키어런이 태어났을 때, 그도 같은 병에 걸릴 가능성이 높았고 결국 키어런도 이 병에 걸렸다. 정상적으로 태어난 직후, 키어런은 양쪽 눈에 암이 있는 양측성 망막모세포종 진단을 받았다.[1]

대부분의 의료 절차는 아이들에게 고통을 주는 방식으로 시행되며, 안타깝게도 여전히 많은 절차가 트라우마를 초래할 수 있는 방식으로 진행되고 있다(Azeem et al., 2015). 어린 시절의 의학적 트라우마는 압도적인 두려움과 피할 수 없는 상황(물리적이거나 인식된 것)의 조합으로 설명될 수 있다(Kazak et al., 2006; Levine, 2010; Porges & Daniel, 2017). 이 두 가지 요소가 동시에 발생하는 상황의 중요성을 이해하면, 소아 의학적 외상 스트레스(Kazak et al., 2006)라는 현상을 비로소 인식할 수 있게 된다. 일부 의학적 경험은 두려움과 피할 수 없는 상황이라는 기준을 충족시킬 수 있다. 예를 들어, 신체적으로 제약을 받는 무서운 절차나 강렬한 신체적 충격, 제한된 마취로 진행되는 MRI 스캔(전신 마취가 시행되지 않는 경우) 등이 이러한 기준을 만족한다. 많은 병원이 아동 친화적인 지침을 가지고 있음에도 불구하고, 신체적 제약은 여전히 대부분의 소아 종양학 병동에서 매일같이 일어나고 있다. 디세스(Diseth, 2005)의 연구에 따르면, 강제로 의료 절차를 받는 아이들은 비교적 덜 강제로 치료를 받은 아이들에 비해 여러 해리 증상을 보일 가능성이 높다. 또한 의료적 질병을 앓고 있는 아이들의 약 30%가 외상 후 스트레스 증상을 겪는 것으로 나타났다(Forgey & Bursch, 2013).

6주에서 20개월 사이에 키어런은 트라우마를 초래할 수 있는 경험을 여러 차례 겪었으며 이 모든 경험은 두려움과 피할 수 없다는 특징을 동시에 충족했다. 이러한 경험들로

1 키어런의 초기 치료 이후, 그의 시력이 영향을 받지 않았다는 점을 강조한다. 그의 사회적 상호작용의 질과 패턴에 대해 더욱 이야기함에 있어 이 사실을 반드시 기억하자.

는 통증을 수반하는 사이클로펜톨레이트(cyclopentolate) 및 페닐레프린(phenylephrine) 확장 안약을 투여받기 위해 신체적 제약이 가해진 일, 검사를 받기 전 흡입 마취제 투여를 위해 신체적으로 구속된 일, 방사선 치료를 위해 매일 신체적으로 제약을 받은 일, 그리고 주사를 맞기 위해 신체적으로 구속된 일이 있었다.

> **앤지:** 키어런이 망막모세포종 치료 중 가장 크게 트라우마를 입은 경험은 안약 투여와 마취 마스크였을 거예요. 첫 마취 검사부터 마지막 흡입 마취제 투여까지(3세 무렵), 키어런은 신체적으로 강제로 고정되어야 했습니다. 마취 검사 클리닉의 직원들은 시간이 촉박했고, 많은 아이들을 처리해야 했어요. 때문에 이 과정은 마치 컨베이어 벨트에서 제품을 조립하는 것과 같이 기계적으로 진행되었습니다. 5주 된 첫 마취 검사 때부터 키어런은 또띠아처럼 몸을 움직일 수 없도록 감싸졌고, 간호사의 무릎에 머리를 두고 제가 그의 몸을 꽉 잡고 있는 동안 그의 눈을 강제로 벌려 안약이 투여되곤 했어요. 나이가 더 많은 아이들에게는 통증을 줄이기 위해 마취 안약이 사용되지만, 키어런에게는 사용되지 않았어요. 왜 그랬는지는 잘 모르겠어요. 시간이 부족했나? 비용 때문인가? 아니면 5주 된 아기는 통증을 기억하지 못할 테니 굳이 필요 없다고 생각하신 건지, 이러한 이유들 때문이었을 것 같아요. 의료진에게는 아이나 부모를 챙길 시간이 부족했고, 트라우마를 최소화할 시간도 없었어요.

다미주신경 관점의 함의(Porges, 2011a, 2011b; Porges & Daniel, 2017)를 포함하여 현재 우리가 소아 외상에 대해 이해하고 있는 바(Kazak et al., 2006; Levine & Kline, 2006; van der Kolk, 2005)에 따르면 트라우마를 최소화하는 것은 충분히 가능한 일이다. 잠재적으로 트라우마를 유발할 수 있는 절차에 아동을 대비시키기 위해서는 아동의 흥미를 끌고 이완을 도우며 정보를 제공하면서 자립심을 키울 수 있는 놀이가 유용할 수 있다. 이때 아동 애착의 힘을 활용하는 것이 중요하고(Azeem et al., 2015; Levine & Kline, 2006), 그런 면에서 부모나 보호자는 아동의 사회 참여 체계를 가장 잘 자극할 수 있는 위치에 있다. 아동의 두려움을 최소화하고 교감신경계의 투쟁-도피 반응을 억제하면, 아동에게 과도한 스트레스 에너지의 축적을 막을 수 있다. 만약 이 스트레스 에너지가 충분히 해소되지 않으면, 신체적 또는 감정적인 억압으로 인해 "고착"되면서 만성적인 트라우마로 이어질 수 있다. 이상적인 상황에서는 이러한 예방적 놀이가 물리적 억제의 필요성을 완전히 제거할 수 있을 만큼 효과적이어야 한다. 하지만 현실에서는 종종 그렇지 않다. 대부분의 경우 그 이유는 시간과 인력의 부족, 혹은 직원들의 교육 및 이해 부족 때문이다. 앤지와 키어런의 경우, 이러한 제약 요인들이 위험하게 결합된 상황이었던 것으로 보인다. 다른 예방 조치가 마련되지 않은 상황에서 앤지는 강제로라도 제약을 가하는 게 유일한 선택이라고 생각할 수밖에 없었다. 그녀는 자신이 할 수 있는 최선의 방법으로 키어런을 도와야 한다는 생각에 자신의 감정을 희생하는 용감한 결정을 내렸던 것이다.

앤지: 저는 항상 키어런의 눈에 안약을 넣기 위해 데려갔고, 마취를 받는 동안 그를 붙잡아 주었어요. 저는 한 명 정도는 그를 위해 악역을 자청하는 사람이 있는 게 좋을 거라고 생각했습니다. 그래야 키어런이 안전을 느낄 수 있는 사람(대개는 키어런의 할머니)이 옆에 있을 수 있다고 믿었어요. 키어런이 이런 일을 겪게 된 것에 대한 책임을 느꼈기 때문에, 제가 모든 것을 '관리'해야 한다고 생각했어요. 하지만 한편으로는 제가 이런 일을 해서 키어런이 저를 미워할까 봐 걱정되기도 했어요.

앤지는 키어런이 지속적으로 겪은 외상적인 경험 외에도, 그가 어린 나이에 겪었던 트라우마의 극단적인 사례 중 하나인 패혈증 쇼크를 생생하게 기억하고 있었다.

앤지: 9개월쯤 되었을 때, 키어런의 10번째 항암 치료를 받기 위해 우리는 병원에 갔습니다. 간호사는 그의 혈관에서 피를 뽑는 데 어려움을 겪었고, 그녀는 헤파린(역자주: heparin, 혈액 응고를 막는 약물의 일종)을 투여한 후 다시 시도했습니다. 약간의 조율 끝에 마침내 피를 뽑았고, 우리는 항암 치료를 시작할 준비를 할 수 있었습니다. 그러나 라인을 딴 지 반 시간도 지나지 않아 키어런은 떨기 시작했고, 얼굴이 하얗게 질리면서 그의 얼굴에는 회색빛이 돌았습니다. 그의 체온은 40도 이상으로 치솟았고, 심박수는 정상의 두 배 이상으로 뛰었으며, 산소 포화도는 급격히 떨어졌습니다. 당직 의사가 호출되었고, 저는 키어런을 침대에 눕혀 간호사들이 그에게 조치를 취할 수 있도록 요청했습니다. 평소라면 이 작은 아이는 의료진이 들어올 때마다 히스테리 상태로 비명을 질렀겠지만, 그 순간 그는 그저 침대에 옆으로 누워 아무런 저항도 하지 않았어요. 그는 자신의 상태를 보여주는 각종 모니터에 연결되었고, 산소 마스크를 착용하였으며, 침대 주변에는 3~4명의 의사와 간호사가 있었습니다. 키어런은 내내 깨어 있었기 때문에, 그가 얼마나 공포에 질리고 혼란스러웠을지 분명히 짐작할 수 있었습니다. 강력한 항생제가 투여되고 나서 약 3시간 후에야, 그의 상태가 안정되었습니다.

다미주 이론과 부동화

인간의 신경계는 다른 포유류와 마찬가지로 안전한 환경에서만 생존해 온 것이 아니라, 위험하고 생명을 위협하는 상황에서도 생존할 수 있도록 적응했다. 위험이 감지되거나 사회 참여 체계가 손상되었을 때, 신체 상태를 조절하는 두 가지 원시적인 신경 회로가 방어 체계를 지원하기 위해 사용될 수 있다(Porges, 1995, 2011a). 이 회로는 투쟁-도피 반응을 조율하는 동화 시스템과 발달적으로 오래된 부동화 시스템이다. 부동화 시스템이 활성화되면서 그에 따라 사회 참여 체계가 중단되면, 의료상황에서 소아에게 외상성 스트레스 현상이 발생할 수 있다. 키어런의 사례는 이를 구체적으로 보여준다.

앤지는 키어런이 8개월이 되었을 때 "셧다운(shutdown)" 반응을 보이기 시작했다고 설명했다. 초기에는 키어런이 신체적 제약과 고통에 반응해 싸우거나 비명을 질렀다고 하는데, 이는 정상적인 저항 반응이었다. 그러나 8개월 무렵부터 키어런은 완전히 다른 신경생리학적 반응 패턴을 보이기 시작했다. 이 패턴은 상호작용으로부터의 철수로 정의되었으며, 눈을 마주치지도 않고, 말을 하거나, 울지도 않았으며, 그 어떤 미세한 사회적 행동도 보이지 않았다. 패턴은 곧 병원 환경과 습관적으로 연결이 되었고 키어런에게 일상적인 반응이 되었다.

앤지: 키어런은 처음에는 병원에 방문하는 걸 크게 의식하지 않는 것처럼 보였어요. 오히려 제가 더 스트레스를 받았고 그게 영향을 미쳤을지도 모르겠네요. 5~6개월쯤 되었을 때부터 키어런은 병원을 방문하는 것을 인식하고 반응을 보이기 시작했어요. 그는 낯선 사람을 매우 두려워했고, 파란색 간호사 유니폼을 보면 심하게 불안해했습니다. 그리고 키어런이 8개월쯤 되었을 때, 저는 그가 완전히 '셧다운'된 모습을 처음 목격했어요. 원래 키어런은 행복하고 말도 많고 활발한 아이였으며, 가구를 잡고 걸어 다니며 잠시도 가만히 있지 않았어요. 그러나 병원에 도착하자마자 키어런은 움직임을 멈추고, 고개를 푹 숙인 채 전혀 눈도 마주치지 않고, 소리도 내지 않은 채 그 자리에 서 있었습니다. 그는 마취 하에 검사를 받기 위해 들어갈 때까지 약 5시간 동안을 말 그대로 전혀 반응하지 않은 채로 있었습니다. 그는 가족 모두에게 반응하지 않았고 이 모습을 지켜보는 제 마음이 너무 아팠습니다.

앤지가 설명한 키어런의 "셧다운" 행동과 디세스(2005)가 설명한 심리적 및 사회적 해리는 배측미주신경 부동화 시스템의 활성화로 설명될 수 있다. 부동화 시스템은 신체의 통합성을 유지하는 것에 대해 불가피하고 심각한 위협 또는 임박한 죽음이 감지될 때 작동하는, 우리 신체의 계통발생학적으로 가장 오래된 반응이다. 이 시스템은 두려움과 탈출 불가능성이 동시에 느껴질 때 신경지를 통해 무의식적으로 활성화된다. 부동화 시스템은 심장으로 가는 수초화되지 않은 미주신경 경로를 통하여 심박수를 즉시 크게 감소시키며(역자주: 서맥 증상), 종종 호흡이 멈추는 무호흡을 유발하기도 한다. 또한, 종종 혈관미주신경성 실신으로 이어지기도 하는데, 이 급격한 신진대사의 변화는 생명체를 무생물과 같이 보이게 만든다. 이 반응은 많은 파충류가 포식자의 눈에 띄지 않기 위해 사용하는 주요 방어 전략으로, 신진대사를 최소화하고 많은 양의 산소를 필요로 하는 중추 신경계로부터 자원을 빠르게 거두어 들인다. 부동화 시스템이 활성화되면 죽은 척하기, 셧다운, 해리 등이 나타날 수 있다.

다미주신경 이론에서 적응적 반응의 계층 구조는 가장 최근에 형성된 회로인 사회 참여 체계가 우선적으로 활성화되는 방식으로 작동한다. 이 회로가 안전을 제공하지 못하면 더 오래된 회로들이 순차적으로 활성화되어 방어 반응을 조율한다(동화, 그리고 부동화). 이 방어 체계들이 활성화될 때 자율신경계는 생존 관련 행동을 지원하는 데 주력하며 그 과정에서 건강이나 성장, 회복과 같은 것들이 희생될 수 있다. 방어 체계 중 하나가 반사적으로 작동되면, 사회 참여 체계는 일시적으로 비활성화되며 그 결과, 사회적 행동을 조정하는 모든 능력이 중단된다. 끊임없이 위험 신호에 노출되면서, 개인은 더 이상 환경을 안전하다고 인식하지 못하게 되었고, 사회적 의사소통의 특징을 만들어내거나 이를 정확하게 감지할 수 있는 능력을 잃게 된 것이다.

아동기 PTSD, 발달 및 다미주 이론

이 지점에서 아동기 외상 후 스트레스 장애에 대한 진단적 개념을 다루는 것이 중요할 것 같다. 외상 후 스트레스 장애는 암과 그 치료를 경험한 어린이들에게서 점점 더 빈번하게 인식되고 있는 반응이다(Taïeb, Moro, Baubet, Revah-Lévy, & Flament, 2003; Phipps, Long, Hudson, & Rai, 2005). 최근 연구(Graf, Bergstraesser, & Landolt, 2013)에 따르면, 암 생존자들 중에서 유아기 때 발병한 아동기 PTSD의 유병률이 상당히 높은 것으로 나타났다. 연구 대상자의 18.8%가 셔링가와 지아나(Scheeringa & Zeanah, 2005)가 제안한 나이에 적합한 완전한 PTSD 기준을 충족했으며, 41.7%는 부분적인 PTSD 기준을 충족했다.

드렐과 시겔, 가엔바우어(Drell, Siegel, and Gaensbauer, 1993)는 초기 발병 PTSD의 행동적 특징의 발달 과정을 임상적으로 제시했다(표 14.1 참조).

앤지가 초기 20개월 동안 키어런의 발달에 대해 매우 상세하게 기록한 내용을 보면, 키어런의 초기 발달 양상이 드렐과 동료들이 제시한 개요와 정확히 일치하는 것을 알 수 있다.

PTSD는 만성적인 상태이다. 심각한 외상성 충격은 신경생리적 자기조절 기능을 만성적인 방어 패턴으로 왜곡시킬 수 있다(Porges, 2011b; Levine, 2010). 키어런의 사례에서 다미주 이론을 적용해보면, 초기 트라우마가 키어런의 부동화 시스템을 자기조절과 사회적 상호작용의 기본 패턴으로 만들어버린 것으로 보인다. 이로 인해 키어런은 아동기 PTSD를 발달시켰을 가능성이 크다. 키어런의 사회적 상호작용의 욕구는 언어를 배우기 전부터 왜곡되었으며, 이는 자폐와 유사한 사회적 손상의 초기 발달 특징을 트라우마에 기반하여 해석할 수 있는 사례로 볼 수 있다.

표 14.1 0~36개월 아동의 PTSD 증상 – 발달적 진행 과정. 드렐 등(1993)에서 요약

	0~6개월	6~12개월	12~18개월	18~24개월	24~36개월
• 과도한 경계심, 과장된 놀람 반응, 지극성, 생리학적 불균형 및/또는 철수	*	*	*	*	*
• 낯선 상황에서 증가된 불안, 화난 반응, 수면 장애, 특정 상황을 적극적으로 피함		*	*	*	*
• 보호자에 대한 과도한 의존, 트라우마와 관련된 단어의 과도한/부족한 사용			*	*	*
• 악몽, 트라우마의 상징과 관련된 말에 대한 지속적인 집착				*	*
• DSM-IVr에 정의된 대로, 나이가 많은 아이들에게서 나타나는 PTSD 증상들					*

초기의 사회적 장애 행렬이 시간이 흐르며 점차 확대되어 가는 것은 상호 복합적인 경험의 그물망이 점점 넓어지는 것으로 볼 수 있다. 이 복잡한 과정에서는 키어런의 초기 사회적 손상과 그것이 애착 관계에 미치는 영향, 어머니인 앤지가 필연적으로 맡아야만 했던 "나쁜 어른" 역할로 인한 애착 관계의 불안정과 그녀의 죄책감, 키어런이 2.5세에서 11세가 되기까지 1년에 두 번씩 받는 안구 검사로 인한 두 사람의 반복적인 트라우마 경험, 그리고 키어런의 놀이에서 나타난 부정적인 피드백 사이클이 모두 맞물려 중요한 역할을 했을 것이다. 후자는 포지스(2015)가 놀이를 신경훈련으로 보는 개념과 연결지어 생각해 볼 수 있을 것이다. 건강한 발달 과정에서 놀이는 잠재적으로 스트레스가 될 수 있는 상황에서, 두 사람이 서로 차분하고 창의적으로 친사회적 반응을 강화하는 역할을 한다. 이 과정은 시간이 지나면 긍정적인 피드백의 순환으로 이어진다. 하지만 불행히도 반대의 경우도 가능하다. 초기 사회적 손상(부동화로 인한)이 놀이를 부정적인 방향으로 왜곡하면, 이는 빠르게 부정적인 피드백 루프로 이어질 수 있다. 놀이뿐만 아니라 그들의 더 넓은 사회 생활에서도 두 사람의 반응성이 떨어지고, 덜 민감해지며, 덜 창의적이게 된다. 이와 같은 부정적이고 신경적인 경험이 키어런에게 심각하게 부정적인 영향을 미친 것으로 보인다.

키어런이 3살이 되어 처음으로 유치원에 갔을 때, 그곳에서 그의 위축된 행동 패턴이 일시적인 트라우마에 그치지 않고 일상에 만성적인 영향을 미치고 있다는 것이 드러났다. 키어런은 유치원에서 또래와 어울리는 데 어려움을 겪었고 다른 아이들에게 공격적이거나, 혹은 구석으로 숨어버리는 모습을 보였다.

키어런: 3살 때 처음 유치원에 갔는데 사람들과 제대로 접촉해본 적이 없어서 어떻게 행동해야 할지 몰랐어요. 누군가가 가까이 다가올 때마다 그들이 나에게 해를 끼치려고 온다고 느껴졌어요.

앤지: 처음 유치원을 다닐 때에는 괜찮아 보였어요. 분리불안이나 특별한 문제도 없었고, 어떤 방식으로든 불편해하지 않았죠. 하지만 얼마 지나지 않아 무엇인가가 이상하다는 느낌을 받았죠. 집에서 키어런은 밝고 수다스러운 아이였지만, 매일 학교에 갈 때면 고개를 숙인 채로 스쿨버스를 타러 가곤 했어요. 그리고 얼마 안 있어 교사들로부터 키어런이 다른 아이들을 때리고 물어뜯는다는 이야기를 받았을 때는 정말 충격적이었어요. 집에서 온순하고 차분한 아이가 학교에서는 왜 이런 행동을 하는지 이해를 할 수 없었죠. 문제는 이 상황이 첫

학년 내내 이어졌다는 것이고, 그 시기가 키어런에게 슬프고 끔찍한 시간이었을 것이라는 사실이에요. 그다음 해가 되어서야 새로운 관점으로 키어런을 볼 수 있는 선생님을 만났어요. 그녀는 키어런이 학교 환경의 혼란스러운 환경과 소음, 그리고 예측 불가능한 상황을 감당하지 못하고 있다고 설명해 주었죠. 키어런은 매우 규칙적으로 유치원 활동에 참여했고, 매일 같은 곳에서 시작해 미술 탁자, 책, 그다음 물놀이 순서로 활동에 참여했어요. 다른 아이들의 더 자유로운 놀이 방식에는 적응을 하지 못했던 거죠.

나중에 키어런은 치료 중에 유치원에서의 가장 초기 기억을 "나 자신을 보호하기 위해 외로워지는 것"이라고 표현했다. 그는 압도적이고 너무 소란스러운 사회적 환경에서 벗어나고자 했지만, 그 과정에서 외로움을 느꼈다. '자신을 보호하기 위해 외로워지는 것'이라는 모순된 감정은 키어런이 12살이 될 때까지 그의 삶에서 중요한 감정으로 남아 있었다.

아스퍼거 증후군, PTSD 혹은 공존이환: 핵심적인 결핍 평가

PTSD는 다른 장애와 매우 높은 수준의 공존이환(comorbidity)을 보고한다. 성인과 아동 모두에서 PTSD는 최소한 한 가지 다른 장애와 80~90%의 비율로 공존한다(van der Kolk, 2005). 그러나 셔링가(Scheeringa, 2011)는 PTSD의 일부 증상이 다른 장애와 겹치더라도, PTSD만의 고유한 증상이 있다고 주장하며 "세심한 면담을 통해 주의 깊게 들여다본다면, 다른 장애가 존재하더라도 PTSD를 진단하는 것이 어렵지 않다"고 설명했다(p. 185). 진단의 핵심은 트라우마 반응을 평가하고(Scheeringa, 2011), PTSD가 주요 원인일 경우 임상가들이 공존하는 장애에 집중하느라 "도움이 되지 않는 치료 접근법을 적용하는" 위험을 최소화하는 것이다(van der Kolk, 2005, p. 406).

키어런이 11살에 치료를 시작하기 전, 키어런과 앤지는 PTSD에 대한 반구조화된 면담과 관찰 기록(Scheeringa & Zeanah, 2005)에 참여하였다. 이를 통해 키어런의 발달 이력, 현재의 행동, 학업, 정서 상태, 그리고 (PTSD 진단에 필수적인) 잠재적인 트라우마 사건을 평가했다. 앤지는 키어런의 초기 트라우마 사건 당시의 기록을 제공했다. 이 정보의 신빙성을 확인하기 위해서 총 8번의 비지시적 놀이 평가 세션이 진행되고 분석되었다. 그 결과,

키어런의 증상이 당시[2] DSM-5에서 정의된 아동기 PTSD의 진단 기준에 부합하는 것으로 나타났다(표 14.2 참조).

PTSD는 DSM-IV-TR 및 ICD-10에서 설명하는 아스퍼거 증후군 진단과 겹치는 증상을 포함해 키어런의 모든 증상에 대한 설명력이 있었다. 키어런은 생명을 위협하는 상태를 직접적으로 맞닥뜨리는 경험까지도 포함해 PTSD와 여러 외상적 사건을 경험했으며, 아스퍼거 증후군만으로는 키어런의 증상을 다 설명할 수 없었다(표 14.2 참조. 기준 B: 1, 2, 3, 4, 5; 기준 C: 1, 2; 기준 D: 1, 5 포함). 따라서 키어런의 증상이 PTSD에서 비롯되었을 가능성이 높다는 가정 하에 치료적 접근이 새롭게 이루어졌다.

키어런의 치료: 다미주 이론에서 얻은 통찰

키어런과 나는 1년 6개월 동안 치료 작업을 함께했다. 우리의 작업은 비지시적 놀이치료(Landreth, 2012)와 양자 발달 심리치료(Hughes, 2004, 2011)에 기반을 두었다. 우리는 대화를 나누고, 함께 즐거운 시간을 보내며 관계를 발전시켜 나갔다. 키어런은 치료 세션을 즐겼고, 나를 신뢰하며 안전하다고 느꼈다. 나는 비지시적 놀이 치료와 양자 발달 심리치료의 주요 원칙인 놀이를 통한 상호작용, 아동의 생체행동 상태와 의사소통에 대한 민감한 조율, 명확하고 적절한 공감과 수용을 지키며 키어런에게 안전과 연결의 신호를 제공하였다. 이러한 신호들은 나의 사회 참여 체계를 거쳐 신경지를 통해 키어런에게 전달되었고, 그의 해리 증상이 일어날 가능성을 줄이며 사회 참여 체계의 활성화를 통해 유동적인 친사회적 행동을 이끌어냈다. 안전과 신뢰의 형성된 이 지점에서, 우리는 미주신경 브레이크를 활용한 놀이 형식의 신경훈련(Porges, 2015)을 시도할 수 있었다. 이를 통해 자신감 있게 애착-단절-회복(Hughes, 2011)이라는 도전적인 순간을 마주하였고, 키어런과의 놀이와 대화 속에서 나타난 두려움에서 벗어날 수 없다는 주제를 세심하게 다루었다. 우리는 놀이 속에서 수용과 안전이 드리우는 빛으로 트라우마에 대한 키어런의 서사를 새롭게 쓸 수 있었다.

---

2 DSM-5의 유아 PTSD 하위 유형은 키어런이 진단받을 당시 널리 인정받던 셰링가와 지아나(Schreenga & Zeanah, 2005)의 연구를 기반으로 개발되었다.

키어런: 치료는 마치 가족이나 친구와 앉아서 제가 어떤 상황에 있었는지 이야기하고, 그들이 내 입장을 이해해주기를 바라는 대화 같았어요. 치료 예약이 잡히면 항상 기대됐었고, 약속이 끝나면 작은 걱정이라도 덜어낸 것 같아 기분이 좋았어요.

앤지: 첫 만남부터 이번 치료가 다를 것이라는 것을 알았습니다. 키어런의 배경과 그 중요성에 대한 즉각적인 이해가 있었죠. 초점이 '무엇을 했는가'가 아니라 '왜 그런가'에 맞춰져 있었기 때문에, 단순히 키어런의 자해나 다른 문제 행동만이 아닌 그가 겪은 많은 일들이 중점적으로 다뤄졌죠. 이 점이 저를 정말 안심시켰어요. 나는 항상 키어런이 겪는 어려움이 그의 초기 어린 시절과 직접적으로 연관되어 있다고 생각했지만, 어떻게 도와야 할지 몰랐어요. 키어런을 지원해줄 시스템도 전혀 없었고요. 초기 평가 후 스튜어트의 보고서를 받아 읽었을 때 정말 위안이 되었습니다. 드디어 누군가가 키어런의 말을 들어주고 그가 말하려는 것에 주목하고 있다는 느낌이 들었어요. 그래서 마음이 놓였고 희망을 품게 되었습니다.

표 14.2 키어런이 11세에 치료를 받기 전의 발달적 증상과 나타난 증상에 정확히 해당하는 DSM-V 아동 PTSD 진단 기준의 목록이다. 〈표 14.2〉는 아동 PTSD 진단 기준 목록을 전부 제시하는 것이 아니라, 키어런의 프로필과 일치하는 기준만을 포함하고 있다. 이 목록은 거의 모든 진단 기준을 포함하고 있으며, 실제로 아동 PTSD 진단을 위해 필요한 것보다도 훨씬 더 많은 항목들이 일치함을 보여준다.

- **기준 A:** 1. 외상적 사건을 직접 경험함
- **기준 B:** 1. 외상적 사건에 대한 반복적이고 자발적이며 침습적인 괴로운 기억, 2. 꿈의 내용 및 감정이 외상적 사건과 관련된 반복적인 혼란스러운 꿈, 3. 해리 반응… 아동이 외상적 사건이 반복되는 것처럼 느끼거나 행동하는 상황. 이러한 재연은 놀이 중에 발생할 수 있음, 4. 외상적 사건의 측면을 상징하거나 닮은 내부 또는 외부 단서에 노출될 때 격렬하거나 장기간의 고통 발생, 5. 외상적 사건을 상기시키는 요소에 대한 두드러진 생리적 반응
- **기준 C:** 1. 외상적 사건을 떠올리게 하는 활동, 장소 또는 물리적 단서를 피하거나 피하려는 노력, 2. 외상적 사건을 떠올리게 하는 사람, 대화 또는 대인 관계 상황을 피하거나 피하려는 노력, 3. 부정적인 감정 상태(예: 두려움, 죄책감, 슬픔, 수치심, 혼란)의 빈도가 현저히 증가함, 4. 제한적인 놀이를 포함한 중요 활동에 대한 관심이나 참여가 현저히 감소함, 5. 사회적으로 철수하려는 행동, 6. 긍정적 감정의 표현이 지속적으로 감소함
- **기준 D:** 1. 자극이 거의 없거나 전혀 없는 상태에서의 화가 난 행동과 폭발(사람이나 물체에 대한 언어적 또는 신체적 공격으로 표현되는 경우가 많으며, 극심한 분노 발작 포함), 2. 과잉 경계, 3. 과장되게 깜짝 놀라는 반응, 4. 수면 장애
- **기준 E:** 장애의 지속 기간이 1개월 이상임
- **기준 F:** 장애가 부모, 형제자매, 또래, 그 외 돌보는 사람과의 관계나 학교 행동에서 임상적으로 유의미한 수준의 고통이나 장애를 야기함
- **기준 G:** 장애가 약물(예: 마약이나 알코올)의 생리적 영향이나 다른 의학적 상태에 기인하지 않음

키어런과 나는 대화를 나누면서 모래상자 놀이, 재연 드라마, 감정을 해소하고 안정시키는 게임, 타임라인 작성, 기억 책 만들기, 그리고 키어런의 과거를 떠올리게 하는 기억 보조 도구들을 활용해 그의 어린 시절 힘들었던 경험들을 수차례 다시 살펴보았다. 이러한 작업은 놀이라는 신경훈련 속에서 우리의 안전한 관계를 기반으로 이루어졌으며, 이 과정에서 우리의 관계는 애착-단절-회복의 민감한 과정을 거치며 발전해갔다. 키어런은 매우 용감하고, 감정적으로 지혜로웠으며, 자신의 내면을 탐구하는 일에도 열정적이었다. 그는 매우 빠르게 성장하기 시작했다.

10개월 후, 나는 키어런, 앤지, 그리고 내가 함께 작업하는 세션을 진행하는 것이 어떨겠냐고 제안했다. 키어런은 어머니와 관련된 일부 고통스럽고 혼란스러운 감정, 특별히 그의 아동기 역경 경험에서 어머니와의 관계에 대해 분명하게 인식하고 있었고 이에 대해 소통하고자 하고 있었다. 나는 키어런에게 우리가 이러한 감정들을 함께 탐구할 수 있으며 그 당시 어머니의 동기를 더 깊이 이해할 수 있는 기회를 가질 수 있을 것이라고 설명했다. 키어런은 참여하고자 하는 의지를 보였고, 곧바로 비지시적 놀이치료 세션(키어런과 내가 함께하는)과 셋이 함께하는 양자 발달 심리치료 세션을 번갈아 진행하는 일정에 참여하기로 결정했다. 앤지는 이러한 세션에 참여하는 것에 대해 약간 긴장했지만, 동시에 용기를 가지고 참여하였다. 그녀는 아들의 성장을 돕기 위해서는 무엇이든 하고자 하려는 마음을 가지고 있었다. 나는 매 세션 전후로 앤지의 감정과 우려에 대해 함께 이야기를 나눌 수 있는 시간을 마련했다. 키어런과 앤지가 보여준 각자의 노력은 매우 감동적이고 강력한 힘을 가지고 있었다.

양자 발달 심리치료 모델(Hughes, 2004, 2011)의 목표는 안전하고 즐거운 환경을 조성하여 보호자와 아동 간의 건강하고 조화로운 상호작용을 돕는 것이다. 앞서 설명했듯이 다미주 이론의 관점에서 놀이를 통한 상호작용은 미주신경의 브레이크를 활용하여 방어 체계를 완화시키고, 자율신경계를 강화하며, 건강과 사회성을 촉진하는 과정으로 이해된다. 양자 발달 심리치료에서도 이러한 다미주 이론의 원칙들이 적용되며, 치료사는 보호자가 아동과 원활하게 관계할 수 있도록 돕는다. 이를 위해 치료사는 자신의 사회적 행동을 통해 안전 신호를 제시하며, 이전에는 경험하지 못했던 수준의 감정적 취약성과 호혜적 상호작용을 탐색할 수 있는 '안전한' 환경을 조성한다. 치료사의 행동에 내재된 안전감은 보호자와 아이 모두의 사회 참여 체계를 활성화하려는 적극적인 시도의 강력한 본보기가 된다. 사회 참여 체계의 이중 활성화는 보호자의(안전과 연결에 대한 단서를 제공하는) 모성 본능이 발현되고 아이가 더 쉽게 애착 행동을 보이는 것이 가능한 환경을 만들어 준다. 서로가 안전하게 연결된 이 역동 속에서는 과거의 고통스러운 기억들을 꺼내어 다루는 것이 가능해진다. 과거를 재구성하고 다시 경험하는 과정을 통해 새로운 경로와 관계 역학이 형성되며, 아동과 어머니는 긍정적이고 안전한 방식으로 새로운 감정적 서사를 함께 써내려 갈 수 있게 된다. 이 새로운 서사는 기존의 것과 다른 수준의 애착을 형성하는 데 도움이 된다.

앤지: 처음에 세션을 함께하기 전, 저는 키어런과 제가 감정적으로 받을 영향을 걱정하며 불안해했어요. 스튜어트가 이론과 세션의 목표에 대해 설명해주었지만, 키어런이 정말로 그것을 해낼 수 있을지는 확신이 없었어요. 세션 자체는 일부 어려운 순간들이 있었지만, 키어런이 자신의 감정을 얼마나 잘 표현하는지, 그리고 감정적으로 그 시기로 되돌아갈 수 있다는 점이 놀라웠습니다. 아이의 이야기를 들으며 마음이 아팠지만, 그 시기의 상처로부터 우리 둘 다 치유될 수 있는 기회라고도 느꼈어요. 세션 중에, 그리고 이후에도 마찬가지로 저에게 있어 가장 힘들었던 것은 힘든 감정에 대해 벽을 쌓거나, 이를 피하려고 무의식적으로 거리를 두었던 일반적인 제 패턴에 빠지지 않도록 의식적으로 노력하는 것이었습니다. 이러한 제 노력은 특히 키어런에게 큰 도움이 되었고, 그가 다른 상황에서는 표현하지 못했을 감정들을 안전하게 표현할 수 있는 공간을 제공해준 것 같아요.

키어런: 이 세션들은 저에게 매우 중요했어요. 어머니가 얼마나 힘들었는지 이해하게 되었기 때문이에요. 저는 항상 어머니가 강하고 웃는 모습만을 떠올렸지만, 실제로는 그 반대였다는 것을 알게 되었어요. 지금은 어머니와 대화하는 것이 훨씬 편안해졌어요.

1년 6개월의 치료와 가정에서의 지원이 이어지면서 키어런은 이제 대부분의 시간 동안 차분하고 행복해졌다. 그는 사회적 상황에서 더 이상 불안한 반응을 보이지 않으며, 과거에 분노와 폭력을 유발했던 상황에서도 쉽게 자기조절을 할 수 있게 되었다. 자해도 하지 않게 되었고, 수면 상태도 눈에 띄게 좋아졌다. 다미주 이론의 관점에서 볼 때, 키어런은 충분한 안전감을 경험했고, 놀이 같은 훈련을 통해 미주신경 브레이크를 충분히 활용하였다. 그의 자율신경계는 과거의 트라우마 반응에서 벗어나 사회 참여 체계를 더 자주 활용하는 방향으로 변화했으며 이는 그의 건강과 전반적인 웰빙에도 큰 영향을 미쳤다. 키어런은 이제 어린 시절의 의인성 외상을 극복한 것처럼 보인다.

키어런: 이 치료는 저에게 긍정적인 경험이었어요. 저는 제 자신과 과거에 대해 이야기하는 것이 더 편해졌고, 그동안 일어난 일들이 저에게 어떤 영향을 미쳤는지에 대해 설명하는 것도 편안해졌어요. 또한, 친구를 사귀는 것도 쉬워졌고 나를 이해해주고 지지해주는 사람들을 만날 수 있는 방법도 알게 되었어요. 무엇보다도, 시끄럽고 붐비는 장소에서 느끼던 불안감이 훨씬 줄어든 것 같아요. 여전히 조금 어려울 때도 있지만, 예전만큼은 나쁘지 않아요. 오랜 시간 나를 괴롭혔던, 어쩌면 평생 이 문제들을 안고 살아야 하는 건 아닌지에 대한 고민을 이제는 해결할 수 있어서 정말 기뻐요.

앤지: 스튜어트와 함께한 18개월의 치료가 끝날 즈음, 키어런은 완전히 달라져 있었어요. 그동안 그의 삶의 질을 떨어뜨리던 많은 문제들은 더 이상 그에게 영향을 미치지 않았고, 감정적으로 훨씬 더 안정적이었으며, 자신감이 크게 향상되었죠. 사람들이 붐비는 장소나 소음이 많아 힘들어했던 일상적인 상황들을 이제는 훨씬 더 잘 다루게 되었어요. 그는 더 차분해졌고, 독립심도 강해졌죠. 여전히 의사와의 약속, 특히 안약을 넣는 것에 대한 불안감을 가지고 있고, 예약일이 다가오면 이전의 행동들(주로 말로 표현되는 감정 폭발과 진료 예약에 가야 한다는 분노)이 다시 나타나면서 과거로 몇 걸음 뒤로 물러서는 듯한 느낌이 들기도 하지만요. 또한, 키어런은 그가 RB1 유전자 변이를 보유하고 있다는 사실과 방사선 치료를 받았다는 이유로 다른 암에 걸릴 확률이 크게 증가했다는 사실을 점차 알아가고 있는 것 같아요. 그의 또래 친구 중 한 명은 망막모세포증과 방사선 치료로 인한 신경모세포종과 싸우고 있어서 키어런은 옆에서 이것을 직접 목격하는 중이에요. 그럼에도 키어런은 이 상황을 잘 감당하고 있으며, 나는 스튜어트와 함께한 시간이 이러한 감정을 다룰 수 있는 튼튼한 기초를 마련해 주었다고 생각합니다.

가장 두드러진 변화는 키어런의 일상적 모습이다. 이제 키어런은 자연스러운 친사회적 행동을 보여주며, 그의 발성, 감정 표현, 대화의 순서를 기다리는 것, 눈맞춤과 시선 이동은 모두 자연스럽게 다른 사람들과의 상호작용에서 리듬감 있게 조화를 이루고 있다. 다미주 이론에서 예측한 바와 같이, 키어런의 자율신경계 반응이 트라우마 상태에서 벗어나 건강한 방향으로 전환되면서 그의 대인관계 능력도 아스퍼거 증후군과 유사했던 상태에서 원활한 사회성을 갖춘 상태로 변화하였다. 키어런과 그의 어머니 모두 이제 키어런이 새로운 친구를 사귀고, 관계에서 감정적인 깊이를 누릴 수 있는 새로운 능력이 생겼다고 이야기한다. 키어런은 여전히 관심사와 취미가 다소 제한적이지만—이는 그의 현재 상태에서 유일하게 남아있는 자폐증 진단 관찰 스케줄(A-DOS)의 경계선 기준이다—이제는 이러한 관심사들을 사회적으로 편안하게 공유하며, 유머 감각도 발휘하고 있다. 키어런과 앤지가 함께했던, 그리고 개별적으로 진행했던 일련의 퇴원 임상 심리 평가 인터뷰에서는 더 이상 추가적인 치료나 평가가 필요하지 않다는 결론이 내려졌다. 13세가 된 키어런은 더 이상 PTSD나 아스퍼거 증후군의 진단 기준에 부합하지 않아 공식적으로 치료를 마쳐 퇴원했다.

결론

이 사례는 하나의 보고서일 뿐이며, 여기서 사용된 치료법들이 아동 PTSD 치료에 통상 효과적이라는 주장을 하지는 않는다. 아동 PTSD에 대한 다양한 치료법(비지시적 놀이치료를 비롯한)을 비교한 연구에서는 다양한 치료 방식의 효과성에 대한 명확한 임상적 합의가 없다는 결론이 내려졌다(Cohen, Mannarino, & Rogal, 2001).

하지만 키어런의 치료 과정에서 나타난 사회적 상호작용 능력의 중요한 향상은 PTSD가 그의 핵심 문제였다는 진단적 타당성을 뒷받침한다. 자폐 스펙트럼 장애 진단을 받은 아이가 대인관계의 근본적인 능력과 충동을 크게 개선하는 경우는 매우 드물다(Baron-Cohen, 2008). 아스퍼거 증후군을 가진 사람들은 적응할 수 있지만, 고기능 자폐증에서의 근본적인 변화는 신경생리학적으로 불가능하다고 여겨진다(Baron-Cohen, 2008). 키어런의 초기 자폐 스펙트럼 장애 진단에 대해 의문을 품게 된 것은 바로 이 '치유 불가능성'이라는 개념 때문이었다. 키어런은 변화를 간절히 원했지만, 만약 그가 자신을 고칠 수 없다고 믿었다면 변화는 불가능했을 것이다. DSM 진단 기준에는 발달성 트라우마 장애나 이에 상응하는 항목이 없었기 때문에, 나는 다른 모델을 찾아야 했다. 아동기 의료적 외상 스트레스 개념(Kazak et al., 2006)은 유용한 모델이었다. 하지만, 내게 키어런의 치료를 진행할 확신을 준 것은, 자율신경계 부동화의 발달적 영향을 설명하고, 놀이를 통해 미주신경 브레이크를 활성화함으로써 치료의 가능성을 제시하는 다미주 이론이었다.

15장

에너지 심리학, 다미주 이론 그리고 트라우마 치료

Robert Schwarz

개요

에너지 심리학(Energy Psychology: EP)은 해결되지 않은 트라우마로 인해 심신 체계에 고착된 에너지와 처리되지 않은 정보를 풀어내는 짧고 집중적인 접근법들의 집합이다. 에너지 심리학은 임상적으로 신속한 효과와 결과를 보이며, 다수의 연구 결과들이 이를 뒷받침한다. 이 장에서는 이것이 심신 체계에서 정보와 에너지의 흐름에 대한 복측미주신경의 기능 회복 덕분일 수 있다고 제안한다. 다미주 이론은 에너지 심리학 치료 중 내담자의 현상학적 경험을 설명하는 데 도움을 주며, 에너지 심리학이 심박수 변이도를 개선한다는 결과를 설명해 준다. 마지막으로, 에너지 심리학 치료는 대인관계를 기반으로 하여 치유를 촉진하는 미주신경의 조건을 형성하는데 탁월하다.

나는 수년 동안 트라우마 치료법으로 에너지 심리학 접근법(역자주: 일명 경혈 두드리기, acupoint tapping)을 사용하고 가르쳐왔다(Schwarz, 2002). 트라우마 치료에 종사하는 많은 사람들에게 있어, 다미주 이론의 등장은 이미 의식적인 사고와 인지에서 벗어나고 있던 개입의 초점에 쐐기를 박는 것이었다(Porges, 2001, 2011). 이 이론은 우리가 임상적으로 이미 알고 있던 사실에 대한 이론적이고 생물학적인 근거를 제공하는, 이를테면 퍼즐의 마지막 조각과 같았다. PTSD를 겪는 이들에게 압도적인 두려움을 불러 일으키는 감각은 신피질(neocortex) 아래에서 시작된다. 이는 언어적인 것이 아니다. 인지가 위험에 대한 지각을 만들어내는 것이 아니라, 신체 기반의 위험 지각이 인지를 형성하는 것이다.

다미주 이론은 경혈 두드리기의 빠르고 이례적인 효과를 설명하는 견고한 이론적, 생물학적 틀을 제공한다. 이 이론은 압도적인 정서가 가지는 신속한 하향 조절(downregulation)을 개인 내적 관점과 대인 관계적 관점을 통해 설명하는 데 도움을 준다. 우리가 다미주 이론을 대인 신경생물학(interpersonal neurobiology; Siegel, 2015)과 통합하면, 에너지 심리학에 대한 이론적 기반이 형성된다. 이제 에너지 심리학은 새롭고 낯선 대안적인 치료법으로 구분되는 것이 아니라, 노출 기반의 신체 중심 심리치료로서 심신 체계에서 정보와 에너지의 흐름을 조절하는 복측미주신경의 기능을 회복시키는 접근법으로 볼 수 있다. 이 장의 다른 부분에서 이 과정을 더 구체적으로 설명할 것이다.

에너지 심리학은 일반적으로 미결 상태인 작은 t 트라우마(small t trauma) 혹은 큰 T 트라우마(big T trauma)로 인해 심신 체계에 고착된 에너지와 처리되지 않은 정보를 해소하는 데 초점을 맞춘, 짧고 집중적인 접근법들의 총칭이다. (역자주: 큰 T 트라우마는 성폭력이나 전쟁과 같이 보편적으로 모든 사람이 트라우마라고 인정하는 사건을 의미한다. 반면, 작은 t 트라우마는 반드시 거대한 사건은 아닐지라도 개인의 대처 능력을 압도하는 경험을 가리키며, 부모에게 수치심을 당하는 것과 같은 사건이 이에 해당할 수 있다)

내가 속한 통합 에너지 심리학 협회(Association for Comprehensive Energy Psychology)의 웹사이트에서는 에너지 심리학을 다음과 같이 설명하고 있다.

> 에너지 심리학의 관점에서 감정적이고 신체적인 문제는 심신-에너지 체계 내의 생체 에너지 패턴으로 이해되고 다뤄진다. 이 심신-에너지 체계에서는 마음과 몸은 상호 연결되어 있으며, 신경생물학적 과정, 내적 전기생리학(electrophysiology), 정신신경면역학(psychoneuroimmunology: PNI), 의식, 그리고 인지-행동-감정적 패턴을 포함한 복잡한 소통 과정을

통해 상호작용한다고 본다.

가장 잘 알려진 두 가지 에너지 심리학 접근법은 감정자유기법(Emotional Freedom Techniques: EFT)과 사고장 치료(Thought Field Therapy: TFT)이다. 두 접근법에서 공유되는 기본 절차는 정해진 일련의 경혈을 두드리는 것이다. 이 장에서는 감정자유기법과 사고장 치료에 중점을 두고, 다수의 증거와 함께 강력한 임상 결과를 가져오는 이 방법들(Clond, 2016; Feinstein, 2012; Nelms, 2017)을 다미주 이론의 관점에서 설명할 것이다.

대부분의 다른 치료법과 비교했을 때 이 "두드리기" 치료법들은 꽤 유사하다. 가장 기본적인 수준에서 이 치료법들은 고통과 관련된 내담자의 "표적(target)" 사고, 기억, 감각 또는 느낌에 집중하는 동시에 선별된 경혈을 두드린다. 내담자들은 그들의 경험이 변화하는 것을 보고하는데, 여기에는 고통에 대한 느낌의 변화도 포함된다. 이 과정은 고통이 사라지거나 크게 줄어들 때까지 반복된다. 사고장 치료와 다양한 형태의 감정자유기법에서 내담자의 기억 속 사건에 대한 인지나 의미 부여 활동을 적극적이고 의식적으로 변화시키려는 시도가 거의 없거나, 전혀 없다는 점은 중요한 특징이다. 즉, 이러한 접근에서는 내담자가 자신이 이제 안전하다는 것을 깨닫도록 돕거나, 이미 일어난 과거의 사건에 대한 다른 설명이나 해석을 제공하려 하지 않는다. 그럼에도 내담자가 부여한 의미는 자연스럽게 변화하게 된다.

단, 한 가지 예외가 있다. 감정자유기법에서는 치료의 각 세션 시작이 시작될 때, 내담자가 자신의 경혈을 두드리며 "준비된(set up)" 문구를 사용할 것을 요청받는다. 이 문구는 "비록 ___________이/지만 [내담자가 표적으로 삼은 기억의 불쾌한 부분]일지라도, 나는 나 자신을 완전하고 온전하게 받아들입니다."이다. 이러한 유형의 진술은 자기 연민을 촉진하는 것으로 볼 수 있다. 중요한 점은 이 외에는 귀인을 바꾸려는 다른 시도가 없다는 것이다. 예를 들어, 전투 중인 군인이 얼어붙었다면, 그 반응이나 그것이 얼마나 정상적일 수 있는지에 대해 설명하려 시도하지 않는다.

전문가가 아닌 사람들에게는, 외상 사건에 집중하고 경혈을 두드리는 것 외에는 별다른 일이 일어나지 않는 것처럼 보일 수 있다. 전체적인 절차는 분명히 이상하게 느껴질 수 있으며, 이런 접근법이 효과적이지 않을 것이라고 쉽게 생각할 수 있다. 하지만 보다 더 세밀하게 살펴보면, 이 두드리기 치료법이 EMDR(Shapiro, 2001)과 매우 유사한 방식으로 진행된다는 점을 알 수 있다. 다만, EMDR에서 사용하는 양측성 자극(bilateral stimulation) 대신,

경혈을 두드린다는 점에서 차이가 있다(Schwarz, 2012).

실제로 연구 결과들은 이 접근법이 놀랍도록 빠르고 효과적이며, 특히 PTSD와 트라우마에 대해서는 근거중심 접근법의 기준을 충족한다는 것을 보여준다(Feinstein, 2010, 2012; Nelms, 2017). 이 장에서 중점적으로 다룰 내용은 아니지만 이와 관련된 43개의 무작위 대조 시험과 39개의 연구 결과를 요약하자면 다음과 같다.

1. 이 중 82개 연구에서 표본의 98%가 통계적으로 유의미한 긍정적인 결과를 도출했다.
2. 세 개의 메타 분석에서는 큰 효과 크기가 나타났고(Clond, 2016; Nelms & Castel, 2016; Nelms, 2016), 한 메타 분석에서는 중간 정도의 효과 크기를 보였다(Gilomen & Lee, 2015).
3. 두 개의 무작위 대조 시험에서 이 접근법이 유전적 또는 생물적 지표에 긍정적인 영향을 미친 것으로 나타났다(Church, Yount, & Brooks, 2012; Church, Yount, Rachlin, Fox, & Nelms, 2016). 자세한 내용은 http://energypsych.org/research에서 확인할 수 있다.

심리적 문제를 치료하기 위해 경혈을 두드리는 방식은 대부분의 에너지 심리학 접근법에서 공유되는 방법으로, 1980년대 중반에 소개되었다. 난제는 이 접근법의 효과성을 뒷받침하는 메커니즘을 설명하는 일이였다. 내담자들은 끔찍한 트라우마 사건들로 치료를 받으러 오는데, 불과 30~50분 만에 그 트라우마 사건들은 더 이상 문제로 느껴지지 않게 되곤 했다. 임상의와 연구자들은 이것이 어떻게 가능한지 알고 싶어 했다.

초기의 해석은 에너지 관점에서 설명을 시작하는 것이었다. 물리학과 중국 의학의 아이디어를 결합하여 사고(thought)를 에너지와 정보의 일관된 장(field)으로 간주되어야 한다는 개념이 생겼고, 이는 창시자인 로저 캘러한(Roger Callahan, 1985)에 의해 '사고장(thought field)'으로 명명되었다. 예를 들어, 내가 "당신이 찔렸던 그 사건을 생각해보세요."라고 말하면, 내담자는 그 사고장에 주의를 기울이게 된다. 이 개념은 기능을 방해하는 강렬한 부정적 감정과 같은 심리적 증상은 사고장의 교란이나 "동요(perturbation)"로 의해 발생한다는 것이다. 경혈을 두드리는 것은 이 교란을 해결하는 방법으로 여겨졌다. 이 기법이 빠른 효과를 보이는 이유는 치료가 신체의 에너지 시스템을 활성화하기 때문이라고 설명되었다. 이것이 바로 '에너지 심리학' 이라는 용어가 만들어진 이유이다.

실제로는 이 에너지적 관점에는 이것보다 많은 내용이 담겨 있었다. 예를 들어, 신속한 증상 감소에 대한 하나의 설명은 몸의 에너지 시스템(역자주: 경혈들로 이루어진 경락 시스템)이 전기화학적 시스템보다 신경전달 속도가 더 빠르다는 것이다. 이를 지지하는 증거들도 존재한다. 기능적 자기공명영상(fMRI) 데이터를 사용한 한 연구에서는 경락 시스템이 신경계보다 신경전달 속도가 최대 10배 더 빠른 것으로 나타났다(Cho et al., 1998). 최근에는 경락 시스템의 실제 구조인 프리모 순환계(primo vascular system: PVS)에 대한 증거가 발견되었는데, 이 연구에 따르면 프리모 순환계를 통해 생체광자(bio-photon)가 운반된다(Stefanov et al., 2013). 에너지 심리학 접근법은 매우 효과적인 치료법이었음에도 불구하고, 정확히 어떻게 이 개입이 신속하고 완전하게 트라우마 반응을 끔찍한 사건의 기억으로부터 제거할 수 있었는지 설명해주는 메커니즘이 필요했다.

지난 15년 동안 에너지 심리학의 효과를 설명하려는 여러 신경학적 메커니즘들이 제안되었다. 파인스타인(Feinstein, 2012)은 경혈 자극이 편도체의 활동을 하향 조절하여(예: Dhond, Ketter, & Napadow, 2007; Fang et al., 2009; Hui et al., 2000) 트라우마 사건과 관련된 기억에 대한 경고 반응을 감소시킨다는 증거를 제시했다. 또 다른 연구들은 EEG 측정을 통해 두드림 치료법이 뇌파 패턴을 정상화한다는 결과를 보여주었다(Diepold & Goldstein, 2009; Lambrou, Pratt, & Chevalier, 2003). 또한, 두드리기 프로토콜은 치료적 기억 재강화 과정을 활성화하여 트라우마 기억을 해소하는 데 기여하는 것으로 나타났다(Feinstein, 2015; Schwarz, 2014).

이러한 설명들은 각각 에너지 심리학의 효과를 부분적으로 설명할 수 있었다. 그러나 설명이 빠져 있던 지점은 에너지 심리학 치료법이 미주신경계를 통해서 작용되는 것일 수 있으며, 자연 치유가 일어날 수 있는 조건을 만들어 내는 데 탁월하다는 점이다.

에너지 심리학이 미주신경계를 통해 작용하는 것일 수 있다는 초기 증거

포유류와 인간에게 내재된 미주신경계의 주요 역할은 "나는 안전한가?"라는 질문을 던지는 것이다. 만약 미주신경계의 답이 "나는 안전하지 않다"라면, 교감신경계의 투쟁-도피 혹은 부동화 반응이 활성화된다. 투쟁-도피를 자동차에 비유해서 설명해 보라고 하면,

대부분의 사람들은 "가속 페달을 밟는다"는 비유를 생각한다. 하지만 현실에서 일어나는 일은 그렇지 않다. 현실을 반영한 올바른 자동차 비유는 "브레이크에서 발을 뗀다"이다.

복측미주신경계는 심장에 브레이크를 걸어두는 역할을 하는데, 이를 미주신경 브레이크 시스템(vagal brake system)이라고 부른다. 이러한 브레이크 시스템이 없다면 심장은 혼자서 멈추지 않고 계속 뛰게 된다. 복측미주신경 시스템은 심장에 "너는 안전해. 너무 빠르게 달릴 필요가 없어"라는 메시지를 전달한다. 만약 당신이 건강하고 안전하다고 느낀다면, 브레이크가 작동하여 심장은 1분에 약 72회 정도의 정상적이고 불규칙한 리듬으로 뛰게 된다. 그러나 미주신경계가 위험을 감지하면, '브레이크'에서 발을 떼고 심장이 빠르게 뛰기 시작하면서 투쟁-도피 혹은 얼어붙는 반응이 일어나게 된다. 이는 위험이 사라졌다고 느껴질 때까지 지속되며, 그 후에 다시 브레이크가 걸리면서 심장은 서서히 진정되게 된다.

다미주 이론을 트라우마 치료에 적용하는 것의 가장 중요한 점은 과거의 트라우마 사건에 관련된 기억의 활성화에 대한 반응, 또는 그와 함께 나타나는 경우에 신체 기반의 비언어적이고 비인지적인 '상향식(bottom-up)' 위험 신호를 다루는 데 중점을 두는 것이다. 대부분의 치료 방법에서는 내담자에게 주관적인 정신적 고통 점수를 0점부터 10점까지 평가하도록 요청한다. 이는 내담자가 해당 기억에 대해 얼마나 고통스러운지를 측정하는 것이다. 이상적인 목표는 0점에 도달하는 것이다. 그러나 0점이 실제로 의미하는 것은 무엇인가?

트라우마 사건의 완전한 해결은 다음과 같이 정의될 수 있다. '과거의 트라우마 사건에 대한 기억이 존재함에도, 신체는 내담자가 안전하고, 보호받고 있다는 반응을 보이며, 마음은 평온함을 유지한다.'

한 가지 너무 당연한 질문에 답해보자. "마음이 신체를 이끄는가, 아니면 신체가 마음을 이끄는가?" 답은 둘 다이다. 그러나 다미주 이론에서는 신체에서 마음으로 가는 경로(즉, 신체에서 뇌로 가는 감각 신경 경로)는 네 개의 차선이 있는 반면, 마음에서 신체로 가는 반대 경로(즉, 뇌에서 신체로 가는 운동 신경 경로)는 한 개의 차선에 불과하다고 제안한다. 신체에서 "나는 안전하고 보호받고 있다"고 느낄 때, 마음은 훨씬 더 조용하고 차분해지기 쉽다. 이것이 바로 에너지 심리학에서 일어나는 일로 보인다. 신체가 안전하다는 느낌을 되찾도록 돕는 것이다.

트라우마 사건의 치료 과정에서 치료 전에 그 사건을 생각했을 때는 고통이 8점이었다가 몇 개의 절차를 거친 후 0점이 되었다면, "나는 0점에 있다"라고 말할 수 있게 만들어 준 내적 경험은 무엇일까? 그것은 신체 기반의 위험(다치거나 감정적으로 애착을 가진 무언가를 잃을 위험) 신호가 줄어드는 것이다. 이제 신체는 위험 신호 대신, 안전과 연결감에 대한 신경지를 전달할 것이며 이 중 적어도 일부는 복측미주신경의 활성화를 통해 이루어진다. 물론 이 과정에서 느껴지는 감정에 대한 생각이나 언어적 표현도 있을 수 있다. 그러나 주의 깊게 살펴보면, 이것들은 모두 신체 기반의 비언어적 정보에서 비롯된 부수적인 현상임을 알 수 있다. 다미주 이론의 관점에서는 자율신경 상태에서 신체의 이야기가 우선 발생하고, 그 후 하향식 인지와 서사가 경험적 상태를 확고하게 만들어 낸다.

에너지 심리학의 현상학을 설명하는 미주신경

몇 번의 두드리기 후, 내담자는 불편함을 유발했던 원래의 표적 기억을 떠올릴 것을 요청받는다. 내담자는 종종 의아한 표정으로 이렇게 말한다. "이상해요. 그 사건을 떠올릴 수는 있지만, 더 이상 괴롭지는 않아요. 뭐랄까.. 사라진 것 같아요." 추가적인 면담을 통해 내담자가 실제로 사건을 기억하지만, 신체 기반의 위험감은 더 이상 경험하지 않는다는 사실이 밝혀지는 경우가 많다. 즉, 피질 하부에서 보내는 위험에 대한 메시지는 중단되고, 대신 안전에 대한 자율신경 메시지가 전달되는 것이다. 교감신경계나 배측미주신경 반응은 이제 복측미주신경의 조절로 대체된다. 흥미로운 점은 내담자들이 이런 변화에 대해 매우 놀란다는 사실이다. 그들은 자신의 신체가 보이는 이러한 "비합리적"인 반응을 예상하고 받아들였지만, 다미주 이론의 관점에서 이러한 반응들은 위험이나 생명의 위협을 받아들인 신경지에 대한 자율신경계의 적응적 생존 반응으로 간주된다. 사고를 변화시키려는 그들의 의식적인 노력과 시도는 자율신경 상태가 새로운 경험을 받아들일 준비가 될 때까지 성공적일 수 없다.

내담자들은 종종 트라우마 사건의 의미에 대해 자발적인 인지 변화가 있었다고 보고한다. 이에 대해 누군가는 트라우마 사건에 부여된 의미의 변화가 바로 새로운 안전감을 만들어내는 것이라고 제안할 수 있다. 한편으론 그럴 수도 있지만, 실제로는 그 반대일 가능성이 더 크다. 마음이 더 이상 강렬한 정서조절곤란에 의해 휘둘리지 않기 때문에, 정보가 새로운 방식으로 처리될 수 있는 것이다. 인지행동치료(cognitive behavioral therapy: CBT)와는 달리 에너지 심리학 접근법은 내담자의 인지를 적극적으로 변화시키려고 시도하지 않는다. 자율신경 상태 변화를 통해 신경지가 안전하다는 느낌을 받으면 서사도 변화한다. 내담자가 이러한 변화를 보고하면, 이 새로운 신념을 안정화시키고, 사회적 체계 및 자기서사(self-narrative, 예: 정체성)와 연결하는 것은 바람직한 임상적 실천이다. 즉, 이러한 관점을 통해 우리는 에너지 심리학 치료를 트라우마 치료의 3단계 모델(Schwarz, 2002) 내에 자리잡도록 하고자 한다. 두드리기 치료법은 제1단계나 안정화 과정의 일환으로 사용될 수 있다. 그러나 두드리기 치료법은 일반적으로 트라우마 기억을 치료하는 비반응적 접근법으로 사용되고 있다(2단계). 3단계는 내담자가 사회적 체계와 다시 연결될 수 있도록 돕는데 집중한다. 수년 동안 나는 3단계는 내담자가 더욱 가치있고 풍성한 정체성으로 재연결되도록 돕는 것을 포함한다고 제안해왔다.

우리의 의식은 하나로 일관되고 끊임없이 이어지는 사건인 것처럼 보인다. 그러나 실제로 우리의 의식은 많은 구성 요소들이 상호작용하고, 지속적으로 변화하고 전환되는 복잡한 체계로 이루어져 있다. 이 체계에는 정신적, 신체적, 관계적 측면이 모두 포함된다. 댄 시겔(Dan Siegel, 2012)의 말을 빌리자면, 마음은 이 모든 구성 요소들의 흐름을 조절한다. 트라우마 사건의 문제는 우리 몸과 마음, 그리고 사회적 연결망 사이에 흐르는 정보와 에너지의 건강한 흐름을 방해하고 왜곡하는 기억을 생성한다는 점에 있다. 이와 같은 방해의 핵심은 복측미주신경 제어의 상실(즉, 정서 조절 장애, 또는 위험을 느끼는 상태)이다. 포지스(Porges, 2011)는 배측미주신경의 활성화가 어떻게 개인이 차분한 상태로 전환할 가능성이 생기는 그 지점에서 사회적 유대를 방해하는지 설명했다.

사람들이 심리치료를 찾을 때쯤이면, 그들은 이미 위험을 감지하는 신경지의 존재와 기대를 바탕으로 형성된 사회적 상호작용과 자기서사의 패턴을 확립한 상태이다. 이들은 이 패턴을 이제 그저 "원래 항상 그래왔던" 것으로 생각하게 된다. 상황을 더 악화시키는 것은 다른 사람들 역시 그들에게 동일한 것을 기대하게 되어 문제가 더욱 고착된다는 점이다. 예를 들어, 강간의 피해자인 글렌다(Glenda)는 남자들 주변에 있을 때 불안을 느낀다. 그래서 그녀는 남자들을 피하고 남자들은 위험하다고 간주했다. 다시, 남자들은 불안과 관련된 그녀의 행동에 반응하여 그녀에게 덜 친밀하게 행동하거나 그녀의 주변에서 약점을 드러내지 않는다. 결국, 그녀의 예상은 현실이 된다.

세션을 통해 내담자가 트라우마 사건을 완전히 해결하도록 도왔다면, 이제 치료의 목표는 내담자의 의식 전체에 안전의 신경지를 다시 퍼뜨리는 것이다. 이를 이루기 위한 방법은 다양하다. 글렌다의 경우, 사교 모임에서 남자를 만났을 때, 자신에게 느껴지는 위험이 더 이상 없는 경험을 그려볼 수 있다. 그녀는 위험이 없는 상태가 자신의 몸과 마음에서 어떻게 느껴지는지 상상해 볼 수 있을 것이다. 그 후에, 우리는 이러한 경험이 그녀가 스스로에 대해 어떻게 느끼는지에 어떤 영향을 미치는지에 대해 대화를 나눌 수 있다. 이 예시는 핵심을 강조하기 위해 단순하게 제시된 것이며, 실제로는 이보다 다양한 접근 방법을 사용하여 '안전하다는 지각'을 내담자의 사회적 체계와 자아상에 퍼뜨릴 수 있다.

에너지 심리학의 미주신경 매개효과를 지지하는 이론적 경험적 근거

다미주 이론이 트라우마 치료에 중요한 적용점을 제공한다는 첫번째 근거는 트라우마가 미주신경 브레이크 시스템을 방해한다는 발견에 있다(Porges, 2011). 두번째, 미주신경 브레이크 시스템의 능력이 부족한 것은 정서 조절 장애와 높은 상관관계를 보인다. 셋째, 미주신경계의 건강을 측정하는 좋은 방법은 심박수 변이도(heart rate variability: HRV)이다. 심박수 변이도는 자발적인 호흡에 크게 영향을 받으며, 이는 숨을 들이마실 때 미주신경 브레이크를 완화하고, 숨을 내뱉을 때 미주신경 브레이크를 활성화되는 방식으로 심장에 대한 복측미주신경의 역동적인 조절을 반영한다. 정확히 동일한 속도로 계속 뛰는 심장은 건강하지 않다. 일반적으로 변이도가 높을수록 미주신경 브레이크 시스템이 더 잘 작동하고 있다는 것을 의미한다.

넷째, 트라우마 사건 치료의 사고장 치료에 관한 여러 연구들에서는 심박수 변이도를 주요한 측정 지표 중 하나로 사용했다(Callahan, 2001a, 2001b). 이 연구들에서는 참여자들의 기준선이 되는 심박수 변이도가 측정되었다. 이후 연구 참여자들이 트라우마 기억에 집중하면서 주관적 고통 점수가 0점 혹은 0점에 가까워질 때까지 경혈 두드리기를 반복한 후에 다시 심박수 변이도 측정이 이루어졌다. 그 결과, 심박수 변이도가 상당히 개선되었다. 이런 연구들은 방법론적 한계로 비판을 받기도 했으나(Callahan, 2001a; Herbert & Gaudiano, 2001; Kline, 2001), 캘러한(Callahan, 2001a)은 심박수 변이도는 일반적으로 매우 안정적이고 외부 요인에 쉽게 영향을 받지 않기 때문에 변이도의 개선은 사고장 치료의 효과를 입증하는 유효한 척도라고 주장했다. 당시 캘러한은 심박수 변이도가 미주신경의 건강 상태를 측정하는 지표라는 점이나 유연한 미주신경 브레이크가 정서 조절 능력의 지표라는 점은 이해하지 못했던 것으로 보인다. 그럼에도 그녀의 접근은 심박수 변이도를 사고장 치료의 효과성을 입증하는 객관적인 척도로 사용함으로써, 사고장 치료의 트라우마를 치료하는 능력이 미주신경을 매개로 이루어진다는 가설을 제시했다. 이 가설은 여러 환자들의 경험에 대한 현상학적 특징과도 일치한다. 분명한 것은, 이를 확인하기 위해 훨씬 더 나은 연구들이 필요하다는 것이다.

이 가설이 가질 수 있는 해결되지 않는 질문은 경혈을 두드리는 것이 실제로 어떻게 복측미주신경의 제어권을 회복하는지에 관한 것이다. 감정자유기법에서 사용되는 8개의 경혈 중 6개가 얼굴과 머리에 위치해 있으며 각각은 미주신경과 연결되는 뇌신경 위, 혹은 인근에 위치하고 있다는 점은 매우 흥미로운 사실이다. 한 가설은 이 경혈들을 두드리는 것이 압전 효과(piezoelectric effect)를 생성하여 얼굴 신경을 거쳐 미주신경으로 전달된다고 주장한다. 다시, 더 많은 연구와 결과들이 필요함을 강조한다.

에너지 심리학은 자연적인 치유가 발생할 수 있는 미주신경의 조건을 형성한다

다미주 이론에서 중요한 측면 중 하나는 편안함과 안전의 대인간 조절이다. 트라우마와 트라우마 치료의 맥락에서 중요한 타인이나 치료사와의 현재 이 순간(in-the-moment)의 관계는 트라우마를 경험한 사람과 타인에게 불쾌한 감정의 불쾌한 감정의 증가 또는 감소를 초래할 수 있다. 위험에 대한 내적 감각은 두 사람의 신경계가 조율을 거치는 대인관계의 맥락에 의해 부분적으로 영향을 받는다. 트라우마 치료에서 기대를 가지는 것은 치료사의 신경계가 안정되고 평온함을 유지하면 내담자의 신경계도 진정될 수 있다는 것이다. 치료사의 복측미주신경 상태가 내담자에게 안전 신호를 전달하면, 내담자도 복측미주신경 상태로 조절되기 시작한다. 트라우마 치료에서의 고려사항 중 하나는 치료사가 내담자의 고통스럽거나 끔찍한 사건들을 듣고 감정적으로 접촉함으로써 자신의 조절 능력에 어려움을 겪는 경우이다. 치료사가 과도하게 자극을 받게 되면, 그들은 내담자에게 위험의 감각을 전달하거나 이를 강화할 수 있다. 이 과정은 〈그림 15.1〉에 묘사되어 있다.

화살표는 한 사람이 다른 사람에게 미치는 영향을 보여준다.

〈그림 15.1〉 정보와 에너지 흐름의 "조율자"로서의 치료사

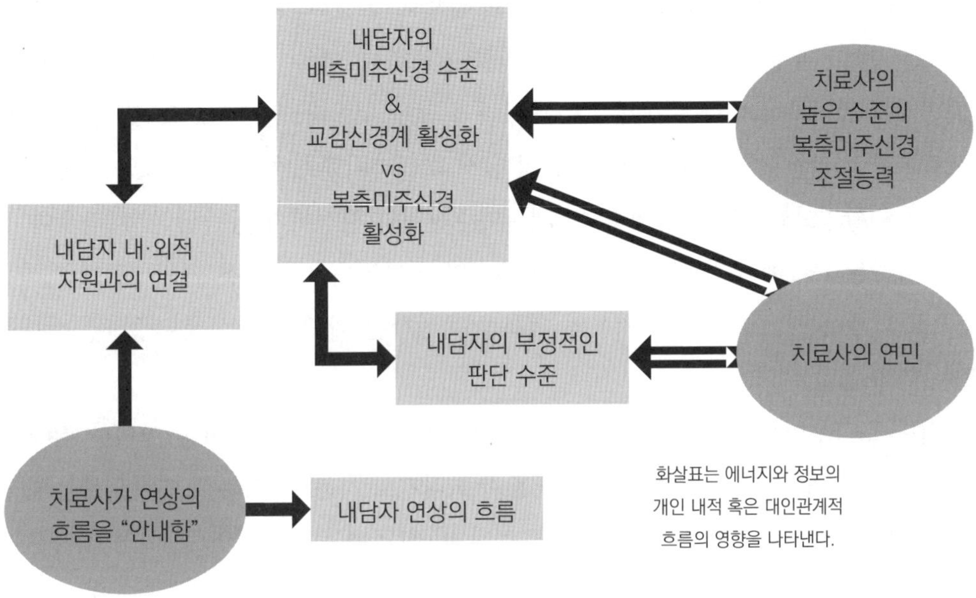

감정자유기법의 이야기하기 기법(Tell the Story technique)은 내담자에게 제한된 시간 동안의 일어난 트라우마 사건에 대해 이야기할 것을 요청한다. 거의 모든 다른 트라우마 치료 기법들과 비교했을 때 이 기법의 중요한 차이점 중 하나는 내담자가 강렬한 감정을 느끼기 시작하는 즉시 치료사가 내담자를 안내하여 두드리기 절차를 통해 감정의 강렬함을 0점에 가까운 수준으로 감소시킨 후, 다시 내담자가 이야기를 계속할 수 있도록 한다는 점에 있다. 다미주 이론의 관점에서 설명하자면, 신경적 도전이 과도해지면 내담자는 자신의 체계에 더 많은 복측미주신경 에너지를 가져와 안전한 상태로 돌아갈 수 있도록 상담사에게 안내받고, 안전한 상태로 돌아간 후에 트라우마에 관한 작업이 재개된다.

각 중지 시점에서 내담자는 트라우마 사건의 여러 구성 요소에 대해 두드리기 작업을 수행할 수 있다. 예를 들어, 중지 시점에서 내담자의 아버지가 그에게 수치심을 주는 모욕적인 말을 퍼붓고 있고, 그 주관적 고통 점수가 8점이라면, 내담자는 소리와 욕설에 집중하며 두드리기를 할 수 있다. 주관적 고통 점수는 5점으로 내려갈 수 있지만, 아직 2점 이

하로 내려가지 않았으므로 치료사는 트라우마 사건의 다음 부분으로 넘어가지 않을 수 있다. 이는 치료 작업을 충분히 안전하게 재개하기 위한 복측미주신경 능력이 충분히 회복되지 않았기 때문이다. 치료사는 이 시점에서 내담자가 왜 자신의 고통 점수를 5점으로 평가했는지 물을 수 있고, 내담자는 "아버지의 눈빛이 혐오로 가득 차 있었다"고 말할 수 있다. 그러면 그 부분에 대해 다시 두드리기를 진행한다. 점수가 0점에 가깝거나 0점이 될 때까지는 트라우마의 다음 장면으로 나아가지 않을 것이다. 일반적으로 몇 분 간의 짧은 트라우마적 사건도 세 번에서 다섯 번의 감정적 클라이맥스가 있으며, 그와 함께 복측미주신경 비활성화와 교감신경계 혹은 배측미주신경의 활성화가 동반된다. 트라우마 사건을 묘사하는 과정에서 각 중지 시점마다 내담자의 고통을 0점, 혹은 거의 0점에 가까운 수준으로 낮추는 것은 내담자가 치유와 회복을 촉진하는 데 필요한 복측미주신경 상태를 만드는 데 도움을 준다.

그러나 트라우마를 겪은 내담자만이 이 치료 과정의 유일한 참여자는 아니다. 일반적으로 감정자유기법 치료사가 자신의 경혈을 두드리기도 하는데, 이는 표면적으로는 내담자가 절차를 따르도록 이끌기 위함이다. 그러나 이 작업에는 추가적인 큰 이점이 따른다. 치료사는 자신의 체계와 연결되며, 적극적으로 복측미주신경 에너지를 활성화하여 평온함을 유지할 수 있는 능력을 만들어 낸다. 내담자뿐만 아니라 치료사도 함께 단계별로 트라우마 사건을 다루면서 신체를 기반으로 한 평온함과 안전감을 깊이 공유하게 된다.

수년간 에너지 심리학 및 다른 비반응적 치료 접근법으로 치료사들을 훈련시키면서, 나는 많은 치료사들이 그들의 내담자에게 특정 트라우마 사건에 대해 다뤄볼 것을 요청하는 것에 두려움을 느낀다는 것을 알게 되었다. 그들은 내담자가 조절능력을 잃을까 걱정하고 있었다. 만약 이들이 에너지 심리학이나 다른 비반응적 접근법에 대해 알지 못했다면, 이러한 두려움은 충분히 가질 만하다. 하지만 바로 이 두려움이 문제의 일부일 수 있다. 치료사는 자신의 미묘한 얼굴 표정, 자세 변화, 목소리 톤의 변화를 통해 내담자에게 위험 신호를 전달할 수 있다. 즉, 치료사의 자율신경계는 내담자의 자율신경계에게 그가 위험에 처해 있을 수 있다는 메시지를 전달하고, 내담자의 자율신경계는 이에 대한 반응으로 치료사에게 위험이 바로 앞까지 다가왔다는 신호를 돌려보낸다. 이러한 소통은 비언어적이며, 대부분 의식적 인식이나 통제 밖에서 이루어진다. 이것이 바로 신경지가 작동하는 방식이며, 이로 인해 악순환이 발생할 수 있다.

내담자의 미주신경 브레이크가 계속해서 느슨해지면, 내담자는 평온해지기보다 점점 더 활성화된 상태를 느낀다. 치료사는 자신의 신경지를 통해 무의식적으로, 또는 내담자의 외부 신호를 참고하여 의식적으로 이를 감지하게 되고 치료사는 더 활성화된 상태를 느끼게 된다. 이때 두 가지 경우 중 하나가 발생한다. 첫 번째 경우는 내담자의 교감신경계나 배측미주신경이 주도하여 감정적으로 반응을 일으키는 것이다. 두 번째 가능성은 이 감정적 반응이 일어나는 것을 방지하기 위해 치료사가 내담자의 경험 중에서 "강렬한" 부분을 피하기 시작하는 것이다. 내담자 역시 이러한 회피를 편하게 받아들이기도 한다. 그러나 만약 트라우마 사건이 부분적으로만 처리되고, 내담자의 조절 능력이 상실되었음에도 트라우마 사건을 회피하게 되면, 부정적 경험의 일부는 처리되지 않은 채 남아있게 된다.

에너지 심리학 치료사들은 세 가지 이유로 이러한 문제를 겪지 않는 경향을 보인다. 첫째, 그들은 보통 자신을 두드리기 때문에 신체적으로 덜 활성화되어(아직 실험을 통해 검증되지는 않았음), 내담자의 활성화 정도도 하향 조절한다. 둘째, 미주신경 조절은 치료사가 불안감을 덜 느끼게 하고, 내담자의 존재감을 유지하며 공명을 돕고, 자율신경의 조화를 가져온다. 특히, 감정자유기법에서 '이야기하기 기법'은 치료사와 내담자가 특정 트라우마 사건의 다양한 측면을 풀어낼 수 있게 하여, 복측미주신경 조절 능력을 벗어나 "나는 안전하지 않다"는 반응으로 전환되지 않도록 방지한다. 셋째, 치료사가 자신의 자율신경 반응을 조절하고 내담자와 함께 상호조절할 수 있는 직접적인 경험을 한 번 하고 나면, 그들은 트라우마 사건을 처리할 수 있다는 자신감을 얻게 된다. 트라우마 작업 중 복측미주신경 상태를 유지하는 에너지 심리학 치료사는 위험의 신호를 전달하는 대신 안전 신호를 전달한다. 내담자는 치료사의 상태와 연결되어 있음을 느끼고 트라우마 기억을 더욱 안전하게 다룰 수 있게 된다.

지금까지 설명한 과정은 세션 중에 일어나는 일이다. 이는 순간적으로 트라우마 사건과 관련된 부정적인 감정이 신속하게 해소되는 것을 설명하는 데 유용하지만 이 과정 이후에는 트라우마 사건에 대한 기억이 영구적으로 변화한다는 사실에 대해서는 설명하지 못한다. 내담자는 트라우마 사건을 하루, 일주일, 혹은 한 달 후에 떠올리더라도 여전히 그 기억으로 인해 괴롭지 않게 된다. 이것이 어떻게 가능한 것일까? 이를 설명하기 위해 우리는 치료적 기억의 재강화 과정(Ecker, Ticic, & Hulley, 2012)을 살펴볼 것이다. 기억 재강화 이론(memory reconsolidation theory)은 기억이 장기 기억 저장소에서 들어오고 나가는 방식으로 작동한다고 설명한다. 기억이 의식으로 떠오를 때, 그 기억과 관련된 감정적, 생리적 상태가 연결된다. 예를 들어, 만약 트라우마 기억이 핏불에게 공격당한 기억이라면, 그 사건을 기억할 때 그와 관련된 모든 신체 기반 트라우마 반응이 함께 떠오르게 된다. 이 기억이 장기 저장소로 돌아갈 때, 관련된 신체 기반 트라우마 반응도 여전히 그 기억에 결합된 채로 돌아간다. 그러나, 치료 중 세 가지 특정 조건이 충족되면, 이 기억은 신체 기반의 트라우마 상태 없이 장기 기억 저장소로 돌아가게 된다.그 후 기억은 영구적으로 변하게 된다. 즉, 트라우마 기억이 영구적으로 해결되는 것이다. 세 가지 조건은 다음과 같다.

1. 기억 자체에 접근해야 한다(그것을 생생하게 경험해야 한다).
2. 기억이 원래 경험의 의미와 근본적으로 모순되도록 하는 반대 경험을 만들어야 한다.
3. 이 과정이 여러 번 반복되어야 한다.

에너지 심리학의 치료 프로토콜은 이러한 기준들을 충족한다(Feinstein, 2015). 치료적 기억 재강화의 세부 사항을 다루는 것은 이 장에서 다루는 내용의 범위를 벗어나지만, 에너지 심리학과 다미주 이론에 적용되는 몇 가지 중요한 점들을 강조하고자 한다. 두 번째 기준은 원래 사건과 모순되는 의미를 만드는 것의 중요성을 강조한다. 직관적으로는, 이것이 고차원적인 신경피질의 작업을 요하는 인지적 과정처럼 보일 수 있다. 앞서 서술한 바와 같이, 에너지 심리학 치료에서 의미 변화는 종종 자연스럽게 일어난다. 그러나 내담자가 기억에 집중하고 신체의 경혈을 두드리면 내담자는 자신의 신체가 점차 평온해지고 있음을 발견하게 된다. 내담자의 고통 수준이 크게 줄어들어 주관적 고통 점수가 내려갔을 때(예: 3점 또는 그 이하), 미주신경계는 더 이상 분명한 위험 신호를 보내지 않으며, 주관적 고통 점수가 0점에 도달하면 복측미주신경계는 위험이 전혀 없다는 신호를 보낸다. 이는 인지적인 것이 아니라 몸 안의 경험이며, 강력하고 감각적이며 경험의 본질에 내장되어 있다. 또한, 내적 자율신경계의 상태가 변함에 따라 기억의 의미도 자연스럽고 즉각적으로 변화한다.

이것은 놀람에 대한 내담자의 전형적인 반응을 설명해준다. 이야기하기 기법에서는 이 과정을 여러 개의 중첩된 순환 세트로 나누는데, 각 세트는 감정적 반응을 일으키는 이야기의 각 부분을 다룬다. 기억이 변형되어 제시되는 과정이 여러 번 반복될 뿐만 아니라(세 번째 조건), 이야기 속의 위험과 관련된 실제 연상 경로들이 약화된다. 치료사가 내담자를 잠시 멈추게 하여 이야기 속에서 위험감과 불안을 다룰 때마다, 자율신경계 불균형의 연쇄가 일어나는 것을 방해하고 복측미주신경을 활성화시킨다. 이는 기억을 트라우마 기억으로 만드는 에너지와 자율신경계 상태의 흐름을 방해하는 것이다.

기억 재강화의 세 번째 조건은 2단계가 여러 번 반복되어야 한다는 것인데, 이는 에너지 심리학 프로토콜을 통한 여러 가지 방법으로 달성될 수 있다. 두드리기 세션을 한 번 반복할 때마다, 내담자는 더 많은 자율신경조절 능력을 가진 채로 그 경험과 다시 연결된다. 내담자가 0점 또는 거의 0점에 가까운 상태에 도달하면, 성공적인 치료의 정점은 내담자에게 결과를 시험해보라고 요청하는 순간이다. 내담자는 이전에 심각한 수준의 조절 장애를 일으켰던 기억과 다시 연결해 보도록 요청받는다. 이는 기억에 대한 현재의 주관적 고통 점수를 평가하는 것뿐 아니라, 치료사가 내담자에게 기억의 구석구석을 탐색해보고 불편함을 느끼는 부분이 있는지 점검하도록 요청하는 것을 포함한다.

이제 두 가지 경우 중 하나가 일어난다. 첫째, 내담자는 미세한 조절 장애를 감지하고 추가적인 주의가 필요하다고 느낀다. 둘째, 내담자는 이제 기억을 피하려고 시도하기보다, 복측미주신경 상태에서의 조절을 통해 주관적 고통이나 생리학적 활성화 없이 기억의 모든 요소를 안전하게 탐색할 수 있다. 변연계의 조절 장애를 초래했던 과거의 경험들과 모순된 경험을 형성함으로써, 치료적 기억 재강화를 이루기 위한 가장 어려운 조건이 충족된다. 내담자는 그 기억이 여전히 존재하는 가운데, 본능적으로 안전함을 경험하며, 이 안전감 내에서 회피 행동은 필요하거나 유지될 필요성을 잃게 된다. 복측미주신경 상태는 또 다른 트라우마 기억들을 안전하게 작업할 수 있는 가능성도 제공한다. 두 가지 경우 중 어느 것이든 긍정적이다. 만약 치료사와 내담자가 해결되지 않은 감정 영역을 찾았다면, 남아있는 영역을 더 깊이있게 다루면서 더욱 성공적인 결과를 얻을 수 있기 때문에 긍정적이다. 내담자가 완전히 평온한 상태를 유지하는 것 역시, 트라우마 기억의 해소가 완료되었음을 의미하므로 긍정적인 결과이다.

요약

지난 15년 동안 트라우마 작업의 최전선은 신체와 “상향식” 요인이 PTSD의 생성과 트라우마 후 치유에 각각 어떻게 기여하는지의 중요성에 초점을 맞추어 왔다(van der Kolk, 2014). 같은 기간 동안, 트라우마를 치료하기 위한 에너지 심리학 치료법의 속도와 효과를 보여주는 연구가 폭발적으로 증가했다. 감정자유기법이나 사고장 치료의 가장 인기 있는 치료법에서 내담자는 통상적으로 두드리기를 통해 경혈을 자극하며 트라우마 기억에 주의를 집중한다. 내담자들은 한때 극심한 정서 조절 장애를 초래했던 사건의 기억이 더 이상 부정적인 감정을 일으키지 않는다고 말한다. 새로운 통찰과 의미는 자연스럽게 따라온다. 이 장에서 나는 에너지 심리학 접근법이 내담자가 트라우마 사건의 기억을 의식적, 무의식적으로 조율함에 있어 교감신경계 또는 배측미주신경의 활성화에서 복측미주신경의 활성화로 전환하는 데 어떻게 도움이 되는지 설명했다. 나는 다미주 이론이 심박수 변이도와 같은 일부 연구 데이터와 내담자가 직접 체감한 경험을 설명하는 데 도움이 될 수 있다고 제안했다. 또한, 에너지 심리학의 두드리기 프로토콜로 인한 미주신경 활동이 개인의 내적 요인뿐만 아니라 치료사와 내담자 간의 대인관계 요인(역자주: 트라우마 관련 단서가 존재할 때, 치료사가 자신을 두드리는 것이 치료사의 복측미주신경 활성화를 유지하는 데 도움이 되고 이는 다시 내담자가 자신의 신경계를 하향 조절하는 데 도움이 됨)에도 영향을 미친다고 설명했다.

16장

트라우마 중증도: SPIM 30과 다미주 이론의 유사성

Ralf Vogt

개요

이 장에서는 다미주 이론과 진단 및 치료를 위한 신체심리 상호작용 모델(Somatic-Psychological-Interactive Model 30: SPIM 30) 사이의 심리생리학적 유사점을 살펴본다. 두 모델 모두 다양한 스트레스 수준 하에서 인간의 지각능력, 정보처리능력, 그리고 행동조절능력의 질적 및 양적 변화를 설명한다. SPIM 30에서 이러한 변화를 유발하는 과정은 내담자가 지닌 관계의 상호작용 패턴을 나타낸다. SPIM 30은 안전감과 깊은 신체적 이완을 촉진하는 유연한 치료 환경을 강조하는 신체 중심 접근법을 제공한다. SPIM 30의 치료 전략은 내담자가 치료 중에 도전을 받아도 안전하고 지지받는다고 느끼게 하는 것이다. 이러한 신체의 느낌은 그들의 발달 초기에 충분하지 않았던 신체적 안전감과 신뢰의 경험이다.

도입

트라우마 치료 전문가로서 나는 다미주 이론이 트라우마 치료 전문가들이 오랫동안 원했던 트라우마를 겪는 내담자들 사이에서 관찰되어지는 질적 차이에 대한 신경생리학적 설명을 제공한다고 생각한다. 과거의 성격과 감정에 대한 신경생리학적 이론들(Hüther, 1997; Panksepp, 1998 참조)은 사람들이 정보를 처리하는 데에는 근본적으로 두 가지 다른 방식이 있으며, 이는 그들이 "정상적인" 심리적 압박을 경험했는지 아니면 트라우마에 의하여 영향을 받았는지에 따라 달라진다는 사실을 확인했다. 그러나, 행동 조절에서 트라우마와 해리의 다양한 양적 및 질적인 단계를 총체적으로 설명할 수 있는 신경생리학적 이론은 전무했다.

SPIM 30에서는 건강한 상태에서 극도로 혼란한 경험과 행동 조절의 상태에 이르기까지 트라우마의 심각성을 일곱 단계로 구분한다. 다미주 이론 이전에는 이러한 단계들을 설명할 수 있는 신경생리학적 모델이 없었다(Porges, 2009 참조). 다미주 이론은 수년 간의 임상적 관찰과 일치하는 최초의 신경생물학적 기반 모델을 제공했다. 우리는 SPIM 30에서 정의한 단계에서 생물행동적 상태 변화가 나타나는 것을 관찰했는데, 이는 다미주 이론과 결을 같이 한다. 각 단계는 개인의 스트레스 수준에 따라 달라진다. 다미주 이론에서는 이 단계들이 특정한 신경생리학적 특징들을 가질 것이라고 본다. 이는 여러 속성의 심리적 경험(기쁨, 두려움, 혹은 죽음의 위협과 같은 주관적 경험들)이 특정 신경생리학적 상태와 병행한다는 것을 의미한다. 우리의 관점에서 이는 우리가 진행하고 있는 학제 간 연구에서의 중요한 돌파구이며, 임상의들과 과학자들이 트라우마를 이해하고 치료하는데 관련된 기제와 그 과정의 탐색을 확장해볼 수 있도록 영감을 준다. 이 장에서는 심리치료적-현상학적 관점에서의 임상 작업을 바탕으로 다미주 이론과 SPIM 30 모델 사이의 연결점들을 찾고 탐색하고자 한다.

SPIM 20

나는 아내 이리나와 함께 30년간 심리치료 분야에서 활동했고, 그중 마지막 20년은 정신외상학(psychotraumatology)에 전념했다. 정신분석학, 심층 심리학(정신역동), 그리고 행동 치료와 같은 다양한 개념들을 종합적으로 연구한 후, 우리의 자체적인 트라우마 모델인 SPIM 20(Somatic-Psychological-Interactive Model 20)을 구상하기 시작했다. SPIM 20은 표준적 해리성 장애를 위한 신체심리 상호작용 치료모델 버전 20을 의미한다(Vogt, 2006, 2008 참조). 심리분석학(S. Freud, 1892~1939), 심상유도기법(Leuner, Hennig, & Fikentscher, 1993), 최면치료(Erickson & Rossi, 2007), 가족 치료(Weiss, 1988; de Shazer, 1989; R. Schwartz, 2008)와 같은 전통적인 심리치료 접근법과, 외상학 분야의 최신 접근법(Kluft 1984, 2014; Putnam, 2003, Watkins & Watkins, 2003; Nijenhuis, Van der Hart, & Steele, 2008; Reddemann, 2012; H. L. Schwartz, 2013 등 참조)들이 이 모델 내에 통합되었다. 모델이 발전함에 따라, 전통적인 접근법의 핵심 구성요소들이 우리의 손을 거치며 수정되고 보완되었다.

SPIM 20의 적용 방법을 탐색하고 확장하기 위해서 우리는 2002년 라이프치히 트라우마 연구소(Leipzig Trauma Institute)를 설립했다. 여기서 우리는 트라우마 치료에 대한 새로운 접근법들을 탐구하고 새로운 치료 방법을 정제해낼 수 있었다. 심리치료를 진행할수록 그 당시의 트라우마 치료 모델로는 많은 아동과 성인 환자들을 충분히 도울 수 없다는 것을 깨달은 후, 우리는 몇 가지 혁신적인 치료 방법들을 개발하기 시작했다. 임상적으로 쓰이는 개념적 요소들을 지속적으로 검토하고 이론적 발견을 최대한 빠르게 실용적인 방법에 통합한다는 우리의 사명 선언문을 따라, 우리는 기존의 SPIM 모델을 수정하여 SPIM 30 모델(2015년에 개발한 SPIM 표준 모델 버전 30; Vogt, 2015 참조)을 출판했다.

SPIM 30

SPIM 30은 앞서 언급된 접근법들을 보완하는 혁신적인 신체 행동과 애착 중심의 진단 및 치료 접근법이다. 우리는 트라우마 생존자의 정신과 신체적 통합을 위협하는 특정한 유형의 관계에서 심각한 트라우마 경험이 발생한다는 점에서 트라우마 치료 방법을 신속히 개선해야 할 필요성을 느꼈다. 따라서 우리는 "느낌"과 신체 반응 사이의 긴밀한 연결을 강조한다(SPIM 30에서 애착 이론을 어떻게 설명하는지에 대한 자세한 정보는 Vogt, 2014, 2015, 2016을 참조). SPIM 30에서는 외상 경험을 발생 빈도(단일 사건 vs. 다중 사건)에 따라 분류하지 않는다. 대신 피해자와 가해자 간의 관계에 따라 외상 경험을 세 가지 범주로 나누어 정의한다. 우리는 외상의 생존자를 '피해자'라고 이름 붙이고 트라우마를 가한 개인인 '가해자'와의 관계에서의 권력 차이를 강조하는데, 이 권력의 차이가 외상을 유발했기 때문이다.

이러한 범주에서 유형 I은 특정 피해자-가해자 관계가 적용되지 않는 사건(예: 지진)에 의해 발생한 외상이다. 유형 II는 가해자가 크게 부주의한 방식으로 행동하고 나중에 후회하는 경우(예: 충동적인 말싸움 중에 일어난 가정 폭력)에 발생한다. 이와는 대조적으로 유형 III은 가해자의 의도적이고 고의적인 악의적 행동으로 특징지어진다. 다음의 〈표 16.1〉은 이 새로운 외상 유형 분류 체계의 개요이다.

이 유형 분류 체계에서 주목해야 하는 부분은 평가와 치료의 중심에 피해자와 가해자 간의 관계를 둔다는 것이다. 임상적 관점에서 이러한 강조는 해리성 외상 장애를 관리하는 내담자의 자기조절 능력을 정교하게 서술하는 것을 가능하게 한다. 트라우마 사건 경험의 심각성은 몇 달 혹은 몇 년에 걸쳐 발생한 대인관계 위협과 충격의 누적된 경험과 관련이 있고, 이는 해리 상태를 유발하여 점차 정형화되어 인간 정신 속에 조건화 된 무의식적 전환 패턴으로 고정된다.

표 16.1

SPIM-30 모델의 애착 중심 외상 유형 분류	
유형 I	사고에 의한 외상(Event Trauma) 전형적으로 지진이나 교통사고와 같은 단일의 외상적 사건으로, 가해자와 피해자의 관계와는 크게 관련이 없는 경우이다.
유형 II	부주의에 의한 외상(Negligent Trauma) 전형적으로 가해자와 피해자의 관계와 관련이 있는 반복적인 일련의 외상. 가해자의 행동은 충동적이며 부주의한 모습부터 극도로 이기적일 만큼 소홀하거나, 편협하거나, 가차없이 행동하는 모습까지 이른다.
유형 III	고의에 의한 외상(Intentional Trauma) 전형적으로 가해자와 피해자의 관계와 큰 관련이 있는 반복적인 일련의 외상, 가해자는 의식적으로, 의도적으로, 목적의식을 갖고 행동한다. 가해자는 타인에게 가학적이고 의도적으로 물리적인 상해나 심리적인 위협을 가하고 있다는 것을 자각하고 있으며 자신의 행동을 독선적으로 정당화한다.

SPIM 30 모델에서 우리는 트라우마의 유형 분류 체계를 정신역동적, 상호작용적 패턴(Vogt, 2016)과 연결시켰고, 피해자, 가해자 그리고 피해자와 가해자 사이에서 변화하는 애착 양식으로 구분했다. 이러한 범주들은 볼비(Bowlby, 1969), 애인즈워스(Ainsworth, 1977) 그리고 메인과 솔로몬(Main & Solomon, 1986)에 의해 설명되어 알려진 애착 양식에 대한 외상 심리학적 관점의 보완점으로 볼 수 있다.

이 장에서는 7단계의 누적 트라우마 중증도 모델의 이론적이고 실제적인 설명을 제시할 것이다. 우리는 다미주 이론(Porges, 2009, 2011)의 신경생물학적 관점과 우리의 정신역동적 관점, 그리고 임상적 관찰과 경험과의 유사점에 초점을 둘 것이다.

먼저, SPIM 30의 일반적인 관점에 대한 이해를 제공하기 위해 우리의 적극적 경험 치료법(active-experience therapy)의 특징을 설명할 것이다. SPIM 30 모델은 다른 몇몇 모델들에 비해 더 넓은 범위의 신체 및 상호작용 중심의 심리생리학적 안정화 방법을 사용한다. SPIM 30 치료 기법 세트(toolbox)는 탐색적인 행동을 촉진할 뿐만 아니라 내담자가 관계에서 유발된 두려움이나 공격성, 지지와 위안 또는 장난스러운 상호작용에 대한 욕구, 그리고 자신의 아동기에서 유래된 타인을 알아가는 방법에 대해 인식할 기회를 제공하는 구조화된 진단 환경을 제공한다.

다미주 이론은 신체 중심 개입의 신경생리학적 기반(맥락에 따라 달라지는 생리학적 상태)을 뒷받침한다(Porges, 2009; Porges & Furman, 2011; Carter, 1998; Porges & Carter, 2016). 다미주 이론은 치료사들이 트라우마 환자와 주의 깊게 상호작용을 하는 동안 유의해야 하는 명시적인 특징들에 대해 알려준다. 나는 아내와 함께 사무실에서 매일같이 접하는 사례들, 특히 인간의 폭력으로 인한 해리성 외상 장애를 겪고 있는 환자들의 사례들을 통해 장기간 누적된 충격적인 경험은 치료 환경에서 관계에 대한 무의식적이거나 의식적인 불신과 헌신에 대한 두려움을 가져온다는 것을 알게 되었다.

심리치료사로서 우리는 그러한 상황에서 안전감과 신뢰감을 형성하는 데 도움이 되는 적절한 치료 기법을 사용하는 것으로 반응할 수 있어야 한다. 성인 내담자들과 함께 작업할 때도 우리는 종종 초기 아동기 발달에서의 엄청난 혼란과 지연이, 내담자가 성인이 된 후의 생활에서도 상당히 유아적인 관계 개념으로 이어진다는 것을 발견한다. 이 개념들의 대부분은 여전히 무의식적이다. 우리가 만난 트라우마 환자들은 종종 어린아이 같은 유추적 용어(childlike analogic; Watzlawick, Beavin, & Jackson, 1967)를 사용하거나 이런 식으로 우리를 받아들이기도 하는데, 이는 그들이 트라우마로 인해 상징화하고 추상화하는 법을 배우지 못했기 때문이다. 따라서 치료적 관계를 수립할 때 초기에 내담자의 반응은 비교적 있는 그대로 받아들여진다. 예를 들어 해리 증상을 보이는 내담자에 대한 SPIM 30 치료의 첫 단계에서는 항상 상호작용적 환경을 조성한다. 이때 우리는 몸의 움직임을 활용하여 내담자가 접촉이나 안아주기(being held), 신뢰와 위안에 대한 자신의 필요를 표현할 수 있도록 돕는다. 환경(예: 접촉봉, 줄잡기, 등받이 매트, 둥지 가방과 같은 도구 및 맥락적 구성. Vogt, 2006, 2008 참조) 속에서의 적극적 경험은 대부분의 경우 내담자가 무의식적으로 규제하고 있는 자신의 행동에 대해 인식하게 한다.

다미주 이론에 따르면 관계에서의 긍정적이고 안전한 분위기는 친사회적 접촉(복측미주 신경에 의해 조절됨)의 문을 열어주는 열쇠다. 하지만 중증의 트라우마를 입은 개인의 스트레스 수준은 빠르게 높은 수준으로 발전하는 경향이 있으며, 무의식적으로 공격적이거나 회피적인 전략을 사용하는 모습을 보인다. 이와 같은 위험 평가 과정은 다미주 이론에서 무의식적인 위험이나 생명 위협의 신호에 대한 반응으로, 생리적 상태를 변화시키는 신경지 개념과 일치한다. 이러한 배경은 또 추가적인 치료의 방향을 결정하는 데에도 도움이 되는데(Wygotsky, 1986), 아동 및 성인 환자들이 어느 시점에 치료사와 어떤 형태의 상호작용까지 수용할 수 있는지를 특정하고, 지금은 편안하지 않지만 나중에는 시도해볼 수 있는 상호작용 환경에 대해서 치료사에게 알려줄 수 있는 좋은 기회가 된다. 치료 결과는 획기적이며 내담자와 치료사 모두에게 매우 흥미롭다. SPIM 30 모델 기반 치료 지침을 따라, 우리는 발달 수준이 부분적으로 유아기 단계에 있는 아동 및 성인 내담자 모두에게 특정 시점에서 어떤 방식의 상호작용적 접근(관계 회복)이 자신에게 가능할 것 같은지, 그리고 무엇을 더 탐색해 볼 의향이 있는지를 스스로 감지하고 결정하도록 격려한다. 다미주 이론을 가지고 설명하자면, 이 기회는 내담자가 용인할 수 있는 생리학적 상태 조절의 수준을 감지하고 탐색할 수 있도록 한다. 물론, 우리 치료사의 과업은 내담자가 행동, 감정, 생리적 상태를 조절할 수 있는 신경 능력을 기능적으로 연습할 수 있도록 창의적인 치료 활동을 제공하는 것이다(마치 좋은 부모가 자녀를 위해 하는 것처럼).

SPIM 30 접촉 단계의 초기 환경에서, 트라우마 환자들이 가지고 있는 심리적이고 종종 생리적 수준에서 억눌린 긴장상태는 그들의 신체 중심 상호작용 중 생물행동 상태의 협력적인 미세 조정을 방해한다. 오히려 내담자는 상황을 통제하려 하는데 이는 다미주 이론에서 설명된 복측미주신경 경로에 의해 조절되는 안전한 생리학적 상태로의 전환을 가로막는다. 기능적으로 그들의 신체는 분명한 위험이 없을 때에도 위험을 감지할 수 있다. 이 과정은 다미주 이론에서 설명된 신경지와 일치한다. 그러나 시간이 지나면서 다양한 SPIM 30 환경에서 내담자를 세심한 훈련에 참여시킴으로 위험에 대한 신경지가 변할 수 있다. 이 훈련들은 긍정적이고, 때로는 즐거운 관계 경험을 촉진할 수 있다. 모든 연령대의 심각한 트라우마 환자들은 심리적으로 또 신체적으로 준비되어 있는 치료사와 함께 훈련을 시도할 수 있을 때 신경지가 변하는 경험을 진정으로 느끼고 덜 수치스럽게 받아들일 수 있다. 이는 내담자의 나이와 무관하다. 수치심이라는 느낌을 개선하기 위해서는 언어와 행동이 모두 필요하다. 이 경험이 일어나면, 치료 환경의 맥락적인 단서들은 더 이상 두려움과 위험을 유발하지 않고, 내담자의 신경지는 이제 치료 환경에서 안전을 감지한다.

SPIM 30은 안전감, 신뢰감, 보안감을 유발하기 위해 다양한 물체를 사용하기도 한다. 우리는 종종 신뢰 구축 훈련으로 등받이 매트를 사용한다. 내담자들은 대체로 등받이 매트를 사용한 활동을 매우 편안한 경험으로 느끼지만, 트라우마 환자들에게 이는 훨씬 도전적일 수 있는데, 뒤로 몸을 기울이는 동안 방향을 정하거나 움직이기 위해 시각을 사용할 수 없기 때문이다(Vogt, 2008 참조). 이 훈련이 성공적으로 끝나면 내담자는 안전하다는 느낌과 함께 평온한 상태로 돌아가는데, 이는 복측미주신경 상태로 전환하는 것과 같다. 도전적인 상황 뒤에 찾아오는 이 상태는 트라우마 해소를 위한 새로운 경험의 일부가 될 수 있다.

파트너가 매트 반대편에 기대어 있어 시각적으로 확인할 수 없는 상황에서는, 더 포괄적인 신체적 감각을 활용하는 것이 '보이지 않는 상대방에 대한 신뢰'를 구축하는 데 이상적으로 작용할 수 있다. 모든 것이 잘 진행된다면 다른 사람(비유하자면 부모)의 등에 기대는 것은 상당한 위안을 줄 수 있다. 치료의 첫 단계에서의 환경들은 우리가 SPIM 30 모델의 틀 안에서 안전감과 신뢰감, 그리고 개선된 복측미주신경 조절능력을 어떻게 달성하고자 하는지 보여준다. 우리가 두려움과 만성적으로 긴장 상태에 있는 내담자와 치료를 시작할 때 우리는 점차적으로 신뢰할 수 있는 관계를 발전시키고자 한다. 기본적으로 우리는 내담자의 신경지가 위험 상태나 생명이 위협당하는 상태를 촉발하는 상태에서 안전한 상태로 전환되는 것을 목표로 한다.

트라우마 치료의 첫 단계가 끝나갈 때, 내담자들은 가해자 전이와 가해자 내적투사의 침습적인 정신역동적 효과를 최소화하기 위한 포괄적인 심리교육을 받는다(Vogt, 2012 참조). 우리의 경험에 따르면 교육적인 요소는 "관계성 저항(relationship resistance)"을 걸러내는 데 도움이 된다. 관계성 저항은 전통적인 정신분석에서 제시하는 것과 같이 불안한 회피 행동으로 나타난다. 이는 인간에 의해 유발된 만성적인 트라우마를 겪는 환자들이 관련된 정신역동에 대한 충분한 지식이 없어 개인적인 발달의 중요한 단계에 멈춰 있기 때문이다. 우리가 제안하는 신체 중심 훈련을 통해 환자들은 상호적인 책임이 있는 양방향 치료 관계의 혜택에 대한 실질적인 경험과 증거를 얻게 된다. 다미주 이론은 이 경험을 호혜성(reciprocity)의 산물로 설명한다. 호혜성은 치료사와 환자 사이의 자율신경 조율을 촉진하고, 이는 내담자와 치료사 공동의 신경지가 관계적 안전감과 신뢰감을 공유하도록 발전한다. 그래서 트라우마를 겪는 내담자들은 평온한(복측미주신경) 상태로 안전한 거리를 두고 치료에 대해 더 나은 통제력을 갖고 있다고 느끼게 되고, 치료사의 얼굴 표정과 신체의 움직임에 대해 직관적이고 의식적으로 반응함으로 치료사의 참여와 헌신을 적극적으로 관찰할 수 있게 된다.

치료 경험에서 중요한 부분 중 하나는, 내담자에게 SPIM 모델의 발전 과정에서 도출된 트라우마 곡선의 구체적인 내용을 그들의 나이에 맞게 설명해 주는 것이다. 상호작용에서 상대적으로 열세에 있는 사람(생존자/피해자)들의 진행을 보여주는 곡선, 각 단계에서 작용하는 것으로 추정되는 신경생리학의 가정들, 그리고 정신적 혼란의 심각성을 결정하는 트라우마 경험의 강도에 대한 내용이 포함된다. 이 설명은 상호작용적 누적 조절 범주의 7단계 SPIM 모델을 기반으로 하고 있다(그림 16.1). 우리는 환자들에게 다미주 이론이 각 단계 기저의 신경생리학적 상태를 이해하는 데 어떻게 도움이 되는지 설명한다.

우리는 트라우마 곡선을 사용하여(아이들에게 설명할 때에는 이들에게 적합한 다채로운 색을 사용한다) 모든 인간이 생존의 어려움을 마주할 때 어느 시점에서 발버둥치게 되는지, 그리고 결국에는 자신의 심리적 경계와 신체적 경계를 방어할 수 없게 된다는 사실을 설명한다. 난폭하거나 악의적인 사람에 의해 압도당하거나 트라우마를 입으면 개인의 인식은 변하며 가해자에게 집중하여 위축되고 긴장하게 된다. 견딜 수 없는 수준의 위협과 감각의 과부하는 결국 이에 종속된 개인을 해리에 빠지게 만든다. 감당할 수 없는 고통과 공황이 점점 늘어나는 상태에서 개인은 결국 의식을 유지할 수 없게 되고, 정신적으로 활동이 멈추어 죽음에 가까워지는 상황을 겪으며 자신의 주관적인 공포와 신체적 고통의 경험에 압도된다. 종종 마음 속에서 나타나는 파편화된 트라우마의 장면과 해리 동안 발생한 기억상실이 초래하는 정보의 결핍으로 인해 트라우마 후에도 반복되는 강박적인 생각과 행동이 나타난다. 정신역동적으로 볼 때, 뇌의 서로 다른 영역들은 파편화된 기억과 감각을 바탕으로 게슈탈트 표상(gestalt representation)을 형성하기 위해 지속적이고 복잡한 방식으로 협력한다(Janet, 1901). 지속적인 의미 탐색과 환경을 통제하려는 시도들은 트라우마에 대해 조직화되지 못한 반응으로 나타나며 비효율적인 특성을 보이게 된다(Vogt, 2012). 강박적 반복은 심리적으로나 심리생리학적으로 해결될 수 없기에 피해자의 두려움은 만성화되며 트라우마를 재연하는 무의식적 경향성을 갖게 된다.

〈그림 16.1〉 트라우마 곡선: 트라우마 피해자의 스트레스 수준과 의식적 지각

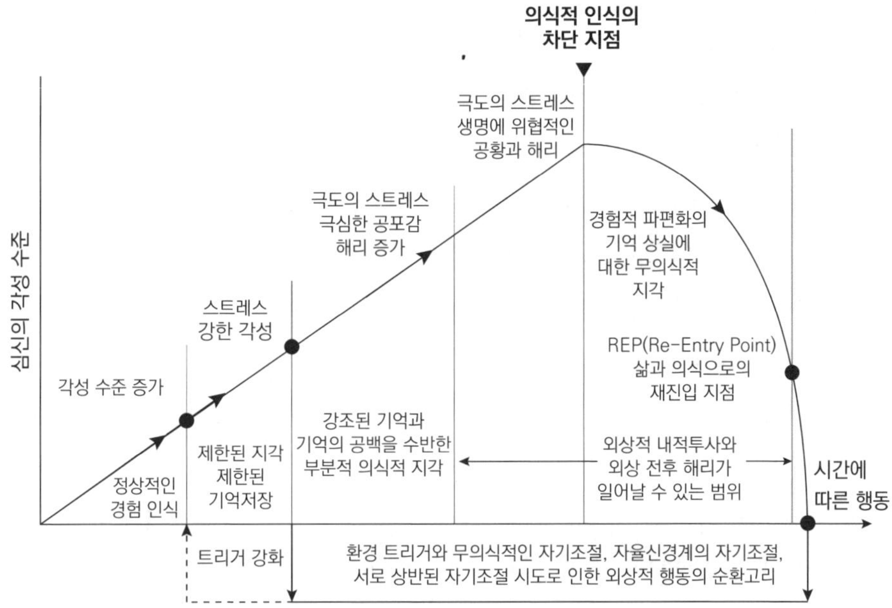

SPIM 30 접근법에서 우리는 트라우마 곡선을 다양한 정신 장애의 정도를 생생하게 설명하는 누적된 "조각(slice)" 모델로서 구성했다. 우리는 트라우마를 겪은 사람들 뿐만 아니라 트라우마를 겪지 않은 사람들도 신경계에 깊이 내재된 것처럼 보이는 매우 다른 경험 상태와 행동 조절로 전환될 수 있다는 것을 알게 되었다. 이 다양한 자기조절 범주는 다미주 이론(Porges, 2009)에서 소개된 신경생물학적 원리와 일치한다. 건강한 행동, 신경증, 그리고 정신증이 몇 가지 공통적인 요인들을 가지고 있으며 있으며 행동 조절에 영향을 미치는 특정한 구성요소들이 신경계 내에서 서로 병렬적으로 공존한다는 점은 우리가 사례 연구를 통해 얻은 경험과 일치했다.

트라우마는 누구에게나 일어날 수 있다. 현재로서는 트라우마가 정신건강과 신체건강에 지장을 주는 기저 메커니즘을 다루는 전체적인 모델은 없다. 정신과에서 일한 수년 동안 트라우마 환자와 신경증 및 정신증 환자가 완전히 다른 종류의 내담자이기 때문에 서로 다른 치료 전문가를 통해 치료받아야 한다고 진심으로 믿는 동료들도 있었다. 수년간의 임상 경험에서 얻은 정보에 따르면, 환자들은 때때로 그들의 과거 경험의 중대함과 개인적인 대처 기술에 따라 경험과 행동의 혼란된 패턴뿐만 아니라 기억 저장과 의사소통 기술이 비슷할 수도 있고 다를 수도 있다.

지그문트 프로이트(Sigmund Freud, 1892~1939)와 안나 프로이트(1936), 아브라함(Abraham)과 토로크(Torok, 1976)의 고전적 정신분석 이론은 심각한 경험을 겪은 사람들이 이러한 경험을 "소화(처리)"할 수 없으며, 결과적으로 완전하지 않은 처리의 산물인 반쯤 소화된(semidigested), 혹은 소화되지 않은 생각들(예: 내적투사나 체내화)을 그들 안에 지니고 있다고 가정했다. 우리는 이러한 전통적인 접근 방식을 경계 위반(boundary transgression) 이론의 틀에 통합했다. 우리의 임상적 연구와 관찰에 따르면 정신 장애가 가질 수 있는 다양한 심각도의 원인을 상호작용 경험 및 반복된 경계선 경험의 누적에 귀인하는 개념은 전체적인 관점에서 더 확실하며 타당하다. SPIM 모델은 심리생리학적으로 교란된 처리과정(관계에서 열세에 있는 개인이 경험한 상호작용적 경계 위반이 초래한 다양한 심각도의 연속성과, 가해자에 대한 지향성의 변화, 가해자에 대한 개방성뿐만 아니라 피해자의 신경생리학적 처리 능력의 변화)에 초점을 맞춘다.

트라우마 곡선은 다미주 이론(Porges, 2009)에 의해 설명된 자율신경계 조절능력의 위계적인 수준과 잘 어우러진다. 다미주 이론과 일관되게, 우리는 SPIM 30 모델에서 설명된 트라우마 심각성의 일곱 단계와 연관될 수 있는 타당한 생리학적 상태들을 맞추어 볼 수 있다.

〈그림 16.2〉 다미주 이론의 신경생리학적 상태와 SPIM 30 트라우마 심각성 곡선에서 설명하는 생존자의 경험 및 반응 단계

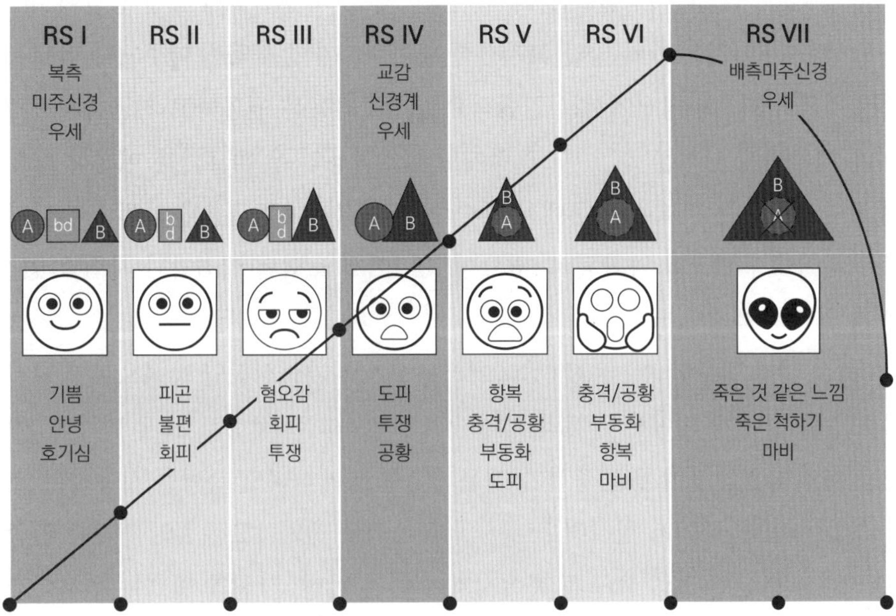

〈그림 16.2〉는 관계에서 우세한 개인(삼각형 안의 B)과의 상호작용이 의존적인 사람(아이와 같이)이나 관계에서 열세에 있는 개인(원 안의 A로 표시)에게 각인되는 과정을 보여준다. 각 단계 안에서 A와 B의 상대적인 크기는 상호작용 안에서 권력과 통제의 상대적인 균형을 반영한다(역자주: RS는 Regulation State, 즉 조절 상태의 범주를 뜻함). RS I(상황적으로 유연한 상태)에서 B는 A의 경계를 충분히 존중하는데, 이는 평등한 위치에 있는 두 사람 간의 따뜻한 상호작용을 반영한다. 이는 마치 부모가 자신의 아이와 즐겁게 놀이를 하는 것과 유사하다. 이러한 긍정적인 시나리오는 지배적인 사람이 자신의 권력을 남용하지 않기 때문에 가능하다. A의 마음 속에 있는 이러한 생생한 삶의 장면들은 RS I의 긍정적인 조절자원을 의미한다. 만약 이 경험이 진정으로 조화롭고, 비폭력적이고, 신뢰할 수 있는 것이라면 미래의 상호작용은 이 경험을 참고하여 수행될 수 있다. RS I은 다미주 이론의 관점에서는 안전한 상태를 의미한다. 이 상태는 수초화된 복측미주신경을 포함하는 신경생리학적 경로에 의해 활성화되며, 이 경로는 사회 참여 체계와 연관된 구조들(얼굴과 머리의 가로무늬근 및 심장과 기관지를 조절하는 수초화된 복측미주신경 경로)를 조절한다.

RS Ⅱ(습관적 상태)에서 내담자의 경험은 일반적으로 세계가 여전히 "질서 있지만" RS I처럼 즐겁거나 평화롭거나 조화롭지 않다. 이 약간의 차이는 B가 A의 경계를 덜 존중하고, 상호작용에서 자신의 이점을 이용하여 지배하려고 하거나, A에 대한 공감이 부족하기 때문에 발생한다. 이것은 마치 약간 고지식한 할아버지가 손자와 놀아주거나 학교 숙제를 도와주는 것과 같다. 이 상태에서는 일반적으로 상호작용은 원활하고 친근하게 진행되지만, A에게 지루하게 느껴질 수 있다. 그럼에도 상호작용의 두 파트너는 여전히 대부분 만족할 것이다. RS Ⅱ는 다미주 이론에서 보면 여전히 복측미주신경에 의해 조절되지만 미주신경 브레이크가 비교적 약화될 수 있으며 RS I에서 느꼈던 안전감과 사회적 연결에서는 벗어나 있다는 특징이 있다.

다음 조절 상태 범주인 RS Ⅲ(전이 상태)에서는 B가 자기중심적인 방식으로 명확하게 지배적인 모습을 보이게 되면서 관계의 형태가 A에게 불리한 쪽으로 크게 변하게 된다. 대체로 B는 여전히 A의 경계를 존중하기 때문에 A를 통제하려고 폭력을 사용하는 것을 자제하는 경향이 있다. 따라서 형식적으로는 일부 예외를 제외하고는 A의 경계를 존중할 것이다. 그러나 A는 자주 B의 요구를 충족시켜야 하는 반면, 자신의 필요는 무시되고 있다는 느낌을 경험할 것이다. 이처럼 스트레스가 많고 빈번한 삶의 경험의 배경에는 여러 부정적인 부정적인 정신역동적 전이가 발전할 수 있고, 이는 A가 대인관계에서 가지는 기대, 행동 반응, 그리고 상호작용에 대한 평가에 영향을 미칠 것이다. 고전적 정신분석에서 이는 신경증적 전이(neurotic transference)로 정의된다(S. Freud, 1892~1939). SPIM 30에서는 양적 해리와 질적 해리 개념을 설명한다(더 자세한 내용은 Vogt, 2012, pp. 25-74, 그리고 Vogt, 2015, pp. 1-22 참조). RS Ⅲ의 중요한 특징은 약해진 개인 A에게 상당한 범위의 해리 증상이 발달할 수 있다는 것이다(그러나 우리는 이를 질적 해리 장애로 분류하지는 않을 것이다). RS Ⅲ는 다미주 이론에서 보았을 때, 복측미주신경 조절능력의 상실과 위협 감지에 대한 편향된 신경지를 특징으로 한다.

RS Ⅳ에서는 원활하지 못한 못한 상호작용 조절로 인해 누적된 부정적인 경험이 A에게 중대한 영향을 미치는 각인을 새긴다. 이 시점에서 주로 A의 심리적 경계와 신체적 경계가 침범되어 인식이 왜곡된다. 심리적, 신체적 폭력은 B가 A를 지배하기 위한 수단으로 자주 사용된다. A는 대인관계에서 종종 굴욕감을 느끼며, 이는 A의 안전감을 불안정하게 만든다. 이처럼 누적된 부정적 경험 형성 단계에서 우리는 피해자의 경험과 기억 속에 있는 정신역동적(종종 이미 해리 상태에 있는) 내적투사 표상에 대해 설명한다. 빈번하게 발생하는 경계 위반으로 인해, A는 본질적으로 외부적이고 자아이질적인 경험과 행동에 대한 정보를 정신역동적 측면에서 내면화하는 것을 적절하게 조절할 수 없으며, 상호작용에서 자신이 개인적으로 기여하는 것을 정확하게 표현할 수 없다. 기능적으로 A는 다음과 같은 질문에 대답할 수 없다. '이 관계에서 내 몫은 무엇이지? 이 관계에서 타인과 구분되는 나만의 경험과 가치 체계는 무엇이지?'

상호작용에서 투쟁-도피 행동은 진정한 안전감이나 신뢰할 수 있는 관계가 없을 때 발생한다. 관계에서 열세에 있는 사람이 조절 패턴 Ⅲ과 Ⅳ에서 겪게 될 혼란스러운 상호작용 경험의 정신역동을 내담자에게 인식시키기 위해, 우리는 종종 SPIM 30 치료 접근법을 위해서 맞춤 제작된 인형이나 다른 상징적인 물건들을 사용한 beseelt(역자주: 독일어로, '혼/생명이 있는' 혹은 '생기가 있는'이라는 뜻을 가지고 있음) 치료 세팅을 사용한다(Vogt, 2006, 2008).

SPIM 세팅에서 beseelbar(역자주: 표준 독일어는 아니며, beseelt가 '혼이 깃든'의 뜻이며 '-bar'은 '-할 수 있는'을 나타내는 접미사임. 따라서 beseelbar은 '혼을 불어넣을 수 있는' 정도의 뜻으로 해석할 수 있으며, 문맥상 전이 경험을 더욱 생생하게 알 수 있도록 하는 도구를 형용하는 의미에서 쓰인 것으로 보임) 물건들을 사용하는 것은 내담자들의 유아기적 혹은 무의식적 전이 경험을 설명하고 더 명확하게 묘사하는 데 도움을 준다. 인간으로 인한 트라우마가 남긴 각인에서 우리는 종종 상호작용의 모든 특성을 결정하는 강력한 인물인 B를 다루어야 한다. B의 권력 남용이 당연한 것이 되는 것을 막으려는 시도는 A가 보이는 어린아이와 같은 무력감의 상태를 부각시킬 것이다. 외상적인 관계 경험을 돌아보고 탐색하는 동안, 우리는 신체 중심적 정보를 전달하는 beseelbar 물건들(내담자가 직관적으로 연관시킬 수 있고 만질 수 있는)이 내담자가 감정을 "읽는" 방법을 배우는 데 도움을 줌으로써 그들의 의사소통 발달을 촉진하는 데 도움이 된다는 것을 발견했다. RS Ⅳ는 다미주 이론에서 보았을 때, 도피-투쟁 행동을 위한 교감신경계 활성화에 대한 낮은 임계값을 가지고 있으며, 진정시키는 효과가 있는 복측미주신경 경로를 포함한 사회 참여 체계에 대한 접근 능력을 상실한 상태로 볼 수 있다.

다음 단계인 RS Ⅴ에서 A의 만성적인 좌절감과 무력감은 더욱 극적으로 표현된다. A의 경계는 더 자주, 강제로 침범을 당한다. B는 유일한 결정자로서 언어적, 신체적, 그리고 종종 성적 폭력을 통해 관계를 지배한다. 소리 지르기와 냉소적이고 가학적인 모욕은 언어적 폭력 행위로 간주된다. 우리는 정서적 협박과 같은 더 수동적인 폭력의 형태 또한 SPIM 30의 RS V에 할당했다. 이는 본능적으로 애착을 필요로 하는 아이들이, 중독에 빠진 아버지나 우울에 빠진 어머니의 경우처럼 보호자의 불안한 정신 구조에 공감하도록 강요받는 상황 등의 예시를 생각해볼 수 있다. 필연적으로, 이러한 아이들은 건강한 경계에 대한 욕구를 포기하는 방법을 배우게 된다. 정신분석적 관점에서 그들은 해로운 감정과 지시사항을(자아이질적이며 종종 해리적인) 내적투사 혹은(강력하게 자아이질적이고 완전히 해리적인) 이식된 기억으로 내면화한다. 임상군에서 관찰되는 깊이 각인된 조절방식의 문제는 생생한 폭력 경험에서 비롯된다(위 참조). 트라우마에 대한 선행연구에서 이러한 해리적 조절방식은 다중 자아 상태(ego states)나 다른 인격(alters)이라 불린다(Kluft, 1984, 2014; Putnam, 2003). 니젠허스, 반 델 하트, 그리고 스틸(Nijenhuis, Van der Hart, Steele, 2008)은 인격의 감정적인 부분(Emotional parts of Personality: EP)에 대해 언급하기도 했다. SPIM 30에서 인간에 의해 유발된 트라우마를 설명할 때 우리는 깊이 각인된 해리적 패턴을 트라우마 피해자 상태와 가해자 내적투사 상태로 세분화하는데(Vogt, 2008, 2012, 2015), 이는 각각에 대해 다른 치료적 세팅이 필요하기 때문이다. RS V는 다미주 이론에서 볼 때, 교감신경계의 "홍수(flooding)"로 특징지어지며, 이는 공황과 부동화 행동, 그리고 근육의 긴장이 유지되는 것을 초래한다.

유럽 동료들과 학술적으로 논의하는 과정에서 니젠허스, 반 델 하트, 그리고 스틸과 같은 학자들 역시 니젠허스가 '감정적 인격 통제(EP-control; Nijenhuis, 2012, pp. 124-131)'로 정의한 개념을 '가해자를 모방하는 부분'이라고 부르게 되었다. 클러프트(Kluft, 1984)와 풋남(Putnam, 2003)은 종종 피해자 상태를 트라우마 아동 인격으로, 가해자 상태를 가해자 인격(혹은 자아 상태)이라고 부른다. 따라서 우리의 RS V는 다양한 이론적 틀에서 충분한 합의가 있는 것으로 보인다. SPIM 30 치료 모델에 따른 생생한 경험 접근법의 연장선상에서, 우리는 신체와 행동 중심의 상호작용적 치료 환경에 대해 연구하고 경험적으로 이를 개발해왔다. 트라우마 환자들이 상호작용에서 엄청난 두려움과 더불어 자신이나 타인에 대한 상당한 공격성을 보이는 점을 감안할 때, 이러한 세팅은 피해자 기억 상태와 가해자 기억 이식 상태로 인한 주요 해리 증상을 줄이는 목적에 부합할 것이다.

RS VI는 주로 생존을 위한 정신적인 투쟁에서 심신의 생존에 위협을 경험하는 것으로의 전환을 나타낸다. 점점 더 생명을 위협하는 상황이나 죽음에 이를 뻔한 상황에서, 인간은 결국 의식적 경험이 차단되는 전환점에 도달하게 된다. 이와 같은 강렬한 스트레스의 순간들(몇 초 또는 몇 분) 동안, 관계에서 열세에 있는 사람의 심리는 관계에서 지배적인 사람의 폭력, 감정, 행동과 메시지 등과 같은 영향력에 맞춰질 것이다. 트라우마 전후로 피해자는 극도로 해리된 상태를 겪게 된다. 피해자가 관계에서 마침내 항복하는 순간, 가해자는 이제 손쉽게 행동을 지시할 수 있게 된다. 피해자의 정신적 장벽이 완전히 붕괴되었기 때문에, 이러한 지시들은 어떠한 방식으로도 걸러지지 않을 것이다. 반복되고 심각한 폭력이 수반되는 경우, 우리는 가해자가 피해자에 대해 영향력을 미치는 과정을 피해자 조건화(victim conditioning)라고 부른다. 폭력이 고문 수준으로 증가하면 우리는 이를 가해자가 피해자를 '길들인다'고 말한다.

이 정도 수준의 트라우마를 겪은 생존자들은 다른 사람들과 신뢰할 수 있는 관계를 구축하는데 어려움을 겪거나, 아예 불가능하게 된다. 그들은 영구적인 긴장 상태에 있으며 극심한 공포와 항복 사이를 오가는 감정에 시달리지만, 외부에는 이를 숨기려 한다. 이러한 잠재적이고 지속적인 긴장은 자율신경계의 상태조절을 통해 나타난다(Porges, 2009).

RS Ⅶ는 의식이 작동하지 않기 시작한 시점 이후의 내적, 또는 정신적 양상을 나타낸다. RS Ⅵ에서는 폭력적인 장면의 단편적인 기록이나 나중에 안전한 치료 환경에서는 서로 연결될 수 있는 감각적 기억이 여전히 남아있지만, RS Ⅶ의 정신적 표상 수준에는 의식의 조각은 남아 있지 않다. 생존에 연관된 경우에만 의식이 회복되며, 트라우마에 대한 해리성 기억상실이 생긴다. SPIM 30에 따라 트라우마를 처리하는 경우, RS Ⅵ에서 심리적 외상 노출을 위한 구조화된 집중 행동 재연 기법(Focused Structured Action enactment for Psychotrauma exposure: FSAP) 및 다른 방법들을 선택할 수 있다는 것을 의미한다. 그러나 RS Ⅶ의 경우, 우리는 SPIM 30의 바닥 매트와 같은 가장 원초적인 단계의 연합기법에 의지해야만 트라우마 내담자의 신체에 내재된 암시적인 기억의 파편들을 다룰 수 있다. 이 단계(RS VII)의 환자들은 자신의 무의식 속에서 여러 갈래로 뻗은 정보 저장고를 발견하게 된다. 이 저장고에는 신체가 서서히 무너져가는 죽음에 근접한 경험, 가해자로 인한 폭력의 잔재(예: 가해자의 표정, 목소리, 분위기 등), 현실에서 벗어나려는 해리성 정신 차단 환상이 뒤섞여 있다. 이런 정보들은 과학적으로 분류하기 매우 어려운데, 이는 이 정보들이 뚜렷한 형태가 아니라, 감각적 유추나 분위기로만 존재하기 때문이다. 정신적인 죽음을 경험한 이후 이러한 정보들의 형태는 정신적으로는 계속 처리되지만 트라우마 생존자가 의식적으로 접근할 수는 없다. 따라서 우리는 RS Ⅶ의 청사진을 RS Ⅵ와 구별되는 이중 상태로 분류했다. 이 이중 조절 상태는 RS V나 VI가 활성화되어 있는 동안에도 종종 무의식적으로, 그리고 병렬적으로 계속해서 작동한다. 그러므로 우리는 포지스(2009)의 다미주 이론에 따라 RS V 및 VI에서는 교감신경계와 함께 배측미주신경이 병렬적으로 활성화될 가능성이 있는 반면, RS VII에서는 배측미주신경이 더 지배적이게 되어 운동 긴장도의 감소와 부동화에 대한 경향성을 통해 내담자의 신경계가 죽은 것 같은 모습을 조성하는 것으로 나타날 수 있다고 제안한다.

이 장에서는 우리가 제안한 이 과정 중, 극히 일부의 개요를 설명한다. 앞서 언급한 접촉, 신뢰 구축 및 지지 환경 외에도 후기 양육 환경은 두려움에 빠진 트라우마 아동 혹은 피해자 상태에 특히나 도움이 되는 것으로 보인다. SPIM 30 도구 모음에 있는 기법 중, 후기 정서적 양육을 위한 기법들은 만성적으로 불안한 환자들이 영유아에게 적절하고 유익하다고 여겨지는 수준의 평화롭고, 안심을 주는, 깊은 이완을 제공하는 방식을 경험하게 해준다. 다미주 이론(Porges & Carter, 2016)과 일관되게, 이러한 행동 특성들은 깊고 회복력 있는 이완을 촉진할 수 있는 평화로운 부동화 상태에서 나타나는 신경생리학적 기질에 의해 활성화된다. 우리의 개입에 의해 유도된 상태들을 더 잘 이해하기 위해 우리는 beseelbar 치료 물건들을 사용한다. 이러한 물건에는 보그트(Vogt, 2008, 2012, 2015)가 언급한 엄마 품 쿠션(mummy's tummy roll), 말 인형(huggy horse), 큰 알 모양 쿠션(big paradise egg), 둥지 가방 등이 있다.

이런 커다란 치료 도구들은 우리를 위해 수제로 맞춤 제작되었고 어머니의 신체 대리물로 기능한다는 하나의 공통적인 특징을 갖고 있다. 이 도구들을 통해 우리 환자들은 영아, 아기, 심지어는 태아처럼 긍정적이고 회복력 있는 이완 상태를 경험할 수 있게 된다. 이 과정 전반에 걸쳐 항상 눈맞춤이나 손의 접촉과 같은 치료적 지원이 뒷받침된다.

치료의 시작 단계에서 치료사들은 치료 물건들 중 어떤 방식으로든 트라우마 경험과 연관된 것이 있는지 신중하게 탐색해야 한다. 그런 물건들은 치료의 후기 단계에서만 사용되어야 한다. 치료의 초기 단계에서 환자가 살아온 삶과 직관적인 방어 및 불안행동은 이미 치료자에게 이 환자가 평화롭고 깊은 이완을 달성하기 위해 무엇이 적합하고 무엇이 적합하지 않은지를 말해준다. 대다수의 경우, 트라우마 환자들은 환자들은 트라우마로 인해 스트레스를 받은 자신의 몸을 생물학적인 적으로 간주하고 자기조절 능력을 더 이상 믿지 않게 된다. 심리생리학적으로 안도감을 주는 후기 양육 환경들 중 하나 이상이 효과적인 경우, 일반적으로 이는 트라우마 치료과정 전체에 장기적으로 긍정적인 영향을 미친다. 한편으로 내담자는 자신의 몸이 여전히 긍정적이고 깊은 이완을 할 수 있는 능력이 있음을 경험하며, 이에 따라 자기조절에 대한 희망을 갖게 된다. 다른 한 편으로, 후기 양육을 위한 생생한 경험 환경은 환자와 그들의 치료사 사이의 관계 구축 과정을 촉진한다. 이는 장애에 대한 내담자의 이해가 여전히 부호화 되기 이전(신경지) 수준에서 작동하고 있고, 중요 관계에 대한 정보가 암시적이고 상호작용을 시험하는 수준에서 인식되기 때문에 언어만으로는 달성할 수 없는 것이다. 다미주 이론과 일관되게 우리는 SPIM 30의 후기 양육 치료 환경을 적용하는 목표는 교감신경계와 배측미주신경이 서로 우세한 조절 상태 사이를 오가는 것에서 조금 더 복측미주신경 조절상태로 전환하는 것이라고 가설을 세울 수 있다. SPIM30과 FSAP가 제공하는 치료적 환경은 내담자의 현재, 그리고 더욱 의식적인 내적 조절 단계를 다루며 심리생리학적인 긴장의 소용돌이를 객관적으로 직시하고, 속도를 늦추며, 발전을 위한 해결책을 마련할 수 있는 행동중심적인 기회를 제공한다(Vogt, 2008, 2015).

해리성 외상 후 스트레스 장애에서는 다양한 조절 상태들이 공존할 수 있고(Vogt, 2012, 2015), 몇 가지의 훈련을 통해 환자들은 점차적으로 이러한 상태들에 대한 인식을 높일 수 있다. SPIM 30 치료 환경은 내담자가 트라우마 피해자, 가해자 내면투사 혹은 일상 관리자 상태와 같은 다양한 조절 상태들을 보다 조절되고 덜 충동적이며 혼란스럽지 않게, 의도적으로 접근할 수 있게 해준다. SPIM 30 치료 환경에서 내담자는 한 조절 상태에서 나타나는 신체적 스트레스 상황과 그에 따르는 생각과 감정들을 다른 상태들과 비교하며 관찰할 수 있다. 이와 같은 통제된 접근법을 통해 그들은 자신의 해리 상태를 더 잘 감지할 수 있고 이에 대해서 더 잘 인식할 수 있게 된다. 우리는 신경생리학적 수준에서 이러한 절차들이 다미주 이론에서 정의된 세 가지 주요 생리학적 상태들(복측미주신경/사회 참여, 교감신경/동화, 배측미주신경/부동화)을 다양한 시기에 각각 활성화시킬 것이라고 가설을 세울 수 있다.

다미주 이론과 일관되게 특정 상황에서 개인이 느끼는 불안과 스트레스 정도에 따라 배측미주신경계는 교감신경계와 함께 번갈아 가면서 활성화된다. 치료적 관계는 신경계를 진정시키기 위한 자원으로 작용하며, 복측미주신경계가 부정적으로 조건화 된 신경계의 위계를 완화하는 데 도움을 줄 수 있다.

SPIM 30의 FSAP 세팅은 트라우마 기억을 적정한 방식으로 활성화하고, 과각성과 공황 상태(트라우마 피해자 및 가해자 내적투사 부분)를 완화할 수 있는 복측미주신경계의 속성을 가진 의식적 제어 독립체(일상 관리자 부분)와 병행하여 새로운 행동 계획을 개발하는 것을 목표로 한다. 치료 목표는 치명적인 두려움에 의해 발생하는 신체의 부동화 및 운동 근육 마비와 같은 현상을 줄이는 것이다. 이 현상들을 다미주 이론과 연결시키는 가설은 배측미주신경 조절이 신경생리적 반응을 유발하려 할 때, 치료적으로 구성된 SPIM 30 환경의 도움을 받으면 자율신경계의 위계적 특성이 이를 조절할 수 있게 된다는 것이다. 이 위계적 구조는 교감신경계와 복측미주신경계가 협력하여, 배측미주신경계의 방어적 반응 경향을 감소시키도록 만든다.

가학적인 고문을 경험하여 RS Ⅵ나 Ⅶ을 형성한 트라우마 환자들은, 의식적으로 일어나는 모든 정서적 경험에 대한 정신-신체의 차단 지점을 경험하기 전후로 배측미주신경 조절 기능의 실패와 죽음에 가까운 상태의 배측미주신경 우세 상태로 전환되는 경향이 있다. 차단 지점 전후의 복잡한 조절 상태에 대한 내용은 이 장에서는 다루지 않을 것이다. 미래의 신경생물학 연구들이 이에 대한 추가적인 설명을 가능하게 할 것으로 기대한다.

정신적, 정서적으로 무너지는 경향이 강한 내담자들의 치료 목표는 완화된 정신적 각성 상태에서 그들의 트라우마 경험을 처리하는 작업이다. 각성이 완화되면 트라우마에 동반된 생리학적 반응과 트라우마의 재경험 없이 트라우마를 인식하고 완화시킬 수 있다. 이 작업에서의 목적은 내담자가 이 경험들, 또는 그 기억들을 시간, 공간, 장소와 연결하고 이전의 차단 경험에 비해 더 차분한 심리생리적 상태와 생존에 대한 더 큰 확신을 가지고 견뎌낼 수 있게 하는 것이다. 이 목표를 달성하기 위해서는 내담자에게 어려운 트라우마 처리작업을 안내할 치료 기술과 세심함이 필요하다. SPIM 30의 통합 단계에서 우리는 긍정적인 대인관계, 정신적 에너지와 심신의 에너지를 재충전하는 데 도움이 되는 장난스런 환경과 그 환경이 제공하는 안도감을 반복적으로 필요로 한다. 개별 치료에서 인형과의 대화 놀이나 여러 장난감을 사용하는 집단 치료는 아동뿐만 아니라 성인 트라우마 환자들에게도 거부감 없이 안도감을 제공할 수 있다(Vogt, 2015, 2016). 다미주 이론의 용어로 설명하자면, SPIM 30 접근법에서 우리가 추구하는 것은 사회 참여 체계의 속성을 가진 복측미주신경의 통제권을 구성하는 치료 장면을 통해 내담자에게 안도감을 제공하는 것이며, 이는 긍정적인 대인관계 에너지를 생성하고 재충전하는 효율적인 메커니즘이다. 동시에, 이러한 공유된 경험은 우리가 세상의 그 어떤 합리적이고 안심시키는 말로는 달성할 수 없었던 방식으로, 외상 환자들이 지닌 발달적으로 지체된 어린 부분들과 진정한 유대를 형성한다.

마무리하자면, 나는 이 장에서 설명한 SPIM 30 치료에 대한 이러한 통찰을 통해 인간이 유발한 트라우마에 대한 우리의 치료적 접근법과 타당하게 확립된 다미주 이론의 신경생리학적 특성이 어떻게 연결되었는지 보여주었기를 바란다. SPIM 모델은 지난 20년간 점진적으로 개발한 것이다. 20년간 이 모델에서의 변화는 반복적이고 창의적인 탐색, 시행 착오, 그리고 무엇보다 우리가 내담자의 어린아이와 같은 유추적 사고와 느낌에 익숙해짐에 따라 내담자의 맥락에서 생각하고 느껴 보려는 시도를 통해 일어났다. 우리는 치료 모델에 대한 이론과 임상적 환경을 계속해서 갱신하는 작업을 꾸준히 진행하고 있으며, 트라우마와 행동신경과학을 연구하는 동료들로부터 정보를 계속해서 얻고 있다.

17장

비행 공포증 치료: 다미주 이론의 관점에서 보기

Tom Bunn

개요

스트레스 호르몬은 실행 기능을 활성화하고 실행하고자 하는 충동을 유발한다. 실행 기능(executive functions)은 상황을 평가하기 시작하고 도망가고자 하는 충동을 억제한다. 정확한 평가는 부분적으로 성찰 기능(reflective functions)이 상상과 지각을 구별하는 능력에 따라 달라진다. 스트레스 호르몬이 너무 높아지면 성찰 기능은 무너지고 상상이 지각을 대체하게 된다. 이는 겁 많은 조종사가 자신의 비행기가 하늘에서 떨어질지도 모른다고 생각하는 걱정이 실제로 그런 일이 일어날 것이라는 믿음으로 바뀌는 것과 같다. 다미주 이론은 비행 공포증 치료에 관한 정보를 제공하며, 각성의 감정과 신경지각적 안전에 대한 기억 사이의 연관성을 확립함으로써, 각성이 복측미주신경 회로를 자극하고, 스트레스 호르몬의 영향을 초월하여 성찰 기능을 보호하고 지나친 상상으로 인한 고통을 제한한다는 주장을 뒷받침한다.

나는 엔지니어다. 나는 내 생의 99.99%에서 이성적이고 논리적으로 생각한다. 비행 며칠 전에, 나는 무슨 일이 일어날지 보고 느낄 수 있었다. 나는 추락할 비행기에 타고 말 것이다.

항공 비행은 놀랍도록 안전하다. 뉴욕 타임스 기사에서 MIT의 통계학 교수인 아놀드 바넷(Arnold Barnett)은 비율상 비행기가 한 대 추락할 때 4,500만 대가 안전하게 운항한다고 계산해냈다. 이 높은 안전 수준은 확률을 기반으로 위험과 보상을 평가하는 실행 기능을 가지고 있는 사람들에게 자신감을 준다. 그러나 두려움에 사로잡힌 사람에게는 수백만 대의 안전한 비행은 무의미하다. 이들에게 중요한 것은 통계의 반대 부분, 즉 추락한 비행에 대한 것이다. 비행에 대한 공포에 빠진 사람들은 동화(mobilization) 시스템에 의존하며, 이들에게는 각성을 조절할 수 있는 다른 시스템이 없기 때문에 이들이 동화를 포기할 수 있는 것은 오직 안전이 절대적으로 보장되었다고 믿을 수 있을 때이다.

일반적으로 비행기에 탑승한 승객은 "편안히 앉아서, 휴식을 취하며, 비행을 즐길 수 있도록" 서비스를 받는다. 하지만 동화 시스템에 의존하는 사람에게 이것은 불가능한 일이다. 다미주 이론의 관점에서 보면 이들은 활성화된 교감신경계의 생존 반응을 경험하고 있는 사람들이다(Porges, 2007; Porges, 2011). 비행기가 이륙하면 이들의 각성 조절 능력은 거의 상실된다. 지상으로 돌아갈 것이라는 예상만이 감정적으로 각성조절을 지탱해줄 뿐이다. 그러나 이러한 예상은 곧바로 또 다른 예상, 즉 비행기를 떠있게 하는 것이 아무것도 보이지 않으니 비행기가 추락할 것이라는 예상과 충돌하게 된다.

비행기가 공중으로 더 높이 올라갈수록 지상으로 다시 돌아갈 수 있다는 환상은 약해진다. 실질적으로 비행기가 궤도에 올라 순항하는 순간은 비행 중 가장 안전한 순간이지만, 감정적으로는 가장 어려운 순간이다. 밤 시간, 또는 구름 속에서의 비행은 위기감을 초래한다. 지면이 눈에 보이지 않으면 지면은 더 이상 존재하지 않는 것과 같이 느껴지기 때문이다. 귀환할 수 있다는 환상이 무너지고 결론적으로 공황 상태가 되어 버린다.

난기류가 없다면 주의가 다른 곳으로 분산되어 위험한 상황을 염두에 두지 않을 수도 있다. 그러나 한번 난기류가 시작되면, 주의의 분산은 끝나게 된다. 왜 그럴까? 사다리에 올라 천장에 페인트를 칠하는데 집중하고 있다고 상상해 보자. 만약 균형을 잃고 넘어진다면 편도체가 이에 반응할 것이고 스트레스 호르몬이 경고 알람을 울릴 것이다. 알람이 울리는 동안 고도의 집중력(위 예시에서는 페인트를 칠하는 것)이 사라진다. 경고 상태가 지속되는 한, 우리는 편도체가 반응하는 것에 집중해야 한다. 마찬가지로, 편도체가 비행기가 떨어지는 것을 감지하게 되면 경고 상태를 유발하는 스트레스 호르몬이 분비된다.

두려움에 떨고 있는 탑승객의 심리적 고통은 비행기가 하강하기 시작할 때까지 계속된다. 대부분의 사고는 착륙 중에 발생하지만, 지상으로 돌아갈 수 있다는 기대감은 동화 시스템의 환상을 활성화하여 안도감을 가져다준다.

경고 알람

휴대폰이 울리면 그 소리는 당신의 의식 속으로 들어온다. 전화를 받으면 알람이 멈춘다. 하지만 만약 알람이 멈추지 않는다면 그 상태로 누군가와 대화를 나누는 것은 얼마나 어려울까?

마찬가지로, 스트레스 호르몬 분비로 경고 알람이 울리면 편도체가 당신의 주의를 사로잡는다. 경고 상태가 완화되어야만 실행 기능이 상황을 평가하고 어떤 행동을 취해야 할지 결정할 수 있다.

경고 상태의 완화는 스트레스 호르몬이 약해져서 발생하는 결과라고 말하기엔 너무나도 빠르게 일어난다. 그렇다면 무엇이 경고 상태를 완화시키는 것일까? 다미주 이론(Porges, 2011)은 미주신경의 자극이 심장 박동의 속도를 늦추고, 부교감신경계를 활성화하여 스트레스 호르몬의 영향을 빠르게 극복할 수 있다고 말한다. 나는 아동의 초기 경험에서 양육자 신경지의 안전 신호가 신속하고 신뢰할 수 있는 것으로 뒤따라왔을 때, 미주신경이 활성화되어 경고 상태를 완화하는 기능이 발달한다고 제안한다.

복측미주신경이 평온한 상태에 있을 때, 우리는 스스로의 내면을 들여다보며 정신적 처리 과정을 비판할 수 있고, 우리가 지각에 몰두하고 있는지, 아니면 상상에 몰두하고 있는지를 직관적으로 감지할 수 있다. 이렇게 내면을 들여다보는 일은 성찰 기능, 메타 인식(meta-awareness), 메타인지(metacognition) 등 여러 가지 이름으로 불린다. 하지만 스트레스 호르몬이 어느 수준 이상으로 높아지면 성찰 기능은 사라진다. 자율신경계가 복측미주신경이 제공하는 안전한 조절 상태에서 벗어나, 교감신경계 또는 배측미주신경계의 적응적 생존 반응으로 바뀌면 상상과 지각의 구분이 사라진다. 이러한 상실은 정신분석학자 피터 포나기(Peter Fonagy)가 "심리적 등가성(psychic equivalence)"이라고 부르는 현상을 유발한다. 심리적 등가성 상태에서는 상상을 포함하여 마음속에 있는 모든 것이 지각으로 경험된다. 포나기는 이 상태에서 상상이 "현실에 대한 완전한 힘"을 갖게 된다고 말한다(Fonagy & Bateman, 2006, p. 9).

공중에서는 비행기가 고도를 낮출 때마다 스트레스 호르몬이 방출된다. 조절이 잘 되지 않는 상태에서 이런 스트레스 호르몬은 계속 쌓이게 된다. 이로 인해 성찰 기능이 무너지면, 비행기가 하늘에서 떨어지고 있다는 생각을 마치 실제로 일어나는 일인 것처럼 경험하게 된다.

한편, 지상에 있을 때, 스트레스 호르몬은 불안을 유발하는 생각에 의해 방출된다. 미주신경 조절 시스템이 성찰 기능을 보호하지 못하는 사람에게 스트레스 호르몬은 심리적 등가성을 유발할 수 있다. 치료에 찾아온 한 내담자는 디지털 시계를 힐끗 보았을 때의 시간이 7:37이거나 7:47이었을 때마다 공황에 빠졌다. 일부 비행공포증 환자들은 비행기를 보고 공황에 빠질 것을 염려하여 하늘을 바라보는 것을 피하기도 한다.

수년 동안, 경고 알람이 충분히 완화되지 못한 비행공포증 환자들을 도울 수 있는 효과적인 방법은 없었다. 조종사들은 비행이 얼마나 안전한지 아는 것만이 두려움을 끝낼 수 있다고 믿었다. 그러나 조절에 취약한 사람들은 동화가 차단되었을 때만이 완전하게 안전하다고 느낄 수 있다. 치료사들은 이성적인 사고가 두려움을 멈추게 할 것이라고 주장했다. 그러나 스트레스가 심리적 등가성을 유발하면 비행에 대한 이성적인 평가가 불가능하다. 어떤 사람들은 두려움과 이완은 동시에 느낄 수 없기 때문에 이완이 두려움을 멈출 것이라 주장했다. 그러나 난기류로 인해 비행기가 하늘에서 떨어지는 것처럼 느껴지면 이완은 무너지게 된다. 실제 비행에 대한 둔감화는 단계적으로 조절할 수 없다. 컴퓨터로 생성된 이미지는 단계적으로 조절할 수 있었지만 위험, 통제력 상실, 탈출 불가능에 대한 노출이 없었으므로, 결국 둔감화는 이뤄질 수 없다.

다미주 이론은 각성 조절 시스템의 계층 구조를 통해 문제를 밝혀냈다. 각성 조절은 가장 상위의 시스템에 의해 먼저 시도된다. 이 시도가 각성 조절에 실패하면 각성 조절은 그 다음 단계의 시스템이 담당하는 식으로 작동한다. 자율신경계는 다른 사람과의 관계 속에서 조율되고, 초기 관계는 자율신경 반응 패턴에 중요한 영향을 미친다. 따라서 상위의 시스템이 얼마나 잘 작동하는지는 개인마다 크게 차이를 보일 수 있다.

각성 조절 시스템

레벨 1: 부동화 시스템; 배측미주신경 복합체

전략: 부동화. 가장 원시적인 시스템으로, 공격을 받으면 무의식적으로 죽은 척을 통해 방어

한다. 사실상 무제한으로 움직이지 않는 상태를 유지할 수 있는 생물에게 효과적이다. 하지만 포유류의 경우, 부동화는 뇌로 가는 혈류를 급격히 감소시키기 때문에 문제가 된다.

레벨 2: 동화 시스템; 교감신경계
전략: 투쟁-도피. 좀 더 정교한 이 시스템에서 편도체는 환경의 변화에 반응하며 스트레스 호르몬을 방출하고, 도망가고자 하는 욕구를 만든다.

레벨 3: 실행 기능; 인지
전략: 위험 평가 및 관리. 스트레스 호르몬에 의해 이 시스템이 활성화되면, 실행 기능이 상황을 조사하기 시작한다. 최적의 작동 상태에서 미주신경 브레이크(polyvagal brake)는 성찰 기능을 보호한다. 위협이 발견되지 않으면 실행 기능이 경고 알람을 종료한다. 반면, 위협이 확인되면 실행 기능은 몇 가지 선택지들을 고려하게 된다. 전략적 결정에 의거하여, 실행 기능은 스트레스 호르몬 분비를 종료한다. 최적이 아닌 상태에서는, 미주신경 브레이크가 제대로 작동하지 않으면 스트레스 호르몬이 성찰 기능의 실패를 초래하게 되어, 실행 기능이 상상력에 기반한 위협과 지각에 기반한 위협을 구분하지 못하고 동일시하게 만든다.

레벨 4: 사회 참여 체계; 복측미주신경계
전략: 외부에서 참조된 사회적 안전에 대한 신경지가 미주신경 브레이크를 통해 스트레스 호르몬의 영향을 무효화하고, 부교감신경계를 활성화하여 경고 상태를 완화하여 동화하고자 하는 충동을 억제한다. 안전에 대한 신경지는 성찰 기능을 보호하고 실행 기능을 촉진한다. 신체적, 정서적 안전에 대한 신경지에 의해 최대한의 미주신경 자극이 생성된다.

수천 명의 비행공포증 환자들을 대상으로 한 치료들을 바탕으로, 나는 신경지가 안전한 과거 경험을 참고하여 경고 상태를 완화하는 단계인 레벨 5가 있다고 제안한다. 나의 이러한 견해는 공황을 겪었던 수천 명의 사람들이 신경지가 느끼기에 안전한 사람의 존재로 인해 방어가 해제된 기억과 각성 사이의 연결이 형성된 후 더 이상 공황을 느끼지 않게 된 일들에 대한 관찰에 근거한다.

내 SOAR(역자주: 저자가 개발한 비행불안 해소 프로그램) 모델에서 신경지의 안전에 대한 기억을 통해 이뤄지는 각성 상태의 완화는(다른 조절과는 대조적으로 신경지가 안전하다고 느끼는 사람의 물리적인 존재에 의해 생성되는) 자기조절의 기반으로 제시된다.

레벨 5: 내부 복제 시스템

전략: 신경지가 안전하다고 느낀 내부의 참조된 기억이 스트레스 호르몬의 영향을 무효화한다. 미주신경 브레이크를 통해 경고를 완화하고, 부교감신경계를 활성화한다.

초기 경험에서, 경고에 대해 신경지의 안전을 유도하는 방식의 반응이 지속적으로 이루어지면, 경고 이후에는 안전이 온다는 순서가 마음속에 하나의 작동 모델로 자리잡게 된다. 이후에는 자연스럽게 경고 알람이 각성 상태를 완화시킨다.

또는 내부 복제 시스템이 각성을 성공적으로 조절하거나 경고 완화를 일으켜 실행 기능을 촉진할 수도 있다. 내부 복제 시스템이 사용할 수 있는 자원이 부족한 경우, 레벨 5에서는 조절이나 경고 상태의 완화가 일어나지 않지만, 신경지가 안전하다고 느끼는 사람과의 사회적 참여를 통해서 레벨 4에서 조절이나 경고 상태의 완화가 가능할 수 있다.

사회적 참여에 실패하면 조절은 레벨 3, 즉 실행 기능으로 되돌아간다. 경고 상태가 완화되면, 실행 기능이 환경을 평가하고, 위협을 식별하게 되면 가능한 선택지들을 평가하게 된다. 행동 계획이 정해지거나 별도의 행동이 필요하지 않다는 평가가 내려지면, 실행 기능은 편도체에 스트레스 호르몬 분비를 중단하라는 신호를 보낸다. 그러면 신체는 다시 항상성 상태로 돌아간다. 이는 복측미주신경 조절, 교감신경계로 인한 괴로움, 그리고 다시 복측미주신경의 균형으로 돌아가는 자율신경 반응의 자연스러운 흐름이다.

레벨 5 또는 레벨 4에서 어느 정도의 완화가 없으면 실행 기능이 손상되어 성찰 기능이 무너지고 심리적 등가성이 발생한다. 실행 기능이 상상과 지각을 구분할 수 없게 되면 상상 속의 위협은 실제 위협처럼 경험된다. 실행 기능이 위협에 대처하기 위한 선택지를 고려할 때, 그 결과는 거의 확실한 것으로 인지된다. 낙관주의자는 성공을 상상하는 반면, 비관주의자는 실패를 상상한다. 즉, 심리적 등가성은 낙관주의자의 경우에는 어떤 계획을 세우든 반드시 성공할 것이라고 생각하게 만드는 반면, 비관주의자에게는 모든 계획이 반드시 실패할 것이라고 여기게 만든다. 이로 인해 낙관주의자는 섣부른 결심을 하게 되지만, 비관론자는 아예 결심을 할 수 없게 된다. 결심하지 못하면 실행 기능은 스트레스 호르몬 분비를 중단할 수 없다. 이로 인해 각성을 조절할 수 없게 되면, 투쟁과 도피의 단계인 2단계에 빠지게 된다.

상상으로 인한 고통

두려움에 떠는 비행기 탑승객은 비행 중에 일어나는 일로 고통받지 않는다. 그들은 심리적 등가성으로 인해서 상상을 실제로 일어나는 일처럼 경험하기 때문에 고통을 받는 것이다. 위험이나 생명의 위협에 대한 신경지는 자율신경계에서 조절곤란 상태를 일으키고, 이 상태는 곧 고통의 맥락으로 이해된다. 이러한 고통의 원인으로는 두 가지가 있다. 첫째, (a) 그들이 믿고 있는 것이 비행기에 실제로 일어나고 있다고 믿는 것과 둘째, (b) 공황 상태 중에 일어나는 일이 자신에게 진짜로 일어나는 일이라고 믿는 것이다. 두 경우 모두, 벗어날 길이 없는 일을 믿는 것이다.

동화와 공황

스트레스 호르몬이 경고 알람을 울린 이후에 경고 상태가 점차 진정되면 심박수와 호흡률이 약간 증가하여 신체가 동화할 준비를 한다. 땀이 증발하여 몸을 식히는 것 역시 몸의 동화를 준비하는 것이다. 심리적으로 조절된 각성은 주의력과 경계심, 깨어 있는 상태가 가능하게 한다. 최적으로 작동하는 실행 기능이 상황을 평가하고 자율신경 반응을 조절한다.

그러나 레벨 5에서의 관계 복제품이나, 레벨 4에서의 실제 관계가 안전에 대한 신경지를 통해 경고 상태를 진정시키지 못하면, 레벨 3의 실행 기능으로 되돌아가게 된다. 이 단계에서는 심장이 두근거리고, 과호흡이 찾아오고, 땀을 흘리게 된다. 성찰 기능이 압도되면, 상상과 지각의 융합으로 인해 손상된 실행 기능이 각성을 조절할 수 없게 된다. 다미주 이론이 제공하는 예측 가능한 계층 구조에 따라, 각성 조절은 레벨 2인 동화 시스템으로 되돌아간다. 안도감은 명확한 탈출 경로가 보일 때 비로소 발생하기 때문에 "터널 끝의 빛"이라는 표현이 쓰이는 것 같다.

레벨 2의 동화 시스템이 활성화되면 실행 기능은 사용할 수 없게 된다. 계단이나 문, 엘리베이터와 같은 일반적인 장애물을 생각만으로 극복할 수 있는 능력이 무너진다. 명확한 탈출 경로가 없으면 공황 상태가 된다.

내가 독일에서 주둔할 때 있었던 한 사건이 떠올랐다. 우리 비행 편대는 공군 최초의 초음속 제트 전투기를 조종하고 있었다. 따라서 이 전투기는 안전한 비행기가 아니었고 실제로 제작된 F-100 전투기 3대 중 1대가 추락했다. 어느 날, 점심시간에 우리 중 몇 명이 F-100을 조종하는 것의 우려되는 점에 대해 이야기를 나누고 있던 중, 한 조종사가 이렇게 말했다. "너희는 다 겁쟁이들이야. 나는 아무것도 두렵지 않아." 이듬해 우리가 F-100에서 F-105로 기종을 바꿨을 때, 그 조종사는 알라바마 주 모빌(Mobile)에서 독일 기지까지 이 새 전투기를 조종하는 임무를 맡게 되었다. 장거리 비행이었으므로 전투기에 외부 연료 탱크 세 개를 양쪽 날개와 배 밑에 각각 하나씩 장착해야 했다.

전투기 배 아래 쪽의 연료 탱크는 활주로 바닥과의 간격이 몇 인치밖에 되지 않았다. 이륙할 때, 그가 착륙 기어를 너무 일찍 들어올려서 연료탱크가 활주로를 긁게 되었다. 연료탱크에서 새어 나온 연료가 엔진의 배기구 쪽으로 흘러 들어가면서 불이 붙었다. 화염이 전투기 뒤쪽에 붙었기 때문에 조종사는 위험하지 않았다. 관제탑은 불기둥을 보았지만 전투기 뒤에서 불길이 일어나고 있다는 사실은 미처 깨닫지 못해 조종사에게 전투기에 불이 났다고 무전을 보냈다.

전투기 조종사는 비상 상황에 대비해 훈련을 받는다. 비상 상황에서의 첫 번째 단계는 버튼을 눌러 외부 연료 탱크를 버리는 것이다. 외부 탱크의 연료 무게를 줄이면 전투기를 쉽게 조종할 수 있게 된다. 이미 훈련을 받았음에도 불구하고, 그는 외부 탱크의 연료를 버리는 데 실패했다. 그는 갑자기 활주로 쪽으로 전투기의 방향을 돌렸고, 연료의 무거운 하중으로 인해 전투기가 뒤집혀 모빌 만(Mobile bay)으로 추락했다. 결국 그는 사망했다.

왜 그는 모든 전투기 조종사가 비상시 반사적으로 행동하도록 훈련받은 대로 행동하지 않았을까? 왜 그는 버튼을 누르지 않았을까? 또 비행기가 멈췄을 때 왜 비상탈출을 하지 않았을까? 이후 사고 조사에서 그가 물 공포증이 있다는 사실이 밝혀졌다. 기본적으로 공군 조종사는 수영을 할 줄 알아야 하지만, 그는 수영 테스트가 있을 때마다 아프다고 핑계를 대며 의료 센터를 찾았다. 물에 대한 두려움으로 인해, 물 위에서의 위급한 상황이 이 조종사의 실행 기능을 멈추게 한 것이다. 이로 인해 그의 감정 조절은 원시적 동화 시스템까지 내려갔다. 그의 동화 시스템은 도망치는 방법만 알고 있었고, 탈출 버튼을 누르는 방법이나 전투기를 조종하는 방법은 알지 못했다. 즉각적인 탈출을 요구하는 동화 시스템은 조종사로 하여금 전투기가 감당할 수 없을 만큼 급격하게 활주로 쪽으로 기체를 돌리게 만들었다.

공황은 무엇으로 이루어져 있는가?

공황은 심장 두근거림, 과호흡, 발한, 극심한 긴장과 이인증(depersonalization), 비현실감(derealization), 해리(dissociation), 정체성 상실, 장소 및 시간 감각 상실과 같은 심리적 변화로 설명된다.

사실 공황은 이 중 어느 것도 아니다. 이것들은 공황 없이도 경험할 수 있는 것들이다. 공황은 동화 시스템에 취약한 사람이 생명을 위협하는 피할 수 없는 상황을 경험할 때 발생한다. 예를 들어, 심장이 두근거리는 것을 느낄 때 그 사람은 위험에 대한 신경지를 경험하게 된다. 이 경우, 심장마비일지도 모른다는 생각이 들 수 있다. 이 생각은 다시 스트레스 호르몬의 분비를 촉발한다. 동화 시스템이 활성화되면 증가된 각성을 진정시키는 것은 불가능하다. 성찰 기능의 상실은 심리적 등가성으로 이어져 그 생각을 현실과 같이 경험하게 한다. 심장마비 위협은 신체의 내부에 있기 때문에, 레벨 2 동화 시스템은 각성을 조절할 수 없다. 따라서 공황, 그리고 레벨 1인 부동화 상태로의 하강이 충분히 발생할 수 있다. 생리적인 변화를 경험하는 사람은 심리적 등가성으로 인해 자신이 미쳐가고 있다고 여길 수도 있다.

포나기 박사는 자존감이 높은 사람도 자존감이 낮은 사람만큼이나 자신에 대해 부정적인 생각을 많이 할 수 있다고 제안했다. 심리적 등가성이 얼마나 쉽게 일어나는지에 따라 자존감의 차이가 발생할 수 있다. 부정적인 자아상이 마음에 떠오르면 스트레스 호르몬의 분비가 자극된다. 성찰 기능이 약하다면 심리적 등가성이 부정적인 생각을 마치 사실인 것처럼 받아들이게 만든다. 반면에 심리적 등가성이 쉽게 일어나지 않는 사람은 그 생각을 단순한 추측으로 간주할 것이다.

따라서 본질적인 문제는 바로 이것이다. '각성이 일어났을 때, 개인이 신체적 또는 심리적 변화가 일어나고 있음을 느낀다면 그의 성찰 기능이 계속 작동할 수 있을 것인가?' 만약 그렇다면, 그 사람은 자신이 추측에 관여하고 있다는 것을 알고 공황에 빠지지 않을 것이다. 반면에 성찰 기능이 약하거나 경고 상태를 진정시키는 능력이 부족하거나, 혹은 이 두 상황이 복합적으로 작용하여 성찰 기능이 정지되면, 추측을 현실처럼 경험하게 된다. 신체적 또는 심리적 변화는 생명을 위협하는 위급 상황으로 경험되는 것이다.

다미주 이론을 통해 그 차이를 다음과 같이 개념화할 수 있다. 각성이 시작되면, 도전적인 상황에 대처하기 위해 미주신경 브레이크가 활성화된다. 미주신경 브레이크 반응이 위험에 대한 신경지를 적절히 조절하면, 안전한 복측미주신경 상태로 돌아간다. 반면, 미주신경 브레이크 반응이 신경지가 직면한 어려움에 대응하지 못하면 조절 상태로 돌아가는 대신, 생존 반응으로 전환되게 된다.

공황의 각 요소와 신경지의 안전에 대한 기억을 연결하여 성찰 기능을 보호할 수 있다면 공황을 예방할 수 있다. 예를 들어, 실행 기능이 손상되지 않은 경우, 운동할 때 유산소 운동 효과를 얻기 위한 목표 심박수가 분당 140회라는 것을 인식할 수 있다. 그러나 심리적 등가성으로 인해 실행 기능이 손상된 경우, 분당 115회 박동은 심장 마비를 의미하게 된다. 마찬가지로 과호흡은 아무것도 아닐 수도 있지만, 질식을 의미할 수도 있다. 생리적 변화는 흥미로운 경험일 수도 있고, 스스로가 미쳐가고 있다는 느낌을 줄 수도 있다.

신경지가 안전하게 느끼는 기억 찾기

완전한 신경지의 안전은 달성하기 어려울 수 있다. 사회적 환경에서는 사람들이 경쟁적이고, 서로를 판단하거나, 때로는 비판적일 수도 있다. 스트레스 호르몬이 주는 영향을 최대한 무효화하려는 것은 안전에 대한 신체적, 정서적 신경지에 의한 결과이다.

미주신경 브레이크를 설명하기 위해, 적어도 기억 속 그 당시에는 당신에 대해 전혀 판단적이지 않았던 친구와 함께했던 시간을 떠올려보자. 그 사람의 존재감, 얼굴 표정의 변화, 목소리 톤의 변화, 몸이 이완된 정도를 떠올릴 때, 당신의 경계심이 풀리는 것을 느꼈는가? 그렇다면, 당신은 미주신경 브레이크의 효과와 사회 참여 체계의 영향을 경험한 것이다. 신경지의 안전에 대한 기억은 경계를 늦추고 복측미주신경 조절능력의 회복을 가져올 수 있다.

신경지의 안전에 경고 알람 연결하기

경고 알람과 신경지의 안전 사이의 연결은 경고가 미주신경 브레이크와 부교감신경계의 활성화를 유발하게 하는 회로를 구축한다.

일반적으로 공황은 한 가지 요소에서 시작하여 두 번째 요소로 확산되고, 두 번째 요소가 세 번째 요소를 유발하는 식으로 본격적인 공황이 발생할 때까지 계속된다. 공황의 각 요소와 신경지의 안전에 대한 기억을 연결하여 성찰 기능을 보호하면 공황을 예방할 수 있다. 따라서 신경지의 안전과 과호흡, 심장 두근거림, 발한, 신체 긴장, 심리적 변화, 소화기 문제 사이의 연결을 구축해야 한다. 공황의 각 요소가 신경지가 안전하다고 느끼는 것과의 연관성을 통해 무력화되면, 내담자는 비행기나 지상에서 공황이 발생하지 않는다고 말할 수 있게 된다.

도전적인 활동과 신경지의 안전 연결하기

활동이나 상황과 신경지의 안전을 연결하면 편도체 반응을 예방할 수 있다. 미주신경 브레이크를 활동이나 상황과 연결하려면 각 부분을 세분화하면 된다. 각 부분을 안전한 사람과 함께 있었던 기억과 연결해보자. 그 사람이 자신의 얼굴 근처에서 활동의 일부를 보여주는 흑백 사진을 들고 있다고 상상해 보자. 비행 상황에서 그 사람의 얼굴, 목소리, 몸짓을 동시에 떠올리면 시각적 연결고리가 빠르게 형성된다. 청각적 연결은 친구와 함께 사진을 보며 대화를 나누는 모습을 상상하는 것으로 형성할 수 있다. 또한 사진에 대해 이야기할 때 상대방이 내 손을 만진다고 상상하면 운동 감각적 연결을 추가할 수 있다. 여기서 우리는 자율신경계가 반응하는 요소인 얼굴 표정, 목소리의 억양, 움직임, 접촉 등을 사용하여 안전에 대한 신호를 활성화하는 것이다.

이 활동에서는 불안감이 없어야 한다. 작은 흑백 사진은 이것이 실제 상황이 아니며 반응할 필요가 없다는 신호를 보낸다. 심리적 거리가 더 필요하다면, 사진 대신 그 상황을 묘사한 만화를 사용할 수도 있다.

다미주 이론에 기반한 비행공포증 치료에 대한 자세한 정보는 『SOAR: 비행공포증에 대한 획기적인 치료법(SOAR: The Breakthrough Treatment for Fear of Flying)』(Bunn, 2013)에서 확인할 수 있다.

동화 시스템의 취약성 줄이기

비행 시 안전에 대한 우려를 표현하는 일부 사람들은 마취과 의사가 그들을 이륙 전에 기절시키고 도착했을 때 깨어나게 해준다면 주저 없이 비행을 하겠다고 말한다. 무의식 상태에 있다는 것이 안전한 도착을 보장하지는 않지만, 적어도 각성 조절 문제를 배제할 수는 있다.

신체적 안전이 보장되어 있더라도 동화에 취약하면 엘리베이터 이용, 터널 진입, 지하철 탑승, MRI 촬영과 같은 일들이 어려울 수 있다. 동화에 취약한 사람은 각성을 조절하기 위해 극장에서는 맨 끝자리를 필요로 할 수 있다. 고속도로 및 간선 고속도로를 타고 여행할 때, 출구가 보이지 않으면 공황 상태에 빠질 수도 있다.

다미주 이론을 통해 보면 각성 조절 시스템은 계통학적으로 위계화 된 것으로 보인다. 비교적 새로 등장한 각성 조절 시스템은 이전에 제시되었던 시스템보다 더 정교하다. 가장 발전한 시스템에서 조절의 시도가 가장 먼저 일어난다. 만약 조절에 실패하면, 그다음으로 발전된 단계의 시스템으로 순서가 넘어간다. 그러나 시스템이 정교할수록 효과적으로 작동하려면 더 많은 개인적 발달이 필요하다.

상위의 시스템에서 발달이 일어나지 않으면, 개인은 발달이 필요 없는 시스템, 즉 동화 시스템에 의존해야 한다. 이러한 의존성은 사회 참여 체계와 내부 복제 시스템의 발달을 통해 완화시킬 수 있다. 이러한 발달은 경고 알람, 높은 수준의 각성과 그 각성을 유발하는 상황에 대한 신경지의 안전 사이에 연결 고리를 구축함으로써 이룰 수 있다.

신경의 경고 알람과 신경지의 안전이 긴밀히 연결되면 경고 상태가 진정된다. 또, 각 상황의 유발 요인이 신경지의 안전과 잘 연결되면 경고 상태를 예방할 수 있다. 두 가지 모두 성찰 기능을 보호하고, 심리적 등가성을 예방하며, 실행 기능이 각성을 조절할 수 있게 함으로써 내담자가 동화 시스템에 의존하지 않도록 만든다.

중증의 비행공포증 환자를 위해 고안된 강의를 수강한 사람들에게 수강 전후로, 공황 상태에 대해 묻는 이메일을 보냈을 때 21명의 사람들이 응답했다. 21명 모두 수강 전에는 비행 중 공황을 경험했다고 답했다. 수강 후, 15명은 공황을 경험하지 않았고, 6명도 공황이 훨씬 줄어들었다고 답했다. 이 강의는 비행 중 공황에 초점을 맞춘 것이지만, 지상에서의 공황에도 도움이 되는 것으로 나타났다. 수강 전에는 15명이 지상에서 공황을 겪었다고 답했지만, 강의 후에는 그중 13명이 지상에서 공황을 겪지 않는다고 답했고, 나머지 2명은 지상에서 공황이 훨씬 덜 빈번하게 발생했다고 답했다.

신경지가 안전하다고 느끼는 것의 진정 효과

비행공포증 치료에 다미주 이론을 사용한 후, 나는 내담자들과 진행한 여러 상담 세션을 녹화하여 비행공포증 강의를 비디오로 제작했다. 특히 한 내담자는 각성 조절과 관련하여 다미주 이론의 역학에 대해 묘사했다.

이 내담자는 헝가리 혁명 당시, 정권에 대항하는 비밀 작전에 참여한 부모님 사이에서 태어났다. 그녀의 생후 첫 몇 달 동안, 내담자의 어머니는 자신과 남편의 신분이 노출되어 감옥에 투옥되거나 처형될까 봐 두려워했다. 정부가 그들을 의심한다는 말을 듣자마자 그들은 재빨리 탈출했다. 이 내담자는 평생 불안감으로 인한 어려움을 겪어왔다. 미국에서 태어난 그녀의 여동생은 이러한 불안이 없었다.

여동생에게 이러한 불안감이 없다는 사실은 그녀의 어머니가 미국에서는 내면화 가능한 신경지의 안전을 예측할 수 있는 경험을 제공했음을 시사한다. 그러나 헝가리를 탈출하기 전에는 극심한 불안과 지속적인 위험에 대한 신경지 때문에 어머니가 첫째 딸에게 내면화가 가능한 신경지의 안전을 제공하는 것이 불가능했을 것이다.

다음 지문은 내담자와의 상담 세션에서 아버지와 함께한 경험이 각성, 그리고 비행과 관련된 도전적인 상황들과 연결되었다는 내용을 필사한 것이다.

Tom: 제가 최근에 자주 생각하는 것은 우리가 땅에서 떨어지는 순간, 마치 물에서 나온 물고기가 되는 것 같다는 점입니다. 지상은 우리가 통제할 수 있는 곳이고, 우리가 불안하다면 우리는 그 불안을 없애기 위해서 더 많은 통제권을 얻기를 원하는 것이지요. 불안을 없애는 또 다른 방법은 나와 다른 사람 사이의 공감적 연결을 통해 이루어집니다. (즉, 호혜성과 상호조절을 사용하는 것이다.) 공감적 연결이 있을 때는 안전하다는 느낌이 듭니다. 공감적 연결이 있을 때 상대방은 우리에게 위협이 되지 않습니다. 상대방이 우리에게 상처를 주는 행동을 하면, 그것은 도리어 그들에게 상처가 됩니다. 따라서 아이들이 공감적 연결을 통해 평온함을 느끼고 이를 몸에 익히면(경험이 내면화되면), 불안 장애를 겪지 않을 것입니다. (이러한 경험은 미주신경 브레이크의 능력을 발휘하게 한다.) 그들은 안전하다고 느낍니다. 하지만 이러한 안전의 느낌을 얻지 못하면 내면의 불안이나 결핍을 채우기 위해 다시 무언가를 통제하려 하게 됩니다. 지상에서 우리는 약간의 연결과 통제감 모두를 가지고 있습니다. 하지만 공중에서는 이 두 가지를 모두 잃게 됩니다. 따라서 라이너스의 안전 담요(역자

주: 만화 피너츠에 등장하는 캐릭터 라이너스가 항상 들고 다니는 담요로, 라이너스에게 심리적 안정을 주고 편안한 느낌을 주는 물건이다. 담요를 매우 소중하게 여기며 담요가 없으면 불안해하는 모습도 보이는데, 그래서 라이너스의 안전 담요는 심리적으로 안정감을 주는 물건이나 사람을 의미하는 용어로 사용되기도 한다)를 생각해보면, 그것은 어머니와 연결되어 있다는 느낌을 유지하기 위해 사용하는 것입니다. 그에게 있어 엄마가 자신을 진정시키기 위해 한 일을 내면화한 것만으로는 충분하지 않은 것이죠. 만약 지상이 우리의 안전 담요로서, 우리가 우리를 진정시키는 사람들과 연결되어 있다고 느끼는 매개체라면, 이것이 사라졌을 때 우리는 무엇을 할 수 있을까요? SOAR 프로그램에서 우리가 하는 것은 "강화 훈련(strengthening exercise)"으로, 매개체를 건너뛰고 안정감을 주는 느낌과 직접적인 연결을 제공하는 것입니다. (안전에 대한 신경지) 그리고 그 느낌에 도달하면, 순간적으로 비행 상황을 생각하고 다시 바로 안전한 느낌으로 돌아가봅시다. 그러면 그 생각은 안전한 느낌에 감싸이게 됩니다. 우리의 모든 생각에 대해서 이렇게 하고, 비행에 대한 모든 생각, 심지어 끔찍한 생각까지도, 불안을 다스리는 데 도움이 되는 그 연결의 느낌으로 감싸면 도움이 될 무언가를 얻게 된 것입니다. 이 얘기를 하니 예전에 당신이 아버지에 대한 생각을 통해 효과적으로 이러한 작업을 수행했던 것이 생각이 나네요.

내담자: 맞아요. 눈사람. 지금도 그때만큼 선명하게 기억납니다. 그리고 그 일화를 당신에게 전하면서 느꼈던 그 평온함이 아직도 느껴집니다. 저는 아직도 그때 느꼈던 평온함 … 평온함이라는 표현이 맞는지 모르겠지만, 평화로움, 연결성, 안전함, 제 내면과 외부 모두에서 평화로움이 느껴집니다. 저는 그것을 일종의 제 역장, 혹은 제가 들어갈 수 있는 저만의 방울처럼 상상합니다. 어느 겨울 밤이었고, 눈이 내리고 있었습니다. 아마 일요일 밤이었던 것 같고, 여동생과 아버지, 그리고 저는 장비를 착용하고 밖으로 나갔습니다. 우리는 밖에 나가서 눈사람을 만들며 즐거운 시간을 보냈습니다. 저는 특히 아버지와 정말 강한 유대감을 느꼈고, 그것은 제가 항상 아버지와 함께할 때 느끼던 것이었으며, 이것이 제가 찾는 안전의 원천일지도 모릅니다. 아버지는 우리에게 보호의 원천이었습니다. 그리고 저에게는 항상 제가 느끼는 안전감이 중요했습니다. 아버지는 저에게 그런 존재였습니다. 그는 매우 차분하고, 유대감이 강하며, 아버지다웠고, 사랑을 주고, 보호해 주는 아버지였습니다. 그날 밤은 그 모습을 상징하는 듯합니다. 보름달이 뜬 어둠에 둘러싸인 건 우리 둘 뿐이었습니다.

Tom: 주위를 보호하는 방어막처럼요. (안전의 신호를 식별하는 것)

내담자: 정확합니다.

Tom: 그 느낌으로 가보세요. 제가 한 가지 상상해달라고 부탁드리겠습니다. 눈 속에서 놀다가 우연히 아래를 내려다보니 공항 터미널에 있는 비행기 사진을 발견했다고 상상해보세요. 사진이기 때문에 당신은 그 비행기와 별 관련이 없습니다. 그러다 그 사진이 눈에 가려지고 아버지를 다시 보게 됩니다. 이때 당신은 당신의 아버지가 제공하는 방어막의 존재를 느낍니다. 그다음, 눈사람을 보다가 다시 아래를 내려다보게 되고, 아마도 착륙 직전의 비행기가 있는 신문 조각을 발견합니다. 눈사람을 계속 만들면서 아버지의 눈을 바라봅니다. 아버지는 당신을 바라봅니다. 그리고 정말 놀라운 연결감과 유대감이 느껴집니다. (안전의 신호) 그리고 다시 아래를 보니 버려진 잡지가 있고, 비행기가 비행 중인 사진이 있습니다. 다시 아버지를 바라봅니다. (안전의 신호) 우리는 일반 비행에서 일어나는 모든 일에 대해 이렇게 할 수 있습니다. 이렇게 하면, 정상적인 비행 중에 비행이 당신에게서 에너지를 빼앗아 가는 대신, 비행기에서 일어나는 모든 일이 당신에게 아버지와 함께 있다는 느낌을 줍니다. (안전에 대한 신경지를 유지하기 위해 상상으로 상호조절을 적극적으로 활용한다.)

내담자: 마치 탯줄 같은 느낌이네요. 그걸 상상하면, 거의 그런 느낌이 들어요.

이 상담 세션을 돌이켜 보면, 이 내담자는 신경지의 안전을 느꼈던 아버지와의 경험을 생생하게 기억하고 있었다. 하지만 이 경험이 삶의 다른 영역으로 자연스럽게 일반화되지는 않았다. 이 내담자에게 보다 정교한 각성 조절을 제공하기 위해 필요한 것은, 신경지가 안전하다고 느꼈던 아버지와의 경험을 여태까지 동화 시스템에 의존했던 도전적인 상황과 연결하는 것이었다.

신경지의 안전에 대한 단 한 번의 경험만으로도 내담자의 각성 조절 능력을 변화시킬 수 있다는 사실이 정말 놀라울 뿐이다. 이는 마치 땅콩버터 한 병으로 원하는 만큼 크래커에 잼을 바를 수 있는 것과 같다. 신경지가 안전하다고 느꼈던 단 한 번의 경험은 경고의 각 측면과 경고를 유발하는 상황과 연결시킬 수 있다.

이례적인 위협에 노출된 후 신경지에서의 안전과의 연결

멕시코행 비행기에서의 난기류에 의한 난항으로 트라우마를 겪은 한 남성이 그리스에서의 신혼여행 계획을 취소하고 대신 사우스캐롤라이나로 향했다. 비행과 신경지의 안전 사이의 연관성을 확립하는 치료를 받은 후, 그는 성공적으로 비행기를 탈 수 있었다. 그러던 중, 9월 11일에 큰 고난이 그에게 발생했다. 그는 세계무역센터의 북쪽 건물 25층에서 테러를 당했다. 도전적인 비행의 상황과 9.11의 경험을 자신의 아내와 아들과 연결하는 일련의 상담 세션이 진행되었다. 극심한 외상을 겪은 후, 이전처럼 자신감 있게 비행에 복귀한 그의 모습은 신경지의 안전이 가지는 진정 효과를 극적으로 보여준다.

요약

스트레스 호르몬은 투쟁-도피 반응으로 알려진 교감신경계 반응을 유발한다. 이 생존 반응은 동화 시스템에 의존하는 사람들에게 습관적으로 나타난다. 투쟁-도피는 레벨 2의 동화 시스템이 활성화될 때 나타나는 반응이다. 각성이 완화되지 않았거나, 각성 후 외상이 너무 자주 발생했거나, 각성을 단순히 각성으로만 경험하는 경우에 즉각적으로 나타날 수 있다. 이러한 상황에서는 신경지가 안전한 경험을 할 수 있는 기회가 부족하기 때문에, 투쟁-도피가 기본값으로 작용하게 된다.

경고 알람이 신경지의 안전에 대한 기억과 연결되면 복측미주신경 활동이 경고 상태를 완화시킨다. 이러한 완화는 최적의 실행 기능과 상황의 평가를 촉진하여 경고 알람의 원인을 파악하고, 필요한 조치가 있다면 그것이 무엇인지 결정할 수 있게 한다. 수천 건의 비행공포증 내담자와 함께한 경험에 따르면, 경고 알람이 관계에서 신경지가 안전하다고 느끼는 기억과 연결될 때 자동적인 복측미주신경 조절이 일어나고, 개인을 동화 시스템에 대한 의존에서 벗어날 수 있게 한다.

18장

다미주 이론의 관점을 통해 본 애도: 상실에 대한 임상적 반응을 인간적인 것으로 보기

Candyce Ossefort-Russell

개요

사랑하는 사람을 잃는 것은 극심한 고통이다. 애도의 감정은 강렬하고 통제하기 어렵다. 서구 문화는 이러한 고통을 경시하고, 애도하는 이들을 황량한 환경에 놓이게 한다. 이 장에서는 다미주 이론이 문화적으로 비효과적인 애도 반응에 어떻게 대안을 제시하는지를 다룬다. 다미주 이론의 관점에서 보면 상실에 대한 반응은 이해 가능한 것으로 받아들여지며, 회복을 촉진하는 환경은 설명 가능하다. 또한, 이 이론은 애도로 인한 극심한 신체적, 정서적 반응을 정상적인 현상으로 규정하고, 방어적 반응을 오히려 악화시키는 기존의 문화적 접근과 대비하여 치유를 위해 사회적 안전이 필수적임을 강조한다. 임상가들은 다미주 이론을 통해 애도자들이 치유와 회복을 경험할 수 있는, 신경적 차원의 안전한 기반을 제공하는 방법을 배우게 된다. 실제 사례를 통해 애도에 대한 이 새로운 접근법을 설명할 것이다.

신경 회로를 자극하여 생리적으로 안정된 상태를 촉진하는 대인 간의 상호작용은 건강과 치유, 성장 과정에 기여할 수 있다. 반대로 위협적인 상호작용은 방어 전략을 유발한다.

- Stephen Porges(2011a, p. 295)

어떠한 준비도 우리를 상실이 남긴 깊은 침묵에 대비시킬 수 없다. 가장 가까운 사람들과 연결되려는 일상의 본능적인 욕구와, 이제 더 이상 그 연결이 불가능하다는 가혹한 현실 사이의 극명한 대비는 "인간이 겪을 수 있는 가장 고통스러운 경험 중 하나"이다(Bowlby, 1980, p. 7). 애착 대상의 상실은 우리의 가장 기본적인 생리적 기능을 무너뜨리고(Lewis, Amini, & Lannon, 2000), 자신과 세상에 대한 근본적인 신념을 산산이 부수며 (Janoff-Bulman, 1992), 역할과 일상을 뒤엎고, 정체성을 흔들어 놓는다(Horowitz, 2014). 그 결과, 가장 용감한 사람조차도 두려움과 압도감에 사로잡히게 된다. 나는 치료실 안팎에서 애도를 경험하며, 그 황폐함을 깊이 이해하게 되었다.

25년 전, 내 아들이 갓난아기였을 때, 남편이 갑자기 세상을 떠났다. 견딜 수 없는 날들이 이어지는 동안, 나는 상담실의 푹신한 의자에 몸을 웅크린 채 쓰러지듯 앉아 수없이 많은 휴지에 눈물을 쏟고, 세상을 향해 분노의 비명을 질렀다. 하지만 결코 나를 배신하지 않는 조력자와 함께 이 상실의 어둠을 헤쳐 나간 덕분에, 나는 산산이 부서진 세계를 다시 넓고, 탄력적이며 창조적인 방식으로 조심스럽게 재건할 수 있었다.

상실을 통해 변화된 나는 이제는 치료사가 되었고, 내가 배운 지혜와 수용, 그리고 연민을 내담자들에게 전할 수 있는 특권을 충분히 누리고 있다. 이제 나는 애도에 빠진 내담자가 기댈 수 있는 일종의 '어깨'가 되어준다. 나는 슬픔으로 뭉쳐진 휴지를 모으고, 분노에 찬 절규를 견뎌낸다. 또한 침묵과 무감각, 억눌러 참는 눈물, 혹은 급히 자신을 다시 추스르려는 절박한 몸부림까지도 곁에서 함께함으로써 그들이 애도를 헤쳐나가도록 돕는다.

치료자와 내담자 양쪽의 입장을 경험한 나는, 상실 이후 삶을 재건하는 데 있어 가장 중요한 것은 적어도 한 사람이라도 곁에서 애도의 과정을 함께 견뎌주는 것임을 알고 있다. 그 과정이 얼마나 오래 걸리든, 얼마나 혼란스럽든, 한 사람이 애도의 무게를 함께 나누어 줄 때 치유가 가능해진다. "우리 스스로를 치유할 수 있는 능력은 다른 사람들과의 관계와 물리적으로 연결되어 있다. … [취약한 순간에는] 돌보는 사람과 돌봄을 받는 사람 사이의 상호작용의 질이 생존에 결정적인 영향을 미친다"(Porges, 2011a, p. 295).

그러나 서구 문화는 애도하는 이들에게 황량한 환경을 만들어낸다. 현대 사회는 감정의 중요성을 과소평가하고(Lewis et al., 2000), 고통을 경시하면서 행복만을 강조하며(Janoff-Bulman, 1992), "합리적인 남성과 여성이라면 의지나 성격의 힘으로 애도를 잘 통제할 수 있어야 한다"고 가정한다(Gilbert, 2006, p. 249). 내담자 중 한 명인 티나(Tina)는 울면서 이렇게 말했다. "드디어 교회에 다시 갔어요. 그런데 사람들은 미소 지으면서 제게 말하더군요. '이제 분명히 좀 나아졌겠죠, 그렇죠?'라고요. 괜찮아지냐고요? 농담하는 건가요? 제 아들이 세 달 전에 세상을 떠났다고요! 목사님께 이런 답답함을 털어놓으니, 사람들이 저를 보면 울까 봐 일부러 밝게 행동하는 거라고 하셨어요. 저는 우는 게 당연한 거라고 생각했어요! 도대체 제가 뭐가 잘못된 거죠?"

다미주 이론은 상실에 대한 비효율적인 문화적 반응들에 맞서 꼭 필요한 균형점을 제시한다. 이 이론은 신경계가 위협에 어떻게 적응적으로 반응하는지, 무엇이 우리를 다시 안전한 상태로 돌아가게 하는지, 과거의 경험이 어떻게 회복을 어렵게 만들 수 있는지, 그리고 안전한 환경이 어떻게 치유와 성장을 지원하는지를 설명한다. 이러한 이해는 우리로 하여금 냉담하거나 외면하는 태도에서 벗어나 연민과 공감이라는 안전한 환경으로 나아가게 한다. "다미주 이론에서는 좋은 반응이나 나쁜 반응 같은 것은 존재하지 않는다. 모든 반응은 기적과 같은, 적응적인 반응들일 뿐이다. … 나는 이것이 반응들에 덧씌워진 '도덕적 가면'을 상당 부분 벗겨낸다고 본다"(Porges, 2013a, p. 15).

이 장에서는 다미주 이론의 관점을 통해 상실에 대한 보편적이면서도 개인적인 반응을 정상화하고 이해할 수 있도록 돕고, 회복을 촉진하는 환경을 설명한다. 먼저, 상실 이후 삶을 재건하기 위해 필요한 사회적 안전(social safety)에 대해 논의하고, 현대 사회가 내담자들을 안전한 상태로 되돌리기보다 오히려 위험감을 증가시키는 방식에 대해 살펴본다. 그런 다음, 애도하는 내담자들이 경험하는 강렬한 정서로 인해 불안을 느끼는 치료사들에게 도움을 주기 위해, 다미주 이론을 활용하여 신체적, 정서적 애도 반응의 압도적인 강도를 이해 가능한 수준으로 풀어갈 것이다. 이후, 이와 같이 명료하고 이해 가능한 정보를 얻은 치료사들이 자신이 보이는 반응을 이해함으로써 애도하는 내담자들의 치유와 회복을 돕는 신경학적 안전 기반의 일부가 될 수 있는 방법을 보여줄 것이다. 마지막으로, 다미주 이론을 바탕으로 상실에 반응하는 실제적이고 심층적인 사례를 제시할 것이다.

평가는 악화시키고 연민은 치유시킨다

연민은 신경생리학적으로 판단적이거나 평가적이며 방어적인 행동 또는 감정과 양립할 수 없다.
- Stephen Porges(2012)

다미주 이론에 따르면 신경계는 내부 및 외부 환경으로부터 감각 정보를 처리하며 끊임없이 위험을 평가한다. 이 과정은 의식적 인식 기저에서 이루어지며, 포지스가 신경지라고 부르는 메커니즘을 통해 신경 회로가 특정 상황이나 사람이 안전한지, 위험한지, 혹은 생명을 위협하는지를 구별한다(Porges, 2011a). 우리가 안전을 감지하면, 신경생리학적 반응은 복측미주신경 회로를 활성화하여 사회적 소통을 촉진하는 행동을 유도하고 건강과 회복을 지원한다. 반면, 위험이 감지되면, 우리의 신경생리학적 반응은 두 가지 방어 전략 중 하나를 활성화한다. 첫째, 교감신경계가 활성화되어 투쟁-도피 반응을 작동시키거나(두려움을 동반한 동화 상태), 둘째, 배측미주신경 회로가 활성화되어 '셧다운'의 방어 전략을 작동시킨다(두려움을 동반한 부동화 상태).

아래에서 설명하겠지만, 상실은 압도적인 감정을 불러일으키며, 타고난 위험 반응과 생명 위협 반응을 유발하는 '고위험' 상태를 초래한다. 이러한 극도의 정서적 위협을 경험할 때, 우리는 사회적 존재로서 타인으로부터 깊이 이해받고자 하는 본능적인 욕구를 갖게 된다(Siegel, 2012, p. 275). 따라서 내담자가 다시 안전감을 느낄 수 있도록 이해와 공감을 바탕으로 한 환경을 제공하는 것이 매우 중요하다. 이는 특히 죽음을 회피하는 서구 문화 속에서 본능적인 방어 반응이 앞서, 애도 중인 이들을 사실상 외면하게 되는 현실에서는 더욱 절실하다.

우리는 종종 방어적인 배측미주신경의 부동화 반응에서 비롯된 방식으로 애도를 회피함으로써, 상실을 경험한 이들을 더욱 고립시키곤 한다. 그들의 상실에 대해 일절 언급하지 않거나, 피상적인 위로의 말을 건네고, 감정을 거의 드러내지 않는 사람들을 '강하다'고 칭찬하는 식이다. 회피적 애도 관점을 지지하는 저명한 애도 연구자 조지 보나노(George Bonanno)는 회복력 있는 애도자를 '배우자가 사망하기 전후 어느 시점에서도 우울 증상을 보이지 않으며, 애도 기간 동안 거의 슬픔을 느끼지 않는 사람'이라고 설명한다(2009, p. 70). 그는 슬픔이 '너무 강하거나 오래 지속되는 것'은 '해롭고 기능적으로 문제가 있다'고 보았다(p. 96). 그의 관점에 따르면, "심한 애도의 고통은 실제이지만, 이는 종종 비논리적인 사고 과정에 의해 증폭된다 … 치료사의 역할은 사실과 허구를 구분하도록 돕는 것"이다(p. 111).

우리가 애도하는 사람들을 외면하는 또 다른 방식은, 본래 혼란스럽기 마련인 동화 과정을 교감신경계의 방어적 동화 반응을 이용해 '억지로 체계화하려는 시도'를 하는 것이다(Ericsson, 1993, p. 21). 우리는 부정이나 타협 같은 지나치게 단순화된 애도 단계를 고수하고, 애도가 완료되기까지는 정해진 기간이 있다고 믿는다. 그래서 1년이 지나서도 여전히 아파하는 친구들을 보고 놀라며, 소위 '애도의 과업'을 제대로 수행하지 않는 가족을 걱정스럽게 바라본다. 윌리엄 워든(William Worden)과 같은 '애도의 과업' 관점을 가진 전문가들은, 애도 상담을 효과적으로 만들기 위한 특정한 '원칙과 절차'들이 있다고 주장한다(2009, p. 89). 그들은 치료사가 따라야 할 구체적인 지침들이 있으며, 이를 통해 내담자가 '네 가지 애도의 과업'을 완수하고 적절한 시기에 '건강한 적응'에 도달할 수 있다고 말한다(p. 89).

어느 쪽이든, 서구 사회는 애도하는 사람들에게 또 하나의, 명백히 임상적인 불안을 더했다. 바로 '나는 애도라는 병에서 적절한 속도로 회복하고 있는가?'라는 불안이다(Gilbert, 2006, p. 257). 실제로 많은 애도 관련 문헌들은 치료사가 '정상적인' 애도와 과장되거나, 비정상적이고, 복잡하거나, 지나치게 오래 지속되거나, 지나치게 강렬한 애도를 구분할 것을 강요한다(Bonanno, 2009; Neimeyer, 2001; Worden, 2009). 이러한 평가 위주의 접근 방식은 우리가 내담자의 감정을 수용하고 이해하도록 돕기보다, 따뜻한 사회적 교류에서 벗어나 그들의 정서 상태를 평가하고 그 가치 판단을 내리도록 만든다(Bowlby, 1980; Fraley & Shaver, 1999; Gilbert, 2006; Ossefort, 2000; Ossefort-Russell, 2013; Porges, 2012). 반대로, 만약 내담자들이 '정상적인' 애도를 겪고 있다고 판단되면, 치료사들은 종종 그들에게 개별 치료가 필요하지 않다고 말하며 단기적인 지지 집단으로 그들을 돌려보낸다. 이들의 신경계가 이미 심각하게 혼란스럽고 불안정하여, 오히려 개별 치료를 통한 세심하고 헌신적인 돌봄을 절실히 필요로 하고 있는데도 말이다.

이러한 평가적인 태도는 신경생리학적으로 공감 어린 온기와 연결된 복측미주신경의 활성화와 양립할 수 없다(Porges, 2012). 전통적인 진단 중심의 애도 관점은 오히려 치료사의 방어 회로를 활성화시켜, 무의식적으로 판단과 평가를 담은 사회적 신호를 전달하게 만든다. 내담자는 치료사의 얼굴 표정, 몸짓, 목소리의 억양에서 즉각적으로, 그리고 본능적으로 그 의도를 읽어낸다. 그리고 무의식적으로 자신이 진정한 수용을 받고 있는지, 아니면 평가적이고 방어적인 태도로 받아들여지고 있는지를 감지한다(Porges, 2011b).

애도 중에 있는 사람들이 치료를 받으러 찾아올 때, 그들의 신경 회로는 교감신경계의 투쟁-도피 반응이나 배측미주신경의 셧다운 상태가 활성화되어 있는 경우가 잦다. 이때 치료자인 우리가 느끼는 두려움이나 내담자를 충분히 수용해 주지 못하는 것은 우리를 무의식적으로 사회적 연결에서 벗어나게 만들며, 교감신경계적 방어 반응이나 배측미주신경의 방어 상태로 빠지게 한다. 이 방어 상태에서 우리는 내담자에게 위험 신호로 읽힐 만한 사회적 단서들을 발산하게 되어 결국 내담자의 신경지에 위험감을 증가시키고, 그들이 기존에 가지고 왔던 고통과 방어 상태를 더욱 악화시킨다(Porges, 2011b, 2013b). 또한, 이런 강렬한 애도의 순간에 우리가 그들을 이해하고 있음을 보여주지 못하면, 내담자는 깊은 수치심을 경험할 수 있고, 이는 다시 고립과 위축이라는 악순환으로 이어질 수 있다(Siegel, 2015). 평가 중심의 애도 모델은 의도치 않게 치료자의 방어적 행동을 부추기고, 내담자들의 정서 표현의 범위와 의사소통의 질, 그리고 스트레스와 관련된 감정 표현을 포함한 신체 및 행동적 상태 조절 능력을 제한하게 만든다(Porges, 2011a). 이러한 부정적인 영향을 줄이기 위해서 우리는 방어적으로 평가하는 태도가 아니라, 진정으로 따뜻하고 사랑이 담긴 '자비로운 안전'의 환경을 조성해야 한다(Porges, 2011b).

애도하는 사람들을 돕는 치료사들에게 솔직하게 말하자면, 우리를 둘러싼 문화는 우리에게도 안전한 환경을 제공하지 않는다. 애도에 대해 우리의 전문 분야가 취하는 평가적이고 방어적인 태도는 대학원 프로그램과 이후의 훈련 과정에서도 지속되고 있다. 치료를 바라보는 의료적 모델은 애도를 평가의 관점에서만 바라보도록 만들며 그 외의 관점은 거의 제시하지 않는다. 그러나 신경지에 대한 강조와 더불어 이것이 신체적·정서적·행동적 반응을 형성하는 역할에 대해 설명해 주는 다미주 이론은 치료사와 애도 중인 내담자가 상실에 어떻게 반응하는지를 이해할 수 있는 강력한 관점을 제공해준다. 우리가 볼 수 있는 것과, 보이지 않는 내면에서 벌어지는 강렬한 반응을 명료하게 이해할 수 있는 일관된 틀을 가질 때, 비로소 우리는 안전하고 연민 어린 생리적 상태로 되돌아갈 수 있게 된다. 바로 그 안전한 상태에서 우리는 내담자를 다시 안전한 상태로 이끌어 주는 돌봄을 제공할 수 있게 된다(Geller & Porges, 2014; Ossefort-Russell, 2013; Porges, 2013a).

다미주 이론의 관점에서 이해하는 애도 반응

사람들의 행동을 이해하는 것은 그것을 조절하는 데 도움이 된다.

- Stephen Porges(2011b)

애도 과정에서 마주하는 압도적인 감정, 예측 불가능성, 그리고 그 고통의 지속성은 애도하는 사람과 돕는 이들 모두에게 마치 복잡하게 얽힌 고통의 매듭과 같이 느껴진다. 다미주 이론은 이런 뒤엉킨 애도의 덩어리를 단순히 평가하는 것이 아니라, 그 속에 얽힌 실타래들을 하나씩 풀어내어 각 가닥이 어떻게 적응적으로 의미를 갖는지 설명하고, 회복을 위해 이 가닥들을 어떻게 다시 잘 엮어낼 수 있는지를 설명해 준다.

우리는 신경지라는 개념을 통해 애도하는 사람과 치료사의 반응을 탐색할 수 있으며, 이것이 환경에 대한 반응을 어떻게 형성하는지를 이해할 수 있다. 신체적, 정서적, 행동적 반응(예: 상실에 대한 반응)은 환경과 개인의 신경지 간의 복잡한 상호작용에서 비롯된다(Porges, 2011a). 이러한 관점에서 볼 때, 애도하는 사람과 치료사가 처한 고유한 환경과 신경지 과정을 이해하지 않고 애도 반응을 이해하는 것은 불가능하다.

내담자의 애도 반응 이해하기

내담자의 애도 반응을 이해하기 위해, 우리는 상실이 보편적으로 어떻게 위협이 되는지 살펴보고, 애도 반응이 애도하는 사람의 외적 환경과 내적 환경, 신경지, 그리고 사회지지 체계에 의해 영향을 받는 방식에 대해 살펴볼 것이다.

▸ 상실: 본질적으로 위협적인 환경

사랑하는 사람을 잃는다는 것은 우리를 고통스럽고 혼란스러운 환경으로 밀어 넣는다. 죽음이 예상된 것이든 그렇지 않든, 우리는 갑작스럽고 돌이킬 수 없는 부재가 만들어내는 그 가차없는 침묵을 미리 대비할 수 없다. 사랑하는 사람의 영구적인 부재는 극심한 단절을 뜻하며, 얼굴을 마주하는 상호작용을 기대했던 우리의 내면에 심각한 충격이 되어 신체와 감정 조절 능력을 근본적으로 무너뜨린다(Porges, 2011a; 2011b; 2015). 상대방과 연결하려는 본능적 욕구와 더 이상 연결될 수 없다는 현실 간의 고통스러운 괴리는 "애착 위기(attachment emergency)"(Bowlby, 1980)로, "우리의 안정감에 위협을 가하고 … '원초적 공포(primal panic)'로 이어진다"(Johnson, 2008, p. 30). 이 처참한 단절의 경험은 강렬한 고통을 초래하며, 우리가 익숙하게 사용해 온 방어 전략마저 뚫어버리고 우리의 통제 노력을 무력화시킨다. 결국 우리는 그 고통으로부터 벗어나기 위한 어떤 힘도 발휘하지 못하고 무력감 속에 남게 된다(Fosha, 2000).

애도의 경험은 그야말로 "잔인할 정도로 생리적인 과정"이다. 이는 말 그대로 숨이 멎게 만드는 경험이다. 그리고 이처럼 강렬한 신체적 반응이야말로, 애도를 직접 경험해보지 않은 사람에게 그 고통을 전달하기 어렵게 만드는 이유이기도 하다(O'Rourke, 2011, Location 1670~1671). 애착 대상의 상실은 "신체적 혼란(somatic disarray)"을 초래하며(Lewis et al., 2000, p. 83), 심혈관 기능, 호르몬 수치, 수면 리듬, 면역 체계를 무너뜨린다(p. 80). 볼비는 "불면증은 거의 모든 애도하는 사람에게 나타나는 보편적인 증상으로, 두통, 불안, 긴장, 피로는 매우 흔하다"고 하였으며(Bowlby, 1980, p. 100), 린데만 역시 많은 이들이 "목이 조이는 듯한 느낌, 숨이 막히는 듯한 답답함, 깊은 한숨을 쉬고 싶은 충동, 속이 텅 빈 듯한 느낌, 근육의 무력감, 그리고 긴장 또는 극심한 정신적 고통으로 묘사되는 강렬한 주관적 고통"을 경험한다고 설명했다(Lindemann, 1944, as cited in O'Rourke, Location 1665). 애도하는 사람들은 흔히 어지럼증, 감정적 무감각, 식욕 감퇴, 두려움과 절망감, 극심한 슬픔, 근육 경련, 집중력 및 기억력 저하, 사회적 고립, 깊은 외로움 등의 증상을 보고한다. 이러한 신체적 반응과 감당할 수 없을 것 같은 감정적 고통, 그리고 일반적으로 애도 반응이 지속되는 기간은 종종 충격적이고 압도적으로 느껴질 수 있으며, 심지어 충분한 사회적 지지를 받는 사람들에게도 이는 마찬가지이다. 이와 같은 강렬하고 장기적인 반응을 살면서 처음으로 경험하는 것은 그 자체로 두려움을 일으킬 수 있다.

낯설고 혼란스러운 반응을 이해하기 위해, 우리는 이를 설명할 수 있는 서사를 만들어낸다(Porges, 2013a). 그러나 이러한 반응이 고통스럽고, 더군다나 사회가 애도를 평가하려는 환경에서 발생한다면, 우리가 만들어내는 서사는 종종 자기 비판적인 형태를 띠게 된다. "내가 뭔가 잘못됐나 봐. 이를 멈추려면 약을 먹어야 해.", "내가 강한 사람이었다면, 이렇게 압도당하지 않았을 거야." 치료사, 친구, 가족조차도 이들이 목도한 고통의 강도에 겁을 먹고 이러한 부정적인 서사에 무심코 동조할 수 있다. 그러나 부정확하고 평가적인 이야기들은 애도의 고통과 고립감을 더욱 심화시킬 뿐이다(Greenberg & Paivio, 1997; Porges, 2013a).

다미주 이론은 애도에 대한 이러한 신체적, 심리적 반응이 단순히 "적절"할 뿐만 아니라, 상황에 비추어볼 때 매우 현명한 반응임을 설명해 주는 건강하고 긍정적인 해석을 제시한다. 상실에는 기대를 크게 무너뜨리는 불일치, 원초적인 애착의 고통을 유발하는 영구적 부재, 우리가 통제할 수 없으며 견디기 힘들 것으로 예상되는 감정, 극심한 신체적 증상, 그리고 자기 자신을 평가하는 부정적 서사와 같은 여러 가지 특성이 수반된다. 이 모든 것들은 내담자의 환경을 위험 신호로 가득 채운다. 우리가 누구든, 또 얼마나 많은 지지를 받든 상관없이, 우리의 신경지는 외부와 내부의 자극들로부터 계속해서 "위험"이라는 신호를 받고, 그 결과 사회적 참여 행동은 방어적 반응으로 대체된다(Porges, 2011a, 2013a, 2015). 따라서 앞서 설명한 애도의 반응들은 결국 교감신경계의 투쟁-도피 반응과 배측미주신경 셧다운 반응의 다양한 형태라 할 수 있다(그림 18.1 참고).

방어적 반응은 위험으로 가득 찬 상황에서 우리 몸이 스스로를 보호하는 방식이다(Porges, 2013b). 혼란 속에서도 작동하는 신체의 지혜를 설명하는 다미주 이론은, "우리가 처한 모순적 상황에서도 위안을 주며, 모든 것이 엉망처럼 보일지라도 우리가 지금 바로 있어야 할 곳에 있음을 부드럽게 상기시키고 안심시켜 준다"(Ericsson, 1993, p. 21).

▸ 상실과 관련된 애도자의 환경 및 신경지의 고유성

다미주 이론은 애도에 대해 단 하나의 정해진, 규범적인 반응이 존재하며 이 궤적에서 벗어난 사람에게 두려움과 수치를 유발하는 가정에도 의문을 제기한다. 사람들은 같은 사건이라도 서로 다르게 영향을 받는다. 중요한 것은 사건 자체가 아니라, 그 사건에 대한 개인의 본능적인 반응(visceral response)이다. 이 반응들은 결코 평가나 판단의 대상이 되어서는 안 된다(Porges, 2011b). 행동적, 정서적, 신체적 반응은 특정한 외적·내적 환경에서 발생하는 신호와 개인의 신경지가 이를 해석하는 방식 간의 복잡한 상호작용에 따라 달라진다. 각 개인의 애도 반응이 고유하다는 사실을 이해하기 위해서는, 외적·내적 환경의 구체적인 특성, 개인의 신경지에 영향을 미치는 요인들, 그리고 사회 지지 체계의 특성을 탐구할 필요가 있다(이 개념들에 대한 개관은 그림 18.1을 참조하라).

상실 이후 신경지에 영향을 미치는 외부 환경적 특징들. 상실은 수많은 방식으로 애도자의 외부 환경을 뒤흔든다. 여기서는 상실 후 신경지에 지대한 영향을 미칠 수 있는 주요 외부 환경적 요인 두 가지, 곧 불확실성과 부재에 대해 살펴볼 것이다. (상실 후 신경지에 결정적인 영향을 미치는 외부 환경의 세 번째 특징은 이용 가능한 사회적 지원의 유형이다. 이 요인이 신경지에 미치는 영향은 매우 지대하여 별도의 장에서 다루기로 한다.)

원치 않는 외부의 불확실성. 우리의 신경계는 안전이 뒷받침되어 있을 때만 불확실성을 견딜 수 있다. 안전이라는 토대가 없다면, 예측 불가능성은 위험하다(Porges, 2013c). 아무리 철저한 계획이라도 죽음이 삶에 갑작스럽게 몰고 오는 불확실성에 충분히 대비할 수 없다. 죽음은 관계와 우리가 안전한 피난처로 여겼던 물리적 장소들마저 흔들어놓기 때문이다. 상실은 당연하게 여기던 수많은 역할, 일상, 그리고 정체성을 산산이 무너뜨린다(Bowlby, 1980; Fraley & Shaver, 1999; Ossefort-Russell, 2011). 경제적 상태, 주거 환경, 자녀 양육권, 직장과 같은 외부의 구조적 환경도 혼란에 빠질 수 있다. 또한 우리는 죽음 자체, 그리고 질병이나 사고, 자연재해와 같은 사건들에 대해 우리가 매우 제한적인 통제력을 가지고 있음과 같은 실존적 문제들과도 마주해야 한다. 그 결과, 일상의 붕괴를 직면하고 있는 동안의 삶은 그 자체로 위태롭고 불안정하게 느껴진다. 이제는 볼 수 없는 사랑하는 사람의 흔적이 우리의 일상에 깊숙이 스며든 만큼, 그 사람이 없는 순간순간은 더 큰 불확실성으로 가득 차게 된다.

매 순간 찾아오는 이러한 수준의 불확실성은 불길한 느낌을 줄 수 있으며, 신경계를 주기적으로 위험(교감신경 활성화) 또는 생명의 위협(배측미주신경 활성화) 상태로 이끈다. 이러한 자극들의 빈도와 강도, 구체적인 형태는 각 애도자가 상실한 사람과 맺고 있던 고유한 삶의 방식, 그리고 상실 속에서 어떻게 삶을 재건하고 있는지와 깊이 연결되어 있다.

사랑하는 이의 물리적 부재. 상실의 가장 고통스러운 측면 중 하나는 그것이 초래하는 급격한 단절감이다(Porges, 2011b, 2015). 사랑하는, 이제는 떠나가 버린 사람이 남긴 빈자리는 사회적 기대가 본능적으로 위반되는 본능적 경험(visceral experience)을 끊임없이 재현한다. 우리는 지속적으로 그들의 부재와 충돌하게 된다. 우리는 침대에서, 저녁 식탁에서, 전화할 때나 SNS를 이용할 때, 늘 하던 대로 본능적으로 그 사람을 향해 몸과 마음을 돌리지만, 기대를 거칠게 위반하는 공허하고 강렬한 침묵에 반복적으로 부딪히게 된다. 이처럼 사랑하는 이의 부재를 반복적으로 겪거나, 갑작스럽거나 지속적으로 신체적 흔적이나 상기시키는 요인에 노출되면, 상황과 시점, 맥락, 그리고 애도하는 개인의 특성에 따라 편안함(안전), 분노와 고통(위험), 또는 충격(생명 위협)의 신호를 감지하게 된다.

〈그림 18.1〉 애도 반응에 영향을 미치는 환경적이고 신경지와 관련된 특징들

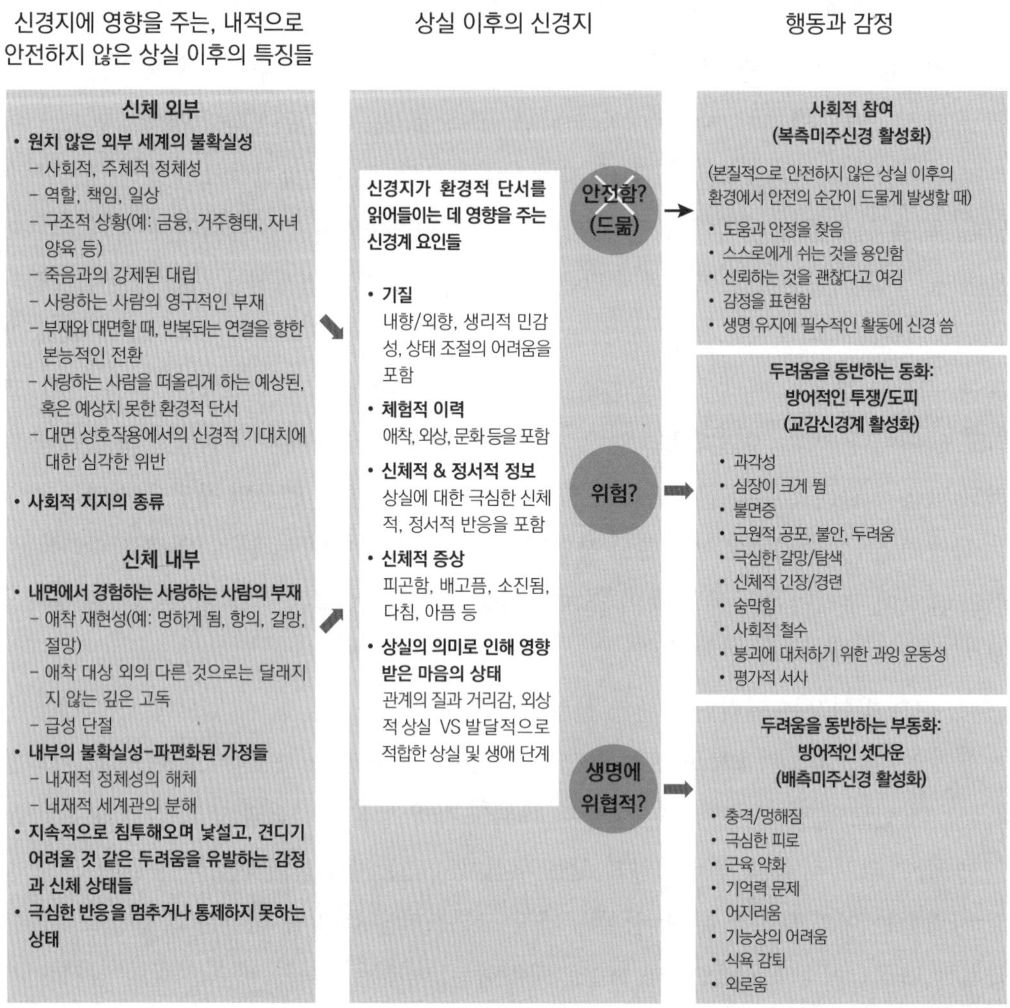

상실 후 신경지에 영향을 미치는 내부 환경적 특징들. 내부 환경에서는 부재, 불확실성, 강도 역시 상당한 불안정을 초래하며, 개인마다 서로 다른 방식으로 신경지를 촉발한다. 내면 세계가 일시적으로 혼란을 겪고 다시 재구성되는 과정은 성장과 변화의 자연스러운 부분이다(Schore, as cited in Siegel, 2012; Spencer et al., 2006). 그러나 상실로 인해 초래되는 자아의 광범위한 불안정은 극심한 혼란감을 일으킬 수 있다.

내면의 세계에서 사랑하는 사람의 부재. 내적 세계의 해체에서 가장 고통스러운 측면 중

하나는 애착 재조직이다(Bowlby, 1980; Fraley & Shaver, 1999; Mikulincer & Shaver, 2007). 애착 재조직이 이루어지는 방식은 개인이 상실한 애착 관계의 특성에 따라 다르게 나타나지만, 일반적으로 자율신경계가 활성화되면서 극심한 무감각 상태, 고통의 폭발, 분노 섞인 항의, 절박한 그리움, 절망, 그리고 깊은 외로움과 같은 반응들이 동반된다. 이때 느끼는 외로움은 특별히 애착 대상의 상실로부터 기인한다(Bowlby, 1980; Fraley & Shaver, 1999; Weiss, 1973/1985). "많은 애도자들이 가까운 친구나 가족으로부터 위로를 얻기도 하지만, 이러한 지지망이 상실한 애착 대상이 남긴 정서적 공백을 완벽히 채워주지는 못한다"(Fraley & Shaver, 1999, p. 737).

내면의 불확실성: 파편화된 가정들. 우리는 보통 자신과 외부 세계에 대해 무의식적인 차원에서 일종의 근본적 가정을 가지고 살아간다. 예컨대, "세상은 선의로 가득하며, 세상은 의미가 있고, 나는 가치 있는 존재이다"(Janoff-Bulman, 1992, p. 6)와 같은 가정들이 있을 것이다. 우리는 자신에 대한 이런 가정들을 이용하여 내가 누구이며, 어떻게 행동해야 할지를 알게 된다. 그러나 우리가 가까운 사람을 잃게 되면, 내면화된 정체성 감각이 다양한 수준에서 흐트러지고 해체되면서, 파편화되거나 불균형한 감각을 경험하게 된다(Gabora & Merrifield, 2013; Horowitz, 2014; Spencer et al., 2006). 우리는 세상에 대한 가정을 통해 사건을 지각하고, 계획을 세우며, 미래를 예측한다(Janoff-Bulman, 1992). 이러한 가정은 확실성에 대한 긍정적 착각으로서, 우리 삶의 취약성과 위험성을 평상시에는 자각하지 않도록 보호해준다. 덕분에 우리는 복측미주신경이 활성화된 안전감을 유지할 수 있고, 새로운 경험과 일상 속으로 자신 있게 나아갈 수 있다.

안전감이 있든 없든, 갑작스럽거나 충격적인 상실을 겪거나 죽음이라는 경험 자체가 처음인 경우, 사랑하는 사람을 잃는 일은 우리의 안전을 지탱해왔던 가정들을 산산이 부숴버릴 수 있다. 그렇게 되면 우리는 극도의 불안정하고 위태로운 불확실성 속으로 떨어져 교감신경계의 과각성 상태로 빠져들거나, 배측미주신경의 셧다운 상태에 갇히게 된다.

> 삶에 대한 근본적인 가정 중 하나라도 심각한 도전을 받으면 강렬한 심리적 위기가 유발된다. … 이 새로운 경험은 흔히 말하는 '정상적인 변화'와는 전혀 다르다. … [상실]은 쉽게 회복될 수 있는 가벼운 찰과상과 같은 심리적 상처가 아니라, 훨씬 더 많은 회복 노력을 요구하는 깊은 신체적 상처와 같은 영향을 준다. (Janoff-Bulman, 1992, pp. 51-52)

어느 순간 우리는, 나쁜 일들이 우리에게도 일어날 수 있음을 극명하게 깨닫는다. 우리가 결코 완벽하게 보호받거나 안전하지 않다는 것, 우주에는 무작위적이고 우연적인 요소가 존재할 수 있다는 것을 알게 되는 것이다. 우리는 필연적으로 "[우리] 자신의 취약성을 아주 깊고 생생한 경험적 차원에서 마주하게 된다"(Janoff-Bulman, p. 62).

지속적으로 이어지는 낯설고, 견디지 못할까 봐 두려운 감정들. 상실 그 자체가 지닌 엄청난 무게와 더불어 앞에서 언급한 환경적 영향으로 인해 촉발되는 위험과 생명의 위협은 종종 극도의 투쟁-도피 반응과 생존 위협 반응으로 이어진다. 이러한 반응은 매우 낯설고 강렬할 뿐만 아니라 쉽게 진정되지 않기 때문에, 오히려 내부 시스템에 다시 영향을 주어 더 큰 위험과 생존 위협 신호를 촉발하는 악순환을 일으키기도 한다(Fosha, 2000; Ossefort-Russell, 2011; Porges, 2011a; Siegel, 2012).

▸ 개인의 신경지에 영향을 미치는 요인들. 각 개인의 신경지는 환경을 고유한 방식으로 읽어낸다(Porges, 2011a, 2011b; Siegel, 2012). 개인마다 차별화된 본능적 반응은 다음과 같은 여러 요인에 의해 신경계가 영향을 받아 나타난다.

- **기질**(temperament): 내향성/외향성과 같은 성향적 특성, 생리적 민감성, 기존 혹은 새로운 상태 조절의 어려움
- **체험적 이력**(experiential history): 애착 경험, 트라우마 경험, 문화적 배경 등
- **신체적 및 정서적 정보**: 강렬한 정서적 활성화 또는 신체적 각성 등
- **신체적 상태**: 피로함, 배고픔, 다침 아픔 등
- **상실의 의미로 인해 영향을 받은 마음의 상태**: 떠나버린 사랑하는 사람과의 관계의 질과 친밀감, 상실이 트라우마적이었는지 혹은 발달 단계상 적절했는지 여부, 애도하는 사람이 처한 삶의 단계 등(역자주: 삶의 전환기에 사랑하는 사람을 잃게 되면 불안정성은 더욱 심화될 수 있는데 이는 자아가 이미 재구성 과정에 놓여 있기 때문이다)

〈그림 18.1〉은 상실 이후의 환경에서 개인의 신경지가 안전과 위험을 어떻게 인식하는지에 영향을 미치는 여러 요인들을 보여준다(Bowlby, 1980; Gilbert, 2006; Janoff-Bulman, 1992; Neimeyer, 2001; OssefortRussell, 2011, 2013; Porges, 2011a; Siegel, 2012).

▸ 사회적 지지의 영향. 애도하는 사람들의 치유에 있어 가장 중요한 요소 중 하나, 어쩌면 가장 결정적인 요인은 그들이 받은 사회적 지지가 얼마나 도움이 되는가 혹은 도움이 되지 않는가이다(Bowlby, 1980; Calhoun & Tedeschi, 1999; Fosha, 2000; Lewis et al., 2000; Neimeyer, 2001; Ossefort-Russell, 2013; Porges, 2011a). 볼비는 애도 과정에서 '긍정적인 결과'를 얻은 사람들은 거의 예외 없이 자신의 가장 가까운 사람들로부터 도움과 위로를 받았다고 보고했으며, 상실로 인한 감정을 표현할 때 지지적이지 않거나 도움이 되지 않는 상호작용을 거의 겪지 않았다는 점을 발견했다(Bowlby, p. 193). 반면 "부정적인 결과"를 예측하는 주요 요인은 "가족이나 주변 사람들의 지지적이지 않은 개입과 충족되지 않은 욕구"였다(Bowlby, p. 195).

애도하는 사람들 중 일부는 애도의 과정에서 적절한 지지 체계를 갖추고 있지 못한다. 반면, 든든한 사회적 기반이 있는 사람들도, 핵심적인 지지자가 자신의 두려움 때문에 등을 돌리면 상실감 속에서 버림받았다고 느끼게 된다. 또한 이해심 깊은 지지자를 곁에 두고 있는 사람이라 할지라도, 자신을 걱정하거나 염려하지 않고 그저 묵묵히 들어줄 수 있는 누군가의 위로를 갈망하기도 한다. 그리고 때로는 이상적인 지지 체계에서도, 애도의 과정이 어떻게 진행되어야 '정상'인지에 대한 만연한 오류적 통념들에 의해 무너질 수 있다.

다행스러운 점은, 문화가 애도 과정에 충분히 도움을 주지 못할 때에도, "가족, 친구, 그리고 주변 사람들"이 자율신경계의 조절을 유지하면서 온전히 곁에서 위안을 제공해 줄 수 있다면 "애도 과정을 돕는 데 핵심적인 역할을 수행할 수 있다"(Bowlby, 1980, p. 191)는 점이다. 바로 이 사실을 통해, 우리는 다미주 이론을 활용해 내담자들이 다시 안정감을 찾을 수 있도록 도울 수 있다. 이는 곧 애도 반응을 구성하는 실타래 같은 감정들을 하나씩 차분히 풀어내고 이해하며 그 과정에서 오래된 상처들을 치유해 나가는 것이다. 하지만, 이 같은 안전감은 우리가 먼저 복측미주신경이 활성화된 평온하고 차분한 상태에 있을 때에만 제공할 수 있다. 다미주 이론은 내담자의 고통에 대해 우리가 보이는 돌봄 제공자로서의 반응을 이해하는 데 도움을 주며, 내담자에게 복측미주신경의 상태를 너 쉽게 제공할 수 있도록 한다.

내담자의 애도에 대한 치료사의 반응 이해하기

다미주 이론은 애도하는 내담자와의 상호작용에서 나타나는 세 가지 특징이 어떻게 치료사 자신의 위험이나 생명 위협에 대한 신경지를 촉발할 수 있는지를 이해하는 데 도움을 준다.

- **공감적 공명**: 진정한 공감이란 내담자와 *함께 '느끼는' 것*이다(Lewis et al., 2000; Siegel, 2012). 치료사의 내적 정서상태가 내담자와 일치할 때 비로소 내담자는 이전까지 감당하기 어려웠던 감정들을 견딜 수 있게 된다(Fosha, 2000; Siegel, 2012). 애도하는 내담자와 함께할 때, 치료사는 압도적인 슬픔, 외로움, 절망, 분노를 비롯한 강렬한 감정들에 자신의 내적 상태를 맞추고 공명할 것을 요구받게 된다(Ossefort, 2000).
- **양방향적 사회적 소통**: 애도하는 내담자들은 교감신경계의 투쟁-도피 상태나 배측미주신경 셧다운 상태와 같은 극단적인 방어 상태에 빠져 있는 경우가 많으며, 이로 인해 종종 주변에서 건네는 돌봄이나 위로에 반응하지 못할 수 있다(Geller & Porges, 2014; Porges, 2011a). 이렇게 내담자가 사회적 무반응 상태에 있으면, 치료사 역시 본능적으로 방어적인 반응을 보이기 쉽다.
- **돌봄 반사**: 포유류인 우리는 자신이 돌보고 있는 사람들의 고통이나 비탄에 대한 절박한 신호에 자동적으로 반응하도록 설계되어 있다(Bowlby, 1980). 내담자가 상실의 고통으로 몸부림칠 때, 우리 신경계에서는 큰 경보음이 울리며 그들의 괴로움을 덜어줄 것을 강렬하게 촉구한다(Ossefort, 2000). 그러나 상실로 인한 고통을 진정으로 해소해 줄 유일한 방법은 잃어버린 사랑하는 사람을 되찾는 것이기 때문에(Bowlby, 1980; Ossefort, 2000), 우리의 본능적인 돌봄 반응은 좌절될 수밖에 없다.

애도하는 내담자와의 상호작용에서 나타나는 각각의 특징들, 즉 극심한 고통스러운 상태에 대한 정서적 동조, 우리의 돌봄 제공에 대한 내담자의 무반응, 그리고 돌보고자 하는 본능이 좌절되었을 때 느끼는 무력감은 모두 우리 안에 안전하지 않다는 신경지를 유발할 수 있다. 이처럼 신경지 수준에서 안전에 대한 경고가 울리면, 구체적인 매뉴얼의 애도 치료 기법이나 권위 있는 평가가 주는 명확성과 확실성에 의지하는 것이 우리가 안전한 상태로 돌아갈 수 있는 유일한 길처럼 느껴지는 것은 자연스러운 일이다.

애도 반응의 이러한 특징을 인식하는 것은 우리의 신경지적 경험을 면밀히 살펴볼 수 있게 돕는다. 더 나아가, 우리 자신이 안전한 사회적 관계 속에서 어떤 신경훈련(neural exercise)을 수행해야 하는지도 자각하게 된다. 이러한 신경적 훈련은 복측미주신경 상태를 유지하도록 신경계의 역량을 확장하여, 애도의 상황 속에서 안전감, 존재감, 친밀함을 능동적으로 전달할 수 있게 한다. 이렇게 확장된 신경계 역량은, 내담자의 애도를 완화해줄 수 없는 상황에서도 우리 포유류의 연약한 심장을 찢을 것처럼 깊숙이 찌르는 고통을 견딜 수 있도록 돕는다. 이를 통해 방어적으로 고통을 막으려고 애쓰기보다는, 내담자의 고통과 온전히 함께 머물 수 있게 된다(Ossefort, 2000; Ossefort-Russell, 2013). 이러한 영역에서 사회적 관계에 계속 머무를 수 있도록 신경계의 역량을 증진시키는 내적 작업을 수행하는 것은 결과적으로 우리를 더 뛰어난 치료사로 만든다. 내적 안전감이 창의적인 지식과 새로운 아이디어, 용기 있는 해결책을 이끌어내는 잠재력을 제공하기 때문이다(Porges, 2013c).

다미주 이론이 내담자의 애도 반응과 우리 자신의 반응을 명확하게 설명해 줌으로써 우리는 더욱 효과적으로 긍정적인 피드백 루프를 촉진할 수 있다. 이를 통해 치료사와 내담자 사이에서 안전감이 양방향으로 흘러가고, 뇌의 상위 구조와 신체 상태 사이에서도 내적인 상호작용이 일어나며 안전감이 확산된다(Fosha, 2000; Ossefort-Russell, 2011; Porges, 2011b, 2013a). 이러한 연민 어린 안전감 상태에서, 우리는 애도하는 내담자를 안심시키며 그들이 경험하는 강렬한 신체 반응은 충분히 이해할 수 있고 적응적인 현상이라는 점을 알려줄 수 있다. 또한, 극심한 고통 속에서도 치유와 성장, 그리고 회복을 위한 교감신경적 동화와 배측미주신경의 부동화라는 신경 회로를 현명하게 활용하도록 도울 수 있다(Porges, 2013a).

성장과 회복을 위한 신경계 반응 활성화

사회적 상호 작용과 사회적 참여의 신경 회로는 건강, 성장, 회복을 지원하는 신경 회로와 동일하다.

- Stephen Porges(2013b, p. 11)

상실은 우리의 안과 밖을 두 가지 방식으로 무너뜨린다. 첫째, 부재는 우리에게 상처가 된다. 사랑하는 사람이 떠난 자리에 남겨진 공허는 영혼에 난 상처처럼 아프고, 욱신거리고, 저릿한 고통을 준다. 둘째, 불확실성은 우리를 무너뜨린다. 죽음을 마주하기 전까지 믿고 의지했던 일상생활과 정체성이 산산조각 나면서 우리는 혼란을 느끼게 되고, 그 잔해 속에서 어떤 조각을 계속 사용해야 하고, 어떤 조각을 버리거나 새로 만들어야 할지 알 수 없게 된다. 이 두 가지 붕괴는 우리에게 동시적이며, 서로 다른 회복의 필요성을 요구한다. 상처를 치유하기 위한 회복과, 삶의 잔해를 재정비하기 위한 행동이 모두 필요한 것이다.

위험에 직면했을 때의 자동적으로 나타나는 교감신경계의 반응과 배측미주신경의 반응(동화와 부동화)이 상실로 인한 상처와 파괴를 회복하는 데 꼭 필요한 두 가지 상반된 행동(휴식과 행동)과 정확히 일치한다는 것이 흥미롭지 않은가? 상실이 우리를 던져 넣는 본질적으로 위태로운 환경 속에서, 우리의 몸은 자동적으로 회복을 향한 반응을 시작한다. 그러나 이러한 신체적 반응은 우리가 안전한 환경에 있을 때에만 본래의 역할을 제대로 수행할 수 있다(Porges, 2013b).

안전, 동화, 그리고 두려움이 없는 부동화

상실 이후의 치유와 삶의 재구성 과정은 시간이 걸린다. 만약 우리가 장기간 방어적 투쟁-또는-도피 상태나 셧다운 상태에 머물러 있다면 정신적·신체적 건강에 심각한 대가가 따를 수 있다(Porges, 2011a, 2013b). 앞서 살펴본 바와 같이, 애도에 대한 평가적 반응은 이런 방어 상태를 장기화하고 악화시키는 환경을 조성할 수 있다. 다행히도, 조율된 사회적 상호작용을 통해 방어적인 신체 상태를 안정화하고 정서 조절 곤란을 해소하는 것이 가능하다(Geller & Porges, 2014).

우리가 안전감을 느끼게 해주는 누군가와 상호작용 할 때, 우리의 생리적 상태는 투쟁-도피 또는 셧다운 상태에서 벗어나 사회적 참여가 가능한 상태로 이동한다(Porges, 2013c). 따라서 치료사로서 우리가 자신의 복측미주신경 능력을 활성화하고, 공감적인 존재감을 적극적으로 제공하면서 내담자가 자신의 신체적 반응과 강렬한 감정이 무엇을 의미하는지 이해하도록 도울 때, 내담자는 교감신경이나 배측미주신경의 상태를 경험하면서도 동시에 복측미주신경 시스템을 활성화할 수 있게 된다. 이를 통해 내담자는 안전한 사회 참여 상태에 머무를 수 있다. 즉, 우리가 배측미주신경의 부동화나 교감신경의 활성을 복측미주신경의 안전한 사회적 참여와 결합할 때, 방어 체계를 단지 방어를 위한 것이 아니라 건강, 성장, 그리고 회복을 촉진하는 방향으로 기능적으로 전환하여 사용할 수 있는 것이다(Porges, 2011a, 2013b).

'두려움이 없는 부동화'(배측미주신경 복합체의 비방어적 활성화)는 사랑하는 사람의 부재로 인해 입은 상처로부터 치유되는 데 필요한 상태이다.

> 부동화 상태가 사회적 참여와 결합될 때, 우리는 이를 안전한 누군가의 품 안으로 몸을 맡기는 것이라고 부른다. 이렇게 되면 부동화 상태는 더 이상 방어 전략이 아니라 대사적 요구를 줄이는 전략이 된다. 우리는 마음 속으로 이렇게 말한다. "아플 때는 가만히 있는 것이 더 좋아." [그렇게 하여 당신이] 자신을 신뢰하고, 안전함을 느끼며, 몸이 치유될 수 있도록 내버려두는 것이다. (Porges, 2013b, p. 15)

두려움 없는 부동화는 우리를 천천히 움직이게 하여 회복과 치유의 시간을 벌어 준다. 이는 휴식을 취하기, 상실을 곰곰이 떠올리기, 자기 내면으로 들어가기, 부드럽게 슬픈 감정을 경험하기 등 애도의 우울하면서도 회복적인 측면을 의미한다(Ossefort, 2000). 또한, 두려움 없이 안전한 부동화는 기억하고, 그리워하며, 의미를 깊이 파헤치고, 잃어버린 사랑하는 사람과의 내면화된 유대감을 구축하는 과정을 통해 애착 체계가 재구성될 수 있는 여유를 마련해 준다(Mikulincer & Shaver, 2007).

'두려움 없는 동화'(방어적이지 않은 교감신경계 활성화)는 상실 이후의 새롭고 불확실한 세계에서 삶을 재구성하는 데 필수적인 상태이다. 내적, 외적 정체성이 근본적으로 무너졌을 때, 삶의 재건은 신체적으로 새로운 해결책을 탐색하는 능동적인 과정이다(Spencer et al., 2006). 두려움 없는 동화는 우리가 '사회적 참여를 유지한 채 불확실성을 견딜 수 있게' 해주며(Porges, 2013c), 아직 시도해보지 않은 정체성과 행동을 실험하는 것과 같은 애도의 능동적 측면을 가능케 한다. 두려움 없는 동화는 사랑하는 사람이 이젠 없음에도 활동에 복귀할 용기, 새로운 역할을 시도할 용기, 그리고 공감해 줄 수 있는 사람들과 사회적 참여를 시작할 용기를 제공해줄 수 있다(Ossefort, 2000; Mikulincer & Shaver, 2007).

신경훈련: 지지와 격려를 통한 상태 변화 연습

상실 이후 삶으로 다시 돌아오기 위해서는, 치유를 위해 속도를 늦추는 부동화와, 삶을 재건하기 위한 행동을 시작하는 동화라는 두 가지 과정이 모두 요구된다. 이 두 과정은 서로 정반대되는 형태의 에너지를 필요로 한다. 두 과정 모두 강력한 힘을 발휘하기 때문에, 정반대의 방향으로 동시에 잡아당겨지는 듯한 감각은 때론 견디기 어렵고 혼란스럽게 느껴질 수 있다. 사람들은 흔히 이 감각을 "둘로 찢어지는 것 같다"거나 "산산조각 나는 느낌"으로 묘사한다. 이러한 느낌이 서로 반대되는 두 신경회로(교감신경과 배측미주신경)가 동시에 활성화되어 나타나는 감각임을 이해하는 것이 느낌의 완화에 있어 중요하다.

시간이 지나 복측미주신경을 통한 안전 상태로 돌아오면, 우리는 자연스럽게 이 두 상태 사이를 오가게 된다. 이 상태의 전환은 하루의 언제라도 일어날 수 있으며, 걸리는 시간 역시 다양할 수 있다(Stroebe, Schut, & Stroebe, 2005, Mikulincer & Shaver, 2007에서 재인용). 보호자로서 우리는 내담자의 신체적·정서적 신호에 세심하게 주의를 기울이며, 동화와 부동화가 필요한 순간에 반응함으로써 이러한 상태 전환을 촉진할 수 있다.

애도하는 사람이 고통 속에서 자신을 깊이 움츠려야 할 때, 우리는 그들에게 따뜻한 위로와 감정적 지지를 제공하여 그 마음을 품어줄 수 있다. 또 그들이 새롭게 마주하는 도전 앞에서 분노하거나 두렵고 불안할 때, 우리는 격려와 정서적 지지의 발판을 마련할 수 있다(Collins, Guichard, Ford, & Feeney, 2006). 그 과정이 아무리 혼란스럽고 오래 걸리더라도, 연민 어린 도움을 받는다면 사람들은 깊은 각성 상태(동화)와 무기력 상태(부동화) 사이에서 크게 흔들리는 자신을 두려움 없이 알아차리고, 허용하며, 견뎌내는 법을 배울 수 있다. 이러한 내적 흔들림은 강력한 신경훈련으로 간주될 수 있는데, 이는 상실로 인한 손상된 부분을 치유할 뿐만 아니라, 시간이 지날수록 신체적 건강과 전반적인 건강을 더욱 강화시켜 준다(Porges, 2013c, 2015).

상태 조절 문제를 들여다볼 수 있는 기회를 제공하는 애도

상실을 경험하는 사람은 각자의 고유한 신경계 반응을 보이는데, 이는 선천적인 신경회로 연결 및 경험을 통한 학습의 복합적인 결과이다(Porges, 2011a; Siegel, 2012). 어떤 사람들은 원래부터 신체와 감정 상태의 조절에 어려움을 겪으며 살아왔고, 애도 기간에 이러한 특징적인 반응들은 더욱 두드러지게 나타난다. 또 어떤 사람들은 상실 경험 자체가 트라우마로 작용해 감정 상태 조절에 어려움을 겪기도 한다. 어느 경우이든, 상태 조절에 문제가 생기면 투쟁-도피나 셧다운 상태가 더 심화되고 오래 지속될 수 있으며, 이는 상실에서 회복하는 과정을 굉장히 어렵게 만든다.

내담자가 애도의 과정을 거쳐가도록 돕다 보면, 이미 존재하거나 새롭게 나타나는 상태 조절의 어려움과 마주하게 될 것이다. 만약 우리가 애도 자체를 병리적 현상으로 진단하는 대신, 이로 인한 상태 조절 문제가 드러나는 시점을 내담자가 애도를 다루고 전반적인 상태 조절 전략을 배울 수 있는 기회로 삼는다면 어떨까? 우리는 내담자에게 힘을 실어주는 다미주 이론에 기반한 관점을 새롭게 제안할 수 있다. 갑작스러운 상실에 대한 신체의 반응을 통해 감정과 신체 상태를 조절하는 데 취약했던 부분을 알 수 있다는 관점 말이다. 또한 우리가 함께 연습하는 신경훈련이 내담자로 하여금 상실을 견디는 데 도움을 줄 뿐 아니라, 오래된 상처를 치유하는데 유용할 수 있다는 점을 알게 하여 이들의 정신적, 신체적 건강 전반을 증진시킬 수 있다.

이러한 과정이 실제로 어떻게 이루어지는 살펴보기 위해, 남편을 잃었을 때 신체가 방어적 셧다운 상태에 빠졌던 내담자 케이(Kay)의 사례를 살펴보자.

다미주 이론이 이야기하는 상실에 대한 인간적인 반응

돌보는 것과 사랑을 주고받는 것 모두 보호, 치유, 회복할 수 있는 능력이 있다.

– Stephen Porges(2011a, p. 295)

케이는 품위 있게 행동하는 미국 남부 출신의 60대 여성으로, 40년간 함께했던 남편을 잃고 나에게 치료를 받으러 왔다. 케이는 자상하지만 엄격한 아버지와 불안정한 어머니 밑에서 외동딸로 자랐다. 아버지는 케이가 부정적인 감정을 드러낼 때마다 그녀가 '올바르게 행동'할 때까지 방으로 보내곤 했다. 어머니는 케이가 엄격한 가족 규칙에서 벗어난 행동을 하는 하는 것을 심하게 못마땅해했다. 그 결과, 케이의 신경지 평가 시스템에는 고통스러운 감정은 억제되어야 하고, 독립적인 사고와 행동은 받아들여질 수 없다는 경험적 학습의 결과가 깊이 내재되어 있었다.

케이의 남편인 로버트는 그녀의 엄격한 성장 환경에 비교했을 때, 따뜻한 해독제와 같은 사람이었다. 그는 케이의 조용하면서도 유머러스한 면모를 진심으로 좋아해주었다. 로버트와 단둘이 있을 때, 케이는 감정을 자유롭게 표현할 수 있었고, 다른 사람의 눈치를 보지 않고 온전히 자기 자신이 될 수 있었다. 사회적으로도 로버트는 케이와 세상을 이어주는 가교 역할을 했다. 그는 케이가 원하는 바를 적극적으로 대변했고, 공개적인 자리에서 부부의 의견을 대신 말해주면서, 그로 인해 다른 사람에게 받을 수 있는 비난과 불편함을 기꺼이 감당했다. 이 둘의 조합은 잘 맞아, 케이는 사적인 공간에서는 진솔하게 자신을 드러낼 수 있었고, 공적인 자리에서는 편안하게 뒤로 한 걸음 물러날 수 있었다. 로버트는 케이에게 안전하고 보호된 사회적 환경을 제공했고, 그녀는 복측미주신경이 활성화된 안전한 참여 상태에서 두려움 없는, 건강한 형태의 동화와 부동화를 경험할 수 있었다.

그러나 로버트가 세상을 떠나자, 케이가 의지했던 안전망은 무너졌고, 그녀는 갑자기 사람들 앞에 혼자 나서야 하는 상황에 놓였다. 그녀는 기본적인 일상 활동 외에는 모두 회피하며, 무기력하고 일관된 우울감 속으로 깊숙이 빠져들었다. 나를 찾아왔을 때 그녀는 고립되고 마비된 상태였다. 기분이 늘 가라앉아 있었고, 잠을 너무 많이 잤으며, 집 밖으로 거의 나오지 않았다. 내 앞에서 슬픔을 표현할 때에도 그녀는 아주 잠깐만 눈물을 보였을 뿐, 금방 얼굴을 굳히고 스스로 조용히 침묵했다. 극심한 고통이 그녀의 신경계를 압도했고, 소화해낼 수 없을 것처럼 보이는 거대한 감정은 계속해서 그녀가 경험적으로 익힌 방어 체계를 뚫고 밀려 들어와 그녀가 혼자서 결정을 내리는 일은 불가능해 보였다. 이러한 요인들로 인해 그녀의 신경지는 기본적으로 삶에 대한 위협을 감지하게 되었다. 당연히 그녀의 일차적 상태는 배측미주신경이 활성화된 방어적 셧다운, 또는 두려움이 동반된 부동화를 나타냈으며, 그녀 안에서 감정이 표현되고자 요동칠 때 그녀는 두려움에 사로잡혀 표현을 억눌렀다.

수년에 걸쳐 나는 케이에게 따뜻함과 안전을 제공했고, 그녀의 부드럽고 생기 있는 모습을 볼 때마다 내가 느끼는 기쁨을 지속적으로 전달했다. 나는 오랜 기간 차분히 그녀의 신경계가 평온함을 향해 나아갈 수 있도록 도왔고, 그 결과 그녀는 나와 함께 자신의 감정을 숨기려던 감정의 은신처에서 조금씩 나오게 되었다. 우리 둘 모두에게, 이 과정은 더디지만 깊은 감동과 보람을 주었다. 나는 매주 꾸준히 내 복측미주신경의 사회 참여 체계를 통해 발산되는 안전을 그녀에게 적극적으로 제공했다. 감정 표현과 주도적 행동을 위험한 것으로 인식하도록 학습된 그녀의 신경지를 변화시키는 것은 나의 인내심과 온화함, 그리고 다정한 끈기에서 비롯된 안전감 속에서 시작되었다. 애도가 주는 압도감에서 벗어나는 일은 즉각적으로 일어나지 않았다. 그것은 그녀의 복측미주신경계가 활성화될 수 있도록 반복적이고 점진적으로 제공된 실제적인 위로와 격려의 경험을 통해 점차 가능해진 것이었다.

시간이 흐르면서 케이는 나와 함께할 때 슬픔과 분노를 표현하는 것이 안전하다고 느끼게 되었다. 그녀는 자유롭게 울음을 터뜨렸으며, 내가 그녀의 감정에 공명할 때 깊이 이해받고 있음을 느꼈다. 내가 그녀가 자신의 삶에서 내린 선택에 대한 신뢰를 표현하자, 그녀는 그 신뢰에 힘입어 마치 꽃이 피어나듯 변화하기 시작했다. 이렇게 안전이 단단히 뒷받침된 상태에서, 그녀는 다시 사회로 조심스럽게 발을 내디뎠다. 복측미주신경의 활성화와 그로 인한 안전을 경험하는 것이 반복됨에 따라, 그녀는 내가 제공하는 위로와 자신감을 온전히 받아들일 수 있게 되었다. 그녀는 배측미주신경의 건강한 활성화를 통해 두려움 없는 부동화 상태에서 애도하고 휴식을 취하며 로버트와 내면적 연결을 유지하였다. 동시에 교감신경계의 건강한 활성화를 통해 두려움 없는 동화 상태에서 어머니에게 인정받지 못한 것에 대한 분노를 탐색하고, 독립을 향해 나아가는 실질적인 행동을 취하기도 하였다. 그녀는 이 두 가지 상태 사이를 자연스럽게 오갔고, 복측미주신경의 활성으로 인한 안전감 속에서 회복적인 애도와 자기 재구성 사이에서 점점 더 크게 변화하는 진폭을 견딜 수 있게 되었다. 우리는 그 과정에서 오랫동안 그녀를 힘들게 했던 조절 문제의 일부를 다루기도 하였다.

치료를 시작한 지 2년쯤 되었을 때, 케이는 독서 모임에 가입했고, 거기에서 브라이언이라는 젊은 남성을 만났다. 그는 그녀에게 마치 조카 같은 존재가 되었다. 브라이언은 케이의 사회적 안전망을 든든하게 뒷받침해 주었다. 그의 도움으로 케이는 이전에는 상상하기 힘들었던 독립적인 행동을 해냈다. 외딴 시골의 집을 팔고 사회적 활동을 하기에 가까운 도심의 작은 집으로 이사한 것이다. 지속적이고 건강한 사회적 지지를 받은 덕분에, 케이는 긍정적 변화를 향해 나아갈 만큼 성장할 수 있었다.

그러나 어느 날, 케이는 이사한 새집에서 자신의 물건들이 담긴 상자들에 둘러싸인 채 부동화 상태에 빠지게 되었다. 그녀는 마치 헝겊인형처럼 축 늘어진 모습으로 상담실에 들어섰다. 소파에 털썩 주저앉은 그녀의 얼굴에는 힘이 없었고, 눈꺼풀은 처졌으며, 목소리는 가라앉아 있었다. 이사로 인해 그녀에게 상당한 수준의 불확실성이 생겨났고, 거대한 감정들이 다시 살아나 생명에 위협을 느끼는 신경지를 촉발했다. 그녀의 배측미주신경 복합체가 활성화되었고, 신체의 셧다운 방어기제가 작동하기 시작한 것이다.

우리는 가슴의 답답함, 얕은 호흡, 극심한 피로와 같은 그녀의 신체적 감각과 "집 안으로 들어가 문을 잠그고 이불을 머리끝까지 덮어버리고 싶은" 행동적 충동을 함께 탐색했다. 그녀는 그 느낌을 "해야 할 일로부터 숨고 싶은 충동", "마비된 채 존재 자체를 부정하고, 그냥 다 차단해버리고 싶은 충동"이라고 표현했다. 나는 그녀가 자신의 흉부에 주의를 집중하고, 그 감각이 전하고자 하는 것이 무엇인지에 대해 들을 수 있도록 조심스럽게 도왔다. 그러자 그녀의 얼굴이 달라졌다. 슬퍼 보였지만, 동시에 생기가 돌기 시작했다. 미간이 찌푸려지고 눈에 눈물이 차올랐다. 나와 함께하는 안전한 환경 속에서 그녀의 감정은 자연스럽게 드러났다. "로버트가 보고 싶어요." 나는 이렇게 불확실하고 혼란스러운 시기에 그녀가 로버트를 간절히 그리워하고 있음을 조용히 인정해주었다. 나의 복측미주신경의 사회 참여 체계를 적극적으로 활용하여, 나는 그녀가 자신의 경험에 따뜻하고 친절한 주의를 기울이도록 이끌어 주었다. 이로 인해 그녀는 안전감을 느끼게 되었고, 다시금 자신의 복측미주신경 체계를 활성화하여 감정을 온전히 느낄 수 있게 되었다.

"저는 돌봄을 받고 싶어요. 그가 돌아와서 나를 다시 보살펴 주면 좋겠어요. 그래야 저 혼자 이 모든 걸 견디지 않아도 되니까요." 그녀는 감정을 온전히 드러내며 외쳤다. "제발 돌아와서 나를 보살펴줘요!" 얼마간의 시간이 흐른 뒤에 그녀는 조용히 덧붙였다. "화요일이 그 사람의 기일이었어요." 그녀의 신경지는 위험을 알리는 명백한 환경적 신호들을 감지하고 있었다. 이사로 인해 커다란 변화를 겪었을 뿐 아니라, 달력 위 기일 표시가 로버트의 부재를 상기시켰다. 이런 신호들로 인해 그녀는 최근 몇 달 동안 경험했던 것보다 훨씬 더 강렬한 감정에 휩싸였던 것이다.

나는 그녀의 슬픔과 저항에 깊이 공감했다. 그러자 그녀에게 긍정적인 기억들이 흐르기 시작했다. "결혼식 사진 중 하나가 떠올라요. 제가 로버트 뒤에 반쯤 숨어 서서 이렇게 말하는 듯한 모습이었죠. '당신이 가서 해결하고 와요. 난 여기서 기다리고 있을 테니.'" 나와의 안전한 복측미주신경 상태에서, 그녀는 로버트와의 내적 유대를 다시금 되살려냈고, 이를 통해 자기 자신을 지탱하는 내적 지지를 불러올 수 있었다.

그녀는 완고한 표정을 지으며 말했다. "아마 그래서 제가 앞으로 못 나가는 걸 거예요…. 제가 안 움직이면 아무도 어쩔 수 없잖아요!" 이것은 매우 아름답고 유기적인 전환이다. 배측미주신경 기반의 두려움 없는 부동화 상태에서 슬픔과 기억을 표현하는 모습과, 교감신경 기반의 동화 상태에서 분노 섞인 항의를 표현하는 모습 사이를 방어적이지 않은 상태로 자연스럽게 오가는 것이다.

그녀의 당찬 항의에 우리는 함께 미소를 지었다. 그리고 그녀는 이렇게 말했다. "당신과 있으면 늘 그런 것 같아요. 지금은 정말 기분이 훨씬 나아졌어요…. 이제 다시 뭔가 해보고 싶어졌어요." 그녀는 활짝 웃었고, 이제 깊은 호흡이 그녀의 흉부를 가득 채웠다. 안전한 교감을 바탕으로, 우리는 내면으로 가라앉는 것 같은 그녀의 슬픔에 주의를 기울이고 다시 능동적인 항의의 움직임으로 전환하는 것을 반복했다. 그리고 이 작업을 통해 그녀는 긍정적이고 활기찬 에너지를 끌어올릴 수 있었다.

"우리는 지금까지 당신이 혼자서 무엇을 짊어지고 있었는지 알아보았어요. 그것이 얼마나 깊이 당신에게 영향을 미쳤는지, 또 그것을 말로 표현하고 느끼기 전까지는 당신 자신조차 알아차리지 못했다는 것도요."

"맞아요. 꼭 마법 같아요. … 그 사람이 예전에 저에게 해주었던 일 중 하나였어요. 그는 말 뒤에 숨어 있는 진짜 핵심을 정확히 짚어내고, 제가 그것을 제대로 표현할 수 있도록 도와주곤 했거든요." 그녀는 더 많은 전환을 통해 복측미주신경의 내적 자원을 더 넓게 끌어내고 있었다.

"지금 그 기억을 다시 떠올리는 느낌은 어떤가요?" 나는 그녀가 이 경험을 충분히 음미할 수 있도록 독려함으로써, 그녀가 지금 이 순간 안전에 대한 자신의 신경지를 강화하고 복측미주신경 상태에 더 깊이 들어올 수 있도록 만들고 있었다.

그녀는 부드럽고 열린 자세로 자신의 가슴에 손을 얹고 말했다. "우울한 느낌이 드네요. 향수를 불러일으키기도 하고요…. 하지만 전과는 달라요. 여전히 슬프지만 더 이상 나를 마비시키는 느낌은 아니에요." 그녀는 미소를 지으며 말했다. "아직 그 집에서 살 수 있을지는 모르겠어요. 하지만 이전만큼 두렵지는 않아요. 그렇게… 불가능하게 느껴지지도 않고요. 그냥 '도저히 못 하겠다'가 아니라 '결국 다 괜찮아질 거야'라는 느낌이에요. 바로 그 차이죠." 안전함이 보장될 때, 그녀의 복측미주신경계는 활성화된 상태를 유지할 수 있었다. 그래서 변화가 도전적으로 다가오더라도, 더 이상 그녀를 마비시키지는 못하는 것이다.

우리가 상담을 마쳤을 때, 케이는 결연히 일어나 브라이언에게 연락했다. 그는 그날 저녁에 바로 그녀를 찾아와 주방 정리를 도와주었다. 이사로 인한 생활 환경의 급격한 변화와 로버트의 기일이 겹치면서, 케이의 신경계는 생명을 위협받는다는 신경지를 포착했고, 신체는 방어적인 배측미주신경 상태의 셧다운이라는 반응을 보였던 것이다. 그러나 우리가 맺어온 복측미주신경 기반의 안전함, 곧 두려움 없이 부동화와 동화 상태 사이를 오가는 강력한 신경훈련을 함께 공유해온 환경 덕분에, 작은 격려의 도움만으로도 그녀의 신경지는 과거의 방어적 조절 어려움에서 빠르게 벗어나 복측미주신경이 활성화되는 안전한 상태로 전환될 수 있었다. 그녀는 언제든 다시 생동감 있는 감정 표현과 균형 잡힌 행동 사이를 자유롭고 유연하게 오갈 수 있는 상태로 돌아올 수 있게 되었다.

결론

우리는 사람들을 더 안전하게 만듦으로써 세상을 더 나은 곳으로 만든다.

– Stephen Porges(2013c)

긴밀한 애착 유대를 갈망하는 인간의 포유류적 욕구는 상실로 인해 관계가 단절되면 격렬한 감정과 안전하지 않다는 느낌으로 우리를 취약하게 만든다. 인간은 여기에 더해 언젠가 자신이 죽게 될 존재라는 사실을 인지하고 있다는 추가적인 취약성을 지니고 있다. 우리가 이 취약성을 하나의 문화이자 종의 필연으로서 공개적으로 인정하고 서로에 대한 연민을 나눌 수 있다면 어떨까? 만약 타인을 돕는 사람들이 자신의 죽음에 대한 두려움과 애도의 강렬함을 처리할 수 있도록 충분한 지지를 받고, 복측미주신경의 능력을 활용하여 상실이 만들어낸 본질적으로 위험한 환경에 맞닥뜨린 이들을 위한 안전한 공간을 마련할 수 있게 된다면 어떨까? 상실로부터 회복하는 과정에서 필연적으로 나타나는 교감신경의 동화와 배측미주신경의 부동화 사이의 고통스러운 전환을 견뎌내기 위해 사회적 지지를 찾는 것이 자연스러운 것으로 여겨진다면 어떨까?

> 우리는 포유류에게 이상적인 모델[연민과 지지의 모델], 또는 파충류에게 이상적인 모델을 모방하는 환경적 또는 사회적 구조를 만들어 낼 수 있다. 파충류적 모델은 고립감을 조성할 뿐, 타인을 향한 대담함이나 용기를 키우지 못한다. 반면, 포유류적 환경은 타인에게 힘을 실어주고, 함께하는 공동체적 분위기를 조성하며, 서로에 대한 공감과 돌봄을 촉진할 것이다. (Porges, 2013a, p.14)

애도를 온전히 마주할 수 있도록 돕는 포유류적 환경을 조성하는 일은 결코 쉽지 않다. 상실은 누구에게나 고통스럽고, 애도는 가장 용기 있는 사람조차 압도할 만큼 벅차다. 비록 자연이 우리에게 죽음에 대한 자각이라는 무거운 짐을 지우긴 했지만, 동시에 우리에게 큰 상실을 겪을 때 왜 극단적으로 무기력해지거나(부동화 상태) 지나치게 예민해지는지(동화 상태) 이해할 수 있는 통찰력도 선물했다. 그리고 우리가 이토록 심한 고통을 겪을 때, 서로를 향한 연민 어린 사회적 지지를 보내는 것이 모든 이들의 건강을 증진한다는 사실도 알게 했다. 타인을 돕고자 하는 우리가 복측미주신경의 사회적 참여 상태에 온전히 머물며 내담자의 고통 앞에서 적극적으로 이 상태를 제공할 수 있을 때, 우리는 사람들이 단지 회복하는 데 그치지 않고 오래된 상처를 치유하며 창의성과 자신감을 가지고 성장하도록 도울 수 있다. 함께할 때, 우리는 함께 죽음을 똑바로 바라보고, 그 결과를 견디며, 고통스럽고 도전적인 불확실성 속에서도 삶의 풍성함을 탐색해 나갈 수 있다. 그렇게 할 때 우리는 죽음 앞에 굴욕감과 수치심으로 굴복하지 않고 겸손하게 경이로움을 경험할 수 있는, 서로를 지지하는 연결망에 소속될 수 있을 것이다.

> 우리는 삶의 위대한 사건들 앞에서 한없이 겸손해지는 것 같다. 우리가 통제할 수도, 영향을 미칠 수도 없는 그런 사건들 앞에서 말이다. … 이렇게 겸손해지는 것은 벌이 아니다. 오히려 죽음이 우리를 깨우치기 위해 준비시키는 것이다. 우리 자신 밖의 모든 것들에 대해 철저히 무력함을 깨닫는 이 각성의 순간, 기적 같은 일이 일어난다. 우리는 다시 배울 준비가 된다. 겸손해지고, 은혜를 경험하며, 우리보다 더 위대한 힘과 연결된다. … 이것이야 말로 진정으로 인간답게 되는 것이다. (Ericsson, 1993, p. 70)

19장

다미주 이론, 시, 그리고 PTSD: 트라우마 치료사가 보일 수 있는 시인의 초상

Gary Whited

개요

이 글은 심리치료와 시의 연관성에 대해 설명하고 있으며, 다미주 이론을 토대로 우리 내면의 시적 감수성이 어떻게 트라우마를 치유할 수 있는지를 설명한다. 또한, 다미주 이론에서 제시하는 '신경지' 개념을 통해서 우리가 어떻게 균형을 회복하고 안녕을 높이는 방식으로 우리의 신경계와 생리적 경험에 귀를 기울일 수 있을지 보여준다. 시적 언어는 문학적 형식의 의미와 모든 인류가 공유하는 본질적인 의미를 통해 이 공동의 치유력을 더 깊어지게 하고, 스스로와 서로에게 귀기울이게 한다.

얼마 전, 나는 보스턴 미술관에서 오래된 중국 목조 관음상을 보게 된 적이 있었다. 관음상은 오른쪽 무릎을 굽히고 그 위에 오른팔을 얹고 몸을 기댄 '왕의 휴식' 자세로 앉아 있었다. 조각상 전체, 그리고 특히 조각상의 얼굴에서 느껴지는 깊은 존재감은 나를 압도하면서도 동시에 차분하게 만들었다. 그 얼굴을 그저 바라보는 것만으로도 방 안에 온화함이 가득 찬 것 같았다. '어떻게 이런 것이 가능할까'라는 생각이 들었다. 이 목조상은 나를 감싸 안은 듯 안전함을 느끼게 해주었고 나는 그 자리를 떠나고 싶지 않았다. 그 순간 나는 누군가 아무런 판단 없이 내 말을 온전히 들어주는 것 같은 느낌을 받았다. 그런 뒤 안내문을 읽어보니, 거기에는 불교 전통에서 관음은 세상의 소리, 혹은 울음에 귀 기울이는 '자비의 보살'의 힘을 상징한다고 적혀 있었다.

열린 마음으로 우리가 듣는 것에 "주의를 기울이면서" 다른 사람이 가지고 온 상처와 그들이 지고 있는 짐이 무엇이든지 이를 들을 수 있는 친절하고 준비된 귀를 통해 다른 사람이 안전감을 느낄 수 있도록 존중하는 것이야말로 우리가 내담자와의 상담에서 늘 목적하고 있는 것이 아닌가?

그러나 이를 추구하기에는 우리의 경청을 방해하는 요소는 너무나도 많다. 주변의 소음뿐만 아니라 우리 내면의 소음, 신념, 심지어 우리는 여기에 해당하지 않는다는 편견까지 너무 많은 것들이 경청에 방해가 되며 때로는 냉담한 마음에서부터 압도적인 감정에 휩싸인 상태도 경청을 방해한다. 그렇다면 우리가 알지 못하는 것을 듣고, 내담자가 누구에게도 말하지 못했던 이야기를 들을 수 있게 만드는 경청의 조건은 무엇일까? 무엇이 우리의 개방적 경청을 가능하게 하며, 또 불가능하게 하는 것일까? 특히 아무도 들으려 하지 않는 이야기를 가진 트라우마 생존자들과의 상담에서, 우리 자신과 내담자가 오롯이 경청하여 치유를 촉진할 수 있는 방법은 무엇일까?

비록 시의 형식적인 측면이 일상 뉴스에서 차지하는 비중은 아주 작지만, 시인 윌리엄 카를로스 윌리엄스(William Carlos Williams)는 이렇게 말했다. "시에서 뉴스를 얻기는 어렵다 / 그러나 시에서 얻는 것이 부족해서 / 사람들은 매일 비참하게 죽어가고 있다"(1994, p. 41).

왜 우리는 인생의 중요한 순간, 기쁨과 슬픔, 성취와 인정을 기념하는 자리에 시인을 찾는 것일까? 타인과의 연결을 필요로 하는 이러한 순간에 시와 노래는 중요한 역할을 한다. 초기 인류 역사에서 시와 노래는 같은 것으로 여겨졌고 이를 '마음의 언어'라고 불렀다. 우리가 이 말을 할 때 그 의미는 무엇이며, 시가 치유 과정에서 어떤 역할을 할 수 있을까?

스티븐 포지스(2011)가 발전시킨 다미주 이론은 자율신경계의 계통발생적 발달을 설명하고, 이 신경계가 위험이나 생명의 위협을 마주할 때 그리고 반대로 사회적 참여를 통해 복측미주신경이 조율되는 것을 경험할 때 어떻게 활성화되는지 설명한다. 예를 들어, 시가 우리를 감동시키거나 다른 사람들과 함께 나누는 노래가 우리를 연결시킬 때, 우리는 복측미주신경의 활성화 상태에 들어가 서로에게 마음을 열고 안전함을 느낀다. 일례로, 대형 콘서트장에서 처음 보는 사람들이 함께 노래를 부르며 하나가 되는 장면을 상상해보자. 시와 노래는 우리가 열망하고, 두려워하고, 희망하며, 기뻐하고, 깊은 슬픔을 나누는 매개체가 된다. 대통령의 취임을 기념하고, 아기를 재우고, 장례식장에서 슬픈 마음을 달래기 위해 노래를 부르는 이유가 바로 이것이다. 나는 오바마 대통령이 남부 교회 총격 사건의 피해자들을 추도하면서 '어메이징 그레이스(역자주: amazing grace; 나 같은 죄인 살리신)'를 부르기 시작했던 순간이 떠오른다. 교회에 있던 모든 사람들이 그와 함께 노래를 불렀고, 이를 지켜본 많은 사람들은 그 노래를 따라 부르거나 눈물을 흘렸다. 시는 우리가 서로를 위로할 때 자연스럽게 흘러나오는 언어이다. 이런 상황에서 우리는 설명이나 절차적인 언어 대신 시적 언어에 의지한다. 시는 소속감의 언어이며, 우리가 안전하게 함께 연결될 수 있도록 하는 힘을 가지고 있다.

나는 여기서 시를 그 전통적 의미에만 한정짓지 않고, 기도, 노래, 이야기에 걸쳐 다양한 형태를 포함한 넓은 의미로 다루고자 한다. PTSD를 포함해 트라우마를 겪은 사람들과의 상담에서 시가 어떻게 역할을 할 수 있을지, 그리고 다미주 이론이 어떻게 기여할 수 있을지 함께 생각해보자.

나는 심리치료사로 거의 35년을 일해왔고, 그보다 훨씬 더 오랫동안 시를 써왔다. 치료사이자 시인으로서, '듣기'는 나의 직업적, 개인적 삶에서 중심 주제이며 때로는 그것이 집착처럼 느껴지기도 했다. 이 글에서 나는 다미주 이론이 어떻게 이 두 가지 열정에 빛을 비추고 '듣기' 경험이 서로 얽혀 내 삶에 영향을 주었는지 이야기하려 한다.

3년 전, 나의 시집 『Having Listened』가 출간되었다. 이 제목은 내가 자란 동부의 몬태나 평원을 배경으로 한 시에서 따온 것이다. 이 책에 실린 많은 시들은 그곳에서의 경험, 그리고 내가 목장에서 자라며 처음으로 '듣기'를 배우기 시작했던 기억들과의 대화를 담고 있다. 그 시들을 쓰는 과정 자체가 이미지, 소리, 행의 변경, 그리고 시가 완성될 때 느껴지는 리듬을 계속해서 듣는 일과 같았다. 시마다 고유한 소리가 있었고, 나는 시를 쓰면서 그 소리에 귀를 기울였다. 각 시는 행과 연, 그리고 종이 위에 배치된 형태 속에 자신만의 몸을 가지고 있었으며, 그 몸에서 느껴지는 독특한 감각이 있었다. 아무도 말하지 않았지만, 나는 시가 다가오는 소리를 들을 수 있었다. 시의 목소리와 형체가 점차 완성되면서, 그것은 내 기억, 그리고 내가 떠올리던 장소와 경험들과 공명하였다. 내 기억 속의 세계, 나를 둘러싼 대초원의 경험에 의해 형성된 그 세계가 시라는 외적 세계 속에서 표현되며 서로 연결되고 영향을 주고 받았다.

다미주 이론을 공부하면서, 나는 시를 쓰면서 다시 경험할 수 있었던 몬태나에서의 나의 어린시절을 떠올렸고, 그 당시 나의 자율신경계는 대초원에서 나를 둘러싸고 있던 주변 환경과 깊이 공명하고 있었다는 사실을 깨달았다. 나는 복측미주신경 활성화 상태로 이동하기 위해서 자연과의 안전하고 편안한 연결을 찾고 있었다. 무의식적으로 나는 듣기를 통해 평화를 찾고 있었고, 그 경험을 바탕으로 시를 쓰며 다시금 그 듣기 행위에 몰두하였다.

루이지애나에서 나고 자란 미국의 저명한 시인 유세프 코무냐카(Yusef Komunyakaa, 2016)는 이렇게 말했다.

> 어릴 때 나는 주변 경관에 너무 열광했어요. 매일 새로운 것을 발견했기 때문이죠. 아마 그래서 오늘날까지 시와의 여정이 계속되고 있는지도 모릅니다. 매일 무언가 새로운 걸 발견하는 것이니까요. 때로는 외부에서 발견한 것들이 내면의 반영을 통해서, 그 내면으로 깊이 들어가기도 합니다. (p. 34)

나는 시를 쓸 때, 대초원의 구체적인 모습과 그것에 대한 나의 내적 경험을 독자에게 전달하는데 적합한 단어, 행, 리듬을 찾으려고 노력했다. 내가 느꼈던 그 장소의 소리와 감각, 그리고 이미지가 시를 통해 독자에게도 전해지기를 바랐다. 아래 시는 시집에 수록된 시 중 하나이다.

쏙독새의 길

처음 그 일이 일어났네
먼지 쌓인 소 길을 따라
젖소 뒤를 따라 걷고 있을 때.

저녁 무렵 비춰오던 빛은
쉐드웰 개울 위로 미끄러져
밤 그림자에 잠기고.

내가 멈췄을 때
아무도 말하지 않던 그 윙윙거림이
땅으로부터 올라와.

내 다리를 타고 올라
골반까지 스며들며
이 몸을 소리로 바꾸었지.

빛은 노랗게 번져오르고
건초 더미와 울타리 기둥,
젖소와 나를 감쌌네.
(Whited, 2013, p. 7)

어린 시절 나는 대지와 그 주변의 모든 것들과 강하게 연결되어 있음을 느꼈고, 이 시를 통해 대지의 소리와 빛의 감각이 독자에게도 전해지기를 바랐다. 평화롭고 고요한 순간에 나를 둘러싸고 있는 모든 것은 나에게 안전하게 느껴졌고, 이는 어린 시절뿐만 아니라 성인이 된 나에게도 이어져왔다. 지금 내가 다미주 이론의 관점에서 보니, 나는 이 시를 통해 독자와 복측미주신경이 활성화된 상태의 안전한 연결 상태를 공유하고, 독자에게도 그 경청을 통한 상호적인 교감을 나누는 자리를 초대하고자 한 것이다.

시를 쓰는 과정에서 나는 시가 말하는 것을 실현할수록 독자가 그 메시지를 더 쉽게 이해할 수 있다는 것을 깨달았다. 시가 이 목표를 달성할 때, 그 소리와 구조는 독자나 청자에게 시가 내는 장소, 상황, 혹은 감각을 전달하는 신호를 만들어낸다. 내가 대초원에 관한 시를 낭독했을 때, 많은 이들이 마치 자신이 그곳에 있었던 것 같이 느껴진다고 이야기했다. 다미주 이론의 관점에서 보면, 시가 낭독될 때, 독자의 자율신경계는 시의 이미지나 이야기, 시인, 혹은 그 시를 낭독하는 사람과 공명하게 된다. 그렇지 않다면 어떻게 우리가 호머의 『오디세이아』와 셰익스피어의 『리어 왕』 혹은 페르시아 시인 루미의 "상처는 빛이 들어오는 자리이다"라는 구절과 같이 오래된 시에 감동받는 이유를 설명할 수 있을까?

몇 년 동안 심리치료사로 일하면서 나는 내담자와 함께 하는 경험이 시를 쓰거나 낭독하는 것과 유사하다는 것을 깨닫게 되었다. 내담자가 자신의 이야기를 들려줄 때, 나는 행의 중단, 문법과 구문의 변화, 그리고 시에서 나타나는 리듬을 느낄 수 있었다. 더 나아가 이러한 시적 요소들은 내담자의 신체 신호와 자세의 변화, 표정의 변화, 그리고 가장 중요한 목소리 톤 속에서 드러났다. 내가 더 주의 깊게 들으면 들을수록, 이 모든 요소들은 내 자율신경계에 더 직접적으로 다가왔고, 이를 통해 나는 내담자가 경험하는 세계로 더 깊이 들어갈 수 있었다. 내담자의 신체적 표현과 음성적 표현은 그 이야기의 일부였으며, 이 모든 요소들을 주의 깊게 듣고 봐야만 더 온전한 전체 이야기를 이해할 수 있었다.

다미주 이론은 내가 자율신경적으로 내담자에게 조율될 때, 우리 둘의 사회 참여 체계가 상호 활성화되어 경청의 여정을 함께 시작하게 된다는 점을 일깨워 주었다. 내담자와 내가 대화 속에서 충분히 안전하다고 느끼면, 우리는 자연스럽게 연결되고 상호 호혜적 상태로 넘어간다. 이것을 스티븐 포지스는 "복측미주신경 조율"이라고 불렀다. 어슐라 K. 르귄(Ursula K. LeGuin)은 그녀의 에세이 『Telling is Listening』에서 대화에 대해 "사람의 대화, 사람 사이에 이루어지는 의사소통에서 전해지는 모든 것—말해지는 모든 것—은 실제 반응이나 예상되는 반응에 의해 형성된다"(2004, p. 188)고 말하며 이렇게 덧붙였다.

> 화자와 청자 간의 상호적인 의사소통은 매우 강력하다. 각 화자의 힘은 청자의 동조에 의해 증폭되고, 공동체의 힘은 그들의 상호 동조를 거치며 더욱 더 커진다.
>
> 그래서 발화는 마법 같은 것이다. 말은 실제로 힘을 가진다. 이름은 힘을 가진다. 말은 단순한 표현이 아니라 사건이며, 그것들은 실제로 무언가를 변화시키고 움직인다. 말은 화자와 청자를 변화시키고, 서로 에너지를 주고받으며 힘을 증폭시킨다. 이해와 감정도 서로 주고받으며 에너지가 증폭된다. (p. 199)

내담자와 나 사이에 이러한 조율이 이루어지면, 단어, 어조, 제스처, 자세 변화 등을 서로 주고받으며 연결된다. 이러한 요소들은 우리의 선형적 사고체계가 의미있는 것으로 택한 것들만 거둬들인다면 놓쳤을 수 있는 많은 정보를 전달한다. 때로는 한 단어가 시 속의 구절처럼 내 귀에 남아, 마치 '여기를 주목하라'는 신호를 보내는 것처럼 느껴진다. 이 상호작용 속에서, 내담자와 나는 함께 상호조절의 상태로 들어간다. 르귄의 표현을 빌리자면 '전달된' 것이 '수용'되었고, 우리의 대화는 또 다른 문을 열고 새로운 탐색으로 나아가게 되는 것이다.

특정 단어들은 특별한 감정을 담고 있을 수 있는데 "상실하다", "공허하다", "황폐하다", "패배자" 같은 단어들은 사용될 때의 목소리 톤과 함께 전달되어 자율신경적 반응을 자극할 수 있다. 이는 내담자의 경험에서 위험 신호를 가리킬 수 있다. 또는 "해야 했다", "했어야 했다"와 같이 반복되는 표현들은 내담자가 느끼는 가족체계 내에서의 역할이나 자아상에 대해 가지는 신념과 패턴을 보여준다. 때로는 내담자가 침묵하는 순간이 신호를 보내는 순간일 수 있다. 많은 침묵의 순간들이 나를 어린 시절 농장에서 겪었던 어려운 시간으로 데려가곤 했다. 나에게는 "걱정"이라는 단어가 감정을 담고 있는 단어 중 하나였는데, 이 단어는 부엌 창가에 서서 두 손을 모으고 있던 불안정한 엄마를 바라보며 불안해했던 순간들을 떠올리게 했다. 걱정이라는 단어 소리에는 그러한 몸짓이 내포되어 있어 일상적인 단어임에도 나에게는 자율신경적으로 강한 반응을 불러일으켰다.

때로 단어는 무엇인가를 거부하거나 당기는 것처럼 팔을 흔드는 제스처를 동반하며 과거의 트라우마 순간을 현재 경험이 되풀이하게 하는 자율신경 반응을 나타나게 할 수도 있다. 우리는 이야기뿐만 아니라 이러한 몸짓과 신호에도 귀 기울여야 한다. 얼굴 표정, 눈빛, 자세, 제스처에서 나오는 몸의 신호는 이야기의 특정 부분을 강조하거나 흐리며 중요한 메시지를 전달한다. 시간이 지나면서 내담자와 함께 나누는 대화가 깊어지면, 그들이 살아가는 세계의 형태와 느낌이 점점 더 분명해진다. 그 세계는 마치 시처럼 들리거나 보이며, 때로는 손에 잡힐 듯한 감각으로 다가온다. 내담자와 치료자가 함께 경청할 때, 그들은 상호조절 상태로 들어가 조율되고 안전한 연결 상태로 나아간다. 이런 대화 속에서 일종의 시가 탄생하게 된다.

치료적 대화를 통해 펼쳐지는 이야기는 점차 내담자의 세계를 보여주며 보이는 것과 그들에게 가리워 보이지 못했던 부분들을 밝게 비춰준다. 대화는 점차 그 세계의 질서와 일관성을 반영하며, 내담자가 그 세계 속에서 자신이 누구인지, 어떻게 존재하고 있는지를 점점 더 자각하게 한다. 그들은 과거 트라우마 경험에 대한 자신의 방어적 반응을 알아차리며, 그들이 반복적으로 느껴온 위험 신호와 그로 인해 고정된 신념과 방어 구조들이 어떻게 이후 삶에 영향을 미쳤는지 깨닫는다. 자신에 대한 이야기와 자아상은 이러한 신념과 패턴에서 비롯된 것이며, 그 안에서 표현된다. 내담자들은 자신의 삶의 이야기를 시처럼 경청하며, 그것이 자율신경적으로 자신 안에서 어떻게 살아 숨쉬는지를 듣는 사람과 함께 인식할 기회를 가지게 된다.

예를 들어, 내담자가 자신이 버림받을 것이라고 믿거나, 그래야 마땅하다고 생각한다면, 그것은 그들의 초기 경험에서 나온 메시지일 수 있으며, 그들의 자율신경계가 쉽게 활성화되어 신체나 다양한 자세가 습관적인 움직임으로 그 믿음을 나타내는 것일 수 있다. 나는 여러 내담자들이 내 사무실에 들어오고 나갈 때 고개와 어깨를 움츠리고, 시선을 피하며 나와 눈을 맞추지 않으려 하는 것을 본다. 이러한 제스처는 그들이 나와의 관계에서 안전하다고 느끼지 못하고 있으며, 그들의 사회 참여 체계가 나와 직접적으로 연결되는 것을 차단하고 있음을 보여준다. 치료가 진행되어 충분히 안전한 관계가 형성되었을 때, 나는 이러한 패턴이 있음을 알려줄 수 있다. 이러한 세부 사항을 반영하고 함께 경청하는 것은 내담자를 상호조절 상태로 이끌고 그들이 반복되는 패턴을 인식하게 한다. 일단 조절이 이루어지면, 내담자들은 진정하게 되고 자신을 향한 부정적인 인식을 더 명확하게 인지하게 된다. 그리고 그들은 자신에게 들려주던 이야기를 더 이상 '사실'이 아닌 하나의 이야기로, 혹은 시적인 서사로 듣기 시작하며 이를 통해 과거의 경험을 반복적으로 재현하지 않고, 더 창의적이고 능동적으로 관찰할 힘을 얻게 된다. 이 과정에서 그들은 자율신경적 반응과 과거에 고정된 이야기를 창의적으로 분리해 새로운 방식으로 재구성할 수 있게 된다.

이 과정은 내가 시를 쓸 때의 경험과도 비슷하다. 시를 쓸 때 나는 내 안에 있는 이야기, 메시지, 신념, 또는 내 정신 속에 담겨진 과거 또는 현재의 무언가를 찾아내려 한다. 글을 쓰면서 나는 그 이야기를 이야기로서 듣고, 그것을 관찰하는 방향으로 나아간다. 다른 사람의 시를 읽거나 들을 때도 마찬가지다. 두 경우 모두, 나는 단어들과 그 단어들이 만들어내는 이미지, 리듬, 행간의 끊어짐, 종이 위에 놓인 시의 형상 등 모든 요소를 통해 이야기가 어떻게 형성되어가는지를 경청한다. 내가 복측미주신경 활성화 상태에서 충분히 안전하고 열려 있을 때, 나의 상상력은 그 시가 전하는 이야기에 적극적으로 참여하게 되고, 수용하고 받아들일 수 있다. 또한 그 이야기를 하나의 이야기로서 목격하며, 그 이야기에 휘둘리거나 압도되지 않고 자유롭게 바라볼 수 있다. 만약 그 경험이 긍정적이라면, 내가 전에 언급했던 시에서 젖소가 걸어가고 땅이 웅웅거리는 소리와 함께 안전하고 따뜻한 감각에 둘러싸이는 것처럼, 나는 그 경험을 목도하고 그로부터 위안을 얻을 수 있다. 시인으로서 나의 바람은 누군가가 내 시를 읽고 그 위안을 함께 느끼는 것이다.

우리는 흔히 시인을 소수의 "작가"들만 속한 배타적인 집단으로 생각하지만, 사실 우리 모두의 내면에는 시인과 이야기꾼이 존재한다. 고대 마야인들은 "우리가 슬퍼하는 존재이기에 이야기하는 존재이다"라고 말했다고 한다. 트라우마를 겪은 사람은 상실을 경험했고, 트라우마로 인한 상처와 부정적인 믿음이 실린 마음의 각 부분은 자신의 이야기를 들어주길 기다리는 시인이나 이야기꾼처럼 존재한다. 이들을 판단하거나 진단하지 않고 그들의 방식으로 들을 때, 이 시인과 이야기꾼들은 실제로 일어난 일들을 증언하고 자신을 보호하기 위해 만들어낸 익숙한 이야기와 믿음을 드러낸다.

누군가가 진심으로 열린 마음과 호기심으로 우리의 이야기를 들어줄 때, 우리는 그 사람과 연결되어 자율신경계의 각성과 셧다운 상태에서 벗어날 수 있다. 복측미주신경 상태에서 서로를 조율하며 경청하는 것은 우리의 자기 성찰적인 경청 능력을 기를 수 있게 해주며, 갈등을 해결하고 오래된 상처를 치유하는 힘을 제공해준다.

나는 내담자들과 작업할 때 리처드 슈워츠(Richard Schwartz, 1994)가 개발한 내면 가족 체계(Internal Family Systems: IFS) 모델에 영향을 많이 받았다. 이 모델은 우리의 성격이 여러 부분으로 구성되어 있다는 가정에 기초하며, 각각의 부분들을 공감과 호기심으로, 그들만의 방식으로 들어줄 때 내담자와 더 깊이 연결되고, 내담자가 스스로를 조절할 수 있는 능력이 확장된다고 말한다. 이 연결이 형성되면, 자율신경 상태를 추적하면서 내담자는 자신 내면의 더 다양한 부분들을 잘 이해하고 균형을 이루며 자신의 경험을 더 명확히 바라볼 수 있게 된다.

어느 날, 신디(Cindy)는 매우 불안한 모습으로 내 상담실에 들어왔다. 그녀는 전날 밤 남자친구가 이 관계를 계속 이어가고 싶은지 확신이 없다고 말했으며, 그 말에 크게 상처를 받았다고 했다. 그녀는 떨리는 목소리로 짧고 급하게 말을 이어갔고 말 사이에는 긴 침묵이 흘렀다. 침묵 중에는 그녀의 어깨가 축 늘어졌고 시선은 방의 구석을 향했다. 다시 말이 쏟아졌고, 또다시 침묵이 이어졌다. 나는 그녀가 자율신경계의 각성과 셧다운 상태를 반복하며 오가고 있다는 느낌을 받았다. 우리는 몇 달간 함께 상담을 진행했고, 우리 사이에는 이미 충분한 신뢰가 형성되어 있었다. 어느 순간, 나도 내 자율신경계를 통해 그녀가 나와 연결된 상태에서 충분히 안전함을 느끼고 있음을 느껴 “지금 당신의 내면의 일부가 강하게 자극을 받아 매우 불안해하는 것 같아요.”라고 말했다. 그녀는 구석을 향했던 시선을 나에게 돌리며 약간 부드러워진 목소리로 “그런 것 같아요. 맞아요. 이런 상황이 너무 싫어요. 나는 절대 누구와도 가까워지면 안 돼요”라고 답했다. 나는 몸을 살짝 앞으로 기울이며 물었다. “그렇게 느끼는 당신의 그 부분들이 도움이 필요할까요?” 그녀는 잠시 망설이다가, 회의적인 목소리로 “그럴지도요.”라고 대답했다.

나는 그녀에게 자신이 말을 얼마나 빠르게 하고 있는지 알고 있냐고 물었고, 그녀는 전혀 눈치채지 못했다고 했다. 또한, 왜 구석을 보고 있었는지 묻자, 자신이 그쪽을 바라보고 있었다는 사실도 몰랐다고 했다. 나는 이것이 안전하지 않다고 느끼는 그녀의 일부가 보내는 신호일 수 있고, 자율신경계가 각성된 상태일 수 있다고 이야기했다. 내가 그녀에게 잠시 자신을 돌아볼 시간을 주자, 그녀는 침묵 속에서 방을 둘러보고 나를 바라보았다. 그때가 그녀가 처음으로 자신의 내면을 인식한 순간이었다. 곧 그녀는 의자에 기대며 눈가에 눈물이 맺히기 시작했다. 나는 담백하게 물었다. “지금 어떤 감정이 느껴지나요?” 그녀는 “슬퍼요”라고 대답했다. 이어서 나는 “그 안에서 누구의 목소리가 들리나요?”라고 물었다. 그러자 그녀의 눈에서 눈물이 흘러내리기 시작했다. 우리는 잠시 침묵 속에 함께 앉아 있었고, 그녀가 자신의 몸을 의자에 더 편안하게 기대는 것이 느껴졌다. 나는 앞으로 몸을 기울이며 물었다. “그 슬픔을 느끼는 부분을 대신해 말해보는 것이 괜찮겠어요?” 그녀는 고개를 끄덕였고, 나는 조용히 기다렸다.

나는 그녀의 내면체계가 점점 안정되면서, 각성과 셧다운 상태를 오가던 것이 멈추는 것을 느낄 수 있었고 그녀의 속도에 맞춰 나 자신을 조율하고 있음도 느꼈다. 그녀가 다시 말을 시작했을 때, 목소리는 한결 부드러워지고 덜 긴장되어 보였다. 나는 차분하고 느린 목소리로 이야기를 이어갔고, 그녀는 우리가 함께 만들어가는 경청의 공간에서 더 큰 안정감을 느끼는 듯했다. 그 공간이 안전하게 느껴지자, 그녀는 더욱 차분한 상태로 들어갈 수 있었다. 그녀는 남자친구의 말로 얼마나 슬펐는지 짧은 문장으로 전했다. 나는 그녀에게 그 슬픔을 느꼈던 내면의 장소에 주의를 기울여보라고 제안했다. 그녀는 오른손을 가슴에 얹고 가만히 눌렀다. 잠시 후, 그녀는 10살 때 아버지가 자신과 어머니에게 가족을 떠나겠다고 말했던 기억을 떠올렸다. 또다시 그녀는 눈물을 흘렸다. 나는 그 10살 때의 자신을 대신해 말하는 것이 괜찮겠냐고 물었다. 처음으로 그녀는 그때의 장면을 자세히 묘사하며, 그때 얼마나 고통스러웠고 외롭고 버림받은 기분이었는지를 이야기하기 시작했다. 어머니는 너무 상심해 집을 나갔고, 아버지는 방으로 들어가 짐을 싸기 시작했다. 그녀는 혼자 거실에 남아 있었다. 그 순간, 그녀는 깊은 울음을 터뜨렸고, 나는 그녀의 슬픔의 깊이와 에너지를 느끼며 강한 공감이 밀려오는 것을 느꼈다. 나는 느리고 부드러운 목소리로 그런 일이 있었다는 것이 정말 가슴 아프다고 공감해 주었다.

내 자율신경계는 자연스럽게 그녀의 신경계에 조율되고 있었고, 우리가 눈을 더 많이 마주치기 시작하면서 나는 그녀에게 연민을 느낄 수 있었다. 또한, 그녀가 그때 겪었던 깊고 고통스러운 감정들이 충분히 의식 속으로 들어올 수 있을 만큼 안전한 공간이 마련되었다고 느꼈다. 그녀는 한동안 계속 울며 몸을 앞뒤로 흔들었다. 천천히 울음은 잦아들었고, 그녀는 의자에 기대 나를 바라보았다. 우리의 시선이 방 한가운데서 교차될 때, 우리는 서로 같은 연결 속에서 안정감과 상호적인 유대감을 느꼈다. 나는 그녀에게 10살 소녀에 대해 어떤 감정이 드는지 물었고, 그녀는 그 소녀에게 가까운 느낌이 든다고 말했다. 내가 10살의 소녀가 지금의 자신에게 무언가 말하고 싶은 말이 있는 것 같은지 묻자, 그녀는 "아니, 지금은 그냥 그 아이와 함께 있는 것만으로 충분해요"라고 답하며 여전히 가슴에 손을 얹고 있었다. 우리는 그 아이와 연결되는 시간을 충분히 가지며 잠시 더 함께 앉아 있었다.

우리 사이에서 형성되던 복측미주신경의 조율은 그녀와 그 10살 소녀 사이에서도 흐르고 있었다. 내가 그녀에게 진심으로 연결되고 호혜적으로 귀 기울였듯이, 그녀도 자신 안의 10살 자아에게 같은 방식으로 귀를 기울였다. 자율신경계의 불안한 각성 상태가 이전처럼 그녀를 무기력이나 셧다운 상태로 몰고 가지 않았다. 다미주 이론으로 보면, 그녀의 복측미주신경이 교감신경의 과도한 활성화를 따라잡아 그것을 완화시킴으로써, 그녀가 나, 그리고 자신의 어린 자아와도 안전하게 연결된 느낌을 받은 것이다. 그녀는 슬픔에 대한 방어적 반응에 압도되지 않고 스스로 진정할 수 있었고, 이를 통해 그녀는 어린 소녀와 안전하게 서로 안전한 연결을 이루었다. 이 오래된 트라우마에 대한 슬픔을 느끼면서도 복측미주신경 상태를 유지할 수 있었기에, 그녀는 어린 자아를 위로할 수 있었다. 이후의 회기에서도 우리는 이 트라우마와 함께 작업하며 그녀가 그 경험에서 얻은 상처를 치유해 나갔다.

다미주 이론과 시는 신디와 나 사이에서 일어났던 일에서 묘사되었던 것처럼 우리가 공생하며 상호조절할 수 있다는 사실에 뿌리를 두고 있다. 스티븐 포지스와 뎁 다나, 브레네 브라운, 피터 레빈 등 많은 학자들이 강조하듯, 우리는 세상에 태어날 때부터 연결을 위해 '설계'되어 있다. 포지스가 설명했듯이, 우리는 생존, 즉 '건강, 성장, 회복'을 위한 소통을 가능하게 하는 이 연결성, 그리고 호혜성에 의존한다(Porges, 2016). 만약 사람들 사이에서 상호작용이 끊어지고 이를 회복하지 못하면 우리는 불균형과 고통을 경험한다. 이 상태가 장기화되면 우리는 다른 사람과 연결되어 있는 안전감을 잃게 되고, 이는 자율신경계의 불균형을 초래해 우리의 안녕을 위협한다. 트라우마 피해자에게 안전한 연결감을 느끼게 해주는 방식으로 귀기울이는 것은 그들의 자연스러운 균형과 치유 능력을 활성화하는 데 중요한 역할을 한다.

운율적 억양은 우리가 안전한 연결을 경험하는 데 필수적인 요소이다. 목소리를 높이거나 낮출 수 있는 능력, 그리고 이러한 억양을 듣고 안전한 소리와 위협적인 소리를 구별하는 능력은 다른 사람과 안전하게 연결될 수 있도록 한다. '운율'이라는 단어의 어원을 살펴보면, 그리스어 'prosoidia'에서 유래한 것으로, 이는 '향하여'라는 뜻의 'pros'와 '노래'라는 뜻의 'oidia'이 결합된 단어이다. 노래의 억양은 시를 낭송할 때, 동화를 읽을 때, 일상 대화에서도 이어지며, 우리가 장난스럽게 대화할 때도 사용된다. 라디오 프로그램 "The Writer's Almanac Bookshelf"에서 제이 바일스(Jay Biles)와의 인터뷰 중, 시인 다나 지오이아(Dana Gioia)는 "시는 음악으로 고조된 말입니다. 시의 물리적인 소리 자체도 그 의미의 일부입니다."(2016)라고 말했다. 우리는 아이들과 대화하거나 중요한 이야기를 나눌 때, 혹은 우리가 관심이 있을 때 더 깊은 억양이 들어간 목소리로 전달한다. 누군가가 하는 말에 관심이 있다는 것을 표현하고 싶을 때 우리는 "좀 더 이야기해줘"라고 말하며, 억양에 우리의 진심을 담아 표현한다.

전통적인 모든 시는 인간이 가진 운율적 능력에 뿌리를 두고 있다. 운율이 없다면 시도 존재하지 않는다. 스티븐 포지스는 우리의 운율적 억양을 생성하고 이를 들을 수 있는 능력이 상호조절에 있어서 필수적이며, 이는 트라우마를 겪은 내담자들이 불안을 해소하고 타인과 안전하게 연결될 수 있도록 돕는 중요한 요소라고 설명한다(Porges, 2012). 따라서

"운율이 없다면, 치유적인 치료 대화도 없다"고 말할 수 있을 것이다.

내 경험상, 시를 쓰는 작업과 다미주 이론의 통찰은 서로 밀접하게 연결되어 있다. 내가 시를 쓰거나 다른 시인들과 함께 워크숍에서 그들의 새로운 시를 읽을 때, 특정 단어나 구절이 자연스럽지 않거나 잘못된 곳에 있으면, 나는 그것을 개념적으로 이해하기보다는 직관적으로 느끼고 들으려 한다. 임상 현장에서도 나는 내담자가 말하는 언어뿐만 아니라 신체적 신호에도 주의를 기울인다. 트라우마 기억에서 나오는 신호를 감지할 때, 나는 이를 몸으로 먼저 느끼고 소리로 듣고, 에너지를 통해 직관적으로 인식한다. 다미주 이론에서는 이를 '신경지(neuroception)'라고 부른다. 미묘한 억양 변화, 손이나 발의 움직임, 눈의 깜빡임, 자세 변화 이 모든 것이 내담자에게 새로운 깨달음을 가져올 수 있는 신호일 수 있다. 그 순간을 놓치지 않고 내담자가 스스로 자신의 신호에 귀를 기울이도록 도우면, 우리의 경청은 더 깊은 차원으로 들어가게 되고, 그곳에서 내담자의 신경계가 보내는 위험 신호를 그 자체로 받아들일 수 있다. 우리의 대화에서 충분한 복측미주신경 에너지가 흐르고 내담자가 안전하다고 느낄 때, 그들이 자신을 보호하기 위해 사용했던 방어 패턴이 이완되어 그들의 트라우마가 저장된 곳에서 중요한 이야기가 드러날 수 있다. 오랫동안 숨겨져 있던 고통스러운 기억이 신체나 목소리의 신호를 통해 갑자기 드러날 수 있다. 하지만 우리가 이러한 신호를 놓친다면, 그 신호는 들리지 않고 지나가 사라지고 말 것이다.

이에 대한 지침은 내담자가 공유하는 경청의 현장에서 자율신경 신호를 따라가는 것에서 얻어진다. 각 개인이 자신이 살아온 이야기를 이 특정한 순간에 풀어내는 방식은 개인의 고유하고 세밀한 특성을 따라 이루어진다. 또한 자율신경계의 정보는 즉각적이어서 우리가 익숙한 선형적인 이해 방식을 통한 사고 과정을 거치지 않고도 직접 우리의 경청에 도달한다. 신경지의 지침은 경청의 과정을 미지의 영역으로 이끌어가며, 바로 그곳에서 여전히 드러나지 않은 내담자의 경험 속 숨겨진 진실을 발견할 수 있다. 우리의 경험과 우리 자신에게 익숙한 이야기를 듣기 전에 자율신경적으로 경청하는 것은 트라우마의 상처가 묻혀 있지만 아직 누구에게도 말한 적이 없었던 내담자의 내면의 장소로 우리를 안내한다. 내담자는 우리가 그들의 자율신경계를 신뢰하고, 그들이 두려워했던 어려운 곳으로 인도할 때 진정으로 이해받았다고 느낀다. 『A Space Odyssey』를 쓴 아서 클라크(Arthur Clarke)는 "가능성의 한계를 알기 위한 유일한 방법은 약간 더 나아가 불가능의 영역으로 들어가는 것이다"(Clarke, 1962, p. 31)라고 말했다. 내담자는 생존 본능이 절대 가면 안 된다고 경고했던 불가능의 영역으로 나아가야 한다. 트라우마의 상처를 치유하기 위해, 내담자는 생존 본능이 절대 가지 말라고 한 바로 그 장소로 여행을 떠나야 한다.

트라우마 생존자들과의 치료에서 자율신경계를 세심하게 읽어내며 경청하는 것은 치료 과정을 더 깊고 효과적으로 만든다. 그들이 자신에게 일어난 일을 이야기할 때, 나는 천천히 말하며, 이야기하는 동안 신경계 반응이나 상태의 미세한 변화를 주의 깊게 살펴보도록 권한다. 그들의 에너지, 상태, 얼굴, 목소리, 또는 자세에서 변화가 보이면, 나는 "방금 무슨 일이 있었나요?"라고 물으며, 그 변화를 주목하고 그 경험에 주의를 기울여 그것이 드러내는 의미를 충분히 이해할 때까지 그 안에 머물러보도록 유도한다. 우리는 이렇게 신경지를 통한 경청의 여정을 함께하며, 서로 신뢰를 쌓아 고통스러운 기억들을 안전하게 탐구하고 소화할 수 있을 만큼의 안전을 창조하는 상호 호혜적 연결을 형성한다.

시 역시 신경지와 유사한 세밀함과 즉각성을 제공한다. 시를 들으면 그 시의 이미지, 리듬, 행간, 문장 구조, 그리고 소리가 나의 경청을 이끌어간다. 시는 내 몸에 느껴지는 감각을 불러일으키고 시간이 지나 다시 읽을 때면 그 감각은 조금씩 다르게 변한다. 시를 접할 때마다 마치 오래 알고 지낸 친구처럼 새로운 통찰을 준다. 어느 순간, 나는 시를 경청하는 것이 동시에 내 안의 소리를 경청하고 있다는 사실을 깨닫게 되었다. 시는 나와, 혹은 시의 저자와 나 사이에 복측미주신경을 활성화한다. 오래된 시를 들을 때는 그 시가 수세기에 걸쳐 많은 사람들에게 울림을 주었고 나 또한 그들과 연결되어 있음을 느낀다. 앞에서 잠시 언급했던 13세기 시인 루미의 시를 처음 접했을 때 나는 이같은 경험을 했다. 이 시를 함께 경청해보자.

> 새벽의 산들바람에는 그대에게 말해 줄 비밀이 있답니다.
> 　　다시 잠들지 말아요.
> 그대가 진정으로 원하는 것을 요청해야 한답니다.
> 　　다시 잠들지 말아요.
> 사람들은 두 세계가 접하는 문지방을 넘어
> 　　왔다 가곤 하지요.
> 그 문은 열려 있고 돌아가는 문이랍니다.
> 　　다시 잠들지 말아요. (p. 36)(이현경 중역)

콜먼 바커스(Coleman Barks)가 번역한 이 시에서 루미가 우리에게 말을 걸 때, 우리는 낯설지만 익숙한 곳으로 여행을 떠난다. 나에게 이 시는 루미가 나에게 다가와 자신이 정말로 원하는 것을 알아차릴 수 있을 만큼 나 자신에게 연결되도록 초대하는 것처럼 느껴진다. 그리고 나는 이로 인해 매번 풍요로워진다. 그리고 이 시를 읽는 것은 마치 집에 온 것 같은 편안함과 루미가 이 시를 표현했던 13세기부터 지금까지 이 시에 감동을 받았던 수많은 사람들과 함께 있는 듯한 느낌을 준다. 나는 루미의 시에 감동받았던 모든 사람들과 그의 유산과 그의 시에 안겨 쉼을 얻으면서 경청을 통해 이 시의 세계에 연결되어 있는 순간마다 느껴지는, 육체적으로는 결코 말할 수 없는 거대한 인류 공동체와 신경지를 통한 조율을 경험한다.

다미주 이론은 신경지의 개념을 들어 설명하며, 트라우마를 겪는 내담자와의 작업에서 이 개념이 얼마나 중요한지를 밝혀준다. 나는 시 또한 이 신경지 현상을 설명하는 데 깊은 통찰을 줄 수 있다고 생각한다. 신경 현상이 발생할 때 우리 몸에서 무슨 일이 일어나고 있는 것일까? 다미주 이론은 이 신경 현상이 발생하는 과정에 대한 신경학적 설명을 제공하고, 어떻게 그것이 우리의 경험 일부가 되었는지에 대한 계통발생학적인 설명을 제시한다. 인간 대화의 초기 단계에서, 집단 구성원들이 서로에게 안전 또는 위험을 신호하던 그 시기에 이러한 신경 반응과 함께 우리가 오늘날 '시'라고 부르는 초기 형태들이 동시에 발달한 것은 아닐까?

리듬, 운율적 억양, 운율 같은 시적 대화의 기본 요소들은 초기 인류가 '주고받는' 상호작용의 일부분이었다. 그렇다면 시와 인간의 신경 발달, 그리고 신경지가 동시에 발달했으며, 이 두 요소가 서로 깊이 연결되어 있을 가능성이 있을까? 신경지가 우리의 듣기 경험을 이끌어줄 때, 우리는 기존에 스스로에게 익숙하게 들려주던 이야기들 속에서 예상치 못했던 것들을 인식하기 시작한다. 이런 이야기들은 아마도 우리가 세상을 이해하는 방식을 보호하기 위해 형성된 것이었을지도 모른다. 신경 감각적으로 자율신경계 신호와 상태를 수용적으로 경청할 때, 우리는 자신에 대한 익숙한 이야기 필터를 거치지 않고, 우리의 경험을 있는 그대로 듣게 된다.

고대 그리스 철학자 헤라클레이토스는 "예상하지 않은 것을 기대하지 않으면 그것을 발견할 수 없다"고 말했다(Heraclitus, 1957, p. 195). 그의 말은 경청할 때 호기심을 가지고 임해야 한다는 점을 일깨워준다. 복측미주신경이 활성화되고 안전감을 느낄 때, 호기심과 연민이 자연스럽게 떠오른다. 치료사들은 항상 "예상하지 않은 것을 기대해야 한다"는 조언을 듣는다. 그리고 내담자가 자신의 치유를 위해 이 과정을 받아들일 때, 함께 만들어가는 경청은 그들의 경험을 더 깊이 이해할 수 있게 하며, 치유의 가능성을 극대화한다.

고대 그리스인들은 '진리'를 '알레테이아(aletheia)'라고 불렀다. 이 단어는 '덮다'라는 동사에서 나온 것으로, 앞에 부정 접두사 '알파'가 붙어 '덮이지 않는다', 즉 '드러내다'라는 의미를 갖는다. 고대인들에게 진리란 드러내는 것이었다. 내가 이야기하는 방식으로 경청을 한다면, 시나 치료에서 이야기하는 표면 속에 숨겨진 것들이 점차 드러난다. 이야기하는 사람의 신체적, 신경학적 경험을 더 많이 인식할수록 그들의 실제 경험이 더 많이 드러나고 이해되며, 이것이 내담자에게 알맞은 속도로 이루어질 때 그들이 몸에 간직한 상처들이 경청의 장 속에 떠오르고 처리되며 소화될 기회가 생긴다. '소화'는 두 사람이 이야기를 들으며, 동시에 자신의 경청을 인식할 때 일어나는 과정을 설명하는 유용한 비유이다. 복측미주신경 에너지가 활성화되면 열리는 이 공간은 마치 효소처럼 트라우마와 그로 인한 잔여물들을 분해하고 처리하며 치유하는 역할을 한다.

우리가 듣기의 가능성에 대해 탐구하다 보면, 자연스럽게 이런 질문이 떠오른다. 나의 듣기는 어디에서 시작되었고, 어떻게 지금의 형태와 방향을 갖추게 되었을까? 이는 사람마다 다르다. 나는 이미 말했듯이, 몬태나 동부 대초원에서 자랐다. 이번 여름에 그곳을 다시 방문하면서, 내가 듣기를 처음으로 배웠던 그곳의 소리들을 다시 떠올려 보았다. 어릴 적 나는 울타리 기둥 옆에 서서 그 울타리의 변함없음에 매료되어 오랜 시간 평온함을 느끼곤 했다. 어머니가 우울증과 불안으로 힘들어하실 때 느꼈던 두려움에서 잠시 벗어날 수 있었던 순간이었다. 나는 가족 안에서 어머니를 진정시키는 역할을 했고, 어머니가 저녁 식사를 준비할 수 있을 만큼 차분해지게 하지 못할까 봐 항상 두려워했다. 더운 여름 오후에, 어머니가 책이나 잡지를 읽으며 현실에서 피하려 할 때면, 나는 시냇가로 가서 울타리 말뚝에 기대곤 했다. 햇볕에 데워진 말뚝에 뺨을 대고 있으면 마음이 차분해졌다.

다미주 이론에 따르면, 나는 울타리 말뚝에서 안전하다는 신경지 감각을 경험하고 있었던 셈이다. 하지만 잠시 동안의 안도감이 지나면 나는 종종 배측미주신경의 셧다운 상태와 무기력에 빠지곤 했다. 나는 그 자리에 오랜 시간 서서 울타리 말뚝과 자리를 바꿔서 두려움에서 벗어나고 싶어 했다. 어머니와의 감정적 공감을 경험하지 못했을 때, 나는 울타리 말뚝과 주변 환경에서 얻은 안전한 신호들로 내 자율신경계를 조절했다. 나는 말뚝의 안정감과 신뢰성을 사랑했다. 울타리 말뚝은 결코 나를 떠나지 않았고, 나를 실망시키거나 등을 돌린 적이 없었다. 그래서 나는 많은 시를 울타리 말뚝에 대한 감사의 마음으로 썼다. 그중 하나가 바로 이 시이다.

울타리 기둥에게

그대는 내 숨결을 알았고
내 뺨을 알았지.
그것은 어제였네,

아주 오래전,
내가 홀로 서 있던 그때
낡은 울타리 기둥 옆에서

기다리고 있었지, 내가 알기도 전에
나는 시작하고 있었다는 것을
오랫동안 꼿꼿이 서 있는 것에 귀 기울이는 연습을.

오늘, 어디에 서 있든,
그 갈망이 찾아올지 모르네
들어갈 길을 찾아

울타리 기둥들이 쉼 없이 머무는 곳으로,
각각은 고요의 사제인 듯.
언제나 이러하다—

바람이 풀을 떨게 하는 언덕 위에
조용한 회색 풍화된 기둥이 서 있고,
황금빛 이끼의 껍질이

그림자 진 면에서
빛나고 있네.
(Whited, 2013, p. 7)

우리는 어렸을 때 어떤 환경에서 듣기를 배웠을까? 안전과 위험의 신호는 무엇이었을까? 무엇이 우리를 두렵게 하고 압도했으며 또 무엇이 우리를 진정시켰을까? 그 신호들과 이에 대한 우리의 반응은 우리의 듣기를 어떻게 형성했을까? 이런 질문들은 다미주 이론의 관점에서 우리의 듣기를 탐구하는 여정으로 우리를 안내해준다. 우리의 초기 자율신경계 경험들이 어떻게 우리 듣기 방식에 어떤 영향을 미쳤는지, 그리고 그 영향들이 지금의 듣기 태도로 어떻게 드러나는지 알 수 있다. 이는 내담자들과의 상담 장면에서 드러나는 부분이기도 하다. 만약 우리의 듣기가 아직 소화되지 않은 상처와 슬픔, 방어적인 신념에 의해 형성된 것이라면 우리는 무엇을 어떻게 듣든지 제약을 받게 된다. 그러나 긍정적인 점은, 이렇게 우리의 듣기를 돌아보고 주의를 기울일 때 자연스럽게 시야가 열리고 성장하고, 개인적인 편향도 드러난다는 것이다. 이것이 우리가 내담자들에게 제공할 수 있는 중요한 본보기이다.

현대 치료사로서 우리가 직면하는 도전 중 하나는 계몽주의 이후 특히 데카르트와 같은 사상가들이 인해 인지적이고 개념적인 사고가 우선시되었다는 점이다. '마음이 신체를 지배한다'는 데카르트의 사고는 서구의 사상과 담론에 깊이 자리 잡았다. 다미주 이론과 시는 이러한 사고에 대한 대안을 제시한다. 다미주 이론은 우리가 서구 과학에서 지배해온 사고방식과 듣기 방식에 스며든 데카르트적 편향을 비추어 보며, 이를 편향으로 인식하도록 한다. 나아가 그 편향 너머를 볼 수 있는 길을 열어줌으로써 편향이 어떻게 우리의 듣기에 영향을 미쳤고 제약을 가했는지를 실제로 듣고 되짚어 보게 한다. 데카르트가 접근할 수 없었던 신경과 신체 간의 상호작용을 드러내면서, 다미주 이론은 우리의 생각이 신경적, 생리적 신호에 의해 어떻게 영향을 받는지를 밝혀준다. 이 이론은 우리가 신경적 감각을 깨우고 발전시켜 인간 사이에서 깊은 소통이 가능해지는 '듣기의 생태학'을 제시한다. 이로써 열린 마음으로 경청을 할 때 사람 간의 진정한 소통이 어떻게 이루어지는 지를 탐구하게 된다.

다미주 이론은 특정 모델이 아닌 이론이기 때문에, 치료사가 어떤 모델을 사용하든 트라우마 생존자와의 치료에서 적용될 수 있다. 이 이론은 인간 포유류의 신경학적, 생리적 반응이 이해함으로써 연결을 가능하게 되는 조건을 밝혀준다.

내가 보기에 시 또한 이와 비슷한 역할을 한다. 내가 시를 치료사의 작업에 도입하도록 주장하는 것은, 치료사가 시인이 되어야 한다거나, 전통적인 의미에서 시에 관심을 가져야 한다는 뜻이 아니다. 우리 모두가 시적 감수성을 가지고 있다는 것이다. 우리는 각자만의 고유한 유산을 물려받았고, 그 유산은 시와 노래, 기도로 처음 표현되었다. 각 전통의 시작에 있었던 대화 방식이 바로 시이다. 시는 우리의 심리 속에 자리 잡고 있고, 자율신경계에 깃들어 있으며, 우리의 언어 속에, 어쩌면 우리의 DNA 속에도 암호화되어 있다. 이런 모든 차원에서 우리는 시의 영향을 받아 형성된 것이다. 나는 우리가 모두 본질적으로 시인이며, 시적 감수성을 가지고 있다고 주장하고 싶다.

시가 우리에게 제공하는 것은 내담자들의 이야기를 그들만의 방식으로 듣는 방법이다. 나는 글에서 내내 모든 사람의 이야기 속에는 시가 담겨 있다고 주장해왔다. 그 이야기들이 전해지는 방식과 내면에 자리 잡은 방식 자체가 시이다. 만약 내가 내담자의 시적 이야기를 듣고 그들의 이야기를 그들만의 시로 반영해 줄 수 있다면, 내담자들의 듣기도 열리게 될 것이다. 시와 치료사로서의 경험을 다미주 이론의 관점에서 살펴보는 것은, 내가 내담자들에게 제공할 수 있는 듣기의 깊이를 더 잘 이해하게 해주었다. 시는 억양과 신체 신호, 리듬 등 즉각적이고 세세한 경험의 모든 요소들을 중요한 정보의 원천으로 받아들이도록 나를 이끌었고, 그렇게 함으로써 내담자가 이야기할 때 더 깊은 경청으로 대할 수 있게 되었다. 다미주 이론은 그러한 모든 것이 왜 중요한지, 우리의 초기 선조들이 전통을 노래로 만들어냈을 때 그들 사이에서 어떤 일이 일어났는지 이해하게 해주었다. 그 고대의 노래는 우리가 내담자들의 경험을 듣고, 그들의 상처를 치유하는 과정에서 우리 속에 메아리치고 있다.

4부

의학에서의 적용

다미주 이론의 임상적 적용

20장

신생아 집중치료실과 다미주 이론: 안전 회로 강화시키기

Marilyn Sanders

개요

현대의 신생아 집중 치료의 기술적인 성공에도 불구하고, 분리로 인한 사회적 연결의 만성적인 혼란은 가족과 아기 모두에게 트라우마가 될 수 있다. 다미주 이론의 원리를 이해하고 적용하는 것은 복측미주신경의 사회 참여 체계를 촉진하여 아기와 가족, 관련 종사자에게 이점을 줄 수 있다. 또 다미주 교육을 받은 관련 종사자들은 자신의 복측미주신경 에너지를 교감신경계가 활성화되었거나 배측미주신경이 약해져 있어 스트레스를 받고 있는 가족들과의 상호조절을 돕는 데 사용할 수 있다.

병원은 내가 아는 한 가장 감정적인 곳이다. …

그리고 신생아 중환자실은 병원에서 가장 감성적인 곳이다.

- 연구 간호사이자 전조산아의 부모

신생아학 서론

미국에서는 매년 400만 건의 출생이 보고되고 있다. 이 중 약 50만 명의 신생아(12%, 미국 보건복지부, 2013)가 건강한 아기를 위한 양육 이상의 돌봄이 필요하여 신생아 집중치료실에서 시간을 보내게 된다. "운이 좋은" 아기들은 그들의 엄마와 같은 병원에서 의료적인 필요를 제공받는다. 그러나 대다수의 아기들은 전문적 의료진이 있는 다른 도시, 인접한 도시, 심지어는 주 경계를 넘어 신생아 집중치료실로 이송된다.

신생아학은 소아과의 새로운 전문 영역으로, 현대 기술의 성공적 결과이다. 1963년 케네디 대통령의 아들 패트릭 부비에 케네디(Patrick Bouvier Kennedy)는 34주 만에 4파운드 10.5온스(역자주: 약 2.1kg)의 체중으로 태어나서 39시간 만에 사망했다(Altman, 2013). 오늘날에는 이와 유사한 체중과 개월수의 아기들은 거의 대부분(98~99%) 생존한다(Matthews & MacDorman, 2013).

아기들은 다양한 의료 문제와 심각한 질병을 겪을 수 있다. 일부는 단지 몇 시간 동안의 관찰을 필요로 할 수도 있고 어떤 아기들은 하루에서 이틀이 지난 후에야 엄마가 있는 병실로 옮겨질 수 있다. 또 다른 아기들은 엄마가 병원에서 퇴원한 후에도 병원에 머무르게 된다. 미국 보건복지부의 통계에 따르면, 25만 명 이상의 신생아들이 일주일 이상 병원에 입원하게 된다(미국 보건복지부, 2013).

장기 입원이 필요한 많은 신생아들은 조산 또는 폐와 관련된 문제를 가지고 있다. 선천적이거나 유전적인 문제를 가지고 있기도 하고 수술이 필요한 경우도 있으며, 극히 소수의 신생아들은 분만 중에 비극적인 사건으로 병원에 머무는 시간이 길어진다.

현대의 성공적인 신생아 집중 치료에도 불구하고, 이 아기들과 그들의 가족들은 몇 시간, 며칠, 몇 주 또는 몇 달 동안 생물학적으로 요구되는 연결의 상실이라는 대가를 지불한다. 가족들은 병실의 기계음과 신음들, 그리고 신생아 집중치료로 인한 혼란 속에서 아기의 필요를 파악하고 이를 공급하기 위해 애쓰며 이전에는 상상도 할 수 없었던 적응 능력을 이끌어낸다.

신생아와 영유아의 기대

포유류에게 사회 참여 체계를 기대하는 것은 생물학적으로 내재되어 있는 특성이다. 인간의 경우, 이 참여 체계는 일반적으로 엄마에게 안겨 엄마의 젖가슴을 찾아갈 때 시작된다. 엄마 품에서 아기가 젖을 물고, 빨고, 모유를 삼키는 동안 엄마의 중추신경계는 옥시토신을 방출하여 어머니와 아기가 동시에 사랑에 빠지게 한다. 그들은 함께 서로의 존재에서 복측미주신경의 긴장도를 상호적으로 상향 조절(upregulate)한다. 옥시토신이 생존을 보장하는 데 있어 중요한 역할을 하는 것은 명백하며, 자궁을 수축시켜서 엄마의 출혈을 방지하고, 아기를 양육하는 데 필요한 젖이 돌게 하며, 엄마의 모성애적 행동을 강화한다(Lee, Macbeth, Pagani, & Young, 2009).

이어지는 몇 시간, 며칠, 그리고 몇 주 동안, 어머니와 신생아의 만남은 서로의 관계와 세계에 대한 의미를 만들어가면서 점점 더 잘 짜여진 춤을 추는 것처럼 연결되어 간다(Tronick, 2010). 그들의 관계가 일관되고, 예측 가능하며, 안전해짐에 따라 그들은 서로에게 안정적인 애착을 형성하고 서로의 자율신경계가 온전히 기능하도록 하는 결정적인 조절자가 된다.

다미주 이론은 신생아가 “안전”, “위험”, 또는 “생명의 위협”을 감지할 때 활성화되는 자율신경계의 교감신경 및 부교감신경적 요소의 위계적 반응을 “무의식적인 인식”, 즉 신경지를 통해 설명한다(Porges, 2011). 아기가 안전하다고 느낄 때, 가장 고도로 발달한 복측미주신경이 활성화된다. 엄마와 아기는 동기화되고 얼굴 표정, 발성, 그리고 촉감이 서로 연결되며 시상하부 뇌하수체 축(hypothalamic pituitary axis)이 둔감해지고 교감신경의 활성화는 억제된다. 결과적으로 어머니와 아기는 한 쌍이 되어 잘 기능하며, 둘 모두에게 즐거움, 안정감, 그리고 애정 어린 돌봄이 이루어진다.

이 즐거운 상태가 만족스럽다고 해도, 잘 기능하는 엄마-아기 쌍의 동시성(synchronicity)은 자주 중단되어 아주 좋은 관계에서조차 혼란으로 이어진다. 영상 미세분석(video micro-analysis)에 따르면 보통의 엄마-아기 쌍은 정서적인 상태에서 오직 1/3에 해당하는 시간만 동기화된다(Tronick & Cohn, 1989). 시간이 지나도 얼마나 이 쌍이 잘 기능하는지를 결정하는 것은 관계에서의 파열을 얼마나 잘 복구하는가에 달려 있는데, 여기에는 복구의 타이밍, 민감한 정도, 적합성, 방해의 정도 등이 포함된다(Koulomzin et al., 2012).

엄마와의 신체적 분리, 엄마의 정서적 철수, 강한 분노나 불안으로 인해 발생하는 혼란은 신생아에게 엄마의 가용성, 즉 의식하지 않았던 안전감과 같은 기존의 조건들이 위험에 처해 있다는 신호를 준다. 위험을 감지하면, 아기는 마치 포식자들 한가운데 있는 것처럼 자율신경적으로 조절할 수 없는 상태가 된다. 이제 아기는 "안전한" 기반이 되돌아오기를 바라며 교감신경계는 동화되고, 코르티솔이 급증하며, 심박수와 혈압이 증가하여 아기는 결국 자신이 혼자라는 느낌에 대한 저항으로 울음을 터뜨린다. 엄마가 아기의 괴로움과 기대의 좌절을 감지하고, 돌아와서, 아기를 안아주고, 따뜻하게 이야기하며, 아기를 달래면 아기의 괴로움은 종종 빠르게 해소되고, 엄마-아기 쌍은 안전감, 동시성, 그리고 평온함으로 돌아가고 복측미주신경의 긴장도가 회복된다.

그러나, 이러한 혼란에 대한 복구가 시의적절하게 이루어지지 않거나, 장기간의 분리, 심각한 정신질환, 만성적인 반응 없음으로 인해 어머니의 가용성이 장기적으로 부족한 상태에 신생아가 익숙해지면, 신생아는 배측미주신경에 의해 조절되는 생명에 위협을 느끼는 상태인 부동화 상태로 빠질 수 있다. 이때, 신생아는 생기를 잃고, 수동적이며 무관심해지고, 자신의 대사적 요구를 충족시키기 위한 최소한의 에너지만을 사용하는 셧다운(shutdown) 상태가 된다.

안전한 관계와 안정된 애착이 부족한 보호 시설 환경에서 양육된 신생아와 유아들은 종종 이러한 반응들을 보인다. 그들은 상승한 코르티솔로 지쳐있고, 낮은 심박수와 혈압을 보인다. 그들은 안전을 위해 에너지를 소비하는 것이 투자 대비 낮은 수익을 가져온다는 것을 너무 일찍 배웠다. 역설적이게도 그들의 에너지 절약 모드인 셧다운은 단기적으로는 자율신경계에 적응적이며, 미약하지만 생존에 도움이 된다(Koss, Hostinar, Donzella, & Gunnar, 2014).

다미주 이론과 건강한 신생아

복측미주신경 조절능력과 신생아의 행동이 발달함에 따라 자기조절 능력은 활성화 상태로 전환된다. 포지스는 수초화된 미주신경의 증가와 뇌간의 미주신경 조절영역에 대한 대뇌 피질의 영향력이 증가하는 것을 신생아가 태어난 이후의 적응과 관련시켰다(Suess et al., 2000). 파충류와 달리 포유류 신생아는 양육과 생존을 위해 보호자에게 의존한다. 이 의존성은 "섭식성 미주신경 반사(ingestive-vagal reflex)"를 통해 표현되며, 음식을 섭취하기 위해서는 온전한 뇌간과 소화 과정에 필요한 씹기 운동을 위한 얼굴 근육이 필요하다.

동시에, 엄마의 젖을 물고 있는 신생아는 엄마의 눈맞춤, 머리 돌리기, 목소리 내기, 그리고 감정이 담긴 말투(운율)로 나타나는 엄마의 상호조절 능력을 통해 사회적 참여를 시작하게 된다. 이러한 상호작용은 얼굴에서 심장으로 이어지는 미주신경의 특수 내장 원심신경(special visceral efferents)을 통해 이루어진다. 어머니의 일관적인 가용성과 예측 가능성은 신생아의 상호조절 능력을 강화하여 안전에 대한 신경지를 강화하게 된다.

결국 포유류 신생아의 생존은 얼굴에서 심장으로 연결되어 있는 복측미주신경의 조정에 의존한다. 파충류와 달리 포유류에서 일어난 아래턱뼈에서 중이(middle ear) 뼈가 분리되는 것과 같은 핵심적인 변화는 두개골 크기의 확장이나(Rowe, 1996) 포유류의 발성이 저진폭/고주파로 공기 중에 전달되는 것이 가능하도록 만들었다. 동시에 미주신경의 핵(vagal nuclei)과 얼굴, 목, 머리의 핵 사이에 일어난 공간적 관계의 변화는 신생아를 보호하고, 보살피며, 생존하게 하는 사회 참여 체계의 발달을 촉진했다.

다미주 이론과 조산아

조산된 신생아는 건강한 신생아와 다르게 구체적으로 32~37주 정도의 임신 후기에 시작되는 미주신경 수초화의 발달에 어려움을 겪는다(Doussard-Roosevelt, Porges, Scanlon, Alemi, & Scanlon, 1997). 21세기의 신생아 집중치료실에서 22~24주에 태어난 조산아들은 모유를 먹을 수 있는 만큼 미주신경이 수초화되고 뇌간이 발달하기까지 몇 주 동안 병원에 입원한다. 이러한 신생아의 자기조절 능력은 더욱 한정되고, 다른 일반적인 신생아에 비해 의미 있는 상호조절에 참여할 수 있는 능력도 제한을 받는다. 그러나 캥거루 케어나 피부를 맞대는 돌봄과 같이 모성의 신체적, 정서적 가까움을 증진시키는 핵심 전략은 신생아의 취약한 상호조절 능력을 향상시킨다(Feldman, Rosenthal, & Eidelman, 2014).

포지스는 신생아학 전문의(위중한 상태의 신생아를 돌보는 소아과 전문의)의 질문을 받은 후에 다미주 이론을 발전시켰다. 신생아학 전문의는 조산된 신생아들에게서 나타나는 "죽음의 주문(death spells)"의 난관에 대해 언급했는데, 이는 신생아의 심박수가 갑자기 상당히 떨어지고, 의학적 개입과 소생술 없이는 사망할 수도 있는 상황을 말한다. 그는 그 지점에서, 누가 봐도 좋은 것이 너무 많으면, 그러니까 과도한 미주신경의 활성화가 문제가 될 수 있는지 물었다.

포지스가 설명하고 측정한 바와 같이 미주신경 긴장도는 호흡성 동성 부정맥(respiratory sinus arrhythmia)의 측정을 통해 반영되는데, 이는 호흡 활동과 관련된 심박수의 자연스러운 변동성을 말한다. 간단히 말해서 우리가 숨을 들이쉴 때 심박수가 증가하고, 내쉴 때 심박수가 감소한다.

태아와 신생아에게 가장 중요한 것은, 태아의 안녕을 결정하는 호흡성 동성 부정맥의 역할로 이는 온전한 신경조절을 통해 나타난다. 산과학에서는 산부인과 의사들이 분만 결정을 위해 태아의 심박수 변동성, 즉 호흡성 동성 부정맥의 사촌뻘쯤 되는 수치를 평가하고 보고한다. 심박수 변동성은 호흡성 동성 부정맥과 달리 호흡 활동에 의해 표시되지는 않지만 표준 장비로 쉽게 측정할 수 있는 대체 지표가 된다. 태아의 심박 변이성에 이상이 나타나면, 이는 미주신경의 긴장도가 떨어져 태아의 상태가 곧 악화될 수 있다는 불길한 신호로 받아들여져 의료진이 분만을 결정하는 경우가 많다.

호흡성 동성 부정맥으로 측정된 미주신경 긴장도의 영향력은 임신 기간과 유아기를 통해 발달한다. 호흡성 동성 부정맥의 감소는 극도의 조산, 심각한 질병 및 질환 상태와 관련이 있다(Doussard-Roosevelt et al., 1997; Suess et al., 2000). 조산된 신생아는 미성숙한 미주신경 긴장도에 영향을 주는 스트레스 요인을 경험할 수 있고, 이는 신생아의 호흡성 동성 부정맥에 반영되어 잠재적으로 치명적인 서맥을 유발할 수 있다.

교감신경계와 부교감신경계 사이의 대립 관계를 중심으로 한 고전적인 해석과 달리, 다미주 이론은 생존을 위해 함께 작동하고 통합되며 상승효과를 일으키는 체계를 제시한다. 여러 적응 메커니즘 중에 핵심이 되는 것은 미주신경 브레이크(vagal brake)이다. 미주신경 브레이크는 심장의 고유 박동에 강하거나 약하게 작용하여 에너지 소모를 줄이거나 늘리는 자기조절 메커니즘 역할을 한다. 포지스는 이러한 이해를 통해 "미주신경의 역설"을 해결할 수 있었다. 그는 호흡성 동성 부정맥이 감소해 미주신경 긴장도가 없는 상태에서는 심장의 신경조절이 광범위한 배측미주신경 긴장도의 급증에 취약해져 임상적으로 유의하고 잠재적으로 치명적인 서맥을 유발할 수 있다고 설명했다. 이 배측미주신경 긴장도의 급증은 조산아의 "죽음의 주문", 조금 더 나이가 있는 아이의 부동화 현상, 또 외상 피해자의 해리 현상으로 관찰될 수 있다.

조산된 신생아는 일반적으로 더 성숙한 신생아와 마찬가지로 행동을 통해 우리와 소통한다. 알스(Als)의 통합발달이론(synactive theory of development)은 조산아를 포함하여 신생아들이 발달의 목표를 가지고 있으며, 그들의 자율신경계, 내장 반응 및 주변의 운동 및 상태조직 체계가 서로, 또 내부적으로 상호작용하고 있음을 파악하였다. 신생아 집중치료실에 내장된 전체적인 시스템은 엄마의 자궁에서 가슴으로 전환하도록 하는 신생아의 기대와는 상반된다. 다미주 이론으로 설명하자면 사회적 참여를 위한 생물학적 필요가 좌절된 것이다. 알스는 조산아가 행동의 위계를 통해 자신의 필요를 소통할 수 있는 능력과 부모의 주요 양육 역할에 초점을 두었다(Als, Butler, Kosta, & McAnulty, 2005).

복측미주신경 긴장도가 우세하면 신생아는 조용한 경계태세를 갖출 것이다. 규칙적인 호흡을 하고, 피부는 분홍빛을 띠며 혈액순환이 잘 되고, 누군가 다뤄주면 심박수가 약간 증가하며, 팔다리의 움직임이 부드럽고, 입으로 손을 가져가거나, 천진난만한 얼굴을 보여주거나, 빨거나 입을 움직이는 등 일부의 자기진정(self-soothing) 행동을 보일 것이다. 교감신경계가 각성된 상태의 신생아는 과잉경계 상태이거나 신경질적인 상태일 것이며, 빠른 호흡, 누군가 다뤄줄 때 심박수가 현저하게 증가하고, 피부가 얼룩덜룩하며, 토하거나 딸꾹질하며, 손과 팔 다리 등을 확장시키는 행동을 보일 것이다. 마지막으로, 자율신경계가 강한 배측미주신경의 영향을 받고 있는 조산아는 현저한 호흡의 정지, 서맥 또는 심박수 고정, 축 늘어진 손발, 그리고 낮은 경계성을 보일 수 있다.

발달통합이론은 현대 신생아 집중치료실이 생존에 필수적인 기술적 지원을 제공하는 동안에도 엄마-아기의 한 쌍의 연결과 안전을 촉진하여 복측미주신경 긴장도를 개선할 기회를 중점으로 둔다. 조산아가 성숙해감에 따라, 짧은 시간이라고 할지라도 아기의 행동은 배측미주신경 상태를 거쳐 교감신경 상태를 지나 최종적으로 복측미주신경 상태로 이동해야 한다. 미주신경의 완전한 수초화는 생후 약 1년 정도가 지나야 이루어지기 때문에, 건강하게 성장하는 조산아와 만기의 신생아 모두 복측미주신경 상태의 빈도와 지속시간이 증가하는 방향으로 발달할 것이다.

아기, 가족, 관계자가 신생아 집중치료실에서 겪는 경험

다미주 이론은 가족과 보호자가 신체적 지각과 인지의 수준에서, 신생아 집중치료실을 경험하는 것이 초기 신생아의 관계에 미치는 영향을 이해하고, 스트레스가 높은 입원 기간 동안 신생아와 가족 사이의 관계를 최적화하기 위한 개입이 미치는 영향을 이해하는 교두보가 된다.

아기의 신생아 집중치료실 경험

조산이나 그 밖에 다른 이유로 아픈 아기는 포유류의 생물학적 본능인 소속감이 도전받는 환경에 던져진다. 신생아 집중치료실에 있는 아기는 엄마와의 연결을 유도하는 생물학적 특성을 거칠게 부정당한다. 발달 중에 있는 아이의 자율신경적 온전함은 여러 도전에 직면한다. 이는 보호자와의 근접성에 대한 기대나 안전감, 예측 가능성, 그리고 호혜성에 대한 감각이 의도치 않게 위반될 때 발생한다. 이러한 요소들은 본래 지속적인 유대감으로 이어져야 하는 것들이다.

부모와 소수의 일관적인 보호자들과 함께 있는 것 대신, 신생아 집중치료실의 아기는 더 많은 숫자의 의료진과, 호흡, 재활 치료자로부터 치료를 받는다. 아기는 인큐베이터 안에서 강렬한 빛과 예상치 못한 큰 소리로부터 어느 정도는 보호를 받을 수 있지만, 경보가 울리고, 의료진과 방문객, 그리고 가족들이 말하는 소리, 건강 기록을 위한 컴퓨터가 바퀴 소리를 내며 돌아다니는 다양한 상황 중에서 아무것도 예측할 수가 없다. 조용히 자고 있는 중에도 옆 침대에서 어떤 상황이 발생하거나 안전 알람이 울리고 밝은 빛이 비추고 깜박일 수도 있다.

신체적 접촉의 시점과 그 성질을 예측하는 것도 불가능하다. 아기가 한창 쉬고 있을 때에도, 치료 시간이 되거나 혈액 검사가 필요해지면 간호사가 아기의 발 뒤꿈치를 찔러 혈액을 뽑아 아기의 휴식을 강제로 중단시킬 수 있다. 물론 의료진은 아기의 건강 상태를 관찰하고 질병이나 치료의 합병증으로부터 아기를 지키려는 의도를 가지고 있을 뿐이다. 신생아 집중치료실의 아기는 다음 접촉이 오후 2시에 예정된 혈액 채취인지, 아니면 부모님의 사랑 가득한 포옹과 쓰다듬기일지 알 방법이 없다. 아기가 입원한 초기 몇 일 동안, 하루에 평균적으로 위와 같은 절차를 12회 정도 겪게 된다(Carbajal et al., 2008).

가족의 신생아 집중치료실 경험

발달적 관점에서 신생아 집중 치료가 성공적일지라도, 이는 부모와 아기에게 깊이 내재되어 있는 생물학적 기대와 어긋날 수 있다. 부모에게 찾아오는 어려움은 신생아 집중치료 병원에 입원해야 하는 위기 이전에 이미 시작된다. 많은 사람들은 임신을 시도하는 과정에서 어려움을 겪기도 한다. 어떤 사람들은 어떻게 될지 모르는 불확실성이 가득한 상황에서 임신을 마주한다. 또 일부는 긴급하게 제왕절개 수술을 해야 하기 전까지 별다른 일이 없을 수도 있다.

신생아 집중 치료가 필요한 아이들은 어머니의 회음부에서 가슴으로 옮겨지는 대신, 근처의 다른 공간으로 빠르게 옮겨져 의사나 간호사가 건강 상태를 진단하고, 회복시키고, 안정시킨다. 아기의 안정성과 병원 환경에 따라 아기들은 신생아 집중치료실에서 추가 치료를 받기 전에 부모를 볼 수도 있고, 보지 못할 수도 있다. 아기가 옮겨지기 전에 어머니가 자신의 아기를 안는 경우는 드물다.

가족들은 종종 병실이나 가족들은 병동이나 다인실(개방형 병실)과 같은 공간에서 사생활이 보장되지 않는 불편을 겪는다. 부모는 아기로부터 신체적으로, 때로는 정서적으로 떨어져 있다. 그들은 두려움, 불안, 분노, 무력감, 그리고 무기력함을 호소한다. 한 어머니(Leff & Walizer, 1992)는 다음과 같이 말했다.

> 신생아 집중치료실에서 내 딸과 함께 있고 싶지만, 내 딸이 너무 아픈 모습을 보고 있는 게 죽도록 마음이 아픕니다. … 어느 순간 화가 나고, 슬프고, 무섭고, 또 지쳐요. … 내가 누구한테 화를 낼 수 있겠어요? 나 자신에게? 아무런 잘못도 없는 우리 아기에게? 최선을 다하고 있는 의사들에게? (p. 122)

부모는 병원의 돌봄제공자들이 제공하는 세심하고 주의 깊은 관리에 자신의 아기의 안녕이 달려있다는 것을 이내 알게 된다. 그들은 신생아과 의사, 인턴의사, 관리자, 간호사, 그리고 건강 관리 팀의 구성원들에게 둘러싸여 있다. 이 팀은 전자 의료 기록, 온라인 자원에 대한 쉬운 접근성, 그리고 그날의 계획을 논의하기 위한 방대한 양의 지식을 가지고 침대 근처에서 매일 회진한다.

처음 며칠 동안 부모들은 종종 예상치 못했던 출산에 충격을 받고 멍해지고, 자신의 의료적 문제, 통증, 불안, 다른 자녀들에 대한 걱정, 그리고 다음에 또 찾아올 수 있는 위기에 대한 두려움과 맞서 싸운다. 의료팀은 아기의 모든 문제를 체계별로 길게 나열한다. 그리고 부모에게는 낯선 긴 용어들을 사용하며 많은 숫자들을 나열한다. 이게 다 무슨 의미가 있는가? 그들은 푸른색의 수술복과 흰색 자켓으로 구분되어 다르게 보일 뿐이다. 의료팀은 부모에게 간략하게 요약하고 질문이 있는지 묻는다. "아기가 괜찮을까요?" 어머니가 물었다. "초기 단계입니다" 신생아과 의사가 부드럽게 미소를 띄며 말한다. "두고 봐야겠지만, 우리 모두 아기를 돕기 위해서 최선을 다하고 있습니다." 그런 다음 의료팀은 여전히 혼란스럽고 두려워하는 부모를 남겨둔 채 다음 침대로 이동한다.

신생아 집중치료실에 있는 아기들의 부모는 집중치료실에서뿐만 아니라 퇴원 후에도 외상 후 스트레스를 경험할 수 있다. 신생아 집중치료실의 부모들을 대상으로 진행된 연구에서 어머니의 1/3(35%)과 아버지의 1/4(24%)이 급성 스트레스 장애(acute stress disorder) 기준을 충족했고, 어머니의 15%, 아버지의 8%가 외상 후 스트레스 장애(Lefkowitz, Baxt, & Evans, 2010) 기준에 해당되었다. 이와 동시에 발생하는 스트레스 요인들과 가족의 불안 또는 우울증 병력도 PTSD 가능성과 관련이 있었다. 흥미롭게도 아기의 질병의 의료적 심각성과 PTSD는 상관관계가 없었다.

의료진의 신생아 집중치료실 경험

그 누가 예측 불가능하고, 평온함이 순식간에 분주함으로 전환될 수 있는 고강도의 업무 환경 속에서 일하기를 선택하겠는가? 간호사와 의사들이 아기들을 진찰하고, 회진하고, 부모와 이야기하며 모든 것이 안정적이다가도 갑자기 응급 상황이 발생해 동화 상태로 전환해야 하는 것이다. 다미주 이론으로 설명하자면 그들은 교감신경 긴장도를 끌어올려 에너지를 확보하면서 위기를 협력적으로 해결하기 위해 차분하면서도 경계하는 상태를 유지해야 한다. 그들은 서로에 대한 연결감을 바탕으로 공통의 목표인 아기를 구하기 위해 이를 활용한다.

이상적으로 의료인은 대부분의 시간을 복측미주신경 활성화 상태에서 보내면서 아기들을 돌보면서 스트레스를 최소화하고, 부모의 교감신경 각성(긴장, 불안 등)이 자연스럽게 흘러갈 수 있도록 부담 없이 받아주는 안식처와 같은 존재가 되어 줄 수 있다.

그러나 대부분의 경우 높은 수준의 스트레스와 교감신경 긴장도의 지속적인 공명은 외상 후 스트레스와 번아웃을 초래할 수 있다. 신생아 집중치료실이나 소아 집중치료실(Pediatric Intensive Care Unit: PICU)에서 일하는 의사와 간호사를 대상으로 한 최근의 직장 설문조사에서, 6명 중 1명(17%)이 외상 후 스트레스 장애 기준에 부합했고, 2/3(66%)는 기준에 미치지는 않았으나 외상 후 스트레스 장애가 우려되는 점수를 나타냈다. 높은 수준의 감정적 소진과 PTSD 증상을 보고한 근로자들은 높은 수준의 회복탄력성을 보일 가능성이 낮았다(Dalia, Abbas, Colville, & Brierley, 2013).

신생아 집중치료실의 경험이 외상적인가? 그렇다면 누구에게 외상적인가?

미국 병원에서는 트라우마 관련 서비스가 안정적으로 구성되어 있다. 헬리콥터가 이륙하고, 구급차가 출동하고, 심각한 신체 상해를 입은 환자들은 생애 초기부터 가장 가까운 1급 트라우마 센터로 공중 및 지상 교통수단을 이용해 이송된다. 그 의미는 명확하다. ER(역자주: 응급실에서 벌어지는 일들을 소재로 한 미국 드라마. 응급실을 의미하는 'Emergency Room'의 약자이다)의 에피소드를 하나라도 본 사람이라면 알고 있을 것이다. 모든 의료진은 환자에게 고품질의 집중 치료 서비스를 효율적으로 제공하기 위해 주의를 기울인다.

아기가 분만실, 신생아 보육실, 혹은 산모의 병실에서 신생아 집중치료실로 옮겨질 때 "임박한 트라우마"를 알려주는 사람은 누구일까? 신생아 집중 치료 병원 자체가 외상적인 것일까? 일반적인 엄마-신생아의 상호조절의 방해(예: 전화가 울리거나 어머니가 다른 일로 산만해짐)는 이내 빠르게 복구되고 어머니와 신생아도 곧바로 소속감을 느끼게 된다. 그러나 이러한 방해가 자주, 또는 계속해서 발생한다면 어떨까? 다음 방해가 일어나기 전에 복구할 시간이 없다면 어떨까? 이런 방해가 만성적이라면 어떨까?

안전과 안정된 기반이 확보되지 않으면 생애 초기 관계에서의 파열은 만성적으로 되어 가며 신생아의 신경계는 둘 중 하나의 선택을 해야 한다. 두 선택지는 지속적으로 활성화된 동화 상태, 또는 교감신경 추동 상태와 에너지 소비(위험) 혹은 (배측미주신경 긴장에 의한) 죽은 척하기, 기절과 같이 극도로 에너지를 보존하는 부동화 상태이다. 두 선택지 모두 성장을 촉진하거나 생물학적으로 지속이 가능한 것이 아니다. 신생아가 자신의 안전을 증진하기 위해서는 성인 간호인이 필요하며, 물리적인 필요(온도, 영양, 환경으로부터의 보호)와 정서적인 필요(사회적 교류, 소속감, 상호조절)를 제공받아야 한다.

자신의 생명을 소속감에 의존하는 신생아에게 있어 트라우마란 "만성적인 소속감의 와해"와 같다. 신생아 집중치료는 의료적으로 생명을 구하는 것이지만, 종종 출생 직후나 그 이후에 시작되는 만성적인 혼란을 야기하기도 한다. 신생아 집중 치료는 신생아, 엄마, 그리고 생애 초기의 상호적인 관계 속에서 다른 주요 보호자들이 제공할 수 있는 돌봄을 방해한다. 엄마와 신생아가 떨어져 있게 하고, 또 종종 주요 보호자들과 정서적으로 떨어져 있게 만든다.

신생아가 신생아 집중치료실에 입원하게 되면, 가족 체계와의 연결성이 큰 압력을 받게 된다. 이러한 연결성의 중단이 만성적이게 되면, 신생아 집중치료실에서의 치료는 외상적 트라우마가 될 수 있다. 어떤 신생아와 가족에게 얼마나 많은 정도의 스트레스와 혼란이 트라우마로 작용하는지는 개별 자율신경계의 긴장도에 따라 매우 다양하며, 이는 과거의 경험, 가족의 지지, 그리고 복구할 수 있는 기회에 크게 의존한다.

광범위한 문헌연구에서는 생애 초기의 스트레스가 뇌의 발달과 그 기능에 미치는 영향, 특히 어린 시절과 성인기 이후의 사회 관계에서 경험하는 감정적인 어려움의 위험성에 대해 기록하고 있다. 생애 초기 스트레스의 구체적인 표적 기관은 전전두엽 피질(pre-frontal cortex), 편도체, 해마(hippocampus) 등이 해당된다. 전전두엽 피질은 실행 계획, 조직화 및 주의 집중과 관련된 영역이다. 편도체는 감정 조절과 관련된 핵심적인 역할을 하며, 해마는 학습과 기억에 관여한다. 생애 초기의 심각한 발달적 외상이 태아와 신생아 및 영아의 뇌에 미치는 영향을 이해하기 위한 모델은 가정 환경이 아닌 기관에서 양육된 아기들에 관한 종단 연구에서 파생되었다. 비침습적 뇌 영상 연구와 유전 검사를 근거로, 안전하고 안정적인 관계를 확립하여 변연계의 반응성을 줄이고 장기적인 정신 질환을 감소시키는 중요한 시기로 15~17개월이라는 기간이 제시되었다(Tottenham & Sheridan, 2009; Zeanah et al., 2009).

신생아 집중돌봄실: 복측미주신경 기반 신생아 돌봄 환경

집중 치료가 필요한 아기들이 부모님과 가족과의 소속감을 증진시키면서 매우 안전하고 보호받을 수 있는 환경을 어떻게 만들 수 있을까? 우리의 어린 환자들의 가족이 자신들의 자율신경 상태를 조절하고 긴장도를 맞추어 아기들과 상호적으로 조절할 수 있도록, 충분히 안전하고 보호받는 느낌을 갖게 도와줄 수 있는 방법은 무엇일까?

아기, 부모, 가족, 그리고 관련 의료진에게 신생아 집중치료실이 안전한 기반 위에서 작용할 수 있는 치료적 협력관계를 어떻게 구축할 수 있을까?

신생아 집중치료실의 목표는 아기들과 가족들의 연결성의 차단과 스트레스를 최소화하면서 아기가 가정 안에서 안전하고 보호받으며 안정적으로 양육 관계를 맺고 있다는 것을 확인하고 축하하는 것이다. 국립주산기협회(National Perinatal Association)는 이러한 패러다임의 변화를 공식적으로 인정하고 우리의 치료 환경을 신생아 집중돌봄실(Newborn Intensive Parenting Unit: NIPU)로 개명하는 것을 제안했다(Hynan & Hall, 2016). 현재와 미래의 신생아 집중돌봄실 사이의 간극을 넘어서기 위해서는 가족과 의료진을 위한 심리교육, 부모님이 신체적 및 정서적으로 가까운 상태를 유지, 그리고 부모님이 아기들과 상호조절하는 것을 돕는 등의 중대한 변화가 필요하다. 모든 면에서 아기와 가족의 연결성을 우선시하는 새로운 치료의 철학은 모든 양육 측면의 기초가 된다.

가족과 의료진에게 심리교육 제공하기

자신의 정서 상태를 인식하는 것은 자기조절과 상호조절에 있어서 필수적이다. 다나(Dana)가 저술한 『초보자를 위한 다미주 이론 안내서(Beginner's Guide to Polyvagal Theory)』는 비전문가를 대상으로 신경지의 개념과 그것이 자율신경계와 어떤 관계가 있는지를 소개하는 간략한 책이다. 이 안내서는 위계적 구조를 이루는 배측미주신경(파충류, 부교감신경 부동화), 교감신경(동화), 그리고 복측미주신경(포유류, 부교감신경, 안전하고 사회적인 관계)의 긴장도를 소개하고 있다(Dana, 2015a). 사다리와 연결된 모양들을 사용해서 사다리의 상단(복측미주신경), 중단(교감신경), 하단(배측미주신경)에 배치한다. 사다리의 각 위치에 해당하는 정서 상태를 반영하는 감정적 언어를 사용함으로, 독자들은 그 순간이나 만성적인 상황에서 자신이 사다리의 어디에 있는지 식별할 수 있게 된다. 이 간단한 연습을 통해 가족들과 관련 종사자들은 자신의 경험을 반영하고 복측미주신경 상태에서 교감신경 및 배측미주신경 상태로 이동하게 하는 트리거를 이해하는 공통의 언어를 개발해볼 수 있다.

다미주 이론의 언어 문화를 조성하는 것 외에도, 신생아 집중치료실의 경험을 아기의 관점에서 묘사하기 위한 새로운 용어가 필요하다. 보통 숀코프와 동료들(Shonkoff et al., 2012)에 의해 개발된 생물심리사회적 모델이 가장 자주 인용되는데, 그는 스트레스를 생물학적으로 긍정적인 스트레스와 견딜 만한 스트레스, 그리고 해로운 스트레스의 연속체로 구체화하고, "해로운 스트레스"가 뇌 발달과 건강에 미치는 영향을 자세히 기술하였다. 이 용어는 일반 대중이 흔히 사용하는 언어가 아니고, 긍정적인 스트레스, 견딜 수 있는 스트레스, 그리고 해로운 스트레스를 구분하는 것도 모호하다.

부모와 의료진들은 오늘날의 신생아 집중치료실의 경험을 묘사하기 위해 주로 트라우마라는 용어를 선택한다. 국립주산기협회의 여섯 분야가 함께한 다학제 워크숍에서 나온 최근의 권장사항은 워크숍 자료집의 서두에서 트라우마 모델의 적절성을 강조한다.

> 신생아 집중치료실은 모든 관련자에게 트라우마 센터와 유사하다. 연약한 아기들은 생존하고 성장하기 위해 투쟁한다. 부모와 가족들은 낙관주의와 희망을 유지하려고 애쓰면서도 끊임없이 걱정한다. 의료진은 낙담한 부모를 격려하고 예후가 좋지 않은 경우를 받아들이면서도 소진을 피하려고 노력한다. 이 곳의 누구도 고통을 피할 수 없다. (p. S1)

오늘날의 신생아 집중치료실의 격동과 혼돈 속에서 우리는 어떻게 아기와 가족, 그리고 의료진에게 안전감과 연대감을 심어주면서 미주신경의 조절을 조율하는 "완충지(holding space)"를 만들 수 있을까? 신생아 집중치료실의 환경을 최적화하여 아기와 가족이 신체적으로도, 정서적으로도 가까이 있을 수 있도록 하고, 우리 자신의 소속감을 확립하며 자기조절 및 상호조절을 촉진하는 것 등이 필수적일 것이다.

신생아 집중양육실 환경

현대 신생아 집중치료실의 환경은 이제 막 태어난 태아의 기대와 신생아로서의 경험을 좌절시킨다. 아픈 신생아와 건강한 신생아 모두 시각, 청각, 미각, 촉각, 후각을 포함한 감각 체계를 긍정적으로 강화시켜주는 환경 자극이 필요하다. 오늘날의 환경에서 흔한 스트레스 요인으로는 부모와의 분리, 발달적으로 예기치 못한 수준의 빛과 소음에 노출되는 것, 그리고 애정이 담겨 있지만 동시에 잠재적으로 해로울 수 있는 빈번한 접촉 등이 있다. 어떤 하나의 마법적 해결책이 아픈 아기들과 그들의 가족을 "동반자 괴로움"에서 구해줄 수는 없다. 그러나 아기와 그의 가족의 관계를 축하하는 돌봄의 환경과 철학을 만드는 것은 물리적, 사회적, 정서적 건강의 기초가 되는 민감하고 지속적인 관계를 발달시킬 수 있는 문을 여는 것과 같다.

신생아 집중양육실을 설계할 때는 지리적 배치, 빛과 소리의 수준, 아기와 가족, 직원의 일주기 리듬, 그리고 의사소통과 업무 흐름 등에 대한 고려가 필요하다. 부모가 아기와 함께 있으면서, 아기를 돌보고, 다른 가족들 및 의료진들과 관계를 형성하고, 자신의 필요를 돌볼 수 있는 편안한 공간이 있어야 한다. 새롭게 개발되는 치료실에는 가족 단독실, 가족 라운지, 주방, 세탁 시설 등이 포함된다. 가족의 필요를 충족시키는 동시에, 건강 기록의 전자화를 위해 컴퓨터 작업장을 포함한 고도의 기술 장비와 의료진을 위한 공간 또한 고려하여 배치해야 한다.

최근의 권장사항에서 명시적으로 다루어진 것은 신생아와 가족들을 위한 최소 공간과 간격, 사생활의 보호 및 돌봄을 받을 수 있는 개방된 형태의 구역이나 단독 가족실, 가족 전환실을 이용할 수 있거나, 신생아 치료 지역 주변의 조명, 자연광 정도이다. 음향 환경은 말의 명료성과 사생활 보호를 우선시해야 한다(White, Smith, Shepley, Committee to Establish Recommended Standards for Newborn ICU Design, 2013).

신체적 및 정서적으로 가까이 있는 것과 환경 스트레스 요인을 최소화하는 것이 필요하다는 인식은 신생아 집중치료실 내의 가족 단독실의 개발으로 이어졌다. 2015년 미국 건축가 협회(American Institute of Architects)의 조사에 따르면, 1994년 이전에는 가족실 형태의 신생아 집중치료실이 존재하지 않았다. 그 이후로 새로 지어지거나 개조된 신생아 집중치료실에서 가족 단독실 형태를 채택하는 것이 점점 증가했다. 2011년까지 새롭게 건설되는 병원 중 거의 절반에 가족 단독실이 존재했다(Sung & Shepley, 2014).

가족 단독실의 목표는 부모의 사회적 참여를 촉진하고, 연결감을 높이고, 부모와 아기 모두에게 상호적인 안전과 안정감을 느끼게 함으로 발달 중인 중추신경계를 강화하는 것이다. 부모와 의료진이 이에 온전히 참여할 수 있으려면 치료실의 돌봄 철학은 환영받는 것이어야 하며, 문화적으로 민감하고 "안전"해야 한다. 다미주 이론으로 설명하자면 신생아 집중치료실은 부모와 의료진이 상호적으로 참여하고, 연결되며, 조율하면서 복측미주신경의 활성화 상태를 촉진해야 한다.

발달적 근거들은 가족 단독실에서 아기와 가족을 돌보고, 어머니의 높은 수준의 개입을 촉진하는 것이 적어도 아기에게 최적화된 단기 및 중기 발달 그리고 사회 정서적 결과를 불러오고, 엄마의 스트레스를 감소시킨다는 것을 제안한다. 레스터와 동료들(Lester et al., 2014, 2016)은 30주 미만에 태어난 신생아를 개방형 병실과 가족 단독실에서 치료받은 두 집단으로 나누어 퇴원 시점과 교정 연령 18개월 시점의 결과를 보고하였다. 단기적으로 가족 단독실에서의 보살핌은 엄마, 아기, 그리고 의료진의 스트레스를 감소시켰다. 엄마들은 돌봄에 대한 만족도가 향상되었다고 보고했고, 아기와 더 많은 시간을 보냈다. 엄마의 높은 수준의 개입이 있었던 아기들은 또 더욱 빨리 퇴원했다. 가족 단독실에서 돌봄을 받은 경우, 18개월 교정 연령 시점에서 실질적인 언어점수 개선을 나타냈다.

도시의 신생아 집중치료실에서 수행된 한 연구는 어머니의 높은 수준의 개입이 없어서 발생했을 감각의 상실은 이미 발달적 예후가 좋지 않을 것이 예상되는 일부 신생아들에게 더 불리하게 작용할 수 있다고 경고했다(Pineda et al., 2014). 부모는 상호조절을 위해 아기에게 신체적으로 접근할 수 있을 만큼 가까이 있으면서 충분한 복측미주신경 긴장도를 유지하여 아기와 정서적으로 가까운 상태에서 함께 휴식할 수 있는 상호조절을 촉진해야 한다. 엄마와 아빠가 아기와 정서적으로 교감하기 위해서는 부모 자신의 두려움, 걱정, 과거와 현재의 트라우마를 다루는 것이 필요하다. 이러한 요소들을 다루는 것은 그들이 교감신경계에 의해 "장악"당했는지, 아니면 배측미주신경 상태에서 "동면"에 빠진 것인지 자신의 정서 상태를 식별하는 것에서 시작한다. 이러한 패턴의 전형은 신생아 집중치료실에서 계속해서 발생하는데, 신생아 집중치료실에 '잘 오지 않거나 접근하기 어려운' 부모는 '압도된 상태'가 되거나, 심한 경우에는 '언어적으로 공격적이거나 대립적인 태도'를 보인다. 이러한 부모들에게는 정서 상태가 너무 고통스럽거나 파괴적일 때 신생아 집중치료실에 오지 않는 것이 적응적으로 느껴질 수 있다.

부모와 아기가 상호조절을 형성함에 따라 연결감을 지지하고 확인시켜주기

상호조절을 위한 건강한 신생아의 주요 전략은 어머니의 가슴과 신생아의 피부를 맞닿게 하는 것이다. 피부를 맞닿게 하는 전략은 자율신경계의 안정성을 유지하고 모유 수유의 성공을 증진하는데 이는 많은 연구와 서적에서 이미 서술하고 있다.

간헐적인 피부 접촉 혹은 캥거루 케어는 처음에는 개발도상국의 신생아 집중치료실에서 사용되었다. 이곳은 혼잡함과 높은 감염률로 영아의 안녕이 위협받는 곳인데, 미숙아의 사망률과 합병증을 감소시키는 전략으로서 이러한 방법들이 사용되었다(Conde-Agudelo, Belizán, & Díaz-Rossello, 2016). 선진국가의 신생아 집중치료실에서 캥거루 케어는 모유 수유 기간 개선, 부모의 스트레스 및 무력감 감소(Renfrew et al., 2010)와 출산 시 자율신경 조절능력 및 어머니와의 상호작용 개선(Ohgi et al., 2002)과 연관되어 있다. 10세까지 추적 조사된 신생아의 일부 집단은 스트레스 반응이 완화되고 자율 기능이 향상되었다(Feldman et al., 2014). 이 신생아들은 복측미주신경 상태에 있을 확률이 높았으며, 스트레스에 의한 과도한 교감신경 긴장도에 압도될 가능성이 더 적었다.

고통스런 절차 중에 제공되는 캥거루 케어는 고통 수치를 감소시키고 절차가 마친 이후 심박수가 기준선까지 돌아가는 시간을 60초 단축시켰다(Johnston et al., 2008; Johnston et al., 2014). 특히 급성 관리 단계에 있는 동안 하루에도 수차례 고통스러운 절차를 경험함을 고려할 때, 캥거루 케어를 통한 상호조절은 설탕(sucrose), 포대기(swaddling)와 함께 비약물적 통증 치료로서의 가능성을 지닌다.

부모를 주요 돌봄제공자로서 지지하는 것은 의료진에게 신생아 집중치료실에서 간호사보다 가족이 수행하는 업무에 대해서 재고해보게 한다. 최근 실시된 파일럿 프로젝트에서는 가족이 하루에 최소 8시간을 병원에서 보낼 수 있으며, 안정적으로 회복 중인 아기들을 대상으로 가족 통합 돌봄(Family Integrated Care: FIC)을 시험했다. 가족들은 매일 교육을 받고 회진에 참석하며, 신생아에게 먹이기, 목욕시키기, 옷 입히기 및 피부 맞대기(캥거루 케어) 등의 돌봄을 제공했다. 간호사들은 여전히 흡입(suction), 급식 관 배치와 같은 기술적인 업무를 계속했다. 부모는 기본적인 의료기록을 작성(charting)하기도 하고 자신들의 학습 기록도 유지했다. 가족 통합적 돌봄을 받은 신생아들은 체중 증가가 개선되었고, 퇴원 시 모유 수유율이 증가했고, 감염 감소 추세를 보였다. 참여했던 어머니들은 모성 스트레스 점수가 감소했다. 이 연구는 현재 캐나다의 20개의 장소에서 재현 연구되고 있다 (O'Brien et al., 2013).

다미주 이론은 돌봄제공자가 아기와 연결되는 데 도움이 된다

다미주 이론은 우리의 안전, 위험, 생명의 위협에 신경지에 대한 자율신경계가 반응하는 것의 신경생물학적 기초가 된다. 다미주 이론은 가족과 의료진이 자신의 정서적 반응을 이해하고 다른 사람들(동료, 대가족 등)의 반응을 이해하는 데 도움을 줄 수 있고, 주변 환경의 변화를 측정하는 도구로서 사용될 수 있다. 다미주 이론은 또한 가족과 의료진이 오직 행동을 통해서만 자신의 필요를 전달할 수 있는 아기들을 이해하는 데 도움을 준다.

다미주 이론을 이해할수록 돌봄제공자들이 가족들과 연결하기 위해 노력을 집중하게 된다. 돌봄제공자들은 자기 스스로와 가족들의 자율신경계와 "친구가 되고", "주의를 기울이며", "조율하고", "조정한다". "친구가 되는" 과정에서 의료진과 가족들은 자신의 감정 상태와 그와 상관있는 다미주 이론을 인지하고 명명하는 법을 배운다. 자신의 위치를 인식하고 받아들이는 것은 신생아 집중치료실에서의 관계 초기에 연결의 통로가 되며, 이는 병원에 머무는 동안 깊어지고 강화될 것이다. 부모로서 처음 신생아 집중치료실에 도착했을 때, 부드러운 미소를 짓는 간호사에게 인사를 받고, 아기의 출생을 축하받으며, 아기에게 연결된 수많은 관과 전선에 대한 설명에 앞서 관계의 중요성을 강조 받는 상황을 상상해보자.

우리가 "주의를 기울인다"는 것은, 깊고 세심한 주의를 기울이며, 신경지에 대한 인식을 가져오고, 자기 상태를 유지하거나 전환시키는 트리거를 염두에 두며, 배측미주신경 상태나 교감신경계 상태에서 복측미주신경의 편안한 상태로 전환할 수 있는 자원을 고려하는 것이다. 이제 간호사가 당신의 감정과 우려에 대해 묻는 것이 들린다. 간호사는 자신의 축하와 미소에 답하려고 할 때 당신의 얼굴에 드러난 충격을 읽어낸다. 당신은 스스로 "그녀가 내 마음을 이해하고 있어. 내가 겁에 질렸다는 것을."과 같이 말하며 위안을 느낀다.

그런 다음 간호사는 당신의 아기에 대해 이야기하기 위해 의사를 데려온다. 의사는 당신 옆에 앉아 천천히 말한다. 그녀는 당신의 아기의 이름 "엠마(Emma)"를 언급하며 기본 정보를 제공하고 질문에 답할 때 조용한 자신감을 전한다. 그녀의 차분함은 어떤 방식으로 당신의 혼란스럽고 불안정한 자율신경계를 "조율"한다. 당신은 자신이, 비록 약간이지만, 다미주 위계의 사다리 위쪽으로 올라가는 것을 느낀다.

의사는 간호사가 이번 주 동안 당신의 아기와 당신을 돌볼 것이라고 설명하고, 매일 회의에 참여하기 바란다고 말한다. 이 회의에서는 의료팀이 아기에 대해 논의하고 하루의 계획을 세운다. 간호사는 엠마의 치료에 있어 당신의 역할이 얼마나 중요한지, 그리고 당신의 의견이 팀에 있어 필수적이라고 말한다. 잠시 동안 혼돈이 사라지고 대화는 당신의 복측미주신경을 "조정"하는 신경훈련과 같은 느낌을 준다(Dana, 2015b).

21세기 신생아 집중치료실

20세기에서는 신생아학 분야의 발전이 있었다. 이 분야는 출생부터 퇴원(혹은 사망)까지 가장 아픈 아기들을 돕고 돌보는데 전념했다. 신생아학의 역사 초기에, 부모들은 이전이었다면 죽었을 아기들에게 생존의 희망을 제공하는 새로운 기술의 경이로움에 자신의 아기를 맡겼다. 생존률이 급격히 향상됨에 따라, 신생아학의 다음 전선은 아기들과 그 가족들에게 최적의 신생아 경험을 제공하고, 공동체에서 이어지는 그들의 관계를 위한 무대를 마련하는 것이다.

아픈 아기, 그 가족, 그리고 신생아 집중치료실 직원의 경험을 다미주 이론의 관점으로 이해하는 것은 아기와 그 가족을 지원하기 위한 연결을 구축할 수 있는 공통의 언어를 제공한다. 우리 자신의 신경지, 즉 우리의 안전에 대한 무의식적 인식에 주의를 기울이면, 말하기 꺼려지는 주제, 즉 명시적으로 인지되지만 모든 당사자에 의해 인정되지 않고 있는 부모와 아기의 경험을 인식하게 된다. 우리 자신의 안전 회로를 인정하고, 미주신경의 사다리를 내려가게 하는 우리 자신의 트리거를 이해하며, 사다리를 올라가기 위한 우리 자신의 자원을 다룰 때만 우리는 돌봄제공자로서 환자와 그 가족이 필요로 하는 도움과 친절을 제공할 수 있다. "의사여 자신을 치유하라"는 말은 집중 치료 환경에서 그 어느 때보다도 근본적인 진리다. 환자가 작은 아기든, 아동이든, 이전에 건강했던 성인이든, 나이 든 부모이든 상관없이, 각자의 필요에 대한 적응의 씨앗은 중이뼈가 아래턱뼈에서 분리되고, 눈과 눈이 마주치며, 어미의 발성과 억양이 사회적 참여와 연결의 통로가 되어 종의 생존을 가능하게 했을 때 동일하게 뿌려졌을 수 있다.

우리가 이 사다리에서 스스로의 위치와 연결되고 병원관계자가 앉아 있는 사다리의 발판과 아이의 부모가 불안정하게 매달리고 있는 발판이 무엇인지 인식할 때 비로소 우리는 올바른 것을 제공할 수 있다. 우리는 기술의 마법사들이다. 인간 영혼에 마법을 부려 보자.

21장

다미주 이론의 관점으로 바라본 뇌졸중 회복 사례

Deb Dana

개요

의료 시스템과 상호작용하는 것은 수백만 명의 사람들에게 일상적인 일이다. 하지만 의료 기관, 응급 치료 서비스, 병원, 재활 병원과 같은 의료 시스템은 다미주 이론에 근거한 시스템이 아니기 때문에, 이들이 제공하는 서비스는 복측미주신경계의 건강, 성장, 회복 자원을 의도적으로 활용하지 않는다. 2015년 미국심장협회(American Heart Association) 연례 보고서에 따르면 2010년에 전 세계적으로 3,300만 명이 생애 최초 혹은 재발성 뇌졸중을 겪었는데, 이는 즉각적이고 장기적인 결과로서 두 경우 모두 자율신경계에 영향을 미치는 의학적 응급 상황이다. 이 장에서는 뇌졸중과 뇌졸중 회복에 대한 의료 시스템, 환자 및 간병인의 반응을 다미주 이론의 관점에서 살펴볼 것이다.

나는 사회복지학과 학생, 신규 자격증을 취득하여 트라우마 관련 업무를 막 시작한 임상의, 역량을 넓히고자 하는 노련한 임상의에게 트라우마 이론과 실습을 가르치고 있는 사람이다. 지난 몇 년간 나의 관심사는 다미주 이론을 임상적 실무에 적용하는 것이었다. 나는 수많은 시간을 연구하고 워크샵을 개발하는 데 투자해왔다. 다미주 이론과 나 자신의 자율신경계에 대해서도 잘 이해하고 있다. 그러나 이런 내 배경에도 불구하고, 남편의 뇌졸중과 그 이후의 지속적 회복과정은 이 이론을 놀랄 만큼 가깝게, 그리고 개인적인 방식으로 다가오게 했다. 다미주 이론을 반영하지 않은 의료 시스템과 필수적으로 끊임없이 접촉해야 한다는 것은 매우 어려웠고, 이는 지금도 여전히 어렵다. 이 장은 개인적인 생각과 학문적인 자료 사이에서 균형을 잡으며, 의료 시스템에 정보를 제공하고 남편의 회복을 돕는 방법을 찾기 위해 내가 걸었던 고통스러운 여정을 담고 있다. 이 장을 쓰는 과정 속에서, 그리고 또 이러한 경험 속에서 살아가는 과정 속에서, 나는 트라우마 전문가와 간병인이라는 정체성을 오갔다. 이 경험은 내가 내담자들과 작업하는 방식을 바꿔 놓았으며, 내가 세상을 살아가는 방식을 확실하게 변화시켰다.

돌보는 것, 돌봄을 받는 것, 사랑하는 것, 사랑을 받는 것.
이 모든 것에 보호와, 치유와, 회복의 능력이 있다.

- Stephen Porges(2011, p. 295)

미국에서는 매년 약 60만 명이 처음으로 뇌졸중을 겪게 된다(Demaerschalk, Hwang, & Leung, 2010). 2015년 3월 25일, 내 남편 밥(Bob)도 그중 한 명이 되었다. 바로 그 날, 그 순간부터 우리는 뇌졸중 회복을 위한 다미주의 여정을 걷기 시작했다. 나는 스스로를 몰아붙이는 경향이 있다. 나의 미주신경 브레이크는 큰 대사적 활성화 없이도 나에게 최대한의 에너지를 낼 수 있도록 풀리곤 한다. 그러나 나는 내가 너무 자주, 밥이 감당할 준비가 되지 않은 커다란 신경석 도전을 그에게 힘께 몰아붙이고 있다는 것을 깨달았다. 뇌졸중 이후 밥의 신경지가 인식하는 안전의 영역은 매우 좁아졌다. 이것은 당연스러운 일일 수 있지만, 나는 그의 아내에서 간병인이 되었으니 그가 압도되지 않도록 나의 에너지 출력을 조절해야만 했다. 그는 이제 더 많은 위험 신호와 더 적은 안전 신호를 경험할 것이었다. 나는 이러한 변화를 받아들이는 것이 쉽지 않았다. 이는 나에게 더 큰 책임이 따를 것이라는 의미였다. 미래를 바라보는 일은 우리가 자율신경계 계층 구조의 어느 위치에 있는가에 따라 기쁨으로 가득 찰 수도 있고, 두려움으로 가득 찰 수도 있었기 때문이다. 밥과 나는 뇌가 재구성되는 이러한 과정을 함께 경험하게 되었다. 그러면서 나는 우리의 일상 속에서 복측미주신경의 에너지가 주는 혜택을 가능한 한 자주, 오래, 깊이 누릴 수 있도록 일상 생활에 적용해야 한다는 책임감을 갖게 되었다. 이는 빈번하게 도전이 되는 경험이지만, 동시에 그의 생물학적 방어 시스템을 진정시키고 건강, 성장 및 회복을 지원하는 "약물"로 작용할 것이었다.

혼란과 명확함

2015년 3월 25일, 새벽 3시 15분은 밥과 나에게 '돌아갈 수 없는' 순간을 나누는 지점이었다. 하지만, 이 경계를 나누는 선은 이보다 앞선 어느 시점에 이미 그어져 있었다.

뭔가가 나를 깨웠다. 평소에 집에서 느끼던 안전감은 사라지고, 신경지가 위험을 감지했다. 밥은 부엌에 있었다. 그의 얼굴 왼쪽과 오른쪽이 조화롭지 못했다. 그는 부엌을 가로질러 걸으면서 휘청거렸다. 휴대폰을 쥐려고 했지만 그의 손짓은 무언가 서툴렀다. 그를 바라보는 순간, 내 자율신경계의 구심성 경로(afferent pathway)가 즉각적으로 두려움의 신호를 보내왔다. 그러나 내 의식은 그 신호를 따라잡는데 시간이 조금 더 걸렸다. 뇌가 얼굴, 발, 손가락의 이질적인 이미지를 한데 모아 맞추고 내놓은 단어는 뇌졸중이었다. 나는 그 당시에는 모르고 있었지만, 우리는 신경적 자원의 한계를 시험하는 여정을 시작했던 것이다. 이 과정에서 우리의 미주신경 브레이크 시스템의 용량은 자주 압도될 것이다. 우리는 자율신경 반응의 극단적인 상태로 끌려갈 것이고, 때로는 교감신경계의 폭풍 속에서 길을 잃기도 하고, 때로는 배측미주신경의 마비되는 무게에 짓눌리게 될 것이었다.

진행되는 뇌졸중

이 외상적인 순간 속에서 나는 연결을 찾게 되었다. 내 자율신경계는 상호조절을 원하고 있었다. 관계는 우리의 생리적인 상태를 조절하는 호혜적 상호작용과, 안전감을 주는 순간들을 제공한다(Porges, 2012, 2017). 나는 스티브 포지스에게 연락했다. 그리고 그의 응답이 나에게 안도감을 주었다. "안전의 신호, 당신의 지지와 호혜적 상호작용, 그리고 당신이 느끼는 통제감은 밥의 신경지에 안전 신호를 보내어 그의 신경계가 이제 중요한 재활 과정을 감당할 수 있게 될 것입니다"(개인적 서신, 2015). 이것이 다미주 회복 로드맵의 시작이다.

밥은 "기상 뇌졸중(wake-up stroke)"을 겪고 있다. 발병 시점이 불분명하기 때문에 조직 플라스미노겐 활성화제(tissue plasminogen activator: tPA) 치료는 권장되지 않았다. CT 스캔 결과 전측 측두엽의 넓은 영역이 되돌릴 수 없을 정도로 손상되었고, 기계적 혈전 제거술(mechanical thrombectomy) 혹은 스텐트 삽입술(stent retrieval procedure)도 불가능하다는 판정을 받았다. 사실, 밥의 뇌졸중은 여전히 진행 중에 있었다. 나는 그가 "뇌졸중 진행(stroking)" 상태라고 불린다는 사실을 알게 되었다. 의료계에서는 흔히 사용되는 용어일 수도 있지만 언어의 운율은 우리의 자율신경 상태에 영향을 미친다. "스트로킹"이라는 단어의 거친 자음 소리는 우리의 복측미주신경에 전혀 울림을 주지 못했다.

치료사로서 중요한 임상 기술 중 하나는 관계적 언어를 의도적으로 선택하고, 문장 구성과 언어의 운율을 활용하여 내담자의 자율신경계가 상호조절을 경험할 수 있도록 하는 것이다. 그러나 의학의 언어에는 단단한 모서리가 존재한다. 의료 용어는 날카롭고, 의사소통 속도는 빠르며, 상호적으로 대화를 주고받는 일이 거의 없어 호혜적 상호작용을 유도하지 않는다. 인지적으로는 이해할 수 있지만, 자율신경계 차원에서는 두려움을 불러일으키는 일이다.

밥은 점점 자신의 내면으로 숨어든다. 다미주 관점에서 보면 이는 배측미주신경 반응을 보이는 고대 거북이처럼 머리를 움츠리고 에너지를 보존하는 상태이다. 한편, 뇌졸중은 그의 대뇌 피질 영역을 점점 갉아먹고 있었다. 내 자율신경 반응은 교감신경계가 동화(mobilization)하는 방식으로 나타났다. 나는 위험을 감지했고 밥의 신경세포가 벌이고 있는 죽음의 행진을 멈출 방법을 간절히 찾고 있었다. 배측미주신경의 은신처에 숨어있는 밥은 뇌졸중이 남기고 있는 파괴의 흔적을 인식하지 못하고 있었고 우리는 서로에 대한 조율(attunement)을 잃어갔다. 각자의 신경계는 서로 다른 생존적 적응 반응을 보이며 점점 멀어지고 있었다. 뇌졸중이 진행되면서 밥은 신체 왼쪽의 기능을 잃어갔다. 의사들은 뇌부종을 지켜보면서 심하면 두개절제술(craniectomy)이 필요할 수도 있다고 말했다. 이 말을 듣는 순간 내 교감신경계는 강하게 반응했다. 밥은 배측미주신경 상태의 은신처에 들어가 있어서 이러한 변화를 인식하지 못했지만, 나는 온몸으로 이 위기를 감지할 수 있었다. 나는 필사적으로 그의 뇌가 두개골 바깥으로 부풀어 오르지 않기를 바랬다. 이 노력이 무의미하다는 것은 알고 있었지만 활성화된 교감신경계는 아드레날린과 코르티솔을 분비하며 눈 앞의 위험에 대해 이야기했다.

응급실 직원들은 차분하게 우리를 안심시키려고 했다. 이러한 응급 상황은 이들에게 흔한 일이었기 때문이다. 그러나 우리에게 이것은 너무나도 낯선 세계였다. 밥은 나에게서 점점 멀어지고 있었고 나는 필사적으로 그를 붙잡으려고 애썼다. 우리는 겁에 질려 있었고 이곳은 그럴만한 환경이었다. 안전 신호는 거의 없고, 수동적인 신경지 경로가 작동하여 계속해서 주변을 탐색해보지만 역시나 보이는 것은 압도적인 위험 신호뿐이다. 낯선 공간에 끊임없이 울리는 경고음, 분주하게 움직이는 사람들, 쉴 새 없이 바뀌는 얼굴들과 이해할 수 없는 용어들…. 밥의 자율신경계는 그를 보호하기 위해 배측미주신경 반응을 활성화하며 적응적인 생존 반응을 보인다. 그의 눈은 감겨 있었고, 신경계는 이 혼란스러운 상황에서 압도적인 감각 자극을 조절(titration)하고 있었다.

"병원을 심리적으로 더 안전하게 만들기 위해 … 병원 컨시어지(역자주: 병원 도우미; concierge)는 당신의 몸이 치료 과정에 협력할 수 있도록 도와줄 것입니다. 환자가 두려움을 느끼기보다는 치유 과정의 협력자가 될 수 있도록 말입니다"(Porges, 2012). 나는 이제 밥의 컨시어지가 되었다. 나는 치료사이자 트라우마 전문가임에도 불구하고, 이 역할에 대한 준비가 전혀 되어 있지 않다고 느꼈다. 내 교감신경계의 동화 반응은 밥에게 도움이 되지 않을 것이고, 그 강한 반응은 결국 나를 소진시킬 것이다. 동시에, 배측미주신경 활성화로 인해 무기력에 빠져 밥이 의료진과 단절되도록 내버려두는 것 또한 도움이 되지 않을 것이다. 이 상황을 잘 헤쳐 나가기 위해서는 유연한 반응 체계가 필요했다. 나는 미주신경 브레이크를 조절하며, 필요한만큼 에너지를 얻고, 사회 참여 체계를 유지하며 의료진과 협력할 수 있도록 해야만 했다.

인간 신경계에서 사람과 사람 간의 상호작용의 특정 요소들은 선천적으로 적응적인 생물행동 시스템을 촉발하며, 이는 건강과 회복을 지원할 수 있다.

- Stephen Porges(2011, p. 287)

뇌졸중을 처음 인식한지 15시간이 지난 후, 밥은 신경 집중 치료실인 특별 치료실 3으로 이동했다. 그의 뇌와 신체 시스템은 여전히 에너지를 보존하며 초기 재구성 과정을 거치고 있었으며, 타인과의 상호작용은 극히 짧은 순간 동안만 가능했다. 그의 눈은 감겨 있었고 목소리의 높낮이는 없었으며 얼굴의 한쪽은 움직이지 않았다. 사회 참여 체계, 즉 뇌신경 V, VII, IX, X, XI번이 관여하는 체계가 손상된 상태였다. 의료진은 이것이 뇌졸중 초기 회복 과정에서 흔한 현상이라고 설명했다. 그러나 이러한 정보를 아는 것만으로 내 자율신경계가 본능적으로 연결과 안전의 신호를 찾는 과정을 멈추지는 못했다. 대신 나는 거리감, 단절, 위험의 신경지를 더욱 강하게 느꼈다.

회복이 진행된 후 몇 달이 지나도 밥의 얼굴과 목소리는 이러한 특징 중 일부를 유지할 것이었다. 그의 목소리는 풍성한 억양, 어조, 강약을 회복하지 못할 것이며, 이는 의도치 않게 타인과 조율하는 것을 방해하는 장애물이 된다. 언어의 운율이 부족하면 상대에게 무관심과 단절의 신호를 보낼 수 있기 때문이다(Porges, 2011). 그의 얼굴은 언젠가 움직임을 되찾겠지만, 왼쪽 입가는 여전히 덜 회복되어 오른쪽보다는 덜 움직일 것이다. 그 결과, 그의 미소는 완전하지 않고 비대칭적인 미소를 띠게 된다(Jaffe, 2010). 또, 눈 주위의 눈둘레근(orbicularis oculi)은 뇌졸중 이전의 움직임을 회복하지 못할 것이다. 그가 진심으로 미소를 지어도, 뒤셴 미소(역자주: 눈둘레근과 입둘레근을 모두 사용하는 진짜 미소; Duchenne smile)에서 나타나는 까마귀발 주름(crow's feet)이 부족하기 때문에, 그의 감정이 제대로 전달되지 않을 것이다. 대신 이 원치 않고, 의도치 않고, 또 겉보기에는 변화가 없어 보이는 얼굴의 특징들은 위험의 신호를 보낼 것이다.

이것은 마치 그의 얼굴과 심장의 연결이 끊어진 것처럼 느껴질 것이었다. 다섯 개의 뇌신경이 얽혀서 만들어내는 인간 신경계의 선물이 손상되고 만 것이다. 그리고 중요한 관계적 요소인 호혜성이 사라진 것이다. 나는 이것을 극복하기 위해 신경지를 지각으로 전환하고, 자동적이고 자율적인 반응에 의식적인 인식을 더하여, 신경계가 보내는 신호가 단순한 심리적 단절이 아니라, 뇌졸중이 남긴 신체적 흔적임을 스스로에게 상기시키는 습관을 만들어야 했다.

밥과 상호작용하는 다른 사람들도 그의 부족한 안전 신호에 자율신경적으로 반응하게 된다. 무의식적으로 신경지의 신호에 따라 신체적으로, 감정적으로 조금씩 거리를 두게 되고 이는 미묘한 단절감을 형성한다. 회복 과정에서 나는 생물학적 무례함(biological rudeness)이 무엇인지 배워갔다. 이는 대화의 흐름이 끊기고, 상호작용이 부드럽게 이어지지 않을 때, 즉 내부와 외부 상태를 오가는 과정이 원활하게 일어나지 않을 때 발생하는 것이었다(Porges in Eichhorn, 2012, p. 53). 자율신경계는 서로 안전 신호를 주고받지만, 그 과정이 사라지면 불일치가 지속된다. 신경지의 수동적 경로가 방해받지 않고 그대로 유지될 때, 개입을 통한 능동적 경로가 활용되지 않을 때, 이는 끊임없는 자율신경적 부조화(autonomic misattunement)로 이어진다.

나는 병원 환경이 불편했다. 무수히 많은 의료 장비와 기술들에서 압박감을 느꼈다. "금속 크롬, 모니터, 경보음, 알람 소리들은 현대의 중환자실을 '치유 환경'의 정반대로 만든다. … 현실 세계에서 생명의 신호들이 소독과 기능성을 위해 희생되었다"(Schulman, 2016, p. 253). 그러나 밥은 나와 다르게 말했다. 그는 특별 치료실이 안전한 공간이라고 느꼈다. 수많은 기계와 전선, 소음 속에서도 그의 자율신경계는 이를 안전 신호로 받아들인 것이다. 밥을 돌보는 숙련된 의료 전문가 팀은 그들의 언어와 접촉을 통해 그에게 더 많은 안전 신호들을 제공한다. 특별 치료실은 밥에게는 보호의 공간이며, 그의 신경계는 여기서 회복하고 쉴 수 있다고 받아들이고 있었다. 의료진은 다미주 이론을 알지 못했지만 밥의 건강, 성장 및 회복에 필요한 복측미주신경 상태를 조절해주고 있었다. 그러나 이는 내 경험과는 대조적이었다. 이곳에서는 아무도 나를 친절하게 대해주지 않았다. 의료진이 나에게 건네는 말은 낯설었고 이해하기 어려웠다. 이곳은 나에게 안전을 제공해주는 공간이 아니었고, 내 자율신경계는 경계 태세를 유지하고 있었다.

이윽고 밥의 신체 왼쪽이 마비되어 스스로 움직일 수 없게 되었다. 그는 호이어 리프트(Hoyer lift)를 통해 병실 내에서 이동했다. 그는 이를 "날아다니는" 기분이라 표현하면서 즐거워했다. 리프트의 걸이가 그를 고정하고 신경계에 안전 신호를 전달했다. 리프트가 트랙을 따라 움직이는 동안 그는 부동화에서 해방되는 안도감을 느낀다. 그는 자율신경 위계를 따라 교감신경계의 동화 상태로 이동한 후, 복측미주신경을 경험하게 된다. 스스로 이동이 가능해질 만큼 회복된 후에도 그는 여전히 자신의 "날아다니는 시간"을 그리워했다.

병원은 특별 치료실에서 가족과 환자의 연결을 중요하게 여긴다는 의지를 여러 방식으로 표명한다. 가족들은 언제든, 밤낮을 가리지 않고 전화를 걸어서 환자의 간호사와 대화할 수 있다. 차분하고 익숙한 목소리를 듣는 것 만으로도 가족의 복측미주신경이 조절된다. 이것이 언어의 운율과 예측 가능성이 자율신경계에 주는 선물이다. 가족들은 필요할 때 언제든 연락하도록 권장받는다. 이러한 지원 체계는 복측미주신경 조절을 지속적으로 유지할 수 있도록 돕는다. 그리고 이 자율신경 상태에서 주고받는 신호들은 희망의 이야기가 된다. 병원이 가족과 환자의 연결을 중요하게 여긴다는 것을 보여주는 또 다른 방식은 아침 회진이다. 이곳은 교육 병원이며, 밥의 담당 의사는 가족이 의료적 논의에 함께하는 것이 모두에게 유익한 경험이 될 것이라 믿었다. 신경과학을 이해하는 임상의로서, 나는 CT 스캔과 손상 정도, 회복 가능성에 대한 논의에서 흥미를 느꼈다. 그러나 나는 내가 사랑하는 배우자의 뇌가 논의되는 상황 속에서, 스캔 이미지 속의 어두운 영역과 점점 드러나는 손상의 영향을 보고 두려움도 느꼈다. 나는 신경지의 연속성을 따라 움직이는 나를 발견할 수 있었다. 복측미주신경이 활성화된 상태에서 호기심과 희망을 느끼다가, 교감신경계가 활성화되면서 사실에 대한 두려움을 경험하고, 결국 배측미주신경의 셧다운 상태 속에서 절망으로 빠져드는 것이다. 앞으로 몇 달 동안 나는 이 신경지의 연속성을 깊이 이해하게 될 것이며, 내가 어디에 위치해야 할지 어느 정도 조절할 수 있게 될 것이었다. 간병인으로서 내가 복측미주신경 상태를 유지하는 것은 밥의 뇌졸중 후 회복에 필수적인 요소였다.

자율신경계는 관계적 시스템이기 때문에 신경계 간의 연결이나 충돌을 통해서 공명(resonance)과 부조화가 발생한다. 나는 밥과 함께 병원의 다양한 환경에서 여러 날을 보내며 가족과 의료진 사이의 상호작용이 진정시키는 것에서부터 트라우마에 이르는 다양한 스펙트럼을 따라 나타나는 모습을 보게 되었다. 의료진은 가족을 평가하며 그들을 "다루기 쉬운" 가족과 "다루기 어려운" 가족으로 나눴다. 다미주 관점에서 보면 다루기 어려운 가족이라는 표현보다는 "조절되지 않은" 가족이라는 표현이 더 적절하다. 외상적인 상황 속에서 신경지는 생존을 위한 적응적 반응을 활성화하는데, 이는 과거의 반복된 경험을 통해서 형성된 반응이다. 가족들은 복측미주신경의 안전감 속에서 포용되어야 한다. 이미 조절된 상태에 있는 가족들은 복측미주신경의 환영을 받는 경우가 더 많다. 배측미주신경의 영향 아래에 있는 가족들은 조용하고 협조적으로 보이기 때문에 의료진의 친절한 복측미주신경 반응을 받을 수도 있다. 그러나 반대로 무관심한 태도로 오해를 받아 소외될 수도 있다. 교감신경계가 조절되지 않은 가족들은 때때로 "이 상황이 당신에게 얼마나 힘든 일인지 이해합니다. 곧 더 많은 정보를 드릴 수 있게 되기를 바랍니다."라고 하며 이해받기도 하지만, "지금은 알려드릴 수 있는 것이 없습니다."라고 하며 짧고 단호한 답변을 받게 되기도 한다. 앞선 반응은 진정시키는 효과를 유발하지만, 다른 하나는 더 큰 불안과 조절되지 않은 반응을 유발할 수 있다.

자율신경계는 고립된 상태로 존재하는 것이 아니다. 자율신경계는 관계적인 시스템이며 다른 신경계와 피드백을 주고받으며 작동한다. 즉, 각 의료진의 자율신경 상태는 가족과의 상호작용 결과를 결정하는 중요한 요소이다. 안전 신호를 전달하는지, 위험 신호를 전달하는지에 따라 상호조절을 촉진할 수도 있고, 반대로 반응성을 증가시킬 수도 있다. 만약 어느 한 사람도 복측미주신경의 에너지를 상호작용에 쓰지 않는다면, 각자의 습관적인 반응 패턴에 따라 자율신경계의 위계에서 후퇴하는 과정이 일어날 수밖에 없다. 결국, 의료 전문가의 책임은 조절된 신경계를 유지하는 것이며 안전 신호를 제공하고, 가족들의 사회 참여 체계를 활성화시키는 것이다. 나는 의사들이 단순히 의료적 전문성을 가질 뿐만 아니라, 자신이 가진 자율신경계의 방어 패턴을 인식하고, 트라우마를 경험하는 가족들에게 안전과 환영을 제공할 수 있도록 조절된 상태를 유지하는 것을 기대해본다.

그렇다면 조절된 자율신경계를 유지할 수 있는 의료진이 되려면 무엇이 필요할까? 첫 번째로, 복측미주신경이 조절된 상태를 유지할 수 있는 지원 체계를 마련해야 한다. 이는 즉각적인 신경계 조절 기술을 익히는 것뿐만 아니라, 장기적으로 자율신경계의 반응 양상을 재구성할 수 있는 기회를 포함해야 한다. 두 번째로는 환자와 가족과의 어려운 상호작용 속에서도 복측미주신경의 에너지를 적극적으로 활용할 수 있는 기술을 가르쳐야 한다.

매일 주차장에서 밥의 병실까지 걸어가는 동안, 내 자율신경계는 안전 신호를 찾았다. 그러나 이 길에서는 따뜻한 느낌을 찾을 수 없었다. 아무도 미소를 짓지 않고, 얼굴을 마주보고 누군가와 교감하는 순간도 없었다. 나는 각자의 자율신경계가 조절되지 않은 상태 속에 갇힌 듯한 가족들과, 업무로 돌아가기 전에 고요하게 혼자만의 시간을 가지며 조절을 시도하는 것처럼 보이는 의료진들을 지나쳤다. 병원 복도를 걷다가, 나는 고조할아버지인 찰스 올리버 헌트의 사진을 발견했다. 그는 1874년부터 1903년까지 이 병원의 초대 병원장이었다. 나는 세대 간의 연결을 인식하고 그의 사진과 눈을 마주친 순간 놀라운 복측미주신경 반응을 경험했다. 고조할아버지와 나는 한번도 호혜적 상호작용을 나눈 적이 없지만, 호혜성에 대한 상상만으로도 자율신경 조절 상태에 들어갈 수 있었다.

호혜성은 다미주 이론의 핵심요소이며, 신경계를 조절하는 중요한 기제이다. 임상 작업에서 호혜성은 상호조절을 위한 기술로 활용될 수 있으며, 이는 내담자의 습관적인 자율신경계 반응의 패턴을 끊어내고 새로운 경험을 유도하는 강력한 도구가 된다. 또한, 임상에서는 기억된 호혜성을 활용할 수도 있다. 이는 내담자가 과거에 타인과 신경적으로 조율되었던 순간을 떠올리도록 유도하여, 현재 시점에서 복측미주신경을 조절하는 기법이다. 나는 한 번도 만나본 적 없는 조상을 통해 '상상된 호혜성'을 경험하고 있으며, 이 효과는 실제와 다름없을 만큼 강력했다. 나는 매일 밥을 만나러 가는 길에 반드시 고조할아버지의 사진 앞에 멈춰서는 습관을 들였다.

3일 후, 밥은 특별 치료실을 떠났다. 이는 의학적으로 그가 안정되었다는 신호이다. 그의 자율신경계는 점차 사회적 참여로 이동하고 있으며, 회복 과정에 대한 호기심이 되살아나기 시작했다. 2015년 3월 31일, 뇌졸중 발병 6일 후 밥은 구급차를 타고 완전히 새로운 재활의 세계로 향했다.

> 자율신경계는 항상 듣고 있다. (신경 감시)
> 우리는 어떻게 신경계를 듣고, 그 정보를 안녕을 위해 활용할 수 있을까? (신경 탐색)
> 우리는 신경계를 단련하기 위해 어느 정도의 신경적 도전을 만들어야 할까? (신경훈련)
>
> \- Deb Dana(2018)

재활: 앞으로의 1년

재활 병원의 모토는 "희망은 여기에 있다"였고 밥은 앞으로 3주간 취약한 복측미주신경 조절과의 연결을 강화하는 과정을 시작할 것이었다. 이곳에서 그의 뇌와 신체 시스템은 재구성을 위한 도전을 경험한다. 밥은 의료진과 복측미주신경 상태가 일치하는 순간을 경험하며 호혜적 상호작용을 나누기도 하고, 서로의 신경 상태가 맞지 않는 순간들 속에서 혼란을 겪기도 했다. 때로는 적절한 정도의 신경훈련을 경험하며 회복이 촉진되지만, 한계를 초과한 자극을 받아서 배측미주신경의 에너지 보존 상태가 되어 회복에 대한 희망이 사라지는 순간도 경험했다. 재활 병원의 직원들은 회복을 위한 최적의 환경을 조성하기 위해 최선을 다했지만, 그들은 자율신경 반응 이면의 과학을 알지 못한 채 환자들과 상호작용했다. 만약 다미주 이론이 바탕이 된다면, 안전 신호, 상호조절, 사회 참여 체계의 활성화, 복측미주신경 상태 유지의 중요성을 이해하고 의도적으로 활용할 수 있을 것이다. 그러나 이 이론이 적용되지 않는 환경에서는 각 직원의 개별적인 훈련 수준, 밥의 순간적으로 변화하는 자율신경적 안전 욕구에 대한 이해와 대응 능력, 그리고 그들 자신의 자율신경 위계 내의 움직임에 따라 환자의 회복 경험이 좌우될 것이다.

밥은 3주간 재활 병원 환경을 익히는 법을 배웠다. 그는 다시 걷는 법과 "왼쪽을 보는 법"을 배우고, 왼쪽이 잘 움직이지 않는 이 지속적인 도전에 맞서야 하며, 한쪽 팔만 사용해 세상을 살아가는 방법을 익혀야 했다. 밥이 처음 배정받은 병실은 끊임없이 사람들이 움직이고 있었다. 그의 침대는 병동 내에서 가장 바쁜 구역에 위치해 있으며, 그의 자율신경계는 과도한 환경적 자극을 감지하며 그의 신경계는 자극이 "너무 많다"는 신호를 보내고 있었다.

골디락스 효과(Goldilocks effect) 또는 골디락스 원칙(Goldilocks principle)은 고전 동화 『골디락스와 곰 세 마리』에서 유래한 개념으로, 골디락스가 자신에게 '딱 알맞은' 죽, 의자, 침대를 찾기 위한 실험 과정에서 유래한 용어이다. 이 원칙은 어떤 요소든 극단적인 수준이 아니라 특정한 범위 내에서 조정될 때 가장 효과적임을 설명한다. 다미주 관점에서 보면, 이 '딱 알맞은' 상태는 활성화된 유연한 미주신경 브레이크를 통해 복측미주신경 상태를 조절하는 과정이다. 그러나 밥은 '딱 알맞은 상태'의 범위를 벗어나 있다. 뇌졸중 이후 그의 자율신경 조절 능력은 심각하게 손상된 상태이다.

뇌졸중이 발생하기 이전에, 밥의 신경 반응 양상은 복측미주신경에서 교감신경으로, 그리고 다시 복측미주신경으로 유연하게 전환하는 구조를 유지했다. 그는 일상 속 교감신경-부신수질 반응의 아드레날린 방출을 쉽게 조절할 수 있었고, HPA 축의 완전한 활성화는 드물었다. 그는 위계의 최하단인 배측미주신경 상태로는 거의 도달하지 않았으며, 복측미주신경 기능이 뛰어나 일상의 도전에 탄력적으로 반응할 수 있는 자율신경계를 갖고 있었다.

그러나 뇌졸중 이후 초기 회복 기간 동안, 그의 반응 패턴은 크게 변화했다. 그의 자율신경계는 예민해졌고, 복측미주신경 상태를 유지하는 시간이 극히 짧아졌으며, 교감신경계의 고통은 빠르게 배측미주신경 붕괴 상태로 전환되었다. 의료진은 그의 신체적 상태를 모니터링하며 개입했다. 나는 그의 자율신경 상태를 추적하며 '안전 신호'를 제공하는 역할을 했다. 밥이 배측미주신경의 에너지 보존 상태로 빠지는 패턴은 앞으로 몇 달 동안 반복될 것이었다. 그는 세상이 너무 자극적일 때, 기대치가 너무 높을 때, 신경적 도전이 과도할 때, 이 보호적 반응 속으로 끌려들어갔다. 나는 그가 겪는 우울증이 단순한 정서적 반응인지, 아니면 자율신경계가 배측미주신경의 "타임아웃"을 필요로 하는 신호인지 구분하는 과정을 배워야 했다.

초기 회복 과정에서 나는 나 자신의 배측미주신경 영향에 적극적으로 도전하는 법을 배웠다. 내게는 압도당하거나 무기력해질 여유가 없었다. 나에게 익숙했던 단절과 부동화의 패턴이 밥의 회복에 도움이 되지 않았기 때문이다. 나의 자율신경계는 순응을 통한 안전을 찾으며, 갈등을 피하고 조용히 머무르는 것을 원하지만, 나는 이 과정에서 이전에 익숙하지 않았던 "동화 상태"로 이동하는 법을 배웠다. 그저 조용히 있는 것, 주어진 것 이상을 요구하지 않는 것은 더 이상 적응적인 반응이 아니었다. 밥은 나의 도움이 필요했다. 밥의 자율신경계는 명확한 신호를 보내고 있으며, 비록 내 자율신경계가 배측미주신경을 통해 단절을 유도하려고 해도, 나는 조절하는 법을 배우고, 그의 신경적 요구를 듣고, 그의 시스템을 다시 복측미주신경의 안전 상태로 가져오기 위한 행동을 취해야 했다. 이것이 "컨시어지", 즉 간병인의 역할이다.

다미주 관점에서 보면 시스템이 안전과 위험을 정의하는 방식은 종종 우리의 신경계 반응과 일치하지 않는다는 것을 이해할 수 있다. 이는 의료 환경에서 특히 분명하게 드러난다. 밥이 조용히 있고 싶어 한다는 것을 알아챈 간호사 중 한 명은 방 안의 분주한 분위기를 놓치지 않았다. 그녀는 너무 많은 소란이 밥의 휴식을 방해하고 있고 밥은 편히 쉬지 못하고 있다고 이야기할 것이다. 하지만 다미주 관점에서 나는 이것을 계속되는 위험의 신경지라고 표현한다. 이로 인해 밥은 경계 상태를 유지하게 되고, 복측미주신경 상태가 되지 못해 편안함을 느끼지 못하는 것이다.

병원에서는 개인실과 다인실의 장단점에 대한 논의가 계속되고 있다. 자율신경계의 관점에서 보면 환자에게 절대적으로 옳은 선택이란 없으며, 입원 기간 동안에도 최적의 환경은 변할 수 있다. 자율신경계는 초기 경험과 반복된 경험에 의해 조율되기 때문에, 환자들은 연결과 고독 사이의 개별적인 연속선에서 각기 다른 요구를 할 수 있다. 어떤 위치가 특정 환자의 복측미주신경 상태를 지지하는 최적의 지점인가? 회복 과정이 진행됨에 따라 그 위치는 변하는가? 그리고 우리는 자율신경 요구에 맞는 자원을 제공하기 위해 이러한 변화를 어떻게 추적하고 반응할 수 있는가?

설명이 어떻든 간에, 간호사와 나는 이 환경에서 밥이 회복될 수 없다는 것을 알고 있었다. 옆 병실의 환자가 퇴원하자, 그녀는 밥을 새 병실로 옮겼다. 이 자극이 적은 환경에서, 밥은 더 깊이 숨을 쉬기 시작했다. 복측미주신경 능력이 증가할 가능성이 생겼다는 것은, 건강, 성장, 회복의 가능성이 열릴 수 있다는 의미이다. 몇 일 후 새로운 룸메이트가 들어오면서 환경은 다시 변할 터이지만, 이 방은 이전보다 더 많은 안전의 신경지를 제공할 것이다. 이 공간에는 자율신경 신호상 안전을 의미하는 요소들이 있었다. 침대는 창가에 위치해 있어 자연광이 들어왔다. 빛은 심리적, 생리적 건강에 긍정적인 영향을 미치는 것으로 알려져 있으며, 이를 복측미주신경 조절과 연관 지어 가설을 세울 수도 있다(Timmerman, Uhrenfeldt, & Birkelund, 2015). 침대는 출입문과 병동의 복잡한 동선에서 떨어져 있고, 커튼이 있어 어느 정도의 사생활이 보호되었다. 또한, 다른 사람과의 거리, 즉 자율신경계가 안전을 측정하는 또 다른 요소가 밥에게 "딱 알맞은" 범위에 놓여 있었다. 이 방은 간호실의 경보음과 인터컴 소음에서 더 멀리 떨어져 있으며, 그로 인해 이러한 소리들이 신경계에 가하는 감각적 충격이 줄어들었다.

미주신경 브레이크

밥에게 재활 병원에서의 경험은 종종 이해하기 어려운 미스터리와 같았다. 익숙하지 않은 저주파 소리는 그의 청각계를 자극하여 포식자의 존재를 감지하려는 반응을 유도하며, 이는 교감신경 상태를 활성화시킨다. 그러나 그의 신체적 능력은 자율신경계가 요구하는 동화 반응과 잘 맞지 않는다. 그는 갇혀 있고, 상호조절의 기회가 없으며, 결국 신경지는 일정한 수준의 위험부터 생명 위협까지 인식하게 되어 자율신경 위계를 따라 배측미주신경의 셧다운 상태를 일으키게 된다. 더 많은 자원을 가진 사람이라면 이러한 자율신경 반응을 차단하고 능동적인 경로를 사용하여 복측미주신경의 조절을 유지할 수 있었겠지만, 뇌졸중은 밥의 자율신경 반응 체계를 방해하였다. 그는 과부하에 민감하게 반응하며, 미주신경 브레이크가 쉽게 해제되고 다시 작동하기 어렵다.

미주신경 브레이크가 도전에 얼마나 효과적으로 반응하는지는 회복 탄력성을 측정하는 기준이 될 수 있다. 신경적 도전이 브레이크의 조절 능력을 초과하는 빈도는 얼마나 되는가? 조절되지 않는 상태가 지속되는 시간과 강도는 어느 정도인가? 개인이 조절로 되돌아가기 위해 자원을 활용하는 방식은 무엇인가? 다음의 사례는 병원 환경에서 환자의 조절 능력이 스트레스를 받는 일반적인 상황을 보여준다.

어느 저녁, 밥과 나는 하루를 마무리하며 함께 시간을 보내고 있었다. 그때 커튼 너머에서 움직임이 느껴졌고, 우리와 오랜 시간 함께한 병실의 룸메이트가 퇴원하고 새로운 룸메이트가 들어온다는 것을 알게 되었다. 우리는 이 변화에 대한 대화를 들으며 상황을 파악하려고 노력했지만, 명확하게 알기 위해서는 더 많은 정보가 필요하다는 것이 분명했다. 그러나 치료팀은 환자 개인정보 보호 규정을 준수해야 했고, 이들은 신경계가 손상된 환자에게 이러한 변화가 미치는 영향을 인식하지 못하고 있었기 때문에, 변화에 대한 추가적인 정보를 얻어내는 것은 불가능했다. 이미 과부하 상태인 밥의 신경계는 이를 감당하기 어려웠고, 그는 스스로 이 변화에 대응하고 그에 맞추어 신경계를 회복할 수 없었다. 다미주 관점에서 보면, 질병은 미주신경 브레이크의 기능에 영향을 미치며, 미주신경 브레이크가 완전히 작동하지 않을 때, 환경의 변화는 자율신경계를 극단적인 동화 상태나 단절 상태로 이동시킬 수 있다. 반면, "무슨 일이 일어나고 있나요?"라는 질문에 대해 직접적으로 답변하는 것은 신경계를 신속하게 안정시킬 수 있다. 비록 이곳의 의료진은 높은 수준의 훈련을 받고 있었고 연민도 깊었지만, 밥이 두려움을 경험하고 있을 가능성에 대한 인식은 없었던 것 같다.

자율신경계의 정상적인 적응적 생존 반응을 이해하고 자율신경 위계에 따른 반응을 고려하는 구조가 없는 경우, 환자의 필요는 인식되기 어렵다. 자율신경적 조율 요소, 즉 간단한 대면 연결, 운율이 담긴 몇 마디의 안심시키는 말, 상호조절의 짧은 경험은 복측미주신경 조절을 회복하는 데 기여할 수 있었을 것이지만, 이는 환자에 대한 의료진의 관심 부족 때문이 아니라 안전하다는 신호를 보내는 사회 참여 체계의 힘에 대한 이해가 부족하기 때문이다. 자율신경 반응의 언어를 잘 이해하는 의료진이라면 단순한 안전 신호라도 보낼 수 있었을 것이고, 환자는 자율신경계가 생존 반응으로 이동하는 것을 피하며 재활 과정을 방해받지 않을 수도 있었을 것이다. 이러한 사례는 하나의 예시에 불과하지만, 병원에서 하루 동안 환자가 경험하는 위험의 신경지와 자율신경적 부조화의 순간들은 자주 일어난다.

결국 우리는 변화가 실제로 일어나는 과정을 경험하면서 정보를 얻게 되었다. 나는 밥이 스스로 안정감을 느낄 수 있을 만큼 기다렸고, 나 자신도 충분히 조절능력을 회복하여 그를 두고 떠나도 안전하다고 느낄 때까지 곁에 머물렀다. 나는 재활 병원을 나오면서 깊은 숨을 들이마시고 천천히 내쉬며 그 호흡이 바꾸는 심박수의 힘을 온전히 느끼기도 했다. 하지만 이러한 고통스러운 밤은 이와 같았던 수많은 밤 중에 하룻밤이었을 뿐이었고, 이어서 찾아오는 감정은 밥이 아직도 갇혀 있다는 고통스러운 깨달음이었다. 그는 자신의 신경계가 필요로 하는 것을 할 수 없었다. 그는 나처럼 움직일 수도, 병원을 나와 밤공기를 마시며 깊이 호흡할 수도 없었다.

돌봄의 맥락에서, 간병인과 돌봄을 받는 사람 사이의 상호작용의 질은
서로의 생존에 있어 결정적이다

- Stephen Porges(2011, p. 295)

자율신경적 파열

자율신경계는 먼저 심리적 거리를 통해 안전을 확인한 후, 더 위험을 감수하는 물리적 근접성을 통해 추가적인 평가를 진행한다(Porges & Dykema, 2006). 대화를 통해 먼저 소통한 후 신체적으로 접촉하는 것이 신경계를 안심시키는 역할을 할 수 있다. 그러나 의료진이 목소리나 눈 맞춤을 통한 접촉 없이 갑자기 나타나서 바로 업무를 시작할 때, 환자의 자율신경계는 종종 놀라게 된다. 환자의 자율신경계에 안전 신호를 제공하는 과정이 빠진 것이다. 밥은 이렇게 순서가 뒤바뀐 경험을 반복적으로 겪었다. 의료진이 환자와 심리적 연결을 시도하는 과정이 기계적인 "이름과 생년월일을 말씀해 주세요"라는 질문으로 대체될 때(게다가 단조로운 목소리와 눈 맞춤 없이 이루어질 때) 의료진과 환자가 호혜적 상호작용을 할 기회는 사라진다. 사회 참여 체계가 연결을 형성하고 안정감을 제공할 기회가 차단되는 것이다. 밥은 이러한 안정감의 부재를 자주 경험하며, 이는 그를 긴장 상태로 유지시키고 신경계의 적응적 보호 반응을 쉽게 활성화시킨다.

환자와 의료진 간의 조화는 자율신경을 조율하는 것에서부터 시작된다. 질병은 환자의 미주신경 브레이크를 손상시키며, 그 결과 자율신경 반응 체계는 덜 유연해지고 신경학적 손상에 더 민감해진다. 이러한 자율신경적 파열은 자율신경 위계를 후퇴시키는 반응을 초래한다. 따라서 의료진은 먼저 복측미주신경이 조절된 상태에서 환자와 연결을 형성한 후, 환자가 방어 반응으로 이동하지 않도록 신경적 도전을 적절히 조정해야 한다. 밥은 자신의 의료진과의 관계에서 조화와 불일치를 모두 경험했다. 일부 의료진은 밥의 일을 "대신 해주는" 방식으로 그를 돕는데, 이는 때로는 선의에서, 혹은 그를 안쓰럽게 여겨서, 아니면 단순히 업무를 빠르고 효율적으로 끝내고 싶기 때문이다. 골디락스의 관점에서 보면, 이는 "충분하지 않은(not enough)" 경험으로, 밥의 뇌와 신체 시스템을 제대로 활성화하지 못하게 한다. 재활 과정에서 능동적으로 참여하지 않는다면, 그는 여전히 셧다운 된 상태에 머무르며 회복을 위한 에너지를 얻지 못한 채 남겨지게 되는 것이다. 또한, 일부 의료진은 표준화된 치료 절차만을 따르는데 이들에게는 밥의 뇌졸중 이전의 신경 프로파일이 중요하지 않으며, 단순히 뇌졸중 이후의 손상 상태만이 고려된다. 이런 경우, 호혜성이 사라지고 자율신경적 부조화가 발생하여 치료 과정이 정체된다.

한 치료사와의 현저한 조율 실패 사례를 통해 자율신경적 부조화가 미치는 부정적인 영향을 극명하게 확인할 수 있다. 이 치료사는 운율이 없는 목소리, 즉 깊고 거친 톤의 목소리를 사용하며, 무표정한 얼굴로 밥을 대했다. 복측미주신경 상태가 아닌 사람이 이러한 표정을 접하면 이를 위협적인 신호로 인식할 가능성이 높다. 또한, 그는 밥과 대화하는 대신 밥에 '대해' 이야기하며, 치료 중에도 밥을 외면한 채 다른 곳을 바라봤다. 이러한 요소들은 재활 세션에서 밥의 교감신경계를 활성화시키도록 했고, 결국 밥은 세션 중 배측미주신경 셧다운 상태로 전환되었다. 이는 기능적 회복에 부정적인 영향을 미쳤을 것이다. 입원 환자를 위한 재활 병동에서는 이러한 부조화를 해결할 수 있는 절차가 마련되어 있지만, 외래 환자가 이용하는 재활 병동에는 이러한 문제를 해결할 공식적인 방법이 존재하지 않는다. 우리는 지속적으로 이 문제를 조율하고 자율신경적 파열을 관리하려고 했으나 실패했다. 밥은 고통을 겪었고, 나는 그를 보며 마음이 아팠다. 결국, 우리는 이 치료사와의 치료를 중단하기로 결정했다.

신경지를 관찰하게 되다

밥이 다시 일어서는 법을 배우는 과정에서 신경지가 눈에 띄게 드러났다. 이는 단순히 그의 신체적 능력에 의존하는 것이 아니라, 그를 돕는 사람의 역량을 그의 자율신경계가 어떻게 감지하는지에 달려 있다. 처음에 우리는 그의 성공 여부를 근력으로 판단했지만, "일어설 수 있다-일어설 수 없다"는 현상을 탐구하면서 밥은 자신의 하위 피질 신경지 반응을 지각적으로 이해하게 되었고, 타인이 자신의 체중을 지탱해 줄 수 있고, 넘어질 경우 잡아줄 수 있다는 신뢰의 감각에서 비롯된다는 것을 깨닫게 되었다. 이는 상대의 체격이나 체력과는 무관하며, 인지적 평가를 통해 이루어지는 결정도 아니었다. 이 판단은 그의 자율신경계가 내리는 것이었다. 신경지가 안전을 감지할 때, 그는 점점 더 쉽게 그리고 확신을 가지고 일어날 수 있었다. 반면, 신경지가 불안과 신뢰의 부족을 감지할 때, 그의 다리는 힘을 잃고 침대에서 일어나지 못했다. 신경지가 안전에서 멀어질 때 그의 몸이 보여주는 변화는 놀라웠다. 신경계가 가진 보호 능력은 얼마나 경이로운가! 그러나 다미주 이론의 관점을 공유하지 않는 의료진에게 이러한 자율신경 정보를 어떻게 전달할 수 있을까? 의료 시스템은 신체가 중심이 되어야 하는 환경임에도 불구하고, 의료진은 여전히 인지적 의사결정 과정에 따라 판단을 내린다. 능력은 종종 그들의 노력으로 측정되며, 회복에 대한 의지나 헌신 수준에 대한 판단이 내려진다. 그러나 이 평가에서는 자율신경 상태에 대한 이해라는 요소는 누락되어 있으며, 각각의 자율신경 상태가 신체 기능을 어떻게 지원하거나 방해하는지는 고려되지 않는다. 의료진은 자율신경 반응 위계의 핵심 요소가 빠진 채로 환자를 평가하는데, 이 평가는 환자가 병원에 머무르는 동안 지속적으로 환자에게 영향을 미치게 된다.

밥의 물리 치료사는 그와 완벽한 조화를 이루며 그의 신경지가 분명하게 안전을 감지하도록 만들었다. 밥은 그녀와 함께 있으면 안전하다고 느꼈고, 그녀는 그의 신경계를 압도하지 않으면서도 적절한 도전을 제공했다. 이들의 세션은 단순한 신체적 운동이 아니라 신경훈련의 과정이기도 했다. 밥이 처음으로 일어서 복도를 걷고 있을 때, 그는 물리치료사와 함께 벡터와 운동의 물리학적 원리를 논의하고 있었으며, 그의 좌뇌는 걷기의 실용적인 측면에 집중하고 있었다. 나는 이 장면을 보면서 경이로움을 느꼈고, 내 마음은 따뜻해졌다. 독립적으로 걷는 과정은 몇 주가 걸릴 것이고, 그 과정에서 넘어지고 흔들리는 순간도 있을 것이며, 이러한 시도들이 항상 복측미주신경 반응을 가져오지는 않을 것이었다. 그러나 이 장면만큼은 내 자율신경계가 자동적으로 떠올리는 신체적이고 구체적인 기억으로 남아 있으며, 내게 있어 회복의 가능성을 상징하는 단서가 되었다.

밥은 의료진과의 상호작용 속에서 자신이 평가받고 있다는 것을 정확하게 인식했다. 재활 병원에서는 환자의 진행 상황을 평가하고 추적하는 것이 필수적인 과정이다. 이 과정 속에서 그의 신경계는 경계 상태에 있었다. 이러한 경계 상태가 미주신경 브레이크의 영향을 받아 조절된다면, 그는 안전의 범위 내에서 머물며 복측미주신경이 성장과 회복을 지원하도록 할 수 있다. 그러나 미주신경 브레이크가 작동하지 않으면 교감신경계가 주도권을 가지게 되고, 이는 회복을 방해할 것이다. 뇌졸중 이전에 밥은 복잡한 시스템을 조정하는 업무를 수행했으며, 유연한 미주신경 브레이크를 통해 자신 있게 상황을 조율할 수 있었다. 그러나 뇌졸중 이후, 그는 능숙하게 대처하기보다는 신경지가 지속적으로 위험을 감지하는 상태에서 신중하게 움직여야만 했다. 그는 지속적으로 트라우마를 경험하고 있었으며, 그의 자율신경계는 그를 보호하기 위해 촉각을 곤두세우고 있었다. 내가 그에게 무엇이 위험하게 느껴지는지 물었을 때, 그는 자신이 다른 사람들의 결정에 따라야 하며, 누군가가 매 순간 자신이 무엇을, 언제, 어떻게 해야 하는지를 지시하고 있으며, 이에 따르지 않으면 재활 병원에서 퇴원할 수 없을 것 같은 기분이 든다고 말했다. 그는 갇혀 있다고 느끼고 있었으며, 그의 신경계는 이러한 위험 신호에 반응하고 있었다. 재활 치료 과정 동안, 우리는 이 보호적 반응을 효과적으로 하향조절하는 방법을 끝내 찾지 못했다.

밥의 뇌가 정보를 전달하기 위해 새로운 경로를 찾으려고 애쓰는 동안, 그의 회복탄력성은 감소하고 있었다. 사실, 엄청난 에너지가 신경 재구성을 위해 사용되고 있었으며, 그로 인해 신체적·사회적 참여 능력이 제한되었다. 감당하기 어려운 수준의 신경적 도전이 주어지는 경우가 많았고, 그의 자율신경 반응은 배측미주신경의 에너지 보존 상태로 이동했다. 나는 이에 대응하여 교감신경계가 활성화되며 그의 몸이 보내는 신호를 무시하고 억지로라도 그를 일으켜 끌고 가고 싶은 충동을 느꼈다. 내가 미주신경 브레이크를 적절히 풀고 더 높은 수준의 사회적 참여와 연결된 소통을 유도할 때, 밥의 신경계는 점진적으로 조절된 상태로 돌아갔다. 반면, 내가 교감신경계가 주도하는 상태에서 밥의 경험이 정확하지 않다고 설득하려 할 때, 그의 자율신경 보호 반응은 더욱 심각하게 조절되지 않았고 그는 더 깊은 배측미주신경 상태로 빠졌다.

심장은 안다

퇴원 예정일까지 6일을 앞둔 상황에서, 밥은 심장과 관련된 증상을 보이며 재활 병원에서 다시 의료 센터로 이송되었다. 그는 하루 종일 응급실에서 각종 전선과 기계에 연결된 채 시간을 보냈다. 경고음을 내는 기계들과 화면 위에서 움직이는 선들은 그에게 안도감을 주었고, 그는 복측미주신경 조절 상태에 있는 듯했다. 나는 위험의 신경지 상태로 이동하여 교감신경 반응의 강렬함을 느끼고 있는 반면, 밥의 미주신경 브레이크는 정상적으로 작동하고 있었다. 우리의 자율신경 활성화 상태가 서로 다르게 나타나는 상황에서, 의료진은 그를 심장병동에 입원시키기로 결정했다. 밥은 병실에 자리를 잡았고 익숙한 침대와 식단, 시스템이 그에게 편안함을 주는 듯했다. 이는 마치 재활 과정에서 벗어나 그에게 필요했던 휴가를 보내는 것처럼 보였다. 그의 몸이 움직이는 방식과 그가 하는 말을 통해, 그에게 이것이 얼마나 중요한지 명확히 알 수 있었다.

밥은 방사선 동위 원소를 이용한 운동부하검사를 받아야 했으며, 검사가 끝날 때까지 이곳에 머무르게 되었다. 그는 조용한 환경, 자신의 뇌가 평가받지 않는 이 상태, 그리고 지금의 상태가 충분히 수용되는 경험 속에서 자신의 시간을 만끽했다. 우리는 입원 재활 환자들이 하루나 이틀 동안 사회적·신경학적 비활성화 상태를 보인 후, 더 나은 기능을 발휘하는 경우가 흔하다는 것을 알게 되었다. 자율신경계에는 이러한 "타임아웃"이 필요했던 것이다. 지속적인 생리적·심리적 도전에서 벗어나 잠시 쉬어 가는 작은 휴식이 재활 과정에 포함될 필요가 있어 보였다.

이 자율신경적으로 필수적인 며칠 동안의 휴식은 전체 재활 과정에 큰 이점을 가져왔다. 밥은 재활로부터 벗어난 이틀을 만끽했고, 스트레스 검사를 통과한 후 재활 병원으로 돌아가 마지막 한 주를 마무리하게 되었다. 그의 지혜로운 신체와 하위 피질 시스템은 그가 필요로 하는 휴식을 찾는 방법을 알고 있었다. 재활 병원으로 돌아온 밥은 다시 교감신경이 주도하는 경계 상태로 돌아갔다. 그는 주말이 지나면 퇴원할 예정이었다. 우리 둘 다 병원 밖의 삶이 어떨지 모르지만, 우리가 함께 만들어온 집의 환경이 우리의 미주신경 경로를 활성화하고, 긴장된 신경계를 안정시키기를 기대하고 있었다.

연하곤란

연하곤란(역자주: dysphagia, 목과 식도의 근육 및 신경 손상으로 인해 삼키는 것이 어려워지는 증상 및 삼킴장애)은 뇌졸중 이후 흔히 나타나는 문제 중 하나이다(Shaker & Geenen, 2011). 이는 밥의 뇌졸중 후 초기 회복 기간 동안 우리가 배운 수많은 사실 중 하나였다. 밥은 "삼키는 데 문제가 있습니까?"라는 질문을 반복적으로 들었고, 아마도 이 질문이 불안의 씨앗을 심었던 것 같다. 이때부터 밥의 자율신경계는 식사와 음료 섭취에 대한 첫 번째 위험 신호를 감지하기 시작했을지도 모른다. 밥은 다행히 삼키는 기능에는 이상이 없었지만, 뇌졸중 이후의 새로운 환경 속에서 그에게 주어진 삼킴 검사, 걸쭉한 액체와 묽은 액체 시음, 관찰 속에서 진행하는 식사, 그리고 '빨간 숟가락'(역자주: 뇌졸중 이후 음식과의 시각적 대비를 위해 빨간색 식기를 사용하는 것이 도움이 된다)이 주어지는 식사 절차는 연하곤란의 가능성을 점점 현실적인 문제로 만들어 갔다.

재활 병원의 룸메이트는 실제로 연하곤란을 겪고 있었으며, 계속해서 기계에 연결되어 있었고, 그 뒤에서는 기계의 윙윙거리는 소리와 간헐적인 경고음이 울려 퍼졌다. 혼자 힘으로 침대에서 일어날 수 없었던 밥은 밤중에 알람이 울리지만 아무도 오지 않을 때 간호사를 불러야 했다. 그는 커튼 너머의 룸메이트가 숨이 막히고 있는 것은 아닌지 걱정했다. 재활 병원 환경은 연하곤란이 흔한 공간이었고(미국심장협회에 따르면 뇌졸중 환자의 65%가 연하곤란을 경험한다), 룸메이트의 상황과 맞물려 밥의 자율신경계는 지속적인 경계 상태로 들어갔다. 그의 자율신경 상태는 심리적인 상태로 전염되어, 재활 기간 동안 밥은 배측미주신경이 보내는 경계 상태와 교감신경 활성화 상태에서의 불안과 경계심을 느끼는 상태를 오갔다.

밥은 입원 재활 치료를 마치고 집에서 외래 치료를 받으며 회복을 이어갔다. 그러나 재발 방지를 위해 처방된 스타틴(statin) 약물의 부작용으로 지속적인 메스꺼움을 겪었다. 그리고 설상가상으로 특별한 외출을 계획했던 어느 날, 우리는 예상치 못한 일을 겪게 되었다. 우리가 살고 있었던 메인주는 바닷가재로 유명했고 그 날 우리의 식사 메뉴 역시 바닷가재였다. 밥은 녹인 버터의 기름진 성분에 심한 거부 반응을 보였다. 그는 구역질 반사 반응을 보였고, 이는 뇌가 유해하다고 판단한 물질을 배출하려는 보호 기제로 작용했다. 그는 그날 밤부터 다음 날까지 심한 고통을 겪었고, 이 경험은 그의 신경계에 깊이 새겨졌다. 안전 신호는 사라지고 위험 신호가 그의 자율신경계를 압도했다. 그의 교감신경계는 이 불안을 해결할 방법을 찾지 못했고, 결국 그는 배측미주신경의 셧다운, 즉 에너지 보존 상태로 다시 빠져들었다.

생명 위협의 신경지는 계속되었고, 배측미주신경 상태는 삼킴은 위험하다는 서사를 만들어 냈다. 결과적으로 그는 생존을 위한 적응적 반응으로 절대적으로 필요한 최소한의 음식만 섭취하게 되었다. 몇 주가 지나고, 체중이 눈에 띄게 감소한 밥을 본 의사는 스타틴 복용을 중단하고 바륨 삼킴 검사를 시행했다. 그러나 이미 습관화된 배측미주신경 반응으로 인해 밥의 신체 에너지는 최소한의 생명 유지 기능을 유지하는 데에만 사용되고 있었다. 배측미주신경 반응은 생물학적으로 보호적이며 적응적인 반응이었지만, 동시에 회복과 성장을 차단하는 요소가 되었다. 그의 재활이 완전히 멈춰버린 것이다.

밥의 뇌졸중은 우측 중대뇌동맥에서 발생한 것으로, 이는 맥락적 단서를 활용하여 의미를 해석하고 결정을 내리는 그의 능력이 손상되었음을 의미했다. 그는 삼키는 것이 안전하다는 것을 스스로 납득할 수 있도록 하는 명확하고 구체적인 증거가 필요했다. 밥은 "직접 봐야만 믿을 수 있는" 상태였다. 그는 바륨 삼킴 검사를 받으며 실시간 영상에서 자신의 인두와 식도가 완벽하게 기능하는 모습을 직접 보았다. 그의 자율신경계는 이 정보를 흡수하며 삼킴에 대한 신경지를 다시 안전한 상태로 되돌렸다. 또한 형광 투시 검사를 직접 보면서, 그는 삼킴이 생명을 위협하지 않는다는 것을 눈으로 확인했다. 단 30분 만에, 그의 신경계는 그가 필요로 했던 새로운 정보를 받아들이며 이전에 가지고 있던 위험의 서사를 뒤집었다.

이는 신경지에서 지각으로, 그리고 다시 서사로 변환되는 과정의 극적인 사례였다. 밥의 자율신경 상태는 배측미주신경의 에너지 보존 상태에서 복측미주신경 조절 상태로 이동했고, 그는 다시 음식 섭취에 대한 안전한 서사를 만들어가기 시작했다. 우리는 이 경험을 외래 재활 병원의 의료 책임자에게 공유했고, 다행히 밥은 해당 병원에서 삼킴 검사를 받지 않았다. 그곳의 절차는 환자에게 검사 영상을 보여주지 않고 결과만 전달하는 방식을 사용했기 때문이다. 만약 밥이 실시간으로 검사의 결과를 볼 수 없었다면, 나는 그의 신경지가 계속 위험 신호를 감지했을 것이라 생각한다. 그 상태는 "삼킴이 위험하다"는 이야기를 계속 유지하도록 만들었을 것이다. 의료 책임자는 밥의 경험에 흥미를 보였고, 환자들이 직접 검사 영상을 볼 수 있도록 하는 방식이 결과에 어떤 영향을 미치는지 실험해 보겠다고 말했다.

앞으로 가야 할 길

우리는 서로 연결되도록 설계되어 있다. 우리의 자율신경계는 서로 조율된 소통을 하기 위해 끊임없이 탐색하고 있다. 그러나 뇌졸중 이후의 새로운 일상 속에서, 밥과 내가 누리던 자율신경적 친밀함은 이제 드물어졌다. 현재 우리의 경험은 자율신경계의 부조화가 더 빈번하게 나타나는 쪽에 가깝다. 중요한 관계 속에서 자율신경의 리듬이 어긋날 때, 그 결과로 흔히 외로움을 느끼게 된다. 외로움에 대한 연구는 이것이 사고, 감정, 행동, 생물학적 기능, 신체 기능에 미치는 영향을 보여준다(Cacioppo & Cacioppo, 2014; Hawkley & Cacioppo, 2010). 외로움은 안전하지 않다는 느낌과도 관련이 있으며(Cacioppo & Patrick,

2008), 이는 다미주 관점에서 보면 복측미주신경 조절의 부재를 의미한다. 에우다이모니아(역자주: eudaemonia, 그리스어로 행복을 의미하는 εὐδαιμονία를 영어로 표현한 단어로, 일반적으로 행복이나 웰빙으로 번역된다. 좋음을 뜻하는 eu와 영혼을 뜻하는 daimōn의 합성어로 단순한 쾌락이 아닌 삶 전체에 걸친 행복을 말한다)에 대한 연구는 외로움을 조절하는 보호 요인을 설명한다(Ryff, 2014). 에우다이모니아적 웰빙은 타인과의 긍정적인 관계, 개인적인 성장, 삶의 목적을 포함한다(Ryff, Singer, & Love, 2004). 이러한 경험은 '안전, 안정, 복지'와 같은 단어를 포함하는 에우다이모니아의 정의와 함께 고려될 때, 다시금 복측미주신경 체계의 영향을 떠올리게 한다. 뇌졸중 후 회복의 환경에서 외로움, 그리고 에우다이모니아적 웰빙의 결핍은 중요한 자율신경계에 상당한 도전이 된다.

뇌졸중 회복의 범위를 정확하게 예측하는 척도는 존재하지 않으며(Brewer, Horgan, Hickey, & Williams, 2013), 따라서 회복에 얼마나 시간이 걸리는지를 알려주는 시간표도 존재하지 않는다. 회복의 과정은 예측 불가능하며, 자율신경계 관점에서 볼 때, 예측 불가능성은 종종 위험의 신경지를 유발한다. 그러나, 예측 불가능성은 미리 정해진 결말이 없다는 것을 의미하며, 다시 말해 언제든 어떤 회복이라도 일어날 수 있다는 뜻이기도 하다. 뇌졸중 회복을 성공적으로 헤쳐 나가기 위해서는 이러한 예측 불가능성을 받아들이는 것이 필수적이다. 처음에 밥과 나는 흔히 보고되는 회복 시간표를 받아들이기로 결정했다. 이에 따르면, 회복의 95%가 첫해가 끝날 무렵 나타난다고 한다. 1년이라는 넉넉한 시간에 대해 생각할 때, 복측미주신경 상태의 평온함이 느껴졌다. 빠르게 회복해야 한다는 압박이 교감신경계를 자극하거나, 끝이 보이지 않는 막막함이 배측미주신경 반응을 일으키는 일은 없었다. 시간이 지나 3월이 가까워질수록, 우리는 회복 가능성에 대한 믿음을 수정해 나갔다. 더 많은 것이 가능하다고 믿기 시작한 것이다.

1년이 훨씬 지난 지금, 지속적인 회복에 대한 희망을 유지하고, 동시에 뇌졸중이 남긴 손상에 적응해 나가기 위해 우리에게 필요한 것은 복측미주신경 에너지를 지속적이고 의도적으로 활용하는 것이다. 이는 스티븐 포지스가 말하는 "자애로움(benevolence)"과 같은 개념이며, 우리는 이를 통해 서서히 손상을 보완하며 적응해 나가는 방향으로 나아가고 있다.

22장

심장 질환을 가지고 태어나다: 다미주 이론의 임상적 의의

Liza Morton

개요

선천적인 심장 질환을 가지고 태어난 경우, 불안, 우울, 발달 지연, 영아기 섭식 및 구강 운동 문제를 포함한 다양한 심리사회적 어려움에 더욱 취약해질 수 있다. 기존에는 이러한 문제가 이차적 요인들에 의해 설명되었다. 본 연구에서는 다미주 이론이 보다 통합적인 설명을 제공할 수 있다고 제안한다. 심장은 신경계의 중심적 역할을 하기 때문에, 선천성 기형은 신경지에 손상을 입힐 수 있으며, 이는 일부 심리사회적 문제의 원인이 될 수 있다. 이는 생애 전반에 걸쳐 영향을 미치는 것으로, 정상적인 사회적 행동 및 방어 행동의 발달을 최적화하는 전략을 제공하고, 치료적 개입에 대한 새로운 통찰을 제시할 수 있다. 본 장에서는 심리학 이론과 개인적 경험을 바탕으로 이러한 점들을 탐구한다.

우리는 심장 저 깊숙한 곳으로부터 사랑을 하고, 그 감정은 심장에 새겨져 있어서, 사랑을 잃으면 심장이 찢어질 듯 아프다. 고대로부터 우리의 심장은 집단 의식 속에서 감정과 연결되어 있다. 그리스의 의사이자 철학자인 갈렌(Galen)은 인간의 심장을 영혼이자 감정의 자리로 여겼다. 하지만 17세기 영국 의사 윌리엄 하비(William Harvey)가 심장이 혈액을 몸 전체로 순환시키는 역할을 한다고 제안한 이후, 심장은 단순한 기능적 펌프로 전락했는데, 이는 데카르트적 "심신 이원론" 문제의 이해가 확산되면서 더욱 확고해졌다. 그럼에도 불구하고, 심장과 감정의 연관성은 여전히 일상 언어 속에 남아 있으며, 최근의 과학적 연구들은 인간의 감정에서 심장이 수행하는 복잡한 역할을 다시금 조명하게 만들고 있다.

인간의 심장에 대한 나의 관심은 학문 그 이상이다. 나는 선천적인 심장 질환을 가지고 태어났으며, 내 몸에 새겨진 경험을 이해하는 것은 평생의 과제였다. 나는 선천성 심장차단(congenital heart block)을 가지고 태어났는데, 이는 태아기 어머니의 낭창(lupus)과 관련된 항로항체에 의해 발생한 것이다. 내 심장의 동방결절과 우심방은 생리적으로는 정상적으로 반응하지만, 이 전기 신호는 심실에 도달하기 전에 차단된다. 그 결과, 내 심장은 분당 40회라는 고유한 심박수(탈출 리듬; escape rhythm)를 유지한다. 이런 상태로는 생명을 유지할 수 없었고, 생후 며칠 만에 나는 심부전 상태에 빠졌다. 나는 세계 최초로 생후 11일 된 나이에 흉부절개술을 통해 심장박동기를 이식받았다(이 사례는 Dasmahapatra, Jamieson, Brewster, Doig, & Pollock, 1986; Reid et al., 1982에 문서화되어 있음). 현재 나는 38세가 되었지만, 나의 생존 자체는 하나의 의학적인 실험과도 같으며, 내 삶이 어떤 방식으로 영향을 받을지에 대한 명확한 지침이 거의 없었다.

심장에 새겨진 진심: 인간의 마음

현대 의학은 인간의 심장을 혈액을 몸 전체로 순환시키는 근육으로 규정해왔나. 심장은 동방결절에서 생성된 전기 자극의 리듬에 따라 박동하는데, 이를 동리듬(sinus rhythm)이라고 한다. 기본적으로 심장의 기능은 산소와 필수 영양소를 신체에 공급하고, 신진대사 과정에서 생성된 노폐물을 제거하는 것이다. 건강한 신체에서는 심장이 내부 및 외부 환경에 반응하여 지속적으로 박동 리듬을 변화시킨다(심박수 변동 반응; chronotropic response).

자율신경계의 중심적 역할을 하는 심장은 교감신경계(투쟁-도피 체계)과 부교감신경계(휴식-소화 체계)에 반응한다. 그러나 다미주 이론은 심장이 인간 경험에서 수행하는 역할이 이러한 전통적인 이중 길항 모델(dual-antagonistic model)에서 제시하는 것보다 훨씬 더 복잡하고 미묘하다고 제안한다(Porges, 1998, 2001, 2007, 2011).

이러한 개념적 틀에서 자율신경계의 주요 기능 중 하나는 위험을 평가하고 이에 적절하게 대응하는 것이다. 그 궁극적인 목적은 타인과의 관계 속에서 안전을 확립하는 것이며, 이를 신경지라고 한다. 다미주 이론은 자율신경계의 위험에 대한 반응을 세 가지 위계적이고 계통발생적인 수준으로 나누었으며, 이는 각각 자율신경계의 다른 가지에 의해 조절된다. 변화하는 환경에 성공적으로 적응하기 위해서는 우리가 안전하다고 느낄 때(놀이, 사회적 상호 작용, 성적 친밀감의 촉진)와 안전하지 않다고 느낄 때(투쟁 또는 도피 중의 동화와 극도로 위험한 상황에서의 부동화와 같은 방어 기제의 활성화) 사이를 원활하게 전환할 수 있어야 한다. 이러한 각각의 생리적 상태에는 필연적인 심리적 경험이 동반된다. 안전하다고 느낄 때, 우리는 복측미주신경 경로의 활성화를 통해 타인과 연결되고 사회적으로 참여하는 느낌을 갖는다. 반면, 방어 체계가 활성화되면 교감신경계가 작동하여 불안과 행동 충동을 유발한다. 생명이 위협받는다고 인식하면, 배측미주신경 경로가 활성화되어 극심한 두려움 속에서 몸이 얼어붙고, 위축되며, 해리 상태에 빠질 수도 있다. 이러한 상태 사이를 전환하기 위해서는 효율적으로 반응하고 회복할 수 있는 능력이 필요한데, 이는 자율신경계 기능에 달려 있다. 이러한 항상성 변동성은 일반적으로 유년기에 형성된다. 건강한 자율신경계는 규칙적인 생리적 변동성을 가지며, 정상 범위 내에서 변동성이 클수록 신체적·정신적 건강 상태가 좋고, 내·외부 스트레스 요인에 보다 효과적으로 반응할 수 있다. 부교감신경계는 미주신경 브레이크를 조절하여 스트레스에 대한 취약성을 조절한다. 호흡성 동성 부정맥(Respiratory Sinus Arrhythmia: RSA)은 이러한 조절 능력을 비침습적으로 측정하는 방법이며, 감정 조절 능력과 관련이 있다. RSA의 진폭은 심장 미주신경을 통해 부교감신경계 활동의 지표로 활용된다. 따라서 RSA는 미주신경이 스트레스에 대한 반응으로 심박수 활동을 어떻게 조절하는지를 측정할 수 있는 비침습적이고 객관적인 방법이다. 이는 스트레스 반응성을 평가하는 데 활용될 수 있으며, 신경지, 감정 조절, 전반적인 웰빙의 지표 역할을 한다(Porges, 2011).

인간의 심장이 정서적 안녕의 근본적인 요소임을 다시 고려해본다면, 선천적으로 심장 질환을 가지고 태어난 사람들에게 중요한 영향을 미칠 가능성이 있다는 점이 분명해진다. 건강한 신체에서는 심박수의 항상성 변동성이 적응적 특성으로 작용하는데, 만약 선천적인 결함으로 인해 심장이 불규칙하게 뛰거나, 너무 빠르거나 느리게 뛰거나, 신체의 요구에 적절히 반응하지 못한다면 어떻게 될까? 이러한 자율신경계의 혼란이 신경지와 자기조절 능력을 저해할 수 있으며, 이는 결국 심리사회적 발달에 깊은 영향을 미칠 수 있을 것으로 예상된다.

망가진 심장: "창백한 아이들"

나는 12세가 될 때까지 심장 박동을 조절하는 심박동기에 의존해야 했는데, 이는 내 몸의 생리적 신호를 무시하고 내가 무엇을 하든 상관없이 일정한 속도로 심장을 뛰게 만들었다. 그 결과, 나는 운동을 하거나 강한 감정을 느낄 때 구토를 했고, 추운 날씨에는 입술과 손가락이 파랗게 변했다. 나는 항상 피곤해서 앉아서 쉬거나 낮잠을 잘 수 있는 기회만을 기다리곤 했다. 당시의 심박동기는 부피가 크고 불안정했으며, 전극선이 약해 쉽게 이탈하는 문제가 있었다. 심박수가 비정상적으로 느려지는 일이 자주 발생했고, 그때마다 응급실에서 심박동기를 점검하거나 교체해야 했다. 7살이 될 때까지 나는 이미 다섯 번의 심박조율기 이식 수술을 받았으며, 이 과정에서 흉부 절개술과 혁신적인 수술 및 치료를 거쳤다(Morton, 2015). 체육관, 운동장, 놀이터, 길거리에서 활기차게 뛰노는 또래 친구들을 보면서 부러움보다는 경이로움을 느꼈던 기억이 난다. 나는 어떻게 그 아이들이 지속적인 피로와 관절통, 숨 가쁨을 이겨내며 그렇게 활발하게 움직일 수 있는지 이해할 수 없었다. 12살 때 나는 처음으로 "가능한 생리적으로 반응하는" 가변적인 심장박동기를 장착하게 되었고, 심방중격결손(역자주: atrial septal defect, 심장의 심방 사이에 난 구멍)을 막기 위해 개심술을 받아야 했다. 가변적인 심박동기는 심장의 자연적인 전기 시스템을 모방하도록 설계되어, 우심방에서 심박동기로 정보를 전달한 후, 다시 우심실로 신호를 전달한다. 그러나 심박동기의 전극선은 심장의 자연적인 전기 전도 시스템을 자극하지 않기 때문에, 심실 수축이 정상적인 생리적 과정과는 다르게 이루어진다. 현대 심박동기는 여전히 오작동(주로 전극선의 오작동)과 배터리 수명 문제 등의 한계를 가지고 있다. 지금까지 나는 총 10개의 심박동기를 교체해왔으며, 기존의 장치와 전극선이 남아있어 공간을 제한하고 감염 위험을 증가시키는 등 복잡한 문제를 안고 있다.

선천성 심장 질환(Congenital Heart Disease: CHD)은 가장 흔한 선천성 기형 중 하나로, 신생아 1,000명 중 약 8명 꼴로 발생한다. 현대 의학의 발전 덕분에 CHD 치료는 놀라운 성공을 거두었다. 의학, 수술 및 기술이 발전하면서 1940년대에는 생존율이 20%에 불과했던 CHD 환아들이 이제는 90% 이상 성인이 될 때까지 살아남고 있다(Warnes et al., 2001). 이로 인해 CHD를 안고 살아가는 성인 생존자의 수가 급격히 증가했으며, 현재는 CHD를 가진 성인 환자의 수가 소아 환자의 수를 넘어섰다. CHD 결함의 복잡성은 매우 다양한데, 일부 단순한 심장 기형은 특별한 치료 없이도 정상적인 삶을 살 수 있지만, 복잡한 CHD의 경우 현재로서는 완치 방법이 없다. 치료는 근본적인 해결이 아닌 완화적 접근법을 기반으로 하며, 평생 동안 정기적인 관리가 필요하다(Greutmann et al, 2015). CHD 환자들은 높은 사망률과 질병 부담을 안고 살아가며, 그 과정에서 부정맥, 빈맥(비정상적으로 빠른 심박수)이나 서맥(비정상적으로 느린 심박수) 등의 증상을 겪거나, 대동맥 전위, 팔로 4징증(Tetralogy of Fallot), 아이젠멘거 증후군(Eisenmenger syndrome)과 같은 해부학적 이상으로 인해 혈류 장애를 겪을 수 있다. 가장 흔한 경우는 심방중격결손이나 심실중격결손(ventricular septal defect)으로 알려진 심실 사이의 구멍과 같은 조건에서 혈류가 손상되는 증상 등이 나타나는 것이다.

이후 다룰 제임스와 제니의 사례는 선천성 심장병이 얼마나 다양한 형태로 존재하는지를 보여줄 뿐만 아니라, 출생부터 심각한 심장 질환을 안고 살아가는 것이 심리·사회적 발달과 경험에 어떤 영향을 미치는지를 잘 드러낸다. 오늘날 많은 성인 생존자들은 실험적 치료를 받았고, 그 결과가 불확실했던 경우도 많았다. 하지만 의료 시스템은 이들의 필요를 충족시킬 만큼 빠르게 발전하지 못했으며, 많은 환자들이 치료 후 추적 관리에서 소외되고 있다(Wray, Friglola, & Bull, 2012). 더욱이 CHD가 일상생활에 미치는 폭넓은 영향에 대한 연구는 여전히 부족하며, 학교나 가정의 주치의와 같은 큰 조직들은 개별적인 환자들의 필요를 어떻게 충족해야 하는지에 대한 이해가 부족한 경우가 많다.

제임스

제임스는 1980년에 매우 복잡한 청색증 선천성 심질환을 가지고 태어났다. 그는 대동맥 전위, 심장을 가로막는 삼첨판(tricuspid valve)과 삼첨판 과잉, 여러 개의 구멍 및 기타 여러 기형을 진단받았으며, 이러한 상태는 해부학적으로 완전히 교정될 수 없었다. 1987년, 제임스는 완전 대동맥-폐동맥 연결 수술(total cavopulmonary connection)을 받은 최초의 20인 중 한 명이었으며, 이 수술은 근본적인 치료가 아니라 완화적 치료에 해당하며, 이로 인해 그의 심장 오른편의 경로가 우회되어 모든 혈액이 폐로 직접 흐를 수 있게 순환이 조정되었다.

나는 내 심장 질환과 함께 불확실성과, 도전, 그리고 자기 발견의 길을 걸어왔다. 어렸을 때부터 나는 심장 질환이 있다는 것을 알고 있었지만, 이 질환을 이해하려고 했던 것은 훨씬 나중의 일이었다. 성인이 되면서 사람들이 내 심장에 대해 물어보았는데, 내가 그에 대해 명확히 설명하지 못했을 때, 나 스스로도 이에 대해 더 잘 알 필요가 있다는 것을 깨닫게 되었다.

돌이켜보면, 나는 항상 내 심장 상태를 의식하고 있었다. 내 정체성은 본질적으로 내 심장과 연결되어 있다. 그것은 암처럼 외부에서 침입한 질병이 아니라, 내 일부이며, 나의 성격과 존재 그 자체였다.

나는 태어날 때 심한 호흡곤란과 무기력함을 보였고, 피부는 극도로 푸른색을 띠었다. 생후 1일과 2세 때 이미 생존을 유지하기 위한 조기 의료 개입을 받았지만, 여섯 살 무렵에 어떤 결정적인 조치를 취하지 않으면 더는 살 수 없다는 것이 분명해졌다. 나는 항상 약간의 어지러움을 겪으며 살았고, 방 하나를 걷는 것만으로도 지쳐 금방 잠이 들거나 방금 한 일을 잊어버리곤 했던 것으로 기억한다. 당시에는 정확한 진단이 내려지지 않았고, 1987년, 의사는 세 가지 계획을 가지고 수술실에 들어갔는데, 그중 "실험적"인 전 대동맥-폐동맥 연결술을 선택했다.

훌륭한 부모님(그리고 주치의)과 함께했음에도 불구하고, 어린 시절의 경험 때문에 병원에 가거나 혈액 검사를 받을 때면 항상 불안했다. 특히 혈액 순환이 원활하지 않아 피를 뽑는 데 오랜 시간이 걸리는 것이 힘들었다. 수술 후 회복 과정도 고통스러웠다. 가슴에 삽입된 배액관이 너무 불편해 매일 그것을 제거하려고 시도했는데, 너무 이른 시기에 떼어버린 나머지 거의 호흡 정지가 올 뻔한 적도 있었다. 사실 나는 의료진의 실험의 학습 곡선 속 일부였다. 심장외과 의사와 주치의 조차도 정확히 어떤 결과가 나올지 몰랐다.

나는 아주 느리지만 꾸준히 회복했다. 심장 단락(cardiac shunt)이 남아 있어 운동할 때 산소 포화도가 떨어지긴 했지만, 상태는 훨씬 나아졌고, 어떤 일을 쉽게 잊어버리는 일도 줄었다. 1996년에는 심외막형 심박동기를 삽입했는데, 이는 1992년에 한 차례 실패한 후 재시도한 것이었다. 안타깝게도 이 과정에서 A레벨(역자주: A-level, 영국의 고등학교 졸업 시험)을 치르지 못했다.

혈액 순환과 전기생리학적으로 최적화된 상태에서 자신감을 얻기까지 5~10년이 더 걸렸다. 나는 더이상 의학적으로 개선될 가능성이 없음을 깨달았고, 마침내 테니스, 사이클링, 근력 운동을 하기 시작했다. 이는 육체적으로도 정서적으로도 매우 긍정적인 영향을 주었다.

내가 겪어온 일들, 특정 상황에서 느끼는 감정, 앞으로 나아가야 한다는 불안감과 혼자 감당해야 하는 어려움을 이해하는 사람이 거의 없다는 것은 여전히 힘든 부분이다. 신체적인 부담은 스스로 극복해왔고, 이는 감정적으로도 어느 정도 도움이 되었지만, 감정적인 싸움은 여전히 계속되고 있다.

돌이켜보면, 나의 정서적 안녕은 부분적으로 내 심장과 연결되어 있는 것 같다. 어려운 상황에서 단순히 몸이 좋지 않다는 이유로 힘들게 느껴지는 것은 당연한데, 왜냐하면 이러한 상황에서 나타나는 신체의 자연스러운 반응이 내 심장과 조화를 이루지 못하기 때문이다. 그 결과 혈류학적 반응이 원활하지 않아 몸이 떨리고 몸살이 난다. 내가 나의 심장과 감정적 안녕 사이의 상호작용을 이해하게 되면서, 이제는 스스로 적응할 수 있는 시간을 가지며 안정을 찾을 수 있게 되었다. 만약 이런 수준의 이해를 어릴 때부터 가질 수 있었다면, 내가 겪은 다양한 경험들을 훨씬 더 긍정적으로 받아들이고 대처할 수 있었을 것 같다.

얼마 전 심박동기를 교체하기 위해 입원했을 때, 한 간호사가 수술실로 이동하기 위해 침대에 누우라고 했다. 그 순간, 나는 분노와 두려움을 느꼈고 그 즉시 몸이 안 좋아졌다. 마음속으로는 그곳에서 도망치고 싶었지만, 스스로를 이해하고 나만의 독특한 반응을 받아들이며 길러온 내면의 힘이 나를 지탱해 주었다. 나는 내 감정을 표현하며 침대에 눕기를 거부했고, 스스로 걸어서 수술실로 들어갔다. 어린 시절 병원에서 아무런 통제권 없이 지냈던 내게, 이제는 내가 내 몸을 통제할 수 있다는 사실은 큰 의미를 가졌다.

나는 선천성 심장 질환에 대한 강연에 참석해 환자의 관점에서 이야기를 나누기도 했는데, 내 상태가 얼마나 삶의 한계를 가져올 수 있는지에 대한 설명을 들을 때마다 마음이 심란해졌다. 사실을 아는 것이 항상 마음을 편하게 해주는 것은 아니다.

나는 내 상태를 연구하고 이해하는 데 수년을 보냈다. 공학자로서, 그리고 심장생리학을 공부하는 학생으로서, 이 과정은 대단히 흥미로운 여정이었다. 이제 나는 내 선천성 심장 질환에 대해 애정을 갖게 되었다. 만약 이 병이 없었다면 지금의 내가 있을 수 있었을까? 나는 그렇지 않았을 것이라고 생각한다.

제니

37세의 제니 쿠마는 현재 남편과 함께 글래스고에 거주하며 커뮤니케이션 컨설팅 회사를 운영하고 있다. 그녀는 아이젠멘거 증후군을 앓고 있는데, 이는 희귀하고 진행성인 심장 질환으로, 출생 당시부터 존재했지만 성인이 되어서야 진단된 심실 중격 결손에서 비롯되었다. 아이젠멘거 증후군은 폐고혈압(pulmonary hypertension)과 우-좌 단락(right-to-left shunting)이 동시에 발생하는 상태를 의미한다.

2007년, 28세의 나이에 진단을 받으면서 내 삶은 완전히 바뀌었다. 당시 나는 자주 아팠고, 조금만 걸어도 숨이 차서 언덕이나 계단을 철저히 피하는 생활을 했다. 진단은 나에게 해답을 주었다. 내 신체적 한계에는 해부학적 원인이 있었고, 되돌아본 내 경험의 많은 부분을 설명해주었다.

어머니께서 말씀하시길, 나는 아기 때 잘 먹기는 했지만 첫째 언니보다 훨씬 더 자주 울었다고 한다. 나는 또한 땀을 많이 흘렸는데, 이는 나중에야 이 질환의 증상으로 알려졌다. 유아기부터 나는 추울 때 입술이 파래졌으며, 특히 수영을 할 때 더욱 심했다. 나는 병치레가 잦았고, 주위에서 유행하는 감기에 자주 걸렸으며 회복도 오래 걸렸다. 가장 어린 시절의 기억은 끊이지 않는 이통(earache)과 목감기, 그리고 부모님과 함께 자주 병원을 찾아가 좋아하던 '바나나 약'(액상 아목시실린, amoxicillin)을 먹던 것이다. 6세 때 편도선 절제술을 받은 후에는 조금 나아졌지만 여전히 감기와 기침이 잦았고, 결국 흉부 감염으로 악화되었다.

9세 때는 편두통 진단을 받았고, 그 후 곧 천식이 생겨 여러 종류의 흡입기를 시도하며 호흡을 조절하려고 노력했다. 이후에는 레이노병이 발병하여 손가락이 창백하고 차가워지며 저리는 증상이 나타났고, 처음으로 의사가 내 손가락과 발가락에서 "클러빙(역자주: clubbing, 손가락이나 발가락 끝이 곤봉처럼 뭉툭해지는 증상)"이 보인다고 언급했다. 숨이 가쁘기는 했지만 중학교 초기까지는 스포츠 활동을 포기하지 않았다. 네트볼, 하키, 테니스팀에서 활약했지만, 장거리 달리기는 도저히 할 수 없었다. 학교 밖에서는 11세부터 발레, 현대 무용, 탭댄스를 배웠지만, 점점 숨이 차기 시작했다. 결국 16세가 되면서 시험 준비를 핑계 삼아 춤을 그만두었다. 사실은 내 호흡 문제를 더 이상 감당할 수 없었던 것이다.

나는 항상 밝고 사교적인 사람이었지만, 추위와 비를 극도로 싫어했다. 그것이 내 호흡에 영향을 미쳤기 때문이다. 친구들 앞에서 "약한" 모습을 보이지 않기 위해서 흡입기 사용을 거부했다. 여전히 자주 아팠지만 어떻게든 버텨냈고, 학교를 즐겼기 때문에 심하게 아픈 경우가 아니면 결석하는 일은 거의 없었다. 대학에 가서도 글래스고의 언덕을 오르내리는 것과 추운 날씨 때문에 힘들었지만 학업에서는 결코 뒤쳐지지 않았다. 당시 남자친구였던 지금의 남편은 내가 끊임없이 아팠던 것을 보고 매우 놀랐다고 한다.

그래서 내가 진단을 받았을 때, 마침내 모든 것이 설명되는 느낌이었다. 나는 항상 내 몸에 문제가 있다고 느꼈지만, 이제 그 이유를 정확히 알게 된 것이다. 처음 심실중격결손 진단을 받은 후, 나는 독감 증상과 함께 2주 동안 침대에 누워 지냈다. 돌이켜보면, 아마도 충격 때문이었을 것이다. 이후 8주 동안 심장 전문의를 만나기 전까지 회사에 휴직계를 내고, 내가 겪고 있는 상황을 이해하는 시간을 가졌다. 그러면서 과거의 경험들이 점차 설명되기 시작했다. 시간이 지나면서, 나는 왜 숨이 찰 때 다리가 마비되는지, 10대와 20대 초반에 술을 많이 마시고 춤을 추면 왜 심장이 두근거리는지 과학적으로 이해할 수 있게 되었다.

진단 이후, 나는 내 삶을 스스로 통제하고 질환을 관리하기 위한 여러가지 결정을 내렸다. 2008년, 나는 나만의 사업을 시작했다. 이 일을 통해 나는 스스로 일정을 계획할 수 있는 자유를 갖게 되었고, 체력을 최적으로 활용할 수 있게 되었다. 또한 바깥 날씨가 추울 때나 일이 바쁠 때, 충분히 몸을 회복할 시간을 가질 수 있게 되어 삶이 완전히 달라졌다.

나는 건강을 유지하고 에너지를 아끼기 위해 일상과 업무를 철저하게 계획하는 법을 배웠다. 운동선수처럼 작은 변화를 쌓아가는 사소한 개선 방식이 효과적이라는 것을 깨달았다. 충분한 수면을 취하고, 건강한 식습관을 유지하며, 수분을 충분히 섭취하고, 꾸준히 운동하는 것이 중요했다. 덕분에 나는 지금까지 살면서 가장 건강한 몸을 유지하고 있다. 대부분의 시간 동안 나는 내 병을 잘 관리하며 지내고, 때로는 아예 잊고 지내기도 한다. 나는 내 일이 좋고, 바쁘게 지내는 것이 즐겁다. 내겐 심장과 폐 질환이 있지만, 그것은 감기나 바이러스에 걸려야만 겉으로 드러난다. 그럴 때는 어쩔 수 없이 멈추고, 쉬고, 몸이 완전히 회복될 때까지 기다려야 한다.

진단 직후, 나는 하루 2회 125mg의 보센탄(bosentan)을 복용하기 시작했고, 이는 지금까지도 효과적으로 작용하고 있다. 치료 모니터링을 위해 매주 4번 혈액 검사를 받아야 하고, 정기 검진에서는 혈액 수치와 간 기능을 검사하며 6개월마다 걷기 테스트를 진행한다. 나는 이런 테스트를 경쟁처럼 즐기며, "평범한" 사람처럼 걸을 수 있다. 산소포화도 수치가 50%까지 떨어지더라도 6분 동안 600m를 걸을 수 있다.

가장 힘들었던 부분은 출산을 포기하기로 결정한 것이었다. 내 건강과 아이에게 미칠 위험을 고려해야 했기 때문이다. 우리는 대리 출산을 배제했고, 입양에 대해서도 깊이 논의했지만, 결국 현실을 받아들일 수밖에 없었다. 나는 좋은 엄마가 될 수 있을 거라고 믿지만, 아픈 엄마가 되고 싶지는 않았다. 또한, 남편이 한 아이의 아버지가 되는 동시에 아픈 아내를 돌봐야 하는 부담을 지게 하고 싶지도 않았다. 내가 직접 신청한 상담은 내 상태에 대한 내 감정과 그것이 계속 미칠 영향을 탐구하는 데 도움이 되었다. 나는 본래 긍정적인 성격이지만, 진단을 받은 이후로 몸의 한계를 경험할 때마다 우울과 좌절감에 빠지는 날들도 있다. 피곤함을 계속 모니터링하는 것 자체가 지치고 피곤한 일이다. 진단을 받은 이후, 나는 이전과는 다른 감정을 느낀다. 때때로 외로움을 느끼고, 미래에 대한 불안감에 사로잡히기도 한다. 심장 전문의 팀과 좋은 관계를 유지하고 있지만, 그들이 단순히 의학적인 측면만이 아니라 질병이 삶 전반에 미치는 영향을 더욱 포괄적으로 고려해주었으면 좋겠다. 그러나 나는 이제 에너지가 소중하다는 것을 깨달았고, 우리가 통제할 수 없는 것들에 낭비해서는 안 된다는 것도 배웠다. 어쩌면 우리 안에는 계속 살아가게 하는 힘이 자리하고 있는지도 모른다. 결국, 삶은 자기 방식대로 살아가는 것이니까.

온전한 심장: 선천적 심질환의 다미주적 취약성

어린 시절 내내 나는 심장전문 팀에 찾아가 "의학적으로 설명할 수 없는 증상"을 호소하곤 했다. 내 의료 기록을 살펴보면 전반적인 건강 상태 불량, 피로, 어지러움, 두통, 메스꺼움, 위장 편두통, 지속적인 기침, 탈수, 관절통 등이 반복적으로 기록되어 있다. 나는 생후 30개월이 지나서야 걸을 수 있었고, 잘 먹지 못했으며, 극심한 온도, 밝은 빛, 소음을 견디기 어려워했다. 전반적으로는 만족스러운 삶을 살았고 항상 친구가 있었지만, 의료 및 학교 기록에는 내가 조용하고 때때로 위축되어 있으며 감정을 잘 드러내지 않는 냉정한 아이였다고 기록되어 있다. 이러한 증상은 나를 돌보던 헌신적인 심장 전담팀을 당황하게 만들었다. 그들은 심박동기의 도움을 받은 내 심장이 온몸에 혈액을 펌프질하는 한, 내가 정상적으로 기능할 수 있을 거라고 생각했기 때문이다. 이 때문에 나는 혼란스러웠고, 나는 내가 느끼는 것이 의사들이 나에게 말했던 "정상적인" 상태가 아니라는 것에 대해 답답함도 느꼈다. '다른 사람들도 일상을 살아가는 것이 나처럼 힘든 일일까' 하는 의문을 가졌지만, 그럼에도 불구하고 나는 내 몸이 보내는 신호를 무시하고 스스로를 밀어붙이며 살아가는 법을 배웠다.

선천성 심질환 생존자들은 일반적으로 여러 가지 의학적 문제를 동반하며, 복잡한 의료적·외과적 치료를 받아왔기 때문에, 선천성 심질환과 다미주 신경 회로의 과제들 간의 상호작용은 복잡할 수밖에 없다. 그러나 상대적으로 잘 알려지지 않은 한 가지 어려움은, 심장 기능 장애가 직접적으로 자기조절 능력과 신경지를 저하시킬 가능성이 있다는 점이다. 결과적으로 이는 씹기, 먹기, 발성, 호흡, 고개 기울이기 및 돌리기, 시선, 표정, 목소리 인식, 듣기 등 사회 참여 체계의 과제와 그 발달에 부정적인 영향을 미칠 수 있으며, 이는 결국 심리사회적 발달에도 심대한 영향을 미친다.

우리는 선천성 심질환을 앓고 있는 유아의 상당수가 수유 곤란, 영양실조, 성장 장애를 경험한다는 사실을 알고 있다(St. Pierre et al., 2010; Kohr et al., 2003; Einarson & Arthur, 2003). 또한, 선천성 심질환은 에너지 소비 증가, 구강 운동 기능 미발달, 조정되지 않은 삼킴, 빠른 호흡 속도, 피로 및 역류와 관련이 있으며(Arvedson & Brodsky, 2002; Sundseth Ross & Browne, 2002; Wolf & Glass, 1992), 인지, 주의, 실행 기능 장애, 운동 및 언어 문제를 포함한 낮은 수준의 발달 지연의 유병률이 높다(Wilson, Smith-Parrish, Marino, & Kovacs, 2015; Mussatto et al., 2015; Karsdorp, Everaerd, Kindt, & Mulder, 2007; Dittrich et al., 2003; Mahle et al., 2002; Wernovsky et al., 2000).

나아가 이들의 심리사회적 문제도 보고되었다. 카스도프(Karsdope)와 동료들(2007)의 메타분석에 따르면 선천성 심질환을 앓고 있는 어린이와 청소년은 불안, 우울, 사회적 위축의 위험이 증가한다. 초섹(Czosek)과 동료들(2012)은 이식형 심장 장치를 달고 사는 것이 소아 환자들의 삶의 질에 부정적인 영향을 미친다는 사실을 발견했다. 또한 선천성 심질환이 있는 성인 집단에서 임상적으로 유의미한 불안, 우울 및 외상 후 스트레스 장애의 위험이 유의하게 높으며, 외로움과 부정적인 평가에 대한 두려움이 우울증의 중요한 예측인자로 나타났다는 연구도 존재한다(Kovacs & Utens, 2015; Deng et al., 2015; Kovacs et al., 2009). 20년에서 33년에 걸쳐 수행된 성인 생존자의 심리사회적 기능에 대한 후속 연구에 따르면 특수 교육을 받은 비율이 높았으며, 이들은 학력 및 직업 수준이 낮은 것으로 나타났다(van Rijen et al., 2002).

지금까지 이러한 부정적인 심리사회적 결과는 다양한 이차적 요인(예: 남들과 다르다는 인식, 숨겨진 장애를 겪는 과정, 또래 관계의 어려움, 부모의 과잉보호, 학교 결석, 신체적 제한, 애착 문제 등)으로 설명되어져 왔다(Verstappen, Pearson, & Kovacs, 2006; Kovacs, 2001). 물론 이러한 요인들은 심리사회적 어려움에 대한 취약성을 증가시킬 가능성이 높다. 그러나 손상된 생리학이 자기조절 능력 및 신경지에 미치는 직접적인 영향을 고려하고, 이것이 사회 참여 체계의 과제와 심리사회적 발달에 어떻게 영향을 미치는지를 이해하는 것은 필수적이다. 이는 심질환을 가진 개인의 생애 전반에 걸쳐 중요한 임상적 함의를 가지기 때문이다.

보다 일반적으로, 자율신경계와 정서 문제의 관계는 전통적으로 이중 길항 스트레스 모델을 중심으로 설명되어 왔다(Klonoff & Landrine, 1997). 하지만 최근 연구들은 다미주 이론을 지지하는 증거들을 제시하고 있다. 예를 들어, 삭(Sack)과 동료들의 연구에서는, PTSD 환자들이 트라우마 자극에 대한 반응으로 호흡성 심박 변이가 감소한다는 사실과, 낮은 기저 호흡성 심박 변이와 지속적인 조건반사적 각성 상태 간의 연관성을 발견했다(Sack, Hopper, & Lamprecht, 2004). 이는 낮은 미주신경 긴장도가 PTSD와 관련된 불충분한 각성 조절 및 감정 조절 장애를 설명할 수 있는 요인임을 시사한다.

다정한 심장: 애착 유대감에 대한 임상적 함의

나는 생후 6주를 인큐베이터에서 보냈고, 심장 카테터 삽입, 외부 심박동기, 두 번의 가슴절개수술, 색전성 뇌졸중 등 수많은 침습적 의료 절차를 견뎌야 했다(선천성 심장병을 가진 아이들은 생존을 위해 유아기부터 생존을 위해 심전도, 초음파, 청진기, 엑스레이, 정맥 조영술; venogram, 봉합, 흉관, 캐뉼라, 주사, 산소 마스크 및 심장 모니터 등의 다양한 의료 개입을 견뎌야 한다). 마침내 집에 돌아왔을 때 나는 저체중이었고, 제대로 먹지도 못했으며, 자주 잠을 잤다. 엄마는 나를 거의 항상 안고 있음으로써 나를 '더 많이 사랑해 주었다'고 말했다. 나는 엄마에게 의존하는 아이였고, 학교에 가기 전까지 엄마의 곁을 거의 떠나지 않았다. 내가 겪었던 가장 충격적인 어린 시절 기억 중 일부는 수술실로 이송될 때 엄마에게서 떨어지는 순간과 수술 후 눈을 떴을 때 엄마가 곁에 없었던 순간들이다. 다행히, 수술 후 병동에서 회복하는 동안에는 엄마가 내 곁을 지켰고, 엄마는 내 이마를 엄지손가락으로 부드럽게 문지르며 노래를 불러 나를 재워주셨다(Morton, 2015).

아기가 주요 보호자와 안정적인 애착을 형성하는 것은 건강한 심리적 발달에 필수적이라는 것은 잘 알려진 사실이다(Bowlby, 1977; Harlow, 1958; Spitz, 1945). 사랑받고 보살핌을 받으려는 욕구는 특히 건강이 좋지 않을 때 더욱 강해진다. 보통 아기와 보호자(주로 엄마)는 생물학적으로 조율된 상호작용을 하며, 이러한 관계가 예측 가능하고 조율되며 안전할 때 안정된 애착이 형성된다. 이러한 생애 초기의 반복적인 상호작용은 유아의 자율신경계를 조율하여 고유한 특징을 만들고 향후 관계를 구축할 수 있는 기반을 제공한다. 이러한 방식으로 유아는 시간이 지남에 따라 스스로를 조절하고 사회적 세계를 탐색할 수 있는 능력을 발달시킨다. 한 신경발달 연구에 따르면 주 보호자와 안정적인 애착을 형성한 아이들은 후에 외상적인 삶의 사건에 대한 회복력이 더 높다고 한다(Rothschild, 2000).

그러나 심장 질환을 가지고 태어난 아기는 심장 질환으로 인해 치료라는 명목으로 애착 대상과의 생물학적 연결에 대한 욕구를 충족하는 데 상당한 어려움을 겪게 된다(Porges, 2014). 가장 명백한 것은 물리적 장벽으로, 아기는 인큐베이터에서 집중 치료를 받으며 링거, 심장 모니터, 영양보급관, 기관 절개술, 인공호흡기 등의 의료장비와 함께해야 할 수 있다. 더 미묘하지만 심각한 문제는 신경지의 장벽이다. 상호조절을 위해서는 아기와 보호자가 함께 사회 참여 체계를 활성화해야 한다. 이 조율 과정은 눈맞춤, 발성, 수유, 머리 기울이기와 회전, 얼굴 표정, 목소리 지각 등을 통해 이루어진다(Porges, 2011). 이 상태에서 작동하려면 아기와 보호자가 복측미주신경을 활성화하기 위해 안전하다고 느껴야 하지만, 이러한 유아는 외상성 의료 경험을 견디고, 또 심장 조절곤란의 직접적인 결과로 안전에 대한 신경지를 경험할 가능성이 낮다.

유아의 신체 발달과 회복도 복측미주신경 상태의 작동에 달려 있다. 이 상태에서 가능한 사회 참여 체계는 인간의 가장 적응적이고 건강한 존재 방식으로, 안전하고 평온함을 느끼게 함으로써 신체가 방해받지 않고 발달하고 기능할 수 있게 하며, 성장, 발달, 학습, 회복, 치유를 위해 신진대사의 요구를 줄이려면 이 상태에 있어야 한다(Porges, 2011).

따라서 심장 질환을 가지고 태어났다는 독특한 어려움을 헤쳐 나가는 아이가 최적의 발달을 이루기 위해서는 안전감(safety)과 안정화(stabilization)에 집중할 필요가 있다. 아기의 필요를 충족시키기 위해 더 많은 노력이 필요할 수 있다는 점을 교육하는 등, 다양한 전략을 사용하여 부모는 아기의 필요를 더 잘 충족시킬 수 있도록 준비할 수 있다. 아기가 반응이 없거나 눈을 제대로 맞추지 못하거나 수유에 어려움을 겪는 경우, 이러한 경험의 근거를 찾는 것은 보호자로 하여금 아기로부터 거부감을 느끼기보다는 아이의 건강한 생리적, 심리적 발달에 필요한 보살핌을 제공하는 데 더 도움이 되도록 할 수 있다.

보호자의 존재감, 손길, 달래는 목소리의 중요성을 강조하면 미주신경 브레이크를 활성화하여 아기의 건강이 증진될 수 있다. 접촉은 연민을 표현하고 보상, 호혜성, 안전감을 제공하여 신뢰와 유대감을 형성한다. 연민 어린 만남은 심박수 감소와 관련이 있으며, 이는 복측미주신경의 영향을 시사하는데(Hertenstein, Keltner, App, Bulleit, & Jaskolka, 2006), 연구에 따르면 접촉은 수유와 같이 미주신경의 작용을 용이하게 하는 것으로 나타났다(Field et al., 1986). 연민은 발성을 통해서도 표현되므로(Simon-Thomas, Keltner, Sauter, Sinicropi-Yao, & Abramson, 2009), 아기가 보호자의 달래는 목소리를 들을 수 있도록 하는 것은 필수적이다. 아기가 고통 이전에 사랑을 느낄 수 있도록, 그리고 보호자가 아픈 아이를 진정으로 보살펴 아이가 자율신경 조율과 치유, 발달을 할 수 있도록 최선을 다하는 것이 무엇보다 중요해 보인다.

일부 아동의 경우 촉각 치료, 놀이 치료, 음악 치료 등 추가적인 개입이 필요할 수 있다(Porges, 2011). 연구에 따르면 신체 접촉이 진정 효과가 있다고 하지만, 이전의 외상, 통증, 신체 경계 침범 또는 통제력 부족과 관련이 있는 경우에는 반드시 그런 것이 아니기에 이때의 추가적인 개입은 구분되어야 한다(Wilhelm, Kochar, Roth, & Gross, 2001; Rothschild, 2000).

성공적인 양육자-아이 관계를 위해 양육자 또한 사회 참여 체계 내에서 활동해야 한다. 하지만 심각한 심장 질환을 가지고 태어난 아기의 특별한 요구를 처리하는 것은 가족 모두에게 스트레스가 된다. 양육자의 심리적 건강을 지원하면 양육자가 아이를 위해 항상 대기해야 하는, 때로는 부담스러울 수 있는 여정을 더 잘 헤쳐 나갈 수 있다. 연구에 따르면 이러한 지지는 선천성 심질환을 가진 유아와 그 어머니의 상태를 개선한다고 한다(McKusker et al., 2009).

이러한 최근의 연구는 아기(또는 아이)에게 양육자가 보여주는 안정된 존재감이 중요하다는 제임스 로버트슨(1958/1970)의 고전적인 관찰을 기반으로 하는데, 이는 아기의 상태가 좋지 않을 때 더욱 중요하다. 이에 따라 스트레스 요인과 관계의 단절을 선제적으로 최소화하는 의료 서비스의 패러다임 전환이 필요하다는 인식이 요구된다. 그러나 오늘날의 성인 선천성 심질환 생존자 중 상당수는 심장 수술이 실험적이었던 시기에 자랐고 입원 기간 동안 양육자와 분리되는 것은 당시에 일반적인 관행이었다(Robertson, 1958/1970). 심리적, 정서적 지원은 제한적이었고 간호인력은 신체적 건강에 집중하도록 훈련받았다. 로버트슨(1958/1970)이 그의 영화 "두 살짜리 아이가 병원에 가다(A Two-Year-Old Goes to Hospital)"에서 그러한 아이들이 정서적으로 "안전"하게 되기보다는 셧다운(shutdown) 상태가 된다는 사실을 입증한 이후에도 정서적 고통은 종종 무시되었고 부모의 방문은 아이를 "불안하게" 할 수 있다는 이유로 권장되지 않았다. 지난 50년 동안 의료 전문가를 위한 교육 프로그램에 심리사회적 문제가 도입되었고, 부모가 자녀와 함께 병원에 머무는 것이 점점 더 허용되었다(European Association for Children in Hospital, 1988). 그러나 병원의 제도화된 방어 장치가 이러한 발전을 방해하는데 기여했다는 의견도 제기되고 있다. 따라서, 오늘날 성인 생존자들의 생생한 경험을 고려할 때 이러한 역사적 맥락을 염두에 두는 것은 중요하다. 생존자들은 어린 시절 주 보호자의 보호 없이 심각한 의학적 역경에 직면했을 가능성이 높다.

"넌 이걸 받아들여야 해": 의료 서비스 제공과 그 이후에 대한 임상적 함의

나는 어린 시절 내내 동일한 심장 전문 의료팀이 나를 돌봐 준 것에 대해 운이 좋았다고 생각한다. 나는 내 소아 심장 전문의와 가까운 유대감을 형성했으며, 그는 청진기를 사용하기 전에 분위기를 따뜻하게 하고 부드러운 말투로 나에게 이야기했으며, 무엇보다도 그가 진심으로 나를 걱정하고 있다는 사실을 한 번도 의심하게 만들지 않았다. 그러나 그럼에도 불구하고 내가 끌어안고 있어야만 했던 힘든 순간들은 너무 많았다. 예를 들어, 진료, 검사, 개입을 기약 없이 기다리며 병원 대기실에서 보낸 불안한 시간들, 의료팀의 의사들이 내 심박동기를 조사하며 심박수를 조절할 때 고정된 자세로 누워 피험자가 되는 경험, 또 다른 수술실로 가는 길에 울던 나에게 "애처럼 굴지 마"라고 화를 내며 말하던 마취과 의사에 대한 기억, 내 동의 없이 3인칭으로 내 흉터, 상태, 예후에 대해 교육생에게 질문하는 의사들의 모습, 인공호흡기에 연결된 채로 호흡할 수 없어 "너무 일찍" 깨어나는 경험, 차가운 무균 수술실에 누워 두려움에 얼어붙은 채로 카테터 튜브를 끼우려 애쓰는 의료진을 지켜보는 경험, 그리고 정기적인 검사 중 "넌 이걸 받아들여야 해"라는 말을 듣는 것 등이 있었다. 그러나 나를 친절하게 바라보고, 안심시켜 주며, 절실히 아프고 취약한 상태일 때 부드럽게 치료해 주었던 사람들은 잊지 못할 것이다. 그때 내게 무엇보다도 필요했던 것은 온전히 이해받는 것이었다.

발달 과정에서 미주신경은 반복적인 사회적 상호작용을 통해 형성되어 타인과의 관계가 안전한지 또는 두려운지를 예측하는 자율신경의 지도를 형성한다(Hertenstein et al.,

2006). 의료진의 보살핌을 받는 아동의 경우, 이는 아동의 필요에 반응하고, 좋은 의사소통 기술과 연민을 보여주며, 스트레스 경험과 연결의 단절에 대한 노출을 최소화하고, 어려운 감정을 적절히 억제할 수 있는 한결같은 팀원으로부터 치료를 받는 것이 중요하다는 광범위한 함의를 가지고 있다(Field, Diego, & Hernandez-Reif, 2010, Gerretsen & Meyers, 2010; Robertson, 1958/1970). 하지만 역사적으로 현실은 이것과는 거리가 있었으며, 삶의 다른 영역에서는 아동에게 트라우마로 간주될 수 있는 사건이 생명을 구한다는 명목 하에 의료 환경에서 무해한 것으로 간주되는 경우가 너무나도 많았다(Morton, 2011).

다미주 이론에서는 이를 위한 전략이 시스템 내에 포함되는 인간적인 의료로의 패러다임 전환을 요구한다. 예를 들어 스트레스 경험을 최소화(힘든 상담이나 개입을 위해 대기실에서 보내는 시간 등)하는 것, 간병인의 존재를 장려(수술실에 갈 때 또는 산모를 위해)하는 것, 병원에서 집처럼 편안하게 지낼 수 있도록 하는 것, 환자에게 연민을 가지는 환자 중심 간병 및 환자의 정서적 고통을 관리할 수 있도록 의료진을 교육하는 것, 외과적 개입 및 수술을 포함하여 잠재적으로 외상적인 사건에 대비하여 환자가 기능적인 신념을 형성하고 내부 자원(지신에게 일어나는 일의 일부 측면에 대한 통제감)을 개발하도록 환자를 준비시키는 것, 상상을 통해 성공적인 투쟁 또는 도피 반응을 촉진하는 것 등이 있을 수 있다(Morton, 2011).

또한, 심장의 불규칙성과 의학적 외상으로 인해 더욱 악화될 수 있는 신경지 및 자기조절의 어려움은 이처럼 특수하게 어려운 상황에서는 부동화(배측미주신경 경로의 활성화)를 더 쉽게 유발할 수 있으므로 생존자가 위축된 것처럼 보이는 데 기여할 수 있다. 따라서 고통의 징후를 보이지 않는 유아의 통증 관리를 위해 호흡성 동성 부정맥과 같은 생리적 각성을 측정할 대체 수단이 필요해 보인다.

Scarred FOR Life: 사회적 인식 제고 및 사회적 관계 증진

서머빌 재단(영국 최고의 성인 심장병 환우 지원 단체)을 대표하여 제니 쿠마, 캐롤라인 윌슨, 그리고 내가 함께 만든 사진 전시회 'Scarred FOR Life'가 열렸다. 커스티 앤더슨은 흉터는 숨겨야 한다는 인식을 바꾸기 위해 성인 선천성 심질환 생존자 8명의 초상화를 촬영했다. 이 초상화 전시회는 환자에게 힘을 실어주고 성인 선천성 심질환 환자의 고유한 필요에 대한 인식을 재고하는 것을 목표로 한다. 8피트 높이에 달하는 각 모델의 사진 뒷면에는 이 질환을 안고 살아가는 복잡한 과정을 헤쳐나가는 여정에 대한 이야기가 각자의 언어로 쓰여 있으며, 이는 소외된 이들의 목소리를 내기 위한 것이다. 이 전시회는 2015년 2월 글래스고의 유명한 켈빙그로브 미술관과 박물관에서 시작되었으며, 이후 스코틀랜드 의회를 비롯한 여러 장소를 순회했다. 이 프로젝트는 전국적인 언론의 주목을 받으며 대중의 호평을 받았고, 그 성공으로 인해 현재 영국 전역에서 이 프로젝트가 재현되고 있다.

건강한 사회적, 정서적, 신체적 발달을 위한 고유한 어려움에 대한 심리교육은 학교를 포함하여 아동(그리고 성인) 돌봄에 관련된 다른 전문가와 시스템까지 확장되어야 하며, 이를 통해 아동의 필요를 충족하고 통합(예를 들어 체육 수업)과 정상적인 발달을 촉진할 수 있는 자원을 더 잘 확보할 수 있다. 국가적 캠페인과 지지(예를 들어 Scarred FOR Life)는 사회 통합(예를 들어 고용 촉진)과 연결감 및 심리사회적 안전감을 증진시키기 위해 더 넓은 사회 내에서 이해와 연민을 촉진할 수 있다.

"근데 너는 괜찮아 보여": 자기 발달에 대한 임상적 의미

십 대 중반이 되면서, "의학적으로 설명할 수 없는 증상"이 악화되었다. 나는 만성피로로 인해 어려움을 느꼈다. 심장내과에서는 원인을 찾지 못해 신경과, 정신과, 류마티스 내과에 의뢰했고 근육통성 뇌병증(myalgic encephalopathy), 만성 피로 증후군, 외상 후 스트레스 장애, 심박동기 증후군, 신체 피로 등 다양한 진단이 이어졌다. 나는 거의 1년 내내 학교를 결석했다. 결국 저용량의 항우울제(선택적 세로토닌 재흡수 억제제, Selective Serotonin Reuptake Inhibitor: SSRI)를 처방받았다. 스스로 양을 조절하면서 복용한 결과, 학교로 돌아갈 수 있을 정도가 되는 것 같았다. 20대 중반에도 비슷한 증상을 겪은 적이 있었는데, 이번에는 비특이적 결합조직 장애라는 진단을 받았다. 일부 진단이 나에게 어느 정도 해당될 수 있겠지만, 내 증상을 완전히 설명할 수 있는 진단은 없었고 항상 질병이라기보다는 내 존재의 방식에 가까워 보였다. 돌이켜보면 심장 질환으로 인해 자율신경계가 불안정해져 세상에 대응하는 데 있어 몸이 약간 뒤쳐지고 다른 건강상의 어려움에 취약한 것은 당연한 일이었다. 내 삶의 모든 영역, 즉 사회적으로, 학업과 직업에서, 그리고 가정을 꾸리고 아이를 키우는 데 있어서(의학적 합병증과 열악한 의료 서비스 제공 때문에 이 부분에서도 소중한 아이 한 명으로 제한되었지만), 나는 내 방식대로 할 기회를 만들어야 했다. 결코 쉬운 일은 아니었고 때로는 고립감을 느끼기도 했지만, 감사하게도 약간의 창의력을 발휘하면 가능한 일이었다.

다미주 이론은 태어날 때부터 심장 질환을 안고 살아가는 것이 미치는 광범위한 영향에 대한 이론적 틀을 제공한다. 이러한 이해는 이 상황에서 살아가는 개인이 자신의 구체화된 경험을 이해하고, 자신의 고유한 필요에 맞게 삶에 적응하는 데 도움을 주고, 자신의 경험을 다른 사람에게 전달할 수 있는 언어를 제공한다는 점에서 힘이 된다. 그들은 삶의 경험을 병리화하기보다는 "감소된" 항상성 적응이라는 용어로 증상을 설명하여 그러한 경험을 자신의 환경 내에 포함시킨다. 이는 심장 질환을 가지고 태어난 개인이 자라면서 들었을 "특별하다", "다르다", "원인을 알 수 없다", "기적의 아이"라는 수식어 속에 갇혀 있지 않고, 자신이 개별적으로 '정상적인' 사람이라는 사실을 강조해 준다(Verstappen et al., 2006). 따라서 이와 같은 전체론적 설명은 자기 수용을 제공하여 개인이 자신의 마음과 자신이 느끼는 모든 것을 받아들일 수 있도록 해준다.

심장질환을 가지고 태어난 사람들이 억압감을 느끼는 데는 여러가지 요인이 작용할 수 있기 때문에 개인의 역량을 강화하는 것이 중요하다. 부모의 과잉보호는 이들의 심리사회적 건강 악화와 관련이 있다(Verstappen et al., 2006; Kovacs, 2001). 부모의 과잉보호는 그 자녀의 특징을 고려할 때, 충분히 이해할 수 있는 일이지만, 아동의 자기감 발달을 위해서는 자주성을 키울 수 있도록 돕는 것이 무엇보다 필수적이다. 신체적 건강 문제는 종종 "심장병을 앓고 있는 소녀"와 같이 자신의 장애로 축소되기 때문에(Lago & Smith, 2008), 의사와 환자 간의 힘의 불균형(Verstappen et al., 2006)과 질병에 대한 일반적인 태도 또한 이들에게 힘을 실어주지 못할 수 있다. 다미주 이론은 개인이 자신의 구체화된 경험을 이해하도록 돕고 안전과 자기조절에 대한 신경지를 촉진하는 전략을 가르치고 자기관리를 장려함으로써 선천성 심질환 생존자에게 힘을 부여할 수 있는 잠재력을 가지고 있다.

연구에 따르면 이 집단의 심리사회적 문제에 대한 취약성은 증가하지만(Kovacs et al., 2009; Karsdorp et al., 2007 Deng et al., 2015), 이러한 어려움이 제대로 진단되지 않고 있다(Bromberg, Beasley, D'Angelo, Landzberg, & DeMaso, 2003; Kiecolt-Glaser, Page, Marucha, MacCallum, & Glaser, 1998). 이 집단에 대해 다양한 심리 치료법이 사용되어 왔지만, 심리적 어려움은 부차적이고 간접적인 결과로 취급되어 왔으며 안전을 신경지로 감지할 수 있는 생리학적 영향에 대해서는 거의 관심이 기울여지지 않았다. 그 결과, 현재 심리적 치료는 사회참여 체계(예를 들어 인지 전략 및 대화 요법) 또는 교감신경계(예를 들어 이완 및 행동 요법)에 개입하는 것에 기반을 두고 있다. 그러나 안전에 대한 신경지를 촉진하는 전략을 개발하는 것이 이들에게 더 유익할 수 있으며(예를 들어 신체 심리 치료 및 정서 조절), 다양한 심리 치료는 다미주 관점을 보다 철저하게 통합함으로써 이점을 얻을 수 있다(Dana, 2015a, 2015b).

나는 조용한 아이였고, 용감하고 용기 있다는 말을 자주 들었다. 하지만 이것이 나에 대한 관찰인지, 기대인지, 요구인지 헷갈렸다. 나는 대개 스스로를 용감하다고 느끼지 못했다. 나는 그저 아주 가만히 조용히 있을 수 있는 능력이 뛰어났을 뿐이다(Morton, 2015). 두려움에 얼어붙어 내 몸에서 벗어나 마음속의 안전한 어딘가로 떠났던 기억이 난다. 성인이 된 후 몇 년 동안 개인 상담을 받으면서 내 경험을 이해하고, 내 목소리를 찾고, 내 몸에 귀 기울이는 법을 배울 수 있었다. 나는 다른 사람들과 똑같이 기능해야 한다는 강박관념을 버리고, 최대한 좋은 컨디션을 유지하기 위해서는 내가 듣고자 한다면 충분히 들을 수 있는 내 몸의 고유한 리듬에 귀 기울여야 한다는 사실을 받아들였다.

다미주 정보에 기반한 모든 심리치료는 기존 치료법의 관련 요소를 통합할 수 있다. 공감적 경청이나 안전한 치료 동맹 구축에 초점을 맞추는 것과 같은 비특이적 요소는 미주신경 브레이크에 자원을 제공하고 다른 사람과의 자율신경적 조율을 촉진하여 애착 유대감을 회복하고 환자에게 힘을 부여하며 대인관계 기능을 개선하는 데 도움이 될 수 있다(Rogers, 1961). 몇 가지 특정 치료 방향이 특히 관련이 있을 수 있다. 인지 행동 치료에 기반을 둔 연민 중심 치료(Compassion-Focused Therapy: CFT)는 사람들이 안전함과 안정감을 느끼도록 돕는 연민 어린 마음의 훈련에 중점을 둔다(Gilbert, 2009). 신체 심리 치료(Body Psychotherapy)는 신체 감각, 생각, 느낌, 감정을 명시적으로 다루는 치료 방법으로 불안을 관리하고 안전감을 확립하며 트라우마 경험을 처리하는 것을 목표로 한다(Rothschild, 2000). 정서 중심 치료(Emotion-Focused Therapy: EFT)는 공감적으로 조율된 관계의 맥락에서 정서적 인식과 조절을 개선하는 것을 목표로 한다(Greenberg, 2011). 안전감과 안정감을 증진하는 데 도움이 될 수 있는 다른 전략들로는 호흡 및 이완 운동, 치료 마사지 형태(Porges, 2011), 현대적 형태의 명상(애정 어린 친절 명상 및 연민 명상; loving kindness meditation and compassion meditation) 및 마음챙김(mindfulness) 등이 있다(Hoffman et al., 2011; Grossman et al., 2010; Kabat-Zinn, 1990). 심리학자를 심장 팀의 필수 구성원으로 포함시키면 이러한 환자의 정서적, 심리적 요구를 고려한 전인적인 치료가 보다 잘 이루어질 수 있다.

외상 후 성장 연구에 따르면 많은 사람들이 역경 이후 회복탄력성 증가, 더 긍정적인 관점, 삶에 대한 더 깊은 감사, 긴밀한 관계, 공감 능력 향상, 개인적 힘 등 긍정적인 개인적 변화를 경험했다고 보고한다(Hefferon, Grealy, & Mutrie, 2009; Staub & Vollhardt, 2008; Sheikh, 2004). 이것이 다미주 이론의 관점에 어떻게 들어맞는지 생각해 보는 것은 흥미로운 일이며, 이를 탐구하기 위해서는 더 많은 연구가 필요하다. 이 집단과 치료적인 작업을 할 때 이러한 회복의 요인들을 개발하여 치유와 역량 강화를 촉진할 수 있다.

이해가 필요한 심장

다미주 이론은 태어날 때부터 심장 질환을 안고 살아가는 것에 대해 지금까지 알려진 것보다 더 총체적인 설명을 제공한다. 이 이론은 개인을 환경 속에 포함시키고, 그들의 생활 경험을 병리화 하기보다는 감소된 항상성 적응이라는 측면에서 많은 증상을 설명하여 보상 전략의 기초를 제공한다는 점에서 매력적이다. 이러한 전략은 사회적 및 방어적 행동의 정상적인 발달을 최적화하여 이 집단의 구성원이 최대한 안전하다고 느끼고, 자신의 상태로 인해 직면할 수 있는 모든 역경에 더 잘 대처할 수 있도록 할 수 있다. 또한, 이러한 이해는 주 양육자에 대한 초기 애착을 강화하고, 평생동안 의료 개입에 의존하게 될 사람들을 위한 서비스 제공을 가능하게 하며, 건강한 발달에 관여하는 더 넓고 다양한 조직에 정보를 제공하고, 생존자에게 그들의 삶의 경험을 더 잘 이해할 수 있는 틀을 제공할 수 있다. 다미주 이론이 제공하는 이해가 있으면 평생 심장 질환을 안고도 잘 살아갈 수 있는 용기(역자주: courage, 라틴어로 "심장"을 뜻하는 cor에서 유래한 말로, 직역하면 "너의 심장을 따르라"라는 뜻)를 더 쉽게 가질 수 있다.

감사의 말: 이 글을 작성하는 데 귀중한 도움을 준 임상 심리학자 토마스 베이컨(Thomas Bacon) 박사님, 그리고 의견을 제시하고 자신의 이야기를 공유해 준 제니와 제임스에게 감사의 말씀을 전한다.

찾아보기

ㄱ

ㄴ

ㄷ

ㄹ

ㅁ

ㅂ

ㅅ

ㅇ

ㅈ

A-Z

관련 도서 목록

노턴 대인관계신경생물학 시리즈의 다른 도서들

The Birth of Intersubjectivity: Psychodynamics, Neurobiology, and the Self
마시모 암마니티, 비토리오 갤리스

Neurobiology for Clinical Social Work: Theory and Practice
제프리 S. 애플게이트, 자넷 R. 샤피로

The Heart of Trauma: Healing the Embodied Brain in the Context of Relationships
보니 바데노치

Being a Brain-Wise Therapist: A Practical Guide to Interpersonal Neurobiology
보니 바데노치

The Brain-Savvy Therapist's Workbook
보니 바데노치

The Neurobiology of Attachment-Focused Therapy
조나단 베일린, 다니엘 A. 휴즈

Coping with Trauma-Related Dissociation: Skills Training for Patients and Therapists
수젯 분, 케시 스틸, 오노 반 데 하트

Neurobiologically Informed Trauma Therapy with Children and Adolescents: Understanding Mechanisms of Change
린다 채프먼

Intensive Psychotherapy for Persistent Dissociative Processes: The Fear of Feeling Real
리차드 A. 쉐페츠

The Healthy Aging Brain: Sustaining Attachment, Attaining Wisdom
루이스 코졸리노

The Neuroscience of Human Relationships: Attachment and the Developing Social Brain (Second Edition)
루이스 코졸리노

The Neuroscience of Psychotherapy: Healing the Social Brain (Second Edition)
루이스 코졸리노

Why Therapy Works: Using Our Minds to Change Our Brains
루이스 코졸리노

From Axons to Identity: Neurological Explorations of the Nature of the Self
토드 E. 파인버그

Loving with the Brain in Mind: Neurobiology and Couple Therapy
모나 데코벤 피쉬베인

Body Sense: The Science and Practice of Embodied Self-Awareness
앨런 포겔

The Healing Power of Emotion: Affective Neuroscience, Development & Clinical Practice
다이애나 포샤, 다니엘 J. 시겔, 메리온 솔로몬

Healing the Traumatized Self: Consciousness, Neuroscience, Treatment
폴 프레웬, 루스 라니우스

The Neuropsychology of the Unconscious: Integrating Brain and Mind in Psychotherapy
에프렛 지노

10 Principles for Doing Effective Couples Therapy
줄리 슈와츠 고트만, 존 M. 고트만

The Impact of Attachment
수잔 하트

Art Therapy and the Neuroscience of Relationships, Creativity, and Resiliency: Skills and Practices
노아 하스-코헨, 조아나 클라이드 핀드레이

Affect Regulation Theory: A Clinical Model
다니엘 힐

Brain-Based Parenting: The Neuroscience of Caregiving for Healthy Attachment
다니엘 A. 휴즈, 조나단 베일린

Sex Addiction as Affect Dysregulation: A Neurobiologically Informed Holistic Treatment
알렉산드라 케이트하키스

The Interpersonal Neurobiology of Play: Brain-Building Interventions for Emotional Well-Being
테레사 A. 케스틀리

Self-Agency in Psychotherapy: Attachment, Autonomy, and Intimacy
진 녹스

Infant/Child Mental Health, Early Intervention, and Relationship-Based Therapies: A Neurorelational Framework for Interdisciplinary Practice
코니 라일라스, 재니스 턴불

Play and Creativity in Psychotherapy
테리 막스-탈로우, 메리온 솔로몬, 다니엘 J. 시겔

Clinical Intuition in Psychotherapy: The Neurobiology of Embodied Response
테리 막스-탈로우

Awakening Clinical Intuition: An Experiential Workbook for Psychotherapists
테리 막스-탈로우

A Dissociation Model of Borderline Personality Disorder
러셀 미어스

Borderline Personality Disorder and the Conversational Model: A Clinician's Manual
러셀 미어스

Neurobiology Essentials for Clinicians: What Every Therapist Needs to Know
알린 몽고메리

Neurobiology and the Development of Human Morality:
Evolution, Culture, and Wisdom
다시아 나베즈

Brain Model & Puzzle: Anatomy & Functional Areas of the Brain
Norton Professional Books

Sensorimotor Psychotherapy: Interventions for Trauma and Attachment
팻 오그던, 재니나 피셔

Trauma and the Body: A Sensorimotor Approach to Psychotherapy
팻 오그던, 케쿠니 민턴, 클레어 페인

The Archaeology of Mind: Neuroevolutionary Origins of Human Emotions
작 판크셉, 루시 비벤

The Polyvagal Theory: Neurophysiological Foundations of Emotions, Attachment, Communication, and Self-regulation
스티븐 W. 포지스

The Pocket Guide to Polyvagal Theory: The Transformative Power of Feeling Safe
스티븐 W. 포지스

Foundational Concepts in Neuroscience: A Brain-Mind Odyssey
데이비드 E. 프레스티

Affect Dysregulation and Disorders of the Self
앨런 N. 쇼어

Affect Regulation and the Repair of the Self
앨런 N. 쇼어

The Science of the Art of Psychotherapy
앨런 N. 쇼어

Mind: A Journey to the Heart of Being Human
다니엘 J. 시겔

The Mindful Brain: Reflection and Attunement in the Cultivation of Well Being
다니엘 J. 시겔

The Mindful Therapist: A Clinician's Guide to Mindsight and Neural Integration
다니엘 J. 시겔

Pocket Guide to Interpersonal Neurobiology: An Integrative Handbook of the Mind
다니엘 J. 시겔

Healing Moments in Psychotherapy
다니엘 J. 시겔, 메리온 솔로몬

Healing Trauma: Attachment, Mind, Body and Brain
다니엘 J. 시겔, 메리온 솔로몬

Love and War in Intimate Relationships: Connection, Disconnection, and Mutual Regulation in Couple Therapy
메리온 솔로몬, 스탠 텟킨

How People Change: Relationships and Neuroplasticity in Psychotherapy
메리온 솔로몬, 다니엘 J. 시겔

The Present Moment in Psychotherapy and Everyday Life
다니엘 N. 스턴

The Neurobehavioral and Social-Emotional Development of Infants and Children
에드 트로닉

The Haunted Self: Structural Dissociation and the Treatment of Chronic Traumatization
오노 반 데 하트, 엘러트 R. S. 니젠허스, 케시 스틸

Prenatal Development and Parents' Lived Experiences: How Early Events Shape Our Psychophysiology and Relationships
앤 다이아몬드 와인스타인

Changing Minds in Therapy: Emotion, Attachment, Trauma, and Neurobiology
마가렛 윌킨슨

참고문헌

본 QR코드를 스캔하시면

이 책의 참고문헌을 확인하실 수 있습니다.

역자 소개

신성만

현재 한동대학교 상담심리사회복지학부 상담심리전공 교수로 재직 중으로, 동 대학교 상담대학원장 및 생명윤리위원회 위원장을 맡고 있다. 한국중독심리학회장을 역임하였고, 현재 한국중독상담학회장 및 대구경북상담학회장으로 활동하고 있다. 미국 위스콘신대학교에서 심리학 석사학위, 보스턴대학교에서 재활상담학 박사학위를 받았다. 심리치료 전문가로 일했으며, 특히 하버드 의과대학 정신과 병원에서 교수요원으로 일했다. 중독상담, 정신재활, 동기와 정서, 실존치료에 관심을 가지고 연구하고 있다.

옥제남

현재 한동대학교에서 심리학 석사과정에 재학 중이다. 한동대학교에서 상담심리학 및 경영학 학사학위를 받았다. 자살행동 및 중독 기제의 이해와 개입에 관심을 갖고 연구를 수행하고 있다.

김이삭

현재 웨스트버지니아대학교에서 행동주의 신경과학 석박사통합 과정에 재학 중이다. 한동대학교에서 상담심리와 컴퓨터공학 학사학위를 받았다. 중독의 동기적 이해, 감정조절, 신경생리학적 지표, 상담심리학적 개입에 관심을 갖고 연구를 수행하고 있다.

정예훈

현재 뉴멕시코대학교에서 상담자 교육학 박사과정에 재학 중이다. 한동대학교에서 상담심리학 및 사회복지학 학사학위, 동 대학원에서 상담 및 임상심리학 석사학위를 받았다. 청소년과 성인을 대상으로 한 중독과 위기 개입, 예방에 관심을 갖고 연구를 수행하고 있다.

김예인

현재 미시시피대학교에서 임상심리학 박사과정에 재학 중이다. 한동대학교에서 상담심리학 및 영어 학사학위, 동 대학원에서 심리학 석사학위를 받았다. 한동대학교 상담센터에서 전임연구원으로 일하며 심리치료사의 길을 시작하였다. 『실존치료의 실제』, 『실존치료』 등을 번역하였다. 삶의 의미, 실존치료, 로고테라피, 긍정심리 등의 영역에 관심을 갖고 연구를 수행하고 있다.

다미주 이론의 임상적 적용
Clinical Applications of The Polyvagal Theory

초판발행 2025년 6월 20일

지은이 Stephen W. Porges · Deb Dana
옮긴이 신성만 · 옥제남 · 김이삭 · 정예훈 · 김예인
펴낸이 노 현

편 집 이혜미
기획/마케팅 허승훈
표지디자인 BEN STORY
제 작 고철민 · 김원표

펴낸곳 ㈜피와이메이트
서울특별시 금천구 가산디지털2로 53, 210호(가산동, 한라시그마밸리)
등록 2014.2.12. 제2018-000080호
전 화 02)733-6771
f a x 02)736-4818
e-mail pys@pybook.co.kr
homepage www.pybook.co.kr
ISBN 979-11-7279-078-3 93180

정 가 32,000원

박영스토리는 박영사와 함께하는 브랜드입니다.